OS FILHOS DE CAIM

BRONISŁAW GEREMEK

OS FILHOS DE CAIM

Vagabundos e miseráveis na literatura européia 1400-1700

Tradução do polonês:
HENRYK SIEWIERSKI

COMPANHIA DAS LETRAS

Título original:
Świat "opery żebraczej"
Obraz wloczegów inędzarzy w literaturach europejskich XV-XVII wieku

Capa:
Ettore Bottini
sobre *O pequeno mendigo*,
de Bartolomé Esteban Murillo,
*c.*1650

Copydesk e preparação:
Maria Cristina Guimarães

Índice remissivo:
Beatriz Calderari de Miranda

Revisão:
Marcelo Paiva de Souza
Carlos Alberto Inada
Carmen T. S. da Costa

Dados Internacionais de Catalogação na Publicação (CIP)
(Câmara Brasileira do Livro, SP, Brasil)

Geremek, Bronisław, 1932-
Os filhos de Caim : vagabundos e miseráveis na literatura européia : 1400-1700 / Bronisław Geremek ; tradução do polonês Henryk Siewierski. – São Paulo : Companhia das Letras, 1995.

ISBN 85-7164-358-X

1. Literatura européia – Século 17 – História e crítica 2. Literatura européia – Século 18 – História e crítica 3. Vagabundos na literatura I. Título.

95-0729 CDD-809.933520692

Índices para catálogo sistemático:
1. Vagabundos e miseráveis : Literatura européia : História e crítica 809.933520692

1995

EDITORA SCHWARCZ LTDA.
Rua Tupi, 522
01233-000 — São Paulo — SP
Telefone: (011) 826-1822
Fax: (011) 826-5523

ÍNDICE

INTRODUÇÃO

O interesse da literatura pela personagem do pobre e pelo mundo da miséria vem de longa data e tem uma vasta documentação. A origem desse fenômeno é bastante complexa e não permite uma interpretação unívoca. Em épocas diferentes muda a função principal da imagem do pobre, altera-se a ordem dos valores em que ele está inscrito, modifica-se a avaliação ética e estética dessa personagem. O pobre pode suscitar desprezo ou admiração, ser sinônimo de sublime ou de baixeza, provocar compaixão ou escárnio. Como personagem do pano de fundo social, é por meio dele que se revelam as qualidades positivas do protagonista e a ação do destino, mas ele é também portador das verdades supremas e de uma razão superior. Desprovido dos laços materiais e dos comprometimentos da propriedade, o miserável expressa um conhecimento universal da verdade sobre a existência humana, esquecida por todos. É também portador da imagem e da voz "de baixo", dos níveis inferiores da sociedade, da consciência e da cultura populares.

A situação particular do escritor, assim como do meio cultural que o circunda nas sociedades européias, também contribuiu para que o pobre entrasse em moda. Pois os meios literários se formavam à margem dos sistemas sociais hierarquizados, levando a crer que a arte rompesse todo o ordenamento das estruturas sociais, das quais era independente. Na Idade Média e na Idade Moderna os laços corporativistas do mecenato, que garantiam um pacto de estabilização e dependência, aos poucos apagam o estigma de infâmia das profissões artísticas, integrando-as à sociedade. No entanto a situação de isolamento em face da sociedade, a marginalidade da condição de vida, o relacionamento com o mundo das classes sociais baixas, permanecem para uns — dos goliardos até os contadores de histórias das feiras, da poesia dos errantes até a literatura picaresca — uma verdade da vida cotidiana, e para outros o horizonte da liberdade.

Nessas diferentes situações e ao longo do tempo o modelo do pobre apresentado pela literatura e a sua tipologia sociológica variam bastante. Ora se trata de um mendigo humilde que encontra na renúncia a satisfação moral, ora de um filósofo que vê na pobreza uma condição para o cultivo da reflexão independente. Por vezes o pobre é um miserável, vítima das relações sociais, a quem a necessidade empurrou para as práticas infames. Vale a pena lembrar aqui a vizinhança lingüística que há, em polonês, entre *nedzarz* [miserável] e *nedznik* [marginal, ignóbil]: a antiga tradução polonesa de *Os miseráveis* de Victor Hugo era justamente *Nedznicy*, ou seja, delinqüente — aquele que infringe a lei e é perseguido pelo aparelho de repressão —, vagabundo, ladrão, bandido. Pode-se investigar não só a presença do tema do pobre na produção literária; existe também uma singular literatura da vagabundagem. Ela aparece, desde o início da época moderna, sob a forma de anotações de caráter autobiográfico e de relatos que penetram no mundo misterioso da miséria e do crime. É um tipo de literatura que suscita enorme interesse, tanto por mostrar um meio esotérico e exótico como pelo fato de parecer refletir, como num espelho côncavo, os problemas da sociedade dos "homens de bem".

Quando a *Ópera dos mendigos*, de John Gay, foi apresentada nos palcos de Londres no século XVIII decifraram-se esses dois planos e evidenciaram-se claras alusões aos governantes da Inglaterra. Em 1927, quando a peça voltou aos palcos de Londres, as alusões haviam perdido todo o seu peso mas os dois planos continuavam funcionando: além do exótico, da brincadeira e dos dramas de amor reduzidos a uma dimensão caricatural e anã, o público captou também a imagem das forças ameaçadoras que cresciam nas classes sociais baixas, forças que rejeitavam os princípios da ética e anunciavam a queda da ordem social dominante. Nas vésperas da ascensão do nazismo ao poder, em 1928, Bertolt Brecht retomou a obra de Gay[1] e a sua *Ópera dos três vinténs* começou a triunfar nos palcos alemães (depois o dramaturgo alemão fez uma adaptação romanceada e atualizada da peça). De acordo com a concepção de Brecht, Macheath (Mackie, o Punhal) devia ser uma personagem burguesa. A obra tinha por objetivo atacar a complacência, para não dizer a simpatia, dos burgueses em relação aos bandidos, provando a falsidade da opinião de que estes nada têm a ver com aqueles e de que o burguês não pode ser bandido.[2] Mas quando no final do segundo ato são pronunciadas as palavras:

> MAC — *Pois de que vive o homem? Tão-somente*
> *De maltratar, morder, matar como um animal insano,*
> *E tendo se esquecido inteiramente*
> *De que ele próprio é um ser humano*[3] *

o público encontra nelas não apenas a acusação de que o domínio da burguesia se baseia na contravenção e a provoca, mas também uma negação do sistema vigente de normas e comportamentos. O coro final da *Ópera dos três vinténs* exprime isso diretamente: "Primeiro o pão, depois a moral". Numa

(*) Nem sempre o original polonês forneceu os trechos de peças ou os poemas e baladas em suas línguas originais que não o polonês. Quando o fez, optou-se, nesta edição, por colocá-los em nota de rodapé. (N. E.)

atmosfera de grande expectativa, em que o clima tenso parecia anunciar uma catástrofe para o sistema social vigente, as classes baixas surgiam como algo ainda mais ameaçador: aparentemente eram elas que estavam destinadas a assumir o leme do futuro. Em termos de repercussão sobre o público, a *Ópera dos três vinténs* funcionava não só no plano da associação do mundo da contravenção à sociedade burguesa, mas também — e talvez sobretudo — no plano da identificação dos esfarrapados como a força que destruiria aquela sociedade e à qual pertencia o futuro. Na peça, um modo de vida anti-social se ligava a uma negação consciente da ordem social e das normas da convivência coletiva.

A longa permanência dos principais traços da imagem do pobre na literatura européia está relacionada com o valor negativo que a sociedade atribui a essa imagem. O tempo não provocou muitas mudanças no campo do código de normas éticas. A inviolabilidade da propriedade, a proteção das instituições e da ordem pública, a defesa de um determinado sistema de relações entre os indivíduos e os grupos de indivíduos produziram um conjunto de atitudes e ações repressivas tanto da parte do poder quanto do grupo familiar ou vicinal. Em conseqüência disso surgiram atitudes de desconfiança e suspeita, tanto mais fortes se se considera que as ações repressivas eram bastante decididas e violentas — aliás, o caráter delas devia ser sobretudo exemplar e ameaçador, já que o aparelho repressivo não era numeroso e suas punições tinham um efeito direto bastante limitado. O indivíduo estranho à sociedade local tornava-se logo objeto de desconfiança. Mas não se deve simplesmente confundir essas atitudes com a xenofobia. Na realidade elas se manifestavam em sociedades onde o nível de desenvolvimento dos laços étnicos era baixo. A fragilidade do homem diante da natureza e das condições naturais e sociais do seu meio subordinava-o à força da solidariedade grupal — tanto da comunidade familiar, no sentido amplo do termo, como da comunidade vicinal. O conhecimento partilhado, que incluía tanto o conhecimento dos homens quanto a semelhança dos costumes, do uso da língua e até do jargão, da maneira de vestir, produzia uma sensação de segurança. Quem se mostrasse fora desse âmbito de conhecimentos provocava uma sensação de insegurança.

Nas sociedades tradicionais a inquietação e a desconfiança em face dos estrangeiros eram atitudes comuns.[4] Caráter menos geral e mais ambivalente tinham as atitudes perante a miséria. Todavia a pobreza era um valor proclamado e afirmado pelo cristianismo — e de resto também louvado, às vezes sob formas mais complexas, em outros sistemas religiosos —, o que repercutiu sobre a atitude geral diante do fenômeno social dos pobres. Entretanto não se deve obrigatoriamente interpretar as louvações à pobreza como sinal de uma valorização positiva do mundo da miséria. A miséria voluntária era um estado digno de elogio, enquanto a miséria "por necessidade" era moralmente condenada. A sociedade urbana produziu argumentos para uma valorização social da riqueza e para que esta pudesse ser tratada como um sinal da graça de Deus. Conseqüentemente a miséria constituía a prova da falta da ajuda divina e talvez até da sua ira. No plano societário o pobre era tratado como alguém que subvertia a ordem social e era socialmente perigoso.

No momento em que esses dois fenômenos se encontraram, quando o pobre era um estrangeiro e um desconhecido, as atitudes de desconfiança e hostilidade se intensificaram. Nas sociedades em que o caráter "local" dos laços interpessoais produzia o gosto pela estabilidade, a mobilidade geográfica dos miseráveis — conseqüência da sua situação e da sua forma de vida — era vista como prova da subversão das normas de convivência social. Outro elemento que definia negativamente os miseráveis era o seu aspecto externo. Não apenas o modo de vestir era significativo: também o fato de não terem roupa era importante. Porque no caso dos mendigos o próprio corpo desempenha o papel de meio de vida; a exposição dos membros magros, do corpo coberto de úlceras e feridas, devia despertar compaixão. E realmente despertava, embora a compaixão fosse acompanhada de um certo tipo de curiosidade pela dor e o sofrimento, e ao mesmo tempo de nojo. Nas descrições literárias do mundo da miséria tais elementos de diferenciação física dos seus representantes tiveram um papel muito importante, fazendo com que esse tipo de descrição adquirisse o caráter de reportagem etnológica, em que a diversidade do meio retratado desempenhava um papel fundamental. O olhar que a literatura sobre os mendigos dirige ao meio da miséria tinha todas as características do interesse etnológico em relação aos homens diferentes e às curiosidades da natureza.

A série de representações literárias do mundo dos mendigos é abundante, abrange diversos horizontes lingüísticos, refere-se a meios bem diversos. Como documento histórico, no entanto, seu significado é ambivalente.

Antes de mais nada não se justificaria plenamente a definição dessas obras como literárias se o termo "literário" designasse apenas os produtos da imaginação ou da ficção. Algumas dessas obras se apresentam como o registro de uma vida, o relato de uma experiência pessoal, portanto como documentos. O historiador evidentemente assume a tarefa de relacionar tais documentos à realidade, de adequar à vida social o quadro descrito. No entanto parece-me bastante impróprio tratar a produção literária como fonte de informação sobre os fatos ou acontecimentos. Ela é sobretudo um excelente espelho da consciência social. Passando em revista essa "literatura picaresca" tenho presente sobretudo a sua importância como um testemunho do que os homens daquela época sabiam — e também do queriam saber — sobre o mundo da miséria, como o descreviam e que valor lhe conferiam.[5]

Essa literatura originava-se evidentemente na realidade social, nas formas e nas dimensões dos processos de pauperização. Portanto a reconstrução da sua realidade social não há de servir apenas à verificação da imagem literária, ou seja, a uma averiguação suspeitosa da autenticidade das informações nela contidas, como também à compreensão do seu conteúdo básico.

Ao limitar o campo de observação às histórias sobre mendigos não pretendo assumir a tarefa de apresentar o tema literário do mendigo. Essa tarefa exigiria um outro tipo de competência e além disso no centro de interesse haveriam de ser colocados os problemas de filiação do tema, de suas migrações, da fidelidade ao modelo e aos mecanismos das suas transformações. Seriam necessários ainda muitos outros — e minuciosos — estudos, em detrimento da problemática na qual pretendo concentrar a minha atenção: as imagens literárias da condição social.

A literatura que o nosso estudo abrange é muito extensa e exige competências analíticas diversas, que o autor deste livro não tem a pretensão de alcançar. No entanto parece-me justificável uma abordagem comparativa, que transgrida os limites tradicionais das disciplinas científicas e das literaturas nacionais. Precisei reduzir o aparato crítico a dimensões razoáveis, desistindo das especificações bibliográficas. Nem sempre pude me basear nas edições da época, mas houve ocasiões em que isso não foi necessário. Às vezes me servi de edições e antologias contemporâneas, quando elas obedeciam aos critérios das edições científicas.

Este livro é resultado de muitos anos de pesquisa, sob o patrocínio do Instytut Historii PAN [Instituto de História da Academia de Ciências de Varsóvia] e da École des Hautes Études de Paris. Foi escrito em 1978, durante a minha estada no Woodrow Wilson International Center for Scholars de Washington D.C. Devo agradecer a essa instituição por ter me proporcionado condições de trabalho e a oportunidade de usufruir do acervo da Library of Congress e da Folger Shakespeare Library (que tem uma ótima coleção de livros dos séculos XVI e XVII), e pela atmosfera intelectual reinante no "castelo" da Smithsonian Institution.

1
A LITERATURA DA MISÉRIA

LITERATURA E SOCIEDADE

A história da literatura está ligada à história social de uma forma complexa e nada unívoca. A descrição dos fenômenos e a sua elaboração literária podem não coincidir no tempo; o interesse por certos fatos ou processos nem sempre é proporcional à sua importância real. É possível ocorrer até mesmo o contrário: parece mais atraente o fenômeno que não é comum, que foge da imagem corrente. São precisamente os fenômenos estranhos e extraordinários que merecem ser fixados e podem contar com o interesse do leitor ou ouvinte, enquanto o que é comumente sabido, e constitui a base fundamental da vida, não precisa ser descrito. Nas sociedades com uma literatura pouco desenvolvida, em que a capacidade de ler e escrever era considerada marca distintiva da elite e onde o próprio processo de produção do livro era muito dispendioso, a obra escrita encerrava não apenas uma mensagem narrativa mas também um conteúdo mágico. Isso valia tanto para a própria escrita, que independentemente das informações transmitidas era tratada como um produto incomum o bastante para que lhe fossem atribuídas funções mágicas, quanto para o conteúdo por ela transmitido. A poética medieval, assim como a exegese teológica, exigia que se procurassem em cada obra escrita vários registros, mediante os quais ela pudesse ser lida; cada palavra estava sujeita a várias interpretações e era escrita com a intenção de suscitar essa leitura polissêmica. Até na poesia de Villon, em que parece ressoar apenas a força espontânea da expressão poética, encontramos uma manipulação retórica da palavra, e os versos em dialeto se inscrevem nessa leitura aberta e polissêmica da obra.[1]

As transformações que ocorrem na literatura da baixa Idade Média, o desenvolvimento da prosa, a emancipação literária da novela — que de história curta para uso no ensino religioso evolui para um gênero narrativo —, o nascimento do romance, o surgimento e o rápido desenvolvimento do teatro mudam de forma essencial o caráter da literatura. Os processos que no século XV levaram a uma produção em massa de livros, coroados com a invenção da imprensa, "a revolução guttenberguiana", constituíram a base não tanto da propagação da escrita quanto da sua "cotidianização". Certamente não se deve superestimar o grau de expansão da capacidade de leitura. O principal veículo da cultura escrita continuava sendo ainda, em grande escala, o ouvido,[2] só que a leitura em voz alta ganhava agora instrumentos de massa, mais acessíveis e econômicos. A escrita, e com ela a literatura, perdeu o caráter exclusivista e elitista, e a acolhida de motivos e elementos da vida cotidiana, assim como o aparecimento de uma função lúdica, visou o prazer e a diversão.

Os historiadores da literatura da baixa Idade Média e dos primórdios da época moderna vêem nesse fenômeno o nascimento e a evolução da corrente realista, ao passo que as interpretações sociológicas procuram descobrir as ligações dessa corrente com os interesses e as inspirações provenientes dos meios burgueses. Convém no entanto levar em consideração que evidentemente pesa sobre essa literatura uma intenção didática, segundo a qual de modo geral a literatura deve sobretudo *ensinar* e não *representar*. A Igreja e a evolução das suas estruturas ideológicas têm importância capital nesse projeto moralizador; as vantagens, os interesses e as necessidades das várias classes e meios sociais determinam o desenvolvimento da literatura, geralmente de modo indireto, por intermédio do projeto da Igreja e do seu ensino. A secularização da literatura foi um processo lento e ficou longe de ser universal. As controvérsias religiosas ligadas aos movimentos dos reformadores protestantes e católicos criaram uma situação propícia para um certo distanciamento da literatura em relação à didática religiosa, mas a afirmação de que os principais projetos ideológicos da literatura dessa época haurem nas fontes de inspiração religiosa não deixa de ter fundamento. Mesmo a literatura satírica ou os textos lidos ou cantados nas feiras permaneciam no âmbito das idéias e dos propósitos religiosos. A obra satírica, como por exemplo a "missa de uma libra de prata", fruto da inventiva dos frades goliardos medievais,[3] ou as baladas sobre Ragot, o príncipe dos miseráveis e herói da literatura das feiras do século XVI,[4] ao zombar dos vícios e criticar as injustiças ou ao exaltar as virtudes, permanecem no círculo da didática cristã; e se não fazem parte dela constituem o seu reflexo negativo. Isso vale também para a obra de François Villon: ao ridicularizar o sistema vigente, com seus cargos e funções sociais, o autor do *Grand Testament* freqüentemente alude aos motivos bíblicos, não ignora a escolástica universitária,[5] e afinal dá prova de uma religiosidade comovente na balada que escreveu para sua mãe.[6] Os tons de contestação da literatura polêmica do século XVI, em que a questão da atitude em face da miséria ou do projeto de reforma das instituições beneficentes é um dos motivos da disputa entre católicos e protestantes, não alteram o estado das coisas: a ideologia social da literatura continua determinada pela doutrina religiosa ou plenamente enredada nos seus propósitos éticos. É preciso levar isso em consideração ao examinar as funções representativas da literatura.

O grande historiador inglês Richard H. Tawney, examinando as relações entre a história social e a literatura, alertou para o perigo de se negligenciar a criação literária, com tudo o que ela comporta de imaginário.[7] Ao mesmo tempo demonstrou que as ligações entre história e literatura — mais precisamente entre a pesquisa da vida social do passado e a pesquisa da produção literária — são vantajosas para ambas as partes: um confronto do mundo das imagens com a situação social da época e sua realidade material é sempre útil para a compreensão do gênio criador; e para a compreensão do passado a literatura não só fornece o registro dos fatos como também traz à luz questões que fogem da atenção do historiador. Em sua peregrinação pelo mundo do imaginário da literatura, Tawney opta pela companhia dos "grandes autores", advertindo contra toda espécie de *littérateurs*, da literatura *minorum gentium*.[8] Há muito fundamento nessa advertência, mas pode-se também revertê-la facilmente e defender a tese de que o historiador ganha muito mais se abandona a "boa" companhia literária, as altas exigências do gosto artístico, e desce a uma literatura mais rasteira, mais popular. Pois sendo essa literatura inferior mais anônima, menos marcada pelos traços da criatividade individual, ela corresponde melhor ao imaginário do povo e por isso é mais fiel como testemunho da consciência social e como registro da realidade apresentada. As limitações de transparência do discurso de primeiro plano — aquele que apresenta a trama principal da obra —, assim como uma maior sujeição à tradição literária e aos ditames literários em voga do que a sofrida pelos "grandes autores", são compensadas pela riqueza de detalhes do segundo plano, pela simplicidade e ingenuidade da apresentação das intenções e dos projetos realizados na obra. Além disso há um elemento importante do projeto imaginado. Não só a realidade cotidiana ganha importância na literatura "realista" daquela época; uma certa trivialidade e até uma vulgaridade intencionais fazem parte do quadro que representa os homens da classe baixa e sua vida cotidiana.[9]

Enfatizando os processos e os fenômenos coletivos, a história social forçosamente se volta para a literatura de massa. O que não significa descartar os grandes autores. Pois é preciso incluir na literatura "de massa" Villon, Sacchetti, Rabelais e Shakespeare. No entanto a imagem da sociedade que eles apresentam em suas obras adquire significado próprio no contexto de uma ampla produção literária, e a aplicação indiscriminada dos mesmos instrumentos de análise para os grandes e os pequenos confere às obras literárias o caráter de documentos singulares da consciência social. Tanto uns quanto os outros são tratados com a mesma ótica de pesquisa, abstraindo-se as diferenças de calibre artístico. As *Novelas exemplares* de Cervantes se incluem na extensa série da literatura picaresca não pelo seu caráter genérico em termos de genealogia literária, mas porque os conteúdos tratados dizem respeito ao picaresco.

Na verdade esse é um procedimento um tanto brutal, pois reduz as obras literárias ao papel de documentação material, de simples matéria-prima.[10] Mas são as exigências da análise histórica: Clio protege mais a pesquisa científica que a criatividade artística.

Além de narrar, as obras literárias constroem também uma certa tipificação da realidade social apresentada. Tal tipificação se manifesta sobretudo no segundo plano da descrição literária, nas personagens secundárias, que às vezes (por exemplo no teatro medieval) não têm nome, sendo designadas apenas por sua função social ou com nomes que são simples codificações dessa função. Para o historiador das estruturas sociais isso tem uma importância muito grande. Conceitos como "burguês", "rico", "mendigo", "patrício" e "plebeu" são construções teóricas que o ajudam a ordenar os fatos, elaborar imagens sintéticas, penetrar nas divisões e ligações estruturais da sociedade analisada. As obras literárias permitem confrontar essas construções históricas com o quadro que funcionava na consciência social da época examinada. A tipologização usada como um procedimento literário, mesmo sendo o resultado de uma simplificação excessiva — ou talvez precisamente por isso —, fornece imagens sociais estereotipadas, que surgem do concreto da realidade pesquisada pelo historiador.

O objeto do nosso interesse é a literatura que constrói seu discurso em torno dos tipos do vagabundo, do vigarista e do mendigo. Por "literatura" entende-se tanto a prosa quanto a poesia, tanto a produção épica quanto os relatos ou obras didáticas, e enfim também as obras em forma de tratado. *Grosso modo*, o aparecimento dessa literatura pode ser situado tanto no tempo quanto no espaço, e por isso é possível tentar tratá-la como um fato de diacronia histórica, isto é, tentar inscrevê-la no tempo e na conjuntura social. Isso significa indagar: será que o surgimento e a evolução da literatura dos mendigos é um testemunho do surgimento e da evolução do pauperismo como fenômeno social?

A esse tipo de tratamento do problema pode-se contrapor a questão da autonomia interna do desenvolvimento do tema literário e a partir daí procurar, através da pesquisa das filiações, os antecedentes europeus da literatura dos mendigos. Quanto a essa questão nos referimos sobretudo a duas obras da literatura romana: o *Satiricon* de Petrônio e *O asno de ouro* de Apuleio.[11] Nos fragmentos conservados do *Satiricon* encontra-se uma descrição das viagens de Encólpio e de Ascilto, cujas vidas aventureiras incluíram várias profissões e condições sociais. Todavia eles eram mendigos e vigaristas, e provavelmente nas partes não conservadas da obra havia ainda relatos de outras façanhas. A obra de Petrônio tornou-se conhecida na Idade Média, foi impressa em 1482 em Milão, e no século XVI teve várias edições na França; foi citada pelos autores dos séculos XVI e XVII. Também a viagem de Lúcio, no decorrer da sua metamorfose em asno, possibilita uma descrição em cores vivas das classes sociais baixas. Ele cai sucessivamente nas mãos de ladrões e de escravos fugitivos; seus senhores são um moleiro, um jardineiro e um soldado. A forma de animal permite-lhe observar atentamente o mundo dos homens. A descrição da vida e dos costumes dos mendigos e dos ladrões, de todo tipo de vigaristas, surpreende por seu colorido. Essa obra também foi conhecida na Idade Média, traduzida em várias línguas, lida e comentada no século XVI e depois adaptada e assimilada pela literatura européia moderna. Não há dúvida de que essas duas obras da literatura latina européia tenham sido a fonte e o modelo da literatura dos mendigos e de que a imagem do vagabundo, do mendigo e do vigarista tenha sido moldada a partir delas.

Ao remontar à gênese desse tipo de literatura (sem entretanto procurarmos, nesse caso, filiações diretas) não poderíamos esquecer a antiga comédia grega, sobretudo Aristófanes. Ela nos permite tratar o tema literário do mendigo dentro das categorias da fábula mitológica, em que a riqueza e a miséria aparecem não só como noções opostas mas também na forma de um todo singular: a riqueza como miséria e a miséria como riqueza, o rico como mendigo e o mendigo como rico. Aliás podemos encontrar a mesma estrutura no *ethos* cristão da pobreza, embora nesse caso tal convergência seja fortuita, não tendo o caráter de filiação. Para os escritos europeus que constituem o objeto deste estudo a herança antiga se refere sobretudo à inspiração fornecida pelos romanos. Esse fato teve uma grande importância, pois a procedência antiga de certa forma nobilitou o próprio tema, facilitando a sua divulgação. Resta no entanto explicar o interesse por ele, tanto da parte do autor quando dos leitores, o que já não pode ser feito através dos argumentos de filiação. A imitação era um instrumento para a apresentação da realidade na literatura, que como toda a cultura daquele tempo recorria continuamente à tradição; esse é um fator que deve ser levado em consideração ao se examinar o grau de fidedignidade dos fatos e situações apresentados, mas isso não nega nem a proposta realista dessa literatura nem o seu valor epistemológico. A literatura do final da Idade Média e do início da Idade Moderna recorre a esses modelos para apresentar os problemas da sua própria época. Assim, é fundamental examiná-la no contexto das transformações e da conjuntura social dessa própria época.

O CONTEXTO SOCIAL

A ampla produção literária que aqui denominamos literatura dos vagabundos liga-se de dois modos ao contexto social. Primeiro ela exige um confronto com a realidade social daquela época, com as principais tendências de evolução social, com as transformações da estrutura de propriedade, com as dimensões da miséria material e dos processos de pauperização, com a posição dos mendigos e vagabundos na vida social. Em segundo lugar essa literatura se relaciona diretamente com as grandes controvérsias ideológicas em torno do problema da pobreza e dos princípios da proteção aos pobres que faziam parte do pensamento europeu daquele tempo. Não é possível apresentar aqui esse conjunto tão vasto de problemas, mas cabe uma referência às análises estatísticas da conjuntura econômica e social, assim como à história das doutrinas e idéias do final da Idade Média e do início da Idade Moderna.[12] Vamos nos limitar apenas a um esboço das questões que podem ser consideradas elementos indispensáveis para uma interpretação histórica da imagem do pobre e do vagabundo.

A área geográfica em que aparece esse tipo de imagem na literatura européia é tão vasta que se pode falar da sua presença universal na consciência social e na imaginação literária da Europa a partir do início da Idade Moderna. Por isso é preciso examinar dentro de um mesmo quadro a situação social e as principais tendências da sua evolução. Mas será que se pode falar da Europa de então em termos de unidade? As tendências de unificação e as convergências evolutivas parecem bem mais débeis que a diversidade e as divergências. No quadro geral da Europa aparecem em primeiro plano as diferenças no grau de desenvolvimento econômico dos diversos países ou regiões.[13] É verdade que já no fim da Idade Média podemos observar um certo ritmo comum da conjuntura econômica e uma evolução dos elementos da divisão inter-regional ou internacional do trabalho, que se intensificam na Idade Moderna. Sem dúvida as trocas comerciais de longo alcance são ainda limitadas, mas a sua importância é bem maior que a dimensão quantitativa. Elas incentivam as transformações das estruturas econômicas e são um elemento de organização da especialização em certos ramos da produção de bens e da exploração dos recursos naturais. Os altos e baixos da conjuntura, mesmo quando parecem ocorrer em esferas da economia pouco relevantes do ponto de vista quantitativo, testemunham o ritmo interior da vida do continente europeu. Isso era percebido também pelos contemporâneos, para quem a queda do valor da moeda, os preços altos ou as dificuldades de conseguir trabalho eram fenômenos reais, que determinavam a vida cotidiana da família.

Dois grandes colapsos caracterizam a evolução da conjuntura européia do período que nos interessa neste livro. O primeiro é a crise do século XIV, uma série de acontecimentos desfavoráveis à vida econômica da maior parte dos territórios do oeste e do sul da Europa, com uma epidemia em meados do século. A Peste Negra, que atingiu seguramente um terço da população dos países pelos quais passou, provocou uma comoção tão forte que os homens daqueles tempos costumavam culpá-la por todas as desgraças que ocorriam. Os países da Europa central e oriental ficaram a princípio fora do alcance da colheita sangrenta da série de epidemias do século XIV (após a Peste Negra de 1347-1349 se sucederam, nas décadas seguintes, novas fases de contágio); ao contrário do Ocidente, onde a catástrofe demográfica acompanhava a recessão econômica e o colapso dos ramos tradicionais da produção industrial, pode-se observar nesses países muitos sintomas de um intenso desenvolvimento. Independentemente de tais diferenças, no século XIV ocorrem transformações na própria estrutura da sociedade feudal européia.

É igualmente generalizado o colapso que se sucede ao período de expansão dinâmica da economia no século XVI. As tendências duradouras da conjuntura econômica precisam sofrer alterações, e a série de crises do século XVII dá ao período um caráter imprevisto. No caso da "crise do século XVII" as diferenças regionais no desenvolvimento de alguns países aparecem com uma nitidez não menor que no fim da Idade Média, mas dessa vez a depressão atinge a grande maioria dos países europeus, tanto os da mais adiantada zona de desenvolvimento pré-industrial quanto os das regiões agrárias.

As fases de expansão e de recessão determinam também, no ritmo oscilante das flutuações econômicas, a moldura da conjuntura social. Para a nossa análise é importante sobretudo o lugar ocupado nessa conjuntura pelo processo de pauperização. A mobilidade social e a dinâmica da estrutura de propriedade eram obviamente dependentes das flutuações econômicas, que levam à redução ou ao aumento das oportunidades de prosperidade material, ou seja, uma situação desfavorável para uma classe ou grupo e favorável para outro. Fazendo um balanço social da expansão do século XVI, Fernand Braudel afirma que como resultado de tal expansão "os ricos ficaram ainda mais ricos e os pobres ainda mais pobres".[14] As crises de alimentos, que se difundiam sob a forma de carestia, fome e epidemias, deixaram uma marca singular na vida das massas rurais do final da Idade Média e início da Idade Moderna. Para uns poucos essas crises favoreciam especulações lucrativas, mas para a massa dos camponeses, economicamente mais frágeis, elas significaram o fim das condições de vida existentes até então, levando-os inclusive a ter de abandonar o campo. O processo conjuntural de pauperização é marcado pelo flagelo da fome, que ameaça com a morte. A extensão das crises de alimentos se restringiu por vezes aos limites locais; nesse caso era motivada por um sistema de transportes ineficiente e caro, que dificultava o fornecimento de alimentos de outras regiões para os lugares atingidos pelo desastre de uma má colheita. Mas geralmente o alcance dessas crises era muito maior, sendo o seu ritmo determinado pelas condições climáticas, pela divisão do trabalho entre regiões e pela produção especializada, que levava os países da zona industrial a depender da importação de cereais. A atração exercida pelas cidades, que dispunham de estoques de alimentos e onde era mais fácil conseguir uma ajuda temporária, fez com que a miséria rural se instalasse precisamente nos pavimentos urbanos. Massas esfomeadas de miseráveis dirigiam-se para lá, enchendo as praças e ruas, e quando encontravam as portas fechadas ficavam esperando ajuda ao pé das muralhas, contando com a comida, o leito num abrigo ou a esmola de um passante. Era um problema sobreviver ao inverno e conseguir alguma ajuda antes da morte pela fome. As cidades faziam todo o possível para se livrar desses hóspedes. As novas colheitas punham fim à fome, dando a esse êxodo rural dos miseráveis um caráter transitório. No entanto uma parte de tais migrantes esfomeados não tinha motivo para voltar à aldeia. As catástrofes violentas e dramáticas da conjuntura social evidenciaram uma situação estrutural: o pauperismo surgiu como um fenômeno endêmico da aldeia moderna.

A pobreza não foi uma "invenção", não tem certidão de nascimento. Todas as sociedades chamadas históricas evidenciam uma diferenciação das condições materiais e de força física dos homens. Quase sempre a pobreza se apresenta sob forma latente, e às vezes, como no caso do cristianismo medieval, torna-se uma escolha voluntária e publicamente manifesta, um caminho para a perfeição e a salvação. É freqüente os mendigos aparecerem como um grupo profissional. Sua existência está ligada sobretudo às cidades, porque só as aglomerações humanas maiores podem garantir-lhes um modo de vida estável, sem a necessidade de incessantes peregrinações. Os mendigos desempenhavam uma função considerada útil e necessária; tornavam-se um problema apenas quando crescia excessivamente o número dos que, como eles, precisavam de ajuda, ou quando faltava mão-de-obra no mercado de trabalho. Assim, não se deve tratá-los como um componente do pauperismo ou um dos seus testemunhos. O pauperismo como fenômeno social é resultado dos processos de empobrecimento e rebaixamento de classe de vastos grupos da população.

Eram esses os processos que ocorriam na vida social da Europa paralelamente à desagregação das estruturas feudais tradicionais da sociedade agrária. São processos de caráter lento e demorado, que dependem da dinâmica do desenvolvimento dos diversos países e regiões. Por isso é muito difícil estabelecer para eles uma cronologia comum. As crises conjunturais davam a essas mudanças um caráter dramático e uma singular compensação do ritmo. Por exemplo, a crise de 1527-31 tinha se apresentado de forma semelhante em diversos países e cidades: empurradas pela fome, as massas de camponeses apareciam nas cidades da península dos Apeninos, do norte da França até a Holanda, obrigando as autoridades dessas cidades a reorganizar as formas de assistência social praticadas até então. No início da Idade Moderna torna-se claro que as transformações da estrutura de propriedade no campo expulsam do âmbito da existência normal um grande número de pessoas, que vão procurar o seu "lugar ao sol" precisamente nas cidades. Os processos de urbanização da Europa eram lentos demais para permitir às cidades absorver a imigração em massa da população rural. Além disso a socialização dos imigrantes era freada pela dificuldade de adaptação ao modo de vida da cidade, ao seu ritmo e às exigências profissionais.

As limitadas possibilidades de absorção apresentadas pelo mercado de trabalho da cidade e as barreiras sociopsicológicas consolidaram os efeitos do rebaixamento social, que foi o preço pago pelo nascimento da sociedade moderna. As massas de miseráveis, para as quais não havia lugar nem no campo nem na cidade, tornam-se um elemento constante da paisagem social da Europa. Elas ganhavam a vida com trabalhos ocasionais e esmolas; e seus componentes às vezes se sustentavam tornando-se parasitas, aventureiros, vigaristas ou até mesmo criminosos. Nessa última categoria aparece em toda a sua extensão o problema da decomposição dos valores morais e das normas de coexistência coletiva, cuja força ou fraqueza não podem ser explicadas por uma referência mecânica aos processos sociais.

Esse modelo de pauperismo era parte integrante das mudanças que podemos chamar de "processo de modernização", e portanto dizia respeito à realidade dos países mais desenvolvidos. Em lugares onde as estruturas feudais conservaram — ou recuperaram — a sua força anterior o problema dos pobres e dos vagabundos tem outra dimensão social. Nesse caso tratava-se sobretudo da criação de condições que pudessem obrigar os camponeses a permanecer ligados à terra e garantir o funcionamento do sistema de dependência pessoal. Entre a luta travada na Europa central e oriental contra a fuga dos camponeses e a luta contra a vagabundagem na Inglaterra ou na França dos séculos XVI e XVII existe uma certa semelhança nas formas das ações repressivas e nas iniciativas legislativas, mas no fundo se trata de situações sociais totalmente diversas.

Nos comportamentos coletivos perante os pobres e os vagabundos, assim como na consciência social, encontramos uma evidente influência tanto das crises conjunturais quanto do pauperismo estrutural. Em face da massa de miseráveis, desses "abomináveis fantasmas, que perturbam o repouso dos homens, invadem a felicidade das famílias ricas e destroem a tranqüilidade pública" — como escreveu no século XVII um certo observador jansenista francês —,[15] era preciso rever a doutrina tradicional da misericórdia e da organização da assistência social que estava em vigor até então. Em torno dessa questão surgiu uma abundante literatura sócio-política e teológica que no decorrer dos séculos XVI e XVII causou uma profunda reestruturação da doutrina cristã da misericórdia. Das polêmicas desencadeadas tanto no pensamento protestante quanto no católico participaram as principais autoridades intelectuais da época e os mais ilustres reformadores. Simplificando bastante é possível dizer que como resultado desses debates a carga de valor associada à pobreza e à condição de pobre passou por uma mudança. Apagou-se a auréola de perfeição que na Idade Média circundava a pobreza voluntária e em parte se estendia também à pobreza por necessidade. Agora a miséria aparecia sobretudo como uma praga social, e o pobre como uma figura perigosa para a ordem pública.

O alcance desse tipo de reflexão foi mais vasto que o próprio fenômeno social do pauperismo. O reformador polonês Andrzej Frycz Modrzewski continuou na Polônia a mesma reflexão que Juan Luis Vives desenvolveu sobre a realidade social das cidades flamengas, onde o desenvolvimento industrial estava mais adiantado. Essa coincidência confirma uma certa autonomia dos processos que ocorrem na vida intelectual e na consciência social com relação à realidade social. É preciso sempre levar em consideração tal fato quando se examinam as relações da imagem literária da miséria com o fenômeno social do pauperismo. O âmbito da nossa observação se limita precisamente à consciência social, e é apenas para entender as idéias sociais correntes que nos referimos à imagem real do mundo da miséria.

A LITERATURA DO MALANDRO

A brutalidade de uma análise das relações entre a literatura e a sociedade seria ainda mais evidente se para falar sobre o estado e a evolução da sociedade usássemos a linguagem adequada a tal análise: diagramas, índices de tendências, correlações entre fenômenos e entre orientações. Não seria iconoclastia incluir Sebastian Brant, Shakespeare e Cervantes em algumas curvas? Obviamente as relações entre a criatividade e a realidade econômico-social são complexas e as conexões e interações existentes entre as duas não são diretas. No entanto as correlações que somos capazes de identificar têm importância para a nossa compreensão da forma e da evolução do cenário social da época moderna.

A pergunta sobre as coincidências cronológicas e geográficas entre a literatura e a conjuntura social cria logo de início a necessidade de apresentar um quadro geral dessa produção literária. A tarefa é difícil porque há grandes lacunas no nosso conhecimento da história dessa área da literatura, de resto uma área de segundo plano.

Organizando esta exposição introdutória de acordo com determinados campos lingüísticos, consideramos secundária a questão da "prioridade", que em certos estudos aparece em primeiro plano. A descoberta, recentemente, da coletânea italiana *Speculum cerretanorum* renovou essa controvérsia, sugerindo retirar da literatura alemã a primazia na longa série de panfletos sobre o mundo da miséria. Podemos no entanto, já que não é nosso objetivo analisar as filiações literárias do tema, omitir essa questão; de fato o "início" do tema pode ser, em cada um dos diferentes campos lingüísticos, tanto uma questão de coincidência quanto resultado do papel seletivo do tempo na preservação dos documentos ou do estágio da pesquisa e dos estudos.

Na literatura alemã[16] as primeiras tentativas de descrição do mundo dos mendigos aparecem no século XIV. Têm o caráter de reconhecimento desse mundo e de uma verdadeira decifração dos nomes usados pelos mendigos ou até mesmo da sua linguagem particular. Surgem (a partir dos anos 40 do século XIV) primeiro nos registros municipais e depois em vários tipos de textos da poesia popular, assim como em crônicas. No século XV aparecem no sul da Alemanha as descrições mais elaboradas daquele meio, usando sempre o mesmo esquema de exposição, isto é, a apresentação de todas as categorias de mendigos e vagabundos e o registro das palavras e dos termos da sua linguagem secreta, chamada *Rotwelsch* (a primeira referência conhecida a essa linguagem é de 1250). Consistem elas numa exposição das vigarices dos mendigos (*Basler Betrügnisse der Gyler*), preservada nos manuscritos do conselho municipal de Basiléia e escrita provavelmente entre 1430 e 1444, e numa descrição que aparece na crônica de Matthias von Kemnat, referida ao ano de 1475. Esses textos têm muitas semelhanças — e há até mesmo menção ao documento de Basiléia — com o capítulo 63 de *A barca dos loucos* de Sebastian Brant, escrita em 1494, dedicado aos mendigos e às suas perversas vigarices, e também com uma obra anônima do ano de 1505 sobre a "confraria dos vagabundos" (*Der bouen = Der Bubenorden*). E finalmente no início do século XVI é impressa a obra principal dessa literatura: o *Liber vagatorum*.

Não se conseguiu descobrir o nome do autor dessa obra e nem o lugar exato ou a data em que foi escrita. As numerosas edições impressas[17] aparecem com três títulos: *Liber vagatorum: Der Betler Order*, impressa entre 1509 e 1520; *Von der falschen Betler Bueberey* (com uma introdução de Martinho Lutero, que aproveita a oportunidade para atacar tanto os mendigos quanto as ordens mendicantes), impressa de 1523 a 1668, e *Die Rotwelsche Grammatik*, impressa de 1535 a 1755 e que concorreu durante certo tempo com a obra prefaciada por Lutero. A alteração do título lança uma luz interessante sobre a circulação da obra, a mudança do tipo de interesse dos leitores e também sobre a função que os tipógrafos atribuíam ao livro. Não temos conhecimento da tiragem de cada um dos títulos, mas o primeiro deles, num período de tempo relativamente curto, teve dezoito diferentes edições, o que comprova seu interesse. A edição prefaciada por Lutero obviamente foi a mais importante, tornando-se um dos instrumentos das polêmicas religiosas, e o novo título salientava o caráter polêmico e panfletário da obra. Pode-se supor que as suas dez diferentes edições alcançaram grandes tiragens. O terceiro título enfatiza o apêndice e o segundo conteúdo da obra, isto é, a apresentação e a decifragem do *Rotwelsch*, o que atende a um outro tipo de interesse, pois se relega o caráter panfletário ou satírico da obra e se acentua o elemento exótico e didático do texto proposto ao leitor.

Não se sabe a data exata do "lançamento" dessa obra e nem a das primeiras edições. A própria *editio princeps*, publicada, segundo alguns estudiosos, entre 1494 e 1499, não se conservou, e nem sabemos se a compilação dessa obra — que acrescenta à descrição de Basiléia os elementos léxicos registrados em obras de outros autores — antecede sua edição em incunábulo. A autoria da obra foi atribuída alternadamente a Sebastian Brant e a Thomas Murner, devido à afinidade de seus elementos com o *Narrenschiff* do primeiro e o *Narrenbeschworung* (1512) do segundo. Outros escritores foram apontados como seus autores, mas a questão continua em aberto.

Falando da literatura dos vagabundos não se pode esquecer a história de *Till Eulenspiegel*,[18] embora nesse caso entremos no terreno diverso e bem mais amplo do mundo do riso. A figura de Eulenspiegel pertence no entanto à galeria dos tipos com os quais o meio que nos interessa se apresentava ao público. Esse filho de camponeses — como sublinha o título da obra —, de uma família humilde, trabalha para camponeses, burgueses, religiosos, nobres e médicos; viaja sem parar de uma cidade a outra, de um país a outro (a história situa-o também em Cracóvia, onde foi para falar com o "rei Casimiro"), fingindo-se incessantemente de parvo e caipira. Espertalhão e malandro, vive sempre às custas dos outros, aproveitando-se tanto da ingenuidade humana quanto dos favores da natureza. É um herói popular, que une na autoconsciência plebéia os estratos baixos da aldeia e da cidade. Nas brincadeiras e nas aventuras contadas nesse romance não encontramos informações importantes para a reconstrução de uma imagem do mundo dos mendigos e dos vagabundos. Mas o que é importante é a própria figura de Eulenspiegel. A narrativa, compilada por certo de anedotas que circulavam oralmente (alguns pesquisadores encontram até um protótipo histórico do protagonista, que em 1530 morreu em Mölln vítima da peste), parece ter sido impressa já na segunda metade do século XV, mas são conhecidas apenas as edições do século XVI. A mais antiga é de 1510-1511. A obra foi muito rapidamente traduzida para outras línguas e durante bastante tempo a Alemanha, a Holanda, a Inglaterra, a França e a Polônia garantiram-lhe enorme sucesso.

Desde o início do século XVI o tema do mendigo e suas vigarices está constantemente presente na literatura alemã, na poesia e na prosa populares, assim como no teatro dos séculos XVI e XVII. Dele se ocupam também as pequenas obras populares daquele tempo que aspiram a uma erudição etnográfica e filológica. Uma descrição singular do mundo dos vagabundos alemães do tempo da Guerra dos Trinta Anos é encontrada nas duas obras famosas de H. J. Chr. von Grimmelshausen:[19] *Der abentheurliche Simplicissimus Teutsch* (1669) e *Lebensbeschreibung der Landstortzerin Courage* (1670). Os dois textos, que representam o "romance do malandro" alemão, são os maiores expoentes desse tipo de literatura; no século XVIII eles conquistaram grande popularidade (que recuperaram no século XIX, ao serem descobertos pela literatura romântica), foram também traduzidos e coexistiram com o romance picaresco. Eles divergem da tradição alemã daquele tempo não apenas pela invenção narrativa, que assume a aparência de relato autobiográfico, mas também pelo meio descrito. Aqui já não se trata das categorias de mendigos profissionais, vigaristas e delinqüentes, e sim dos vagabundos que vivem dos combates, unindo na guerra a arte militar e o parasitismo. Na esteira de Grimmelshausen o romance do malandro alemão produziu várias outras obras, de menor valor e menos populares. Vale a pena mencionar *Ungarischer oder Dacianischer Simplicissimus*, cuja primeira edição é de 1683. No mesmo ano foi publicada a obra seguinte, uma continuação do *Simplicissimus* húngaro: o *Türkischer Vagant*. Em ambas as obras encontramos dados interessantes sobre a realidade da Hungria, da Polônia ou da Eslováquia, assim como da Turquia e do Oriente, mas quanto à construção da imagem do herói-vagabundo elas são pastiches do seu protótipo. A literatura alemã sobre os vagabundos também se enriqueceu com as muitas traduções de outras línguas, sobretudo do espanhol e do francês. O século XVIII já não traz frutos tão ricos na literatura alemã. A problemática do pauperismo era objeto de descrições pseudocientíficas. O mendigo ou o vagabundo aparecem na prosa ou no drama como personagens do cenário social, mas sem ocupar um lugar autônomo.

No confronto com a conjuntura social a literatura alemã apresenta notáveis convergências: primeiro o aparecimento desse tema na época da crise do século XIV, depois o seu florescimento no limiar dos séculos XV e XVI, a permanência do interesse pelos mendigos e vigaristas, o surgimento das atitudes de hostilidade e de desmascaramento no século XVI e por fim a imagem do vagabundo ligado ao processo de rebaixamento social e de desmoralização que acompanhou a Guerra dos Trinta Anos.

Quanto à literatura francesa, já a partir do século XIII pode-se constatar a presença do mendigo na galeria dos tipos literários.[20] Além de *Diz des ribaux de Greive* de Rutebeuf, em que um misto dos sentimentos de escárnio e de compaixão retrata a figura do vagabundo parisiense, encontramos no *Roman de la Rose* de Jean de Meung (1275-1280) a descrição da miséria dos mendigos que vivem às portas das igrejas ou dos hospitais. Há elementos semelhantes também em cenas pequenas, episódicas, das primeiras obras do repertório dramático religioso do século XIV. Em *Miracles de Nostre-Dame par personnages* os mendigos aparecem num papel que freqüentemente desempenham no teatro medieval e renascentista: o de figuras que interrompem a ação para divertir, sendo ao mesmo tempo objeto de escárnio. São ridículos seu aleijão e as brigas por dinheiro tanto quanto sua ganância e insistência. Eles são os representantes do ofício da mendicância, os especialistas que exercem essa ocupação profissionalmente. Uma descrição bem mais ampla e rica desse ambiente é encontrada na profusa obra de Eustache Deschamps (1346-1406), que dedicou cerca de vinte baladas aos mendigos e vagabundos, desmascarando os truques ardilosos com que eles tentam suscitar a compaixão ou obter uma esmola. Esse poeta francês, que aliás já havia sido funcionário de tribunal, concorda plenamente com a legislação contra os vagabundos do século XIV, considera que esse meio é composto de malfeitores e vadios e apela ao leitor para que renuncie a todos os sentimentos de piedade e combata decididamente essa praga. A poesia de Deschamps tem um caráter didático bem acentuado, mostrando que o trabalho e a vida digna são um dever moral e que os mendigos e vagabundos não se ajustam a ele. No quadro que esboça, o poeta utiliza os instrumentos da sátira mordaz e do escárnio.

Encontramos os mesmos tons no repertório teatral francês dos séculos XV e XVI. Com muita freqüência aparece o motivo do cego e seu criado, através do qual, além das situações cômicas, explora-se a imagem satírica dos mendigos profissionais. A presença constante desse motivo tanto no repertório religioso quanto no cômico demonstra quão "rentável" pode ser o tema do mendigo, com que facilidade se consegue o aplauso do público e a comicidade quando ele aparece no palco. Nessa comicidade não há misericórdia nem compaixão. Sentimentos ainda mais negativos desperta a figura do vagabundo ao qual se atribuem atividades criminosas. Há uma ligação muito nítida entre essa observação fria e hostil do meio da miséria — talvez fosse melhor dizer: da miséria profissional — e a nova atitude que no final da Idade Média e nos primórdios da Idade Moderna a sociedade adota com relação à miséria.

Em suas baladas, Deschamps relaciona a vadiagem e a mendicância com a guerra e suas conseqüências sociais. Essa relação pode ser encontrada também na imagem do meio dos vagabundos traçada por François Villon.[21] Não pretendemos reduzir a obra do maior poeta francês da baixa Idade Média à autobiografia de um marginal e vagabundo (visão difundida pelos românticos, que apresentavam Villon como um apache), mas não há como negar que o retrato de si próprio e dos amigos traçado pelo autor do *Grand Testament* descreve os vagabundos e delinqüentes do último período da Guerra dos Cem Anos. Um testemunho disso é o documento assinado pelo promotor de Dijon, Jean Robustel, sobre o bando chamado *coquillards*, que roubava naquela região e ao qual Villon esteve ligado durante certo tempo. Trata-se do relatório de um funcionário da polícia, mas como foi mandado para outras cidades, onde as instâncias judiciais locais o usaram como informação, é muito provável que a sua circulação tenha extrapolado bastante o meio estritamente administrativo. Aliás ele tem características bem próximas do relatório de Basiléia (*Basler Betrügnisse*), que lhe é contemporâneo e que também contém elementos de decifração do jargão,* da linguagem secreta usada pelo bando. Villon deixou-nos algumas baladas escritas nessa linguagem; durante muitos anos considerou-se que elas eram apenas uma reunião de sons com forma poética, pois não se conhecia a chave que as decifrava.

O *coquillard* descrito no relatório de Robustel é terrível, vive da rapina, dos jogos de azar, da burla e da pilhagem. Porém Villon entrou na tradição — e na lenda — literária quase em seu próprio tempo, e no final do século XV e início do XVI continuava presente na literatura das feiras na figura do malandro, do bufão, do indivíduo que se deliciava dizendo frases picantes, como Eulenspiegel. E é bem assim que o apresentarão as *Repues franches de maistre François Villon* e também Rabelais. De uma certa forma, independentemente da sua obra Villon funciona numa série de figuras lendárias de mendigos, vagabundos e gatunos presentes na literatura popular francesa do século XVI. A personagem do mendigo profissional é por vezes muito bem caracterizada. Sobre uma dessas personagens — "o bravo capitão Ragot" — já se diz no título que foi "bastante dotado na arte da mendicância perfeita".[22] Nessa obra encontramos as inquietações da época da reforma das instituições de caridade, marcada por uma ambivalência das atitudes em relação aos pobres. Tal ambivalência pode ser notada na própria introdução do autor: depois de ter convocado os leitores a serem mais misericordiosos com os pobres ele muda subitamente de tom e os põe de sobreaviso contra os abusos dos falsos mendigos, que em sua opinião constituem a maior parte da população de indigentes.

Entre os outros "heróis" mendigos vale a pena mencionar ainda Tailleboudin, a quem Noël du Fail dedicou um dos capítulos dos seus *Propos rustiques* (1547). O filho de um camponês da Bretanha, tendo dissipado os bens paternos, vai a Paris e lá se torna mendigo. Tempos depois encontra um patrício e lhe fala dos encantos e comodidades da vida sem trabalho, na abastança. Esse relato é uma das primeiras descrições do mundo dos mendigos como uma organização autônoma e secreta. A historieta deve ter tido um grande sucesso, pois na edição de 1573 e em outras seguintes seu título aparece no frontispício. Os elementos de análise sociológica nela contidos, assim como a própria descrição do meio dos mendigos e marginais da cidade em meados do século XVI, lançam uma luz interessante sobre o cenário social daquele tempo.

Na esteira de Noël du Fail seguem outras obras da literatura francesa sobre os mendigos,[23] em que os problemas desse meio social têm visivelmente um caráter autônomo e de primeiro plano. Trata-se sobretudo de dois livrinhos: *La vie généreuse des mercelotz gueux et boesmiens* (publicado em 1596) e *Le jargon ou langage de l'argot reformé*, publicado após 1606 (sua primeira edição, a de Troyez, não foi conservada e são conhecidas apenas as edições

(*) A palavra "jargão" será empregada neste livro significando exclusivamente a linguagem secreta dos vagabundos. (N. E.)

parisienses de 1629-1630 e a edição de Lyon, de 1630). Até o século XIX várias edições desses dois livrinhos (três do primeiro e trinta do segundo) testemunham o seu sucesso e também — o que é mais importante para nós — o interesse social despertado por eles. Ambos mostram a comunidade dos mendigos como um mundo à parte, um mundo organizado que vive da burla e do delito. A profissão de mendigo é tratada aqui nas categorias da delinqüência e aparece como tal em *Histoire générale des larrons*, muito popular no século XVII (de 1623, com muitas traduções sucessivas e reedições). Completam essa série mais alguns livrinhos menores do século XVII.

Chegada a metade do século XVII, a monarquia francesa adota contra os vagabundos severas medidas, que incluem a repressão policial e a "grande reclusão" dos pobres no Hôpital Général, o asilo central onde seriam colocados todos os mendigos e vagabundos de Paris; a solução devia ser logo aplicada também em outras cidades da França. O interesse literário pelo exotismo desse meio parece diminuir. A adaptação e a continuação do romance picaresco na França dos séculos XVII-XVIII[24] tem um caráter cada vez mais ficcional e raramente extrapola a convenção. A obra de Lesage constitui apenas uma retomada e uma elaboração literária dos velhos motivos, sem nenhum elemento da experiência pessoal e de interesse pela realidade coletiva a que pertence o protagonista. É preciso esperar por Restif de la Bretonne, "observador noturno" da vida parisiense que com conhecimento de causa descreve a miséria urbana da segunda metade do século XVIII e as suas conseqüências morais.

O lugar ocupado na literatura italiana pelo tema do mendigo,[25] os traços principais da personagem e o leque de interpretações do seu papel e da sua presença do ponto de vista sociológico são semelhantes aos que vimos com relação à literatura francesa. Recebendo até o século XIV apenas menções mais ou menos ocasionais na poesia, a partir daí o tema do mendigo aparece com uma nitidez variável na prosa e na poesia. Pode ser que esse súbito interesse tenha sido despertado pela publicação das traduções italianas do *Roman de la Rose*. A mais antiga delas, *Il fiore* (datada do fim do século XIII e eventualmente atribuída a Dante), já contém não só uma imagem das velhacarias dos mendigos como também uma referência à constituição antivagabundagem do imperador Justiniano. Em *Il fiore* os vagabundos e mendigos, além de serem mandados ao diabo, são considerados membros da família do demônio.[26] Na novelística do século XIV, especialmente no *Decameron* de Boccaccio e nas *Trecentonovelle* de Sacchetti (1330-1400), os mendigos aparecem como personagens do segundo plano da narração. No *Decameron* não encontramos os elementos da sátira aos mendigos; o que funciona ali é antes um *ethos* positivo da miséria: pede esmola aquele que não é capaz de trabalhar, e os pobres procuram sobretudo uma possibilidade de viver do trabalho de suas próprias mãos.[27] Os elementos da sátira crescem cada vez mais na novelística da segunda metade dos séculos XIV e XV: a figura do mendigo ganha características profissionais e as práticas de extorsão são apresentadas de uma forma realista e sem simpatia. Assim também se apresenta a figura do mendigo e do vagabundo nos começos do teatro italiano. Marcado com atributos pejorativos e apelidos insultantes, o mendigo é posto em cena como uma figura cuja função é provocar o riso. Aparece sobretudo nos intervalos, cujo caráter profano deve quebrar a seriedade da matéria das *sacre rappresentazioni*. Os intermédios têm também uma função didática: devem desmascarar os falsos mendigos, capazes de trabalhar, e mostrar que só os "verdadeiros" pobres são dignos de compaixão e louvor.

A poesia popular dos séculos XV e XVI caracteriza de modo semelhante os vagabundos, artesãos ambulantes e peregrinos.[28] Eles acumulam diversas ocupações, vagam pelas estradas, incluem muitos vigaristas, vivem livre e alegremente às custas dos outros e não desdenham uma esmola. A presença de peregrinos entre eles não é aliás uma singularidade das obras italianas, pois essa categoria ocupa também um lugar no *Liber vagatorum* e na obra de Villon. Por outro lado a palavra "*coquillards*" deriva de "concha", assim o nome do bando francês tem origem no símbolo dos peregrinos de Compostella e evidentemente se liga também ao significado de Roma e de outros lugares santos italianos que eram meta de peregrinações.

A literatura italiana apresenta duas obras independentes dedicadas ao tema da vagabundagem: *Speculum cerretanorum* de Teseo Pini (datado de cerca de 1485) e *Il vagabondo* de Giacinto de Nibili, um dominicano de Viterbo que escreveu sob o pseudônimo de Rafaele Frianoro (a primeira edição conservada dessa obra é de 1621). *Il vagabondo* alcançou um sucesso incomum: conhecem-se dezoito edições do século XVII (que incluem duas traduções para o francês) e mais quatro dos anos 1708-1722; porém não se sabia que a obra era uma simples adaptação — para não dizer um plágio — da obra em latim de Teseo Pini, um sacerdote da corte episcopal de Urbino. Na forma de manuscrito, o tratado de Pini (do qual se conhecem hoje duas cópias datadas do século XVI) circulou pelo menos nos meios intelectuais da época, interessados na questão da linguagem secreta dos vagabundos. As diferenças entre o texto latino de Pini e o texto italiano de De Nobile são pequenas e no fundo, do ponto de vista do conteúdo narrativo e da terminologia descrita, eles poderiam ser considerados uma única obra cuja existência comportou duas fases: o último quartel do século XV, quando é composta e se inscreve num contexto social análogo ao do relatório de Basiléia, do documento de Dijon e do *Liber vagatorum*, e o século XVII, quando passa a ter ampla circulação. Em ambos os momentos o livro aparece como um testemunho curioso e importante do interesse da população. É natural que a imagem do meio, construída com os elementos literários e a experiência pessoal do século XV, tenha conservado um interesse geral no século XVII, mas evidentemente não se pode pretender que ela retrate de modo fiel a realidade social italiana desse século, apesar de os contemporâneos verem-na como uma reportagem exótica baseada na experiência pessoal.

Nos dois textos o primeiro plano é ocupado por vagabundos, vigaristas e malfeitores, para os quais a mendicância é uma ocupação suplementar ou paralela que encobre suas verdadeiras atividades. A questão dos mendigos e do pauperismo italiano em geral (sem considerar o complexo problema da diferença entre o Norte e o Sul) pertence mais à literatura judiciária e teológica, assim como a um gênero mais popular, como o produzido pelos publicistas, que inclui folhas soltas ou jornais daquela época.

Passando à literatura espanhola, é preciso logo chamar a atenção para a singularidade da sua vertente picaresca,[29] que pretendemos abordar aqui apenas de uma forma muito geral como fenômeno integral e ao mesmo tempo como uma série diversificada de imagens e interesses. No caso dessa literatura a situação se torna mais difícil por estarmos lidando com um gênero literário original que sofreu um enrijecimento, uma codificação dos procedimentos literários adotados, como também pelo fato de que a cortina imposta pela convencionalização da representação da realidade dificulta o confronto da imagem literária com o meio descrito.

O tipo social descrito pelo romance do malandro espanhol não é, de modo algum, homogêneo. Em princípio a situação material do malandro está clara: ele vive num estado de necessidade e miséria permanentes. Mas às vezes leva uma vida pândega; quando consegue algum dinheiro, logo o dissipa. É sobretudo um viajante incansável, um imigrante que passa de um serviço a outro, quase sempre vagabundo e muitas vezes mendigo. Mas na galeria de tipos do mundo da miséria apresentados pelo romance picaresco encontramos pessoas de diversas procedências sociais, tanto filhos de camponeses e de plebeus (ou pessoas de procedência desconhecida) quanto filhos empobrecidos de cavaleiros que na aventura procuram a bênção da fortuna e na mendicância, a custo dissimulada, o meio de vida.

A vida de Lazarillo de Tormes, escrita entre 1525 e 1553, é considerada por alguns estudiosos um protótipo da literatura picaresca e por outros a primeira obra desse gênero. Os antecedentes da obra são modestos, embora as fontes de alguns motivos possam ser localizadas tanto na literatura medieval espanhola quanto na italiana ou na inglesa. Podemos encontrar os embriões desse gênero nos motivos satíricos da literatura dos séculos XIV e XV. Arcipreste de Hita (Juan Ruiz), no *Libro de buen amor* (primeira versão de 1330, ampliada em 1343; o autor morreu entre 1350 e 1351),[30] evoca sob forma lúdica, relatando as suas próprias aventuras, o modo de vida dos marginais em que estamos interessados. O *Cantar de ciegos*, que faz parte dessa obra, apresenta os cegos pedindo esmola. A descrição revela o caráter profissional da prática dos mendigos e dá uma lição da doutrina tradicional da esmola: as esmolas são para Deus, os mendigos são apenas intermediários, e a bênção de Deus abrangerá — graças à intercessão de são Miguel — tanto aquele que oferece quanto toda a sua família. Mas Juan Ruiz vai além do estereótipo da doutrina, descrevendo a sua fé mágica nos mendigos: a primeira esmola do dia é a mais importante, porque traz a bênção e a prosperidade tanto para quem a oferece quanto para o mendigo. Porém nas obras mais tardias da literatura espanhola, em especial no teatro do século XVI, aparece mais nitidamente o acento de escárnio e de hostilidade em relação aos mendigos.

A vida de Lazarillo de Tormes apresenta uma personagem meio doméstica, meio vagabunda, que claramente prefere a vida errante a um trabalho fixo. No início Lazarillo serve de guia a um mendigo cego, depois trabalha para um frade pobre, um cavalheiro empobrecido, um vendedor de indulgências, um monge-rufião, um pintor, um capelão e um aguazil, para no fim estabilizar-se como arauto municipal. A obra conquistou imediatamente grande popularidade e foi várias vezes reeditada. Já em 1554 saíram pelo menos três edições (em Bruges, Alcalá e Antuérpia), e no decorrer de menos de um século apareceram 26 edições.[31] Ela se alimenta fartamente da literatura popular, oral e escrita, o que prova a sua estreita ligação com a realidade social espanhola.

A imagem dos mendigos e vagabundos traçada em *Lazarillo* está em consonância com outras obras da prosa de meados do século XVI. Em primeiro lugar pode-se mencionar aqui uma interessante obra anônima de 1552-1553, *El Crotalón*,[32] cujo herói, um galo, narra as suas diversas encarnações. Numa delas aparece como filho de um pobre camponês: abandonando a aldeia em nome do saber, torna-se estudante e ganha a vida pedindo esmola aos domingos. Aos poucos essa ocupação o absorve totalmente, ele aprende os métodos e truques da mendicância profissional, faz-se passar por frade piedoso e assim por diante. A descrição das práticas enganosas dos mendigos pode ser encontrada igualmente em *El viaje de Turquia* de Andrés de Laguna, publicado entre 1556 e 1557.[33] Assim como num dos *Colóquios familiares* de Erasmo de Rotterdam, também aqui três mendigos, três companheiros vagabundos, conversam sobre a mendicância e a vagabundagem. Discute-se o projeto da fundação de um abrigo em Granada onde seriam recolhidos todos os pobres e mendigos; um dos interlocutores argumenta então que os vagabundos preferem a morte à vida enclausurada. É improvável que se encontre um nexo mais estreito ligando a imagem literária aos confrontos entre as personagens sociais e às polêmicas do século XVI acerca da atitude perante a pobreza e os mendigos.

No final do século XVI apareceu a principal obra da literatura picaresca: *Vida del pícaro Guzmán de Alfarache,* de Mateo Alemán (em 1599 saiu a primeira parte, em 1604 a segunda, e a terceira nunca foi escrita).[34] Alcançando um enorme sucesso, a obra foi traduzida para muitas línguas, e a sua primeira parte pode ser considerada um *best-seller*, pois em dois anos foram feitas dezesseis edições (na introdução da segunda parte fala-se que até aquela data — 1604 — havia 26 edições e uma tiragem total de 50 mil exemplares).[35] O livro é a autobiografia do filho de um comerciante vigarista de Gênova e de uma mulher de vida fácil, um vagabundo de Sevilha que aos quinze anos começa sua vadiagem, tenta várias profissões, entre elas, e sobretudo, a mendicância profissional. Encontramos aqui uma incomparável descrição das relações existentes no meio dos mendigos (aparentemente de Roma mas na realidade de Sevilha), em cujo convívio Guzmán chegou a aprender a profissão e se aprofundar em seus segredos. Alemán leva seu protagonista a explicar que finge ser um doente grave, assim como todos os mendigos, porque de outro modo não conseguiria esmolas. A descrição das práticas e do modo de viver do meio dos mendigos caracteriza-se pela aversão e pelo afã de desmascarar, mas ao mesmo tempo — assim como no caso de Eulenspiegel ou de Lazarillo de Tormes — o modo de vida do vagabundo é louvado como afirmação da liberdade plena, e a imagem de esperteza, inteligência e perfeição sensual que as condições difíceis de vida produzem nos pícaros tem também um caráter de panegírico.

Se o meio século que separa o aparecimento de *Lazarillo da Vida del pícaro Guzmán de Alfarache* é pobre em temas picarescos na literatura espanhola, após a obra de Alemán podemos observar a continuidade desse tema e a freqüência incomum do seu aparecimento. As dezenas de títulos e uma enorme atividade tipográfica testemunham o sucesso do gênero. Com o tempo ele se torna, para dizer a verdade, cada vez mais convencional, mas a produção abundante traz sempre novos detalhes sobre o meio dos mendigos e vagabundos, que para os pícaros é um dos elementos naturais da vida. Na excelente e burlesca descrição de Buscón feita por Francisco Quevedo (*Historia de la vida del buscón llamado don Pablos*), escrita provavelmente no início do século XVII e publicada pela primeira vez em 1626, encontramos um documento não apenas sobre a desgraça da prisão como também sobre os meios miseráveis de Madri e Sevilha. O protagonista, graças às diversas vicissitudes da sorte, torna-se mendigo e nessa condição permanece até juntar uma fortuna que lhe permite abandonar essa atividade.[36] Quevedo deixou em manuscrito outra obra, publicada só em meados do século XIX: *Capitulaciones de la vida de la Corte*, que mostra as diversas categorias de pobres de Valladolid. Eles juntam-se em certos bairros da cidade, fogem do trabalho, praticam todas as vigarices possíveis para adquirir a aparência de "verdadeiros" mendigos e assim conseguir esmolas. Na obra de Cervantes encontramos (além da figura do vagabundo e velhaco Ginés de Pasamonte do *Dom Quixote*) alguns contos das *Novelas exemplares* (1613) que mostram o destino e os costumes dos mendigos, assim como o sistema de organização da sua corporação. À onda de sucesso do tema picaresco pode-se também associar o interesse pela *germanía*, a linguagem secreta dos vagabundos e delinqüentes espanhóis;[37] em 1609 aparece até uma antologia de baladas nesse jargão: os *Romances de germanía* de Juan Hidalgo.[38]

Enfim é preciso citar a obra de Carlos Gracia, um médico espanhol que viveu em Paris, *La desordonada codicia*,[39] dedicada à profissão de ladrão. Na Espanha esse livro foi editado só no século XIX, mas logo após a edição do texto espanhol em Paris, em 1619, aparece em 1621 a tradução francesa (reeditada em 1623 e 1632), e mais tarde a inglesa (1638, 1650, 1657) e também a holandesa (mencionada na edição inglesa de 1638 mas até agora não encontrada).

A presença do tema picaresco no teatro espanhol é um capítulo à parte.[40] A literatura dramática da segunda metade do século XVI apresenta os problemas do meio dos mendigos e põe em cena essas personagens antes do próprio florescimento da literatura picaresca. Do ponto de vista tipológico os vagabundos se aproximam do teatro francês e do italiano, pois também atuam nos intervalos, desempenhando um papel análogo. Em *Parabola coenae*, uma obra anônima do círculo do teatro escolar jesuíta escrita provavelmente antes de 1568, os mendigos aparecem inseridos numa problemática mais original. No intervalo aparece um grupo de mendigos que trava a discussão de praxe sobre as técnicas de mendicância e os segredos do ofício. Mas então um deles se lembra de um sermão em que o padre pedia que se ajudassem os pobres pois eles são os herdeiros do reino dos céus, o que leva outro mendigo a comentar que os ricos são insensíveis a esse pedido, pois consideram todos os mendigos preguiçosos e vagabundos, sempre fugindo do trabalho (*gallofos*).[41]

A partir da metade do século XVII, após o sarcástico e fanfarronesco *Estebanillo Gonzáles* (1646), a produção picaresca da Espanha termina pouco a pouco. Na coleção de novelas *Mariendas*, publicada em 1663 por Andrés del Prado, podemos encontrar a descrição colorida de uma confraria de mendigos de Saragoza, mas em comparação com os seus protótipos essa seleção tem caráter secundário. O *Periquillo, él de las gallineras* (1668) é considerado o canto do cisne da literatura picaresca, embora ainda subsistam alguns elementos desse gênero. Também na literatura espanhola do século XVIII podemos constatar a presença da temática picaresca.[42] O vasto raio de ação da influência da literatura picaresca espanhola sobre os domínios francês, inglês e alemão consolida e divulga a sua presença, além de, como foi mencionado, prolongar-lhe a duração. No entanto a mensagem social dessas obras vai desaparecendo e o que permanece é apenas um estereótipo banal porém bastante apreciado.

Os historiadores da *literature of roguery* inglesa chamam a atenção particularmente para a influência que sobre ela exerceu a literatura picaresca espanhola dos séculos XVI e XVII, muitas vezes mediada pela francesa.[43] Essa influência certamente desempenhou um papel de grande estímulo no processo do despertar do interesse e na definição da forma do discurso literário. Não se pode no entanto ignorar o interesse anterior, pré-picaresco, da literatura inglesa pela figura do mendigo e do vagabundo e nem a inspiração fornecida pela realidade social dos *bas-fonds* ingleses e pelo significado do pauperismo no cotidiano inglês.

Esse tema é encontrado na literatura inglesa da segunda metade do século XIV, tanto em William Langland como em Geoffrey Chaucer. Em *The vision of William concerning Piers the Plowman*,[44] de Langland, escrito no último quartel do século, a crítica mais aguda atinge sobretudo as instituições e os membros da Igreja que não cumprem os ditames da fé; num quadro satírico, de cores fortes, a obra reúne vendedores de indulgências, coletores, eremitas e mendigos comuns, todos pedindo impudentemente esmolas para depois passar o tempo nas tabernas ("a taberna é a sua igreja"), a beber e se divertir, recorrendo muitas vezes a vigarices.[45] Nos *Canterbury tales* de Chaucer, escritos na mesma época, aparece uma galeria de figuras análogas àquelas de Langland mas desenhadas com maior carga satírica e mais virulência.[46] Entre os métodos de extorsão usados pelos frades encontramos práticas análogas às usadas pelos mendigos profissionais, inclusive as de curandeirismo e charlatanismo.

Entretanto o meio dos mendigos e vagabundos não é retratado na literatura medieval inglesa com a atenção que a legislação inglesa contra os vagabundos e mendigos daquele mesmo tempo nos levaria a esperar. Só o século XVI traz uma expansão gradual da imagem do mendigo na literatura.[47] O fato mais importante é o surgimento de uma tradução inglesa do *Narrenschiff* de Sebastian Brant (em verso no ano de 1509 e em prosa em 1517), muito lida e que exerceu influência na literatura inglesa posterior. Em seguida aparecem também outras traduções da "literatura fanfarronesca" alemã (o *Eulenspiegel* foi traduzido em 1548), acompanhadas pela produção local de facécias (*jestbooks*) e logo também pelas traduções da literatura picaresca espanhola.

A obra de Robert Copland, *The hye way to the spytfellhous*, datada de meados do reinado de Henrique VIII, embora bastante influenciada pela obra de Brant já inaugura uma série de panfletos ingleses independentes sobre os vagabundos. Na forma de conversas com um porteiro de hospital — seria difícil encontrar um informante melhor para essas questões —, Copland (definido na obra como "*compiler and printer of this book*") descreve o mundo dos "bobos" e miseráveis. Toda a galeria das personagens da marginalidade social, assim como dos pecadores das classes altas, é apresentada num cortejo satírico, ao lado da porta do hospital, desfilando diante do porteiro. O laudatório tradicional da pobreza verdadeira e da ajuda misericordiosa é acompanhado aqui pela descrição que desmascara as vigarices dos mendigos. (O autor distingue dois estados: os ricos e os pobres, que comportam quatro categorias: os ricos ricos, os pobres pobres, os ricos pobres e os pobres ricos;[48] e declara que é contra as duas últimas categorias.) Na conversa com o porteiro, Copland continuamente se refere às medidas legislativas e policiais tomadas nos últimos anos na Inglaterra para enfrentar a onda crescente de vagabundagem e ociosidade. A referência à realidade social inglesa daquele tempo é clara e contínua.

Os elementos de dependência dos arquétipos literários alemães podem ser encontrados igualmente na *Fraternitye of vagabondes*, obra publicada em 1561 por John Andeley, considerado também seu autor. No entanto as duas primeiras partes dessa obra constituem uma visão original do mundo dos vagabundos: a primeira contém a descrição de dezenove categorias de mendigos, com o nome de cada uma delas, mostrando sua hierarquia interna, os truques para enganar as pessoas e os delitos praticados às claras; a segunda descreve mais detalhadamente as três categorias de ladrões e vigaristas.[49] A última parte é uma lista de 25 categorias de malandros e vigaristas, mas tem um caráter mais artificial e pouco original. Alguns anos depois aparece aquele que do ponto de vista da observação é o mais interessante e mais rico entre todos os panfletos ingleses sobre os vagabundos: *The caveat or warening for commen cursetors, vulgarely called vagabondes* (de 1566, com duas edições posteriores em 1568 e uma terceira em 1573), de Thomas Harman. O autor dessa obra é, de acordo com o seu próprio testemunho, um pobre fidalgo de Kent que exercia cargos nos governos locais mas devido a uma doença ficou fechado em casa. Meditando sobre a reforma do sistema de assistência aos pobres e a criação de asilos especiais para eles, Harman recebia em casa os mendigos, ajudava-os, mas ao mesmo tempo fazia-lhes perguntas detalhadas sobre o seu modo de vida. Concebido como uma advertência alarmante aos seus concidadãos, o livro constitui um singular documento sociológico. Apresentando minuciosamente o modo de vida dos mendigos e vagabundos, Harman descreve o seu aspecto exterior, suas roupas, sua origem, as técnicas de delinqüência e a organização interna do meio. O livro contém também a decifração das palavras e dos conceitos fundamentais da linguagem secreta dos mendigos ingleses, chamada *cant*, assim como a lista de cerca de trezentos vagabundos que passaram pela casa de Harman.[50] Embora esse autor siga em grande parte os seus predecessores na descrição das categorias do meio miserável, o rico material anedótico que acompanha a descrição é original e nele se encontram elementos picarescos.[51] Mas diferentemente da literatura picaresca o panfleto de Harman é taxativo quanto ao valor sócio-moral associado aos vagabundos e a seu modo de viver: condena esse meio, adverte acerca dos perigos que ele representa para a ordem pública, reflete sobre as formas de reprimi-lo. Às vezes no entanto a matéria narrativa consegue se libertar, a seu modo, desses princípios, criando imagens cheias de verve e humor, que suscitam a simpatia em relação à malandragem dos protagonistas. Domina a obra o tom sério de um observador, um estudioso. Esse elemento de erudição pedante levou o livro de Harman a circular também nas esferas da elite intelectual daqueles tempos e a servir a William Harrison, na sua *Description of England* (1577), como fonte de descrição da organização interna do mundo dos vagabundos.

É preciso conferir um lugar particular, na literatura inglesa, aos panfletos sobre *conny-catching*. Os elementos do ensino da arte da malandragem são encontrados já em *A manifest detection of the vile and detestable use of dice-play, and other practices like the same*, editado em 1552, cuja autoria é atribuída a Gilbert Walker. Trata-se de uma lição de trapaça no jogo de cartas, de pequenos furtos em bolsos (ou bolsas, se se levar em consideração o tipo de vestuário daqueles tempos), assim como das formas mais comuns de explorar a ingenuidade ou a credulidade do próximo. O panfleto acentua que na verdade essa arte tem uma longa tradição mas só agora se difunde de modo particularmente vivo e rápido, pois "é muito grande a miséria nos nossos tempos ou muito grande a audácia imprudente dos infames malfeitores".[52] Encontramos também nessa obra uma descrição da organização interna do reino da fraude.

O florescimento do gênero *conny-catching* ocorre no final do século XVI e em todo o século XVII, e está ligado ao nome de Robert Greene,[53] escritor de um tipo de romances de amor (entre eles *Pandosto*, considerado a fonte do *Conto de inverno* de Shakespeare) que nos dois últimos anos de vida, entre 1590 e 1592, muda subitamente de gênero literário e em seguida escreve cinco panfletos sobre o meio dos marginais. Tais obras são como "confissões de uma criança do século", pois Greene declarou ter passado a meninice precisamente nesse meio. Como no caso de Villon, não sabemos quanto da obra é verdade ou apenas moda literária dirigida a um público cada vez mais fascinado pela *bohème*. O grande sucesso do primeiro panfleto, *A notable discovery of coosnage* (1591) — a palavra "*conny*", referida no título, significa "vítima" no jargão dos ladrões —, fez com que no mesmo ano Greene rapidamente escrevesse e editasse a *Second part of the conny-catching*, no ano seguinte a terceira parte e depois mais dois panfletos. O primeiro deles é um diálogo entre um casal de malandros sobre os sucessos do ofício que eles exercem; o outro, *The blacke bookes messenger* (Greene não escreveu o anunciado *Livro negro*, ou pelo menos não o publicou), narra a história da vida e morte de Ned Browne, um delinqüente que terminou a sua existência aventureira enforcado na França. Nessa série de cinco panfletos é visível uma intensificação gradual dos elementos da ficção literária: os primeiros parecem histórias vividas, uma espécie de reportagem das próprias experiências e observações; os dois últimos já se inscrevem no gênero da história picaresca, em que a improbabilidade das situações e a excepcionalidade das façanhas aumentam para que o texto ganhe dramaticidade e impressione mais o público.

O interesse dos leitores em relação a esse tipo de obra fez com que em pouco tempo, entre 1592 e 1612, os panfletos de Greene fossem seguidos por nove outras obras sobre o mesmo tema, que eventualmente até se referiam a eles no próprio título. A análise do texto mostra que à medida que aumentam a imitação e a reprodução de modelos e tramas já prontos diminuem os elementos de observação, substituídos pela compilação das obras de Harman, Walker e Greene.[54] De todos esses compiladores, o que conquistou maior popularidade foi Thomas Dekker. O seu *The bellman of London* (1608) teve quatro reedições sucessivas a apenas um ano da primeira edição. Sete meses após a sua primeira obra Dekker publica *Lanthorne and candlelight* (1608), em que prossegue e amplia as tramas do livro anterior, acrescentando elementos do vocabulário do *cant* (emprestado de Harman). O sucesso dessa segunda obra continua com a edição em 1612 de *O per se O*, a continuação do livro precedente, cujo protagonista é um vagabundo que percorre grandes extensões, à diferença dos vagabundos da cidade apresentados anteriormente. Até meados do século XVII *O per se O* teve nove edições.

Esse veio literário do *conny-catching* dura todo o século XVII. Aos gêneros cultivados até então se juntam as crônicas da vida presidiária e policial, as biografias de malfeitores famosos[55] e diversos dicionários de *cant*. Tudo isso serviu de base para dissertações e publicações enciclopédicas mais eruditas que surgiram no século XVIII, quando o interesse dos leitores pela vida no ambiente da delinqüência ainda era enorme. Apesar da convencionalização do gênero e dos freqüentes plágios de temas, a matéria narrativa, cheia de anedotas e às vezes também de informações, amplia-se bastante. Aqui entramos no terreno da ficção fabular; *The English rogue*, de Richard Head e Francis Kirkman (1665, 1668, 1671, 1674, 1680, mais as edições parciais e algumas edições e adaptações no século XVIII), é a melhor obra desse gênero. É matéria plenamente picaresca, uma espécie de antologia, biografia, narrativas tiradas tanto da literatura espanhola quanto da inglesa e acrescidas de novas tramas. Do ponto de vista genealógico essa literatura é enriquecida pelas obras em verso, baladas onde abundantemente — ou exclusivamente — reina o *cant*. Na segunda metade do século XVII há um sensível arrefecimento da expansão dessa produção literária, mas ela continua a circular no século XIX, renascida graças à pena de Defoe (na obra a ele atribuída: *Street-robberies consider'd*, de 1728), ou também, no fim do século, à descrição das 74 categorias de ladrões, mendigos e vagabundos apresentada em *View of society and manners in high and low life* (1781), de George Parker.

Fascinante é também a constância do tema do mendigo no teatro inglês.[56] Ele aparece esporadicamente nas moralidades e nos mistérios, no drama do século XVI, mas na obra de Shakespeare está presente com toda a sua riqueza. Na figura de Falstaff podemos encontrar traços visivelmente picarescos ou típicos dos vagabundos, mas de qualquer modo as personagens que o cercam poderiam muito bem ser protagonistas de um dos panfletos sobre os vagabundos.

Henrique IV e *Conto de inverno* reproduzem esse meio, mas os seus representantes aparecem em quase todas as peças de Shakespeare. Também na obra de Ben Jonson está sempre presente um cortejo de personagens das classes sociais baixas. Os dois autores apresentam essas figuras de modos um pouco diferentes: se Shakespeare as trata com tons satíricos mas igualmente com benevolência e simpatia (e são esses os sentimentos que elas devem suscitar nos espectadores), no caso de Jonson prevalece uma imagem decididamente satírica. É nesse sentido que os panfletos ingleses sobre os vagabundos são mais próximos de Shakespeare que de Jonson e das peças teatrais posteriores.[57] Mas além de tudo, à diferença de Shakespeare, as obras dramáticas dos séculos XVII e XVIII têm um caráter totalmente secundário em relação aos panfletos que apresentam uma anatomia do meio dos vagabundos. Isso vale tanto para o "grupo de Middleton" quanto para John Fletcher, embora a sua última *The beggars' bush* (encenada provavelmente em 1615) e *The night walker* (apresentada em 1634) fossem obras muito ligadas à temática dos vagabundos, assim como algumas outras peças da primeira metade e do fim do século XVII, período em que houve um renascimento do teatro inglês, após o seu banimento pelo puritanismo. Afinal, em janeiro de 1728 é representada com grande sucesso a *Ópera dos mendigos*, de John Gay. Num contexto de crescimento da criminalidade surge um extraordinário fenômeno de simpatia em relação aos delinqüentes. A elite da época adota uma moda frívola que festeja o crime, seus praticantes, seus escritores e poetas. No que se refere ao conhecimento, entretanto, a *Ópera dos mendigos* trouxe poucas novidades.

Fizemos um esboço das principais áreas da produção literária que no início da Idade Moderna apresentaram o mundo dos vagabundos. É óbvio que o grupo de obras citadas poderia ser multiplicado. Mas o fato mais importante é que é possível encontrar a mesma temática também em outras literaturas nacionais, como a holandesa e a escandinava, que retomaram motivos literários alemães e também reagiram vivamente aos estímulos ingleses, franceses ou espanhóis.

Uma observação como essa poderia ser aplicada também às literaturas eslavas. Uma abundante literatura picaresca polonesa e também tcheca ocupa boa parte da produção editorial nesses países. Ela apresenta dois tipos: o pândego, farrista, plebeu espertalhão, sabichão e alegre, e também o mendigo e vagabundo. Este, mais uma vez, está presente nos primórdios do teatro sob a forma clássica dos interlúdios. No drama polonês do século XVI, a *Tragedia Żebracza* [A tragédia do mendigo],[58] preservada apenas graças a uma tradução tcheca, é totalmente dedicada a esse tema. A obra tcheca *Frantová pravá* [As leis do bufão], [59] de 1518, também tem caráter autônomo. Sua tradução polonesa, publicada nos anos 30 do século XVI, alcançou grande popularidade, talvez maior que entre os próprios tchecos. A peça é uma seleção de facécias mas ao mesmo tempo descreve uma corporação "às avessas", cujos membros vivem contrariando os princípios morais. Encontramos elementos do mundo dos vagabundos e delinqüentes nas obras populares do século XVII. A linguagem secreta também é objeto da atenção dos autores eslavos que se dedicam ao mundo dos marginais. Ao contrário do que se pode esperar, isso não ocorre por obediência a uma moda ocidental: a existência dessa linguagem está comprovada nos documentos judiciários da época.[60] Mas no que diz respeito aos protagonistas, a cena se divide sobretudo entre o *dziad*, um mendigo profissional que ora faz rir ora ensina, e o *frant*, o pândego que encarna o humor plebeu.[61] Não se observam nem o tom de escárnio e nem a terrível imagem do vagabundo encontrados na literatura ocidental.

O tipo literário mais freqüente é o bandido, uma figura lendária do folclore e da literatura popular, tanto do território dos Cárpatos quanto da península balcânica.[62] Assim como na Inglaterra, com a figura de Robin Hood ou algumas histórias sobre os "eminentes" delinqüentes, essas obras glorificam seus próprios heróis; mas aqui aparece um elemento novo e bastante forte: a dimensão da utopia social, em que o folclore aparelha os bandidos para que eles sejam o instrumento de reparação das injustiças sociais.

Na literatura da Rússia antiga a figura do miserável-mendigo funciona em dois planos — no plano do "mundo do riso" e no de um estado de semi-santidade.[63] Trata-se de um papel muito específico dos *jurodivyj*, que na cultura da Rússia antiga desempenham a função múltipla de miseráveis que vivem de esmola mas em cuja existência a "demência" se entrelaça com a santidade.

Essa excursão pelo mundo eslavo pretende não tanto ampliar o horizonte geográfico dessa resenha quanto indicar as conseqüências das divergências estruturais do desenvolvimento social. Tanto o pobre quanto as atitudes perante a miséria aparecem aqui nas formas mais tradicionais, e o tema do bandido e das aspirações sociais ligadas a essa personagem leva à diversidade da situação num sistema de relações feudais mantidas e sustentadas.

Esta resenha da literatura sobre os mendigos e vagabundos foi conduzida de modo a que se pudessem evidenciar suas ligações e correlações com o processo de desenvolvimento social. O quadro é demasiadamente diversificado para se tentar fazer o balanço dos resultados, que por sua vez dificilmente se submeteriam a tal operação. No entanto vale a pena salientar uma certa convergência entre o ritmo de desenvolvimento social e essa produção literária. Sucederam-se evidentemente três fases. Primeira: a metade do século XV (período após a "morte negra"). A inquietação provocada pelo aumento do número de vagabundos e mendigos e pela falta de mão-de-obra gera um interesse pelo tema do mendigo. Segunda: final do século XV e início do XVI. A crise ideológica dentro da Igreja se amplia e, ligada a ela, intensifica-se uma tendência reformadora; aumenta também a crise social da terceira década do século, que tem uma importância fundamental para a evolução social posterior. Terceira: final do século XVI e início do XVII, quando o vagabundo aparece no primeiro plano. Nessa época são profundamente sentidos os efeitos das guerras (e mais ainda os períodos de paz, quando se dissolvem os destacamentos militares) e da crise estrutural da primeira metade do século XVII. As diferenças na evolução da literatura dos vagabundos em vários países decorrem certamente das diferenças da tradição literária mas também dos diversos modos de participação dos vários países e regiões nessas três situações decisivas.

2
A DESCOBERTA DE UM "OUTRO MUNDO"

UM DISCURSO SOBRE A DIVERSIDADE

Para descrever a estrutura interna do mundo da miséria e da delinqüência muitos textos da literatura européia sobre esse meio recorriam à enumeração das suas diversas categorias. Tal procedimento é típico do pensamento da Idade Média e subsiste na cultura popular e de massa da Idade Moderna. Na formação e conservação desse tipo de pensamento um papel fundamental foi exercido pela educação de grupos. Esta recorria a vários tipos de enumeração tanto por ser um recurso que se harmonizava com o estado do conhecimento geral como para atender às exigências da didática. Já nos primórdios da cultura escolar da Idade Média, na época carolíngia, encontramos enumerações sistemáticas: Alcuíno pergunta que coisas existentes comportam o número dois, ou o três, o quatro etc. (por exemplo, três são as partes do mundo).[1] Esse procedimento durou séculos e foi praticado ainda nos catecismos do século XX (a gênese de tal método remonta ao Antigo Testamento). A enumeração era um procedimento didático que integrava o conjunto das técnicas mnemônicas criadas pela "arte da memorização" daquela época.[2] Entretanto não se deve subestimar o aspecto epistemológico desse modo de pensar. A ordenação dos fenômenos numa série — sempre fechada e acabada — era uma forma corrente de conhecimento e descrição da realidade. Tanto as enciclopédias medievais quanto as sumas teológicas aplicavam esse método de organização e exposição. O surgimento, na baixa Idade Média, de um princípio diferente, que ordenava os assuntos segundo uma sucessão alfabética dos temas (como nas coleções de *exempla*, narrativas, ou nos compêndios históricos), desempenhou um papel significativo nos procedimentos intelectuais mas não eliminou o método de descrição baseado na enumeração, tendo continuado a coexistir perfeitamente com ele.

A descrição do meio dos vagabundos não diferia em nada da de outros universos. Era dessa mesma forma que os bestiários medievais descreviam a variedade da fauna, e assim também os tratados teológicos (assim como os manuais populares de religião) expunham o mundo extraterreno, a hierarquia dos anjos ou a estrutura do inferno. A diversidade natural do mundo apresentado não impedia que ele fosse modelado de acordo com a realidade humana. Na realidade segundo o método cognitivo devia-se descrever o desconhecido através do conhecido. Fazia-se com que a realidade extraterrena se situasse no espaço terreno; as viagens e as descrições geográficas entravam no folclore ou na cultura de massa muito lentamente e com uma certa resistência. Até os tempos modernos era costume assentar o inferno ou o paraíso em terras remotas.[3] Assim como nas lendas medievais sobre o "país do preste João", o estereótipo do "homem selvagem" na iconografia e na prosa da Idade Média e dos princípios da Idade Moderna situava o "não-humano" nos territórios povoados pelos homens.[4]

A descrição do universo dos vagabundos se inseria precisamente nessa concepção de realidade isolada: seu mundo ficava à parte, bem delimitado em termos de espaço (as histórias sobre os bairros "fechados" da miséria, sobre os "pátios dos milagres" etc. atestam isso), de organização social (papéis e funções) e por fim de regras morais e elementos culturais, que os separavam do resto da sociedade. O fato de ser a realidade social objeto de conhecimento e descrição resultava numa complicação precisamente no âmbito dos critérios morais e culturais. Porque o principal critério de diferenciação dos homens consistia na sua fé, fato que na Idade Média era reforçado pelo forte senso de união da sociedade cristã e que na época moderna, devido ao pluralismo confessional, foi entendido de maneira mais ambivalente mas continuou a ser aplicado. O outro critério importante na descrição dos indivíduos e dos grupos de homens relacionava-se a uma determinada língua nacional, a uma certa tradição comum, a uma dependência do soberano, aos laços de sangue e origem. Ao tratar o meio dos vagabundos como um mundo à parte era preciso mostrar como ele era diverso nesses dois planos. A literatura destinada a revelar o meio dos vagabundos conseguiu cumprir essa tarefa sem maiores dificuldades. Ao tratar o aspecto da diversidade ela enfatizava a linguagem particular, a formação em "seita", a dependência em relação ao soberano, a impiedade; quanto à descrição da vida interna desse meio, foram usados como clichês os conceitos e as categorias da sociedade global. E a ferramenta de conhecimento foi a ordenação em categorias.

O RECONHECIMENTO "POLICIAL" DO MEIO DA DELINQÜÊNCIA

No caso de um material de caráter literário (no sentido convencional e amplo desse termo) não nos é possível averiguar até que ponto ele é fruto da observação direta da realidade e nem se tal observação realmente ocorreu. Já com relação a uma documentação policial, pode-se desconfiar da sua veracidade (é possível mesmo que os depoimentos que a fundamentaram não tenham relatado os fatos tais quais eles verdadeiramente sucederam), mas é indubitável que ela é fruto de uma observação. Os documentos desse tipo contribuíram bastante para que determinados fatos a respeito do mundo da delinqüência entrassem no circuito de informações da época. Convém observar que a aplicação do termo "policial" aos tempos de que estamos falando é um anacronismo, não apenas do ponto de vista semântico (a palavra "polícia" definia um determinado sistema ou cultura, e o termo "policial" atribuía um valor positivo a esse sistema ou cultura), como também no que se refere ao próprio conteúdo. Até o fim da Idade Média o aparelho policial era bastante limitado, e só na época moderna aumenta o número de seus funcionários e ganham autonomia as competências de supervisão e repressão da polícia (refiro-me não tanto à instituição quanto a certas iniciativas dos diversos órgãos da monarquia e das comunidades locais, sobretudo do aparelho judicial do município).

Na legislação do século XIV que define as formas de repressão contra os pobres e vagabundos encontramos poucos elementos para o retrato desse meio. As primeiras ordenações francesas e inglesas da segunda metade do século XIV enfatizam a questão do trabalho e da capacidade de trabalhar: os indivíduos de "condição baixa", aqueles que "vivem do artesanato ou da lavoura", devem trabalhar e não exigir salários excessivos. Os textos distinguem entre os pobres (isto é, os que pedem esmola) "sãos de corpo" e os incapazes para o trabalho; essa diferenciação, que segue a tradição da legislação justiniana,[5] é o único critério de divisão, e com base nela os textos legais fazem uma diferenciação, no meio marginal, entre os mendigos e os vagabundos. Um estatuto inglês do ano 1388 distingue, entre os que mendigam, os frades, os eremitas, os peregrinos e os estudantes em deambulação, que — se fisicamente sãos — devem se identificar com os documentos devidos.[6] Os estatutos do século XV investem contra os menestréis, contadores, bardos e outros vagabundos, assim como contra os vagabundos e clérigos mendicantes irlandeses (estatutos de 1401, 1402 e 1413).[7] As ordenações francesas do século XV mencionam uma categoria particular de vagabundos chamada *foucandeurs* — mercadores ambulantes que vendem produtos falsos ou proibidos (1403) — e descrevem os mendigos de uma forma mais minuciosa. O estatuto real da cidade de Paris, da primeira metade do século XV, cita inicialmente os *caymans et caymandes* (denominação pejorativa dos mendigos que aparece já em 1413) em boas condições de saúde e os intima a voltar ao trabalho; em seguida se refere aos *belistres et belistresses* que com seus truques enganosos fingem doenças, simulam graves feridas, apoplexia, hemorragias e aleijões.[8] Enfim os estatutos, tanto ingleses como franceses, dedicam um espaço particular aos problemas da pilhagem nas estradas e dos aventureiros nas cidades.

Nos mencionados documentos não há nenhum vestígio de investigação sobre a estrutura interna desse meio social. O único critério de subdivisão adotado é o tipo de crime ou a espécie de fenômeno visado pelo documento legal. A divisão permanente nas descrições do meio dos mendigos é apenas aquela entre *validi* e *invalidi*. Em todas as outras questões a legislação contém apenas elementos casuais e genéricos de observação.

As anotações encontradas nas atas das cidades alemãs representam um material bem mais rico no que se refere à observação e penetração no meio dos mendigos. O material é constituído de quatro anotações das cidades de Augsburgo, Breslau e Constança.[9]

No livro de Augsburgo encontramos por duas vezes o registro de proibição de entrada na cidade para todos os tipos de vagabundos (*Giler*). Na data de 1342 mencionam-se as seguintes categorias de vagabundos: 1) os *Hürlentzer*, que se apresentam como judeus convertidos; 2) os *Clainnier*, peregrinos que passam o tempo à volta das igrejas; 3) os *Grentzier*, que se fingem de aleijados; 4) os *Münser*, vagabundos encapuzados; 5) os *Serpner*, penitentes.[10] No ano seguinte uma ordenação análoga traz uma lista de categorias ligeiramente diferentes. As três primeiras categorias da lista anterior aparecem também aqui, embora com pequenas modificações na formulação dos nomes. A quarta categoria é definida de maneira diferente ou com maior precisão: são os frades encapuzados, que se fingem de doentes. Depois seguem cinco denominações: 1) os *Sinweger*, que afirmam ter matado o próprio pai, a própria mãe e os irmãos; 2) os *Scherpierer*, que se fingem de peregrinos; 3) os *Spanvelder*, que amarram pernas ou braços para parecer aleijados; 4) os *Fopperin*, que se fingem de loucos ou endemoninhados; 5) os *Tappsierer*, supostos frades que na verdade são casados.[11] Mesmo admitindo a possibilidade de que a segunda categoria do último grupo coincida com a última do primeiro, é evidente que durante um ano ampliou-se o conhecimento do meio dos vagabundos, já que ele agora comporta quase dez categorias. As modificações na formulação ou na transcrição dos nomes parecem testemunhar um processo vivo de conhecimento, como se os funcionários municipais obtivessem novas informações que permitissem definir melhor o meio social contra o qual o conselho redige a sua interdição.

O registro seguinte tem um caráter diferente e desperta algumas dúvidas. Faz parte do livro de notas de Dythmar de Meckebach, o chanceler de Breslau no reinado de Carlos IV. Sob o título geral "Nomes dos malfeitores" (*Ista sunt nomina maleficorum terrarum*) são registrados onze nomes alemães com as explicações em latim. Encontramos aqui os pequenos ladrões (batedores de carteira, divididos em duas categorias e designados com quatro nomes diferentes), os ladrões de feira, os ladrões de cavalos, de dinheiro, os falsificadores, os ladrões noturnos, os arrombadores que usam gazuas, os jogadores de dados, os mendigos e os bandidos armados com arcos.[12] A nota de Dythmar tem caráter geral e não se relaciona diretamente com as outras notas desse livro; pode-se mesmo se questionar se as suas observações efetivamente dizem respeito a Breslau, já que não se diz se as fontes de informações provêm dessa cidade.

No entanto é extremamente significativa a própria estruturação da nota. Fica bem claro que o autor se serve de um conjunto de palavras cujo significado desconhece. Nem sempre lhe foi possível conseguir informações suficientes para explicar em latim os termos usados, e nesses casos as definições ficaram incompletas. É significativo que tanto as notas de Augsburgo quanto as de Dythmar parecem tentar apreender de forma direta, "no calor dos fatos", uma realidade desconhecida que se procura conhecer e explicar.

A terceira informação vem do livro do conselho da cidade de Constança. Nele encontramos, com data de 1381, a descrição de um bando que grassava nas redondezas.[13] Trata-se de uma relação de 29 pessoas, sendo que a certos nomes foram acrescentados alguns dados: lugar de origem, aspecto exterior ("rapaz baixo de barba negra", "homenzarrão de barba vermelha"). Também os sobrenomes são muito característicos — na maioria dos casos se trata de apelidos ou alcunhas de bandidos. A extrema concisão das notas não permite formular hipóteses sobre o perfil social desse grupo, porém os próprios nomes testemunham a presença dos representantes do "gangsterismo de cavalaria" daqueles tempos, os filhos de cavaleiros que se ocupavam profissionalmente da pilhagem. A nota termina com a observação de que esse grupo usa uma linguagem particular ("*Und ist iro wirtzaichen strowüsch*"). A nota de Constança, mesmo sem ser uma tentativa de descrição do mundo do crime, representa um testemunho significativo do interesse das autoridades da cidade. As descrições mais interessantes desse tipo, datadas de meados do século XV — os relatórios de Basiléia e de Dijon —, resultaram também desse interesse.

O relatório de Basiléia chegou aos nossos tempos em várias cópias.[14] Três delas procedem dos arquivos de Basiléia: a primeira encontra-se no livro das ordenações da cidade referente aos anos de 1411 a 1463 (o documento foi escrito provavelmente entre 1430 e 1444), a segunda faz parte do código da Biblioteca Universitária de Basiléia (como anexo do Estatuto do Tribunal de 1457) e a terceira integra a crônica de Basiléia de Johann Knebel. O documento foi publicado em 1749 pelo jurista e erudito Johann Heumann, que o incluiu num tratado sobre direito comum e direito alemão onde ele analisa a linguagem dos criminosos. Heumann o reproduziu a partir de um manuscrito de Estrasburgo, datado, segundo ele, do início do século XV (o texto teria sido extraído do "Codice quodam initio seculi XV manu exarato").[15] As diferenças entre essas três cópias são pequenas e não têm maior importância para a nossa análise. O que chama atenção é apenas a propagação desse documento em cópias e a sua divulgação fora de Basiléia, assim como o fato de ter sido inserido na crônica da cidade, o que demonstra a importância atribuída à descrição que ele contém e o interesse pelo problema. Não sabemos porém como surgiu esse texto, em que testemunhos se baseou e nem qual foi a razão direta da sua elaboração.

Propondo-se denunciar "os truques com que os vagabundos[16] e os cegos obtêm a esmola", o relatório de Basiléia descreve quase três dezenas de categorias de mendigos e vagabundos. A técnica descritiva é semelhante àquela dos documentos mencionados acima: primeiro vem o nome e depois o grupo de mendigos ou o tipo de fraude a que ele se liga. São vinte e seis palavras que definem diversas categorias de mendigos.

A primeira categoria — os *Grantener* — lembra os *Grentzier* do documento de Augsburgo. Sob essa denominação segue uma descrição dos três grupos de mendigos-vigaristas: os que mastigam sabão para fazer sangrar o nariz, os que jogam lenços ensangüentados no rosto e no corpo, os que com a ajuda de pomadas e ungüentos fazem com que o corpo pareça gravemente queimado. Essas três técnicas fraudulentas constituem como que subgrupos no âmbito da mesma categoria dos mendigos que fingem doenças; a cada um deles o documento atribui um nome suplementar ("*grantener die mit der letschen und mit der firmen umbegond*" etc.).[17] Também o grupo seguinte — os *Sweiger* — se caracteriza por uma técnica fraudulenta: eles passam no corpo esterco de cavalo diluído em água e simulam uma hepatite. Os outros (os *Valkentreiger*) passam nos braços uma pomada especial que dá a impressão de marcas de corrente, e assim fingem ter acabado de sair da prisão; outros, ainda, provocam manchas rochas e tumefações para dar a impressão de que foram levados ao tronco (*Brasseln*).[18] Um grupo semelhante é constituído pelos *Klant*, que carregam correntes e ferros e afirmam terem sido libertados por são Nicolau. Há também os indivíduos sadios que usam *Kleffeleten*, chocalhos com os quais os leprosos deviam anunciar a sua presença (*Juncfrowe*).

A esses grupos de mendigos que recorrem à fraude para conseguir esmola seguem-se outros, cujo procedimento é um pouco diferente. Há entre eles os que andam com "facas compridas", ou seja, espadas, e afirmam estar condenados a pagar uma enorme multa por terem ferido alguém em defesa própria (às vezes são acompanhados por um criado, a quem supostamente têm de pagar a multa). Algumas mulheres afirmam ter sido prostitutas e quererem agora endireitar a vida, e pedem esmola em nome de santa Maria Madalena (*Sunneweiger* e *Sunneweigerin*). Outras enfunam o vestido, fingindo-se de grávidas (*Bille*); outras, ainda, dizem estar chorando o filho que morreu duas semanas antes (*Gutzbeterin*), enquanto na verdade há dez anos não deram à luz nenhum filho.[19] Uma categoria à parte é constituída pelos que fingem ser begardos:*

(*) Congregação religiosa fundada no século XII que no século XVI se difundiu primeiramente pela Europa central e depois por todo continente europeu. Seu nome deriva de "*Beggaert*", termo do flamengo antigo que significa "mendigo". (N. T.)

são seguidos de perto pela mulher, que vende alguns artigos (*Munische*).[20] Outros mendigos alegam ser nobres arruinados pela guerra, incêndios ou prisão (*Küsche Narunge*); ainda outros fingem ter sido roubados pelos bandidos e às vezes até trazem documentos que atestam o roubo (*Badune*). O grupo dos que fingem ser judeus convertidos é composto sobretudo por mulheres, que predizem o futuro e particularmente informam se os pais da pessoa estão no inferno ou no céu, e enquanto isso lhe roubam as roupas (*Vermerin*). Os *Theveser* mostram documentos de várias espécies (provavelmente cartas de indulgência) e custódias com relíquias, exigindo o "terceiro *Pfennig*". Já os *Klamerierer* usam o boné ou o capuz com as conchinhas e outros sinais característicos dos peregrinos, que na realidade são trocados e comercializados entre eles. Os *Sefer* são definidos no documento de Basiléia como aqueles que passam pomada no corpo e ficam deitados na frente das igrejas, gritando que estão doentes há um tempo ou que foram internados no hospital; mas ao tomarem banho, três dias depois, os sinais da doença grave somem sem deixar nenhum vestígio.[21]

Entre os cegos, que, sendo os mendigos *par excellence*, constituem um grupo mais espontâneo e mais bem organizado, o documento de Basiléia distingue três categorias. Os *Blochart* são cegos por vontade de Deus ("*die von Gots gewalte blint sint*"): ao chegar a uma cidade escondem o boné e o capuz, dizendo que estes lhes foram roubados ou que os perderam, e quando recebem como esmola dez ou vinte deles, vendem-nos logo. A segunda categoria é constituída por aqueles que perderam a vista por causa "da sua própria malvadez ou má conduta" (*Hantblinden*): vagando pelo país, mostram santinhos na frente das igrejas, dizem que estiveram em Roma visitando Santiago (quer dizer, em Compostella) ou em outros lugares santos, contam os milagres que testemunharam, o que não passa de invenção e fraude. Enfim, a terceira categoria de cegos é composta por aqueles que perderam a vista há dez ou mais anos mas amarram os olhos com farrapos ensangüentados, contando que eram comerciantes ou vendedores e perderam a vista por culpa de malfeitores que lhes furaram os olhos e os prenderam a uma árvore, onde eles permaneceram por três ou quatro dias. São chamados *mit dem bruch gewandelt*.

Os *Spanfelder* são aqueles que chegando a uma cidade deixam a roupa na estalagem e seminus expõem-se em frente das igrejas: gritam que padecem miséria e frio, tremem com o corpo inteiro, procurando, assim, suscitar compaixão. Outra categoria é constituída por indivíduos supostamente loucos, que costumam rasgar a roupa (*Vopper*); de modo semelhante agem os *Vopper die da Ditzent*, que fingem estar endemoninhados, gritando como se possuídos por um mau espírito, e dizem que para se libertar de Satanás precisam doar a um santo doze libras de cera.

Os *Galatten* são pessoas com certa instrução, que se apresentam como sacerdotes e se dispõem a mostrar documentos que comprovam isso; foram roubados durante a viagem a Roma ou em outra peregrinação, e agora não têm como voltar à sua paróquia. Com um livro na mão, fingem estar lendo, e aos que lhes dão esmola prometem proferir o *Evangelho segundo são João* ou fazer uma oração em sua intenção. Os *Krocheren* se apresentam como pecadores: pouco tempo atrás exerciam a profissão de carrasco, mataram várias centenas de pessoas e agora fazem penitência: expõem o corpo seminu diante da igreja e pedem aos passantes que os chicoteiem e castiguem, ajudando-os assim a fazer a penitência. A essa categoria pertencem também as mulheres,[22] que para ter o aspecto de penitentes passam sangue no corpo. Outros mendigos — alguns deles cegos, outros não — cegam as crianças e depois as usam para pedir esmola e assim suscitar mais facilmente a compaixão (o documento de Basiléia não dá a essa categoria ou a essa prática nenhum nome específico).

Os *Burckart*, enfim, são aqueles que colocam a mão numa luva e a penduram no pescoço, gritando que foram atingidos pela "punição de santo Antônio".[23]

Após enumerar todas essas categorias o documento de Basiléia apresenta um pequeno trecho que é uma espécie de relato sobre a vida dos mendigos-vigaristas, escrito em sua própria linguagem, com a explicação dos termos e expressões. No final, sob o título "Isso é o seu Rotwelsche" ("Dis ist ir Rotwelsche"), o documento apresenta as 23 palavras e expressões da gíria do meio com sua respectiva tradução.

O documento de Basiléia constitui sobretudo um quadro impressionante, com uma pitoresca riqueza de detalhes, desse formigueiro de miséria e fraude, que apresentava o seu espetáculo a cada dia na frente das igrejas assim como dentro delas, ou nas estradas, nas praças e ruas das cidades. Já acentuamos o caráter documental dessa descrição, assim como sua relativa pedanteria burocrática e analítica. Mas é preciso também chamar a atenção para os elementos especificamente "literários" que perturbam o caráter convencional do documento, como se o letrado-escrivão se deixasse de repente levar por uma veia narrativa. As digressões sobre as mulheres que pedem esmola, sustentando ter perdido o filho recém-nascido quando na verdade há dez anos não deram à luz nenhum filho, assim como sobre os doentes graves que três dias depois vão tomar banho e apagam todos os vestígios de sua enfermidade, introduzem um tom sarcástico, estranho à descrição e à advertência que ela transmite.

A técnica descritiva do autor de *Betrügnisse* é semelhante à das notas examinadas anteriormente. Das palavras se passa à decodificação do seu significado. Nota-se entretanto que o autor nem sempre consegue cumprir essa tarefa, não estando ele próprio certo do significado exato das expressões. De resto, o mesmo ocorrerá nas sucessivas tentativas posteriores de decifração das palavras e dos conceitos da linguagem secreta: muda a descrição das categorias, isto é, a explicação dos termos, ora graças às novas informações, ora devido apenas a uma ordenação lógica dos dados de Basiléia. No *Betrügnisse* o autor se propõe descrever as categorias de mendigos partindo do pressuposto de que se trata de um meio extremamente dividido do ponto de vista dos critérios profissionais. O autor foi bem sucedido na realização da sua tarefa, mesmo se em alguns casos, apesar de conhecer a técnica da fraude e o termo que a denominava na linguagem secreta (quer dizer, a expressão usada pelos próprios mendigos), não tenha conseguido encontrar a palavra para definir a categoria. Esse fato leva-nos à conclusão de que o material informativo à sua disposição se referia aos procedimentos fraudulentos, às técnicas "profissionais" aplicadas pelos mendigos, e não à organização e à estrutura interna desse meio social.

O último aspecto do documento de Basiléia é a sua hostilidade explícita e unívoca em relação aos mendigos. Nele não encontramos nenhum elogio à pobreza e à misericórdia cristã, provavelmente porque o texto tem um caráter de documento municipal e seu objetivo é prevenir contra os vigaristas. A frieza com que é abordada a questão permanece inalterável mesmo quando a doença e o direito à misericórdia são indiscutíveis, como no caso dos cegos. Mencionam-se então as fraudes praticadas pelos cegos, as várias causas da cegueira e, enfim, as práticas de cegar as crianças para usá-las depois na mendicância. Assim, não se deixa espaço para qualquer tipo de compaixão. Restam apenas os sentimentos negativos, dos quais o menos agressivo é o escárnio.

O documento de Dijon,[24] apesar de mais pobre na descrição que o de Basiléia, traz informações que podem ser verificadas. Até hoje nada sabemos sobre as circunstâncias em que foi escrito o documento de Basiléia, enquanto sobre o texto de Dijon sabemos tudo. Seu autor foi Jean Robustel, o promotor público de Dijon, que por ordem das autoridades da cidade começou, em outubro de 1454, um inquérito minucioso sobre os malfeitores e vagabundos que grassavam na cidade perturbando a tranqüilidade pública. Em fevereiro de 1455 Robustel apresentou aos juízes (leigos e eclesiásticos) um relatório sobre a situação e as primeiras medidas tomadas pelas autoridades municipais. O documento constata a presença na cidade de um grupo de vagabundos e preguiçosos que não trabalham, vivem luxuosamente, passando todo o tempo no prostíbulo e jogando dados, cartas e outros jogos de azar. Após gastar todo o dinheiro, tanto o seu quanto "o que tiravam das pobres mulheres públicas, mantidas por eles no mencionado bordel" (assim ficamos sabendo que praticavam também o proxenetismo),[25] somem da cidade por algumas semanas e depois voltam a cavalo ou a pé, bem vestidos e com a bolsa cheia de ouro e prata. Chamam-se *coquillards*, quer dizer, membros da Companhia da Concha (chefiada provavelmente pelo rei da Concha), têm uma linguagem própria e vários sinais secretos. Diz-se na cidade que praticam arrombamentos e furtos, roubos, fraudes no comércio e no câmbio de dinheiro, que vendem "mercadoria falsa", enganam nos jogos de azar, usam dados viciados e são invencíveis no jogo de cartas. Diz-se também que "a cada fraude que eles praticam corresponde um nome particular na linguagem própria do grupo", nome que "nenhuma pessoa estranha à conjuração", a menos que algum deles lhe tenha revelado o segredo, "tem possibilidade de compreender".[26] Diz-se enfim que o próprio administrador do prostíbulo (ex-funcionário municipal) está ligado a eles e os ajuda a vender os objetos roubados.

Esse relatório inicial do promotor Robustel é interessante também pelo fato de preceder o procedimento específico da polícia e do tribunal, baseando-se assim em informações — ou boatos — que circulavam naquele tempo, e não em depoimentos. O relatório revela também um certo tipo de interesse ou curiosidade em relação a esse meio: uma vontade de conhecer os elementos constitutivos da organização esotérica, sua estrutura interna e sua linguagem secreta. Nos meses seguintes o promotor Robustel passa a tomar iniciativas enérgicas. A polícia age lentamente, alguns dos suspeitos somem da cidade, mas em julho começa inesperadamente uma batida policial: no prostíbulo foram capturados doze malfeitores, que ao ouvir a guarda municipal batendo à porta se esconderam nos baús. Os presos foram submetidos a todos os tipos de procedimentos judiciais praticados naquele tempo — tanto torturas quanto persuasão. Enfim se prometeu liberdade ao preso mais jovem se ele revelasse os segredos do bando, e assim se obtiveram informações fundamentais. O relatório elaborado por Jean Robustel no outono de 1455 prestava conta detalhadamente desse interrogatório e dos depoimentos obtidos. Não se trata de um documento processual, pois tanto o depoimento dos acusados e das testemunhas quanto o desenvolvimento dos processos e os vereditos foram transcritos nas atas; as conclusões constantes sobre os materiais serviam mais como documentação do que como informação. De fato o promotor devia por um lado informar a seus superiores os resultados da missão que lhe fora confiada e por outro informar também as outras instâncias judiciais e outras cidades sobre os resultados da investigação, pois grande parte do bando estava ainda em liberdade. Além disso podia acontecer — coisa de que o promotor estava bastante ciente — que as informações obtidas, sobretudo as concernentes à linguagem dos criminosos, pudessem ser úteis ao aparato jurídico e policial. Assim, é possível que o documento de Dijon tenha tido um papel autônomo no circuito dos textos judiciais. Provavelmente ele não entrou em circulação mais ampla nem fez parte de alguma crônica, como o documento de Basiléia, embora as crônicas daquele tempo relatassem muitos fatos ligados aos *coquillards*. Aliás podemos supor que as cópias do relatório de Robustel tenham sido tratadas como documentos internos e secretos, uma espécie de ordem de prisão, na rede judicial em que circularam, e só os "vazamentos de informações", dos quais há vestígios nas crônicas da época, atingiam um raio mais vasto.

O núcleo básico das informações de Robustel sobre a estrutura geral do bando e seus costumes provinha de dois depoimentos: o de um certo barbeiro ligado a eles e o do membro mais jovem do grupo (pelo menos entre os aprisionados), a que já nos referimos.

O barbeiro conta que entrou em contato com o bando porque seus integrantes pediam-lhe que os barbeasse; posteriormente começou a participar dos jogos de cartas e dados. Visto que sempre perdia, decidiu se aproximar do mais aberto deles:[27] convidava-o para almoços, fingia saber os segredos de sua linguagem secreta, o que de resto não era mentira, porque antes de mais nada tratou de obter as devidas informações e sabia que eles tinham uma linguagem diferente, com termos para todas as "coisas da sua seita"; conhecia também muitas das suas façanhas e sabia que eles estavam espalhados por "todo o mundo" e que o seu número era superior a mil. Em seguida revelou os nomes — na maior parte dos casos eram apelidos — dos membros do bando que conhecera pessoalmente ou dos quais ouvira falar e por fim forneceu uma relação dos termos com que os *coquillards* denominavam as suas façanhas e ações. Encontramos nesse ponto uma frase significativa: "Os *coquillards* têm na sua linguagem vários nomes e não conhecem todas as artes e fraudes que serão aqui descritas. Uns são hábeis numa coisa, outros noutra, e quando discutem entre si, cada um joga na cara do companheiro o que este não sabe fazer".[28] Segue-se uma relação dos nomes com que os *coquillards* se definem, junto com a explicação de cada um deles:[29]

crocheteur — arrombador que sabe usar uma gazua;

vendangeur — larápio, batedor de carteiras;

bleffeur — malfeitor que atrai os ingênuos para o jogo;

envoyeur — assassino;

desrocheur — saqueador que deixa sua vítima sem nada;

planteur — vende falsas barras de metal, correntes e pedras preciosas;

fourbe — usa jóias falsas, fingindo ser servo de um comerciante, ou é cúmplice de um furto (recebe a pilhagem que o companheiro rouba quando dorme no mesmo quarto com um comerciante ou um padre);

blanc coulon — é precisamente o ladrão que dorme no mesmo quarto com um comerciante ou outra pessoa qualquer;

bazisseur — é também um assassino;

desbochilleur — o jogador que vence, deixando o adversário sem nada;

baladeur — é o primeiro a conversar com o padre a quem querem vender falsas preciosidades;

confermeur de la balade — é aquele que vem atrás do *baladeur*;

pipeur — jogador de dados e de outros jogos, também vigarista;

gascatre — o aprendiz na arte dos *coquillards*;

breton — o ladrão;

long — homem que conhece bem toda a ciência dos *coquillards* ou alguns de seus ramos;

dessarqueur — aquele que é enviado para fazer o reconhecimento do lugar onde pretendem depositar as jóias falsas;

maistre — aquele que se finge de homem honesto.

Após essas categorias de malfeitores o documento cita ainda algumas palavras e expressões usadas pelos *coquillards* cujo sentido o barbeiro conseguira reconhecer.

Esse depoimento será confirmado em seguida por Dimanche le Loup, o amigo que o barbeiro tinha no bando. Ele confirma que o grupo usa uma linguagem particular mantida em segredo absoluto, sob pena de morte: "E quem pronuncia essas palavras bem sabe", disse ele no depoimento, "que depois de sua libertação será morto se for encontrado num lugar ermo e sem defesa suficiente".[30] Dimanche usa os termos acima apresentados num sentido um pouco diferente: o contexto em que aparecem as palavras *plant* e *esteve* indica que elas denominam, de forma mais geral, o ato criminoso, a fraude ou o "golpe" do ladrão. De resto, o próprio Dimanche le Loup sustentava, em Dijon, pertencer a uma categoria pouco iniciada nos segredos da arte dos *coquillards.* Mas ao ser preso em Tours, alguns anos depois, de várias cidades chegaram informações sobre as suas ações criminosas; o presidente da Câmara de Contas da região de Anjou recebeu uma carta de Saumur notificando que toda a cidade estava convencida de que sob o nome de Dimanche le Loup fora preso o próprio chefe do bando, chamado também Bar-sur-Aulbe, "*le grant Caym de la crocheterie*".[31]

Assim, o documento de Dijon apresenta um quadro de caráter diverso daquele fornecido pela relação de Basiléia. Não se trata de mendigos, mas de bandidos e jogadores. O traço comum entre os dois grupos é a fraude. A técnica da fraude constitui em ambos os casos o critério mais comum de diferenciação entre as categorias. Em ambos os textos a linguagem secreta aparece como um fator de unificação de todos os grupos. O documento de Dijon mostra também que nas informações obtidas o nome da técnica aparece com maior freqüência que o nome da categoria profissional. Assim, Dimanche le Loup não sabia definir a "categoria profissional" a que pertencia mas ao mesmo tempo estava completamente à vontade para descrever, na linguagem secreta e com abundância de detalhes, as sutilezas de sua ocupação de jogador.[32]

A estrutura interna e a organização do meio dos mendigos é descrita nesse texto de uma forma mais ampla que nos documentos alemães. De resto, a "companhia" dos *coquillards* parece ter sido organizada nos moldes de uma tropa militar, o que não é de admirar, já que vários vagabundos eram ex-soldados. Os bandos de "armanhaques" que grassavam nos territórios do sul da Alemanha procediam diretamente dos destacamentos militares que continuavam a praticar por conta própria a arte guerreira.[33] Em 1464, no sul da França, operava um bando de cerca de quatrocentos homens chamado por um observador da época "a mais terrível seita de arrombadores". O grupo era comandado por seu próprio rei, um condestável e muitos oficiais, e usava uma linguagem própria.[34] O mencionado condestável foi obrigado a confessar, o que permitiu a captura de muitos de seus subalternos. Também o bando que antes de 1523 grassava na França foi provavelmente comandado por um rei.[35]

O traço característico do bando de Dijon é o seu nome, uma alusão aos peregrinos de Santiago de Compostella, cujo símbolo era a concha. A palavra "*coquillard*" aparece também em outros documentos, designando os mendigos que se apresentam como peregrinos. Não conhecemos as circunstâncias que levaram o bando de Dijon a adotar esse nome, mas podemos supor que para dissimular a sua atividade criminosa os bandidos-vagabundos se disfarçassem de peregrinos, e talvez também usassem a concha como símbolo da peregrinação.

Tanto o processo da investigação em Dijon como, depois, a sua continuação na Burgúndia mostram de forma evidente que as notícias sobre a atividade dos criminosos e as prisões ocorridas eram bastante conhecidas. O documento de Saumur, acima citado, demonstra que as informações desse tipo se difundiam rápida e amplamente.

Apresentamos esses dois documentos para provar que o aparelho de repressão da época conhecia o mundo dos mendigos e também o dos criminosos. Nossa intenção não foi tanto mostrar que os arquivos dos tribunais continham esse tipo de material quanto revelar que nos meios judiciais e policiais surgiam certas imagens coletivas que junto com alguns fragmentos de informações se difundiam pela sociedade.

Os exemplos aqui apresentados poderiam ser confirmados por uma série mais numerosa de textos, pois os arquivos dos tribunais da baixa Idade Média contêm listas com características de documentação para circulação ampla. O exame desse material mostra, aliás, como as informações e descrições se cruzavam, independentemente das fronteiras lingüísticas, étnicas ou estatais.

Os *Basler Betrügnisse* não têm correspondente na documentação francesa do século XV a respeito da imagem dos mendigos e do reconhecimento das suas diversas categorias. O texto francês que mais se assemelha a eles é uma ordenação real de meados do século XV concernente à cidade de Paris que descreve detalhadamente as práticas fraudulentas usadas pelos mendigos para obter esmola (a utilização de pomadas, as falsas hemorragias, o expediente de amarrar os braços e pernas para fingir invalidez, o arrastar de correntes, o uso de farrapos sujos e ensangüentados, a simulação de epilepsia e outras doenças). Num dos processos considerados pelo parlamento parisiense, cujo desenrolar foi registrado também nas crônicas, analisou-se minuciosamente o caso de um grupo de mendigos que seqüestrava e mutilava crianças para usá-las como instrumento de mendicância. A obra de Eustache Deschamps, escritor de longa prática judicial, apresenta em forma poética as fraudes praticadas pelos mendigos, particularmente uma descrição das técnicas de simulação.[36] Em 1457 uma ordenação de Carlos VII, que Luís XI ratificou em 1464, intervém contra os falsos coletores, que enganam as pessoas dizendo ter trazido relíquias e ossos de vários santos do paraíso e apresentando-se como padres, embora sejam leigos e casados. Para obter donativos eles engastam em prata e ouro quaisquer ossos de que dispuserem e contam aos ingênuos as mais estranhas histórias.[37]

Também as descrições das crônicas alemãs demonstram a existência e a organização de bandos semelhantes àquele que em seu relato o promotor público de Dijon descreve minuciosamente.[38] Os arquivos dos tribunais alemães, até agora pouco estudados, contêm igualmente muito material sobre o mundo da criminalidade e sua organização (como a nota de Dythmar de Meckebach, com a sua descrição das categorias do mundo do crime).

Constatamos que as semelhanças de descrição dos meios de mendigos e vagabundos de diferentes territórios decorrem por um lado do fato de tais grupos terem em comum características do mesmo fenômeno social, observado diretamente e descrito, e por outro da ampla circulação das informações sobre os bandos. Os dois mais elaborados tratados sobre esse meio social, escritos no final do século XV na Itália e na Alemanha, podem ser considerados resultado da acumulação desse tipo de conhecimento.

O LIVRO DOS VAGABUNDOS

Como já mencionamos, os *Basler Betrügnisse* foram copiados e também entraram nas crônicas do século XV. Mas enquanto a crônica de Knebel contém esse texto com alterações sem grande importância, no texto que Mathias von Kemnat incorpora à sua crônica, datada de 1475, encontramos modificações muito substanciais[39] que permitem considerá-lo uma elaboração literária *sui generis* do documento municipal. Na introdução, Mathias anuncia que vai descrever "uma seita ou ordem" de ladrões, jogadores, assassinos, bandidos, vagabundos e glutões, totalmente sãos de corpo, que vivem da esmola e da fraude[40] para "sem nenhum trabalho obter o dinheiro e o pão", privando assim os devotos, os pobres e os doentes de uma ajuda que por direito estes iriam receber. As descrições que esse texto faz das diversas categorias são mais elaboradas, e às vezes apresentam uma espécie de "teatralização". Eis dois exemplos: os *Grantner* jogam-se no chão, à frente das igrejas, gritando, a espuma sai de sua boca, eles sacodem os braços e as pernas, retorcem os olhos tresloucadamente ("*Die mit der Buschnarung*" — o texto de Basiléia os chama de

Küsche Narunge), sustentam ser de família de príncipes e condes, vestem trajes ricos e se fazem acompanhar por um criado, mas na verdade são de origem camponesa. Na maior parte dos casos as descrições de Mathias têm o caráter de reelaboração literária do texto; outras vezes parecem uma interpretação diferente das palavras. Algumas das modificações derivam provavelmente das próprias experiências do autor. Mathias introduz também uma enumeração das categorias, fator nada irrelevante, já que desse modo cria um elenco fechado de grupos. Por fim, após o último comentário sobre as fraudes dos "mendigos fortes" (*Starcke Bettler*) e a exortação às autoridades e às guardas municipais para que protejam o povo, o autor acrescenta ainda uma anedota, ou seja, um *exemplum*.[41] Trata-se do caso de um certo *Cambisirer* ou *Glatte* (no texto essa categoria é chamada alternadamente *Trebeser* ou *Cambisirer*), de que Mathias tomara conhecimento: ele andava de uma cidade a outra exibindo uma cabeça cortada, dizendo ser de seu pai, um homem santo que falecera numa peregrinação a Santiago (de Compostella); não lhe fora fácil encontrar a cabeça, e agora ele estava a caminho de Roma para tentar fazer com que o pai fosse proclamado santo. Ao ser preso em Luterburgo verificou-se que ele mesmo cortara a cabeça num cemitério. Em seu bolso foram encontrados vinte *guldens*, prova da eficácia desse método.

No *Narrenschiff* de Sebastian Brant[42] a imagem dos mendigos é impiedosamente sarcástica. O autor descreve também as suas fraudes: eles são saudáveis mas fingem doenças, quebram os braços e as pernas dos próprios filhos para que possam mendigar melhor. No entanto as práticas dos mendigos são mencionadas apenas de forma geral. No seu *Narrenbeschworung* Thomas Murner é mais preciso e menciona cada uma das categorias de mendigos: distribuidores de relíquias falsas, pretensos peregrinos, simuladores de várias enfermidades que apresentam cartas comprobatórias, mendigos que caem no chão com uma terrível espuma na boca, que levam uns aos outros numa corrente como se fossem endemoninhados, que produzem falsas feridas e mentem a mais não poder.[43] Essa relação mantém a mesma convenção dos documentos e textos literários sobre os vagabundos. O texto de Murney foi publicado em 1512, quando já há alguns anos circulava impressa a obra mais célebre desse tipo de literatura, o *Liber vagatorum*, coroamento de uma longa série de descrições alemãs relativas ao meio dos vagabundos.[44]

Sob esse título latino se encerra uma obra escrita originalmente em alemão (embora não se possa excluir a possibilidade da existência de um original latino). A introdução do autor — por enquanto deixemos de lado o prefácio de Lutero às edições seguintes — anuncia um belo livrinho que um perito em fraudes[45] escreveu para louvar a Deus, "*sibi in refrigerium et solacium*", para o proveito e advertência de todos os homens e enfim para ajudar a mudar a vida das pessoas de que fala. Após esse apelo convencional informa-se que o livro é composto de três partes: a primeira é dividida "em vinte ou pouco mais" (na verdade 28) capítulos, correspondentes ao número das várias fraudes praticadas por essa gente; a segunda apresenta as *notabilia* de seu modo de vida; a terceira dá a conhecer aos leitores o vocabulário da linguagem que falavam, "chamada em alemão *Rotwelsch*".[46] Vamos nos ocupar aqui sobretudo da primeira parte, mantendo a ordem de exposição do autor porque — à diferença dos relatos precedentes — não se trata de uma descrição documental, mas de uma estrutura que deriva com certeza de princípios previamente estabelecidos.[47]

A primeira categoria é constituída pelos *Breger*, os verdadeiros mendigos, locais, geralmente com muitas crianças, que pediam esmola "em nome do Senhor ou da Santíssima Virgem Maria". Os *Breger* eram conhecidos na sua cidade ou aldeia. Se pudessem manter-se com o próprio trabalho certamente não mendigariam; muitos deles pedem esmola contrafeitos e envergonhados perante aqueles que os conheciam antes de caírem na miséria. São aqueles a quem se deve dar uma ajuda.

Os *Stabüler* — que compõem o segundo grupo — são aqueles que vagavam pelo país com a família, passando "de um santo a outro"; traziam nos trajes rasgados muitas medalhas de vários santos; nunca queriam trabalhar, os filhos cresciam na mendicância e assim permaneciam até o fim da vida. Aonde quer que fossem — cidade ou aldeia — pediam esmola, recorrendo a todos os métodos possíveis. Na conclusão o autor diz que quem quisesse poderia ajudá-los, porque eles eram metade bons "metade ruins, nem todos são ruins, mas a maioria é".[48]

Os *Lossner* são os mendigos que afirmavam ter passado seis ou sete anos na prisão, arrastavam uma corrente como se estivessem escravizados, aprisionados nas galeras ou encarcerados numa torre apesar de inocentes. Apresentavam atestados, mas não era difícil encontrar entre os vagabundos os que sabiam arranjar o devido carimbo. Afirmavam ter feito uma promessa, a Nossa Senhora ou a um dos santos, de doar uma libra de cera ou um crucifixo de prata, e agora, tendo obtido a liberdade, querer cumpri-la. Os ferros ou correntes que carregavam eram comprados, fabricados ou roubados por eles mesmos. Não merecem nenhuma ajuda, porque "entre mil, nenhum fala a verdade".

O quarto grupo é constituído pelos *Klenckner*, os mendigos que esperavam nas portas das igrejas o dia do mercado ou da feira paroquial, expondo ao público as suas enfermidades e deformidades. Outros traziam consigo correntes e sustentavam que tinham sido injustamente presos: gritavam, choravam, lamentavam, e em cada três palavras suas, uma era mentira. A causa das feridas era uma briga no jogo ou um castigo merecido, mas às vezes eles apenas fingiam invalidez.

Os *Debisser* (ou *Dopffer*) são aqueles que andavam de casa em casa tocando as pessoas com uma imagem sacra; às vezes se apresentavam como monges e pediam donativos para a sua capela: vasos litúrgicos ou coisas do gênero. Às vezes até apresentavam cartas com carimbos que comprovavam a autenticidade das histórias contadas. Àqueles que vinham de uma igreja distante três a cinco quilômetros podia-se dar a oferta que fosse conveniente, mas aos outros não se devia dar nada.

Os *Kammesierer* eram jovens escolares ou estudantes que abandonavam os pais e não queriam obedecer aos mestres: desse modo acabavam na má companhia dos vagabundos e aprendiam a mendigar. Contavam histórias inventadas, pediam peças de tecido, dinheiro, expunham a tonçura, raspada por puro ardil, e pensavam apenas no jogo e na devassidão.

O sétimo capítulo apresenta os *Vagierer*, peritos na magia negra e que se apresentavam como estudantes em deambulação,[49] mestres das sete artes liberais. Os *Vagierer* sustentavam saber expulsar o diabo, proteger dos ventos e tempestades e afastar as forças malignas usando os devidos conjuros. Pronunciando algumas fórmulas mágicas eles tiravam dinheiro dos camponeses.

Os *Grantner* são simuladores bem conhecidos que visitavam as casas contando sobre suas doenças fictícias e as promessas que haviam feito para se livrar delas (seis libras de cera, toalha para o altar, oferenda de prata etc.). Outros se jogavam no chão à frente das igrejas e fingiam graves doenças, por exemplo mascando sabão e com a ajuda de uma palha fazendo escorrer sangue pelo nariz. Todos eles eram vagabundos.[50] Contavam várias histórias para comover os ouvintes e às vezes tinham atestados escritos que ratificavam as suas afirmações. Aos *Grantner* que, sentados na frente das igrejas ou batendo à porta das casas, se mantinham em silêncio era preciso dar uma ajuda, pois muitos deles eram obrigados pela doença a pedir esmola. Mas se começavam a falar muito isso era um sinal certo de que já vinham há tempo praticando fraudes.

A nona categoria é constituída pelos *Dützer*, que também sustentavam ser doentes há muito tempo e ter feito a promessa de peregrinar, pedindo caridade até receber "três esmolas completas" por dia (uma "esmola completa" era um *blafard*, uma moeda de prata). Enganando assim as pessoas, eles conseguiam às vezes recolher até cem *blafards*. O termo *Gedütz* define a prática de pedir uma colher de manteiga ou um ovo "para as crianças pequenas" ou vinho "para a esposa doente".

O autor chama de *Schlepper* aqueles *Kammesierer* que se apresentam como padres. Eles andavam acompanhados por um criado que carregava as sacolas. Diziam que lhes faltavam os instrumentos litúrgicos para celebrar a missa e inscreviam o dono e a dona da casa na sua irmandade, prometendo indulgências e bênçãos. Diziam também que, à diferença das outras irmandades, eles não mandariam coletores a cada ano e nunca mais apareceriam. Atuavam sobretudo na região da Floresta Negra, na Suíça e nos países limítrofes, onde havia poucos padres e as igrejas (assim como os povoados) eram bem afastadas umas das outras.

Os *Zickisse* são os mendigos cegos. Há três categorias de vagabundos cegos: a primeira, os *Ochhart*, é constituída por cegos pela vontade de Deus; a segunda por cegos que haviam perdido a vista em conseqüência de má conduta e más ações;[51] a terceira, a dos *die mit dem gebruch umbgond*, por indivíduos que apesar de serem cegos há dez ou mais anos amarravam um lenço ensangüentado nos olhos para poder afirmar que tinham acabado de ser roubados e cegados por malfeitores.

O duodécimo grupo chama-se *Schwenfelder* ou *Blickschlaher*. Aqui segue uma descrição idêntica (com pequenas alterações) àquela dos *Spanfelder* do documento de Basiléia. Esses vigaristas ficavam deitados nus à frente das igrejas (deixavam a roupa na estalagem), contando que haviam sido roubados ou que tiveram de vender a própria roupa por causa da doença. O vestuário recebido como esmola era vendido em seguida.

Os *Vopper* eram mendigos (sobretudo mulheres) que fingiam loucura, faziam-se levar numa corrente, arrancavam a própria roupa. Alguns combinavam a loucura a outro expediente, fazendo *vopperdie da dützen*: gritavam que um espírito maligno tinha penetrado no corpo da sua mulher ou de alguma outra pessoa que ficava deitada a seus pés. Os *Vopperinen* simulavam uma doença pulmonar.

Os penitentes que se flagelavam em frente das igrejas dizendo que tinham sido carrascos chamam-se *Dallinger*[52] e geralmente suscitavam o interesse das multidões e recebiam muitas esmolas. Tampouco a descrição dos *Dutzbetterin* diverge do documento de Basiléia: essas mulheres passavam no corpo uma mistura de ovos com cera e assim, com um aspecto penoso, contavam ter parido há duas semanas uma criança que morrera na noite anterior.

O autor do tratado assevera que poderia apresentar muitas provas de que tudo isso era uma fraude; cita por exemplo os casos de um homem de Estrasburgo que fingia ser uma parturiente e de uma mulher de Pforzheim que afirmava ter parido uma criança e um sapo vivo e estar agora obrigada a fazer as devidas oferendas. Outras mulheres também contavam sobre os monstros que supostamente haviam gerado.

Os *Sündfeger* (os *Sunneweiger* ou *Sonnenweger* dos textos anteriores) são "criados fortes" que andavam com uma longa espada[53] e contavam que tinham cometido um assassinato em legítima defesa e agora precisavam pagar uma multa, senão seriam decapitados. As suas mulheres — as *Sündfegerin* — vagavam pelo país dizendo-se prostitutas que agora queriam abandonar a vida dissoluta. As *Biltregerin* eram também mulheres-vigaristas que enchiam o vestido com farrapos para fingirem-se de grávidas, quando na realidade não tinham filhos há pelo menos vinte anos — esse procedimento era chamado também *mit der bewlen gangen.*

Os *Junckfrawe* são mendigos que se fingiam de leprosos (esse expediente vem definido como *mit der junckfrawen gangen*).

Os *Mumsen* passavam-se por begardos: encapuzados, gritavam que eram pobres por vontade própria.

A 21ª categoria é chamada *Übern süentzen gangen*: trata-se de vagabundos e mendigos que se passavam por nobres de origem, condenados à miséria pelos incêndios da guerra e pela prisão. Vestiam-se bem e tinham documentos adequados.[54] A categoria seguinte é constituída pelos *Kandierer*: estes fingiam ser comerciantes de ultramar caídos nas mãos dos bandidos, o que provavam apresentando cartas episcopais falsas; geralmente andavam bem vestidos.

As *Veranerin* faziam-se passar por judias convertidas, informavam aos ingênuos se os seus pais estavam no inferno ou não, roubavam vestidos e também apresentavam cartas falsas e falsos carimbos.

Os nomes *Cristianer* ou *Clamierer* designam os mendigos que traziam no boné os símbolos dos peregrinos: uma "verônica" romana, uma concha ou outros signos. Negociavam entre si esses objetos, porque nunca haviam estado nos lugares sobre os quais contavam.

O 25º grupo é composto pelos *Seffer*, que passavam no corpo uma pomada e ficavam deitados na frente das igrejas, fingindo estar gravemente doentes. Em seguida o documento fala dos *Schwaiger*, que usando esterco de cavalo diluído em água conseguiam produzir mudanças tão grandes na sua aparência que podiam simular hepatite ou outras doenças graves. Fala também dos *Burckart*, que simulavam ter fogo-selvagem.

O 28º e último capítulo é dedicado a uma categoria ausente nos documentos precedentes. Trata-se dos *Platschierer*, que sentados nas cadeiras na frente das igrejas tocavam alaúde e cantavam sobre os países estrangeiros em que nunca estiveram, depois contavam histórias inventadas sobre as circunstâncias em que perderam a vista. O mesmo termo (*Platschiren*) denominava também as fraudes dos carrascos que se fingiam de penitentes, flagelando o corpo nu na frente da igreja.

Esses 28 capítulos do *Liber vagatorum* concluem, em princípio, a lista das categorias do mundo de vagabundos. O autor imita aqui, de forma bem explícita, os seus protótipos literários, mas nos últimos capítulos torna-se mais lacônico e passa a seguir cada vez mais os textos precedentes, como se lhe tivesse faltado material ou tempo para verificar as informações. Confrontados com as descrições do documento de Basiléia, os últimos capítulos trazem poucas alterações: o autor nem sequer acrescenta novos exemplos. Mas a segunda parte do *Liber vagatorum*[55] traz não só novas observações ou fatos novos sobre a vida dos mendigos e vagabundos como também explicações sobre novos termos e algumas novas categorias, numa ordem independente da lista da primeira parte.

O autor constata então a existência de mendigos que não esperavam a caridade diante das casas: entravam diretamente nelas, sem levar em conta se alguém estava presente ou não. Outros (chamados *Pflüger*) andavam pelas igrejas e, movimentando-se com tal dificuldade que pareciam gravemente doentes, pediam esmola a todos que encontravam. Havia os que, apenas para obter a esmola por vontade de Deus, no Dia de Finados ou noutro dia santo qualquer alugavam crianças para provar que tinham muitos filhos e, sentados à frente das igrejas, vociferavam que sua prole não tinha mãe ou pai.[56] Em seguida Mathias traz um exemplo com detalhes interessantes: na Suíça vigorava uma ordenação que obrigava a dar a cada mendigo cinco *shillings* sob a condição de que pelo menos durante três meses ele não voltasse àquele lugar. Mas uma vez certa mendiga cortou os cabelos, voltou à mesma localidade e com uma criança no colo começou a pedir esmola na frente da igreja. Quando foi reconhecida verificou-se que o que carregava não era uma criança e sim um cachorro, e ela teve de fugir logo do lugar.

Havia também mendigos que, decentemente vestidos, pediam esmola nas ruas e abordavam homens e mulheres para lhes contar que eram artesãos[57] mas por causa de uma longa doença perderam todos os bens e agora precisavam expor-se à vergonha de mendigar. Estes se chamavam *Genns scherer*.

Os vagabundos da categoria seguinte já não podem ser considerados mendigos. São os vigaristas chamados *Sefel greber*, que se proclamavam capazes de desenterrar ou encontrar tesouros; quando conseguiam ludibriar alguém diziam precisar de um pouco de ouro e prata para custear as pesquisas e mandar celebrar muitas missas. Faziam um grande sucesso entre os nobres, eclesiásticos e leigos, embora não haja notícia de que jamais tivessem encontrado um tesouro.

Não faltavam também aqueles que tratavam os próprios filhos de modo infame para que, aleijados, pudessem causar dó. Outros, chamados *Wildtner*, chegando a uma aldeia mostravam um objeto sujo com a forma de um dedo e diziam tê-lo encontrado e agora querer vendê-lo. As camponesas ingênuas pensavam tratar-se de um relicário de prata e pagavam seis *pfennig* ou mais, tornando-se assim vítimas de uma fraude. Esses vigaristas praticavam os mesmos golpes com os rosários e outros objetos que escondiam debaixo das vestes.

Era preciso tomar cuidado com os falsos coletores, que se apropriavam de bens sagrados,[58] com os vendedores ambulantes que andavam pelas casas vendendo mercadorias falsas (prata, especiarias), com os médicos que percorriam o país oferecendo diversos remédios, mas em particular com os médicos cegos (como Hans de Estrasburgo, um judeu convertido à fé cristã: na região de

Worms foram-lhe arrancados os olhos e depois ele passou a errar pelo país predizendo o futuro e curando as pessoas). Advertindo os leitores contra os trapaceiros,[59] o autor descreve minuciosamente os truques praticados por eles, sobretudo no jogo de cartas, e apresenta vários termos profissionais da sua linguagem (que denominavam os diversos tipos de truques), assim como palavras com significado secreto usadas por eles.

Entre os vagabundos havia por fim uma categoria especial chamada *Mengen* ou *Spengler*. Eram caldeireiros ambulantes, que vagavam acompanhados das mulheres: elas andavam na frente cantando e tocando, e caso não recebessem nada furavam as panelas dos camponeses com cinzel ou faca para que em seguida os companheiros pudessem encontrar trabalho. Os detalhes dessa descrição permitem supor que se tratava de ciganos, mas o próprio texto não os nomeia diretamente nem aqui e nem em qualquer outro lugar.

A segunda parte do *Liber vagatorum*, embora às vezes repita alguns elementos da descrição da parte anterior (como por exemplo ao falar sobre os mendigos que aleijavam os próprios filhos para adaptá-los melhor à mendicância), é todavia original. À lista das categorias do mundo dos vagabundos ela acrescenta outras cinco e mais uma sexta, a dos trapaceiros, que constitui um mundo novo, um novo meio social. Essa última categoria fazia parte da vida dos vagabundos e usava a linguagem deles, mas a sua própria terminologia técnica era tão rica que se pode falar de uma linguagem particular dos trapaceiros. Encontramos aqui grandes semelhanças com o meio apresentado no relatório de Dijon de meados do século XV, assim como os elementos do "jargão" descrito no relatório do promotor Robustel, referentes ao jogo de cartas e de dados. É preciso chamar a atenção para a importância dos grupos de puros vigaristas, dos quais já não se pode dizer que fossem mendigos: é entre eles que pela primeira vez nos documentos até agora examinados aparecem os médicos ambulantes e vigaristas de várias espécies, dos quais vamos nos ocupar mais escrupulosamente graças à documentação italiana do "mundo dos charlatães".

No *Liber vagatorum* encontramos o mesmo elemento de escárnio que notáramos no documento de Basiléia, só que agora ele parece mais forte. Para mostrar o seu distanciamento em relação às afirmações dos mendigos o autor recomenda repetidamente a desconfiança, e às vezes ele próprio diz qual é a verdade (fingem estar doentes mas na realidade têm boa saúde; é aleijada mas foge com grande velocidade etc.). Assim, o mundo dos vagabundos é posto em relação com o dos prostíbulos: dizem que viveram no cativeiro, presos pelos infiéis, *isto é* (leia-se: mas na realidade), na casa de devassidão; está voltando de Roma, isto é, do prostíbulo (o que não tem nenhuma conotação anti-romana); em Sankt Gallen os camponeses encontraram um falso padre não na catedral mas no bordel.[60] O material narrativo introduzido no texto como exemplo também contribui para o tom de escárnio.

Na apresentação das categorias do mundo dos vagabundos mantivemos a sucessão seguida pelo autor. Ela difere bastante da ordem adotada nos documentos alemães, examinados anteriormente. A tentativa de uma certa sistematização é visível sobretudo nos primeiros capítulos: inicialmente os "bons" mendigos, depois os mendigos profissionais (vigaristas, cegos etc.). No entanto essa sistematização é aplicada sem nenhuma coerência e completada com as palavras e categorias tiradas das leituras e da experiência do próprio autor. A segunda parte do livro mostra uma acumulação progressiva de novas informações. O vocabulário do *Rotwelsch* não tem tampouco uma estrutura organizada: composto de mais de duzentas notas explicativas, revela como o autor se serviu de outros vocabulários já existentes (no *Schachzabelbuch* de Konrad Ammenhausen, elaborado e compilado em 1488 pelo conselheiro de Zurique, Gerold Edlibach, encontra-se um vocabulário desse tipo; a obra conservou-se apenas em parte, mas calcula-se que possa ter compreendido um total de 150 mil palavras).[61] É significativo que o vocabulário não contenha alguns termos que aparecem no texto do *Liber vagatorum*. Os mencionados elementos de estrutura não apenas têm importância no nível heurístico como também confirmam a impressão de serem o resultado de um trabalho de reconhecimento, o que permite tratar essa obra como testemunho de uma observação ainda viva e de uma reflexão contínua sobre os documentos escritos.

O autor demonstra de modo evidente muita hostilidade e desconfiança em relação ao meio que ele apresenta. O verdadeiro objetivo do livrinho é alertar as pessoas que se deixam envolver pelos vigaristas. Sobretudo nos primeiros capítulos é visível a intenção de indicar aqueles com quem se deve ser misericordioso e aqueles aos quais não se deve ajudar. O texto também deixa entrever dificuldades de caráter ideológico e o temor de adotar uma posição contra o espírito de misericórdia cristã. Essa chave explica a exortação (quase totalmente inesperada, devido ao tom negativo da descrição) à assistência a alguns dos mendigos das categorias descritas e à tentativa de distinguir os "bons" dos "maus". O autor insiste continuamente em que se deve ajudar sobretudo os mendigos conhecidos e que vêm de localidades vizinhas.[62]

No *Liber vagatorum* as intenções de caráter didático-religioso se fundem com outras que hoje, para simplificar, poderíamos chamar etnográficas. Esses elementos contribuem para uma descrição pitoresca que faz ressaltar o aspecto exterior, o modo de vestir e de se mostrar nas ruas. É óbvio que naquela época todos esses aspectos eram elementos sociológicos: o mendigo que quisesse parecer nobre tinha de se vestir "bem"; se quisesse parecer um comerciante tinha de se vestir "decentemente"; se quisesse receber esmola na igreja tinha de usar trapos.[63] Um lugar importante é ocupado na obra pelas descrições da credulidade humana, dos tipos de fraude que podiam ter sucesso, assim como do modo como os mendigos usavam os instrumentos da cultura para atingir o seu objetivo com maior facilidade. Aqui se poderiam incluir também a fala, a narração (o autor previne acerca dos mendigos que falam muito),[64] a recitação de longas histórias, o uso dos livros e sobretudo de vários tipos de cartas e documentos carimbados, que era uma prática muito difundida.

A descrição do *Liber vagatorum* é destituída de valor literário, tem poucas narrações, mas com seu discurso meticuloso e um olhar abrangente constitui uma espécie de itinerário dantesco que oferece um quadro vasto e minucioso dos espetáculos que os mendigos, usando a palavra e a mímica, apresentavam nas ruas, estradas e praças nos dias de semana e nos feriados. O prefácio de Martinho Lutero, de 1528,[65] fez com que esses elementos passassem para o segundo plano e acentuou os aspectos didático-religiosos e os argumentos em favor da nova política social.

Segundo o reformador alemão esse "livro sobre as fraudes dos mendigos"[66] devia ser amplamente divulgado, pois mostra a força do poder do demônio na Terra e pode contribuir para que as pessoas se dêem conta da situação e fiquem mais sábias. Depois adota um tom mais erudito: "Porém esse jargão vem dos judeus, pois seu vocabulário contém muitas palavras hebraicas, o que pode ser constatado por qualquer um que conheça hebraico".[67]

O prefácio enfatiza a questão de uma atitude adequada perante os pobres. A importância do livro consistia na sua mensagem, que exigia de "príncipes, senhores, conselheiros municipais e todos os homens" que fossem "mais sensatos e mais atentos aos mendigos" porque esses vagabundos e vigaristas costumavam receber dez vezes mais esmolas que "os pobres da casa e os vizinhos que estão em necessidade", e ajudar a estes é uma ordem de Deus.[68] Assim, Lutero acentuava o imperativo de ajudar os pobres conhecidos — que chamou a nossa atenção no *Liber vagatorum* —, acrescentando a questão das esmolas para os conventos, igrejas, capelas e "frades mendicantes".

O livro sobre as fraudes dos falsos mendigos (Lutero diz ter sido tantas vezes vítima deles que a simples lembrança disso o enche de vergonha) mostrava a necessidade de reformar o sistema de assistência social. Cada cidade e cada aldeia deviam ajudar os seus próprios mendigos, criteriosamente registrados. Não se devia ajudar os mendigos chegados de outras regiões e que não tivessem cartas ou documentos adequados, pois os casos desse tipo davam origem às fraudes documentadas no livro. Essas observações estavam em concordância com o programa de reforma das instituições de assistência social que Lutero desenvolvia em outras obras suas e na prática.[69]

Lutero interpretava evidentemente o *Liber vagatorum* como um libelo reformista, no âmbito das disputas religiosas do século XVI. No entanto o seu prefácio só é encontrado em pouco mais de um quarto das edições da obra, e nas edições restantes predomina a função informativa, cumprida pela parte panfletária e narrativa referente aos mendigos e vagabundos e pelo vocabulário com a decifração do *Rotwelsch* (desde 1535 até o século XVIII saíram nove edições sob o título *Die Rotwelsch Gramatic*).

O *Liber vagatorum* pode ser confrontado com o quadro que emerge dos arquivos dos tribunais do século XVI, tanto no que diz respeito ao mundo do crime (que mencionamos anteriormente) quanto com relação aos mendigos.

Mendigos contratados pelos chefes do *Bundschuh* participaram de uma revolta dos camponeses da Brisgóvia ocorrida em 1513.[70] Com a minúcia de um mandato de captura um documento da época apresenta um grupo de dez "capitães mendicantes" (*Hauptmanbetler*) que haviam trazido para a feira vizinha um verdadeiro exército de mendigos, composto de 2 mil homens:

— um veste um casaco negro roto e um barrete negro com duas medalhas sacras;

— outro, chamado Lorenz Pfortzen, é um jovem que pede caridade gritando pelas ruas;

— o terceiro conduz uma menina de sete anos cujas pernas ele havia amarrado; tem uma longa barba ruiva, veste uma capa e exibe no barrete oito distintivos;

— o quarto é um homem baixo com uma cicatriz no rosto; usa uma veste comprida;

— o quinto chama-se Jerig Franckh, tem um saco pendurado no pescoço, calça botas baixas, usa um barrete negro, tem quarenta anos. Os rebeldes pagaram-lhe dois *guldens* para incendiar uma aldeia onde o imposto seria cobrado;

— o sexto chama-se Welfflin de Salzburgo, tem um sabre numa mão e uma pedra na outra: diz que é penitente por ter matado uma mulher;

— o sétimo chama-se Heinrich de Estrasburgo, veste um manto comprido cor de ferro (*Isenfarben*) e um barrete vermelho, anda com um sabre na cintura;

— o oitavo tem uma longa barba grisalha e um manto orlado com uma guarnição de couro;

— o nono é chamado "o velho Kuntzlin" e anda de muletas;

— o décimo tem uma barba ruiva e carrega um saco.

Segundo o documento, por 2 mil *guldens* esses chefes de mendigos provocariam incêndios na Alsácia e na Borgonha. Não avaliaremos a veracidade desse relato, pois trata-se de um típico documento em que se manifesta a consciência de classe, que se serve da descrição para transmitir uma avaliação negativa dos acontecimentos e do movimento dos mendigos, fornecendo assim uma justificativa para a repressão. Mas é significativo o fato de que a própria lista e o modo como os mendigos vêm descritos não estejam em desacordo com o *Liber vagatorum*.

As descrições e as advertências de meados do século XVI referentes aos bandos de incendiários que usavam seu próprio sistema de sinais para se comunicar entre si têm traços semelhantes aos do documento de Brisgóvia. Elas trazem as características dos incendiários ou dos suspeitos. Em 1540 o conselho municipal de Magdeburgo tinha enviado ao *Landvogt* da Saxônia uma lista de 26 indivíduos pertencentes àqueles bandos.[71] Junto com os nomes vêm elementos do aspecto exterior: "gordo com a barba ruiva", "sua mulher estufa o vestido para simular uma grande barriga e passa o tempo à frente das igrejas", "tem instrução", "é aleijado", "tem um olho só", "belo Bertold, anda com vestes de mendigo", "operário, usa uma capa negra", "velho cego" etc. Uma outra lista é fornecida por Ambrosius Trota, um juiz de Marseburgo, que arrola os nomes e as características de 24 homens.[72] Eles vêm assim descritos: "camelô, com uma barba negra", "alto, com uma barba ruiva e o braço esquerdo aleijado", "leva uma longa espada", "jogador", "criado velho, de cinqüenta anos, conduz a irmã consigo para a prostituição", "gordo, de cinqüenta anos, há tempos lavava banheiros", "criado camponês gordo, tem o braço direito aleijado", "homem pequeno e baixo, leva consigo uma mulher pequena ("*ein klein weiblein*")". Geralmente vestem barretes verdes ou azuis e trazem um grande rosário pendurado no pescoço.

As duas listas, juntamente com a reprodução dos símbolos secretos dos incendiários e a transcrição dos depoimentos dos presos, foram publicadas em forma de volante e circulavam, ao lado do *Liber vagatorum*, tanto entre os grupos diretamente interessados na captura dos delinqüentes quanto em meios mais amplos. Obviamente isso se ligava ao "grande medo de incêndios" que nas sociedades do passado se associava ao medo dos bandos e do roubo. Aliás certos elementos das referidas descrições indicam que os bandos de incendiários eram compostos por vagabundos oriundos do exército, soldados insubordinados de várias espécies. Mas também é muito significativo que o núcleo fundamental dos bandos fosse constituído — segundo os relatos — precisamente de mendigos. A acusação das atividades de envenenamento ou incendiárias, que continuamente se fazia aos mendigos, criou quase um estereótipo do "mendigo perigoso", que encorajava as atitudes negativas em relação à categoria. Não faltam provas de que por trás desse estereótipo havia também certos fatos reais: os mendigos e vagabundos, precisamente devido à sua mobilidade, constituíam o material humano mais apropriado para a atuação nos mais diversos conflitos, e o envenenamento, assim como o incêndio, fazia parte do arsenal de meios que eles aplicavam. Um elemento importante dessas descrições, inexistente no *Liber vagatorum*, é uma estreita ligação entre os mendigos e os bandos, ou seja, um cruzamento das categorias que anteriormente observamos separadas.

A descrição dos mendigos se mantém nas obras literárias do século XVI, influenciadas pelo *Narrenschiff* de Sebastian Brant ou pelo *Liber vagatorum* (o fato de as descrições das técnicas e das categorias de mendigos se tornarem cada vez mais detalhadas favorece a hipótese da influência dessa última obra). Em 1515 Pamphilius Gengenbach publica uma adaptação em verso do *Liber vagatorum*, que aliás não teve sucesso e provavelmente foi pouco conhecida fora da Suíça.[73] Esse escritor e tipógrafo de Basiléia fala sobre os mendigos e vagabundos também em outra obra, o *Gouchmat* (1516), usando termos do *Rotwelsch* para designar as categorias de mendigos.[74] Assim como uma obra anterior sobre a "ordem dos vigaristas" (*Der Bubenordem*, impressa pela primeira vez antes de 1509),[75] uma poesia um pouco mais tardia também apresenta de modo satírico e cheio de escárnio, utilizando freqüentemente os termos e as expressões do *Rotwelsch*, os vários tipos de mendigos que extorquem dinheiro.[76] Uma pesquisa detalhada nos manuscritos da época revelaria certamente um material ainda mais rico da literatura de "segunda ordem". No códice dos cânticos da cidade de Nuremberg, escrito nos anos 1525-1526, encontra-se, por exemplo, *Der valschen Bettler Teuscherey* de Contz Hass.[77] A obra contém uma descrição das doenças simuladas e das maneiras de extorquir esmola: um diz que foi assaltado na estrada, outro se apresenta como padre, outro afirma ter naufragado no mar, outro ainda grita ser um neófito, uma mulher se finge de grávida. Tudo isso são fraudes — clama o autor —, uma extorsão do fruto do seu trabalho, e não se deve dar nada a gente como essa, e sim ajudar somente os verdadeiros pobres. Encontramos nesse texto em verso as técnicas profissionais descritas no *Liber vagatorum*. Aqui o objetivo já não é a descrição do meio social ou da sua morfologia, mas uma apresentação do quadro geral, uma sátira da vida dos mendigos, uma denúncia das suas fraudes e a orientação quanto à atitude que os cristãos deviam tomar em relação aos "verdadeiros" e aos "falsos" mendigos.

O ESPELHO DOS CHARLATÃES E AS CORPORAÇÕES DOS MENDIGOS

No capítulo anterior chamamos a atenção para a função geral do tema do mendigo na literatura italiana da Idade Média. Convém agora, passando à análise de uma obra dedicada exclusivamente a essa problemática, salientar dois momentos que, embora banais na sua obviedade, são fundamentais para a interpretação sócio-histórica do *Speculum cerretanorum*.

O primeiro é a diferenciação da Itália daquele tempo, a tal ponto radical que num certo sentido seria impróprio falar da Itália como um país. O mapa sócio-econômico da península apenínica é quase um mundo em si. Além da rede de divisões políticas e eclesiásticas encontramos diferenças fundamentais no próprio nível de desenvolvimento: há regiões bem desenvolvidas, situadas no pólo de crescimento econômico daquele tempo, e regiões "subdesenvolvidas", de estrutura estagnada. A divisão da Europa em zonas, assim como a grande diferenciação das tendências de evolução a leste e a oeste do rio Elba, refletem-se aqui nas diferenças regionais da península apenínica, mais radicais que em qualquer outro lugar. O fenômeno dos vagabundos e dos mendigos enquadra-se então, no caso da Itália, em contextos sociais, demográficos e de mercado (refiro-me sobretudo ao mercado de trabalho) bem diversificados. Entre os traços comuns, que nesse caso têm uma importância particular, devemos mencionar o aumento do número de centros de culto religioso e dos lugares de peregrinação, assim como a grande importância que na vida social da Itália teve a presença dos viajantes, das ondas migratórias, dos mensageiros e das missões e expedições de vários tipos, em função tanto dos interesses comerciais das cidades e das ambições políticas dos seus governantes quanto do papel de Roma como capital da cristandade. Outro elemento importante é o estado de desenvolvimento da cultura italiana, no qual a escala dos interesses humanísticos de suas elites intelectuais tem um papel importante. Desde cedo faziam parte desses interesses os problemas esotéricos de todo tipo, inclusive as linguagens secretas do mundo do crime, o furbesco e o *gergo*.[78] Não se tratava apenas de tentativas de decifrar linguagens mas também de elaborar códigos para diversas associações e sociedades secretas. Na Toscana do século XVI encontramos notícias sobre a existência dessas linguagens bem como alguns monumentos literários que as utilizam.[79] Na segunda metade do século XV o poeta Luigi Pulci, ligado ao meio dos Medici, usava o jargão dos ladrões tanto nos poemas que escrevia quanto em sua correspondência.[80] Em 1472 ele escreveu em furbesco uma carta a Lourenço, o Magnífico.[81] Num manuscrito florentino da mesma época encontra-se um pequeno dicionário de termos da linguagem secreta dos ladrões, atribuído a Pulci, que contém cerca de cinqüenta expressões. E Niccolò de Correggio enviou a Lourenço, o Magnífico, informações sobre a linguagem dos ladrões, fornecendo alguns exemplos da sua aplicação. Há também um pequeno dicionário do jargão toscano dos ladrões do fim do século XV ou começo do XVI, que compreende 240 termos.[82]

O *Speculum cerretanorum* foi escrito e conservado até os nossos dias exatamente graças a esse interesse dos meios humanísticos pelas linguagens secretas.[83]

No texto em que dedica a obra a Girolamo Santucci, bispo de Fossombrone, o autor do *Speculum cerretanorum*, Teseo Pini, doutor em direito, apresenta-se como vigário episcopal, provavelmente da região de Fossombrone, Urbino e Montefeltro. O tratado foi escrito em 1485 com o propósito de descrever e denunciar as fraudes praticadas com a ajuda do demônio pelos indivíduos chamados *cerretani*.[84] Teseo Pini atendia assim à exortação de Giovanni Grandi, um doutor em direito de Spoleto, que estudara os costumes dessa gente, sabia muito a seu respeito e lhe passara as informações obtidas. Denunciar as suas trapaças era um ato no interesse de todos, pois esses *cerretani* se serviam de vários meios para extorquir esmolas das pessoas ingênuas e no caso das vítimas mais lúcidas sua insistência era bastante aborrecida. Pini se propôs mostrar a origem dos vigaristas, sua estirpe e as categorias em que eles se distribuíam, e também como penetrar na sua linguagem.[85] Com essa finalidade ele conjuga várias formas de argumentação. Muitas vezes recorre ao discurso erudito, servindo-se das ferramentas do conhecimento intelectual de então (a análise etimológica, a orientação das Sagradas Escrituras e da literatura antiga, o conhecimento de história e geografia, do tipo enciclopédico), mas também usa amplamente a narração, introduzindo *exempla* das mais diversas espécies. Alguns desses *exempla* têm procedência oral, os demais vêm da tradição literária, sobretudo da novelística italiana. Não sabemos se o autor aproveitou também modelos de outras literaturas e particularmente se conhecia as descrições de fraudes dos mendigos alemães datadas de antes do *Liber vagatorum*.[86] O título da obra, *Speculum*, define também as intenções do autor, suas ambições de dar vida a uma obra enciclopédica com um caráter didático e moral parecido com o dos *specula* medievais, dedicados às virgens, aos frades ou aos tolos.

Os *cerretani* eram — segundo nosso autor — moradores de uma pequena cidade ou grande aldeia úmbria, Cerreto, e de seus arredores (o nome dessa localidade deriva, explica Pini, das cerimônias em homenagem à deusa Ceres), que viviam da fraude.[87] Essa associação com Cerreto não é invenção de Teseo Pini, porque já desde o início do século XIV o termo era usado para designar os coletores, impostores e charlatães. Uma descrição da Itália de meados do século XV menciona os *cerretani* como um povo que ganhava a vida desonestamente, que procedia de Cerreto e vagava por toda a Europa.[88] Sua fama se espalhou tanto que todos os vigaristas e mendigos começaram a ser chamados *cerretani* e a palavra passou a conotar simulação e hipocrisia. A hipótese apresentada por Pini liga a origem desse nome ao fato de haver em Cerreto conventos com um grande número de frades e freiras, para os quais se faziam numerosas coletas. Para nós, no entanto, a questão da etimologia[89] e da gênese do nome tem um significado secundário. O mais importante é que o crescimento dessa "insólita e inusitada seita" levou à sua divisão, assim como ocorreu na Igreja, onde existem várias ordens com ritos e vestimentas diferentes.[90] Em seguida Pini passava à descrição das 39 categorias de *cerretani*.

A primeira delas chama-se *biantes*[91] (o autor apresenta aqui uma etimologia estranhíssima para esse termo: os *biantes* sustentavam que seu nome procedia do filósofo Biante Prieneo ou da palavra "*beatitudo*", porque prometiam a felicidade ou porque eles próprios eram benditos, quer dizer, ricos, graças às suas coletas). Mostravam bulas papais e diziam poder tirar as almas do purgatório e até do inferno, descreviam vários eventos milagrosos e "organizavam" esses milagres de maneira fraudulenta, obtendo muito ouro e prata das pessoas ingênuas.

Os *felsi* (do latim *falsitas*; eram conhecidos também por *gamuffati*) sustentavam que neles habitava o Espírito Santo e que graças a essa presença divina tinham o poder de predizer o futuro e ajudar na procura de tesouros escondidos. Encontravam muitos adeptos entre os crédulos, particularmente entre as mulheres.

Os *affratres* chamavam-se assim porque eram frades sem confraria (não pertenciam pois a nenhuma ordem), vestiam hábito, confessavam e absolviam (inclusive nos "casos reservados") e até rezavam missas, embora não fossem sacerdotes: tudo isso para que pudessem fazer coletas em larga escala. Recolhiam pão fresco e vinho, mas para comover as pessoas, sobretudo as mulheres, davam grandes demonstrações de sua "santidade" alimentando-se de pão seco molhado em água.

A quarta categoria é constituída pelos *falsibordones*, chamados *a falso bordone*, devido ao falso bastão peregrino. Traziam consigo vários emblemas dos peregrinos e afirmavam ter ido a Santiago (de Compostella), a santo Antônio ou à Terra Santa. Embora fossem com justiça considerados *cerretani*, procediam do norte da Itália, precisamente dos arrabaldes de Milão. Contavam várias histórias inventadas, vestiam trajes de peregrino e colhiam muitos donativos, enganando facilmente as pessoas.

Os *acatosi* diziam ter parentes nas mãos dos turcos, sarracenos ou piratas e pediam dinheiro para pagar o resgate. Muitas vezes traziam consigo os ferros e correntes com os quais, segundo sustentavam, haviam sido encadeados nas masmorras. Ali não chegava nem um raio de luz e não havia quase nada para comer; se conseguiram sobreviver foi apenas graças à proteção divina.

Os *affarfantes* eram muito eloqüentes, assediavam as pessoas para narrar-lhes eventos miraculosos que haviam assistido. Muitas vezes contavam que por pecados cometidos foram punidos com uma doença grave e em seguida curados milagrosamente. Por isso tinham feito o voto de relatar a sua cura, peregrinando como penitentes e açoitando-se em público. Na verdade era graças a certas pomadas que eles adquiriam as costas flageladas dos penitentes.

Também os *acapones* recorriam a truques fraudulentos: usavam várias ervas para simular feridas horríveis em todo o corpo, gritando que sofriam terrivelmente com o fogo-selvagem. Às vezes pediam ajuda por estarem com alguma doença grave e em seguida apareciam "curados", pedindo donativos para um suposto voto de gratidão pela graça recebida.

Os *alacrimantes* distinguiam-se por estar sempre prontos a verter lágrimas para suscitar a compaixão e ganhar uma esmola. Os *asciones* simulavam loucura, às vezes também surdez e mudez, emitiam sons desarticulados, fingindo não pedir nada (como exemplo Pini conta uma anedota sobre um falso cego, ampliando assim a categoria). Os *acadentes* escolhiam a hora e o lugar de maior movimento para simular epilepsia e obter assim donativos. Os *cagna-*

baldi vendiam pérolas falsas, anéis e outros objetos desse tipo: primeiro mostravam jóias verdadeiras e em seguida as trocavam habilmente por falsas. Os *mutatores* pediam dinheiro emprestado, prometendo altos juros e depois riam dos seus compromissos. Os *atrementes* fingiam ser paralíticos mas logo que recebiam as oferendas jogavam dados nos hospitais. Os *admiracti* simulavam grandes milagres, contavam sobre imagens santas que choravam e outros fenômenos desse gênero. Os *acconi* traziam consigo imagens de santos e ficavam à frente das igrejas entoando cantilenas. Os *attaranti* diziam ter sido mordidos por monstros venenosos e agora estar doentes, ter perdido a razão, estar com a cabeça e os joelhos tremendo (muitas vezes saltavam como se dançassem ou então rangiam os dentes); eles próprios não pediam esmola, mas sempre tinham um companheiro que recolhia os donativos. Os *apezentes* diziam desdenhar a comida, o vinho e a roupa, pediam apenas pão, que depois vendiam. Também os *cocchini* costumavam gabar-se da nudez do corpo: no inverno expunham-se sem roupa e batiam os dentes, só para conseguir os donativos. Os *spectini* vestiam-se como padres e diziam fazer coleta para os hospícios de santo Antônio, santo Aleixo, são Bartolomeu, para os leprosários; às vezes traziam nas vestes os símbolos desses hospitais e com o som da sineta chamavam a atenção das pessoas.[92]

Todas as categorias apresentadas por Pini referem-se aos vigaristas, mas o autor do *Speculum cerretanorum* constrói uma espécie de hierarquia em que o elemento da fraude se diferenciava e se aperfeiçoava cada vez mais. Os *iucchi* são aqueles que se apresentavam como judeus ricos, convertidos em conseqüência de uma visão milagrosa; passavam por sucessivos "batismos", nas várias cidades que visitavam, e nessas ocasiões ganhavam alimentos, roupa e dinheiro. Os *falpatores* ou mestres das artes ensinavam como se servir de palavras falsas para enganar a gente simples. Eram chamados mestres porque ensinavam a má conduta; impedidos de vagar por causa da velhice ou de alguma doença, permaneciam em casa e, tal como os filósofos e retóricos, ensinavam aos jovens a linguagem secreta e as artes e costumes necessários para levar aquele tipo de vida.[93] Dessa elite *sui generis* do meio dos mendigos e vagabundos voltamos às suas categorias mais comuns: os *afarinati* recolhiam farinha, supostamente para fazer hóstias ou "pães benditos", enquanto os *alampadati* pediam óleo para as lamparinas das imagens santas. Os *reliquiari* traziam consigo falsas relíquias de santos: ossos de animais ou de pecadores mortos (esse capítulo é ilustrado com um rico material narrativo). Os *pauliani* sustentavam ser descendentes de são Paulo Apóstolo (embora — escreve o autor — se saiba pelos escritos de são Jerônimo que são Paulo tinha observado a castidade). Expulsavam as serpentes, tornavam inofensivo seu veneno, diziam ser imunes aos envenenamentos e mordidas, fingiam curar as pessoas e — como escreve

Pini — "tiram tanto dinheiro da gente simples quanto eu próprio gostaria de ganhar durante um ano".[94]

A categoria seguinte diverge um pouco dos esquemas precedentes. Trata-se dos *alacerbati*, também chamados *prothobiantes*, os mais astutos entre os mendigos: eles sabiam enganar até mesmo os vigaristas e eram considerados chefes dos *biantes*.[95] Aludiam aos seus próprios estatutos e à bula papal que tinha concedido aos *cerretani* o direito de fazer coletas em favor do hospital de santo Antônio.[96] Em Ponte, uma localidade situada perto de Cerreto, um deles, discípulo do célebre Ciamberlano (que o *Speculum* já mencionara num outro ponto), havia tentado extorquir quinze florins mostrando as bulas por ele mesmo fabricadas; mas a intervenção de Pini, a pedido dos moradores, desmascarou a fraude, impedindo a extorsão do dinheiro. Giovanni Grande, de Spoleto, um dos informantes de Pini, durante os seus estudos para obter o título de doutor em direito fazia coletas como *cerretanus*, e era tão hábil que chegou a ser incluído no grupo dos *prothobiantes*.[97] Foi precisamente ele que contou a seguinte história: apresentando as supostas ordenações papais, trajando hábito e usando um osso que fazia as vezes de relíquia ele anunciava, com o acompanhamento do repicar de sinos e sob a luz de muitas velas, a cura milagrosa de várias doenças epidêmicas, das febres, da gota e de outras enfermidades. Depois gritava que nenhuma mulher pecadora poderia tocar na santa relíquia. Ato contínuo, todas se apinhavam para chegar a ela e não passarem por sem-vergonhas. Desse modo Giovanni recebeu muito dinheiro (encontramos uma anedota análoga numa das narrativas de *Eulenspiegel*).

Os *calicidarii* são uma espécie particular de coletores que obtinham grandes lucros ocupando-se das mulheres grávidas, a quem aconselhavam práticas religiosas especiais (na realidade mágicas, como sugere a própria descrição) para que o parto fosse feliz. Os *latores* eram um grupo relativamente pequeno, estabelecido em San Felice (Val di Nera), que afirmava haver nessa localidade uma fonte milagrosa cujas propriedades, além de curar várias doenças, levavam as crianças nela banhadas a crescer e se tornarem homens altos e poderosos. Os *confitentes* são definidos pelo autor como a pior espécie de hipócritas; fingindo ser muito ricos, confessavam-se publicamente e com ostentação, para assim ganhar a confiança das pessoas e em seguida explorá-las. Os *semifoenorequites* não saíam de casa, praticando fraudes que envolviam usura e venda de indulgências. Os *crociarii* levavam o açafrão para a Sicília ou outros lugares onde ele estivesse em falta e lá o trocavam por ouro, prata ou pedras preciosas. Os *compatrizantes* eram aqueles que, aguardando o nascimento de um filho, procuravam padrinhos ricos e poderosos.

Uma categoria interessante, embora Pini não forneça muitos detalhes sobre ela, é constituída pelos *affamiglioli*. O nome deriva provavelmente de "*famigliola*", isto é, uma família numerosa com muitas crianças pequenas.[98] Eis como Pini descreve esse grupo: "São homens preguiçosos, sempre dispostos a se embebedar e que entre apodrecer no ócio ou trabalhar ficam com a primeira alternativa; muitas vezes faltam-lhes os meios básicos de subsistência, mas mesmo assim fogem do trabalho, recorrendo à mendicância e à coleta". Fingiam ter ficado tão pobres por causa da família numerosa que tinham de manter. Também aos *pauperes verecundi*, ou seja, os "pobres envergonhados", o autor acusa de preguiça. De modo geral tanto a doutrina cristã da caridade quanto todas as obras dirigidas contra os abusos dos mendigos reconheceram essa categoria. Com esse nome Pini designa aqueles mendigos que fingiam "verecúndia" e que às vezes, passando-se por ricos senhores, faziam coletas em favor dos pobres.

Os *morghigeni* conduziam uma besta de carga com um sino nas costas; diziam estar fazendo uma coleta para poder comprar o sino e doá-lo a uma igreja, prometendo em troca muitas orações. Os *bigamizantes* são uma seita nova e particularmente esperta: às mulheres ou aos homens cujo esposo ou esposa fora preso pelos turcos eles afirmavam que tinham o poder de conceder permissão para um novo casamento e — contrariando os decretos do direito canônico — autorizavam a bigamia (daí o seu nome). Os *prothomedici* eram uma espécie de curandeiros. Proclamavam que agiam movidos unicamente pelo amor ao próximo e pela vontade de ajudar os necessitados; distribuíam várias ervas e remédios milagrosos e afirmavam saber curar todas as doenças. Os remédios não ajudavam os doentes mas eram de grande valia para os próprios "protomédicos", médicos e herbolários (ou farmacêuticos). Os *testatores* eram vigaristas que fingiam estar gravemente doentes, faziam um testamento em favor de um homem rico, devidamente escolhido, e em seguida, após uma cura "milagrosa", enganavam e exploravam a sua vítima. A última categoria da lista de Pini é uma espécie particular de vigaristas e malfeitores, chamados cristãos de são João. Dessa vez o autor não descreve a fraude, dando a entender que se tratava de ritos mágicos para curar a esterilidade e que ele não queria comprometer as matronas que acreditavam nessas superstições e as praticavam.

Pini não considera sua lista completa. Diz que poderia ainda acrescentar outros tipos de fraude[99] mas que resolveu limitar-se a esses quarenta casos.

O *Speculum cerretanorum* revela algumas semelhanças mas também curiosas diferenças em relação aos textos de que falamos anteriormente. Na descrição dos mendigos profissionais e de suas práticas fraudulentas as concordâncias são evidentes: o texto de Pini chama-os quase sempre *questores*, termo em que ele funde tanto os mendigos profissionais quanto os falsos coletores que afirmavam colher donativos para alguma instituição. Às vezes parece que o autor demonstra a mesma hostilidade em relação aos verdadeiros coletores — ou pelo menos a uma parte deles — e que de bom grado os incluiria igualmente na categoria. Nessa grande exposição das práticas mágicas, superstições e crenças populares o autor abandona o tom de análise da criminalidade (ou do que estava próximo dela) para adotar o da abordagem da religiosidade popular e comum. Tanto o documento de Basiléia quanto o *Liber vagatorum* adotam o ponto de vista do jurista e do representante do aparelho do poder: apelam aos fiéis para que não ajudem os falsos mendigos e vagabundos e ao mesmo tempo exortam as autoridades a reprimi-los adequadamente. No *Speculum cerretanorum* não encontramos nada disso. A mensagem dessa obra é dirigida sobretudo às pessoas crédulas, que se deixam enganar. Tanto o quadro geral quanto os meios preventivos propostos são religiosos, e a severidade com que se apresentam os coletores e as práticas da religiosidade popular reflete a acentuada consciência crítica do cristianismo do século XV. O prefácio de Lutero seria, paradoxalmente, mais apropriado no *Speculum cerretanorum* do que no *Liber vagatorum*.

O *Speculum cerretanorum* pode ser considerado um exemplo de um tema bastante difundido na Itália do século XV. Já não bastavam aos pregadores as antigas coleções de narrativas: era necessário adaptar o conteúdo dos sermões aos problemas da época. A reprovação de todo tipo de fraude, especialmente daquelas que exploravam a devoção dos fiéis, exprimia uma visão crítica da situação do mundo cristão. Introduzindo um certo elemento cômico, as fábulas didáticas quebravam ao mesmo tempo a monotonia do discurso. Esse foi o caso dos pregadores alemães do século XV: basta lembrar o exemplo de Giler de Kayserberg, que falava sobre vários tipos de fraude praticados pelos mendigos e coletores. Um escritor alemão do princípio do século XVI, Hans Pauli, fornece-nos um testemunho de que esse método foi aplicado também pelos pregadores italianos. Num dos seus sermões de 1493 Pauli menciona trinta categorias de vigaristas, afirmando ter se baseado na lista de um certo pregador italiano. Os nomes citados por Pauli confirmam a origem italiana do texto, pois entre outras categorias de vigaristas ele menciona os *bacchettoni*, os *cappucetti*, os *jubilati*, os *poverelli* e os *devoti*.[100] Assim, parece muito provável que na Itália o conhecimento das fraudes dos mendigos estivesse bem difundido. Esse conhecimento pode ter incentivado a elaboração de vários tipos de descrições e catalogações, das quais o *Speculum cerretanorum* seria apenas um dos exemplos mais completos.

A especificidade da situação italiana — pelo menos ao norte do rio Tibre — em relação ao resto da Europa consistia sobretudo no grande número de beneficiados pela caridade. Tratava-se particularmente dos membros da comunidade eclesiástica. Nos documentos alemães aparecem com clareza vagabundos vestidos de padre, isto é, falsos sacerdotes. Já em algumas categorias do *Speculum cerretanorum* podemos reconhecer os representantes do clero, seus elementos extra-institucionais e marginais, que não conseguiram um benefício estável. Entretanto só nuns poucos casos somos capazes de reconstruir a gênese social das categorias descritas (os *affamigliati*, por exemplo). Entre as categorias apresentadas, muitas parecem bem inseridas na vida cotidiana, engajadas no comércio ou em outras atividades lucrativas, dificilmente cabendo no mundo dos "vigaristas e charlatães". O foco da descrição é centrado precisamente nos vigaristas. Situação análoga já encontramos nos textos anteriores, mas no caso dos *cerretani* o elemento da astúcia, da simulação, da destreza verbal, tem uma importância bem maior. Também as vítimas das fraudes parecem diferentes: se nos documentos alemães o cenário em que se desenvolvia a ação era quase sempre urbano, no caso dos *cerretani* o público era constituído pelos habitantes do campo, sobretudo as mulheres.

Resta ainda a questão da veracidade da descrição. Aqui a própria obra fornece alguns elementos para a verificação. O autor se refere ao testemunho dos conhecidos que tinha Spoleto, assim como às suas próprias observações.[101] O tratado foi escrito em latim, com uma certa atenção à elegância da forma e à erudição do conteúdo. Como no caso da documentação alemã, ele se desenvolve segundo um procedimento que partia da palavra, tanto que poderíamos dizer com são João que "no princípio era o Verbo". A existência de um termo em jargão leva à convicção de que esse termo encerra uma determinada categoria de pessoas. Todavia a terminologia das categorias é de origem italiana, e a sua tradução do italiano para o latim é bastante explícita.[102] Na verdade o autor dispõe de uma lista de termos e a submete a um processo de decifração, servindo-se de fantásticas especulações etimológicas ou de explicações que mais parecem anedotas. Em alguns casos fica evidente que ele próprio criou a categoria, um tanto forçadamente, a partir de informações sobre uma técnica específica, pouco especializada. Tudo isso dá a impressão de que as informações de que o autor do *Speculum cerretanorum* dispunha se referiam quase sempre ao nome do expediente e não a uma determinada categoria de pessoas, e nuns poucos casos (como no dos *brantes* e *protobiantes*) dava-se o contrário: o que valia para a categoria de pessoas não se estendia à técnica que elas praticavam.

No texto de Pini a questão da linguagem aparece com muita freqüência. Ele se refere ao "*idioma cerretanorum*",[103] ao fato de os *cerretani* usarem entre si a sua linguagem secreta, e a narração de Giovanni Grande introduz elementos do jargão seguidos da sua tradução. No pequeno dicionário da linguagem dos *cerretani* que acompanha a obra, Pini recolheu quase duzentos termos, dando-lhes uma tradução em latim. Desse modo a decodificação da linguagem faz parte do quadro geral dos simuladores, vigaristas, coletores, mendigos e vendedores ambulantes. A língua desempenha a função de critério de agrupamento.

O interesse pelas linguagens secretas, derivado da curiosidade dos meios humanísticos pelo esoterismo, às vezes contribui para o melhor conhecimento dos vários grupos sociais. Mas nem sempre. A curiosidade pelas línguas misteriosas constituía um fato autônomo cuja extensão social se ampliava cada vez mais: se no século XV as tentativas de decifração do furbesco se limitavam apenas à circulação das obras manuscritas, apesar de isso ocorrer em escala relativamente ampla, no século seguinte o vocabulário da linguagem secreta é inserido numa circulação de massa. Em 1545 foi impresso em Ferrara um pequeno tratado sobre "a maneira de entender o jargão e o furbesco", que em 1628 já tinha uma dúzia de edições e após essa data ainda foi reeditado várias vezes.[104] Além de 630 expressões do jargão o texto trazia alguns sonetos em furbesco. Os outros impressos do século XVI também se limitam a um plano estritamente lingüístico. Na literatura italiana dessa época (Brocardo, Aretino) aparecem várias expressões da linguagem secreta usada pelos marginais.[105] Trata-se do restante dos vários jargões locais: o veneziano era diferente do toscano, o milanês do umbrês, e assim por diante. Ressaltava-se sempre que o objetivo do dicionário era fornecer meios de defesa contra o crime, a fraude e o roubo astuto, e assim os particulares sobre o mundo que os originava não eram tratados. As descrições do meio dos mendigos, vigaristas ou charlatães apareciam nas obras de caráter enciclopédico, mas sem qualquer sistematização.

Nem tampouco *Il vagabondo,* de De Nobili (1621),[106] pode ser considerado um retrato realístico desse meio social, pois não tem nenhum vestígio de verificação dos dados, de atualização ou complementação deles com algum material novo. É difícil falar de plágio no caso de uma cultura em que a recuperação dos motivos e dos textos constituía uma técnica permanente de expressão. Se essa acusação em relação a *Il vagabondo* tem fundamento é porque se trata de uma tradução mecânica. De Nobili omitiu alguns capítulos por causa da confusão do texto (como no caso dos *semifoenorequites*), da ambigüidade do seu discurso moral (os *confitentes*) ou do anacronismo da situação (caso dos *bigamizantes*, em que se falava de maridos aprisionados pelos turcos). Mudou também o título (já não era "espelho" mas simplesmente "vagabundo"), ou seja, *Sobre as espécies de biantes e vagabundos*, passando para o segundo plano o termo "*cerretani*", que na língua do século XVII adquiriu um significado diverso. No seu lugar introduziu os *bianti*, ampliando ao mesmo tempo o significado desse termo. O grande sucesso da obra nos leva, aliás, a uma reflexão prudente sobre a função que no conhecimento desse meio social podem desempenhar semelhantes visões literárias. Se os homens do século XVII recebiam com boa-fé e tão grande interesse uma descrição do século XV, considerando-a atual, contemporânea, sem perceber que por sua vez se tornavam vítimas de um outro "cerretanismo", isso significa que o seu conhecimento desse meio era muito limitado ou então que o mundo dos mendigos permaneceu imutável durante quase um século e meio. Não há como esclarecer essa questão. Todavia alguns documentos históricos fornecem-nos dados relativos ao conhecimento do meio dos mendigos. O principal deles é o depoimento de dois mendigos romanos do fim do século XVI.[107] O original não foi encontrado, mas há várias provas da autenticidade dos depoimentos. A existência de uma cópia em Berlim prova que as informações reveladas passaram a circular entre um público mais amplo, funcionando portanto como imagens literárias peculiares do meio dos mendigos e provavelmente respondendo a certos interesses dos leitores, ou pelo menos de determinados círculos. O título da cópia de Berlim acentua o caráter literário do texto: *Il dilettevole Essamine de' Guidoni, Furfanti o Calchi, attramente dette Guitti nelle Carceri di Ponte Sisto di Roma nel 1598 con la cognitione della lingua furbesca o zerga commune a tutti loro.* Trata-se de um manuscrito do princípio do século XVII, e a data de 1598 mencionada no título pode ser um erro do copista (em vez de 1595) ou a do ano em que foi feita uma cópia precedente (como sustentava Löpelmann). No entanto os próprios depoimentos têm um caráter estritamente documental, conservando a fórmula do interrogatório (em latim) e a transcrição das respostas (em italiano). Estas nos fornecem um quadro fundamental da estrutura interna do meio dos mendigos na Roma do século XVI,[108] e pode-se constatar que ele se divide em categorias organizadas de uma forma nitidamente corporativista, o que não aparece na documentação alemã e nem nas descrições italianas.

No dia 5 de fevereiro de 1595, num cárcere romano de Ponte Sisto,[109] depõe um certo Pompeo, de dezesseis anos, nascido em Trievi (diocese de Spoleto), sem profissão, preso pelos guardas da cidade quando pedia esmola numa missa na Igreja de São Jacó Espanhol.[110] À pergunta se conhecia outros mendigos na Cidade Eterna e se eles constituíam uma "seita" ou estavam organizados em várias "seitas", Pompeo responde que entre os mendigos de Roma há várias sociedades ou companhias secretas, que diferem entre si tanto pelo modo de praticar seu ofício quanto pelo modo de se vestir e pelo próprio aspecto.[111] Em seguida menciona dezenove dessas companhias, observando que se lembrara apenas daquelas. Seis semanas depois, no dia 18 de março, no mesmo lugar, depõe outro mendigo, Girolamo, filho de Antonio Fornaro, nascido em Roma, de 22 anos, sem nenhuma ocupação estável, que geralmente trabalhava quatro meses nas salinas e passava o resto do ano mendigando em Roma. Girolamo tinha aspecto miserável e doentio e tentava despertar a piedade de seus interrogadores dizendo que há dez anos era órfão de mãe e pai. Fora preso na sexta-feira anterior enquanto pedia esmola na Igreja de São Pedro. Responde às perguntas de forma evasiva, dizendo que há vinte dias corriam boatos em Roma acerca da descoberta de algumas companhias entre os mendigos, mas ele não as conhecia porque não tinha nenhum interesse nisso, ocupando-se apenas de procurar meios de subsistência. Nesse ponto foi-lhe apresentada a resposta de Pompeo a essa mesma pergunta. Então Girolamo resolveu dar o seu depoimento. Disse que os nomes mencionados procediam realmente do vocabulário dos mendigos, com uma única exceção: não se trata de companhias mas de *arti*, de corporações, semelhantes àquelas dos artesãos, sapateiros, padeiros e ourives.[112] Assim, também entre os mendigos existem várias profissões, várias *arte*, que na linguagem dos mendigos (*in lingua nostra*) são chamadas *rascia*. Em seguida Girolamo menciona todas as *rascie* dos mendigos, inicialmente as da lista de Pompeo e depois as que ele omitira. Aos primeiros dezenove ele acrescenta mais quinze novos nomes, e desse modo a lista chega a 34 categorias,[113] que — segundo Girolamo — constituíam um todo ("*tutte sono un corpo*"). Essa lista romana é quase tão extensa quanto a de Pini, mas distingue-se pela minúcia da descrição das técnicas e pela coerência com que se refere à mendicância profissional. Os depoimentos de Girolamo e de Pompeo fornecem um quadro das divisões corporativas do mundo dos mendigos romanos.[114]

A primeira categoria é constituída pelos *granci*, que praticavam ao mesmo tempo a mendicância e o furto: quando pediam esmola nas igrejas, entre a multidão, cortavam as bolsas e carteiras. Os *bruchi* são os batedores de carteiras; na linguagem secreta dizia-se que "*il bruco va alla foglia*", quer dizer, "o ladrão vai roubar a bolsa", porque "*foglia*" nessa linguagem significa "bolsa".[115] A *rascia* seguinte é constituída pelos *strasciti*, que fingindo-se de doentes jogavam-se no chão como mortos. Os *baroni* são definidos nos depoimentos simplesmente como homens sãos e robustos, que não queriam trabalhar e se ocupavam só da mendicância. Essa definição sucinta refere-se a uma categoria clássica de vagabundos: a palavra "*baroni*" irá denominar no século XVII os vagabundos italianos. Será também esse o nome que Jacques Caillot colocará no estandarte de um vagabundo italiano (é significativo, por outro lado — e aqui voltamos mais uma vez ao texto de De Nobile —, que não encontremos essa palavra em *Il vagabondo*).[116] Criando uma associação insólita, a palavra "*baroni*" fascinava e podia também adquirir uma conotação sarcástica.

Depois vêm os *guitti*, que mendigavam encarquilhados e rígidos como se estivessem mortos de frio, ou então tomados por tremores. Os *gonzi* eram os que falavam como se fossem loucos e fingiam ter perdido os sentidos. Os *sbrisci* pediam esmola nus ou seminus, despertando piedade com o corpo exposto ao frio. Os *farfogli* mendigavam vestidos com hábitos de frades, rasgados ou rotos. Os *pistolfi* esmolavam vestidos com batinas negras, como se fossem padres. Os *trabocchi* fingiam não serem capazes de se manter de pé; apoiavam-se em bengalas e bastões como se fossem realmente inválidos ou doentes, obtendo assim esmolas abundantes. Fazendo-se passar por loucos ou endemoninhados, os *rabbrunati* sugavam uma mistura à base de sabão para produzir espuma; estavam por toda parte. Os *dabellolmi*[117] diziam estar voltando do cativeiro dos turcos, traziam correntes pesadas e ferros, fingiam falar turco, balbuciando "bran, bran, bran, bre, bre, bre". Os *formigotti* eram vagabundos insolentes e sem-vergonha: andavam sempre a dois e extorquiam a esmola apresentando-se como soldados pobres que haviam sido privados do seu patrimônio (ou assaltados).[118]

O grupo seguinte, os *formiche coffie*, é bastante insólito. "Em nossa língua", explica Pompeo, "a palavra 'formica' significa 'banido', e 'coffia' quer dizer 'doente'". Tratava-se então de pobres expatriados[119] que mendigavam. Girolamo explica essa expressão afirmando tratar-se de banidos que caíram na miséria e por isso pediam esmola. Os *gallenii*, *fuoco* ou *maggio*[120] — grupo denominado com os três termos — eram os beleguins empobrecidos que andavam pedindo caridade.

Os *fogliaroli* são o único grupo do depoimento de Pompeo sobre o qual Girolamo silencia (ou chama por outro nome).[121] Eram os jogadores de cartas que à noite vagavam pelas ruas roubando o que podiam e de dia vagavam pelas ruas pedindo esmola. Na cópia romana foi omitido o elemento do jogo de cartas, estranho à convenção do texto. O que define o lugar desse grupo no mundo dos mendigos é a associação do roubo noturno com a mendicância diurna.[122]

Os *buratti* ou *burattini* são jovens e cheios de vigor, chamados também *ballarini*: fingiam espasmos, sacodiam a cabeça sem parar, diziam ser filhos de pessoas que não quiseram se ajoelhar diante do padre com o Santíssimo Sacramento; andavam assim pela cidade (simulando a dança-de-são-vito, segundo a interpretação de Löpelmann) e recolhiam muitas esmolas.

Também a apresentação do grupo dos *burchiaroli* é bastante elaborada do ponto de vista narrativo. Eles roubavam o pão que os comerciantes levavam, em bestas de carga, da cidade para o campo (provavelmente para os lavradores que trabalhavam no campo). Seu nome se originou da palavra "*burchia*", que no jargão significa "cavalo". Os *burchiaroli* geralmente ficavam pedindo esmola nas portas da cidade.

Os *biganti* eram mendigos que entoavam cânticos religiosos (como o *Maria Stella*) nas estradas e ruas. A última categoria do depoimento de Pompeo (mencionada também por Girolamo) é constituída pelas *cagnarde* ou *landre*. Trata-se de mulheres que pediam esmola com o rosto coberto e uma criança no colo: as *cagnarde* eram mulheres casadas, as *landre*, mendigas moças (também chamadas *buone compagne*, o que seguramente aludia à associação da prática da mendicância com a da prostituição).

Girolamo acrescenta mais quinze *rascie* (que no texto, provavelmente por rotina do escritor, são chamadas *compagnie*) às citadas por Pompeo. Os *strascinatori* roubavam sobretudo durante a noite e pediam caridade de dia.[123] Os *imbonitori* eram vendedores de anéis falsos que se aproveitavam da ingenuidade dos camponeses. Os *posteggiatori* eram "os charlatães da pior espécie",[124] geralmente acompanhados por um *bruco* ou um *grancio*, que cortava a bolsa enquanto o charlatão desviava a atenção da vítima, para depois dividirem o lucro entre si. Os *posteggiatori* costumavam andar em companhia de rapazes chamados *piovastri*, "porque todos eles são sodomitas".[125] Os *moscardini* eram mendigos aleijados, sem um braço, uma perna ou um pé. Os *mandragole* eram também inválidos: andavam num carrinho, eram carregados no colo de outro mendigo ou às suas costas. Os *abbici* eram mendigos cegos. Os *succhiatori* cantavam e contavam histórias da vida dos santos, rezavam orações para os santos. Os *suaschi* eram mendigos que, vestidos de modo apropriado, fingiam ser nobres ou artesãos que a miséria havia obrigado a mendigar. Os *gratusanni* eram os sarnentos, leprosos e outros doentes da pele. Os *falchi* eram os sãos que fingiam ser inválidos: seus membros artificialmente ensangüentados causavam dó e traziam muitas esmolas. Os *marmotti* fingiam-se de mudos, como se lhes tivessem cortado a língua; não eram capazes de articular uma palavra. Os *contrasti* eram mendigos disfarçados de camponeses ou montanheses. Os *spillatori* costumavam pedir esmola na vizinhança das estalagens e tabernas. Às vezes alugavam um quarto. Onde quer que estivessem se dedicavam aos jogos de azar, usando cartas ou dados falsos, associando a fraude à mendicância. Os *incostastori* pediam a caridade vestidos de peregrinos ou visitantes estrangeiros. Os *caminini* eram aqueles que andavam pelos castelos e se apresentavam como judeus convertidos, com isso recolhendo vultosas esmolas.

Esse é o quadro completo da estrutura do meio dos mendigos romanos, como foi revelado por seus dois jovens integrantes. Os depoimentos fornecem também um certo material informativo sobre os costumes desse ambiente.

Durante o interrogatório perguntou-se a Pompeo se o meio dos mendigos possuía uma organização que unisse todos os grupos, e se eles costumavam juntar e depois repartir as esmolas recolhidas.[126] Pompeo respondeu que a corporação a que ele pertencia não costumava partilhar os seus lucros com nenhum outro grupo, mas que ouvira falar que os *fogliaroli* e os *burattini* tinham o hábito de juntar e em seguida repartir todo o seu ganho (para isso se reuniam os chefes e os mais velhos das duas corporações). Um dos seus companheiros lhe contou que na semana anterior se haviam encontrado numa taberna oito mendigos: quatro *guitti*, dois *fogliaroli* e dois *burattini*. Encomendaram uma refeição digna de um rei (literalmente: "*in un pasto da nobili*"), com os melhores vinhos. O banquete custou doze escudos. O chefe dos *fogliaroli* pagou a conta com a prata sem nada dizer, porque a eles (sobretudo aos chefes das corporações) nunca faltava dinheiro. A corporação dos *strasciti*, a que pertencia Pompeo, era chefiada por Giuseppe da Camperino.

Pompeo revela também os quatro pontos de encontro dos mendigos:[127] Piazza Navona, Ponte, Campo de Fiore e Rotunda (vale dizer: o Panteão). Outras fontes confirmam essa topografia dos lugares freqüentados pelos mendigos e vagabundos em Roma, que aliás se conservou imutável ao longo de vários séculos.[128]

Interrogado acerca da religiosidade dos mendigos, Pompeo dá uma resposta tão negativa que até leva à suspeita. Diz que seus companheiros não costumam se confessar nem ir à missa ou receber os sacramentos, porque em sua recusa da fé católica a maioria deles é pior que os luteranos.[129]

Girolamo enfrentou uma pergunta de outro tipo. Os interrogadores queriam saber se os mendigos permaneciam sempre na cidade ou se percorriam também outros lugares. O jovem responde que em Roma só ficavam os chefes e os mais velhos, para cuidar dos seus companheiros, enquanto todos os outros passavam fora da cidade três ou quatro meses por ano. Além disso revelou que os mendigos tinham um pacto nacional, ou talvez até internacional:[130] "É verdade que alguns chefes tanto italianos quanto de além dos Alpes (*oltramontani*) e de outras províncias mantêm um contato entre si, cada um de acordo com sua seita, e duas ou três vezes por ano reúnem-se em feiras, mercados, festas paroquiais ou nos principais feriados. De Roma eles se dirigem a Veneza, depois a Lombardia, depois a Toscana, depois a Loreto e depois a Nápoles, e há entre eles uma '*grandissima intelligenza secreta*'".[131]

Girolamo ouvira que breve, em maio ou setembro, seria realizada nas grutas do Albano uma reunião com um grande número de mendigos. Decidira-se a convocação de uma assembléia geral com o objetivo de mudar o jargão, visto que a sua linguagem havia sido traída e revelada. A assembléia iria deliberar também sobre a aplicação da punição suprema, com o punhal, para qualquer um que traísse os segredos.[132] Girolamo soube igualmente que os *guitti* queriam apanhar Pompeo por ter ele revelado seus segredos. Uma vez já quase o haviam pego, mas ele conseguira fugir abrigando-se numa igreja.

A opinião de Girolamo a respeito dos costumes dos mendigos não é mais moderada que a de Pompeo. Alguns deles eram piores que os turcos: "Não se confessam nem comungam, e piores são os de além dos Alpes, os estrangeiros (*oltramontani*): cada um deles tem sua meretriz ou seu rapaz". Os pecados mais graves e a devassidão eram comuns entre eles; muitos eram "sodomitas", e em geral viviam de um modo infame.[133]

Os interrogadores perguntaram enfim a Girolamo por que ele pertencia a esse meio. É significativo o espanto perante o fato de Girolamo levar esse tipo de vida, já que poderia como romano conseguir meios de subsistência mais honestos. Não creio que esse espanto derivasse de uma crença na dignidade especial dos moradores de Roma. Trata-se sobretudo do senso de estabilidade social, da integração na comunidade local. O meio desses "maus" mendigos era constituído pelos vagabundos por excelência, e precisamente a vagabundagem e a marginalidade em relação à comunidade local eram consideradas pela sociedade como a gênese ou a própria causa de uma vida associal. A resposta de Girolamo coincidia com a visão dos interrogadores e foi decerto aquela que eles queriam ouvir. Era fácil se habituar à sensação de liberdade própria da vida itinerante, sem residência fixa, à sobrevivência à custa dos outros: "Quem uma vez experimenta a vida de malandro não a deixa facilmente", e isso se aplica tanto às mulheres quanto aos homens. Girolamo assevera que logo que sair da prisão vai, com a ajuda de Deus, tentar mudar de conduta, dirigindo-se ao Convento de São Bartolomeu para viver dignamente.

A minúcia e a amplitude das informações tornam esses dois depoimentos as mais completas e interessantes exposições sobre o meio dos mendigos. O próprio modo de descrição não revela nenhum propósito de denúncia das fraudes dos mendigos, e os interrogadores não fazem perguntas a esse respeito, interessados sobretudo em conhecer a organização interna do meio e os seus costumes. Por esse mesmo motivo o quadro se apresenta diverso daquele dos documentos de que já falamos. Sem se concentrar nas velhacarias dos mendigos, ele retém globalmente todas as técnicas de mendicância que devem ser dominadas tanto pelos que fingem doenças e deformidades físicas quanto pelos verdadeiros inválidos, aleijados e enfermos,[134] pelos falsos nobres e pelos ex-beleguins. Em alguns casos podemos nos perguntar se a exposição fornecida é uma mera versão inventada pelos mendigos para apresentar ao público ou se pelo contrário refletia a verdade. Em todo caso é significativo que a questão da verossimilhança passe para segundo plano em favor da descrição do próprio procedimento como uma capacidade artesanal *sui generis* da profissão de mendigo. O caráter documental da descrição faz com que as explicações sejam geralmente concisas e lacônicas, embora apareçam também interpretações mais elaboradas ou até pequenos enredos (como o relato de Pompeo sobre o banquete dos mendigos). Ao lado da semelhança dos procedimentos descritos podemos observar aqui uma convergência da forma do discurso do documento romano com os textos que apresentamos sobre os mendigos.

O quadro da organização corporativista dos mendigos aqui delineado não encontra confirmação em nenhum outro documento. Devido ao caráter secreto dessa organização (apontado nos depoimentos), evidentemente não se poderia esperar que seus arquivos ou estatutos tivessem sido conservados. No entanto vale a pena salientar que há provas da existência em Roma de uma corporação dos mendigos organizada legalmente.[135] Desde 1613 até o fim do século XVIII funcionou nessa cidade, sob o patrocínio de um cardeal, uma congregação oficial com o nome de Companhia de Santa Isabel, que tinha entre quatrocentos e quinhentos membros. Cada um deles estava obrigado a pagar uma taxa mensal e participar de eventos religiosos. A congregação concedia documentos que autorizavam a mendigar e pretendia obter direitos exclusivos para a mendicância em toda a Cidade Eterna. O acesso a ela era vedado às pessoas de boa saúde e capazes de trabalhar, às mulheres e crianças, assim como aos estrangeiros, que no entanto podiam pagar uma taxa e com isso conseguir uma licença para mendigar durante o inverno.

Uma congregação organizada desse modo, com o objetivo de institucionalizar a profissão de mendigo e as suas práticas, não revela nenhuma semelhança com as "companhias" descritas nos dois depoimentos romanos. No entanto há uma convergência no conjunto e na descrição das estruturas de organização. O surgimento de uma congregação de mendigos pode ter sido provocado pela existência de formas espontâneas de organização, de especialização e de divisão de tarefas; a congregação iria concluir a sua socialização, "domesticando-as" ao mesmo tempo.

Convém retornarmos agora ao problema da credibilidade do documento romano. Enquanto não for encontrado o registro original dos interrogatórios é preciso manter reserva quanto à autenticidade documental dos depoimentos. Constituem base para suspeita as divergências entre a cópia romana e a de Berlim, não só quanto à transcrição de termos e palavras isolados (o que nesse caso não teria muita importância) mas também quanto à seqüência em que são mencionadas as companhias. O próprio conteúdo do documento fornece igualmente elementos que contribuem para o nosso ceticismo. Com os juízos de Pompeo e Girolamo, dois jovens mendigos romanos, exprimindo uma opinião tão adversa e hostil em relação à sociedade dos mendigos é difícil acreditar plenamente na autenticidade ou na espontaneidade das confissões.[136]

Em todo caso esses depoimentos surgem — ou entram em circulação — precisamente no momento em que existe uma demanda de provas da perfídia e dos maus costumes dos mendigos, com o intuito de convencer a vasta opinião pública de que agir contra a mendicância em Roma ou limitar a liberdade dos mendigos não contradiz os princípios da fé. Pois no fim do século XVI ocorre naquela cidade uma tentativa radical de reorganização da assistência social.

Não foi a primeira iniciativa desse tipo no século XVI. O crescimento do número de mendigos em Roma — estigmatizada como a cidade do ócio[137] — já várias vezes dera ensejo à tomada de medidas decisivas. Os atos dirigidos contra os vagabundos, expulsando-os da cidade,[138] foram um óbvio procedimento de natureza policial que não deixou quaisquer dúvidas. Já as medidas contra os mendigos tomadas na segunda metade do século XVI tinham caráter diferente e causaram reações diversas.

No *Bando sopra la provisione di poveri mendicanti*, de 1561,[139] Pio IV proíbe a mendicância em toda Roma sob pena de prisão, banimento ou serviço forçado nas galeras; uma comissão especialmente designada tomaria conta dos verdadeiros doentes, colocando-os nos hospitais, e se encarregaria de dar emprego aos aptos para o trabalho. Não sabemos se a comissão papal cumpriu essa tarefa, ou em que medida o fez, mas a sua atuação devia ser pouco eficiente, pelo menos a longo prazo, pois nos anos seguintes o problema não se havia alterado. Segundo um aviso dessa época, Pio V pretendia juntar todos os pobres em determinados bairros da cidade, onde lhes seriam distribuídos alimentos.[140] Enfim, Gregório XII decidiu criar um asilo central para abrigar todos os mendigos da cidade. O projeto foi confiado a uma das congregações romanas e implementado em 1581. Fez-se um registro dos mendigos romanos e uma adaptação do antigo Convento de São Sisto, onde eles morariam e encontrariam uma ocupação. No dia 27 de fevereiro de 1581 uma enorme multidão de mendigos foi levada em procissão solene ao novo asilo (participaram 850 mendigos).[141] Dois anos mais tarde a instituição já não existia e os mendigos vagavam por Roma tal como antes. A iniciativa seguinte parte de Sisto V: prepara-se um grande asilo para os pobres perto da Ponte Sisto, proíbe-se a mendicância nas ruas, e numa bula especial de 5 de maio de 1587, a *Quamvis infirma*,[142] o papa justifica a sua decisão. Os mendigos vagavam por toda a cidade, pelas praças e ruas. Tanto os lugares públicos quanto as casas particulares e até as igrejas enchiam-se dos seus gemidos e lamentos, fazendo com que os fiéis desviassem a atenção dos ofícios sagrados. Eles provocavam tumultos e brigas nas igrejas. Pensavam apenas em como encher a barriga, não tinham nenhuma preocupação com a aprendizagem da fé, e por outro lado não se prestava a eles nenhuma assistência religiosa. A bula condenava duramente as fraudes dos mendigos, entre os quais não faltavam "os que fingiam uma doença ou extrema miséria, causada unicamente pela própria preguiça e aversão ao trabalho, e com isso subtraíam o alimento dos doentes e dos verdadeiros pobres". Esses mendigos, fortes e de boa saúde, eram aptos para o trabalho mas passavam o tempo em divertimentos infames e jogos ou prazeres proibidos. Por isso era indispensável tomar a iniciativa da reforma, tanto pela própria salvação dessa gente quanto para acabar com uma situação tão escandalosa para as pessoas honestas.

O enorme asilo da Ponte Sisto, muito bem equipado pelo papa, abrigou mil mendigos, que ficavam fechados sob guarda dia e noite. Os homens tinham a barba feita e se vestiam de modo igual. Todos deviam trabalhar nas oficinas do asilo, de acordo com as suas próprias possibilidades e capacidades. Mas o empreendimento não foi eficaz por muito tempo. Carlo Fanucci, historiador e testemunha ocular dessas iniciativas, observou que os pedintes logo voltaram a invadir as ruas de Roma, e dos mil mendigos do hospício logo havia pouco mais de uma centena. As crises da fome e das epidemias reforçaram de novo as ordenações repressivas: em 1591 o asilo de Ponte Sisto abrigava de novo mil pensionistas (ou prisioneiros), dado que no ano anterior, no período de má colheita e fome, fora deliberada a expulsão dos vagabundos e a reclusão dos mendigos. É possível que até mesmo nos períodos de enfraquecimento das ações repressivas os mendigos que infringissem as ordens e proibições, sobretudo aquela de pedir esmola dentro da igreja, fossem punidos com a reclusão no asilo da Ponte Sisto.[143] Em Roma uma reclusão radical dos mendigos ocorreu apenas no fim do século XVII, como parte de uma onda de iniciativas análogas que atravessou a maioria dos países da Europa naquela época.

A bula *Quamvis infirma* é reveladora a começar pelo seu tom geral. O duro pronunciamento que faz contra os mendigos constitui no entanto uma justificativa para as medidas que foram aplicadas: a opinião pública considerara a reclusão forçada dos pobres um abuso que nem mesmo as procissões solenes conseguiram disfarçar. Os mendigos encararam sua estadia no asilo como uma prisão. Em 1581 contava-se em Roma que os pedintes estavam dispostos a pagar a enorme soma de 2500 escudos para reconquistar a liberdade.[144] Mesmo que isso fosse apenas um boato, de qualquer modo testemunhava como a opinião pública recebia tais iniciativas de reforma social. É também significativo que nos depoimentos de 1595, num documento redigido na presença de um notário, se fale do asilo da Ponte Sisto como de uma prisão.

Nessa situação os depoimentos de Pompeo e Girolamo respondiam muito bem às necessidades do momento, fornecendo argumentos corretos em favor das medidas repressivas, como uma espécie de anexo prático às duras palavras da bula *Quamvis infirma*. A denúncia da organização do meio dos mendigos e de suas fraudes provocou uma mudança na atitude da sociedade e possibilitou a obtenção de seu apoio integral para as medidas repressivas.

As iniciativas desse tipo e as discussões sobre a sua legitimidade prosseguem durante todo o século XVII. Os guardas da cidade continuam a prender os mendigos e regularmente se organizam batidas na Piazza Navona (mencionada por Pompeo em 1595), um dos mais perigosos pontos de encontro dos vagabundos de Roma. Nessa praça os mendigos costumavam encontrar-se com os operários que procuravam trabalho. Para distinguir um dos outros os guardas simplesmente olhavam as mãos dos detidos: os que tinham as mãos calejadas pelo trabalho eram liberados e todos os demais eram presos. Um eclesiástico erudito que registrou esse fato em meados do século[145] acrescentou o comentário seguinte: "Assim, em nosso tempo é uma virtude ter as mãos calejadas pelo trabalho, como foi no tempo dos antigos romanos". Aos poucos a idéia do encerramento dos mendigos num asilo público se firmava na política e na prática social do século XVII, embora não faltassem resistência nem mal-entendidos.

No início do século XVII um teólogo e polemista de renome, o jesuíta Martinus Becanus, perguntou se era justo e se estava de acordo com os ditames da fé expulsar os mendigos da cidade, e assim enfrentou o tema principal da discussão sobre a assistência social do século XVII. Pronunciando-se a favor da expulsão, Becanus apresenta três argumentos. Sobretudo, diz ele, é preciso favorecer os pobres locais, e não aqueles que vêm de fora, porque é dever da comunidade alimentar e ajudar seus próprios pobres, que sofrem precisamente por causa de uma ajuda indiscriminada, que não distingue as origens. O segundo argumento mostra a expulsão dos pobres de outros locais como um ato de higiene, de defesa contra as doenças, já que se sabia que as epidemias eram trazidas pelos estrangeiros. De resto a expulsão seria também uma forma de defesa contra as heresias e discórdias difundidas exatamente pelos visitantes estrangeiros e desconhecidos. Em terceiro lugar Becanus argumenta que muitos pobres beneficiados com uma ajuda permanente poderiam ser empregados para o bem da comunidade e viver do trabalho de suas próprias mãos, como exige a honestidade.[146]

No fim do século XVII outro jesuíta, André Guevarre, foi encarregado por Inocêncio XII de elaborar os princípios de organização de um asilo especial para mendigos. No seu tratado, Guevarre expôs as vantagens da fundação de um "*ospizio pubblico per i poveri*", a concordância dessa idéia com os ensinamentos das Sagradas Escrituras e com toda a legislação precedente, assim como as vantagens tanto para o bem público quanto para os pobres, que seriam protegidos do frio, da fome e das tentações de uma vida criminosa.[147] Após apresentar um esboço das iniciativas dos pontífices precedentes a respeito do problema dos pobres o autor passa a ressaltar a amplitude da obra beneficente de Inocêncio XII,[148] que agora tem continuidade com o projeto de colocar num asilo todos os mendigos romanos, registrando-os em listas específicas que seriam fruto de pesquisas escrupulosas. De resto o papa equiparia o asilo generosamente, para que não se repetissem as experiências negativas das iniciativas anteriores; ao mesmo tempo havia uma expectativa de que o trabalho dos mendigos trouxesse lucro e de que as coletas regulares em casas e igrejas, assim como as caixas de esmolas expostas nas últimas, garantissem rendimentos regulares. O último capítulo do tratado se refere (usando o método da catequese: perguntas e respostas) às objeções levantadas contra a idéia do asilo. Segundo o autor eram principalmente os avarentos que se opunham ao projeto, mas entre as trinta objeções que Guevarre cita não faltavam também aquelas em que a hostilidade contra o asilo se manifestava sob a forma de defesa dos direitos dos pobres.

Alguns não aceitavam a reclusão forçada alegando que a inaptidão para o trabalho autoriza a mendicância, sendo esse um direito natural dos pedintes. Mas isso — segundo Guevarre — implicava não levar em consideração o fato de que no momento em que o asilo começasse a funcionar a mendicância deixaria de ser uma necessidade.[149] Também não tinham razão os que consideravam o asilo uma prisão[150] nem os que se levantavam em defesa dos peregrinos (a situação dos verdadeiros peregrinos agora melhoraria; sofreriam apenas os vagabundos ou falsos peregrinos)[151] e dos pobres camponeses sem trabalho (para os quais seriam preparados albergues especiais). Tampouco tinham razão os que temiam que o asilo desviasse do trabalho uma parte das pessoas, porque o objetivo dessa instituição não era incentivar o ócio e sim salvar da morte pela fome, e por isso os aptos para o trabalho não poderiam ser por ela beneficiados.[152] Alguns reclamavam que a alimentação nos asilos era abundante demais, enquanto outros protestavam contra a má qualidade das refeições.[153] Alguns chegavam a afirmar que desde a fundação do asilo (trata-se provavelmente de uma referência à promulgação da lei contra a mendicância) muitos mendigos haviam morrido de fome em Roma. O autor rebate essa última acusação com sarcasmo e indignação. Como se poderia saber que realmente morreram de fome e não por qualquer outra causa, se nenhum dos mendigos mortos voltou do outro mundo para explicar o seu caso? E tratava-se de uma calúnia contra o asilo, porque em alguns casos a morte era precisamente uma punição pelo pecado de mendigar apesar de isso estar proibido por lei.[154]

Mais uma vez uma polêmica torna visíveis os argumentos e comportamentos do campo adversário ao fato que a suscitou. A extensão e o caráter dessa que acabamos de expor mostram que em vários setores da sociedade subsistiam atitudes ambíguas perante os pobres e que a nova política assistencial exigia mudanças consideráveis na consciência social.

Nesta resenha das descrições do mundo dos mendigos e vagabundos os documentos se misturaram com panfletos e textos de caráter literário, porque todos, em seu conjunto, constituíam relatos sobre um "outro mundo". Tratados desse modo, tais textos revelaram-se uma fonte de informações correntes, de um lado, e de outro a manifestação do conhecimento do problema, das atitudes com relação a ele e dos programas sociais por ele suscitados. No entanto continua aberta a questão do tipo de relação desses documentos com a realidade social. Na verdade por trás dos esquemas e das representações mentais aparece aqui e ali o objeto da descrição, o mundo dos miseráveis e dos vigaristas, ou a "sociedade global" com o seu modo de pensar concretamente a questão.

3
NOS BAS-FONDS DA INGLATERRA ELISABETANA

"OS CAVALEIROS DA NOITE"

Autólico aparece numa paisagem rústica, na estrada, perto da cabana do Pastor. Entra, entoando uma canção sobre os encantos da natureza e a liberdade do homem que está "sem serviço":[1]

Mas vou chorar só por isso?
A lua brilha, querida.
Quanto menos o serviço,
mais alegre será a vida.

Se licença o caldeireiro
tem de andar de alforje às costas,
confesso tudo, ligeiro,
sem que me façam em postas.

A tradução da estrofe "Se licença o caldeireiro" exige um comentário. Autólico carrega bolsas de caldeireiro, e enquanto o exercício dessa profissão for autorizado ele afirmará — até mesmo no tronco — que não é vagabundo e sim caldeireiro. Conhecemos ainda outros detalhes sobre Autólico. Ele se apresenta ao público duas vezes. Inicialmente na primeira pessoa: "Negocio com camisas; quando o milhano faz o ninho, cuidado com as peças menores. Meu pai me pôs o nome de Autólico... Tendo nascido ele, como eu, sob a influência de Mercúrio, foi também batedor de coisinhas sem valor. Os dados e as mulheres me deixaram deste modo, provindo toda a minha renda de roubos insignificantes. A forca e as varas são por demais poderosas na estrada larga do roubo. A idéia de ser malhado ou enforcado constitui para mim verdadeiro pesadelo. Na outra vida não quero pensar nisso. Uma presa! Uma presa!".[2]

Noutro momento conta sobre si mesmo na terceira pessoa (apresentando-se como vítima de Autólico, um bandido infame): "Um tipo, senhor, que eu vi correndo a redondeza com o jogo de 'Trou Madame';[3] sei que antes disso ele esteve a serviço do príncipe [...] Depois disso ele andou por aí tudo, carregando um macaco; depois, foi servente de processo, belequim; depois, adquiriu um conjunto de títeres que representavam o *Filho pródigo*, e se casou com a mulher de um caldeireiro [...], e depois de exercer todas as profissões velhacas, acabou tornando-se um maroto de marca maior".[4] O filho do pastor acrescenta a essa característica: "Um ladrão! Ele gosta de freqüentar as festas noturnas, as feiras e os combates de urso".

Logo em seguida Autólico mostra o que quis dizer a exclamação "Uma presa! Uma presa!", com que terminara a sua primeira apresentação. Ao ver um camponês se aproximando (Clown, filho do velho pastor), joga-se ao chão, finge ter sido gravemente espancado, roubado até o último vintém e diz que está vestindo farrapos por ser isso que lhe tinha deixado o bandido, depois de tirar-lhe a roupa própria de seu status nobre. Quando o camponês o ajuda a se levantar, Autólico furta-lhe habilmente a bolsa.

Mais tarde ele aparece com uma barba postiça, disfarçado de vendedor ambulante (*pedlar*), oferecendo um grande sortimento de mercadorias: "Sabe cantigas para homens e mulheres de todas as idades. Nenhum comerciante de luvas serviria melhor os seus fregueses [...]. Tem fitas de todas as cores do arco-íris; mais agulhetas do que poderiam com erudição desembarcar todos os advogados da Boêmia, ainda que lhes viessem às grossas; lãs, algodão, cambraia. Ele as canta como se fossem deuses e deusas".[5]

Depois de concluir as suas transações, Autólico confessa à parte: "Vendi todas as minhas bugigangas: pedras falsas, fitas, espelhos, vidrinhos de perfume, broches, caderninhos de notas, baladas, facas, luvas, cordões de sapatos, braceletes, brincos, nada me ficou! Uns empurravam os outros, querendo todos ser os primeiros a comprar [...]. Desse modo, pude ver quais eram as bolsas de melhor aparência, o que não esquecerei na ocasião oportuna. [Começaram a aprender as baladas, assim que os seus] sentidos se concentravam nos ouvidos. Poderíeis desapertar as vestes de qualquer pessoa e retirar-lhe da bolsa uma moeda, que ninguém sentiria nada".[6]

A fortuna, de resto, oferece a Autólico outras ocasiões para exercitar sempre com novos métodos a sua profissão de malandro; mesmo se quisesse se tornar um homem honesto ele não conseguiria. É preciso apenas saber exercitar essa profissão: "Ouvido aberto, mirada rápida e mãos leves são indispensáveis a todo batedor de carteira. Um bom nariz também faz parte dos requisitos, para farejar trabalho para os demais sentidos. Percebo que estamos em uma época em que os desonestos prosperam".[7] E se alguém o chamasse "*rouge*" ele ficaria indiferente à vergonha e à infâmia associadas a essa palavra: já se acostumara a ela.

O *Conto de inverno*, em cujo IV ato aparece a personagem de Autólico, ocorre na Boêmia, e o próprio Autólico é definido como o "maroto mais covarde" de toda a Boêmia (IV, 2, v. 112), porém a imagem desse vagabundo e vigarista é colocada na galeria das personagens do mundo inglês dos delinqüentes e malandros, que desfila no palco do teatro shakespeariano. Ele é um homem da Inglaterra elisabetana mas ao mesmo tempo um tipo social picaresco de caráter universal. Todos os signos do nome e do destino definiam-no do modo seguinte: Autólico era o nome do filho de Hermes e neto de Ulisses, a quem estava ligada a fama da maior malandragem, esperteza, astúcia e ladroeira; Mercúrio por sua vez — sob cujo signo Autólico nasceu, assim como o pai — foi o padroeiro dos ladrões.

O repertório de fraudes e delitos que Autólico era capaz de praticar — os quais sabia conciliar com as ocupações mais decentes — era imponente. Todavia não estavam incluídos nele o banditismo armado nem o homicídio. No *Timão de Atenas* aparecem bandidos, ou seja, malfeitores. Quando Timão os considera ladrões, eles negam sê-lo e apresentam-se como soldados, pessoas que se encontravam numa situação difícil. Só que não podem "viver de ervas, de bagas, nem de água, como os pássaros, os peixes e os animais".[8] Então Timão replica com uma tirada amarga:[9]

Sim; nem dos próprios peixes,
pássaros e animais. Precisaríeis
alimentar-vos de homens. Pouco importa!
Sou-vos grato porque roubais às claras [...]

Tomai a bolsa e, ao mesmo tempo, a vida;
executai as vossas vilanias,
já que vos declarais para isso prontos,
como profissionais.[10] [...]

Todas as pessoas
que encontrardes são ladras. Ide a Atenas;
as lojas arrombai. Quanto roubardes,
tirareis de ladrões.

As palavras de estímulo à pilhagem assustam os bandidos: revelam tanto ódio para com o gênero humano que eles começam a se questionar se escolheram a ocupação certa. É significativa, acima de tudo, a primeira discussão do encontro de Timão com os bandidos. Não é por querer esconder o seu ofício de delinqüente que os bandidos se dizem soldados. Na realidade eles são soldados — soldados sem recrutamento, soldados por conta própria. A pilhagem e o ofício do soldado andam juntos.

O retrato da quadrilha de bandidos de *Os dois cavalheiros de Verona*,[11] feito em tons mórbidos, é inscrito numa distante paisagem italiana e tem poucos elementos que possam ser ligados à realidade social da Inglaterra de Shakespeare. Os bandidos são definidos pelo autor como *outlaws*, quer dizer, pessoas que estão à margem da lei, banidos. Eles assaltam Valentino mas ao tomarem conhecimento de que se trata de um bandido, expulso de Milão por um homicídio num duelo, e que conhece outras línguas (saber considerado útil na profissão de bandido), chegam à conclusão de que em vez de roubá-lo será melhor recrutá-lo:

"TERCEIRO PROSCRITO: *Pela calva brilhante do pançudo frade de Robin Hood, este sujeito daria um belo rei de nosso bando.*"[12]

Apresentando-se a Valentino, os bandidos dizem que alguns deles são de origem nobre mas foram conduzidos à ilegalidade pelas tentações da juventude. Propõem enfim que ele seja seu "*general*" ou "*captain*", "*commander*", "*king*". É significativa a seleção dessas palavras. Usam-se termos militares, óbvios na situação do bando, mas ao mesmo tempo fala-se do "rei"; atrás dessa palavra, usada também em outros países no contexto do mundo do crime, pode-se encontrar a convicção de uma total diversidade e especificidade do mundo da ilegalidade, que se organiza segundo o modelo do mundo da legalidade. Valentino aceita a proposta, mas com a condição de que nunca se fará mal às mulheres nem aos pobres viajantes, o que os *outlaws* recebem como óbvio, afirmando estarem também eles repugnados com práticas tão vis e mesquinhas. Em seguida o bando se instala num lugar ermo, nos bosques (v, 4, v. 2: "*Shadowy desert, unfrequented woods*"). Suas proporções são grandes, pois eles conseguem ocupar toda a floresta. Atuam na estrada e se escondem no âmago da selva: aqui a sua vontade é lei. O chefe do bando tem um refúgio na gruta e é também nas grutas que são ocultados os tesouros.

Toda a atmosfera dessa história é de fábula e lenda. Contudo parece significativa a união da lenda dos bons bandidos com a imagem do mundo dos fora-da-lei, que estabelecem suas leis e elegem os seus próprios reis.

No *Rei Lear* a loucura[13] entra em cena e a sua sombra cai sobre o próprio Lear, a quem as experiências da sorte tiraram o juízo. Os tons do *Ship of fools* parecem ressoar em cada cena do drama.[14] Mas o mais significativo aqui é a loucura fingida entre os dois filhos do conde Gloucester. Edmund, enquanto urde uma intriga que lhe deverá assegurar a herança, anuncia que assumirá a figura de um melancólico e que vai suspirar como um "mendigo de Bedlam" (isto é, mendigo do hospício St. Mary of Bethlehem, de Londres). Levada a termo essa intriga, é Edgar — condenado ao exílio pela vontade do pai e perseguido por todo o país — que assume a figura do mendigo-louco. A transformação de Edgar no "Pobre Tom" é acompanhada pelo seguinte monólogo do protagonista:

Não há porto algum livre, nenhum ponto
em que não haja guarda e vigorosa
vigilância, no intuito de apanhar-me.
Salvo estarei enquanto fugir deles,

pretendendo assumir a mais abjeta,
mais humilde aparência com que nunca,
no seu desprezo aos homens, a miséria
dos animais se houvesse aproximado.
Lama no rosto hei de passar, nos lombos
porei qualquer coberta, desmanchados
trarei sempre os cabelos, e, com minha
nudez patente, hei de enfrentar a fúria
dos ventos e do céu. Tenho modelos
e precedentes aqui mesmo, nesses
mendigos tresloucados que, com urros,
nos braços nus e entorpecidos cravam
alfinetes, espinhos, pregos, ramos
de rosmaninho e, assim, de aspecto horrível,
nas cabanas, nas vilas miseráveis,
nos apriscos de ovelhas, nos moinhos,
com imprecações de loucos ou com rezas
a caridade forçam.[15]

Quando Lear se refugia numa choupana onde está escondido Edgar, começa o espetáculo do "fingimento do louco". Edgar faz uma demonstração da técnica da mendicância: "Quem dá alguma coisa para o pobre Tom? O maligno o levou através do fogo, através da flama, através do vau e do redemoinho, através do lamaçal e do charco; pôs facas embaixo de seu travesseiro e corda em sua cama; armou ratoeira em sua sopa; deixou-o orgulhoso por poder montar num cavalo baio trotão, por cima das pontes de quatro polegadas, em perseguição da própria sombra, como um traidor. Que sejam abençoados os teus cinco espíritos. Tom está com frio. Oh! do dê, do dê, do dê! Que o céu te ampare contra os furacões, estrelas funestas e malefícios. Fazei alguma caridade ao pobre Tom, que o demônio impuro atormenta. Poderia pegá-lo agora, e aqui, e ali outra vez, e aqui...".[16]

O Pobre Tom — "*Poor Tom*" — não é de modo algum uma criação literária, pois os próprios mendigos do asilo de St. Mary of Bethlehem costumavam se apresentar assim, gritando "*Poor Tom's a-cold*" e emitindo sons inarticulados.[17] Edgar faz a mesma coisa, gritando "*Tom's a cold. O do, de, do, de, do, de*" e batendo os dentes.

Edgar, ou Pobre Tom, lembra os seus velhos pecados: "Amava de coração o vinho, os dados, com a máxima ternura; e com relação às mulheres, metia na massa o próprio turco".[18] A sua vida atual de mendigo de Bedlam ele descreve assim: "O Pobre Tom que se alimenta de rãs nadadoras, sapos, girinos, lagartixas e água; que na fúria de seu coração, quando o inimigo imundo esbraveja, devora estrume de vaca como se fosse salada; engole ratos velhos e cachorro pirento; bebe o manto verde do charco estagnado; que é chibateado de paróquia em paróquia, posto no cepo ou na prisão; que já teve três mudas para o dorso, seis camisas para o corpo, cavalo para montar e espada para carregar...".[19]

O Pobre Tom não é só mendigo, é mendigo e louco ("*Is it a beggar-man? Madman and beggar too*" [IV, 1, vv. 29-30]). O caráter dissimulado dessa personagem não exclui o seu realismo, porque na realidade muitos dos mendigos de Bedlam apenas se fingiam de loucos para obter esmola.[20] Edgar simulava a loucura para escapar da perseguição e das batidas aos banidos mas também como uma técnica para obter os meios de subsistência: a técnica de mendicância.

Henrique IV apresenta o jovem príncipe herdeiro Henrique na companhia de pândegos, com Falstaff à frente. A própria personagem de Falstaff é ambígua,[21] e no drama shakespeariano aparece com várias funções e em diversas encarnações. Falstaff é uma figura cômica, tanto por seu aspecto exterior quanto pelo humor grosseiro, uma verve de bêbedo que provoca o riso nos espectadores e suscita certa simpatia. Mas ao aparecer pela primeira vez em cena, Falstaff apresenta-se como malfeitor e ladrão. Dirigindo-se ao príncipe, diz: "Já chego lá, meu caro: quando fores rei, não permitas que nós outros, os cavaleiros da Ordem da Noite, sejamos denominados ladrões da beleza do dia; que nos dêem o nome de guardas florestais de Diana, gentis-homens da sombra, favoritos da Lua, e que nos considerem gente de bom governo, visto sermos governados da mesma maneira que o mar, por nossa nobre e casta senhora, a Lua, sob cuja proteção roubamos". [22] Os "cavaleiros da Lua" não são apenas pândegos e beberrões, mas também ladrões. Falstaff, pedindo ao príncipe que não enforque os ladrões quando for rei, refere-se ao fato de serem esses homens corajosos e reivindica que a coragem não seja continuamente reprimida com o freio da lei.[23] Mas também as aventuras criminosas do jovem príncipe e dos seus companheiros são assaltos bem organizados. Eis como Poins anuncia o novo assalto: "Muito bem, rapazes; amanhã bem cedo, pelas quatro horas, em Gadshill. Haverá peregrinos para Cantuária com ricas oferendas e comerciantes para Londres com bolsas recheadas. Arranjei máscaras para todos; cavalos, já os possuís. Gadshill fica esta noite em Rochester; a ceia de amanhã em Eastcheap já está encomendada; será tão fácil fazer a coisa como dormir. Se me acompanhardes, encher-vos-ei de coroas as bolsas".[24]

A localidade de que se fala — Gad's Hill — era conhecida naqueles tempos como uma das mais perigosas de Kent, por causa da rapina contínua.[25] É também significativo que o nome próprio que ela originou, Gadshill, seja exatamente o do mais hábil e mais experiente ladrão do bando.

Mas sir John Falstaff é cavaleiro e nobre, fato a que se refere quando acusado por uma estalajadeira (*hostess Quickly*) a quem uma vez havia prometido casamento. Os epítetos que a estalajadeira lhe atira ("gatuno", "bastardo", "assassino", "velhaco", "canalha") ultrapassam o usual repertório pejorativo das brigas. O epíteto que se repete continuamente é "*rogue*", acompanhado de vários adjetivos.[26] O fato de pertencer ao meio dos vagabundos define sem dúvida a condição de vida de sir John, independentemente do seu status social. De resto, também outro companheiro da juventude turbulenta de Henrique, Poins, parece ser de origem nobre quando afirma que a pior coisa a ser dita sobre si é que ele é o irmão mais novo ("*second brother*") e se serve habilmente de suas próprias mãos. Em ambos os casos pode-se dizer que se trata de representantes do meio dos nobres que não conseguem assegurar para si uma situação material adequada à sua posição social. Para esses homens a guerra criava uma oportunidade na vida militar.

Por outro lado a vida militar não alterava os costumes desse meio. Eis como sir John contava, a caminho de Coventry, sobre a sua ação de recrutamento e os resultados que com ela obtivera:[27] "Abusei miseravelmente da ordem real de alistamento. Por 150 soldados ganhei trezentas e tantas libras; só alisto proprietários sólidos e filhos de lavradores abastados; procuro informar-me dos noivos cujos proclamas já tenham sido lidos duas vezes, esses comodistas bem agasalhados que preferem ouvir o diabo a um tambor, aos quais um tiro de espingarda infunde maior medo do que a uma ave assustadiça ou ao pato silvestre ferido. Só recrutei desses torradas-com-manteiga, de coração situado no ventre e pequenino como uma cabeça de alfinete. Todos compraram a dispensa do serviço, motivo por que a minha tropa se compõe agora de porta-bandeiras, sargentos, tenentes, oficiais de companhia, uns pobres-diabos tão esfarrapados quanto Lázaro dos panos de decoração, a quem os cachorros do glutão lambem as chagas; indivíduos que nunca sentaram praça, criados despedidos por desonestidade, os filhos mais jovens dos filhos segundos, criados de taberna que fugiram ao emprego e estalajadeiras arruinadas, cancros, todos eles, de uma sociedade tranqüila e de uma paz prolongada, dez vezes mais vergonhosamente andrajosos do que velha bandeira remendada. É essa a gente de que disponho para pôr no lugar dos que compraram a dispensa do serviço, a ponto de imaginardes que se trata de 150 filhos pródigos andrajosos que até então cuidassem de porcos, compartilhando de seus bagaços e babugens. Um tipo aloucado, que passou por mim na estrada, disse que eu havia esvaziado as forcas e recrutado cadáveres.[28] [...] tanto mais que estes velhacos marcham de pernas abertas como se carregassem grilhetas, porque em verdade os mais deles vieram das prisões. Não há mais do que uma camisa e meia em toda a companhia [...]. Mas, que tem isso? Não lhes faltará roupa branca por todas essas cercas".

É desse modo que na descrição vigorosa de Falstaff se apresenta a companhia militar, assemelhando-se antes a um bando de mendigos (de resto é assim que o príncipe Henrique se refere a eles, denominando-os "*rascals*") que vivem da roubalheira e pretendem fazer o mesmo no caso de guerra. Vigorosa é também, na segunda parte de *Henrique IV*, a imagem do alferes Pistol; durante uma briga com Doll chovem sobre ele invectivas como "*rascal*", "*rogue*" e "*juggler*".[29] A estalajadeira, por não querer abrigar Pistol, diz que ele é um blasfemador e mandrião, um "*swaggerer*",[30] e que decidiu não deixar entrar nenhum *swaggerer* na taberna porque isso poderia estragar a sua reputação e comprometer o bom nome do estabelecimento.[31]

A companhia militar fica, desse modo, univocamente identificada com o bando de vagabundos, e — assim como os bandidos em *Timão de Atenas* clamavam que não eram ladrões e sim soldados — muitas vezes aparecem no palco do drama shakespeariano personagens de soldados que desempenham o papel de vagabundos ou bandidos.

A cena na taberna que acabamos de mencionar, entre Pistol, Falstaff e duas mulheres, é também relevante devido à imagem das mulheres. Uma delas, a mais jovem, é chamada Doll, termo que no jargão se refere às meretrizes que ainda não estão ligadas de modo fixo a um vagabundo ou um rufião (na sua primeira canção Autólico também havia usado um vocábulo do jargão, "*doxies*", relativo a meretrizes do escalão superior nessa hierarquia particular).[32] O tema da prostituição[33] aparece muitas vezes na obra de Shakespeare (*Medida por medida* faz justamente a descrição de um prostíbulo e do meretrício, só que a ação do drama é situada em Viena), mas aqui a prostituição aparece como um elemento essencial do meio dos vagabundos: as *dolls* e *doxies* são companheiras permanentes de Falstaff.

Quando em *Henrique V* o próprio Falstaff já não está mais presente, seus companheiros procuram a estabilidade precisamente através da união com as meretrizes. Pistol junta-se à estalajadeira e aconselha Nym a encontrar Doll Tearsheet, tirá-la do asilo onde atualmente se encontra e desposá-la.[34]

Outra situação social fundamental da sociedade do submundo elisabetano é ligada a Falsfaff e seus companheiros. Em *As alegres comadres de Windsor* há uma acusação contra os homens de Falstaff:[35] um certo senhor Slender (literalmente: senhor Magro), sobrinho do juiz de paz local, queixa-se de que os três companheiros de Falstaff, isto é, Bardolfo, Nym e Pistol, tinham-no levado a uma taberna e lá o embriagaram para em seguida roubarem-lhe tudo o que tinha. Slender chama esse terceto "*conny-catching rascals*", o que remete — muito significativamente — essa situação ao modo de proceder típico do *conny-catching*, descrito no panfleto *A manifest detection* (Uma denúncia pública), de 1552, e sucessivamente nos panfletos de Robert Green do final do século. O princípio da operação consiste precisamente na ação desse terceto (é também possível uma coincidência do nome Bardolfo com o termo técnico *barnacle* ou *barnard* do sistema *conny-catching*), que atrai para a armadilha um ingênuo *conny* e o depena no jogo de cartas ou então o rouba. A astúcia e a engenhosidade constituem aqui as técnicas de ação dos vagabundos, estreitamente ligadas ao delito comum, o roubo (ao *pickpurse*, como diz uma das personagens do drama).

Se nossa exposição da literatura inglesa da vagabundagem começou com Shakespeare[36] não foi com a intenção de ligá-lo a essa literatura e nem devido à originalidade de sua descrição. Na verdade as descrições de Shakespeare repetem em alto grau a literatura específica que se ampara na problemática do submundo. Na visão global do universo social do dramaturgo elisabetano esse leque de mendigos, bandidos e vagabundos está sempre presente. Ele constitui também um elemento estrutural da dinâmica do drama, aguçando as relações entre as normas morais e as exigências da lei, de um lado e de outro a realidade social. Por ser esse quadro freqüentemente desenhado com simpatia, sucede também uma certa relativização das normas éticas. O monólogo de Lear, a quem as lições do Pobre Tom e as próprias experiências abriram os olhos para o mundo circundante, é um exemplo impressionante (IV, 6, v. 111-134): todos os valores em que se baseia o poder e a convivência social revelaram-se uma mentira.[37]

A importância das descrições de Shakespeare consiste sobretudo na função que elas desempenham no conjunto da ação dramática. O conhecimento do submundo dos mendigos e dos vagabundos deve nos levar à compreensão e ao conhecimento do mundo da ordem constituída, tanto quando se põe em dúvida a prática das normas éticas vigentes como quando se discute o próprio bom senso dessas normas.

No que se refere à matéria da exposição, Shakespeare teria talvez aproveitado as suas próprias experiências mas também se inspirado em grande parte na literatura que se ocupava especificamente desse meio social. Tratava-se quase sempre de uma literatura de segunda ordem, de vôos rasteiros, que passava da objetividade das "informações de almanaque" para tramas simples; no entanto teve um sucesso tão grande que a sua problemática atraiu também as melhores penas da época.

TIPOLOGIA DO MEIO

A base do conhecimento do mundo dos mendigos, vagabundos e vigaristas inserido no circuito literário da Inglaterra da época moderna[38] foi constituída por dois opúsculos: *The fraternitye of vagabondes* (A confraria dos vagabundos), publicado em Londres pelo tipógrafo John Awdeley, a quem também se atribui a autoria da obra, e *The caveat or warening for commen cursetors* (Uma admonição ou advertência aos vagabundos comuns) de Thomas Harman.

Os dois seguem a velha esteira da decifração da organização interna do meio dos mendigos e vagabundos, apresentando uma lista das categorias e das atividades ilícitas. Esses opúsculos são um produto comercial, têm o caráter dos impressos sensacionalistas que exploram a curiosidade do leitor — abusando um pouco do sentido da palavra se poderia dizer "do leitor de massa" — pelo crime e pelo castigo. Assim como as execuções atraíam espectadores, também a narrativa sobre um delito podia sempre contar com o interesse do público da feira: as gravuras da edição do *Caveat* de Harman apresentam exatamente o momento do castigo: vagabundos escoltados pela guarda municipal, atados ao carro e fustigados, expostos no pelourinho, com a cabeça no tronco, ou, enfim, um vagabundo ao pé da forca. Pode-se então dizer que a literatura inglesa desse gênero tinha, desde o início, ou seja, do momento em que somos capazes de registrá-la, um caráter comercial.

Como já mencionamos, nas descrições das fraudes dos mendigos o pequeno poema *The hye way to the spytfellhous,* de Robert Copland (1536),[39] segue o exemplo da *Barca dos loucos,* de Sebastian Brant. Copland supera os estereótipos da descrição quando apresenta a topografia social de Londres e mostra os lugares freqüentados pelos vagabundos e mendigos, que não poupavam tempo nem dinheiro para se divertir.[40] Os objetivos didáticos, assim como a composição da obra em verso, limitam as ambições cognitivas dessa narrativa sobre a freguesia dos hospícios. Nas suas descrições do meio dos mendigos e vagabundos Awdeley e Harman não puderam se basear no panfleto de Copland.

Os estudos de Viles e de Furnivall mostraram a precedência do impresso de Awdeley em relação ao de Harman.[41] O título completo desse opúsculo despretensioso promete muito: *Confraria dos vagabundos, que abrange tanto os vagabundos ambulantes quanto os mendigos, tanto mulheres quanto homens, tanto moças quanto rapazes, com seus nomes e qualificações.* A invocação em que o autor-tipógrafo se dirige ao leitor anuncia uma história verdadeira e fidedigna que pode ser confirmada pelos juízes e pela opinião pública. Um certo vagabundo foi chamado ao tribunal, onde lhe foi prometida a liberdade se revelasse os segredos da sua profissão. Decide falar, apesar de ameaçado de morte pelos ex-companheiros; promete contar coisas tão estranhas que ninguém até então ouvira.[42] Após a relação de dezenove categorias de vagabundos (da qual vamos nos ocupar juntamente com a lista de Harman) segue uma descrição mais detalhada e romanceada de três categorias: *curtesy man*, *cheatour* e *ring-faller*, que juntos formam uma companhia de vagabundos (*company of cousoners and shifters*). O primeiro tipo é um mendigo distinto, que consegue a esmola graças ao seu discurso floreado; quase sempre bem vestido, finge estar momentaneamente na miséria mas por outro lado não desdenha o furto. O *cheatour* costuma escolher os lugares muito freqüentados pela boa sociedade e pelos burgueses. É aí que procura a vítima adequada: uma pessoa ingênua e com a bolsa cheia. Geralmente o *cheatour* age em companhia de um sócio denominado *fingerer*. Numa taberna arrastam a sua vítima para o jogo de cartas em que tanto o *cheatour* quanto a vítima perdem tudo. O *fingerer*, fingindo ser um velho desajeitado, fica com todo o ganho para compartilhá-lo com seu cúmplice. A terceira categoria de vigaristas procede de modo semelhante. O *ring-faller* escolhe primeiro uma pessoa crédula, de preferência um camponês, diante do qual joga disfarçadamente um anel sem valor; em seguida inclina-se para pegá-lo junto da vítima, gritando que o encontraram ao mesmo tempo e por isso têm de dividir o achado entre si. Faz a sua vítima acreditar que se trata de um objeto muito precioso e lhe estorque dinheiro com essa "divisão" ou envolvendo-a no jogo de cartas.

A descrição dessas três categorias merece atenção devido sobretudo à complexidade fabular do texto, que define o caráter de todo o opúsculo.[43] Essa foi provavelmente uma ambição literária em consonância com a grande onda de produção picaresca. A terceira parte da obra de Awdeley corresponde a uma ambição semelhante, embora sua realização seja diferente. Trata-se de uma relação — bastante árida e lacônica — de 25 "ordens de vigaristas" ("*orders of knaves*"), totalmente inventada, sem qualquer preocupação com a verossimilhança. De resto o autor retoma aqui tramas que circulavam na "literatura das feiras", sobretudo oralmente, assim como na produção satírica de tipo picaresco (encontramos também uma alusão a essa "ordem" na obra de Copland). A credibilidade dessa relação se deveria ao fato de ter sido ela confirmada pelo próprio Cocke Lorell, uma figura semilendária do folclore criminal da Inglaterra elisabetana. No entanto a relação funciona exclusivamente na esfera do riso e do divertimento, e a realidade social não está ali presente.

A obra de Thomas Harman, intitulada *Caveat or warening* (1566), mantém um tom sério.[44] A intenção do autor é apresentar algumas informações e ao mesmo tempo "advertir" tanto os vagabundos — que estão tendo seus segredos profissionais divulgados e portanto devem mudar de vida — quanto as pessoas crédulas cuja ingenuidade foi até agora explorada por esses patifes. Harman dedicou vinte anos de sua vida à exploração dos costumes dos vagabundos. Não podendo sair amiúde (por causa de uma doença), chamava-os à sua casa e, em troca de bebida, comida ou dinheiro, conseguia informações sobre os segredos do ofício. Está convencido — como diz na "carta dedicatória" à condessa de Shrewsbury — de que agora, sendo revelados os delitos dos vagabundos, os tribunais poderiam funcionar com maior eficácia e seriam mais bem observados os estatutos recentes e as ordenações a respeito dos vagabundos. Era preciso cumprir com toda a severidade tais ordenações, pois do contrário a vida do homem e a sua propriedade nunca estariam seguras no país. Harman constrói a narrativa a partir da experiência de vida, baseado nos fatos que conheceu em sua própria vida ao enfrentar as maldades dos mendigos, assim como aproveitando os casos dos vagabundos que recebia em casa. O comportamento de Harman tem caráter de denúncia. Esse velho, a quem uma doença grave impedira o acesso aos cargos e à atividade, brinca de detetive amador, recolhendo não só fatos e anedotas, palavras secretas, práticas ocultas, mas também nomes de vagabundos e ladrões, assim como de seus protetores ou dos indivíduos que interceptam os objetos roubados. Que ele não foi apenas presunçoso comprovaram posteriormente as pesquisas dos historiadores: estes encontraram nos arquivos dos tribunais — não sem espanto — o nome das pessoas denunciadas por Harman. O zelo e a obstinação de Harman lembram um pouco um certo caçador de famílias polonesas pseudonobres de origem plebéia. Harman é sem dúvida mais desinteressado que Trepka,* e ao contrário do autor do *Liber chamorum* não esgaravata nos arquivos, onde tampouco encontraria informações sobre suas personagens. No entanto é significativo o objeto do ódio e das operações de rastreamento em ambos os casos: um *gentleman* inglês rastreia vagabundos, delinqüentes e preguiçosos que infringem a lei vigente, enquanto um nobre polonês rastreia aqueles que devido à origem pseudonobre deveriam ser privados do direito de possuir terras.

Harman passaria grande parte das suas informações aos tribunais e aos funcionários dos territórios interessados. No seu panfleto seleciona — do catálogo de nomes de que dispõe — apenas três categorias particularmente importantes e perigosas (*upright-men*, *rogues* e *palliards*), cuja área de ação era Essex, Middlesex, Sussex, Surrey e Kent (a propriedade de Harman ficava em Kent, onde ele foi juiz de paz durante um certo tempo).[45] A sua lista contém cerca de 250 nomes,[46] apresentados em ordem alfabética no âmbito de cada categoria. Enfim ele cita amplamente a linguagem secreta dos vagabundos — que uns chamam *pedelars French*, isto é, o francês dos feirantes (linguagem dos *merciers*), e outros denominam *cant* — que na fala eles geralmente mesclavam com o inglês comum.[47] Além da lista de 114 expressões em jargão, Harman dá um exemplo de dois vagabundos conversando nessa linguagem e fornece a tradução da conversa.

A longa dedicatória para a condessa Shrewsbury tem caráter doutrinal, define os objetivos sérios da obra e parece anunciar um verdadeiro tratado, e não o que a obra realmente é: uma coleção de anedotas inseridas numa singular reportagem sociológica. A introdução,[48] que Harman inclui nas edições sucessivas do livro (a partir de 1568), é endereçada ao leitor e não tem aqueles tons doutrinais. A intenção didática é formulada nessa obra num contexto de preocupação cívica: o autor não poupara nem trabalho nem dinheiro para ser-

(*) Walerian Trepka (1585-1640): nobre polonês, autor do *Liber generationis plebeanorum* (conhecido como *Liber chamorum*), obra que denunciava os *chamy* (vilões disfarçados), que, sendo plebeus, se apresentavam como nobres. (N. T.)

vir seu país e mostrar a todo o reino ("*whole body of the Realme*") a imagem da vida ignóbil e das práticas danosas dos vagabundos, incentivando desse modo as ações dirigidas contra eles. Essa carta introdutória ao leitor tinha também como objetivo responder às críticas que surgiram após a primeira edição do livro, referentes à terminologia utilizada por Harman assim como à grafia das denominações dos vagabundos adotada no *Caveat*. Esse fato é muito significativo, pois mostra o momento de transição daqueles conceitos do circuito oral para a cultura escrita. Nesse mesmo momento o meio dos mendigos conquista o direito de cidadania na literatura inglesa, e por isso torna-se necessário estabelecer um *instrumentarium* conceitual que possa servir para a sua descrição. Os críticos de Harman achavam que ele devia usar termos tradicionais, aqueles que apareciam nos estatutos reais dirigidos contra os malfeitores, bandidos, arrombadores (*drawlatches*) e mendigos de boa saúde. O autor replica que se assim fosse ninguém o leria, pois os termos desusados certamente assustariam os leitores. Chama os vagabundos *cursetors*, porque percorriam o país inteiro, chama-os *vagabone* porque é uma palavra que qualquer um entende bem, considerando-a uma denominação infame e pejorativa. Essa controvérsia, que parece pedantemente erudita, ultrapassa as questões lingüísticas, deixando bem claras as implicações sociológicas da literatura sobre os vagabundos.

A lista de categorias citada por Awdeley é semelhante àquela apresentada por Harman,[49] e William Harrison, em sua famosa descrição da Inglaterra (1577 e 1586), segue o exemplo desses dois autores.[50] Tanto no número global dos grupos descritos quanto nos próprios processos de caracterização de cada um deles podemos encontrar semelhanças com o *Liber vagatorum* alemão,[51] mas o material anedótico e a terminologia lingüística têm um caráter decididamente original, que deriva da observação da realidade inglesa. A convergência dos dois panfletos ingleses, seguidos pela maior parte da literatura inglesa posterior, permite tratá-los em conjunto, como um retrato do meio social. É muito difícil distinguir no quadro tipológico do meio as profissões exercidas, porque a vagabundagem, a mendicância, a roubalheira, o banditismo e a fraude se juntam num modo de vida comum. Às vezes a diferenciação resulta apenas da prevalência de uma ocupação sobre a outra.

A vagabundagem caracteriza o modo de viver de todos esses grupos, mal assimilados socialmente e que levam uma vida errante. O título dos panfletos de Awdeley e de Harman mostra bem isso. Em ambos os casos o objeto do levantamento é o vagabundo, um indivíduo sem domicílio e, em geral, sem emprego. Em certos exemplos a vagabundagem se reveste de traços de um modo de vida anômico.

É dentro de tal perspectiva que se situa a imagem do "vagabundo perigoso". Esse tipo é representado sobretudo pelos *rufflers*. Awdeley os define como aqueles que vão mendigar armados, afirmando ter estado na guerra e agora precisarem pedir esmola. Na verdade eles se ocupam sobretudo da pilhagem, assaltando os viajantes e os feirantes. Harman os considera o primeiro grupo na hierarquia do mundo dos vagabundos.[52] Os *rufflers* haviam participado das expedições para o exterior, prestado serviço militar, integrado comitivas de grandes senhores, até se entediarem com a vida honesta e decidirem vagar pelo país. Ganhavam esmola de um modo insolente e atrevido, quase extorquindo-a com sua vociferação, mostrando as pretensas feridas, gritando que a miséria os obrigava a roubar porque tinham vergonha de mendigar. E de fato roubavam todos os outros mendigos das categorias inferiores que encontravam na estrada. Em comparação com o texto de Awdeley, aqui é evidente uma certa atenuação do caráter violento desse grupo. Os *rufflers* assaltavam também as pessoas com as quais cruzavam nas estradas: uma mulher solitária que vai à feira, um velho ou um rapaz; quer dizer, assaltavam somente quando tinham certeza de que a vítima não resistiria.

Em toda a sua descrição Harman mantém um quadro hierárquico do meio. Nota então que os *rufflers* permanecem nessa categoria apenas um ano ou dois, passando depois para uma categoria inferior. Essa categoria — a seguinte na hierarquia — é composta pelos *upright-men*. No panfleto de Awdeley, que na realidade não contém uma visão tão hierarquizada, é exatamente ao *upright-man* que é conferida uma certa superioridade em relação a todos os demais homens dessa profissão; ele pode exigir destes a prestação de contas de seus ganhos, das suas ações, assim como apropriar-se de tudo o que conseguiram juntar exercendo o ofício durante um mês; e é preciso suportar com humildade o que quer que ele faça, do contrário as vítimas irão padecer com seus maus-tratos. Além disso Awdeley lhe atribui o primeiro lugar nos encontros, viagens e reuniões da confraria. Porém a descrição desse autor não contém elementos suficientes para definir o modo de vida do grupo ou os seus procedimentos específicos; apenas confirma que os *upright-men* costumavam andar com um bastão ou um bordão ao qual chamavam *filchman*. Aparentemente Harman pretende sobretudo comunicar que a informação de Awdeley a respeito do papel principal dos *upright-men* na profissão não foi confirmada, mas em seguida ele mesmo fornece informações muito ricas e detalhadas sobre esse grupo, atribuindo-lhe as características de origem e de modo de vida próprias, quase clássicas, da condição do vagabundo.[53] É um grupo composto por ex-artesãos, ex-camponeses e ex-empregados que preferiram a vadiagem pelas estradas e pelas cidades ao trabalho difícil e penoso, e mesmo que sofram várias punições — as fustigações, o pelourinho, a prisão —, pouco se importam, pois estão completamente endurecidos. Esse elemento da descrição tem o seu significado, pois constitui um argumento a favor da adoção de meios mais drásticos na repressão contra a vagabundagem, mostrando que aqueles aplicados comumente — cuja severidade não tinha igual em nenhuma outra parte da Europa — eram insuficientes e brandos demais. Em geral os *upright-men* agiam em bandos ("companhias"), dependendo do número de seus componentes na ocasião. Às vezes faziam um reconhecimento preliminar da situação, visitando a aldeia e examinando casa por casa; não queriam nenhuma ajuda, falavam muito sobre as suas aventuras na guerra e na vida, espreitando atentamente o que poderiam surrupiar. Roubavam só quando surgia uma ocasião, sobretudo nas feiras e mercados, pois entre a multidão era fácil empalmar alguma coisa da barraca; não hesitavam em saltear uma casa enquanto seu proprietário tinha ido ao mercado ou à igreja. Às vezes procuravam serviço, mas por pouco tempo e só para roubar os patrões. Também pediam esmola.

Harman atribui também à categoria dos *upright-men* uma certa superioridade em relação aos outros grupos, que eles dominavam pela força física:[54] quando encontravam mendigos na estrada, submetiam-nos a um exame para verificar se tinham uma "instrução" adequada e quem os iniciara na profissão; no caso de resultado negativo do exame, tiravam-lhes todo o dinheiro e tudo o que tinham consigo.

Na descrição das condições existenciais e das ações empreendidas, o grupo dos *upright-men* assemelha-se ao dos *rufflers*, ao qual Harman atribui o primeiro lugar na hierarquia, só que os *rufflers* andavam armados. Pouco nítida é também a diferença entre os *upright-men* e o grupo seguinte: os *hokers*, também chamados *angglears*, vigaristas perigosos que descendiam diretamente do grupo precedente.[55] De dia eles visitavam as casas pedindo esmola; feito esse reconhecimento prévio, de noite retornavam com grandes bastões para roubar vestimentas e roupa branca. Enfim, os vagabundos comuns, os *roges* (quer dizer, *rogues*), mais fracos e menos audaciosos que os *upright-men*, com um aspecto geralmente miserável, pediam esmola apoiando-se num bastão mas na verdade tinham excelente saúde e muita força. Alguns deles usavam pretextos diversos para caminhar: estavam indo para a casa de um parente doente ou então eram portadores de uma carta. Muitas vezes mostravam um certificado assinado por algum juiz de paz e até munido de selo, atestando que — de acordo com a lei vigente no reino — haviam sido submetidos à pena de fustigação como mendigos e em seguida mandados para o seu lugar de origem; mas tudo isso era uma fraude e um abuso da boa-fé dos outros, porque servia como cobertura para a sua vagabundagem. Eles roubavam tanto quanto os *upright-men* e, como eles, tinham mulher, com quem se encontravam em lugares combinados. Alguns deles tinham vestes curtas — os *curtals* — mas as trocavam continuamente, conforme a situação.[56] Uma longa história, com a qual Harman ilustra o caráter dessa categoria, mostra dois jovens vagabundos que se fingiram de irmãos e habilmente roubaram um certo pároco em Kent oriental, depois de obter de uma estalajadeira informações detalhadas sobre ele. O traço característico da história é o fato de serem o padre e a estalajadeira o objeto de escárnio; o padre decide silenciar sobre esse caso, com medo de ser ridicularizado pelos paroquianos, enquanto os dois vagabundos são tratados com humor e com uma certa admiração pela sua esperteza.

Awdeley distingue o grupo dos "*wylde roge*" (vagabundos selvagens), isto é, vagabundos sem uma residência fixa. Nesse caso o que se acentua é precisamente o adjetivo, porque o próprio substantivo se referia, como um termo geral, a todo o meio. Distinguindo os *roges* como uma das categorias, Harman considera os *wilde roge* um grupo separado, composto por vagabundos "de pai para filho", já nascidos nessa profissão,[57] e por isso particularmente hábeis na fraude e no delito.

Os *pryggers of prauncers* (ou *priggers et prancers*) eram ladrões de cavalos, e assim são chamados em *cant*, a linguagem dos ladrões (a primeira palavra significa "ladrão", a segunda, "cavalo"). Costumavam vestir uma jaqueta de couro ou um casaco branco de couro de frisão; com um chicote na mão, vagavam pelos campos e pastos fingindo ter perdido o caminho. Às vezes simulavam estar à procura de serviço, mas na verdade isso era apenas um preâmbulo para o roubo de cavalos.

Também os *dronken trinckar* faziam parte do mundo dos vagabundos; praticavam pequenos furtos, mandavam a mulher trabalhar nas casas e viviam daquilo que ela ganhava ou roubava. Eles próprios também roubavam o que lhes caísse nas mãos. A essa categoria pertenciam também os *swadders* (ou *pedlers*), vendedores ambulantes que devem ser considerados vagabundos comuns porque como sócios permanentes dos *upright-men* guardavam as coisas deles e o dinheiro, além de se ocuparem da venda dos objetos roubados. Eles também praticavam o roubo. Quando foi juiz de paz, Harman pôde constatar várias vezes que os *upright-men* se disfarçavam de vendedores ambulantes para que a sua vagabundagem pudesse passar despercebida pelas autoridades.

O tipo de vagabundo que emerge da descrição de todas essas categorias caracteriza-se pela prática do roubo. É essa ocupação que aparece em primeiro plano; as outras servem apenas como cobertura para o delito ou constituem atividades secundárias. No entanto não deixa de ser verdade que as divisões são bastante indefinidas e que na maioria das vezes observamos uma mescla de diversos modos de ganhar a vida, constantemente em conflito com os princípios da moralidade social. Pode-se dizer que essas pessoas vagueiam e roubam do mesmo modo como respiram, e que as habilidades criminosas adicionais que elas apresentam constituem seus atributos distintivos, determinando também a sua "periculosidade".

Se a mendicância pode ser considerada um meio de vida — temporário ou permanente — de todo esse meio, na lista de Awdeley, assim como na de Harman, há categorias definidas apenas pelo modo de mendigar, o modo de obter a esmola. O *palliard*, chamado também *clapperdudgeon*, ia mendigar coberto de trapos, muitas vezes acompanhado pela mulher, para desse modo recolher mais esmolas, em dinheiro ou não. Quase todos eles eram irlandeses (o que de resto confirma os estatutos reais contra os vagabundos do século XVI); mostravam certificados falsos que atestavam a legalidade do seu casamento ou a autorização para praticar a mendicância, mas caso alguém quisesse examinar melhor esses pretensos documentos, fingiam não entender inglês. Passavam no corpo uma pomada especial que continha arsênico, para provocar inchações e ulcerações e assim aumentar a compaixão dos passantes e despertar sua misericórdia. Um grupo considerável era constituído pelos "frades" (*fratres*) — os coletores, mencionados também nas outras descrições. Costumavam mostrar documentos que confirmavam a legitimidade da sua coleta em favor de hospitais e asilos para os pobres. Outra categoria — própria da Inglaterra, não registrada em nenhuma lista dos outros países dos quais tomamos conhecimento — era constituída pelos "marinheiros" (*mariners* ou *hipiacke*);[58] estes exigiam ajuda dizendo ter sofrido perdas enormes no mar. Também entre eles havia muitos irlandeses. Muitas vezes mostravam documentos de diversas espécies para provar que haviam sido *skippers*, ou seja, proprietários de navios e mercadorias, e agora, despojados pelos piratas, não tinham como voltar para casa. Harman teve ocasião de conhecê-los melhor e constatar que seus documentos eram muitas vezes munidos de selos do almirantado; obteve também deles a informação de que esses falsos documentos eram comprados em Portsmouth por dois *shillings*. Harman destaca também o grupo social dos *dommerars* (ou *dummerers*), quase sempre irlandeses que se apresentavam como privados do dom da fala. Esses falsos mudos conseguiam a proeza de enrolar metade da língua para que sua simulação causasse maior efeito. Uma vez Harman logrou apanhar dois desses vigaristas, um *palliard* e um *dummerer*, e com a ajuda de um cirurgião os obrigou a falar, desenrolando-lhes a língua à força; em seguida eles foram levados ao juiz e condenados à fustigação e ao pelourinho.

Entre as categorias do meio dos mendigos não poderia obviamente faltar o falso doente (*counterfet kranke*), que com a ajuda de vários expedientes simulava uma doença grave (na maior parte das vezes a epilepsia, devido ao seu caráter espetacular e à técnica de simulação relativamente fácil). Em geral eram pessoas jovens, cheias de força, mas assumiam uma postura e um aspecto doentios ou mostravam atestados que comprovavam suas doenças. Vendiam logo as roupas que ganhavam, para poder continuar despertando dó com o seu aspecto. E realmente sabiam provocar a piedade geral através de práticas fraudulentas (semelhantes àquelas descritas nos documentos alemães e franceses) e desse modo obter esmolas muito generosas.

Como exemplo de falso mendigo Harman apresenta o protagonista de uma história pitoresca, completada nas edições sucessivas. Ela deu origem às ilustrações (apresentadas como reproduzindo fielmente a realidade) que decoravam a edição, depois foi repetida muitas vezes em outras obras da literatura inglesa sobre os vagabundos e enfim foi contada numa balada incluída em algumas edições do panfleto de Harman. A história trata de um mendigo chamado Nicholas Blunte, aliás Nicholas Jennings (ou Gennings).[59] O livro de Harman já estava sendo impresso quando num jardim perto de Whitefriars (antigo convento dos carmelitas), onde o autor se encontrava, apareceu um certo mendigo que com suas lamentações suscitou atenção e compaixão gerais. Tinha um aspecto verdadeiramente horrível e repugnante, e gritava que sofria de epilepsia. Estava coberto de trapos que deixavam entrever o corpo nu; trazia na cabeça um pano que lhe descobria apenas o rosto, e na mão segurava um velho barrete onde caíam as ofertas. Todo o rosto estava manchado de sangue, como se ele tivesse acabado de sofrer um ataque de epilepsia que lhe causara ferimentos; seus trapos e todo o corpo estavam banhados de lama. "Na verdade era um espetáculo monstruoso e horrível."[60] Mas o mendigo despertou a desconfiança de Harman, que o chamou para sua casa e lá o interrogou. Não apurou muito: soube apenas que o vagabundo se chamava Nicholas Jennings, nascera em Leicester, há oito anos sofria de epilepsia, como o pai, há dois anos vivia nas cercanias de Londres e passara um ano e meio no hospício londrino de Bedlam porque tinha distúrbios mentais. Harman decide então fazer um inquérito secreto e segui-lo para poder conhecer a verdade. Nesse empreendimento tem a ajuda do tipógrafo londrino do seu livro, que com dois empregados encontrou o mendigo em Londres e por algum tempo segue seus passos; enfim, chamando o condestável local, faz com que este prenda o mendigo como malfeitor e vagabundo.[61] A revista de Jennings revelou que, pedindo esmola em vários lugares de Londres, ele havia conseguido recolher num só dia treze *shillings* e três pence e meio. Quando lhe foi ordenado que se lavasse e tirasse os trapos, verificou-se que era um homem são e bonito, sem nenhum vestígio de deformidade ou doença. Mas dessa vez Jennings conseguiu escapar do condestável e, antes que Harman pudesse alcançá-lo, fugiu para Newington (uma aldeia perto de Londres onde se abrigavam os malfeitores) e lá se escondeu. Porém Harman e seus companheiros conseguiram encontrar Jennings de novo. Após um certo tempo lá estava ele de volta entre os que pediam caridade, dessa vez em companhia de outro mendigo; os dois haviam se disfarçado de marinheiro e afirmavam ter perdido no mar seu navio com todos os bens que tinham e muitas mercadorias. Com medo de ser reconhecido, Jennings apareceu logo depois com um aspecto totalmente alterado. Eis como se apresentava dessa vez: calças brancas novas, nos ombros um digno gibão preto de couro de frisão, um chapéu de gala na cabeça e debaixo do gibão uma camisa de Flandres que valia pelo menos dezesseis *shillings*. A gravura que encontramos no livro de Harman mostra essas metamorfoses, justapondo a efígie de um elegante burguês à figura de um doente coberto com trapos, de uma "encarnação" anterior. Por coincidência o mencionado tipógrafo encontrou Jennings vestido desse modo e o reconheceu. Ele então se apresentou como Nicholas Jennings de Leicester, chapeleiro de profissão, à procura de trabalho mas completamente sem dinheiro, a ponto de não ter como pagar o pernoite. O tipógrafo fez com que ele fosse preso e levado a julgamento. Não houve dificuldade para comprovar a culpa de Jennings: ele foi reconhecido pelas testemunhas e descobriu-se que tinha uma casa bastante boa, onde morava a sua mulher. Jennings foi então, de acordo com as leis vigentes, tratado como vagabundo: fustigado em Bridewell, depois posto no pelourinho em Cheapside; em seguida amarrado a um carro e chicoteado pelas ruas de Londres, até a porta de sua própria casa; conduzido de novo à prisão de Bridewell, ficou encarcerado um certo tempo e enfim foi libertado, com a condição de que mudaria o seu modo de vida.

As edições sucessivas do livro de Harman continham uma descrição completa do caso de Jennings e das dramáticas vicissitudes da sua perseguição. A segunda edição, de 1568, mencionava apenas de passagem que os fatos relacionados com Jennings haviam ocorrido justamente durante a impressão do livro (isto é, em 1568); a pena aplicada ao vagabundo foi minuciosamente descrita nesse livro pelas gravuras e pela balada seguinte:

Um tronco que prenda e retenha com segurança
Vagabundos indignos e preguiçosos, que a lei ofendem,
Indivíduos impudentes, por conseguinte punidos com dor,
Que, apesar de tudo isso, dificilmente tencionam emendar-se.

Grilhões e argolas servem para prender
Malfeitores, que na maldade se deleitam,
Até que as sábias leis abandonem ou repilam
Tais insidiosos abelhudos, que cometem todos os pecados.

Um chicote é um fio de barba, que tirará sangue
Das costas e do corpo, muito bem castigado.
De todos é o que age melhor,
A experiência ensina, e eles podem bem dizer.

Oh, dia doloroso! agora a morte se aproxima,
Seu amargo aguilhão transpassa-me até o coração.
Eu digo adeus a tudo aqui presente,
Desempenhando agora deploravelmente esse trágico papel.
Nem chicotadas nem ensinamentos poderiam me fazer mudar,
Por isso um exemplo deixe-me ser para vocês,
E todos os presentes, rezem agora por mim.

Este Louco fingido, olhem agora e admirem,
Exposto no pelourinho, como todos podem ver:
Ele foi aquele que, como vocês bem ouviram contar,
Antes de serem os fatos registrados com grande sutileza,
Muitos injuriou com a sua impiedade,
Suas vestes repugnantes, e que de modo execrável
Foi carregado pelas ruas de Londres com o estandarte hasteado.[62(*)]

As descrições de que dispomos confirmam também a simulação de doenças no grupo dos *abraham-men*. Awdeley descreve os seus representantes simplesmente como mendigos que andavam pelas ruas com os braços e as pernas desnudos, fingindo-se de loucos, às vezes carregando uma caixa de lã ou um pedaço de toucinho num bastão e se chamando "pobre Tom". Nessa descrição reconhecemos o verdadeiro protótipo da figura assumida por Edgar em *Rei Lear*. Harman acrescenta que eles sustentavam ter estado reclusos durante algum tempo no hospício de Bedlam. Supõe-se, de resto, que o seu nome derive realmente desse fato, porque nesse hospital havia uma longa galeria com vinte celas para os loucos, chamada Abraham Ward.[63] Alguns deles eram alegres e engraçados, costumavam dançar e cantar. Pediam caridade, mas quando surgia uma ocasião roubavam aves domésticas e roupas brancas.

Para tornar mais viva a descrição desse grupo Harman cita o exemplo de um certo mendigo chamado Stradling, que afirmava ter servido a lord Stourton (que em 1557, condenado à morte por homicídio, foi, segundo se diz, requintadamente enforcado numa corda de seda) e ter perdido a razão depois da execução do seu senhor. Manifestava doenças terríveis; seu corpo tremia tanto que era impossível suspeitar de fingimento. Harman soube, no entanto, dos companheiros de Stradling, que tudo aquilo era, sem qualquer dúvida, fraude e simulação.

A história de Jennings constituía uma leitura atraente, e graças às gravuras e à balada pôde contar um amplo círculo de leitores, conquistando-lhe uma

(*) A Stockes to staye sure, and safely detayne,/ Lasy lewd Leutterers, that lawes do offend,/ Impudent persons, thus punished with payne,/ Hardlye for all this, do meane to amende.// Fetters or shackles serve to make fast,/ Male malefactours, that on myschiefe do muse,/ Untyll the learned lawes do quite or do cast,/ Such suttile searchers, as all evyll do use.// A whyp is a whysker, that wyll wrest out blood,/ Of backe and of body, beaten right well./ Of all theother it doth the most good,/ Experience techeth, and they can well tell.// O dolefull daye! nowe death draweth nere,/ Hys bytter styng doth pearce me to the harte. I take my leave of all that be here,/ Nowe piteously playing this tragicall parte./ Neither stripes nor teachinges in tyme could convert,/ Wherefore an ensample let me to you be,/ An do all that be present, nowe praye you for me.// This counterfet Cranke, nowe vew and beholde,/ Placed in pyllory, as all maye well se:/ This was he, as you have hard the tale tolde,/ before recorded with great suttylte,/ Ibused manye with his inpiete,/ his lothsome attyre, in most ugly manner,/ Was through London caried with dysplayd banner.

popularidade notável. Contudo não foi só por isso que lhe dedicamos tanta atenção, mas também porque ela apresenta de modo extraordinário o tipo de mendigo que aqui nos interessa. Com uma narração dramática ela quebra a convenção da descrição meticulosa das categorias e da hierarquia do meio. Jennings se apresenta desempenhando papéis que correspondem claramente às três categorias: *counterfet kranke*, *mariner* e — pelo menos em parte — *rogue*. Na realidade observamos uma mescla das diversas práticas, cada uma das quais Harman ligava a outras categorias.

Na tipologia geral do meio prevalecem duas categorias,[64] em cuja descrição encontramos traços quase típicos do vagabundo e do mendigo profissional: os *upright-men* e os *counterfet kranke*. É difícil submeter a verificação os elementos de hierarquização que Harman sublinha. O papel específico dos *rufflers*[65] pode derivar de uma observação atenta e das informações recolhidas; na descrição propriamente dita não há diferenças entre eles e os *upright-men*. Por outro lado isso de maneira alguma contradiz a autenticidade das informações de Harman, mas ao contrário pode ser considerado um argumento a seu favor. Na verdade o determinante próprio dos *rufflers* não é o fato de que esse grupo andasse armado, o que demonstraria a sua origem militar; não é também o "procedimento técnico" da mendicância ou da fraude (pois nesse ponto eles não diferiam dos *upright-men*), mas é precisamente o lugar específico ocupado por eles na hierarquia de prestígio, registrado pela primeira vez por Harman e que a literatura posterior sempre vai lhes atribuir. O conhecimento da arte militar e a experiência bélica — que caracterizavam também os *upright-men* — os distinguiam claramente dos outros mendigos até mesmo pelo aspecto exterior; todavia os *rufflers* não precisavam fingir-se de inválidos, doentes, aleijados, e se fizessem feridas ou cicatrizes em seu próprio corpo era de maneira tal que parecessem conseqüência da guerra, ou como se um cavalo lhes tivesse mordido a palma da mão ou o braço. O prestígio dos *rufflers* derivava da força física e do aspecto exterior, e suas características estavam ligadas ao fato de eles continuarem a ser um grupo *sui generis*, de "reserva" do meio militar. Estavam prontos a alistar-se, sobretudo nos alistamentos em que os limites entre o combate e o banditismo não eram claros; foi justamente nesse meio que Falstaff escolheu a sua companhia quando partiu para Coventry. No seu dia-a-dia eles também conservavam, mesmo que em pequena escala, os elementos da vida de bandido, de salteador. Os bandidos atuavam completamente à margem da sociedade, ao passo que todos os demais grupos e indivíduos aqui examinados constituíam parte integrante da mesma. Era necessária a paixão e a ação desmascaradora de juízes e escritores como Harman para excluí-los da vida social, para marginalizá-los, provando que a vagabundagem não só era a infração do *ethos* do trabalho como também estava inseparavelmente ligada ao delito.

Os *upright-men* parecem um grupo mais numeroso que os *rufflers*, embora na descrição de Harman os vejamos muito claramente desempenhando certas funções superiores em relação ao meio dos mendigos como um todo. Já assinalamos que eles usavam a violência contra os outros mendigos, que lhes tiravam dinheiro e comida e controlavam as suas licenças. Vale a pena salientar que tinham também o direito de admitir novos adeptos para a comunidade e que o ato de iniciação na "profissão" ocorria na sua presença.[66] Numa taberna, diante de uma quarta da bebida — naturalmente à custa do candidato —, o *upright-man* pronunciava uma fórmula de admissão para a corporação: "Eu, fulano de tal, reconheço — aqui segue o nome do candidato — *rogue* e concedo-lhe o direito de mendigar (*cant*) em qualquer lugar e por toda a vida". Se considerarmos os *upright-men* um grupo que cristaliza os atributos do modelo de vagabundo, então esses elementos "elitistas" não diminuirão a sua tipicidade. O modo de viver do vagabundo é universal: no caso das elites do meio ele é associado a ações brutais e à violência física, ao passo que em escala de massa caracteriza-se pelas ações "débeis" e pelas técnicas de suscitar pena e compaixão, que aparecem de uma forma "clássica" na descrição do modo de vida dos *counterfet kranke* (e sob a pena de Harman, também na descrição dos *rogues*).

Nas descrições do jargão dos vagabundos e dos ladrões Harman fornece um léxico bastante casual, provavelmente o registro desordenado de todos os termos que iam caindo em suas mãos. A seleção de palavras e significados secretos era no entanto bem característica: alimentação, mercadoria, bebidas, partes do corpo, tipos de delitos, punições, nomes de lugares (entre os quais aparece uma denominação interessante de Londres: *Rome vyle*, ou seja, Romevill).[67] Uma amostra de *cant*, na forma de um diálogo entre um *upright-man* e um *rogue*, é significativa para o conhecimento do modo de viver dos vagabundos. O diálogo se refere ao modo de passar a noite (na cama ou na palha), ao dinheiro que cada um tem, à taberna mais próxima e às bebidas que ela oferece e, enfim, ao roubo planejado. Era assim que um nobre de Kent imaginava uma conversa entre dois vagabundos; no teatro e na literatura da época os diálogos dos mendigos foram apresentados do mesmo modo: no nível das necessidades fisiológicas em que estão inseridos a fraude e o delito.

O mesmo retrato da condição de vagabundo aparece numa cena de iniciação na "profissão", delineada no início do século por John Fletcher em *The beggars' bush* de uma forma mais romanceada e bem mais elaborada que a pequena cena de Harman:

> CLAUSE:
> *... Saudai-o todos.*
> HIGGEN:
> *Afastai-vos, afastai-vos, eu próprio o farei.*

Saudamos-te três vezes; primeiro a tua
Pessoa, porque muito promete,
Depois tuas qualidades boas e nobres,
Enfim te saudamos porque muitas vezes vais nos alimentar.
Sabes roubar, como se pode supor.
HUBERT:
Certo, a caça, e se quiseres....
HIGGEN:
Bem, consegues entender perfeitamente
E vais praticar todos os dias.
Sabes também beber?
HUBERT:
E como!
HIGGEN:
E sabes distinguir uma mulher de um galeto no telhado?
HUBERT:
Sim, quando a pegar nas mãos.
GERRARD:
Agora podes fazer o juramento.

Segue-se então a fórmula do juramento no jargão dos delinqüentes da época:

HIGGEN:
I crown thy nab with a gage of ben bouse,
And stall thee by the salmon into the clows,
To mand on the pad, and strike all the cheats;
To Mill from the Ruffmans, commision and slates
Twang dells i' the stiromel, and let the Quire Cuffin:
And Harman Beck strine, and trine to the Ruffin.
GERRARD:
Agora explica-lhe isso tudo.
HIGGEN:
Rego-te a cabeça com um chope bem gostoso
E com o juramento do velhaco te faço vagabundo,
Para que nas estradas mendigues pilhando à vontade,
Para que roubes as camisas e os lençóis das cercas,
Para que te deites com a moça, fazendo o capim chiar,
E para que mandes o juiz e o guarda ao diabo.
Saúdo-te, Irmão.
TODOS:
Salve, salve, salve... [68]

Na vida dos vagabundos freqüentemente aparecem mulheres que os estão sempre acompanhando, ou que eles visitam para juntos esbanjarem o dinheiro recolhido. A mulher desempenha vários papéis nas fraudes dos mendigos. Nove categorias da relação de Harman são constituídas exclusivamente pelo sexo feminino.

Algumas mulheres são mendigas que têm uma técnica própria de fraude, outras somente acompanham os mendigos. As *demaunders for glymmar (*no jargão "*glymmar*" significa "fogo") na grande maioria eram mulheres que se apresentavam como vítimas de incêndio e pediam caridade para as outras vítimas, às vezes até mostrando certificados que atestavam a veracidade de seus relatos. Freqüentemente agiam em conjunto com os *upright-men*, e enquanto elas mendigavam o vagabundo aguardava num bosque próximo. As *bawdy-baskets* atuavam como vendedoras ambulantes; andavam com uma cesta ou uma banca desmontável e vendiam agulhas, fios e fitas. Às vezes trabalhavam como costureiras, mas preocupadas unicamente em achar uma oportunidade para roubar. Quase sempre eram devassas, e muitas vezes estavam ligadas a algum *upright-man.*[69]

As *autem-morts* eram mulheres casadas que a cada mês mudavam de marido. Costumavam andar com crianças de dez a doze anos, que as ajudavam a praticar furtos. As *walkinge-morts*, por outro lado, não eram casadas; ocupavam-se fazendo cordéis ou fitas e costurando, mas muitas vezes mendigavam, e mais vezes ainda roubavam; eram ligadas aos *upright-men.* Sendo na realidade meretrizes, as *doxies* eram assim chamadas a partir do momento em que se tornavam amantes de um *upright-man.* Antes de se ligarem a um *upright-man* essas moças vadias, sem casa e sem família, eram chamadas *dells. Kintchin-morts* (Awdeley usa a denominação *kitchen-morts*) era outro nome para a moça que ainda não se tornara *doxie*; Harman, que introduziu o termo *dell* ou *doll* (desconhecido por Awdeley), não sabe como distingui-lo daquele seguinte, tomado certamente da lista de Awdeley, e considera então as *dolls* filhas das *autem-morts* e das *walkinge-morts*. É oportuno salientar aqui que no mundo dos vagabundos o termo *kintchin* (*kitchen*) se refere tanto às moças (com o acréscimo de "*morts*") quanto aos rapazes (com o acréscimo de "*co*"). Harman dá a entender que esses rapazes-vagabundos são também, como as moças, o objeto vendável da prostituição. Nas descrições de Awdeley as mulheres aparecem sobretudo como *doxies* de diversas categorias. O mesmo observamos na obra de Harman, só que nesse caso encontramos freqüentemente descrições das práticas de fraude em que as mulheres desempenhavam seu próprio papel. Em ambos os textos é evidente a ligação das mulheres desse meio com os *upright-men.* Às características constitutivas do vagabundo "violento" é preciso então acrescentar mais uma: o proxenetismo.

No panorama do mundo dos vagabundos, tal como ele é apresentado nos panfletos de Awdeley e de Harman, a minúcia da análise se une ao humor da narração. Os dois autores prometem sobretudo desmascarar as fraudes dos mendigos, cumprir um sério intento em favor do interesse público, mas na realidade servem mais ao divertimento dos leitores que à informação das autoridades. Isso fica evidente no caso de Harman, cujo texto é bem mais elaborado e rico em tramas. Como já foi dito, o autor assume as funções de delator e fala disso com grande satisfação. Mas contrariando o estilo pomposo da carta dedicatória e o seu tom renhidamente antivagabundos, no texto em si aparecem tons de humor, e acontece que o objeto do riso ou do escárnio não é de modo algum o mendigo-vigarista e sim a sua vítima.[70] Isso ocorre por exemplo na história sobre os dois vagabundos de Kent oriental e o padre assaltado. E fica ainda mais evidente na narrativa sobre um velho camponês que a caminho de Londres é assaltado por dois vagabundos da mais violenta espécie (*rufflers*). Ao lhe perguntarem quanto dinheiro tinha na bolsa, o camponês respondeu que tinha sete *shillings*, mas os ladrões encontraram ainda um velho *angel*, cuja existência ele próprio ignorava. Então "*this gentleman thyefe*", esse ladrão gentil-homem começou a imprecar com estas palavras: "Meu Deus, que mundo é este! Como se pode acreditar nos outros? Este velho vigarista me disse ter apenas sete *shillings* e aqui ainda aparece um *angel*. Que velho vigarista, que falso vigarista! Que Deus tenha piedade de nós, mas será que este mundo nunca se tornará melhor?".[71] A inversão da repreensão e do elogio éticos, que aparece nessa anedota, é um testemunho da tendência — cada vez mais explícita na literatura moderna — de considerar o vagabundo não apenas nas categorias da condenação e do horror mas também nas do sorriso e da admiração.

Foi talvez devido ao fato de Harman ser um ex-magistrado que a questão dos documentos falsos usados pelos mendigos ocupou tanto espaço no seu opúsculo. Mas tratava-se de um ponto de grande importância na prática social. Um aumento da supervisão por parte das autoridades e a introdução de ações repressivas fizeram com que se tornasse cada vez mais difícil andar sem certificados pelas estradas e pelas cidades e aldeias inglesas. Independentemente disso o prestígio da palavra escrita fez com que os mendigos recorressem a ela como uma das técnicas úteis da sua "profissão". Awdeley também introduziu na sua lista duas categorias de vigaristas que exerciam profissões intelectuais *sui generis*. A primeira era constituída pelos *iack-men* (Harman usa a forma *iarkemen*), quer dizer, "aqueles que sabem ler e escrever — e às vezes até falar — latim",[72] e que se ocupavam justamente da produção de documentos falsos, provendo-os de selos (daí o nome, pois na sua gíria os selos eram chamados *iarkes*). Os *patriarke co*, que constituíam outro grupo, desempenhavam funções sacerdotais nesse meio, porque celebravam os matrimônios; na sua presença eram realizados os matrimônios "até a morte", o que no entanto significava que o casal podia se separar sobre o cadáver de um cavalo ou de qualquer outro animal.[73] Harman negava a existência desses dois grupos, sustentando que nunca os tinha encontrado. Não admitia também a possibilidade de haver entre os vagabundos pessoas que soubessem escrever tão bem a ponto de ser capazes de falsificar documentos, e por fim afirmava que tais documentos eram comprados nas cidades.

Segundo Harman o nome *patrico* servia, no jargão dos vagabundos, para denominar os padres, embora nesse mundo não se celebrassem matrimônios e a devassidão não fosse considerada pecado: todos conviviam entre si livremente.[74]

Esse último elemento nos leva a um traço essencial das descrições do meio dos vagabundos, ou seja, ao lugar que nelas ocupa a problemática sexual. Ela é evidente, de modo particular, no texto de Harman, no qual o número das categorias de mulheres é maior e além disso as anedotas que acompanham a descrição se referem continuamente às questões da vida sexual. Algumas vezes o autor recorre a alusões (como no caso da prostituição homossexual), mas na maior parte dos casos a sua descrição é direta, eventualmente grosseira ou trivial. O objeto da descrição não é a prostituição profissional, embora as *doxies*, *dolls* e *morts* pareçam ligadas a ela, e sim a devassidão característica da vida interna desse meio social. Sobre as *morts* casadas Harman dirá que são tão castas quanto a sua vaca, uma vez por mês levada a qualquer touro; sobre as *walkinge-morts* solteiras escreve que tinham e continuamente têm filhos. Ele relata a história de uma *autem-mort* chamada Alice Milson: andava com dois rapazes, o mais novo dos quais passava dos vinte anos (ela tinha cinqüenta). Dizia serem os seus filhos, mas toda noite dormia com eles (deitada no meio — nota minuciosamente Harman); que crianças poderiam nascer dessa vida ignóbil?! — clama o autor.[75]

A narração das indecências dos mendigos serve para despertar a imaginação sexual: devassidão, homossexualismo e talvez até incesto; naquele ambiente tudo isso ocorre ao contrário do que devia. Por um lado esse tipo de acusação contribui para tornar ainda mais sombria a imagem do meio dos marginais, mas por outro lado narra fatos que suscitam o interesse dos leitores.

As obras mais sérias da literatura sobre os vagabundos extraem desses dois opúsculos, que escolhemos aqui como guias, a sua apresentação da morfologia do meio. Isso não significa que elas se limitem a plagiar as listas anteriormente compiladas, pois as descrições são mais amplas e bastante romanceadas, tanto mais que seus autores eram já literatos experientes.[76] Muitos detalhes novos que aparecem nessas descrições procedem certamente da observação direta.

A título de exemplo poderíamos citar o "retrato" de um mendigo que fingia loucura, referido como *abraham-man* nos dois textos aqui citados. Eis como o apresenta Thomas Dekker em três panfletos sobre os mendigos, editados em 1608 e 1612. "*Abram*" era um vagabundo vestido de trapos, que descobriam seus membros nus; tinha o rosto escuro como se fosse um sarraceno, cabelos longos e encaracolados, levava o barrete na mão, às vezes aparecia com um bastão em que ficava pendurado um pedaço de toicinho; mendigava nas cidades e no campo. Alguns desses mendigos eram marcados: uns tinham nos braços as letras E e R, outros tinham cruzes ou ainda signos diversos na cor azul, para atestar a sua permanência no hospício de Bedlam, em Londres, mas na verdade eram eles próprios que faziam e refaziam esses signos. Havia também quem carregasse ferros. "Cada um desses *abraham-men* se distingue por um modo particular de gesticulação no desempenho do seu papel." Alguns gritavam terrivelmente, outros emitiam sons selvagens e outros, ainda, dançavam sem nenhum ritmo. Esses mendigos embriagados queriam unicamente dinheiro e gorjetas. Ao mendigar, cada um deles se apresentava como "*poor* Tom". Dekker cita dois exemplos desse tipo de lamentações, com as quais os *abraham-men* pediam caridade.

A dilatação dos elementos da descrição, como no caso do *abraham-man* de Dekker, resulta de um reconhecimento progressivo do meio. Em grande parte, entretanto, a evolução do quadro geral da estrutura interna do mundo dos mendigos e dos vagabundos apresentada pela literatura inglesa da época moderna já é determinada pelas necessidades do mercado do livro e pelas técnicas literárias.

AS LEIS DA FRAUDE

Alguns anos antes da publicação dos panfletos de Awdeley e de Harman apareceu um livrinho de Walker, *A manifest detection*, sobre as fraudes e os jogos de azar, ou seja: os dados e as cartas.[77] A sua intenção, tal como a dos opúsculos sobre os mendigos, é didática e de denúncia. O autor pretende instruir e prevenir as pessoas ("*all young gentlemen and others*") quanto aos perigos que se escondem nos jogos de azar e ao mesmo tempo revelar truques secretos dos trapaceiros profissionais. Na forma de um diálogo entre dois amigos são apresentados os princípios do jogo de dados e de cartas, o nome dos dados e os métodos de fraude. Também no caso dessa obra o papel de guia através do mundo secreto dos trapaceiros do jogo é desempenhado pela linguagem particular criada por eles. Quando no decorrer da conversa um dos protagonistas manifesta estranheza devido ao uso de palavras completamente desconhecidas, e que no entanto parecem inglesas, o especialista na matéria pronuncia uma frase significativa: "Você tem de levar em consideração que o carpinteiro usa muitos termos que seus aprendizes entendem bem mas que são completamente estranhos para as outras pessoas".[78] Assim também fazem os jogadores de azar. Essa observação muito justa e perspicaz de um escritor do século XVI coincide com os resultados das pesquisas modernas sobre as linguagens secretas, em que se nota uma ampliação de uma linguagem técnica específica. Mais adiante o autor acrescenta que os jogadores usam essa terminologia especial para poder praticar suas fraudes, e por isso a explicação de tais palavras, assim como a divulgação do significado delas, constituirá um obstáculo para as suas atividades fraudulentas.

Tanto na descrição das técnicas dos jogos de dados e de cartas quanto no material anedótico que acompanha essa descrição percebemos que estamos num meio social diferente daquele dos panfletos sobre as fraudes dos mendigos. Os jogadores de azar, personagens de *A manifest detection*, não são os mesmos mendigos esfarrapados do *Caveat* de Harman. Estão interessados nas classes altas, e para poder realizar seus objetivos de modo eficaz devem ter o aspecto de membros da boa sociedade.

Com o intuito de condenar moralmente os jogadores de azar e os trapaceiros o autor de *A manifest detection* não hesita em igualá-los às prostitutas e aos ladrões, mas a afirmação de que "todos eles constituem uma única corporação" é apenas uma expressão vaga e se reduz à constatação de que todos esses grupos praticam fraudes. No entanto Walker sustenta que os jogadores de azar não hesitam em roubar uma bolsa ou em assaltar na estrada a sua vítima que volta para casa depois do jogo. Nota que a corporação dos ladrões é bem organizada, com aprendizagem obrigatória da "profissão" e áreas de apoio devidamente distribuídas. Nessa organização de tipo corporativo também há lugar para um certo tipo de solidariedade e ajuda mútua.[79] O tesoureiro da corporação ocupa-se não só da venda do produto do roubo — objetos preciosos e mercadorias diversas — como também da cobrança de uma taxa fixa, depositada na caixa comum como fundo de ajuda aos que foram presos, para salvá-los da forca ou para ressarcir a pessoa prejudicada e assim levá-la a retirar a queixa.

O objeto da descrição e do desmascaramento do panfleto de Walker é a fraude, mas, diferentemente da literatura sobre os mendigos, ele se refere à esperteza e às tramóias que ocorrem em níveis um pouco mais altos da hierarquia social. Pode ser considerado um protótipo da literatura elisabetana sobre o *conny-catching*, cujo representante clássico é Robert Greene.[80] O próprio fato de um escritor da boemia londrina do fim do século XVI confessar ter pertencido ao meio que praticava *conny-catching*, querendo agora descrevê-lo para dar o testemunho da verdade e para expiar os seus pecados, já atesta que o fenômeno descrito tem uma origem social diferente.

A abundância da produção literária de Greene, assim como dos seus continuadores e epígonos, nos proporciona hoje um vastíssimo acervo anedótico e narrativo concernente à arte do *conny-catching*. Sem entrar nos pormenores da descrição e sem seguir as filiações (e o plágio)[81] que se evidenciam nos panfletos sobre o *conny-catching*, voltemos nossa atenção apenas para o caráter geral das situações apresentadas e para as pessoas que praticavam tais fraudes.

Greene recorre à sua experiência pessoal, que compreendeu viagens à Itália, França, Alemanha, Polônia e Dinamarca, para asseverar que em lugar algum encontrara a trapaça tão perigosamente desenvolvida quanto na Inglaterra. Ali o jogo de dados e de cartas se tornou objeto de uma ampla fraude que entrelaçava as atividades dos vagabundos e das meretrizes. Assim, o panfleto se ocupa sobretudo do desmascaramento da trapaça, quer dizer, do *conny-catching*. De resto o significado desse termo é mais amplo, pois "*conny*" significa justamente "vítima", "ingênuo", enfim o otário que é pego pelos vigaristas. Greene descreve minuciosamente, e com verve literária, como a vítima-*conny* fica aparvalhada durante a conversa e finalmente é envolvida no jogo. Já vimos essa situação nas descrições anteriormente examinadas, só que ali ela desempenha um papel secundário, complementar, enquanto aqui ocupa o primeiro plano e é tratada como uma técnica que define a existência de um grande grupo de vigaristas profissionais.

O sucesso da primeira obra de Greene foi um estímulo para que ele continuasse produzindo, e posteriormente outros escritores seguiram o seu exemplo. É preciso lembrar que agora nos encontramos diante de um fenômeno da vida literária e de suas relações de mercado, o que quer dizer que a extensão dessa série de textos nos fala antes de mais nada sobre a dimensão da oferta de informações e das tramas relativas aos jogos e fraudes. Independentemente disso, entretanto, o próprio processo de acumulação da matéria literária enriquece a imagem do meio com novos traços. Deixando de lado a matéria narrativa — que nesse caso passa a ser o objetivo fundamental, enquanto nos panfletos sobre os mendigos constituía apenas um material ilustrativo destinado a animar a monotonia do discurso principal — tentaremos agora apresentar um quadro geral da fraude e do seu meio. Omitiremos também as diferenças de descrição entre os diversos panfletos de Greene, assim como as divergências que aparecem quando os confrontamos com as obras dos seus epígonos.[82]

Assim, o que distinguia esse meio social era a fraude, e o seu espaço de ação eram sobretudo os locais onde havia jogos de azar. O fenômeno ocorria em três níveis sociais diversos. O primeiro é a elite dos vigaristas, que operava na elite da sociedade. O vigarista assumia aqui o aspecto de um galanteador — a iconografia da época o apresenta muitas vezes com cachimbo e roupas de nobre —, de maneiras distintas, freqüentador das casas de jogo. Estas funcionavam legalmente, bastando para isso a obtenção de uma licença real.[83] Os jogos se realizavam também em estalagens e restaurantes, onde costumavam se encontrar os nobres e as pessoas da alta burguesia. Nesse caso os vigaristas agiam geralmente em grupo, envolvendo no jogo uma vítima escolhida. Perdiam entre si grandes somas, mas depois "limpavam" a presa. Às vezes o jogo era demorado, e nos intervalos os seus participantes visitavam os teatros e passeavam pela cidade até a Catedral de São Paulo, local de encontro da elite londrina.

Num nível mais popular ficavam as casas de jogo de dados e as estalagens — lugares onde se jogava boliche (*bowling-alleys*). O boliche tinha um caráter mais plebeu, mas também os jogos de cartas e de dados eram muito populares.[84] Nessas casas — escreve Thomas Dekker num dos panfletos[85] — joga-se em salas superlotadas, em mesas apertadas como as camas de hospital. A tal ponto os jogos chegavam a fazer parte da vida das estalagens que num projeto de reforma moral daquela época aparecia o postulado de que o burguês decente nunca come fora de casa. Mas esses esforços já nasciam condenados ao insucesso, visto que os jogos de azar estavam profundamente enraizados na vida cotidiana da cidade.

O terceiro nível do mundo do jogo coincide com os meios de vagabundos descritos anteriormente. Eram os lugares de encontro de vagabundos, criados, aprendizes e toda espécie de malfeitores. Na topografia social de Londres da época elisabetana já havia certos *bas-fonds*, cuja má fama continuou nos séculos seguintes. Um desses lugares eram as cercanias de Whitefriars, um antigo convento de carmelitas, que nesse contexto já aparecera no relato de Harman. No jargão dos marginais, Whitefriars era chamada "Alsácia"; Thomas Shadwell em *Squire of Alsatia* (1688) e mais tarde também Walter Scott traçaram uma imagem viva desse bairro como o reino do crime. Caráter semelhante costumava ser atribuído também a Savoy e Islington.[86] Os lugares que estavam autorizados a dar abrigo eram quase sempre mais atraentes que os outros. Até as prisões serviam de casas de jogo; os trapaceiros presos que dispunham de dinheiro podiam assegurar para si não só boas condições de vida como também a possibilidade de exercer o mando entre a multidão de infelizes encarcerados em virtude de dívidas.

Os panfletos sobre *conny-catching* não classificam tão rigorosamente o meio dos vigaristas como aqueles dedicados aos mendigos e vagabundos. Mas também exibem a tendência a uma certa sistematização. As fraudes são cometidas segundo sistemas preestabelecidos, que a linguagem do meio chama "leis" (*laws*). Nos seus dois primeiros panfletos Greene cita treze leis. Elas permitem ver as técnicas da fraude num contexto mais amplo; referem-se às fraudes em geral e à trapaça em particular, mas abrangem também o latrocínio e o banditismo.

As fraudes no jogo de cartas eram reguladas por duas leis. Na *conny-catching law* (de que deriva o nome de toda essa esfera) aparece ao lado da vítima ("*conny*") o *setter*, cuja função era enredar uma vítima potencial e levá-la para a estalagem ou casa de jogo, o *verser*, que em seguida arrastava a vítima para o jogo, e o *barnacle*, um suposto recém-chegado que no início perdia invariavelmente e depois — quando a aposta era suficientemente alta —

ganhava tudo. No fundo essa técnica lembra muito a da *barnard law*, que já fora descrita em *A manifest detection*;[87] parece que mais uma vez estamos diante da situação em que nome e descrição antigos são tratados como se se referissem a novas técnicas. Nesse caso a variante da técnica consiste no fato de que o *barnacle* da *conny-catching law* (aqui denominado "*barnard*") se fingia de embriagado para que a vítima escolhida se sentisse ainda mais encorajada a entrar no jogo. A *versing law* é também um sistema destinado a atrair para o jogo um camponês ingênuo (aqui denominado "primo") levado a se acreditar capaz de vencer um *suffler* supostamente bêbedo. Quem trazia a vítima tinha o nome de *verser*. A *cheating law* é uma espécie de arte de enganar no jogo de dados; Greene não a descreve de forma detalhada, apenas fornece o nome dos dados. O panfleto de Walker oferece muito mais informações a respeito desse tema. À diferença do jogo de cartas, onde a lei se referia à situação em que os ingênuos eram envolvidos no jogo, aqui se trata de dados viciados (habilmente chumbados) e da capacidade de jogar com eles. Aliás a legislação real freqüentemente se ocupava da questão da fabricação dos dados, tentando submetê-la a um controle rigoroso e rastrear aqueles que produziam dados falsos e os que deles se serviam. A categoria dos trapaceiros inclui também a *vincent's law*, que trata do boliche; nesse caso o sistema desmascarado não tem relação com a fraude no decorrer do próprio jogo e sim com a situação em que um grupo organizado atraía para o jogo um ingênuo recém-chegado, referido como "*vincent*", a quem no princípio se permitia vencer para em seguida depená-lo.

Além desses sistemas concernentes aos jogos de azar Greene trata de vários outros, que pelo menos à primeira vista pouco se relacionam entre si. A *crossbiting law* refere-se à prostituição — um homem se deixa atrair por uma meretriz que se faz passar por mulher decente; em seguida aparece alguém que se apresenta como irmão, primo ou marido dela e sob ameaça de escândalo ou de violência o homem é despojado. Outra forma de chantagem consistia em imputar um filho ilegítimo a um homem abastado, que por temer o inevitável escândalo implicado numa investigação sobre o assunto resolve pagar uma indenização, supostamente o dote da criança. As formas de fraude dependiam da condição social da vítima do engodo, mas o resultado era sempre o mesmo. Também a *sacking law*[88] — termo tirado de *A manifest detection* — se refere ao mesmo método de fraude-chantagem da *crossbiting law*. Em cada uma dessas técnicas diferem sobretudo as palavras que denominam as *dramatis personae*. Podemos supor que Greene decifrou o vocabulário técnico usado no meio da prostituição, mas ao lado da lista de termos que circulavam há cinqüenta anos ele apresenta também os que estavam em uso na sua época.

As outras leis, mesmo que tenham por objeto um certo tipo de fraude e malandragem, referem-se sempre ao ofício de ladrão. No alto da hierarquia das técnicas descritas por Greene convém colocar a rapina nas estradas, uma forma de banditismo que ele define como *high law*. Essa atividade criminosa perturbava a tranqüilidade nas estradas (*highways*) e foi severamente combatida. Mas ao mesmo tempo ela se assemelhava ao modo de vida do nobre, o que lhe conferia um alto status e dava aos que a praticavam a reputação de *gentlemen*.[89] Diferentemente do "banditismo cavalheiresco" da baixa Idade Média, o banditismo dos séculos XVI e XVII não tinha um caráter sangrento, não era acompanhado de homicídios. O assalto em Gad's Hill, em *Henrique IV*, é um bom exemplo desse tipo de banditismo. Praticavam-no tanto os indivíduos isolados quanto bandos organizados, aproveitando-se de um complexo sistema de espionagem do qual faziam parte os empregados dos assaltados e os das estalagens de beira de estrada.[90] Às vezes os bandidos usavam máscaras. A literatura do século XVII registrou muitas histórias sobre salteadores famosos dessa época, como John Everett ou James Hind, chamado capitão Hind. Nas histórias sobre as façanhas dos bandidos percebe-se admiração pela sua coragem, habilidade e força física, assim como a emergência dos elementos da lenda popular que atribui aos bandidos o papel de cavalheiros da justiça.[91] Se não apareciam ligados diretamente à tradição da lenda de Robin Hood, na qualidade de vingadores da injustiça social, de qualquer maneira era-lhes atribuído um senso de justiça: o bandido Gamaliell Ratsey roubou de um camponês cinco *nobili* mas quando soube que isso representava todo o patrimônio do infeliz, uma poupança que há muitos anos vinha sendo acumulada para a compra de uma vaca, não só lhe restituiu tudo como ainda lhe deu dinheiro para comprar outra.[92] A realidade do banditismo era mais comum e prosaica, todavia a lenda literária e popular que o acompanha é um fato muito significativo. O que liga as descrições dos assaltos aos outros tipos de práticas fraudulentas é sobretudo o elemento da astúcia, da esperteza e das habilidades técnicas, assim como um conjunto semelhante de termos que definem os assaltantes (*high lawyer*, *scrippet*, *oak*) e suas vítimas (*martin*).

Os panfletos reservam um lugar especial para a prática do roubo de cavalos, *prigging law*. Os elementos da descrição são bem semelhantes (se não emprestados) àqueles que já apareceram na obra de Harman. Também na terminologia podemos verificar uma convergência. Encontramos aqui os termos "*prigger*" para "ladrão" e "*prancer*" para "cavalo" (no texto de Harman cada categoria era denominada *prigger of prancers*). É evidente a posição particularmente importante que o roubo de cavalos ocupava na vida social daquela época, dado que seu produto era caro e ao mesmo tempo fácil de vender. É significativo que os vagabundos e os nômades de várias espécies fossem sempre acusados justamente de roubar cavalos. As autoridades fizeram tentativas enérgicas de declarar guerra contra essa atividade, o que não era fácil.[93] Um estatuto de 1589 introduziu uma restrição considerável no comércio de cavalos, para inviabilizar a venda dos animais roubados, mas ela era facilmente contornada pedindo-se a dois companheiros que testemunhassem quanto à legalidade da propriedade do vendedor; satisfeita essa exigência, o cavalo roubado era vendido de modo absolutamente legal. As técnicas de roubo descritas nos panfletos eram várias, mas sempre se baseavam na astúcia e não na força física. Assim, por exemplo, quatro ou cinco companheiros chegavam a uma estalagem e se apresentavam como empregados de um rico senhor. Diziam ter acabado de mandar os cavalos com o cocheiro para a cidade e durante alguns dias viviam na estalagem como senhores. Então chegava um mensageiro com a notícia de que eles tinham de ir buscar o patrão; prometendo voltar após dois dias, os homens alugavam os cavalos da estalagem e desapareciam, evidentemente sem pagar.[94]

As últimas quatro leis referem-se aos ladrões comuns, que usam diversas técnicas de roubo. A *courbing law* refere-se aos furtos praticados das janelas ou através delas, técnica que já conhecemos das descrições das práticas de roubo dos vagabundos.[95] Usando um bastão com um gancho, o *courber*, chamado também *hooker*, o ladrão abria as janelas previamente escolhidas e tirava tudo o que pudesse; tinha um ajudante (*warp*) que ficava de sentinela e punha no saco os objetos roubados. Eles sabiam envolver os empregados e até o dono da casa, que assim lhes facilitavam os furtos. A *lifting law* é a técnica de roubo de prataria, vasilhas, tecidos, pacotes de várias espécies, realizada em diversas circunstâncias. O furto podia ser feito numa hospedaria ou estalagem, ou eventualmente numa fazenda. Além dessas formas comuns do *lift* encontramos também as mais complicadas, que Greene define como *gentlemen-lifts*.[96] Nesse caso o ladrão se apresentava com o aspecto de um honesto *gentleman* da aldeia; entrava numa loja, escolhia a mercadoria e em seguida começava a conversar com o vendedor, enquanto o seu ajudante (*marker*) rapidamente a levava para fora.

Com o nome de *black art* — dessa vez, e nesse único caso, a palavra "*art*" substitui "*law*" — Greene define os arrombamentos (*picking of locks*). Era uma ação em grupo: os ladrões operavam no mínimo em dupla, e enquanto um ficava de atalaia o outro forçava a fechadura. Usavam-se instrumentos técnicos adequados, pois o arrombador se equipava com várias chaves e gazuas, que no jargão dos ladrões chamam-se *picklock*; há também diversos nomes para indicar as gazuas, mas Greene confessa que não os conhece bem. Em todo caso trata-se de instrumentos especiais, às vezes de ferro, importados da Itália mas também freqüentemente produzidos pelos ferreiros especializados locais.

E por fim a ladroagem mais comum, mais difundida e também mais integrada internamente, além de organizada em corporações: o roubo de bolsas. Greene, em seu primeiro panfleto, define como *figging law* a arte de cortar bolsas e de tirar o dinheiro do bolso (*cutting of purses and picking of pockets*), registrando aqui o maior número de termos técnicos do jargão,[97] mas só no panfleto seguinte ele irá apresentar algumas histórias que mostram os batedores de carteiras em atividade e descrevem a organização interna desse meio. Na ação dos ladrões podemos observar uma certa divisão do trabalho: um é especialista em puxar conversa com a vítima escolhida, outro corta a bolsa, o terceiro fica de sentinela e ainda um último é especialista em tirar o dinheiro do bolso; cada um deles tem um nome específico. Na descrição de Greene duas categorias têm uma importância fundamental: o *foist* e o *nip*. O primeiro se serve da mão, o segundo da faca; de acordo com o significado correto desses termos pode-se dizer que o primeiro é um "batedor de carteiras" e o outro um "cortador de bolsas". Greene inequivocamente atribui o primeiro lugar aos "batedores de carteiras", salientando que eles mesmos se definem como ladrões cavalheiros e nunca usam faca, o que os ofenderia.[98] Agem sobretudo nas praças, teatros e jardins, onde os londrinos costumam passear, e sobretudo na Catedral de São Paulo, em Westminster e no Royal Exchange, assim como em todos os mercados de Londres.

Havia uma separação rigorosa entre os batedores de carteiras que operavam em Londres e aqueles cujo terreno de ação era o campo. Os ladrões do campo (*country nips*) nunca apareciam em Londres, exceto nas feiras de são Bartolomeu; costumavam levar uma vida nômade e deslocavam-se de uma feira a outra, impedindo os ladrões da cidade de entrar no seu território. Os ladrões da cidade e os do campo sempre estavam em luta pela delimitação de suas respectivas zonas de influência.

A questão da organização corporativa, que supostamente caracteriza os ladrões ingleses, suscitava um interesse particular em todos os autores que escreviam sobre o *conny-catching*.[99] Já Walker, no seu *A manifest detection*, falava dos ladrões em termos de uma corporação de artesãos, acentuando a exigência da aprendizagem da profissão, a atividade dos mestres do grêmio como organizadores da vida da corporação assim como fiscalizadores da observância das normas estatutárias e da divisão das zonas entre determinados grupos em dias preestabelecidos.[100] Como nas corporações de artesãos, também aqui o aprendizado da profissão é obrigatório, para que se adquiram as qualidades próprias do ladrão: olhos de águia, mãos de mulher e coração de leão.[101] À corporação dos ladrões atribuiu-se igualmente o costume de realizar reuniões regulares, assim como a existência de uma sede fixa bem escondida. Greene dizia que o primeiro local dessa sede foi no Bishopsgate, em frente ao hospício de Bedlam, mas quando o segredo chegou ao conhecimento do público a corporação se transferiu para Kent Street, onde até o século XVIII se constatava a existência de uma grande aglomeração de vagabundos e delinqüentes. Publicado em 1610 sob as iniciais S. R. (hoje interpretadas como Samuel Rid), um pequeno folheto que estabelecia uma polêmica com *The bell-man of Lon-*

don, de Dekker, anunciava já no frontispício que fora apresentado um "*regiment of rogues*" e que esses segredos haviam sido revelados pelo comissário da prisão londrina de Bridewell.[102] Então se decide que uma assembléia de *canting caterpillars* provenientes tanto do Norte quanto do Sul deveria deliberar sobre a questão da traição dos segredos da comunidade, que envolvia tanto as obras *A caveat for cursetors* e *The bell-man of London* quanto mestre Harman, juiz de Kent. Portanto o guarda-noturno de Londres deve ser julgado por traição e espionagem, pois divulgou os segredos da comunidade, principalmente a sua linguagem secreta. Mas durante o debate chega um enviado de dom Pourloyningo, "*chiefe governour of the region of Thevengen*". Esse lugar imaginário é o reino dos ladrões, onde tudo é o inverso da sociedade normal e cujo soberano é o príncipe dos ladrões. Devido à situação difícil em que os vagabundos se encontram, dom Pourloyningo os convida para o seu país e ali lhes revela os segredos da comunidade dos ladrões, a sua linguagem (cerca de 130 palavras e expressões num pequeno dicionário definido como *canters dictionary*).[103] A segunda parte do folheto apresenta a história da "*runnagate race*" (estirpe dos vagabundos) desde os tempos de Henrique VI até o 26º ano do reinado de Henrique VIII; é uma mistura de lendas e contos sobre os bandidos famosos, com Robin Hood à frente (chamado aqui Hugh Roberts), permeada de fatos históricos (como os levantes populares), chegando até os dias de Cock Lorel, ladrão e bandido lendário. No decorrer dessa história — um tanto distinta da história geral do país — formaram-se os costumes e as regras particulares da sociedade dos malandros, assim como a especialização profissional[104] e as leis, quer dizer, as categorias inerentes ao exercício do ofício dos mendigos e dos vagabundos. A descrição do encontro dos mendigos e dos vagabundos com os ladrões lembra a imagem das mutilações simuladas: quem manquejou durante quarenta anos agora estava dançando; quem há quinze anos andava de muletas agora estava saltando.

Desse modo foram delineadas duas estruturas organizacionais: uma da corporação dos mendigos e dos vagabundos e outra do reino dos ladrões. A primeira estrutura surgiu durante a Guerra de Cem Anos, entre os ex-soldados que em meados do século XV retornaram à pátria e se organizaram num grupo de vagabundos e bandidos. Em seguida a organização cresceu e se consolidou. Pela descrição da situação presente (o autor prometia contar em outra obra a história da comunidade dos vagabundos desde Cock Lorel até os seus tempos) sabemos de "companhias e confrarias" nas quais a participação requeria uma inscrição, que por sua vez obrigava ao oferecimento de um "banquete de matrícula". As confrarias têm locais de encontro fixos, onde ninguém ousaria entrar.

O reino dos ladrões (*Thevengen*) é descrito num estilo de conto fantástico, como se descreviam os países exóticos, com criaturas prodigiosas e monstros. O folheto inclui também uma interpretação ideológica da história da estirpe dos ladrões, cuja genealogia remonta a Caim.

A imagem dessas duas estruturas, a corporativa e a "estatal", formou-se talvez sob a influência da literatura espanhola e francesa, e não apenas inspirada nas antigas descrições alemãs. É precisamente nesse aspecto que a descrição de Rid ultrapassa os limites da imagem mais comum da literatura inglesa dos séculos XVI e XVII; de qualquer forma o autor põe em primeiro plano a questão da organização interna dos meios criminosos.

O fato de se atribuir aos ladrões formas corporativistas de organização e princípios rigorosos de aprendizagem se apresenta notoriamente em todas as descrições desse meio, e em diversos países, a tal ponto que poderia ser considerado um estereótipo. No entanto as corporações não devem ser julgadas mera fantasia, pois fontes de vários tipos e categorias confirmam a sua existência. Num estatuto real de 1566[105] se afirma explicitamente que os batedores de carteiras fundaram uma confraria e praticam furtos nas igrejas durante os sermões, nas feiras, nos palácios ducais, nos tribunais, em execuções e em todos os outros tipos de reuniões públicas. Poderia parecer que essa referência aos atos públicos seja específica da literatura que estamos examinando. Em todo caso ela confirma a informação sobre a organização corporativa dos ladrões. A formulação do estatuto indica a convicção geral da existência de tal organização. Nos atos judiciários, em que freqüentemente aparecem causas contra os batedores de carteiras, não se encontram informações sobre a corporação; contudo não havia razão para se ocupar dessa questão no decorrer do processo, cujo objetivo era provar a culpa dos indivíduos. Por isso não se pode excluir a possibilidade de que os ladrões ingleses dispusessem de uma organização corporativa.

Uma descrição do ensino da profissão de ladrão, feita em 1585 por um funcionário judicial de Londres, comprova o que Greene e seus seguidores haviam mencionado. Eis que um certo homem de boa família ("*a gentilman borne*"), que no passado se ocupava muito honestamente do comércio, ao sofrer uma crise financeira comprou em Londres uma estalagem, da qual cedeu uma parte para uma escola de batedores de carteiras. Nessa escola foi usado até um material didático específico: era preciso aprender a enfiar a mão na bolsa e no bolso de tal modo que não tilintasse nenhum dos sininhos presos neles.[106] Na mencionada descrição aparecem dois termos para definir os "batedores de carteiras", com uma ortografia um pouco diferente da adotada mais tarde por Greene: o *foyster* é justamente o *pickpocket*, e o *wypper* é aquele que pratica *pickpurse* ou *cutpurse*. Na literatura do século XVII sobre os ladrões desenvolve-se o quadro da diferenciação interna desse meio e sua hierarquia,[107] mas não sabemos até que ponto isso representa uma informação ou uma invenção literária.

Nesta resenha das técnicas de fraude e dos grupos de vigaristas mantivemos a convenção das leis aplicada por Greene.[108] Ela suscita muitas dúvidas, pois parece uma criação artificial e em grande parte fruto da imaginação. Foi sugerida por uma anotação inserida na obra de Walker, segundo a qual os vigaristas chamavam leis as técnicas da sua atividade ilegal;[109] mas deve ter tido um certo fundamento na realidade lingüística do meio dos vagabundos. Posteriormente Greene e outros autores ordenaram num sistema as informações obtidas, muitas vezes sem dispor do conhecimento necessário. A necessidade de sistematização e ordenação é típica do modo de pensar daquela época, pois o conhecimento e a descrição da sociedade eram apreendidos por meio desses dois procedimentos.

O quadro global do submundo tal como apresentado nos panfletos sobre *conny-catching* é — à primeira vista — pouco compacto. A astúcia e a fraude, ainda que se manifestassem da forma aqui descrita, não traçam os contornos sociológicos do grupo com tanta precisão quanto no caso dos mendigos e vagabundos. Mesmo assim os panfletos possibilitam uma reconstrução da imagem do grupo, graças aos dados topográficos e sociológicos que contêm. Mencionam-se bairros e locais de ação, e ao mesmo tempo determinadas pessoas em cuja descrição se pode reconhecer uma ligação com os diversos ramos da atividade criminosa. O lugar dessa atividade é sobretudo Londres; um pano de fundo como esse torna mais visíveis as conseqüências socioculturais do contraste entre a cidade e o campo. A vítima do espertalhão da cidade era o ingênuo recém-chegado do campo, proprietário ou camponês. Os vigaristas, espertalhões e ladrões estavam fortemente ligados entre si; apesar da categorização da literatura aqui examinada tratava-se muitas vezes das mesmas pessoas, embora a esfera social do meio em que operavam determinasse diferenças na técnica da fraude.

Na realidade social os limites entre os meios descritos nos panfletos sobre os vagabundos e os mendigos e na literatura sobre o *conny-catching* eram bastante tênues. O modo de existência era semelhante, assim como a atitude perante as normas de convivência social. As diferenças consistiam no grau do delito e da marginalidade social.

A BIOGRAFIA DO DELITO

Na literatura inglesa da qual nos ocupamos até agora, muitas vezes aparecem descrições de personagens concretas. O mecanismo dessas referências às experiências ou ao *exemplum* individuais é complexo. Em grande parte isso se explica simplesmente pelas leis do mercado literário, onde sempre houve procura por narrativas sobre a vida dos homens, e assim, para conquistar o interesse de um círculo mais amplo de leitores, as obras tinham de referir-se a tramas biográficas, mesmo que fictícias. Por outro lado convém notar também a procura de meios para aumentar a credibilidade da descrição. Essas obras levam o leitor a um mundo exótico, que nega a maior parte dos costumes e normas comumente reconhecidos. Para que o leitor pudesse participar dessa viagem era preciso acreditar na veracidade da descrição. O registro dos detalhes e a exatidão nas referências topográficas e cronológicas têm como objetivo convencer o leitor de que essa é a verdade. O mesmo propósito faz com que os autores se refiram continuamente às suas próprias experiências, aos fatos que conheceram pessoalmente, e citem nomes de pessoas concretas, descrevendo com detalhes as suas vicissitudes. Tudo isso, além da função ilustrativa, pretende ser um instrumento da verdade e suscitar a confiança do leitor. Assim, quanto mais inverossímil fosse a situação apresentada, tanto maior seria a necessidade de ligá-la a elementos topográficos concretos e fatos biográficos e tanto mais forte a ênfase colocada sobre o caráter pessoal da experiência do narrador ou sobre o caráter direto das suas informações.

Se logo de início chamamos a atenção para esse aspecto da crítica das fontes é porque queremos evitar mal-entendidos, particularmente em relação às obras de caráter autobiográfico, ou àquelas que se apresentam como tal. É impossível tratá-las como se fossem documentos sociais de caráter pessoal, submetê-las à análise que a sociologia costuma aplicar às memórias e recordações desse tipo. Independentemente do fato de o relato ser feito na primeira pessoa ou de se tratar de uma narração das vicissitudes dos outros, estamos aqui observando um relato literário, com ritmo e caráter definidos pelas leis do mercado e da produção literária. Porém isso não significa que a matéria dessa produção seja fictícia. A literatura da qual nos ocupamos aqui é regida justamente pela matéria dos fatos; a estrutura fundamental da trama é tirada da realidade ou, para sermos mais precisos, das imagens que circulam na tradição oral. Assim é porque esse gênero literário depende em grande medida da tradição oral, ou até mesmo dela deriva. A narração oral é regida pelas leis do boato, e por isso no decorrer da sua circulação ela se enriquece com novos elementos. O mesmo ocorre com o texto narrativo escrito: os eventos e as personagens reais adquirem uma camada fictícia que deve fazer ressaltar ainda mais os traços essenciais da personagem, do evento ou da mensagem moral da narrativa. Isso nos leva à conclusão de que a verdade tipológica reside tanto no nível do relato sobre a realidade quanto no do relato sobre a ficção. Essa constatação já nos serviu para definir toda a literatura aqui examinada, mas no caso da narrativa biográfica ela tem um significado particular, porque o objeto dessa narrativa é sobretudo a lenda, e a sua função é ampliar, consolidar ou criar a lenda. É essencial sabermos a que motivações psicológicas e sociológicas essas narrativas biográficas atribuem a miséria e o delito.

O interesse pela crônica criminal estimulava uma produção tipográfica notável de textos sobre esse tema. Tratava-se tanto das mais alentadas antologias de narrativas sobre os crimes quanto de opúsculos e impressos ocasionais que apresentavam casos judiciais, muitas vezes da última hora.[110] É significativo que a mensagem moral de tais narrativas sobre crimes e criminosos pouco a pouco desapareça e que o verdadeiro significado da obra se manifeste em dois planos: o da história de um excelente delito e o do relato de um fim cruel, quer dizer, do castigo. Quando em 1827 Thomas de Quincey publica *Murder considered as one of the fine arts* (O assassinato como uma das belas artes) ele se serve justamente dessas histórias, mostrando a sua função de glorificação do delito.

Encontramos esse tipo de atitude sobretudo nas baladas populares,[111] que impressas são mais homogêneas e ao mesmo tempo têm a durabilidade garantida. Essas baladas, junto com as pequenas formas dramáticas ligadas ao teatro de feira, constituem uma riquíssima gama de histórias sobre o crime. Às vezes elas são acompanhadas de descrições do submundo. Assim foi no caso de Nicholas Gennings, de que já falamos, no qual, ao fazer uma exposição detalhada da história o autor reproduz também uma balada sobre o mesmo assunto.

Uma situação um pouco diferente está ligada ao nome de Luke Hutton, que em 1598 foi enforcado em York por roubo. Esse não foi o seu primeiro delito: várias vezes ele tivera de se apresentar ao tribunal, sofrera sucessivas prisões e provavelmente em 1595 já fora condenado à morte. Nesse mesmo ano imprimiu-se uma balada, que o próprio Hutton havia composto quando da condenação. Eis como se inicia esse lamento do condenado:

Sou um pobre prisioneiro condenado à morte;
Oh, ai de mim, ai desta grande loucura,
Os ferros me prendem neste lugar.
Guardai-vos, frívolos,
O cânhamo abreviará a vida dos jovens.

Meus pais eram de boa família,
Mas eu não quis seguir o seu exemplo.
Oh, Senhor Jesus, perdoai-me e consolai-me com a vossa graça,
Doce Salvador, entrego-vos minha alma.

Luke Hutton me chamo, homem de má conduta,
Oh, ai de mim etc.
Na estrada despojava o homem e a mulher.
Guardai-vos etc.
Induzido por companheiros imprestáveis, maus conselhos,
Já é tarde para chorar os meus pecados.
Oh, Senhor Jesus etc.

Nem vinte anos tinha, infelizmente,
Oh, ai de mim etc.
Quando comecei a vida delinqüente.
Guardai-vos etc.
Seguia-me uma dúzia de rapazes galhardos,
Cada um eu chamava meu Apóstolo.
Oh, Senhor Jesus etc.

Não havia um nobre nem um barão valente,
Oh, ai de mim etc.
Que cruzasse a estrada com a bolsa cheia.
Guardai-vos etc.
Grande era a alegria, minha e de meus apóstolos,
Quando com a bolsa mais leve eles partiam.
Oh, Senhor Jesus etc.

Tais notícias levaram meus pais ao desespero;
Oh, ai de mim etc.
Ao saber que eu era um ladrão famoso,
Guardai-vos etc.
Choraram, lamentaram e levantaram as mãos ao céu,
Por eu assim expor a jovem vida e o patrimônio.
Oh, Senhor Jesus etc.[112]

Depois Hutton teve de passar três anos na prisão, embora — como afirmava — nunca suas mãos tivessem sido manchadas de sangue. Entretanto em Yorkshire ele gozava realmente da fama de ser o maior ladrão ("*a stronger thief there could not be*"). No livro judiciário de Middlesex ele está definido como "*gentleman of London*" e seus roubos são detalhadamente descritos. Do Newgate de Londres Hutton foi transferido para York, onde seria julgado. Os crimes cometidos por ele eram suficientes para condená-lo à morte. Assim, ele estava aguardando a morte, embora confiasse em que seus amigos o salvariam.

Apesar de ter assinado esse *Lamento*, a verdadeira paternidade da balada é incerta, e não sabemos se é lícito procurar em Hutton — assim como já se fez várias vezes — traços da atitude do autor do *Grande testamento*. Outras duas obras de Hutton surgiram nos anos 1595-1596. A primeira é *Arrependimento* (*Repentance*, 1595), da qual sabemos apenas através de informações indiretas, pois o próprio texto não se conservou; a segunda, é *O cão negro de Newgate*.[113] Essa obra — escrita parte em verso e parte em prosa — provavelmente foi concebida durante a permanência de Hutton em Newgate; nela o autor fala sobre as fraudes dos *conny-catchers*: num diálogo com um prisioneiro de Newgate, autor e interlocutor contam histórias que ambos conhecem da sua própria experiência. A função da experiência a que o autor se refere é semelhante àquela que podemos observar na produção literária dos últimos anos de Greene, quer dizer, do período do seu "arrependimento", embora seja evidente a diferença entre um escritor que se confessa dos anos da boemia e um delinqüente profissional que já na sombra da forca resolve escrever sobre si mesmo.

Um gênero muito difundido, e talvez também o mais antigo na literatura biográfica criminal inglesa, são as baladas e os panfletos sobre piratas famosos. Alguns deles, como a famosa balada sobre o pirata William Kidd (*The ballad of captain Kidd*),[114] passaram também para o folclore americano; é significativa aqui a evocação das recomendações dos pais da personagem, que ensinavam ao futuro pirata uma conduta honesta e piedosa, pautada na Bíblia, mas a vida do navegador tomou um rumo diferente, pois lhe foi predestinada a danação ("*damnation was my lot*"). No entanto em tais narrativas costumava haver mais admiração que condenação. Nessas baladas populares transparecia com toda a força a glorificação do bandido como o cavaleiro da justiça, de que já falamos. Eis como uma antiga balada contava a história de um bandido da segunda metade do século XVII, William Nevison:[115]

Já ouviste sobre esse valente,
Bravo Nevison — chamavam-no assim?
Manejava o cavalo com bravura,
Por isso a glória o cobria.
Andava como um nobre,
Mas com os pobres era clemente
Cavalgava qual ousado herói
Ganhando aplausos de toda a gente.

Nevison, condenado à fustigação por seus primeiros furtos sem maior importância, foge da casa paterna e da terra natal, levando consigo o conteúdo do cofre do pai. Durante três anos trabalha para um cervejeiro londrino, fugindo depois para o continente com duzentas libras roubadas do seu mestre. Serve no exército e em seguida retorna a Londres, onde se torna bandido. As vicissitudes da sua vida são diversas. Livra-o da prisão, pela primeira vez, o alistamento, pela segunda, um hábil estratagema: ele consegue passar por morto. Finalmente, quando em 1684 se estipula um preço pela sua cabeça, Nevison é capturado e termina a vida na forca.

A vida de Gamaliell Ratsey,[116] que nos serviu anteriormente como modelo de bandido justo, faz parte dos exemplos mais típicos da biografia criminal. Uma juventude temente a Deus, ao lado de pais virtuosos, termina com o alistamento para uma expedição militar à Irlanda. Ao retornar da expedição, Ratsey passa a viver exclusivamente da pilhagem, roubando bolsas, praticando assaltos nas estradas. Junto de dois outros vagabundos pratica o clássico *conny-catching*. Um dos métodos usados por essa quadrilha era o seguinte: um deles se apresenta como criado de Ratsey e rouba, numa estalagem, um nobre qualquer; depois Ratsey e o terceiro cúmplice partem para pegar o ladrão, e assim os três somem. Porém um dos companheiros de Ratsey acabou por ser preso em flagrante e delatou os outros dois, e assim em 27 de março de 1605 os três foram enforcados.

Nas biografias criminais também havia mulheres, e não só com o papel secundário de ajudantes ou companheiras no delito. A famosa Mary Frith, isto é, Moll Cutpurse, foi várias vezes descrita na literatura e no drama do século XVII;[117] John Milton dedicou-lhe um epitáfio, e não lhe faltaram também descrições biográficas particulares. Era famosa por sua habilidade no roubo de bolsas, em todos os gêneros da arte de bater carteiras, mas foi capturada quatro vezes e a cada vez a marcavam a ferro. Enfim se dedicou ao comércio de objetos roubados e ao lenocínio, chegando assim a uma idade bem avançada.

O exemplo mais perfeito de biografia já com caráter exclusivamente literário, mas que é escrita na primeira pessoa e parece uma transposição inglesa de *Guzmán de Alfarache*, é *The English rogue*, de Richard Head, de 1665.[118] Trata-se de uma ampla narrativa picaresca sobre as vicissitudes do trapaceiro e vagabundo Meriton, em que foram abundantemente inseridos diversos modelos e motivos literários emprestados tanto das literaturas estrangeiras quanto das coleções inglesas de contos picarescos e de facécias, além dos panfletos e das descrições do mundo dos vagabundos.

Desde criança Meriton passa uma vida nômade e pouco exemplar, ao lado da mãe. Rouba já na escola, rouba na cidade e no campo, sejam os gansos nas estradas (prendidos habilmente no laço) sejam as frutas das barracas da feira. Enfim parte para a vagabundagem, para a "peregrinação cavalheiresca". Encontra um bando de ciganos, aprende sua linguagem e organização (apresentada na forma de um elenco de 24 categorias, tomado emprestado de Harman), assim como os métodos do roubo (capítulo IV). A etapa seguinte é a aprendizagem do ofício de mendigar, ensinado por um velho mendigo; Meriton aprende com que voz se deve pedir esmola, que orações recitar. O encontro com um bando de pretensos cegos e coxos completa a sua educação (capítulo VI). Então ele se dirige a Londres, onde entra para uma confraria de mendigos, obtendo na Kent Street uma autorização para mendigar e uma detalhada instrução sobre os lugares designados e as enfermidades que deve fingir. Mendiga e rouba. Resolve trabalhar como empregado, mas aqui, como logo verifica, atua uma sociedade de servidores que sistematicamente comete furtos (capítulo X). Desse modo a educação está completa e Meriton já sabe como construir a sua própria fortuna à custa dos outros.

As experiências seguintes de Meriton constituem uma amostra das possibilidades da vida criminosa. Além de breves tentativas de estabilização ele participa de assaltos na estrada, encontra as amazonas, está sempre aprendendo novos métodos de fraude. Fica preso no Newgate (sua mulher, porém, em Bridewell); mas a graça do rei lhe salva a vida: sua pena de morte foi comutada

I. H. Bosch, *A nave dos loucos.*

II. H. Bosch, *Um vagabundo*. Detalhe do tríptico *Um carro de feno*.

III. *Os mosqueteiros do imperador*. Esboços a óleo de um pintor desconhecido na página de um livro de comércio do século XVII.

IV. *Os homens da estrada*. Quadro de H. Avercamp, século XVII.

V. *São João Esmoleiro cercado pelos mendigos*. Quadro central do políptico da igreja dos agostinianos de Cracóvia, do início do século XVI.

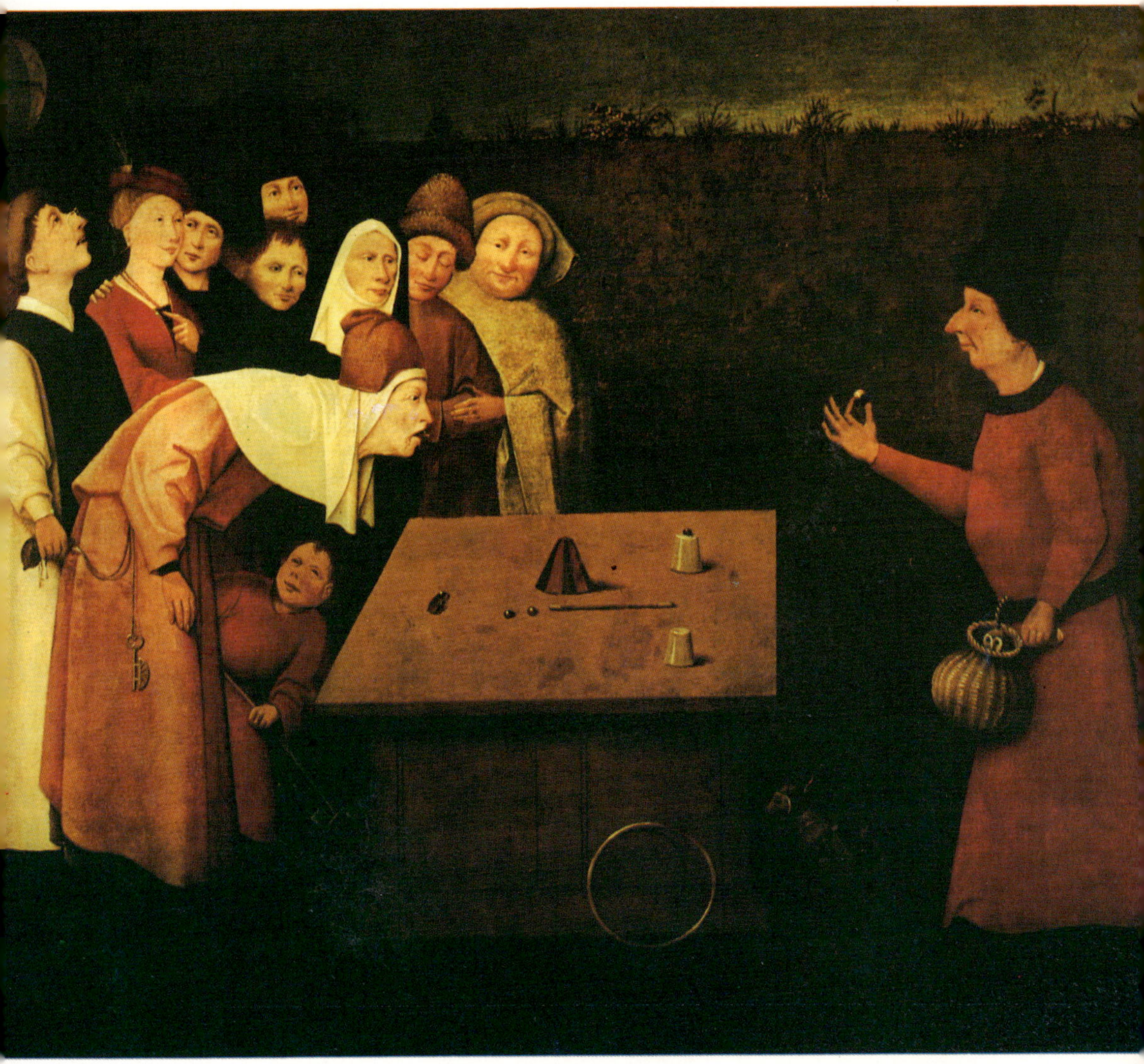

VI. H. Bosch, *O prestidigitador*.

1. Os miseráveis.
Gravura de Rembrandt.

2. Galeria de figuras
de mendigos
e de aleijados.
Esboços de H. Bosch.

3. Rixa entre mendigos. Gravura de J. Bellange.

4. Acampamento de ciganos desenhado pelo pintor holandês Ph. Wouverman (1619-88).

5. Soldados provocam uma briga na estalagem, negam-se a pagar a conta e promovem um saque. Gravura de J. Callot.

6. "O grande vagabundo" na multidão dos peregrinos e dos vagabundos. Gravura de J. Callot.

7. Inválidos nas portas do hospital à espera da esmola. Gravura de J. Callot.

8. Mendigo com perna de pau.
O chapéu fantasioso
com penacho chama a atenção.
Gravura de J. Callot.

9. Mendigo com um rosário.
A promessa da oração
incentiva a ajuda.
Gravura de J. Callot.

10. As crianças são também instrumentos para despertar a compaixão. Gravura de J. Callot.

11. Velho mendigo. Nos panfletos ingleses justamente este tipo é designado *palliard* ou *clapperdudgeon*. Gravura de J. Callot.

12. Velho mendigo — da galeria dos "mendigos de igreja". Gravura de J. Callot.

13. Mendiga com gatos. Gravura de J. Callot.

14. Abraão Man, ou seja, Tom de Bedlam — mendigo louco do hospital londrino. Xilografia do século XVII.

15. O mascate é uma das personagens mais típicas do mundo dos vagabundos. Gravura inglesa do fim do século XVIII.

16. A fustigação nas ruas da cidade antecipa a expulsão do vagabundo.
A forca, ao fundo, lembra a ameaça da pena capital.
Gravura da crônica de Holinshed, 1577.

17. Grupo de ciganos nas estradas da Itália. Apenas os trajes de inspiração oriental distinguem os ciganos enquanto grupo étnico entre os vagabundos. Gravura de J. Callot.

21. Vendedor ambulante de mata-ratos.
Gravura de Rembrandt.

18, 19 e 20. O bando de ciganos viaja de modo organizado nos moldes de uma companhia militar: a guarda avançada. Na retaguarda vão cavalos, carroças e pessoas a pé. A chegada na aldeia é uma aventura colorida, mas também perigosa para os seus moradores. Gravuras de J. Callot.

22. Assim uma gravura do século XVII retrata um vagabundo italiano. Bem vestido, representa um tipo de vigarista e espertalhão ambulante, que procura, na vida itinerante, a liberdade.

em sete anos de exílio. Ao ser transportado cai nas mãos dos piratas; depois, trabalhando para comerciantes, visita longínquos países orientais.

A narrativa de Head teve prosseguimento com Francis Kirkman; mais tarde, no entanto, os dois autores escreveram juntos a terceira e a quarta partes. Nas suas descrições o tema erótico passou a se destacar cada vez mais e as tramas sobre as vicissitudes das personagens secundárias e de terceiro plano ganharam maior importância, de maneira que as construções biográficas foram se multiplicando, apesar de agora se basearem apenas num repertório de situações e métodos conhecidos de outras obras.

Nas biografias nota-se o mecanismo do estereótipo negativo. Os heróis — ou anti-heróis — dessas obras agem sempre contrariamente ao que exigem os princípios da educação, da convivência social e da lei. Às vezes a própria semente já está infectada (na biografia traçada por Kirkman a mãe é uma cigana; o pai de Meriton, segundo a narrativa de Head, é um trapaceiro e a mãe uma mulher de conduta duvidosa), às vezes os pais são pessoas honestas e piedosas (como na balada sobre o capitão Kidd). Geralmente o mau caminho começa com pequenos furtos, mas não é a miséria que está na origem da decisão de segui-lo, e sim a ganância e o desejo de uma vida fácil. Depois começa um período de educação intensiva na delinqüência e em seguida se inicia a prática, em que se entrelaçam todas as formas de vida descritas nos panfletos: vagabundagem, mendicância, fraude, roubo, assalto. A base da construção da biografia completa é constituída por uma malandragem inata e uma astúcia aperfeiçoada com técnicas profissionais.

A CENA SOCIAL

No excelente retrato da Inglaterra elisabetana que é a *Descrição da Inglaterra*,[119] de William Harrison, um dos capítulos trata da "assistência que se deve prestar aos pobres". A obra de Harrison conjuga perfeitamente um tipo de interesse geográfico-histórico moderno (herança da cosmografia renascentista) com a tradição da descrição etnográfico-histórica dos historiógrafos antigos e dos cronistas medievais. É o que podemos observar também na exposição do problema da assistência social, que propicia a descrição do mundo da miséria e da vagabundagem da Inglaterra do século XVI.

Os pobres são um fenômeno universal; não existe um único país europeu em que não haja um grande número de *poor people*. A assistência aos pobres faz parte dos deveres das classes mais abastadas. Porém é preciso levar em conta o fato de haver vários tipos de pobres. Eis como Harrison subdivide essa população (acrescentando que tal é a opinião corrente): em primeiro lugar os pobres por enfermidade, isto é, órfãos, velhos, cegos, aleijados e incuráveis;

em segundo lugar os pobres por desgraça ("*by casualty*"), como por exemplo soldados feridos e mutilados, patrões empobrecidos ("*house-holders*") e acamados; e em terceiro lugar os pobres por dissipação ou desperdício: pândegos, vagabundos, patifes e meretrizes. Esse tipo de classificação dos pobres coincidia com a *communis opinio* daquele tempo e costumava ser o ponto de partida para todas as iniciativas do Estado e da Igreja em prol da reforma da assistência social.[120] Harrison, que passou grande parte da vida como reitor de uma paróquia rural, conhecia provavelmente essas iniciativas e também a motivação delas, e assim é lícito supor que uma tal visão geral da questão da pobreza fosse parte da bagagem teológica e intelectual elementar do clero daquele tempo.

As duas primeiras categorias devem ser ajudadas sistemática e organizadamente na base de coletas públicas semanais em cada paróquia, em conformidade com as ordenações reais que proibiam a mendicância nas cidades e no campo. Mas se os pobres dessas duas primeiras categorias (definidas por Harrison com o nome tradicional de "pobres verdadeiros", "*the true poor*") não quisessem se submeter aos rigores da ordenação e continuassem a mendigar, em vez de esperar em casa pela ajuda que lhes era devida, a lei obrigava a tratá-los como os da terceira categoria, sendo castigados severamente e fustigados.[121] Muitos preferiam a liberdade (como eles próprios diziam) de permanecer cotidianamente sob a ameaça do açoite a esperar a caridade em sua paróquia.

As considerações gerais que Harrison desenvolve nessa obra mostram de uma forma muito significativa as inquietudes sociais da época. É verdade — diz o autor — que a praga dos ociosos se torna cada vez mais grave. Alguns deles, não conseguindo encontrar um lugar no reino inglês, dirigem-se aos países estrangeiros: França, Alemanha, Barbária (quer dizer, África), Índia (provavelmente significando as Índias Ocidentais, isto é, a América), Estado Moscovita (Moscóvia) ou Calcutá (quer dizer, Índia). Outros permanecem na pátria, levando a vida dos vagabundos e dos mendigos e praticando a ladroagem que os leva à forca. Harrison comenta o fato e escreve: "De certo esses problemas podem parecer a alguns completamente fúteis e absolutamente indignos de consideração. Há também aqueles que se queixam do grande aumento da população nos últimos tempos, sustentando a opinião de que seria bem melhor se em vez desse aumento inútil da população aumentasse o número de reses, tão necessárias".[122]

Esse testemunho de malthusianismo *avant la lettre* nas opiniões refutadas por Harrison é de extraordinária importância. A afirmação de Thomas Morus sobre "as ovelhas que comeram os homens" se transforma aqui num axioma do pensamento sócio-econômico, não só no nível do discurso doutrinário mas sobretudo no da consciência social geral: o aumento do número de reses é útil, ao passo que o aumento exagerado da população é apenas uma fonte de problemas. Esse raciocínio, que nos séculos XVI e XVII aparece também em outros países europeus,[123] foi uma das razões do repúdio das classes abastadas ao desenvolvimento das instituições de caridade e assistência social. Constitui também a justificativa ideológica da literatura contra os vagabundos e abre a porta para a crítica dos "costumes ignóbeis" dos mendigos.[124] Rejeitando essa opinião, Harrison acrescenta a uma retórica humanitária geral (e a uma recapitulação das leis agrárias romanas) um fator importante da razão do Estado: no caso de necessidade bélica parece muito útil o país ter um grande número de homens e assim dispor de um exército maior. "Se nos fosse destinado sofrer alguma invasão estrangeira — da qual, Deus, em Sua bondade, nos proteja! —, então os que sustentam essa opinião se convenceriam de que é muito melhor ter um muro de homens que um estoque de grãos e sacos de dinheiro".[125]

Mas nada disso diminui a severidade com que Harrison julga o modo de viver dos *idle beggars* (mendigos ociosos), tanto no que diz respeito aos que realmente, por uma série de circunstâncias adversas, caíram na miséria mas não se satisfazem com a ajuda organizada nas paróquias, quanto no que se refere aos vagabundos profissionais. O que caracteriza ambos é a fraude, a vontade de continuar a vida de vagabundo e a aversão ao trabalho. A categoria dos vagabundos da paróquia não suscita dúvidas, porque os estatutos reais permitem tratá-la como criminosa. Quanto ao grupo dos *casual poors*, no entanto, é preciso provar que ele não merece piedade porque recusa uma ocupação honesta e não se contenta com uma pia caridade.

Harrison, na descrição do meio da pobreza, abandona sua divisão inicial em três categorias e examina os "maus pobres", escalonando as características reprováveis de seu comportamento e modo de agir. Em primeiro lugar cita os que pedem esmola apresentando como permanentes as causas "acidentais" da sua pobreza e tratando-as como pretexto para a mendicância. Em seguida vêm os mendigos que intencionalmente ("voluntary means") se fazem adoecer ou então simulam enfermidades graves, invalidez, aprendendo diversos truques para obter esmolas. Enfim a espécie mais perigosa, mais atrevida: os vagabundos que se fingem de empregados, criados, marinheiros, mas que na verdade são ladrões e vigaristas "aos quais a palavra de Deus não dá direito de comer"[126] (provável referência à frase de são Paulo: "Quem não trabalha não come").

Essa última espécie de mendigos surgiu — segundo Harrison — há sessenta anos, mas já está enormemente espalhada, pois estima-se que o número de tais vagabundos atinja 10 mil homens e mulheres. Eles adotavam também, "imitando os ciganos", uma linguagem especial que misturava palavras inglesas e estrangeiras, compreensível apenas para eles mesmos; o indivíduo que há trinta anos inventou essa linguagem foi enforcado, e esse deveria ser o justo fim de todos os homens que praticam tal profissão. Um certo *gentleman* — trata-se evidentemente de Harman, que forneceu a informação sobre aquele inventor de *cant* e sobre seu enforcamento — empenhara-se em descobrir as práticas ignóbeis desses vagabundos, chegando a registrar suas 23 espécies;[127] seguindo Harman, o autor apresenta uma lista de catorze categorias de homens e nove de mulheres. Todos os indivíduos que se enquadram nelas estão sujeitos à legislação referente aos vagabundos, e como tal deveriam ser levados aos tribunais e severamente punidos, conforme a previsão dos estatutos.

As imagens literárias das quais nos ocupamos neste capítulo tinham como fundo mais freqüente uma grande cidade da Inglaterra daquele tempo — Londres; grande o suficiente para que todo o controle social fosse pouco eficaz e rica o suficiente para oferecer oportunidade de ganho fácil: generosas esmolas e numerosas ocasiões de furto — a metrópole da Inglaterra de então foi na verdade uma aglomeração de boa parte da população sem moradia e ocupação fixas. É justamente aqui, na cena social da grande cidade, que a marginalidade se torna mais espetacular e ao mesmo tempo está mais perto dos meios literários. Até Harman, um escritor amador e observador da vagabundagem do campo, segue e manda seguir Nicholas Gennings precisamente em Londres. Mas o fenômeno do pauperismo e da vagabundagem, tanto na sua gênese sociológica quanto na prática do mundo do crime, referia-se a todo o país e tinha um caráter sobretudo rural. A legislação real[128] sobre a questão não deixa nenhuma dúvida; na letra da lei e na prática da repressão encontramos uma imagem do fenômeno digna de concorrer com a imagem literária.

Um estatuto de 1495,[129] referindo-se aos estatutos sobre o trabalho do século XIV, ordena capturar os vagabundos e os preguiçosos, metê-los no tronco, expô-los no pelourinho, mantê-los por três dias a pão e água e em seguida expulsá-los. Aquele que durante esse período lhes fornecesse comida ou bebida arriscava-se a uma multa. Aos mendigos inaptos para o trabalho o estatuto ordenava a volta ao seu lugar de origem, onde deveriam obter ajuda.[130] No caso de continuarem a mendigar deviam ser tratados como vagabundos. Estudantes, clérigos, marinheiros e viajantes precisavam se munir dos documentos adequados que comprovavam o motivo da sua viagem. No preâmbulo de uma proclamação real de 1530[131] constata-se o aumento do número de mendigos e vagabundos, assim como — relacionado a ele — um acréscimo no número de delitos de todo tipo. A proclamação afirma explicitamente que os "destacamentos e companhias" ("*rowtes and companyes*") de vagabundos são cada vez mais numerosos. Em dois dias todos eles deverão retornar ao seu lugar de origem, caso contrário serão capturados, submetidos a fustigação com o corpo nu e depois — tendo recebido um atestado que os livraria de serem novamente fustigados — expulsos para seu lugar de origem. O rei recomenda aos funcionários do aparelho judiciário e policial que apliquem impiedosamente a pena de fustigação a cada vagabundo e mendigo de boa saúde que não apresente o mencionado atestado ou que tenha parado no caminho por mais de uma noite.

O estatuto de 1547,[132] o mais drástico de toda a legislação inglesa contra os vagabundos, afirma logo no início que "o ócio e a vagabundagem são os pais da ladroeira, do banditismo e de todos os delitos", e que as medidas adotadas até então pelas autoridades se revelaram pouco eficazes devido à piedade insensata que se costuma demonstrar pelos vagabundos e, da parte destes, à perfídia e ao longo hábito de viver no ócio. Os vagabundos e os preguiçosos são considerados membros inúteis da comunidade humana e até seus inimigos. Assim, é preciso adotar medidas mais rígidas: os vagabundos — e nessa categoria se enquadram todos os que por três dias permaneçam sem trabalho — têm de ser marcados e entregues como escravos por um período de dois anos àqueles que os capturarem; no caso de fuga do trabalho devem ser marcados novamente e condenados à escravidão perpétua. Ao se dizer que o vagabundo deve se tornar escravo não se está meramente lançando mão de uma figura de retórica: o documento precisa que o empregador — ou antes, o proprietário — tem direito de usar o escravo para qualquer trabalho, por tempo indeterminado, pode puni-lo fisicamente, agrilhoá-lo, nutri-lo apenas de pão e água e também emprestá-lo a outras pessoas para trabalhar. Os filhos dos mendigos, dos cinco aos catorze anos de idade, devem ser entregues para a aprendizagem de um ofício, mas no caso de fuga do aprendizado ou do serviço serão reduzidos a escravos. Os vagabundos estrangeiros devem receber o mesmo tratamento, com a única diferença de que não serão marcados; mandados para os portos, lá trabalharão até que saiam da Inglaterra.

É verdade que em 1550 esse ato cruel foi revogado, mas mesmo assim ele revela a dimensão social da vagabundagem e a extrema determinação da ação repressiva. Embora de forma mais atenuada, essa ação prossegue ininterruptamente com a elaboração contínua de sucessivos estatutos. Estatutos especiais determinam também as condições necessárias para que os vendedores ambulantes e revendedores possam ser considerados vagabundos;[133] seguindo esse exemplo, também os contadores de histórias, os músicos e os atores podiam ser tratados como vagabundos.[134] A questão da delimitação dos grupos e das categorias de pessoas que podiam ser considerados vagabundos devia suscitar muitas dúvidas, porque essas leis deixavam a seus executores uma grande margem para abusos e para que eles descarregassem as suas aversões e ódios particulares. Os órgãos judiciais e legislativos demonstram nesse caso uma apreensão bem explícita. Alguns estatutos e editais se ocupam mais detalhadamente dos limites desse conceito. Um ato de 1572 "referente à punição dos vagabundos e à ajuda aos pobres"[135] continha resoluções muito importantes a respeito da organização institucional de ajuda aos pobres, ordenava prender todos aqueles apanhados em flagrante no ato de mendigar (com exceção das crianças até dezenove anos) e com relação aos vagabundos dava uma definição *sui generis* de quem devia ser considerado "*Roges Vocaboundes and Sturdy Beggars*", isto é, pertencente à categoria privada do direito de ajuda e sujeita às penas definidas pelos estatutos contra os vagabundos. Nesse ato são considerados vagabundos todos os que vagavam pelo país, assim como de um a outro condado, sem apresentar a devida licença emitida pelas autoridades competentes. Aqui se incluem também os coletores ambulantes (*proctours or procuratours*), preguiçosos que andam pelo país com diversos "jogos e truques" proibidos pela lei. Entre eles o ato distingue aqueles que se apresentam como especialistas "em fisiognomonia, quiromancia e outras ciências falsas", que lêem nas mãos o destino, a morte, a fortuna etc. São considerados vagabundos todas as pessoas sãs de corpo, aptas para o trabalho, que não têm terra, que não são comerciantes nem artesãos pertencentes a corporações, que não têm trabalho fixo e não podem comprovar como conseguem se manter — tudo isso se refere tanto aos homens quanto às mulheres. Em seguida o ato menciona os amansadores de ursos, os atores dos interlúdios e os menestréis incapazes de comprovar sua ligação com qualquer corte ou família, os malabaristas, os vendedores e os caldeireiros ambulantes que não têm a licença especial emitida por dois juízes de paz, condição para o exercício dessa profissão ambulante. São considerados vagabundos também os operários do campo (*comon labourers*) que se recusam a trabalhar pelo salário estabelecido nos atos apropriados. Como vagabundos são tratados também os falsificadores de passaportes e licenças assim como aqueles que conscientemente usam tais documentos, e ainda os goliardos de Oxford e de Cambridge que mendigam sem licença das autoridades universitárias. Devem ser punidos como vagabundos os marinheiros e navegadores que sustentam ser vítimas de naufrágio sem poder prová-lo e também os prisioneiros recém-libertados que pedem esmola para pagar a viagem de retorno à casa dos pais sem ter a licença de dois juízes de paz do condado onde foram postos em liberdade.

A doutrina subjacente a esse ato elisabetano se exprime com uma fórmula simples: os vagabundos devem ser perseguidos, enquanto os pobres e os doentes devem receber ajuda.[136] Essa fórmula se tornou um princípio clássico da Poor Law inglesa, que no final do século XVI e início do XVII assumiu uma forma jurídica — nos atos de 1597 e 1601 — responsável por muito tempo pela atitude do Estado em relação aos pobres. Aqui chamamos a atenção sobretudo para a grande extensão do campo semântico do conceito de vagabundo, no qual é fácil encontrar os principais protagonistas da literatura sobre a vagabundagem como também os ciganos, que nesse documento não são mencionados diretamente mas cuja presença se pressente pela enumeração das profissões. Porém é preciso lembrar que essa meticulosidade na definição serve à repressão e é conseqüência de uma ampla aplicação das medidas repressivas.

Na segunda metade do século XVI organizam-se regularmente batidas e buscas aos vagabundos, que às vezes se transformam em caçadas humanas (em 1571, em Shropshire, 125 voluntários participam de uma caçada desse tipo). Provavelmente as informações globais a respeito dos resultados de tais caçadas são muitas vezes exageradas, mas o fato de que somente em Suffolk foram capturados, em 1569, 13 mil vagabundos "sem dono" já mostra as dimensões dessa ação.[137] O repertório de punições previstas pelos estatutos reais é igualmente posto em prática: os vagabundos não apenas são fustigados em toda a Inglaterra mas também — no caso dos recidivos persistentes — condenados à morte; em 1598 foram enforcados 74 vagabundos só no condado de Devon. Parece que nos anos de 1569 a 1572 a caça teve um caráter geral; e nos últimos anos do século XVI as buscas e perseguições foram bastante intensas. No entanto é preciso lembrar que se tratava de ações isoladas, de atos dramáticos de coibição, dado que não havia autoridade capaz de aplicar uma tal repressão de modo duradouro e constante em escala nacional.

No decorrer dessas ações nascia e se consolidava o controle centralizado do Estado tanto na supervisão da assistência social[138] quanto nas ações repressivas; estas eram fiscalizadas com muita atenção pelo Privy Council, que aplicava plenamente as regras do estado de emergência, permitindo enforcar vagabundos sem o procedimento judicial normal, patrocinando caçadas locais e particulares de vagabundos (como aquela mencionada por Fleetwood a lorde Burghley) e todas as outras ações no âmbito do condado ou do reino inteiro. Encontramos uma descrição de parte de uma operação desse tipo em Yorkshire, em 1596, num relatório das autoridades de North Riding dirigido a todos os cristãos, todos os administradores de comunas, xerifes, bailios, guardas e outros funcionários da coroa.[139]

As autoridades recebem a notícia de que pelo condado de York se alastra um bando de 196 homens, mulheres e crianças, súditos da rainha pelo nascimento e muitos deles até de boa origem; vivem como vagabundos, às vezes praticando a quiromancia, freqüentemente se disfarçam, usam uma linguagem secreta, e tudo isso constitui uma infração da lei. Essa companhia inteira foi portanto aprisionada e levada perante o tribunal, que condenou à morte 106 pessoas adultas, conforme o mencionado estatuto. A sentença foi executada em nove pessoas "mais fortes" que tinham o menor número de filhos. Todos os enforcados eram estrangeiros, nascidos nos países de ultramar. A execução pública causou uma enorme impressão em todos e sobretudo nos outros membros do bando; estes logo começaram a implorar que lhes fosse poupada a vida, dizendo que sessenta crianças ficariam sem meios de sobrevivência se seus pais fossem executados. Os remanescentes foram então mandados de volta para a prisão e em seguida obtiveram a graça real. Nessa altura um certo William Portington foi encarregado de dispersar pelo país inteiro toda essa companhia colocando, num prazo de sete meses, cada um dos componentes no seu lugar de nascimento. Não há notícias sobre a realização desse empreendimento.

O caráter dessa companhia é pouco claro. Muitos indícios fazem pensar que se trata de ciganos: ocupam-se da quiromancia, os enforcados foram definidos como estrangeiros, e por fim se faz referência a um estatuto do quinto ano do reinado da Isabel, e de todos os estatutos contra os vagabundos promulgados naquele tempo precisamente aquele previa a pena de morte para os ciganos. A menção à linguagem secreta já não é tão comprovadora, porque tal linguagem pode efetivamente ser o jargão dos delinqüentes. Todavia o fato de já no início do documento se acentuar que se trata de "*natural born subjects*" da rainha[140] e que alguns deles procediam de boas famílias sugere que não havia apenas ciganos nascidos na Inglaterra mas também vagabundos ingleses. Esse seria um argumento a favor da hipótese do caráter misto do bando de Yorkshire.[141]

A legislação inglesa do século XVI se atirava decididamente contra os ciganos, recorrendo a meios mais didáticos do que no caso dos vagabundos ingleses.[142] Ao dirigir-se contra os "vagabundos que se definiam como egípcios" o estatuto de 1530-1531 ordenava o fechamento das fronteiras para eles e seu banimento do reino no prazo de quinze dias. Apesar disso os ciganos permaneciam na Inglaterra, mas é preciso ressaltar que em certos períodos o mencionado estatuto entrava em vigor e eles eram mandados para a Noruega ou para Calais, presos nas estradas, aprisionados e em seguida deportados.[143] Na maior parte dos casos eram tratados como os vagabundos ingleses, quer dizer, fustigados e mandados de volta ao seu lugar de origem. Um estatuto elisabetano de 1562-1563 resultou da ação anticiganos que durava já vários anos e pretendeu remediar a escassa eficácia que ela vinha apresentando; convém procurar as causas da severidade das resoluções desse estatuto tanto na fama de ladrões que acompanhava os ciganos quanto na aversão das autoridades eclesiásticas à diversidade religiosa e nas inquietudes xenófobas diante da diferença étnica e de costumes dessa população à qual a opinião comum atribuía também práticas de magia.[144] A ordem de aplicar a pena capital aos ciganos-vagabundos resistentes, contida no estatuto, também foi posta em prática.

O estatuto elisabetano recomenda punir do mesmo modo como os ciganos todos aqueles que se juntavam a eles ou que se disfarçavam de ciganos.[145] Em conseqüência foram severamente punidos todos os vagabundos que se faziam passar por ciganos: em 1577 foram mandadas à forca oito pessoas de ambos os sexos, por fingirem ser ciganos e por fazerem parte da companhia deles. Entre os ciganos e os vagabundos ingleses se verificou uma profunda integração.

Assim como na legislação, essa embrulhada é visível também na literatura sobre os vagabundos. Já várias vezes tivemos ocasião de constatar esse fato na descrição das ocupações dos vagabundos, quando apareceram os hábitos mais típicos dos ciganos, como a arte de fazer caldeiras, a cartomancia e a quiromancia. Na descrição de alguns delitos — como por exemplo o furto de cavalos — pode-se também notar a influência derivada da observação dos ciganos. Na descrição da linguagem secreta dos autores dos séculos XVI e XVII há uma tendência a associá-la com a língua dos ciganos; trata-se no entanto de uma associação natural na consciência comum, que se renova até os nossos tempos, devido ao fato de a língua dos ciganos ser a única totalmente exótica e incompreensível, com a qual se tinha um contato em ampla escala e usada por uma população que, embora nômade, fazia parte da comunidade local. Ao contrário das opiniões difundidas, as efetivas influências lingüísticas da língua dos ciganos sobre o *cant* eram escassas, e entre as categorias de vagabundos apenas a denominação do grupo dos *patring cove*, como o chamava Copland, ou o *patrico*, termo usado por Harman, pode ser considerada de origem cigana (lembremos no entanto que Harman se recusa a aceitar esse termo).

Não se deve superestimar a influência dos ciganos sobre a organização do mundo dos vagabundos ingleses.[146] É provável que com alguma freqüência os escritores que se ocupavam dos vagabundos transferissem para a organização dos grupos de vagabundos os estereótipos do conhecimento concernente à organização dos grupos de nômades exóticos, embora eles próprios distinguissem claramente os mendigos e vagabundos dos ciganos. No prefácio do seu panfleto Harman escrevia inclusive que após a ação repressiva bem-sucedida a memória dos ciganos lentamente desaparecia, o que devemos considerar um *pia desideria* do autor. A literatura do século XVII mostra os ciganos começando a ocupar um espaço cada vez mais vasto na descrição das categorias do mundo dos vagabundos, o que no entanto decorre mais das exigências do mercado do livro e dos interesses literários do que da observação da realidade.

Nesse terreno o papel de pioneiro pertence a Dekker, que inseriu no *Lanthorne and candlelight* (*O segundo passeio do guarda-noturno de Londres*) um capítulo dedicado aos ciganos.[147] O autor se refere a eles como "homens da Lua" e afirma que embora sejam pejorativamente chamados assim, eles próprios se definem como egípcios. É significativo que o escritor use aqui o mesmo nome com que Falstaff, na sua conversa com o príncipe Hal, definia o meio dos vagabundos como um todo.[148] A descrição de Dekker refere-se ao aspecto exterior dos ciganos, seu modo de vestir, seus costumes e enfim os comportamentos habituais e as fraudes praticadas. Assim, eles foram tratados como uma das categorias do mundo dos vagabundos. Porém Dekker acentua a sua diversidade em relação aos vagabundos ingleses. Ele escreve: "Vejam a diferença que há entre um honesto cidadão de Dublin e qualquer selvagem vagabundo irlandês; igualmente grande é também a diferença entre qualquer um desses supostos egípcios e um verdadeiro mendigo inglês"; deve-se notar que essa diferença é a favor do mendigo inglês, pois Dekker acusa os ciganos das piores obscenidades, de roubos e crimes. O próximo representante desse gênero literário, Samuel Rid (que polemizava com Dekker), afirma que a queda do número de ciganos está relacionada ao fato de eles abandonarem as suas próprias companhias e juntarem-se aos caldeireiros, vendedores ambulantes e outras categorias de vagabundos comuns.[149] Richard Head foi mais além na identificação dos ciganos com os vagabundos; como vimos, ele transferiu para o meio dos ciganos todas as categorias de vagabundos da lista de Harman.

Na ficção literária do século XVII esse fenômeno foi freqüente. Desde Shakespeare e Jonson até Fletcher e Brome, domina um fascínio particular pela temática cigana, e na prática foi bastante comum a transposição dos termos e das informações dos panfletos sobre os vagabundos para o meio dos ciganos; o nível de conhecimento sobre estes era bem mais baixo e o seu modo de viver realmente se adaptava às categorias do mundo dos vagabundos. É o que se manifesta de forma muito explícita na peça *Masque of the metamorphosed gypsies,* de Jonson, representada em 1621.

Para alguns escritores do século XVI a repressão aos vagabundos parecia portanto um exemplo da eficácia de uma atuação severa, embora com a perspectiva do tempo possamos constatar que isso era pura ilusão. No entanto não havia dúvida de que as ações repressivas, as batidas, as prisões ou a marcação dos vagabundos fossem pouco eficazes.

Caráter mais duradouro tinham as medidas cujo objetivo era obrigar ao trabalho. Numa carta de 1552 dirigida ao Privy Council, concernente a uma fundação real em Bridewell, os cidadãos londrinos assinalavam[150] que embora já se tivessem publicado muitos estatutos contra os mendigos e os ladrões, a eficácia deles deixava muito a desejar. Mas uma análise mais aprofundada de todo esse problema levava à conclusão de que "a causa da miséria e da mendicância era a ociosidade, e por isso o remédio e a medicina para superá-las deveria ser o seu oposto, isto é, o trabalho".[151] Os cidadãos londrinos argumentam que para os pobres é preciso assegurar o trabalho e que esse problema deve ser tratado de forma complexa, pensando-se nas crianças pobres, nos doentes e nos enfermos, assim como nos vagabundos sãos. É precisamente para estes últimos que se devem criar reformatórios como o de Bridewell, onde eles sejam encarcerados e obrigados a trabalhar. Nas reformas da política social inglesa dos séculos XVI e XVII as casas de trabalho forçado constituíram uma forma clássica, ao lado da assistência organizada aos pobres. Nada disso era fácil: mesmo que por Bridewell houvessem passado, no fim do século XVI, mais de 2 mil vagabundos, fora de Londres as iniciativas desse tipo eram realizadas lentamente e com dificuldade.

Numa carta a lorde Burghley, chanceler do Tesouro, William Fleetwood descrevia, no início de 1582, as medidas tomadas em Londres depois que o rei foi cercado em Islington por um bando de vagabundos.[152] Uma rápida perseguição resultou na captura de 74 vagabundos em Westminster; alguns deles eram cegos e, como veio a se verificar, muito ricos. Todos foram levados a Bridewell e lá sofreram a punição adequada. Em seguida, em outros bairros de Londres, foram capturados sessenta vagabundos, que receberam o mesmo tratamento. Outra batida, organizada alguns dias depois, resultou na captura de cem vagabundos. Fleetwood nota que o principal refúgio dos vagabundos em Londres é o bairro de Savoy, onde é preciso aplicar as devidas medidas de segurança.

Em 1582 um memorial sobre a organização dos hospitais de Londres [153] prestou contas das investigações realizadas na cidade para definir o número de necessitados. Verificou-se que nesse tempo havia em Londres:

órfãos de pai	*300*
pessoas doentes	*200*
pobres carregados de filhos	*350*
velhos empobrecidos	*400*
householders	*650*
vagabundos ociosos	*200*

Assim, o censo compreendia 2100 pessoas.[154] Podemos supor que a última categoria dessa relação fosse menos calculável e mais difícil de recensear, e que o argumento em favor do desenvolvimento de Bridewell como casa de trabalho pudesse ser um número bem maior de vagabundos na área de Londres do que o constante dessa lista. Porém os vagabundos não se apresentavam voluntariamente a uma casa dessa espécie.

O juiz de paz do condado de Somerset, Edward Hext, enviou a lorde Burghley um memorial meticuloso e extremamente interessante sobre os mendigos e os vagabundos, baseado na sua própria prática forense.[155]

Preocupado, Hext constata que da lista dos 183 vagabundos fustigados naquele ano em Somerset e em seguida libertados, poucos tomaram o caminho da vida honesta, pois tinham tal gosto pelo ócio que preferiam arriscar a vida a trabalhar.[156] Hext, como juiz, tem nessa matéria a sua experiência particular: nos tempos em que ainda funcionavam na Inglaterra os reformatórios, agora já completamente esquecidos, por mais de uma vez havia assistido ao choro amargo das pessoas que condenara à reclusão nessas instituições e ouvido as suas súplicas para que as mandasse para uma prisão, havendo até quem confessasse crimes não cometidos, arriscando assim a própria vida, só para evitar o trabalho forçado. Outro elemento que dificulta o retorno desses vagabundos à vida normal é o fato de ninguém querer empregar pessoas saídas da prisão.

Hext acha que o nível de criminalidade é apavorante. Calcula que apenas um quinto dos crimes cometidos chegue aos tribunais. Isso acontece não só por causa das deficiências do aparelho repressivo mas também porque as próprias vítimas, uma vez recuperados os objetos roubados, preferem não lidar com os tribunais. De resto os camponeses simples, "que não enxergam um palmo além do nariz, não querem absolutamente entregar as pessoas à morte".[157] No entanto os vagabundos, que muitas vezes apresentavam nos braços vários sinais de marcação, primeiro — isto é, depois de serem condenados à fustigação — se escondem em algum lugar por um mês e em seguida trocam de roupa, mudam de aspecto e se transferem para outro lugar, onde continuam a levar o mesmo tipo de vida anterior. Às vezes aparecem bandos inteiros de indivíduos como esses (recentemente fora julgado o caso de uma companhia composta por oitenta pessoas) gritando que não querem morrer de fome. O problema se agrava no tempo da carestia, quando entre o povo surgem boatos de que são os ricos que estão guardando tudo para si e expondo os pobres à fome. Mas na verdade — segundo o juiz de Somerset — os culpados pela carestia e a fome são justamente esses vagabundos e ladrões, porque não trabalham mas comem e bebem excessivamente. Três meses antes Hext havia julgado um certo ladrão que confessara ter comido durante três semanas, junto com alguns companheiros, vinte ovelhas roubadas a cada noite. Por outro lado o aprisionamento dos vagabundos não é uma solução razoável, pois dessa forma se está criando um gasto suplementar no orçamento local. Por isso eles devem ser empregados, e os reformatórios são uma boa solução.

Tanto os artesãos ambulantes quanto os caldeireiros, vendedores ambulantes, distribuidores ou coletores, todos são ladrões; mesmo quando não roubem pessoalmente, transportam e comerciam objetos roubados. Os soldados itinerantes são autores de numerosos delitos, e apesar de haver enérgicas disposições para tratá-los como vagabundos, apenas uma décima parte dos juízes as conhece e poucos as aplicam.

Hext compara os seus vagabundos aos ciganos. Os estatutos reais concernentes aos "egípcios", isto é, os ciganos, foram aplicados com resultados satisfatórios;[158] porém os bandos de vagabundos representam uma ameaça bem mais grave para a ordem pública. Tais bandos e os grupos de soldados itinerantes aparecem com números altos: não se trata de trinta ou quarenta bandos em cada *shire*, mas de trezentos ou quatrocentos; nas estalagens estão instalados bandos de quarenta e até sessenta indivíduos. Tudo isso constitui um perigo para o reino inteiro e atemoriza os moradores das redondezas.

A leitura dos arquivos judiciários nos permite conhecer também alguns casos individuais. Por exemplo, uma certa Joan Wynstone, no dia 6 de fevereiro de 1576, foi presa por vagabundagem e em seguida remetida ao castigo da fustigação e marcação. Em 26 de julho do mesmo ano foi novamente aprisionada e salvou-se da forca só porque o marido declarou que por dois anos a manteria em sua casa para realizar as tarefas domésticas. Mas quando, em 3 de outubro, apanharam Joan vagabundeando após ter fugido da casa do marido, não houve quaisquer circunstâncias atenuantes e ela foi condenada à morte e enforcada.

Esses documentos da repressão testemunham expressivamente "o medo do vagabundo" (R. H. Tawney) que reinava no século XVI. Não é tão importante verificarmos até que ponto foram eficazes as ações de repressão e em que medida se cumpriram os estatutos reais. Nosso objetivo foi antes examinar o quadro geral que esses documentos traçam do meio, da realidade da miséria, de um lado, e da consciência dos ambientes do poder, das instituições estatais e das classes proprietárias, do outro. Vista a grande semelhança entre esse quadro e aquele que surge dos panfletos e das obras literárias, surpreende ainda mais o desaparecimento do humor e da simpatia que observamos na literatura.[159] Sobre a imagem do vagabundo apresentada através dos documentos judiciais paira a sombra da forca; sobre a imagem do mendigo, a sombra da obrigatoriedade da assistência social, da ameaça do reformatório e da punição.

A legislação contra os vagabundos da Inglaterra dos séculos XVI e XVII, aquela — como escreveu Marx — "cruel legislação contra os expropriados", com a qual a sociedade organizada punia as suas vítimas, nos dá também uma certa medida das relações entre os propósitos da política e a realidade social, entre o desenvolvimento de uma determinada sociedade e o estado da sua consciência. Um célebre historiador inglês, George Unwin, num ensaio sobre a vida econômica da Inglaterra dos tempos de Shakespeare, escreveu que "através de quase toda a legislação da época dos Tudor podemos observar como a Inglaterra do passado estava construindo, em vão, barreiras contra a Inglaterra do futuro".[160] Isso diz respeito também à legislação contra a vagabundagem, o preço que a sociedade pagava pelo crescimento econômico. Mas tanto o próprio fenômeno — isto é, o nascimento da mão-de-obra livre — quanto o *ethos* do trabalho, que nos procedimentos legislativos se manifestava com força cada vez maior, anunciavam justamente a Inglaterra do futuro.

4

A "LINHAGEM DO CAJADO"

TRANSMISSÃO ORAL E LITERÁRIA

As descrições do meio dos vagabundos e dos mendigos aparecem na literatura francesa[1] — tanto na forma de literatura factual quanto na de ficção literária — mais tarde do que na Inglaterra e na Espanha. Seu caráter também é diferente. No plano literário o interesse dos leitores pela temática picaresca se satisfaz com as traduções da literatura espanhola. Num primeiro momento, nos quadros da literatura popular que se opõe à literatura dos salões e ao ideal cavalheiresco convencional, uma função desse tipo é desempenhada entre o público de "nível médio" pela *Celestina*, de Fernando de Rojas, essa picaresca "narrativa sobre Calisto e Melibea" surgida no fim do século XV que tem no primeiro plano (e acabando por assumir o papel da protagonista que dá título à obra) a proxeneta Celestina.[2] As sucessivas traduções francesas dessa obra (com várias edições cada uma) nos anos de 1527, 1578 e 1633 asseguraram-lhe repercussão e um elevado número de leitores na França. Um pouco mais tarde chega a vez das obras clássicas da literatura picaresca espanhola:[3] o *Lazarillo*, traduzido em 1561 (outras edições apareceram em 1594, 1598, 1601, 1615, 1616), e sobretudo o *Guzmán de Alfarache*, traduzido em 1600 (outra tradução, de 1616, teve oito edições até 1646) abrem caminho para uma presença já regular do romance picaresco espanhol entre o público de leitores franceses dos séculos XVII e XVIII. A literatura inglesa sobre os vagabundos não foi traduzida na França. A convergência dos motivos e narrativas que nesse período circulavam na França e na Inglaterra pode derivar dos empréstimos extremamente significativos que os escritores ingleses fizeram tanto com os espanhóis quanto com os franceses. É o que testemunha a *Histoire générale des larrons*, em cuja primeira edição (1623) o autor se define como "*sieur d'Aubrincourt, gentilhomme angevin*" para nas edições sucessivas passar a ser F. D. C. (isto é, François de Calvi) Lyonnois.[4] Essa obra, que contém cerca de setenta contos biográficos, foi abundantemente utilizada sobretudo por Richard Head e Francis Kirkman em *The English rogue*. Não sabemos no entanto qual era o grau de conhecimento dos panfletos alemães (com exceção de

Der Narrenschiff de Sebastian Brant, traduzido para o francês), ingleses e italianos (antes da tradução para o francês de *Il vagabondo* em 1644).

Além do intercâmbio e da circulação que ocorriam dentro do sistema literário é preciso analisar também a dependência da literatura, sobretudo da literatura popular, em relação à transmissão oral. Talvez até se devesse colocar essa dependência em primeiro plano nas pesquisas sobre genealogia. As pesquisas históricas, pelo fato de nosso conhecimento do passado se basear em fontes escritas, continuam ainda a sustentar a convicção de que o conhecimento e as opiniões dos homens do passado se formavam exclusivamente nos quadros de difusão da literatura escrita, de que os homens sabiam à medida que liam, e que escreviam aquilo de que vinham a tomar conhecimento em outros escritos. Ao indagar até que ponto a literatura sobre os vagabundos reflete a realidade social é preciso levar em consideração o papel que na sua gênese desempenharam de um lado a própria realidade, quer dizer, a sua observação direta, e do outro a circulação oral das informações e das tramas.

Na literatura francesa sobre os vagabundos constatamos um grau bem menor de "reportagem etnológica" do que nos casos analisados anteriormente. Os panfletos franceses, isto é, as três obras fundamentais: *La vie généreuse* (1596), *Le jargon ou language de l'argot reformé* (1628) e *Response et complainte* (1630), têm sobretudo ambições narrativas e empregam muito pouco o discurso científico composto de conhecimento e descrição. Mas se as comparamos com as narrativas de difusão oral, tais obras parecem ser altamente tributárias desse filão ao prestar contas do que nas histórias contadas ao público das feiras e dos feriados religiosos constituía a figura do mendigo e do vagabundo, em outras palavras, ao prestar contas do conhecimento comum concernente ao mundo dos mendigos e dos vagabundos. Elas permitem constatar que segundo essa opinião comum aquele meio era marcado por uma completa separação sociocultural em relação ao resto da sociedade e tinha uma estrutura interna própria e ajustada. Nesse período o meio dos vagabundos, mendigos e delinqüentes se manifestava como *communitas* e como *civitas*, como sociedade e como sociedade política, enfim, como nação e como Estado.

Deixando de lado a questão da gênese de tal idéia e de tal visão social, assim como de suas conotações ou filiações literárias, convém apenas salientar a tenacidade com que elas permaneceram na consciência social. Esse modo de ver a questão constitui a base das perguntas dirigidas por alguns promotores públicos — como um promotor de Dijon em meados do século XV ou um promotor romano do fim do século XVI — aos mendigos e malfeitores, interrogados para se descobrir quem governava o meio e como ele estava organizado. Podemos supor que se tenha chegado a tal visão do meio como um macrogrupo separado e politicamente organizado seguindo-se o rastro da notícia de sua língua diferente.

Era principalmente a diversidade da língua — ao lado da mais complexa e bem mais generalizada diversidade religiosa — que levava à suspeita da existência de uma comunidade étnica e regional. Na trilha da diversidade lingüística conseguia-se encontrar todos os outros traços de uma comunidade territorial, social e política.

O TERRITÓRIO: "COMO NUM OUTRO MUNDO"

Já por volta de 1660 a vasta obra de Henri Sauval sobre a história de Paris[5] circulava em manuscrito no meio culto da metrópole; Colbert a teve em mãos e as informações veiculadas por ela alvoroçavam o mundo parisiense, mas suas descrições espantosas e escandalosas fizeram com que fosse publicada apenas em 1724. A obra continha também uma descrição do "pátio dos milagres" de Paris.

Sauval afirma, numa argumentação que une erudição e descrições pitorescas, que os *cours des miracles*, lugares onde se refugiavam os vagabundos e os "homens maus", são seguramente tão antigos quanto a própria vagabundagem. Sustenta que o primeiro pátio dos milagres da história de Paris foi a rue de la Truanderie (rua dos Vagabundos), seguido pelo asilo da rue des Frances Bourgeois, fundado em meados do século XIV. No início do século XVII o desenvolvimento da cidade expulsou os vagabundos daquele lugar, e, como lembra o autor, foi nesse tempo que uma parte deles se transferiu para o verdadeiro Cour des Miracles, enquanto os demais, que ali já não conseguiram lugar, estabeleceram-se em onze pontos de Paris que Sauval localiza com precisão na topografia da cidade. A tais concentrações da pobreza urbana em geral se atribui o caráter de focos de vagabundagem e crime; apesar de "atualmente", escreve Sauval, "nesses becos poder-se encontrar apenas os bons pobres, que ganham o pão honestamente, eles não perderam sua denominação original, continuando a ser chamados pátios ou pátios dos milagres, independentemente daqueles que ali moram e que se sentem ofendidos por sua morada receber um nome digno apenas da casa de velhacos e maus pobres". Na verdade essa denominação surgiu com uma conotação de escárnio em relação aos vagabundos-vigaristas que se fingiam de cegos, caolhos, aleijados, moribundos, mas que uma vez de volta à própria casa, "num instante e sem milagres", ficavam completamente sãos, bastando apenas se lavarem e tirarem a camada usada para suscitar piedade nas pessoas.

O mais famoso de todos esses pátios dos milagres é um bairro que nos tempos de Sauval ainda conservava esse nome.[6] Eis como o escritor descreve o "grande pátio dos milagres": "É constituído por uma praça bem grande e um enorme beco fedorento, pantanoso, de forma irregular e sem pavimento. Outrora confinava com os limites de Paris, mas agora está situado num dos menos bem edificados, mais sujos e mais afastados bairros de toda a cidade, entre a rue Montorgueil, o convento de Filles Dieu e a rue Neuve Saint-Sauveur, como num outro mundo. Para chegar lá é preciso se perder por vielas miseráveis, fedorentas e tortas; entrar nele exige que se transponha uma encosta bastante longa, ondulada, escabrosa, desigual. [...] Embora esse pátio seja muito grande, algum tempo atrás era bem maior; de um lado se estendia até as antigas muralhas da cidade, no local onde está a rue Neuve Saint-Sauveur, e do outro ocupava parte do convento Filles Dieu...".[7]

Tal é o aspecto externo e a situação topográfica do pátio dos milagres. Sauval descreve também o seu aspecto interno, isto é, as condições de povoação e habitação. Eis uma das casas vistas pelo próprio Sauval: "toda de barro", vale dizer, um barraco, "enterrada" pela metade, com cheiro de mofo e podridão. Nessa casa, cuja superfície não superava quatro toesas quadradas, moravam mais de cinqüenta famílias com muitas crianças. No beco, como foi informado Sauval, se amontoavam mais de quinhentas grandes famílias de miseráveis.[8] A impressão geral que predomina em toda essa descrição é de sujeira, acúmulo de uma grande massa de homens numa pequena superfície habitável, lodo, podridão. Desse modo, observamos logo, se faz uma ligação entre podridão moral e física. Essa simetria entre a higiene física e a higiene social e moral é característica não só do discurso sobre mendigos e vagabundos como da organização da assistência social e da repressão aos miseráveis.

A estrutura de tal território diferia essencialmente da das outras partes da cidade. Nesse lugar o tecido urbano parecia ter sido destruído: apagavam-se os traços das ruas, não havia pavimentação, o acesso ao bairro era marcado pela encosta que se tinha de transpor. Logo nos ocorre a analogia com as favelas dos tempos modernos, mas no nosso caso as favelas (*slums*) estavam situadas dentro da área urbana, assim como em algumas grandes cidades americanas, e não fora dos limites da edificação da cidade.

Esse território era separado também do ponto de vista da organização da área urbana. Sauval nota que em 1630, quando foram deslocadas as barreiras da cidade ligadas à Porte de Saint-Denis, os comissários que dirigiam essa obra decidiram cortar o *cour des miracles* com uma estrada que ligaria a rue Saint-Sauveur à rue Neuve Saint-Sauveur. Não contavam entretanto com a decidida resistência da parte dos moradores do pátio dos milagres, que, espancando os pedreiros vindos para executar a obra e ameaçando tomar medidas mais drásticas, acabaram por conseguir impor-se. Tais moradores recusavam-se também a pagar os aluguéis e os impostos obrigatórios de Paris, com as taxas de limpeza da lama das ruas e de iluminação. Os comissários e funcionários que desempenhavam o papel de polícia urbana também não conseguiam nada na área, e quando ali tentavam cumprir seus deveres acabavam por se retirar depois de ser espancados e insultados.

O retrato do pátio dos milagres de Sauval ficou célebre graças a Victor Hugo, que em *Notre Dame de Paris*[9] transferiu essa descrição do século XVII para uma imagem de Paris do fim do século XV. Desse modo se consolidou por muito tempo o estereótipo do bairro parisiense do crime, bairro enorme, lúgubre, terrível, cheio de gente, barulhento, imerso numa penumbra em que "se podia às vezes ver passar um cão semelhante a um homem ou um homem semelhante a um cão. Como num pandemônio se apagavam nesse lugar as fronteiras entre as raças e as espécies". Tão grande é a força desse estereótipo e tão escassa a documentação histórica que não se identifica facilmente o que nesse período era ficção nem os limites cronológicos do fenômeno.

Na topografia social de cada cidade surgiam as aglomerações da miséria, às vezes no eixo vertical (a população mais pobre ocupava os porões e os andares mais altos) mas sobretudo no horizontal, quando bairros inteiros, ruas e partes de ruas se transformavam em sedes da miséria. Assim era na Paris medieval.[10] A disposição dessas aglomerações variava. Elas se situavam sobretudo na periferia da cidade, nos lugares com precária organização da área urbana e de baixo valor fundiário. Tanto quanto o desenvolvimento da cidade, também a sua topografia social estava sujeita a mudanças, e às vezes só os nomes das ruas lembravam seu antigo caráter (é precisamente o caso da rue de la Truanderie, ou seja, rua dos Vagabundos, mencionada por Sauval). Em outros casos a própria existência de instituições beneficentes atraía os miseráveis. Na rue Richard des Paulies, numa área desligada das competências jurídicas da cidade, por ter pertencido outrora aos templários, foi fundado na primeira metade do século XIV um asilo para pobres, em torno do qual começaram a estabelecer-se vagabundos e mendigos. O nome sarcástico de "burgueses livres" atribuído a essa gente passou também à rua, que desde o século XVI se chama rue des Francs Bourgeois; a denominação sobreviveu ao desenvolvimento de uma edificação urbana regular e ao estabelecimento de burgueses ricos no local. Era importante também a localização topográfica: os vagabundos encontravam facilmente refúgio nos lugares de afluência de esgotos ou nas margens do rio. Nesse último caso o elemento da atração que as localidades portuárias exerciam sobre esse tipo de pessoas teve igualmente um papel: os portos propiciavam ganhos, tanto honestos, com trabalhos ocasionais, quanto desonestos. Entre as localidades portuárias a mais importante como aglomeração de vagabundos foi o Porto do Feno de Paris, onde eles passavam a noite na margem do rio e nas barcaças de feno.

Enfim os lugares de estabelecimento dos grupos mais pobres de moradores eram muitas vezes (mas nem sempre) esses pátios, "*cours*", que não faziam parte da rede viária, assim como todo tipo de vielas e becos sem saída onde raramente os cidadãos ricos fixavam sua morada. Um desses lugares era decerto o grande pátio dos milagres[11] que aparece na toponomástica de Paris no século XVII mas que na linguagem comum já existia desde o século anterior. A voz comum era acompanhada pelo boato ou pela lenda. Testemunho da sua difusão é o fato de que em 1653 foi representado na corte o *Balé real noturno de Benserade*,[12] cuja décima quarta *entrée* foi intitulada "O pátio dos milagres, aonde à noite se dirigem os vagabundos e os inválidos de toda espécie, os quais saem dele sãos e robustos para dançar a *entrée* e depois cantam uma serenata engraçada para o senhor de tal lugar".[13] Também nesse caso observamos a penetração de uma trama da literatura oral e de massa na cultura de elite. Um memorial interessante sobre "os pobres que chamamos de fechados", de 1617, diz que os vagabundos têm o costume de se reunir à noite para festejar, dançar, jogar e se divertir na praça do convento Filles-Dieu, cujo nome popular era Cour des Miracles.[14]

Portanto a descrição de Sauval encontra sua confirmação na topografia social de Paris do século XVI. Convém no entanto colocá-la no conjunto da situação da cidade, privando de seu caráter exclusivo, quase como se fosse um imaginário Estado dentro do Estado, o pátio dos milagres situado nas cercanias do convento Filles-Dieu e da fortificação da Porte de Saint-Denis. Tratava-se decerto de uma aglomeração de particular importância, visto que medidas enérgicas de um famoso cabo da polícia parisiense, Nicolas de la Reynie, foram dirigidas precisamente contra ela. La Reynie assumiu a sua função em março de 1667, e já em agosto teve lugar um acontecimento que foi decerto uma das causas de suas sucessivas iniciativas:[15] durante a festa da Assunção os vagabundos provocaram pânico na catedral de Notre-Dame e em seguida, aproveitando a confusão, perpetraram um roubo em massa. La Reynie decidiu desmantelar o pátio dos milagres, mas foi preciso sitiá-lo e houve até batalha, pois seus moradores responderam com uma resistência organizada.[16]

Na realidade não temos razão para crer que em Paris existisse um território separado — de certa forma centralizado — dos vagabundos e mendigos. Decerto havia muitos territórios desse gênero. Eles revelavam uma dinâmica variável, mudavam de lugar. O já mencionado memorial de 1617 revela que os vagabundos tinham locais próprios de residência fixa, também fora dos confins da cidade, sobretudo nos subúrbios e arredores imediatos (Saint Antoine des Champs, Rully, Ville-L'Evêque e outros), e lá se escondiam nos palheiros e nas estrebarias, com vinte, trinta, quarenta indivíduos em cada ponto, "misturados como bichos" sem considerar a idade e o sexo.[17] Mas para que essa transformação dos doentes e aleijados em sãos e robustos pudesse assumir a conotação de uma construção político-social específica era preciso atribuir-lhe um território unitário.

Obviamente a "moldura" desse território era uma grande metrópole, Paris, que oferecia as condições necessárias do anonimato das relações sociais e da extensão da área urbana. Porém essas características se verificavam também em outras cidades, pois derivavam das condições ecológicas e sociais próprias da cidade pré-industrial. De resto, quando a literatura francesa menciona pela primeira vez o pátio dos milagres ela não se refere a Paris, mas à pequena Bourges; com certeza havia ali uma rua dos Milagres, onde os doentes e aleijados recuperavam rapidamente a saúde.[18] A universalidade da convicção comum quanto às práticas fraudulentas dos mendigos trazia consigo a universalidade da convicção de que havia lugares em que ocorria uma metamorfose, lugares que eram a base e o centro da vida dessa comunidade associal.

Caráter semelhante tinha o "oco dos milagres" de Rouen, descrito na primeira metade do século XVII em *La muse normande*, de David Ferrand.[19] O poeta normando assim apresenta esse lugar:

Dentro de Saint Oüen, lugar bem espaçoso,
Há um oco em tudo milagroso,
*Onde a cada dia se reúnem os mendigos.**

Certamente as primeiras palavras desse trecho devem ser compreendidas como uma informação de que o oco se encontra perto da igreja de Saint Oüen, e não no seu interior. De qualquer modo se trata de um lugar singular, onde os doentes recuperam a saúde, os aleijados deixam de ser inválidos, os mudos começam a falar, o que explica o refrão "*L'heureux séjour de la cave aux miracles*".[20] Nesse oco reina também uma certa ordem interna, visto que quando alguns vagabundos começam uma briga são logo privados do direito de participar da festa. O sinal distintivo dos que fazem parte do *cour aux miracles* é a capacidade particular de conseguir dinheiro através das práticas fraudulentas da simulação:

Cada um pode ali, sem penas dolorosas,
Cobrir a pele com a sarna leprosa,
Torcer os braços, encher de ar o corpo inteiro,
Babar, saltar na frente do tabernáculo:
Eis os segredos que trazem o dinheiro.
Feliz é a vida no oco dos milagres.[21] **

(*) Dedans Saint Oüen, place fort spacieuse,/ Est cette cave en tout miraculeuse,/ Où tous les gueux hantent journellement.

(**) Chaçun y sçait, sans peine douloureuse,/ Couvrir sa peau d'une galle lepreuse,/ Tordre les bras, s'enfler le corps de vent,/ Sauter, baver devant nos tabernacles:/ Secrets qui font entretenir d'argent/ L'heureux séjour de la cave aux miracles.

Assim, há descrições diversas, em Paris ou até mesmo em outras cidades da França, do lugar que deve representar o refúgio dos vagabundos e o espaço da sua verdadeira vida.

Anteriormente à obra de Sauval os panfletos franceses sobre os vagabundos não se referiam a um território separado. Só em algumas edições de *Le jargon ou langage de l'argot réformé* — inclusive nas primeiras edições lionesas de 1630 e 1632 — se faz menção ao *cour des miracles* como esconderijo e refúgio natural dos vagabundos e dos "homens do *argot*", conquanto o *cour des miracles* não se situe em Paris e pareça ser usado como nome de uma taberna freqüentada pelos mendigos. Diferentemente da argumentação erudita de Sauval, o discurso literário dos panfletos não requeria uma tal referência territorial. Além disso nessas narrativas acentua-se precisamente o modo de vida vagabundo — vale dizer, itinerante — dos grupos descritos. O território dos vagabundos é, nesse caso, toda a França e todas as suas províncias.

O autor de *La vie genéreuse*[22] apresenta-se como um nobre bretão que na sua juventude fugira da casa familiar com medo da saga paterna, passando a vida sucessivamente entre vendedores ambulantes, ciganos e bandidos.[23] Agora deseja contar o que viveu naqueles tempos, não para desmascarar as técnicas usadas por esses grupos de "homens do jargão" e tampouco por hostilidade e ódio a eles, mas para seu próprio prazer e para passar o tempo de um modo agradável — "*pour laisser couller le temps*", como escreve na carta dedicatória. Se essa narrativa pode ter alguma finalidade prática, esta não será nem didática nem moralista: o leitor pode tomar conhecimento de como conseguir dinheiro sem se cansar. Depois de ter fugido de casa aos nove ou dez anos o autor conheceu o modo de vida de diversos grupos dos vagabundos.

Toda essa narrativa mantém o ritmo da peregrinação. Vemos o protagonista em diversas regiões da França. Uma viagem de alguns meses o leva da Bretanha natal a Poitou, às margens do rio Loire, e a Lyonnais; por longo tempo atua em Poitou. Ficamos sabendo que as relações pessoais de seu companheiro levam ambos a uma estada prolongada nas cidades de Clisson e Loroux. Juntamente com outros vendedores ambulantes ele vai à feira de La Châtaigneraie, próximo a Fontenay, onde tem lugar uma assembléia de vendedores que admite nosso herói na corporação. Em Clisson passa do grupo de vendedores ambulantes para um bando de vagabundos (*gueux*) com os quais se dirige a Vendéia, onde, nos limites de uma grande propriedade perto de Fontenay-le-Comte, realiza-se a assembléia geral dos vagabundos, com representação de todas as províncias francesas.[24] Junto com um bando de vagabundos ele volta para Poitou, onde registra sua estada em Niort, e depois retorna à Bretanha para romper com os vagabundos nos arredores de Nantes e unir-se aos ciganos. Na companhia destes atravessa novamente o país inteiro: uma das histórias contadas relata a estada do bando em Moulins.

Assim, mesmo se o teatro da ação é a França ocidental e central, o ponto de referência territorial da atividade de todos esses vagabundos é o país inteiro.

No caso de *Le jargon*[25] as coisas se passam do mesmo modo. O autor se apresenta em jargão como "*Pillier de boutanche qui maquille en molanche en la vergne de Tours*", o que se pode traduzir como "artesão (ou botiqueiro) que se ocupa de manufatura têxtil na cidade de Tours". O acróstico do verso introdutório da obra fornece o seu nome: Olivier Chereau, conhecido também por algumas obras da literatura popular religiosa.[26] O tecelão de Tours não conta suas próprias experiências mas relata fatos e eventos sobre os quais recolheu informações. Usa evidentemente *La vie généreuse*, mas é autônomo no que se refere ao vocabulário do jargão e à descrição da estrutura interna dos "homens do jargão". Obviamente não sabemos se a obra resulta da observação direta ou se é fruto de uma invenção literária que incrustou novos detalhes nas imagens da literatura preexistente, mas em todo caso ela fornece um abundante material informativo sobre o meio dos vagabundos e seu jargão.

A introdução une o discurso didático-religioso ao escárnio.[27] Pois entre os testemunhos da bondade divina é preciso incluir o fato de que na terra têm seu lugar não só os reis e príncipes, comerciantes e ricos religiosos, mas também os pobres vagabundos, que parecem ser discípulos de Epicuro e não gostam de trabalhar entre as refeições. Estamos aqui, evidentemente, no limiar entre o tom burlesco e o discurso sério. O mesmo podemos observar no caso da argumentação sobre a origem dos "homens do jargão":[28] os vendedores ambulantes — cuja corporação se desenvolveu em conseqüência da instituição, por um rei da França, das feiras de Fontenay, Niort e outras cidades de Poitou — aliaram-se aos vagabundos, que lhes transmitiram o seu ritual tradicional relativo à profissão e a sua linguagem secreta. É evidente que aqui o território de referência é a França, cujo rei tinha instituído aquelas feiras, e que o modo de vida dos protagonistas os leva de uma localidade a outra, de uma a outra região. Essa referência aos confins do país também reforça a notícia sobre as reuniões gerais dos "homens do jargão". Anteriormente tais reuniões eram realizadas em Fontenay-le-Comte, mas na época de Chereau elas foram transferidas para Languedoc. Assim sucedeu porque, segundo o autor, "a boa duquesa de Languedoc, Anne de Montmorency, havia destinado uma grande soma de dinheiro para que durante a Semana Santa fossem distribuídas esmolas entre aqueles mendigos que, tendo confessado e comungado na Quinta-feira Santa, rezassem a Deus por ela".[29]

Apesar da já mencionada referência ao *cour des miracles*, que figura em algumas edições de *Le jargon*, inexiste em toda a obra qualquer indicação de um território específico. O pátio dos milagres aparece aqui como o palco da transformação de doentes em pessoas sãs; outra denominação que ele recebe é "estalagem franca", sendo que o estalajadeiro se chama Francillon[30] e recebe dos mendigos a "féria" diária. De resto o pátio não é localizado topograficamente.

Em ambos os panfletos, como acabamos de ver, Paris está totalmente ausente. No panfleto *Response et complaincte*,[31] publicado em Paris, encontramos no decorrer da conversa entre dois vagabundos ou mendigos uma descrição imaginária, conduzida segundo a convenção da ficção literária, da reação do meio à publicação do panfleto que tinha revelado os segredos da linguagem dos vagabundos. Tomamos conhecimento de que o "*grand coësre*" resolveu convocar na "famosa cidade de Paris, no lugar chamado Porto do Feno", uma assembléia dos seus súditos. Dessa vez não é a Bretanha nem Languedoc que comparecem como local de reunião, mas a própria Paris. Vale a pena lembrar que o Porto do Feno de Paris, que desde o século XIV é sempre indicado nos documentos parisienses como a sede dos vagabundos, tem justamente esse papel na canção do vagabundo contida numa facécia curta (*Le pasquil di rencontre des cocus*) de 1623; ali ele é louvado como o lugar onde se pode aprender facilmente o jargão e se tornar um verdadeiro *narquois*, quer dizer, um malandro.[32]

Na verdade a assembléia parisiense não toma as decisões, mas as remete à assembléia competente, quer dizer, aos "estados gerais", que de acordo com o costume devem ser realizados em Languedoc. Da *Response et complaincte* se pode deduzir apenas que a própria Paris é a sede dos chefes do meio dos "homens do jargão".[33]

Um historiador da Paris do século XVII atribuía ao meio dos vagabundos um território bem definido na cidade. As descrições desse meio contidas nos panfletos dos séculos XVI e XVII também admitem que ele tem seus esconderijos e refúgios, mas, enfatizando o modo itinerante de vida, pressupõem a existência de uma rede entre esses lugares, que liga os esconderijos da cidade às estalagens e tabernas. O território de ação é determinado pela estrutura política da sociedade em que os vagabundos vivem, isto é, pelas fronteiras da monarquia francesa e províncias. Dentro de seus territórios, onde se governavam segundo uma lei própria e estavam "como num outro mundo", eles faziam valer suas próprias leis e seus próprios costumes; e como estavam por todo lado isso ocorria no reino inteiro, cujas leis eles violavam. O verdadeiro território da "monarquia do *argot*" era a esfera social, definida não por limites de terras, mas por limites entre os homens, e o sinal distintivo dessas fronteiras, uma espécie de raia fronteiriça, era a linguagem secreta.

MONARQUIA E PARLAMENTARISMO

"Os mendigos, assim como os ricos, têm suas suntuosidades e sua volúpia, e até, como dizem, suas dignidades e ordens políticas" — escreveu Montaigne em 1580 num dos seus ensaios.[34] A convicção de que os vagabundos, mendigos e malfeitores constituíam uma anti-sociedade estava muito difundida e sempre espantava, mas ao mesmo tempo fornecia uma prova irrefutável de que a criação das estruturas da vida política e de uma organização hierárquica é uma forma natural da existência coletiva dos homens. Entretanto nessa visão do mundo dos vagabundos encontramos sobretudo um reflexo da estrutura dominante de organização política e a projeção da consciência política das elites sobre um mundo social que elas estavam descrevendo e apreendendo como estranho e exótico. Com relação à situação real desses grupos socialmente marginalizados, todavia, tal quadro não era imaginário, não era somente um discurso da ficção literária.

Invertendo a ordem cronológica, começaremos mais uma vez pelo tratado de Sauval.[35] Esse autor restringe a sua descrição do *cour des miracles* aos mendigos, aos *mauvais pauvres*. Aos ladrões e malandros ele não atribui nenhuma organização centralizada — exceto a corporação profissional — nem nenhuma disciplina interna, isto é, não reconhece nenhuma articulação da vida política, enquanto os *argotiers* têm um "rei", uma lei e "uma monarquia, composta por um número quase ilimitado de súditos disciplinados, se uma tal denominação pode ser atribuída aos maus pobres".[36] Passando a uma descrição mais detalhada dessa organização ele já define os próprios *argotiers* de forma diferente. Não os identifica com os mendigos do pátio dos milagres parisiense, mas diz que eles são pobres encontrados nas feiras ou festas religiosas e nos mercados, e então nos revela as leituras de que se serviu, quer dizer, os panfletos sobre os mendigos. No decorrer da argumentação histórica amplia a extensão do conceito, afirmando que a organização foi iniciada pelos estudantes-vagabundos, que se juntaram aos mendigos, malandros e ladrões e adotaram a linguagem secreta e os costumes dos vendedores ambulantes. Com o passar do tempo os ladrões se separaram da monarquia, que no entanto continua grande e magnífica "*par la multitude de ses peuples*".[37]

À frente de toda essa comunidade estava um rei, que tinha o título de *grand coësre*.[38] Para chegar a tal posição ele devia antes assumir um alto posto na hierarquia interna, isto é, ser "*cagou*" ou "*archisuppôt de l'argot*". Além disso precisava ter um braço ou uma perna corroídos pela gangrena, o que aliás era apenas simulado. Usava também trajes reais: um sobretudo e uma veste com mil trapos brilhantes de várias cores. Nas assembléias gerais realizadas anualmente todos os funcionários do reino tinham de prestar contas de suas atividades, fazer um relatório financeiro, pagar um determinado tributo e render as devidas homenagens ao monarca. No caso de cumprir mal os seus deveres ele estava sujeito a uma punição imediata. E se governasse mal seria destronado e o povo elegeria um novo rei.

Os estados gerais anuais realizavam-se — e aqui Sauval se refere a numerosos e fidedignos testemunhos — no santuário bretão de Santana, em Auray. Precisamente ali havia um grande prado, chamado prado dos Mendigos por ser coberto de barracas e atravessado por abrigos subterrâneos; o *grand coësre*, junto do povo e de seus funcionários, costumava ir até lá por ocasião das festas de Santana, de Pentecostes e outras, para, aproveitando a situação favorável, saquear e roubar, e também para realizar os estados gerais.

O *grand coësre* exercia o poder através dos *cagous* e *archisuppôts*,[39] que pelo fato de cumprir esse serviço estavam isentos do tributo à monarquia. Os *archisuppôts* eram estudantes e padres decaídos que ensinavam aos principiantes os mistérios da linguagem; além disso asseguravam o caráter oculto do jargão modificando-o devidamente de tempos em tempos. Os *cagous* eram os governadores de cada província; cuidavam para que fossem assegurados os postos adequados aos recém-chegados, introduziam-nos nos arcanos das técnicas profissionais e exerciam a função de juízes nas províncias que lhes eram designadas. Para poder aspirar a tais funções era preciso dispor de um estoque suficientemente rico de acessórios necessários à prática da mendicância e do crime, ou seja, máscaras, bandagens, ungüentos, cajados e muletas para os aleijados.

Assim, a "monarquia do *argot*"[40] era uma organização política regida por um monarca eleito e sujeito ao destronamento pelo aparelho de funcionários ou dignitários e pelo parlamento, mas o laço entre o rei e os súditos tinha um caráter tributário, quer dizer, os súditos manifestavam sua subordinação ao poder do monarca através do tributo. Essa visão da ordem política não podia deixar de estar, sob a pena de um erudito do século XVII, politicamente referida, mas isso não implica em absoluto que ela seja fruto da sua imaginação. Sauval extraiu de *La vie généreuse* e de *Le jargon* os elementos fundamentais de seu livro, considerando esses textos não como obras literárias mas como descrições documentais.

No entanto em ambos os panfletos a imagem da estrutura política do meio apresentado é bem menos articulada e também menos coerente. *La vie généreuse* apresenta separadamente a organização de cada um dos três grupos descritos. Em primeiro lugar vêm os vendedores ambulantes — os *merciers*. Todas as categorias dessa profissão se reúnem na feira de La Châtaigneraie e ali realizam uma assembléia geral onde, em cerimônias esotéricas, são admitidos os aprendizes do ofício;[41] durante a festa que o novo membro oferece à corporação toma a palavra "o mais ancião", atributo que se pode referir tanto à idade do orador quanto à sua função na corporação (isto é, pode significar um mestre do grêmio). O bando de ciganos no qual entra Pechon de Ruby é organizado nos moldes do exército.[42] À sua frente está um "capitão", que administra o regime itinerante do bando inteiro, define locais para os encontros realizados a cada dez dias, quando ao mesmo tempo em que se reúnem pequenos grupos formados por algumas famílias a cavalaria armada se desloca de uma feira a outra, roubando e saqueando pelo caminho. Contas detalhadas de suas façanhas e conquistas são prestadas pelos ciganos ao capitão, que participa da divisão das presas. A tal divisão estão sujeitos também os lucros dos jogos de azar; apenas os proventos das práticas de previsão do futuro estão isentos de verificação e repartição. O capitão exerce o seu poder sobre o bando ao estilo militar, embora a tática do seu destacamento seja orientada principalmente para a fraude.[43] A melhor organização é a dos vagabundos-mendigos, "*les gueux*". No que se refere a esse grupo dispomos de abundante material informativo a respeito do seu sistema de governo. Sobre um bando de vagabundos encontrado em Clisson o autor diz que ele leva vantagem sobre os vendedores ambulantes na alegria de viver, no luxo, na sutileza e na organização, a tal ponto que poderia ser comparado ao Estado veneziano[44] (certamente essas palavras de admiração não se referem apenas ao bando de vagabundos encontrado, mas a toda comunidade dos mendigos e vagabundos). Pechon de Ruby pôde observar a hierarquia, o sistema de governo e os costumes dessa comunidade durante uma assembléia geral perto de Fontenay-le-Comte, durante a qual foi admitido como novo membro. A maior parte das informações de Sauval vem dessa descrição.

À frente está o *grand coësre*,[45] máximo grau na hierarquia dessa comunidade; Pechon de Ruby o chama *prince*, *chef*, *général*,[46] e o aponta como o presidente da assembléia geral, a quem todos os outros dignitários da hierarquia dos mendigos, assim como todos os membros da comunidade, devem obediência, respeito e tributo. Quem não reconhece o seu poder e quer exercitar a profissão é considerado "um rebelde contra o Estado" e tem os bens e ganhos sujeitos ao confisco[47] a favor do *grand coësre*. Ele exerce também o poder judiciário, e o crime de "lesa-majestade" é punido durante a assembléia, imediatamente e com toda a severidade (o texto fornece detalhes violentos dessa pena macabra). O *coësre* veste uma indumentária cerimonial, apresentando-se da seguinte forma ao nosso autor: "Era um homem muito bonito, com a majestade de um grande monarca e os modos de um valente, tinha uma barba grande, vestia um sobretudo feito de dez mil trapos, carregava nas costas um saco repleto, em cima do sobretudo levava uma bolsa cheia, atada ao pescoço com uma vareta (*matras*) em vez de um botão, tinha uma perna gangrenada, de que facilmente poderia se curar se quisesse; seu barrete era feito de quinhentos retalhinhos e uma profusão de tumores lhe cobria a testa. O cajado de sua alteza *coësre* era de madeira e tinha embaixo uma forquilha de dois pés onde fora colocada uma boa lâmina, fazendo as vezes de um grande punhal, e da bolsa assomavam dois revólveres".[48] Acrescentemos ainda que do aparelhamento cerimonial do rei dos mendigos às vezes fazia parte um meio de transporte: uma carreta atrelada a cães (*Le jargon*) ou a um burro (*Response et complaincte*).

O grau seguinte da hierarquia pertence aos *cagous*, que são os chefes das províncias. Sabemos de um *cagou* da Bretanha, do que se pode deduzir que a divisão administrativa do "reino dos mendigos" acompanhava a subdivisão da França. Os *cagous* devem ser eleitos pela assembléia provincial; o autor escreve que cada *cagou*, logo após "ser convocado", apresenta-se diante do *grand coësre* e paga-lhe o tributo devido. Essa elegibilidade é acompanhada do nepotismo, como testemunha a narrativa sobre as viagens de Pechon de Ruby com o *cagou* da Bretanha, que colocava seu sobrinho cada vez mais alto nos graus da carreira de mendigo. Os deveres do *cagou* incluem a iniciação dos novos adeptos nos segredos da arte da mendicância. Assim como os *cagous* são lugar-tenentes (*lieutenants*) do *grand coësre*, também eles têm os seus próprios lugar-tenentes à disposição.

Le jargon fala da organização dos mendigos como de uma *Monarchie argotique*, reino do jargão. Uma das canções em *argot* incluída na obra descreve a estrutura do poder dessa monarquia:

Quem quer ouvir a história
Daquele cujo nome é grand Coësre,
Do rei dos homens do jargão.
E do grande mestre dos mendigos
E também de todos os seus vassalos.
Vivam os filhos do cajado!
Vivam os filhos do jargão!
Em primeiro lugar os cagous
São como príncipes
E são respeitados por todos
Os mendigos da nossa província
Assim como os archisuppôts.
Vivam os filhos do cajado!
Vivam os filhos do jargão![49] *

La vie généreuse nada nos revela sobre como o *grand coësre* assume o poder. Mas *Le Jargon* traz informações detalhadas a respeito dessa matéria: o *grand coësre* é eleito pelos estados gerais da monarquia, só que antes deve ser *cagou* ou *archisuppôt*. A assembléia descrita por Pechon de Ruby parece ter o caráter de uma reunião do conselho dos dignitários,[50] enquanto em *Le jargon*

(*) Qui veut ouyr rouscailler/ D'un appelé le grand Coësre/ Dasbuche des Argotiers./ Et des Trucheurs le grand Maistre/ Et aussi de tous ses vassaux./ Vive les enfans de la Truche!/ Vive les enfans de l'Argot!/ Premierement les Cagous/ Sont ainsi comme les Princes/ Et sont honorez de tous/ Les Trucheurs de nos Provinces/ Comme aussi les Archi-Supposts./ Vive les enfans de la Truche!/ Vive les enfans de l'Argot!

é uma espécie de assembléia parlamentar que uma vez por ano delibera sobre os problemas da monarquia, elege um novo soberano ou prolonga o mandato daquele que está governando. Trata-se de uma monarquia eletiva que tende a um sistema parlamentar ou até presidencial! Eleito o soberano, no entanto, todos são obrigados a obedecê-lo, e uma vez por ano os dignitários devem render-lhe homenagem (aliás a canção os define como vassalos). O rei se reserva o direito exclusivo de admitir novos membros na comunidade durante as reuniões dos estados gerais.

Os deveres dos *cagous* incluem sobretudo a custódia da integridade do poder do *grand coësre*, a iniciação dos aprendizes na profissão e particularmente o exercício do controle sobre todos os mendigos da província e a aplicação da devida punição e do confisco dos bens aos de fora da jurisdição do *grand coësre*. Em matéria de punição *Le jargon* permite supor que além do doloroso castigo físico aplicado durante a assembléia eram previstas medidas ainda mais severas, mantidas em segredo total.

Uma segunda categoria, não mencionada em *La vie généreuse*, é representada pelos *archisuppôts*. Trata-se de um estamento sacerdotal, ou — como também se poderia dizer — da *intelligentsia* do mundo dos mendigos. Numa enumeração burlesca o autor compara-os aos filósofos entre os gregos, aos escribas entre os hebreus, aos sábios entre os romanos, aos profetas entre os egípcios, aos gimnosofistas entre os hindus, aos caldeus entre os assírios, aos druidas entre os gauleses, aos magos entre os persas e aos doutores entre os franceses. Depois os define assim: "São, numa palavra, os mais doutos, os mais capazes entre os vagabundos de toda a monarquia do *argot*, e são os estudantes e padres depravados";[51] às competências desse grupo pertence não só o ensino do *argot* mas também o cuidado para que ele mantenha o seu caráter secreto. Os *archisuppôts* têm o poder sobre essa linguagem, podem mudá-la e transformá-la conforme a sua vontade e a necessidade do momento.

Ambas as categorias de dignitários da monarquia do *argot* têm o direito de mendigar livremente, e devido ao exercício de suas funções são isentas do pagamento de qualquer tributo ao soberano.

Na verdade *Response et complaincte* não acrescenta novos elementos ao quadro da estrutura de organização do meio dos vagabundos. O objeto do diálogo é o problema de como defender a sobrevivência da monarquia no caso da revelação dos segredos da sua língua.[52] A assembléia convocada em Paris, no Porto do Feno, não é um congresso geral mas antes uma reunião do conselho dos dignitários: ao lado do *grand coësre* sentam-se seis *cagous*, dez *archisuppôts* e "alguns outros frades".[53] No debate que o autor relata chama atenção o prestígio do soberano da monarquia assim como o caráter de certo modo parlamentar do exercício do seu poder.

Examinamos separadamente as informações contidas em cada uma das obras, partindo do princípio de que se tratava de visões literárias distintas que não devemos reduzir a um denominador comum por não sabermos qual foi a sua relação com a realidade. Em princípio podemos estabelecer ligações de filiação apenas dentro dessa série de presumíveis descrições: parece evidente que Olivier Chereau usou *La vie généreuse* e que Souval fez uma tradução singular do discurso literário para a linguagem erudita do tratado, reunindo todas as informações num conjunto coerente. É preciso agora questionar acerca da gênese dessa convicção da existência de uma organização hierárquica dos grupos marginais, como também sobre os elementos de observação da realidade social contidos naquela convicção.

O ponto de referência comum a todas essas obras é a organização dos vendedores ambulantes. Tal fato encontra confirmação nos documentos históricos.

A denominação *merciers*, que aparece em todos esses textos, refere-se ao meio dos vendedores, que tem um status social e um tipo de ação diversos. A corporação parisiense que usa esse nome tem caráter sedentário. Seus membros, vendedores de tecidos de várias espécies, de seda, fitas, linhas e objetos de metal, são comerciantes parisienses ou provenientes de outras cidades e dispõem de privilégios específicos e de uma corporação análoga às outras corporações parisienses.[54] Os mascates definidos com esse termo que atuavam fora de Paris tinham porém uma situação diferente. Eles se deslocavam de uma feira a outra, de um mercado a outro, ocupando-se de uma espécie de comércio ambulante, levando mercadorias às aldeias e palácios. O modo itinerante de vida gerou uma organização e costumes específicos. Para conservar o caráter corporativo da organização eles criaram em substituição ao registro e à qualificação locais (isto é, da ligação com a cidade) uma organização provincial, ainda pouco estudada quanto à gênese e à estrutura. O estatuto de 1448[55] mostra o *roi des merciers* como mestre e guarda desse "*métier et marchandise de merciers*" em Touraine, Anjou e Maine. Ele tem o direito de designar os seus próprios lugar-tenentes em cada cidade; estes por sua vez devem administrar os negócios da corporação junto aos jurados eleitos a cada ano e aos anciões da corporação. O "rei dos vendedores" é o único que tem direito de admitir novos membros para a corporação, e sem a sua participação não pode ser realizada nenhuma assembléia, nem de vendedores nem das confrarias da Santíssima Trindade, que os reúnem em cada cidade. Nos mercados e feiras o rei dos vendedores tem poder sobre todos os *merciers*, mesmo os que sejam reis de outras províncias. Tem também o direito de punir aqueles que antes da hora marcada expõem no mercado as mercadorias ou as exibem "num cajado ou em balcões portáteis". As multas arrecadadas são divididas: metade para o tesouro real, metade para o rei dos vendedores. Cada feira ou mercado inaugurado entrega ao rei dos vendedores dádivas tradicionais em mercadorias, além da taxa dos calouros que ingressaram na profissão. O mestre recém-admitido é chamado "cavaleiro"; ele receberá uma pena caso se verifique que ousou exercer a profissão sem ter sido legitimamente admitido por um dos reis dos vendedores.

Podemos supor que costumes semelhantes vigorassem também em outras províncias. Sabemos da existência de um rei dos vendedores em Berry e em Auvergne, no início do século XV, em 1360 um rei dos vendedores aparece na diocese de Uzès e em 1490 fala-se em Bordeaux de um "conde dos vendedores" (*comte et boursier de la confrérie des merciers*).[56] Assim, é difícil dizer se havia algum princípio de divisão territorial ou se este derivava dos privilégios algum dia conferidos. Em 1585 um *valet de chambre* do rei Henrique III, Jean Proche, obteve o privilégio de controlar todos os *merciers* da França e ao exercê-lo entrou em conflito com um dos reis dos vendedores locais.[57]

A gênese da monarquia dos vendedores sempre foi fiscal, ligada ao funcionamento do tesouro real e aos privilégios reais. Nada indica que se tratasse de uma organização formada espontaneamente e a partir da base, que tinha os reis como autoridade e abraçava toda a monarquia, dividindo-a em províncias. Porém é óbvio que para os contemporâneos aquela singular organização corporativa era algo que não se enquadrava na norma, e assim impressionava. A tudo isso juntavam-se ainda os costumes específicos, as formas de vida coletiva e a solidariedade entre os homens itinerantes (ajuda em caso de doença, concessão de empréstimos, ajuda mútua nas viagens)[58] e enfim a própria língua, da qual nos ocuparemos mais adiante. Todos esses fatores contribuíam para que na opinião dos contemporâneos os mascates fossem considerados um grupo espantoso, esotérico ou suspeito.

Evidentes são também as analogias entre a descrição da organização da monarquia do *argot* e a organização efetiva dos vendedores ambulantes. O mais interessante contudo é que Pechon de Ruby não forneça informações sobre tal organização dos vendedores, com os quais convivera, mas o faça justamente sobre aquela dos vagabundos e mendigos. Em primeiro lugar há um rei. É preciso lembrar no entanto que essa denominação não era tão rara na terminologia antiga e tampouco era reservada exclusivamente para o soberano que governava o Estado, pois encontramos o "rei dos arautos", o "rei dos vagabundos" (*roi des ribauds*, a quem cabia o serviço policial dos criados da corte), o "rei dos barbeiros", o "rei dos atiradores" etc. A monarquia do *argot* tem também uma subdivisão em províncias, análoga àquela da organização dos vendedores. É possível que a descrição da organização dos mendigos falasse justamente desse tipo de subdivisão e não das províncias do reino. Em ambos os casos o sistema de exercício do poder revela competências jurídicas, a nomeação dos lugar-tenentes, o direito de admitir na profissão, a perseguição aos que a praticam ilegalmente, a punição, o dever de obediência etc.

No entanto tais semelhanças podem ser resultado de uma contaminação literária ou de uma efetiva assimilação dos costumes da profissão de mascate pelos da profissão de mendigo itinerante. As informações de vários tipos sobre a corporação dos vendedores, sua língua, seus reis, sua organização em separado, informações que eram amplamente difundidas, teriam sido levadas pelos homens de letras para o meio do crime. De fato é mais lógico que de tal organização secreta dispusessem os vagabundos criminosos e não os homens que exerciam a nobre profissão mercantil. Na visão de uma comunidade anti-social inspirada em instituições existentes na sociedade e em seu sistema de governo, tal como ela emerge da pena dos literatos, no lugar de vários reis dos vendedores (aos quais na organização dos vendedores correponderiam melhor os *cagous*, os lugar-tenentes das províncias) aparece entre os mendigos um único rei.[59]

Pode-se entretanto supor que essa contaminação tenha ocorrido na própria realidade social. O modo de vida itinerante realmente aproximava os vendedores dos mendigos. Em todas as descrições da categoria dos mendigos e vagabundos os mascates estão presentes, misturados a eles.

Muitas vezes aparecem perante os tribunais vendedores de várias espécies, acusados de delitos comuns. Dois *merciers* estavam ligados ao bando dos *coquillards*. Todos os bandos e grupos de ladrões tinham os "seus" vendedores, que vendiam os objetos roubados. Um dos estatutos parisienses contra os vagabundos refere-se precisamente ao grupo dos vendedores de objetos roubados (*foucandeurs*), que no território de Paris se ocupava do comércio de vários objetos integrantes do leque clássico da *mercerie* (facas, anéis, pentes), definindo-os como mendigos e vigaristas.[60] A convivência entre os vendedores e os vagabundos podia portanto levar a uma interpenetração dos costumes desses grupos.

Porém não eram necessários quaisquer modelos prontos para que nos grupos marginais emergisse uma organização própria. A vida social não se desenvolve como um decalque de instituições e costumes, mas uns e outros se formam como resposta espontânea às exigências da situação. Cópias e decalques encontramos antes no terreno da língua e da onomástica. Exemplo disso são as primeiras descrições dos ciganos, que começavam a aparecer na Europa. Nelas se diz quc um bando de "egípcios" chegados em 1427 a Paris tinha à frente um príncipe e um conde ("*un duc et un comte*");[61] posteriormente se falará dos "capitães" ciganos e de seus reis. Os nomes derivam naturalmente da imaginação dos autores, que utilizavam conceitos e termos da sua sociedade, mas não há dúvida de que na base desses procedimentos estavam alguns fatos: os grupos de ciganos eram organizados, tinham seus líderes.

A suspeita da existência de um rei pairou também no processo contra um bando de mendigos que foram julgados e enforcados em Paris em 1448. O

Burguês de Paris, narrando esse processo — a crueldade do bando, que seqüestrava crianças e depois as cegava e estropiava para usá-las na mendicância, e o fato de que pela primeira vez na prática medieval se enforcava uma mulher levaram o caso a fazer sensação na época —, registra as notícias que circulavam a respeito daqueles *caymans*, isto é, mendigos, de acordo com as quais eles haviam elegido um rei e uma rainha "por zombaria" ("*par dérision*").[62] Assim também, como já foi mencionado, Jean Robustel, o promotor público de Dijon, notara o fato de os *coquillards* terem uma espécie de rei, que usava o título de Rei da Concha. Numa das obras poéticas menores do fim do século XV menciona-se o "rei dos peregrinos itinerantes, chamados vagabundos ou mandriões".[63]

A fórmula "parece", "dizem que" ("*on dit*") surge nesses relatos com tanta freqüência que é impossível não percebermos tratar-se de um boato corrente. No entanto parece que ela não exprimia apenas o modo como os literatos e juízes viam a realidade social, mas tinha um fundamento. De fato em grupos desse gênero, dedicados à prática de ocupações perigosas e que exigem uma contínua coordenação das ações, é natural a tendência a organizar-se hierarquicamente. O exemplo da organização dos *merciers* pode ter desempenhado algum papel, mas é provável que influência da organização militar também tenha tido uma importância semelhante, tanto mais que o meio dos soldados contribuiu bastante para engrossar os bandos de marginais dos dois últimos séculos da Idade Média, permanecendo depois estreitamente ligados a estes.

No século XVI as narrativas sobre o capitão Ragot contribuíram para que se generalizasse a convicção da existência de uma organização particular de vagabundos e de um rei dos vagabundos. Todavia, independentemente da lenda, pode ter existido um certo tecido de fatos reais.

O capitão Ragot procedia provavelmente de Angers, de uma boa família burguesa, mas escolheu a vida de mendigo e alcançou "alturas científicas na arte da perfeita mendicância".[64] Seu campo de ação era Paris. Tinha uma enorme fama: dele falaram Rabelais, Noël du Fail, Henri Estienne e Brantôme, e os poemas anônimos sobre ele, conservados até os nossos tempos, representam decerto apenas um fragmento da produção corrente dedicada a esse famoso mendigo. O *Lamento de Ragot*, em que ele é chamado *capitaine* e onde se fala dos mendigos de Paris como seus súditos, trata da reforma das instituições beneficentes parisienses.[65] Eis — queixa-se o capitão — que as autoridades fazem dos seus doentes homens sãos, e os zarolhos, corcundas e coxos são obrigados a "andar direito", ou seja, a abandonar a simulação. Também ele próprio teve de abandonar sua pequena mercearia, tão bem abastecida de máscaras de todo tipo e de outros instrumentos de simulação dos mendigos, assim como deixar de freqüentar o lugar preferido de reunião, perto de Sainte Chapelle. Agora pede esmola, junto de sua mulher, "nos campos", isto é, nas estradas e aldeias, mas anuncia seu retorno a Paris. Uma espécie de resposta ao *Lamento de Ragot* é o *Lamento da senhorita do palácio,* de Jehan Chaperon,[66] em que Ragot é chamado "príncipe da miséria" (*prince de povreté*) e mencionam-se os seus atributos, entre os quais o de ser audaz "*comme le grand Arthus*" e o da resistência às fustigações, que ele sofrera amplamente. Na obra anônima em que Ragot, como Villon no *Testamento*, expressa a sua última vontade, ele se define como um "homem grande e formidável", um "nobre vagabundo". Na descrição das suas virtudes aparecem outras definições: corajoso, hábil, fluente na escrita e na sabedoria (da mendicância), o mais astuto entre os vagabundos, célebre em toda a cidade.[67] Ele deixa legados aos amigos, aos conventos e às universidades, aos médicos e aos companheiros e súditos-mendigos. Estes herdam o seu breviário, no qual encontrarão as devidas orações, mas também:

Aos verdadeiros mendigos que não fogem do copo
Deixo como toda recompensa
O meu calendário: porque seja quem for, mudo, surdo,
Zarolho, coxo, epilético, torto ou pequeno,
Cada um encontrará nele toda a ciência.[68]*

Trata-se de um legado significativo ao extremo, pois é precisamente o calendário, indicando os feriados, os dias dos padroeiros e os prazos das indulgências, que determina o ritmo da vida e das peregrinações do mendigo.

Jacques Tahureau, nos seus *Diálogos*, publicados em 1562, fala de Ragot como um excelente orador mendigo ("*insigne orateur belistral*"),[69] famoso entre os mendigos parisienses como seu rei e soberano, como "*premier gentilhomme de sa race*". Em outras obras menores do século XVI o capitão ainda aparece eventualmente como soberano, mestre ou senhor dos mendigos. No meio da mendicância a sua fama perdura durante o século XVII.[70]

Não se pode excluir a possibilidade de que a lenda de Ragot tenha se baseado numa figura autêntica do meio parisiense dos mendigos, mas as premissas da autenticidade da personagem são escassas. De qualquer modo é evidente que a lenda não apenas foi um dos materiais que fecundaram a imaginação daqueles que escreviam sobre o meio dos mendigos mas também teve uma ampla difusão, criando a imagem estereotipada daquele meio. A própria personagem é uma espécie de clichê do mendigo: hábil, sabido, instruído nas técnicas de mendicância, faz fortuna exercitando essa arte. Ao mesmo tempo acumula elementos do humorismo popular, faz parte da monarquia plebéia do riso: gosta de comer e beber, está sempre rodeado de mulheres, é um vigarista que se aproveita da ingenuidade humana. Aqui nos interessam sobretudo os atributos

(*) A tous vrais gueux qui brouent dessus le gourt/ Je leur laisse, pour toute recompense/ Mon kalendrier: car, soit muet ou sourt,/ Borgne, boiteux, contrefait, tort ou court,/ Il trouvera dedans toute science.

"monárquicos" desse capitão dos mendigos. A semelhança com os panfletos sobre os mendigos salta aos olhos no quadro geral do poder entre os mendigos, mas às vezes está presente também nos detalhes. Aquela "butique" onde o chefe dos mendigos parisienses guardava as máscaras lembra os armazéns de acessórios e máscaras que os *cagous* precisavam ter para exercer as suas funções; um armazém desse gênero será a retaguarda do poder que mister Peachum, da *Ópera dos mendigos*, exerce sobre os mendigos londrinos. Na descrição da personagem ressaltam os atributos responsáveis pelo seu conhecimento da profissão e também os talentos excepcionais que a levaram à frente dos mendigos parisienses. Sobre o exercício do poder não chegamos a saber de nada. Porém é evidente o significado da série de títulos de poder que lhe foram atribuídos.

Também fora de Paris encontramos traços de lendas desse tipo. Um poeta normando do século XVII fala de Jean Tayault, mendigo de Rouen, como um *gueu public*, um *maistre gueu à Rouen*; pode-se considerar essa citação como uma imitação da lenda parisiense, mas em todo caso trata-se de um testemunho da universalidade da convicção de que existia entre os mendigos uma organização hierárquica qualquer.

Embora sem a menção aos títulos monárquicos, encontramos também uma imagem de tal organização numa obra de meados do século XVI, uma das facécias que imitavam de forma bastante medíocre o mestre do riso do século XVI, Rabelais. Guillaume des Autels, na *Mitistoire barragouyne de Fanfreluche et Gaudichon*,[71] conduz o protagonista da obra primeiramente ao meio dos estudantes parisienses e depois ao dos mendigos e vagabundos, porque de todas as condições lhe resta ainda conhecer exatamente a "*honorabilificabilissime manière de vivre des coquins*". Dirige-se então à assembléia geral dos vagabundos e mendigos, para a qual estão reunidos nos bosques de Fontainebleau 2 ou 3 mil representantes da profissão. O bando que eles encontram é organizado nos moldes do exército, pois há capitães, tenentes, alferes, centuriões e chefes de pelotão. A cada destacamento o comandante designa como terreno de ação determinadas regiões do país, enquanto ao protagonista, que produzira uma impressão muito boa sobre a assembléia, propõe-se o cargo de "provincial", o que decerto significa chefe de uma província. É surpreendente encontrar nessa narrativa traços específicos da estrutura do meio: as denominações "*coquins*" e "*gueux*" podem designar tanto os mendigos quanto os vagabundos; além disso elementos da organização militar, do tipo do bando armado, ligam-se à divisão do território.

Talvez o mais expressivo quadro da organização interna da comunidade dos mendigos seja a narrativa sobre Tailleboudin, de Nicolas du Fail.[72] Ela fornece poucos detalhes, mas é justamente a sua concisão que parece comprovar a autenticidade da informação transmitida. Ao número incomensurável de mendigos, à sua abastança e vida fácil, assim como seu enriquecimento, correspondem uma coesão interna e uma organização. Os mendigos têm profissões específicas, seus próprios monopólios, barracas de feira, casas de câmbio e até mesmo cabidos, parlamentos, jurisdições, postos correspondentes à subdivisão em províncias, além de santo-e-senhas especiais. Graças a isso todos se conhecem e podem se comunicar, ainda que alguns jamais tenham se encontrado. Nessa descrição não foi imposto nenhum esquema de organização política sobre a comunidade dos mendigos, mas constata-se a sua existência como um mundo distinto, que se governa por leis próprias, que tem instituições independentes e formas de vida coletiva próprias.

Assim, a literatura francesa fornece um bom número de representações da organização interna do meio dos mendigos e vagabundos. Tais representações são articuladas de várias maneiras, sugerindo uma organização militar ou estatal, mas a convicção de que existe uma organização geral de toda a profissão parece ter raízes firmes na consciência dos homens dos séculos XVI e XVII e ser também continuamente alimentada pela literatura popular e pela transmissão oral.

DIVISÃO DO TRABALHO E ESTRUTURA SOCIAL

Nestas sucessivas abordagens ao meio e à sua organização pudemos em várias ocasiões observar a sua heterogeneidade e a falta de coerência na construção das descrições que deles derivam. Trata-se de um meio de vagabundos, mas que dispõe de estruturas organizacionais estáveis e localizadas, por exemplo, na forma dos pátios dos milagres. Trata-se de vigaristas e ladrões que vivem da caridade e devem portanto tentar conquistar a benevolência da opinião pública e não entrar em conflito com a lei. A mendicância aparece como o determinante mais universal de participação em sua própria monarquia, mas ao lado da definição "linhagem do cajado de mendigo" como referência geral aparecem também outras: "linhagem do *argot*" ou "linhagem da prisão" ("*enfants de la truche*", "*enfants de l'argot*", "*enfants de la matte*"). Os autores das descrições tentam às vezes sistematizar os setores profissionais. Sauval distingue entre os mendigos (*argotiers* ou *gueux*), os batedores de carteira (*coupers de bourse*), os arrombadores e os bandidos (*voleurs de nuit et de grands chemins*), mas no decorrer da exposição essas linhas rígidas de divisão se apagam. De qualquer modo em todas as descrições subsiste a convicção de que nesse meio há uma especialização profissional resultante de uma divisão do trabalho específica e nítida.

Em *La vie généreuse* apenas aos ciganos o autor não atribui uma divisão e uma especialização do trabalho, limitando-se a relacionar as suas ocupações.

Enquanto as mulheres prevêem o futuro os homens se ocupam da ladroeira, assaltam e arrombam as casas, cunham moedas falsas e as põem em circulação, negociam com cavalos e atraem as pessoas para jogos de azar.[73] Retratando os dois grupos restantes, isto é, os *merciers* e os mendigos, o autor apresenta detalhadamente as categorias profissionais, os procedimentos técnicos e a hierarquia interna desses grupos.

Na profissão dos mascates a ordem hierárquica, correspondente aos vários graus de formação profissional, é a seguinte: o aprendiz, que recebe em viagem o primeiro fardo de mercadoria, chama-se *pechon* (o que explica também o nome adotado pelo autor de *La vie généreuse*); após sua iniciação torna-se um *blesche* (o que supunha seguramente um certo conhecimento do *blesquien*, a linguagem da profissão) ou um *mercelot*, depois passava a ser um *coesme*, ou seja, um *mercier* com plenos direitos, e enfim se tornava um *coesmelotier huré*, isto é, um comerciante que levava a caixa de mercadorias pendurada no pescoço, e não mais nos braços, nas costas ou no cajado.[74] No exercício da profissão todas essas categorias conjugavam o comércio com o roubo comum, a começar pelo furto de aves domésticas.

Durante o ato de admissão de Pechon na comunidade dos mendigos o *grand coësre* explica-lhe que em sua profissão há seis modos de vida, vale dizer, seis caminhos de "comportamento segundo a virtude". São eles:[75]

> *bier sur la rufe* — pedir esmola fingindo ser vítima de um incêndio;
> *bier sur le minsu* — pedir esmola normalmente;
> *bier sur l'anticle* — pedir esmola fingindo necessitar de dinheiro para mandar rezar uma missa em pagamento de uma promessa;
> *bier sur la foigne* — pedir esmola fingindo ser um comerciante que perdeu todos os bens na guerra;
> *bier sur le franc mitou* — pedir esmola assumindo o aspecto de um homem doente ou inválido;
> *bier sur le toutime* — pedir esmola de todas as maneiras possíveis, conforme as circunstâncias.

Cada um desses seis procedimentos é tratado de forma diferente, isto é, requer o pagamento de um tributo específico ao *grand coësre*. A maior taxa (um ducado) é paga pelas categorias dos que fingem ser vítimas de incêndio e dos comerciantes arruinados; a menor é a exigida dos que pedem esmola sob o pretexto de recolher dinheiro para a missa. No que se refere a pedir esmola de todas as maneiras possíveis, vimos a saber que não havia mais vagas na categoria. Os mendigos que pedem esmola alegando doença ou invalidez estão numa situação privilegiada, pois dependem apenas do *coësre*.[76]

Cada um desses modos de mendigar definidos pelo tributo e pela licença é praticado por uma das diferentes categorias de mendigos; a passagem de uma categoria a outra exige uma autorização do próprio *cagou*. Durante a viagem de iniciação com o *cagou* da Bretanha, Pechon de Ruby também vem a conhecer técnicas específicas da profissão de mendigo. Em Niort eles cortam o braço de um enforcado e usam-no como instrumento de mendicância: cobrem-no de feridas até que ele adquira um aspecto gangrenoso e em seguida prendem-no por baixo da roupa para que pareça ser o braço da pessoa.[77] Quando algum moleiro não quer dar esmola os mendigos simulam uma briga em frente ao moinho enquanto o resto do bando saqueia o estabelecimento, roubando pão, farinha e manteiga.[78] As técnicas de simulação de doença unem sofisticação e astúcia, e às vezes se verifica uma superposição de procedimentos fraudulentos: primeiramente o mendigo suscita piedade com a sua doença, depois promete curar os que sofrem da mesma moléstia. Assim, é a prática da fraude que domina.

Le jargon (cujos rastros são seguidos por Sauval) acentua com maior intensidade a diferenciação dos mendigos em categorias profissionais; além disso considera a estrutura dessas especializações como a estrutura de organização de toda a profissão. Seria possível também dizer que as dezesseis categorias profissionais, citadas segundo os *cagous* e os *archisuppôts*, são inscritas por Olivier Chereau numa certa ordem hierárquica que segue a diferenciação dos tributos por elas pagos ao soberano. Chereau enumera todas as categorias segundo a classificação que já conhecemos bem.

Os *orphelins* são os mendigos aprendizes, que andam em grupos de três ou quatro e pedem esmola sem usar qualquer artifício.[79] Os *mercandiers* andam carregando um grande saco, bem vestidos, com um casaco nos ombros, e fingem ser comerciantes assaltados por bandidos na estrada. Os *ruffez* ou *riffandez* são as supostas vítimas de incêndio, devidamente munidas de certificados falsos. Os *millards* são os mendigos que vão de uma aldeia a outra; nunca dormem ao lado das igrejas e nem em asilos, mas em palheiros, e estão em permanente conflito com os mendigos da cidade; os *cagous* se esforçam por cobrar-lhes o tributo, mas nessa categoria está a maior parte daqueles que se opõem ao poder do *grand coësre*.[80] Para pedir esmola os *malingreux* exibem o corpo todo coberto de falsas feridas e fingem estar numa peregrinação votiva. Os *piettres* fingem-se de inválidos e andam de muleta. Os *sabouleux* sofrem da doença-de-são-joão, isto é, são epiléticos, mas entre eles há mais simuladores do que verdadeiros doentes; costumam mendigar onde há uma aglomeração humana (nos mercados, nas feiras e nas festas de casamento), conseguem esmolas muito grandes e por isso pagam os mais elevados tributos ao *grand coësre*, a quem devem profunda obediência. Os *callots* são aqueles que sofrem de doenças da pele ou que as simulam. Os *coquillards* são os peregrinos de Santiago, em grande parte autênticos, embora alguns deles jamais tenham estado em nenhuma peregrinação. Os *hubins* afirmam que foram mordidos por lobos ou cães raivosos, costumam ter consigo uma imagem de santo Humberto e certificados de sua participação na peregrinação. Os *polissons* andam em farrapos, quase nus; vendem imediatamente, aos porteiros dos asilos ou aos comerciantes, as roupas recebidas em caridade. Essa é uma das categorias de mendigos mais numerosas. Os *franc mitoux* são os doentes e os que simulam doenças; geralmente se apóiam num cajado e são chamados também *écamens* (isto é, inválidos; é flagrante a semelhança desse grupo com os *piettres*). Os *capons* não saem da cidade; geralmente pedem esmola nas estalagens, mas na verdade são ratoneiros e ladrões, à procura de uma ocasião para roubar.[81] Quanto aos *courtaux de boutanche*, trata-se de uma categoria de especialização não muito clara:[82] são ladrões de barracas de feira ou vagabundos que no inverno costumam trabalhar na cidade mas depois vadiam carregando alguns instrumentos num saco. Os *convertis* são falsos convertidos que pedem esmola alegando ter tido uma súbita revelação da verdadeira fé religiosa; acompanham os pregadores e recebem enormes esmolas. Esse grupo faz parte do séquito do *grand coësre* (e é isento do tributo). Enfim, a última categoria — os *drillers* ou *narquois* —, é composta por ex-soldados que esmolam armados e por vagabundos que se recusaram a obedecer ao *grand coësre*, o que contribuía bastante para o enfraquecimento da monarquia do *argot*.

É assim que *Le jargon* apresenta a composição da monarquia e a divisão de funções nela em vigor. Além dos funcionários, isto é, da elite política desse "Estado", formada pelos *cagous* e pelos *archisuppôts*, são isentos do tributo também os *convertis* (que o autor situa na corte do soberano)[83] e os *coquillards*. Além dos soldados-vagabundos, que em conseqüência de uma rebelião contra o legítimo monarca deixaram de pagar o tributo e de fazer parte da organização, tampouco pagam qualquer coisa os *capons* e os *courtaux de boutanche*. Os *capons* nada pagam porque não praticam a vagabundagem.[84] Ainda que essa explicação seja pouco coerente se comparada com as outras categorias, parece que na construção intelectual do autor — ou na própria realidade — os ladrões são isentos do tributo. A isso se liga o problema da atitude dos ladrões perante a monarquia do *argot*, ao qual o autor liga um dos momentos mais dramáticos da história de tal monarquia.

Invejando a prosperidade em que vivia o Estado dos mendigos, os ladrões (*ceux du doublage*) apresentaram-lhes uma proposta de unificação. O autor menciona que a categoria dos ladrões compreende os ratoneiros, os arrombadores, os bandidos e "outros sob o signo do punhal".[85] Apesar de ter se oposto decididamente a essa proposta, a elite da comunidade do jargão foi obrigada a aceitar a admissão dos ladrões na comunidade, com exceção dos bandidos. Desse modo, pertencer à monarquia do *argot* exige a junção de três ramos do conhecimento: "para ser um perfeito 'homem do *argot*' é preciso conhecer o jargão como os *blesches*, isto é, os *merciers*, conhecer a mendicância como os *gueux* e ter o engenho dos ratoneiros".[86]

Não seria oportuno retirar desse elenco as incoerências que ele apresenta, sobretudo as que dizem respeito à posição hierárquica das categorias de ladrões. Apesar das aparências essas incoerências são um argumento a favor da credibilidade da descrição: uma descrição puramente imaginária tem, por sua própria natureza, uma lógica interna e uma construção coerente, já uma descrição baseada num conjunto de fatos incertos, de nomes e palavras dificilmente inseríveis numa construção lógica, apresenta incoerências e contradições. É óbvio que isso não prova necessariamente serem os dados que originaram a obra derivados da observação direta do fenômeno, pois pode haver incoerências resultantes da dificuldade experimentada pelo autor para juntar os diversos elementos literários em que baseou a sua exposição. Em todo caso parecem significativos tanto o quadro da realidade ordenada hierarquicamente, dividida de acordo com as especializações profissionais, quanto as contradições e incoerências internas de tal descrição.

A literatura francesa do século XVI — tanto o teatro quanto a prosa e a poesia populares — fornece muitas vezes testemunhos sobre o modo de vida dos mendigos, confirmando os procedimentos e as técnicas de mendicância registradas nas obras aqui referidas sobre o mundo do jargão. Muitos desses elementos aparecem nos escritos de Rabelais, o que comprova uma das histórias do padre Jean.[87] Um bando de mendigos se reúne para jantar num albergue e começa um concurso: quem ganhou mais naquele dia? Ao vencedor os mendigos disseram: "Você tem uma perna de Deus", ao que o autor comenta: "Como se pudesse alguma força divina estar numa perna ulcerosa e pútrida". A definição "*jambe de Dieu*",[88] presente tanto no *argot* francês quanto, por imitação, nos jargões inglês e italiano, refere-se justamente a essa perna ulcerosa e destruída pela gangrena, que distingue o *grand coësre*. Descrições mais elaboradas das técnicas de mendicância encontramos sobretudo nas obras de Noël du Fail e de Guillaume Bouchet.

Du Fail insere nos seus *Propos rustiques*, obra que ele próprio define como uma coleção de pequenas histórias campestres,[89] uma narrativa sobre um jovem camponês chamado Tailleboudin, que se tornou mendigo e chegou a conhecer todos os segredos da profissão. Passou pela vagabundagem, pelos jogos de azar, foi médico, carregador, trabalhou nos esgotos e enfim se tornou mendigo (*coquin et marault*). O autor o encontra em Paris e lá escuta uma singular apologia da profissão de mendigo. Trata-se da mais lucrativa de todas as profissões e que entretanto não cansa nem um pouco: "Não preciso me preocupar com plantar, semear, nem com a ceifa e a vindima. Nada, absolutamente nada. São muitos os que o fazem por mim. [...] Ganho mais num dia acompanhando um cego ou um falso epilético, indo desfilar na igreja com as pernas cobertas de úlceras graças ao auxílio de ervas especiais, do que você em três dias lavrando, trabalhando como um burro, para receber a recompensa somente um ano depois".[90] Em seguida Tailleboudin faz uma apresentação dos mendigos que simulam todas as doenças possíveis: cegos, fulminados por um raio, com braços inertes que na verdade são os de um enforcado qualquer, enquanto os seus próprios estão escondidos debaixo do casaco; aleijados cujos braços pendem sem vida e que no entanto ficam hábeis na mesa; falsos leprosos; vítimas de incêndio que comprovam sua desgraça com documentos fabricados pelos próprios mendigos; dementes que sofrem da doença-de-são-joão mas cujo raciocínio é normal; mudos que habilmente enrolam a língua na boca; doentes graves, cujos intestinos saem do ventre mas que na verdade são tripas de carneiro habilmente atadas ao corpo do mendigo. Aleijados e inválidos, sem pernas ou paralisados, que se movem com o auxílio de pequenas tábuas ou carrinhos mas nas reuniões de mendigos recuperam totalmente as forças e saltam como se fossem equilibristas ou malabaristas.[91] O próprio Tailleboudin tem uma ferida terrível na perna, parece estar perto da morte, mas tudo isso é produzido com recursos de disfarce que ele guarda na sua caixa. As mulheres do campo são enganadas de outro modo: aproveitando a sua ingenuidade, vendem-se a elas relíquias, supostamente trazidas da Terra Santa. A preparação para o ofício de mendigo começa desde os primeiros anos de vida; há mulheres especializadas em tornar os recém-nascidos imediatamente adaptados para a profissão, estropiando-os ou cegando-os ao sol.

Essa relação das técnicas de mendicância, cruel em seus detalhes e iconograficamente exata, é anterior a *La vie généreuse* e a *Le jargon*. As semelhanças na descrição dos procedimentos dos mendigos é surpreendente, mas a discordância no que diz respeito aos elementos literários e lingüísticos dessa descrição contradiz a hipótese de uma filiação direta entre as três obras. Mais uma vez estamos às voltas com uma referência comum a conceitos e informações em circulação sobre os mendigos e que constituem a matéria-prima dessa literatura, a qual por sua vez contribui para o enriquecimento de tais conceitos e informações. Depois de Du Fail o tema das técnicas de simulação de enfermidades físicas será retomado ainda por Ambroise Paré num tratado de 1573 sobre monstros e monstruosidades,[92] em que ele fornece exemplos "*de l'artifice des meschans gueux de l'hostière*". A esses "mendigos infames" o douto médico francês, cirurgião da corte, atribui a introdução das "monstruosidades" entre os homens. Na descrição das fraudes praticadas no corpo Paré segue em grande parte o exemplo de Du Fail,[93] mas além disso se refere à sua própria experiência médica, assim como às informações que obteve do irmão, cirurgião em Vitré, na Bretanha. Conta então um caso que soube, sobre um mendigo de Angers que em 1515 pregou no ombro um braço gangrenado; quando na Sexta-feira Santa quis ganhar grandes esmolas com esse recurso o braço caiu no chão, desmascarando-o e provocando a sua condenação à fustigação e ao exílio.[94] A uma pena semelhante foi condenada uma mendiga bretã cujo artifício foi descoberto por Ambroise Paré: servindo-se de uma esponja molhada de sangue e leite ela fingia ter uma ferida no peito (foram vãs as tentativas de encontrar o mendigo que lhe ensinara essa técnica, que por sua vez também se servia dela para simular uma úlcera na perna).[95]

Referindo-se ainda ao testemunho do irmão, Paré narra o caso de um falso leproso.[96] Este cobriu todo o rosto com cola para que parecesse cheio de úlceras e em torno do pescoço amarrou uma faixa, que afrouxava de vez em quando para um breve descanso. Quando lhe retiraram a faixa e lavaram o rosto verificou-se que seu aspecto era o de um homem completamente são, e durante o interrogatório o mendigo confessou que fingir diversas doenças era a sua única ocupação, sendo que a simulação da lepra suscitava mais compaixão e permitia obter as maiores esmolas. Foi condenado à pena de fustigação em três sábados sucessivos. No último sábado o público começou a incitar o carrasco para que batesse mais no condenado, porque este, como leproso, não deveria sentir nada; o carrasco atendeu com tanto zelo esse pedido que após a fustigação o condenado morreu. Além da comoção coletiva suscitada pelo ambiente da execução pública, nesse caso podemos observar também a hostilidade em relação aos mendigos em geral.

Entre os outros casos de simulação Paré descreve a gravidez fingida de uma mendiga parisiense, assim como uma falsa hepatite, uma falsa cegueira, uma falsa surdez e um falso mutismo; fala também sobre a prática de mutilar cruelmente as crianças para adaptá-las à profissão de mendigo.[97] Nessas descrições o cirurgião não esconde a sua própria hostilidade em relação ao meio. No caso daquele mendigo bretão que morreu após a fustigação, Paré anota que com isso o país não havia perdido nada,[98] e quanto à mendicância em geral ele afirma tratar-se de uma escola de todo tipo de infâmia: "Seria possível encontrar alguém mais apto a ocupar-se do proxenetismo, a disseminar o veneno pelas aldeias e cidades, para incendiar, cometer traições, espionar, roubar, assaltar, e para todas as outras infâmias?".[99] No caso de Ambroise Paré a descrição dos procedimentos fraudulentos dos mendigos se insere num discurso de diagnóstico médico de um lado e de condenação social e ética do outro. Nessa empresa de desmoronamento não há lugar para o riso nem para um estranhamento benevolente perante o exotismo da diversidade.

A descrição de Guillaume Bouchet, do último quartel do século XVI,[100] não traz muitos elementos novos no que se refere às técnicas de simulação dos mendigos, que são apresentadas como motivo de inquietação e tema de conversa dos cidadãos de Poitiers. Aqui também se descrevem falsas feridas e úlceras, a "perna de Deus" como técnica para provocar a evolução do processo gangrenoso na perna (ou um aspecto gangrenoso), o uso do braço do enforcado e enfim a simulação da morte. No entanto vale a pena prestar atenção a uma cena em que, a parte o elemento cômico, pode-se perceber uma certa valorização do quadro da divisão do trabalho entre os mendigos. Um dos cidadãos conta que recebera a seguinte resposta de um certo mendigo a quem ele havia desmascarado as fraudes: "Infelizmente, senhor, devo fazer esse sacrifício para torcer os braços e ficar com um aspecto adequado, pois assim se apiedam de mim e me oferecem esmola em troca do trabalho que tenho com eles".[101] Em todas as descrições e argumentações sobre a especialização dos mendigos, tanto as que têm a seriedade de um tratado quanto aquelas em que se nota uma comicidade intencional, podemos observar a ligação entre logro e trabalho: a especialização profissional e o uso das técnicas adequadas e dos instrumentos necessários impõem o exame do meio dos homens da fraude com as categorias do mundo do trabalho. Por outro lado é preciso observar que em alguns casos nem todos os mendigos são apresentados como vigaristas: no interior de algumas categorias os simuladores ficam ao lado de doentes verdadeiros. Esse é um elemento que fortalece a visão da divisão do trabalho, pois confere aos mendigos uma legitimidade no exercício da sua ocupação de acordo com a doutrina caritativa tradicional.

A estrutura das divisões internas do meio dos mendigos e dos vagabundos ligava-se, como vimos, a uma visão da autonomia política daquele ambiente. Mas na apresentação das categorias de mendigos vimos também traçados os elementos de uma organização corporativa semelhante às corporações artesanais.

Isso é mais evidente no caso dos *blesches* e dos *coesmes*, pois eles integravam a organização corporativa dos *merciers*, com existência legal, estatutos próprios e privilégios reais. A hierarquia interna da profissão também se assemelha muito aos princípios da organização da vida corporativa,[102] pois nela encontramos a sistematização em três graus da vida das corporações e da carreira artesanal: o *pechon* — aluno ou aprendiz; o *blesche* — praticante; o *coesme* e *coesmelotier huré* — mestre.[103] Mas a estrutura da vida corporativa acaba por ser atribuída tanto aos ladrões quanto aos mendigos.

No relato de Tailleboudin encontrado no texto de Nicolas du Fail aparecem termos típicos da vida corporativa: os mendigos têm cerimônias próprias da sua arte[104] e estatutos próprios, que juram respeitar (o juramento constitui um elemento essencial na vida da corporação). As peregrinações pelo país constituem uma forma de ensino da profissão; os mendigos são mandados propositalmente aos lugares das festas religiosas e de peregrinação para desse modo aprender a profissão. É evidente aqui a analogia com as viagens dos artesãos, que fazem parte do aprendizado do ofício. Tanto no caso dos ladrões quanto no dos mendigos tomamos conhecimento dos aprendizes, dos alunos da profissão: no jargão dos *coquillards* de meados do século XV a palavra "*gascatre*" indicava o aprendiz da profissão de ladrão (e do uso do jargão),[105] enquanto *Le jargon* observa que os *cagous* guiavam os aprendizes (*aprentis*) pelo país ensinando-lhes as técnicas da arte.[106] O ensino da profissão e a iniciação na comunidade do jargão constituem os elementos fundamentais do vínculo corporativo do meio.

Podemos observar isso de uma forma mais plena em *La vie généreuse*, que é na verdade uma obra sobre a iniciação: no grupo dos *merciers*, no dos mendigos e no dos ciganos.

A cerimônia de iniciação entre os mascates tinha lugar na feira de La Châtaigneraie.[107] Entrando "*en carrière*" o candidato deve pagar um almoço. Trata-se de um costume comum na vida do grêmio; em 1448, depois de mencionar que, até então, quando "*aucun mercier est receu au serenement d'icellui mestier par le roi des merciers*"[108] o costume da comunidade o obrigava a oferecer um almoço que custava cerca de uma libra de prata, o estatuto da corporação dos *merciers* de Touraine, Anjou e Maine decide que a soma deverá passar a ser usada para pagar uma santa missa e para servir ao crescimento da corporação. Apesar das recomendações desse tipo, muitas vezes expressas pelas autoridades e pela Igreja, o costume de por ocasião do ingresso na corporação oferecer um banquete (que tinha mais ou menos o caráter de um resgate pago pelo aprendiz que era acolhido pelo mestre, em vez de concluir a aprendizagem da profissão e entrar nas fileiras dos praticantes) se mantinha tradicionalmente nas comunidades corporativas e era citado como argumento em todas as campanhas anticorporativas. Durante seu banquete de iniciação Pechon jurou guardar os segredos (sobretudo perante os comerciantes que não faziam parte da corporação) e em seguida foi submetido a algumas provas, que evidenciaram a sua preparação para a profissão: com uma das mãos segurou nas costas o cajado com a trouxa, ao mesmo tempo em que com a outra se defendeu de cães, o que nos fornece uma demonstração do que seria o modo de vida cotidiano dos mascates. Vieram depois as provas de destreza, que já não tinham caráter profissional mas eram também executadas com o auxílio do cajado, um instrumento fundamental na profissão de mascate, e terminado o banquete de iniciação teve início o ensino prático dos mais importantes "segredos" da profissão, como por exemplo o modo de acalmar os cães.

Entre os mendigos a iniciação tem um caráter mais solene.[109] A cerimônia começa com uma cena cuja descrição é bastante plástica, e que depois será retomada e difundida pela iconografia popular: todos os candidatos à profissão colocam-se de quatro no chão; então o *grand coësre* senta-se sobre as costas do primeiro, os *cagous* fazem o mesmo sobre os demais candidatos e os membros da corporação colocam o tributo para o *grand coësre* num vaso de madeira colocado no meio do cortejo. O candidato era obrigado a pagar uma taxa de admissão, a jurar respeito aos segredos, prometer obediência ao *cagou* responsável por seu território (beijando-lhe ao mesmo tempo as mãos) e beijar a barriga da perna do *grand coësre*; depois se seguiam a iniciação nas técnicas fundamentais da profissão, a designação a uma das categorias e enfim o banquete oferecido pelo *grand coësre* a toda a assembléia. Mas a verdadeira iniciação na profissão se realizava mais tarde, durante a peregrinação ao lado do *cagou*. No sistema corporativo a peregrinação era um elemento importante no ensino da profissão mas também um dos elementos que na prática da vida cotidiana aproximava das categorias mais baixas da comunidade artesanal os grupos marginais. É óbvio que no caso da profissão de vagabundo, por sua própria natureza, a importância da peregrinação era ainda maior. Vale a pena chamar a atenção para o fato de que em ambas as iniciações aqui apresentadas aparecem nitidamente elementos próprios de um cerimonial esotérico, os quais, junto com o juramento de segredo e o uso de uma linguagem especial, contribuíam para que o grupo tivesse um caráter distinto.

No ritual da iniciação dos mendigos são visíveis também elementos do cerimonial feudal dos vassalos, mas pode-se dizer que em todos os ritos de iniciação a passagem da juventude para a idade adulta é marcada por elementos estruturais comuns.

O ingresso no bando dos ciganos não é acompanhado por uma cerimônia de iniciação semelhante às precedentes. Nesse meio há apenas um ato em que se atribui um nome ao novo companheiro e se promete estudar coisas interessantes e úteis. O conhecimento do modo de vida dos ciganos se desenvolve posteriormente, na prática.

Se também acrescentássemos aqui a iniciação sexual — que Pechon superou num leito comum de uma estalagem, entre a iniciação na comunidade dos *merciers* e a da profissão de mendigo (a história, usando termos e definições em *argot*, assume um tom obsceno) — poderíamos dizer que a estrutura corporativa foi apresentada sobre o pano de fundo do processo de amadurecimento existencial do protagonista, do processo de abandono do mundo da juventude e ingresso na vida adulta, e que essa estrutura foi definida através das especializações profissionais e do trabalho.

Le jargon não acrescenta elementos novos no que se refere ao ritual que acompanha a iniciação na monarquia do *argot*.[110] Em compensação encontra-se nessa obra uma descrição mais detalhada do ensino prático da profissão, que se segue à iniciação, e sobretudo a descrição daqueles "*dix mille tours*" da arte da mendicância. Os truques de tal arte aparecem continuamente mesclados ao furto, tanto no caso dos mendigos quanto no dos mascates, pois a habilidade na fraude caracteriza todas essas profissões. Já vimos que apesar de os ladrões profissionais estarem na verdade fora do interesse da literatura em exame, eles aparecem constantemente seja como parte da monarquia do *argot*, como "irmãos separados" ou como concorrentes. Em tais ocasiões algumas palavras descrevem os costumes dos ladrões e das novas técnicas de "trabalho". *Le jargon* informa-nos, entre outras coisas, que eles têm os seus sinais, com os quais cada um informa os companheiros sobre a sua presença numa determinada localidade[111] (a existência de tais sinais entre os ladrões é aliás confirmada em vários países e em diferentes períodos). Esse tipo de sinalização da própria presença corresponde a um dos elementos essenciais da vida corporativa, isto é, a divisão das habilitações e das competências, que exclui ou limita, tanto quanto possível, o elemento da concorrência.

Nesse sentido Sauval faz avançar bastante a descrição da vida dos ladrões.[112] Referindo-se à experiência de um de seus amigos, fala sobre o costume dos ladrões parisienses de deixar num lugar combinado um dado de jogo cuja face superior indicava quantos ladrões estavam "trabalhando" naquele momento num mercado ou numa igreja. Desse modo eles procuravam evitar que num só lugar operasse um número excessivo de ladrões, incomodando uns aos outros. De resto havia o princípio, considerado pelo autor uma lei fundamental da profissão, de acordo com o qual eles não deviam atuar individualmente, mas sempre em "companhia", em pequenos grupos, o que lhes permitia passar de mão em mão os objetos roubados. A profissão de ladrão não inculcava só os princípios de uma estrita cooperação mas também ensinava técnicas muito especializadas, que deviam ser conhecidas por todo aquele que quisesse ser admitido na corporação dos ladrões. A admissão na corporação era precedida pelo aprendizado da profissão e pela iniciação, ligada a uma prova de habilidade que lembra muito a obra de mestre, a "obra-prima" exigida nas corporações artesanais para a admissão dos novos mestres.

Segundo Sauval essa prova é composta de duas partes.[113] A primeira exige que o candidato corte uma bolsa pendurada numa corda esticada e carregada de sinetas. O aspirante deve ter um pé sobre um prato e manter o outro elevado, e assim cortar a bolsa sem perder o equilíbrio e sem fazer tilintar os sininhos. Se passar por essa prova, nos dias seguintes é espancado para demonstrar a sua resistência física. Uma vez satisfeito esse requisito começa outra prova. Os companheiros levam o candidato para um lugar público qualquer onde costuma se reunir muita gente, um cemitério, por exemplo. Aí lhe ordenam que roube a bolsa de alguém e ao mesmo tempo chamam a atenção dos passantes para o ladrão, de modo que este seja pego em flagrante. O culpado é espancado pela multidão e pelos próprios companheiros, cria-se uma confusão e então os ladrões começam a operar, roubando as bolsas. Concluída essa operação tiram o desgraçado da multidão — que desse modo é promovido a mestre — e fogem todos juntos com a presa. A primeira dessas provas constitui uma verdadeira "obra-prima",[114] parece já ser parte de um ritual de iniciação, a primeira ação do novo mestre na profissão.

Esse quadro, que lembra informações semelhantes provindas de outras áreas da Europa daquele tempo e é confirmado pelas análises criminológicas dos costumes do mundo do delito até o século XX, tem um caráter nitidamente corporativo. Nesse caso não é nada importante o fato de que a descrição de Sauval seja muito parecida com as informações de um extenso tratado espanhol sobre os ladrões, que fornece dados tanto sobre o ensino da arte de roubar quanto sobre a técnica e os costumes profissionais dos ladrões.[115] Assim como em outros casos, observamos aqui uma superposição da anedota ao fato. Sauval sabe que entre os batedores de carteiras existe uma certa organização, sobre a qual dispõe de informações diretas de várias espécies (refere-se, entre outros, ao testemunho de um dos seus amigos, na época membro da Academia da França, que na juventude, quando era ainda pajem na corte de Henrique IV, descobrira a já mencionada forma de assinalar o número de ladrões que operavam num dado momento nas imediações do mercado de Paris)[116] e de um número seguramente maior de suposições e boatos. A essa informação sobre um evento o autor superpõe material real ou fictício — como na ficção científica — de vários gêneros, material tirado da literatura em questão. Trata-se no entanto de um procedimento normal tanto na erudição medieval quanto na moderna, em cujo cadinho se misturam o saber livresco e o relato oral. Acrescentemos ainda que no caso do relato oral as diferenças entre o nível popular e o douto, entre a feira e a Academia da França, eram menores do que se poderia supor. Por isso não se deve tratar esse procedimento como uma forma de plágio, capaz de anular o valor do relato. Ele exige apenas que tenhamos em mente o fato de que há um elemento de mediação entre o discurso literário e a realidade social que constitui seu objeto de interesse e de descrição.

A *Histoire générale des larrons* de François de Calvi, de 1623, haure a mancheias da *Antiquité des larrons*, uma tradução da obra espanhola de Carlos Garcia editada dois anos antes. A popularidade do tema daquela história sobre ladrões, ligada à moda da literatura picaresca, devia ser considerável na França do século XVII, visto que as edições se multiplicaram de forma surpreendente. *La desordenada codicia de los bienes ajenos*, de Carlos Garcia,[117] foi publicada primeiramente em Paris em 1619 e se liga à corrente francesa do romance picaresco. Dois anos mais tarde ela apareceu em francês, traduzida por D'Audiguier,[118] responsável também por outras traduções da literatura picaresca para o francês.

Em 1623 é publicada a primeira parte da *Histoire générale des larrons*. O autor se apresenta como um nobre de Anjou, *sieur* d'Aubrincourt, que recolhera essas "*variétés admirables et histoires estranges* [...] *des plus beaux memoires de nostre temps*". O próprio frontispício já acentua o caráter compilatório da obra (nas edições seguintes o título geral passará a ser *Inventaire de l'histoire générale des larrons*),[119] uma antologia de narrativas tiradas das histórias espanholas, italianas ou francesas. No decorrer dos dois anos seguintes saem sucessivamente a segunda e terceira partes da obra; em 1636 essas partes foram reunidas num só volume, dessa vez (assim como nas edições de 1632 e 1633) com o nome cifrado do autor, F. D. C. Lyonnois, que se lê François de Calvi de Lyon.[120] No total a obra contém mais de sete dezenas de histórias sobre façanhas de ladrões, furtos famosos, arrombamentos, assassinatos, assim como biografias de ladrões e vagabundos. O número considerável de edições ao longo do século XVII e no século seguinte[121] prova o grande sucesso da obra e além disso demonstra a sua importância na difusão das informações correntes e das histórias sobre a vida dos ladrões e vagabundos.

As histórias[122] são acompanhadas por um comentário moral que julga severamente os protagonistas, anuncia o desmascaramento de suas fraudes e exige a intensificação da luta contra o delito, mas na narrativa em si o que fica em primeiro plano é a ação rápida e o caráter divertido das tramas. Independentemente da sua fonte o autor situa essas histórias em diversos lugares e em vários países. Os tempos presentes distinguem-se pelo domínio do pecado e do delito;[123] é o "século de ferro",[124] onde a violência, a brutalidade e a dureza reinam indiscriminadamente. Os ladrões italianos são famosos pela astúcia e pelos assaltos audaciosos,[125] mas é a França o país em que o número de vagabundos é sempre crescente, em que a ineficácia das ações repressivas faz com que eles ajam impunemente, tornando a vida cada vez mais perigosa. Paris é o lugar onde o autor situa a maior parte das narrativas, o que fornece a ocasião para traçar uma topografia social da cidade, para situar os focos de vagabundos e criminosos, os esconderijos habituais dos ladrões e os principais lugares onde eles agem;[126] conquanto seja difícil considerar essas tramas como relatos dos fatos da vida parisiense, os dados topográficos constituem informações essenciais e muito mais fidedignas.

Dentro desse rico material narrativo, do qual hauriram largamente outros autores franceses, alemães ou ingleses,[127] vale a pena atentar sobretudo para a caracterização do meio do ponto de vista da organização e dos costumes codificados, assim como para as carreiras típicas dos vagabundos, traçadas nos esboços biográficos.

A narrativa sobre Lucromis, que da Borgonha natal foi para Paris viver ociosamente do furto, começa por uma descrição geral da organização criada pelos ladrões: "Não obstante o fato de a companhia dos bandidos não ter nada em comum com a família humana,[128] uma vez que vive de todos os tipos de atividades infames, ela também criou estatutos para o governo interno e, nos moldes de uma república qualquer, promulgou leis e estabeleceu penas, às quais estão sujeitos aqueles que violarem os seus éditos, suas leis, constituições e ordenações, revelados pelos próprios companheiros presos pelas autoridades judiciais. Foi desse mesmo modo que Rômulo criou a república, com bandidos, fugitivos, ladrões e criminosos". Essa argumentação estilisticamente intricada é significativa sobretudo pela atribuição de um caráter estatal à república dos ladrões, cuja fundação o autor compara com a da república romana. Entre os princípios que governavam os costumes dos cidadãos do Estado dos ladrões, François de Calvi menciona em primeiro lugar três "estratagemas": o primeiro é vestir-se à maneira dos nobres, com roupa elegante e espada no flanco; o segundo, respeitar rigorosamente o segredo e o silêncio a respeito das principais práticas de sua companhia e nada confessar, mesmo se torturado; o terceiro, designar a cada um dos membros um determinado terreno de ação, para que em todos os lugares sempre haja alguém presente. Nesse último caso um dos ladrões teria revelado o modo como eles assinalavam sua presença nas igrejas (porque era esse justamente o seu principal terreno de ação, sobretudo nos feriados),[129] que vem a ser a exposição do dado referida por Sauval. Assim, a narrativa de Sauval (supostamente baseada nas informações de um amigo) tem aqui a sua verdadeira origem, o mesmo acontecendo a alguns elementos da descrição dos costumes corporativos dos ladrões (a filiação dessas descrições vai nos remeter à literatura espanhola).

O autor apresenta os costumes dos ladrões na forma da narrativa sobre um jovem ladrão a quem ele não dá nome, chegado há pouco a Paris e que se liga a um grupo de vagabundos e ladrões.[130] Após quinze dias a "assembléia dos sacripantas" ("*assemblée des vauriens*") decide que ele deve prestar o exame para mestre. François de Calvi observa que na arte dos ladrões, diferentemente de outras artes, não se exige um período de aprendizagem da profissão.[131] O candidato é encaminhado a um dos membros profissionalmente mais hábeis do bando, que o leva a um cemitério parisiense e ali lhe ordena roubar a bolsa de uma mulher ajoelhada junto a uma tumba. Descobre-se que na bolsa não há muito dinheiro, e então o companheiro experiente põe-se a chamar as pessoas, afirmando ter pego um ladrão; quando se junta uma multidão, ele próprio rouba cinco ou seis bolsas. O ladrão experiente é pego em flagrante, mas ao lhe agarrarem a orelha ficam com ela na mão, pois era falsa, e o ladrão foge rápido, assim como o jovem iniciado na profissão, que desse modo obtém o título de mestre. Esse episódio fabular foi generalizado por Sauval como um costume corporativo ritual.

Grande parte das narrativas contidas na seleção citada constituem relatos sobre bandidos famosos e bandos que operavam na França. O autor costuma associar o surgimento desses bandos à guerra e à sucessiva dissolução das unidades do exército. Os elementos da organização dos bandos derivam, nesse quadro, das instituções e dos costumes militares. Muitas vezes o autor dá aos seus protagonistas o título de capitão, atribuindo-lhes não só uma fama extraordinária mas também uma certa primazia ou poder sobre os companheiros. Na maior parte dos casos a narrativa apresenta o destino de indivíduos, tendo como fundo a história do bando, mas o tema de uma das narrativas são os destinos coletivos do bando dos Rougets e Grisons.[132]

Significativa é também a mensagem didática inserida pelo autor nessa narrativa: evocando as origens do Império Romano, fundado por quatro ou cinco malfeitores (assim, novamente voltamos à versão da lenda de Rômulo), ele chama a atenção para o fato de que a existência daqueles bandos pode representar um perigo real para o futuro político da monarquia. O bando dos Rougets e Grisons devia operar nos arredores de Paris entre 1621 e 1623, tendo seu ponto de encontro na periferia de Saint-Germain, mas aventurando-se também em outras regiões da França. Seu chefe quis ser chamado *sieur* de la Chesnay; ele impunha ao bando uma disciplina militar e observava também um singular cerimonial de admissão: por dois dias o candidato tinha de ficar sem comer num quarto fechado, e por três noites seguidas devia dormir no chão.[133] Tal iniciação daria prova da sua resistência física. O bando tinha também uma roupagem especial: uns vestiam roupa vermelha (os Rougets), outros, cinza (os Grisons). Conforme a ocasião eles se disfarçavam de nobres, burgueses, comerciantes voltando de uma feira, pintores ou camponeses;[134] sabiam também aproveitar as ligações que tinham com os criados para conseguir cópia das chaves e assim poder assaltar as casas com mais facilidade. La Chesnay foi finalmente capturado e preso junto com alguns companheiros; os bandidos foram condenados ao suplício da roda e durante a execução acusaram o seu capitão de tê-los induzido a abandonar o serviço militar e a praticar a pilhagem.[135]

As biografias do mundo do delito compõem-se de estereótipos de várias espécies: a depravação pela guerra, a má índole, a péssima companhia e a inclinação para a vida ociosa são os elementos indicados como origem da carreira criminosa. François Dornandès e Jean Langlois (ou também d'Ornandès e l'Anglois) já desde a juventude dedicaram-se ao assalto e ao furto, uma vez que essa era uma ocupação hereditária na família de ambos e além disso nenhum dos dois tinha religião. Inicialmente passaram pelo exército, e já então começaram a viver da pilhagem; quando terminaram o serviço militar continuaram a praticá-la, não poupando nem sequer os bens da Igreja e a vida dos sacerdotes.[136]

Dois vagabundos, Lucio e Petroli, naturais de Sabóia, deixaram a casa paterna e chegaram à França para viver da pilhagem porque brigaram com os pais e os odiavam.[137]

À depravação da juventude o autor associa o destino criminoso de "Petit Jacques", morto aos 25 anos, condenado ao suplício da roda. Já com onze ou quinze anos fugira de casa e vagara pela França: depois voltou para a casa dos pais, mas ao cabo de uns poucos meses roubou as economias do pai e fugiu de novo. Então se alistou num regimento, praticando a pilhagem, e apesar da baixa estatura — daí o seu apelido — conquistou a fama de bandido perigoso. Após a desmobilização do exército continuou, junto com alguns companheiros, a praticar a mesma arte. Era cruel tanto com suas vítimas quanto com seus companheiros, que acabaram por se recusar a obedecê-lo.[138]

Duas biografias mostram o modo vagabundo de vida dos ladrões e o cruzamento das diversas ocupações durante o roubo.

Arpalin, que provavelmente era natural de uma pequena aldeia na fronteira entre o Delfinato e a Sabóia, tinha uma tendência inata para o furto.[139] No exercício dessa arte foram-lhe muito úteis o conhecimento de algumas línguas estrangeiras e as experiências de sua vagabundagem pelo mundo. Misturava-se com os vagabundos e os ciganos, predizia o futuro, dançava sobre uma corda, praticava saltos e malabarismos.[140] Às vezes se fazia passar por capitão dos mendigos-vagabundos chamados *narquois*, cuja linguagem dominava perfeitamente. Disfarçado de malabarista muitas vezes andava com aqueles vagabundos pelas feiras. Aliás sempre se fazia passar por outra pessoa: ora um nobre ora um capitão, um soldado, um operário ou um mendigo. Atribuía-se profissões e nacionalidades diversas, conforme o lugar em que se encontrava. Ao partir para algum assalto disfarçava-se freqüentemente de mendigo, cobria todo o rosto com uma atadura, para não ser reconhecido, ou se fingia de cego, andava de muletas e pregava os braços falsos, para poder mais facilmente roubar as bolsas com suas próprias mãos. Algumas vezes fingia ser árabe ou médico do xá da Pérsia, outras se apresentava como judeu convertido. O bando que acompanhava Arpalin fora devidamente selecionado, de modo a poder contar com representantes de diversas artes e capacidades.[141] Uns sabiam falsificar chaves, outros arrombar casas sem fazer nenhum barulho, usando ferramentas especiais. Deslocavam-se de uma cidade a outra, em toda a Europa, mantendo sempre Arpalin como chefe.

A segunda biografia apresenta Maillard, que durante seis anos fora mendigo, e um dos mais capazes, e só então havia se tornado ladrão.[142] Ele mendigava na corte real, fazia parte dos cortejos de aristocratas e das expedições militares. De manhã adquiria o aspecto de um ferido ou de um doente grave, outras vezes inchava, fingindo sofrer de hidropisia.[143] Em seguida abandonou a mendicância para se tornar ladrão, e em pouco tempo ficou tão famoso nessa profissão que se pode concluir que a mendicância é uma boa escola para o ladrão.[144] No início agia disfarçado de nobre, nos lugares em que se podia conseguir as bolsas mais cheias. Capturado e preso, após a fuga da prisão mudou de costumes e de especialização e começou a trabalhar de noite, cortou os cabelos e a barba para que ninguém o pudesse reconhecer, agora se disfarçando quase sempre de eremita piedoso e roubando principalmente os camponeses. Às vezes fingia-se de louco, o que atraía ao seu redor uma multidão de ingênuos; enquanto isso seus companheiros, aproveitando-se da barafunda, roubavam as bolsas. Depois deixou Paris com os companheiros e dedicou-se à pilhagem nas florestas de Senlis, onde enfim foi capturado e executado.

O quadro do meio dos ladrões[145] e as biografias dos criminosos mostram uma mescla de ocupações diversas dentro da condição de vagabundo, mas ao mesmo tempo traça uma especialização interna em cada profissão assim como as estruturas corporativas da sua organização. A diversidade em relação à categoria dos mendigos não impedia que a organização interna e as estruturas profissionais dos dois grupos fossem semelhantes.

Na representação da organização social da monarquia do *argot* pudemos observar que o determinante fundamental da participação em tal monarquia é a mendicância, entrelaçada com o logro, a esperteza e a charlatanice de várias espécies. Fora dessa monarquia ficam o banditismo, a pilhagem sangrenta, a criminalidade ligada à violência. Na esteira do determinante profissional dessa "organização política" da comunidade dos mendigos e vagabundos vem o quadro da divisão social do trabalho como base da diferenciação interna. Às vezes essa divisão é expressa em formas e terminologia políticas, às quais se superpõem os conceitos de Estado, privilégio, dependência ou homenagem, mas o principal "decalque" de pensamento parece se referir ao regime das corporações da cidade. Esse fato também tem repercussões sociais muito diretas. A participação dos grupos marginais na vida social e a peculiar "socialização" dos mesmos se realizava justamente na organização corporativa, como podem testemunhar a confraria das prostitutas da Paris medieval e as confrarias que operavam nas igrejas. Isso também enfatiza a ligação do mundo dos mendigos e dos vagabundos com a cidade. Os conflitos entre os mendigos do campo e os da cidade, dos quais já falamos, não alteram esse fato, já que representam apenas uma transposição das contradições entre a cidade e o campo para a monarquia do *argot*.

COMUNIDADE DE LÍNGUA, COSTUMES E HISTÓRIA

O caráter compacto da monarquia do *argot* e da organização corporativa dos elementos que a constituem é acompanhado pelo senso de unidade e solidariedade dos seus membros. Tratamos aqui sempre da imagem literária que nos é fornecida pelas obras sobre os "homens do jargão", mas podemos em princípio considerá-la correspondente à realidade. Nas sociedades tradicionais a convivência social produzia sobretudo a solidariedade local, originada nos vínculos de vizinhança tanto quanto nos profissionais. Mas a participação numa ordem social e a relação com o privilégio davam origem a uma solidariedade de alcance mais amplo, consolidada por organizações e instituições de várias espécies (como as confrarias cavalheirescas, as guildas e as hansas mercantis, os grêmios artesanais das cidades e intercidades), como também por signos distintivos de participação que produziam um certo sistema de identificação e de cumplicidade (roupa, insígnias heráldicas e corporativas). Em ambos os modelos da comunidade dos mendigos, o político e o corporativo, as estruturas organizacionais são acompanhadas de um quadro de solidariedade entre os homens e de consciência comunitária. A forma mais geral de manifestação desse fenômeno é a nomenclatura que os homens do *argot* usam para se identificar: a partir do momento da iniciação o indivíduo se tornava "companheiro" (*fanandel*),[146] e essa era a forma de tratamento nas conversas e manifestações públicas, ao passo que na comunidade uma denominação adicional mas muito importante era o termo "irmão" (*frères*), que já não recorre ao jargão. A consciência comunitária pode ser observada em três planos: na língua, nos costumes e na ideologia.

O plano da língua é mais evidente e ao mesmo tempo mais fidedigno. Ao analisar as descrições concernentes ao meio dos mendigos afirmamos continuamente que a descrição se baseia na identificação de uma palavra ou de um termo, que o campo de referência imediato da descrição é a realidade lingüística e não a realidade social. Em outras palavras, a linguagem distinta foi considerada expressão e testemunho de um meio distinto; do fato da existência de tal linguagem se deduz a existência de um Estado ou de uma "nação política", ao passo que dos termos que definem os procedimentos e os grupos de homens se tira a conclusão de que há uma divisão de trabalho e uma profissionalização no meio que usa aquela linguagem.

A longa duração do *argot* como fenômeno sociolingüístico (atestado na literatura francesa a partir do início do século XIII), a heterogeneidade dos testemunhos que temos a nosso dispor, tanto na documentação histórica quanto na criação literária, permitem considerar justificada tal convicção. É preciso no entanto lembrar que desde Villon aquela linguagem secreta se torna uma questão de interesse literário, e que no século XVI — assim como no século anterior acontecera com o furbesco no círculo das elites artísticas e culturais italianas — surge uma espécie de moda do jargão. O tipógrafo e gramático francês Geoffroy Tory registra em 1529 algumas correntes lingüísticas que afetam a pureza da língua nacional. Ao lado dos "latinistas" ("*escumeurs de latin*", que introduziam expressões latinas), dos espirituosos que distorciam as palavras (assim como mais tarde fariam os escritores burlescos) e dos "ferreiros de novas palavras", havia ainda os *jargonneurs*, que introduziam na língua a fala dos velhacos. Em relação a essa última categoria, bem como a Villon, que iniciara tal tradição, Tory é severíssimo.[147] O uso do jargão se tornou então uma forma de divertimento lingüístico e literário; o jargão se desprendeu de suas funções sociais e técnicas. Importância menor tem aqui o fato de que em conseqüência da decodificação e difusão o *argot* tenha perdido o caráter secreto, já que o próprio mistério da linguagem não era o seu atributo fundamental. Nas mãos dos escritores ele precisava ganhar uma funcionalidade literária e adquirir um caráter mais autônomo e global, em relação à língua universal, do que poderiam exigir as necessidades primordiais do meio que a criara. Se aceitamos que o fato da existência dessa linguagem é indubitável e que em boa parte são dignas de fé as suas sucessivas descrições, não podemos considerar o acervo de palavras e expressões divulgadas no decorrer de alguns séculos da Idade Moderna como um saber acumulado sobre essa linguagem que funcionava como "estrangeira" entre os "seus". Sem querer entrar aqui numa problemática filológico-histórica, que já tem uma enorme bibliografia,[148] vale a pena questionar o papel social que os escritores dos séculos XVI e XVII atribuíam ao jargão.

As primeiras informações sobre o jargão definem-no como a língua dos vagabundos (*gergons*, *vulgare trutanorum*), enquanto no repertório do teatro religioso francês do século XIV aparecem na boca dos mendigos expressões incompreensíveis, que podem ser consideradas jargão. No entanto é difícil estabelecer os limites entre de um lado uma terminologia popular, de rua, e de outro uma terminologia técnica e especializada, de caráter específico. Em todo caso os documentos medievais não permitem definir qual era o alcance social do jargão e a que grupos sociais ou profissionais ele correspondia. Um texto do século XIV, falando do jargão como de uma "língua baixa", afirma que ele é usado pelos mascates.[149] Concordaria com isso a informação contida tanto em *La vie généreuse* quanto em *Le jargon*, que parece refletir a tradição oral segundo a qual em sua forma mais completa a língua secreta, o jargão, teria surgido justamente entre os mascates. Os meios dos mascates, que pelo seu modo de vida específico, semi-itinerante, distinguiam-se das outras categorias do mundo do artesanato e do comércio, e ao mesmo tempo tinham constantemente ocasião de conhecer diversas línguas e dialetos de vários países, criaram as suas próprias línguas.[150] Parece pouco provável que a evolução de uma língua particular dos vagabundos parisienses pudesse ocorrer através de um simples empréstimo da língua dos comerciantes pelas outras categorias de vagabundos. *La vie généreuse* contém um vocabulário do jargão com 146 termos, definido como "*mots de blesche*", ou seja, o vocabulário da linguagem dos *merciers*. Um certo número de termos dessa lista está realmente ligado à profissão dos comerciantes-distribuidores (de outro modo não se poderia explicar a presença de palavras que definem os alfinetes ou as agulhas).[151] Analogamente, na lista das palavras "usadas pelos ladrões, comerciantes-distribuidores e mandigos", que contém 75 termos e expressões do jargão, encontramos algumas expressões ligadas ao tipo de comércio praticado pelos vendedores ambulantes. Vale a pena observar também que a comparação da lista de *La vie généreuse* com aquela apresentada por Bouchet (as duas obras são contemporâneas) mostra apenas doze palavras comuns (às vezes com explicações diferentes: na primeira lista "*courbe*" significa "braço", e na segunda, "perna").[152] *Le jargon* apresenta um vocabulário de termos técnicos ou profissionais, um certo número de palavras ligadas ao comércio ambulante, mas a maior parte delas se refere à mendicância e ao furto.

Não há base suficiente para que se possa considerar dignas de fé as palavras de Olivier Chereau, segundo o qual os *merciers* empobrecidos por esbanjar suas mercadorias e gastar o dinheiro na pândega haviam encontrado nas feiras os mendigos-vagabundos, "aos quais se uniram ensinando-lhes sua própria língua e seus próprios ritos. Os mendigos, movidos pela compaixão, ensinaram-lhes a mendigar".[153] Não creio que tal afirmação possa ser considerada o testemunho de um fenômeno real, a saber, a troca do instrumento léxico pela habilidade de mendigar. O léxico do jargão do século XV, conhecido pelo processo de Dijon e pelas baladas de Villon, não está ligado à profissão de mascate. Porém é provável que a linguagem particular dos comerciantes se tenha formado mais cedo, exercendo posteriormente uma importante influência sobre outras linguagens particulares de grupos marginais.

Há um certo abuso da palavra quando se fala de língua em relação a conjuntos léxicos bastante pobres que constituem uma espécie de excrescência parasitária no corpo da língua geral. Mas na consciência dos homens daquela época essa particularidade léxica aparecia como uma língua. Mudavam os seus nomes: as denominações originais "*jargon*" e "*joblin*", na obra de Villon, e "*jargon*" e "*blesquien*", em *La vie généreuse*, são aos poucos substituídas pelo termo "*argot*", difundido provavelmente por Olivier Chereau, para quem a palavra definia as pessoas que se exprimian em jargão e a monarquia delas; já no século XVII tal nome começou a ser usado para definir unicamente a língua.[154] Porém é evidente que o aparecimento de um termo particular, assim como as suas mudanças, confirmam que esse léxico era considerado uma língua à parte.

Levando em consideração apenas os aspectos sociológicos da questão do jargão, isto é, do *argot*, pode-se afirmar que isso não estava longe da verdade. A introdução no léxico em uso de um certo número, ainda que pequeno, de conceitos e expressões de diversas origens — estrangeira, dialetal, anacrônica ou especial — é suficiente para tornar o discurso incompreensível para os não-iniciados. Na opinião social foi percebido em escala de massa sobretudo esse aspecto de segredo, que aquela linguagem havia produzido e do qual se servia. É um aspecto importante sob vários pontos de vista: aos ladrões e trapaceiros tal linguagem secreta oferecia obviamente muitas vantagens técnicas no exercício da profissão. Mas esse caráter secreto da linguagem dos vagabundos e dos ladrões tinha uma importância mais sociopsicológica do que utilitária, técnico-profissional. Era acima de tudo um elemento de distinção do grupo em relação à sociedade, um signo de comunidade, um sinal de solidariedade. No complexo léxico[155] os grupos mais amplos poderiam ser atribuídos, por assim dizer, a um discurso social e a um discurso de taberna. O primeiro compreende as denominações das categorias de homens, tanto do seu próprio meio quanto da estrutura social global e das instituições a ela ligadas, incluindo os principais "lugares sociais" da vida dos vagabundos: a estrada, a prisão, o patíbulo. O segundo envolve os assuntos que são objeto da vida social e da conversa na taberna: questões de proventos, dinheiro, comida, bebida e da problemática fisiológica e sexual.

Sabe-se da importância desse último grupo na língua corrente ou vulgar: a ampla presença desse tipo de vocabulário no jargão pode ser considerada um testemunho da extensão de seu funcionamento lingüístico, pois mostra que essa linguagem especial dos vagabundos e criminosos não se limitava aos quadros do léxico técnico, que cada ofício produz, e servia à vida social específica dos grupos marginais. Assim, como traço característico do jargão o segredo, ao contrário do que se costuma afirmar nos estudos sobre o assunto, não está tão relacionado com as profissões e nem tem funções preponderantemente profissionais, pois suas funções são sobretudo sociais, como sinal distintivo do grupo e um dos principais fatores da sua integridade.

No discurso erudito que nos séculos XVI e XVII registrou o jargão criminoso, a admiração por sua riqueza é um fenômeno freqüente, e de modo algum se restringe ao círculo de autores que com a decifração dos costumes do meio dos mendigos procuravam o sucesso entre o público leitor. O douto humanista Henri Estienne surpreendeu-se pela perfeição que em seus tempos atingira o jargão como linguagem secreta dos vagabundos.[156] Guillaume Bouchet compilou uma coleção de expressões do jargão justamente para convencer os ouvintes e leitores de que se tratava de uma língua bastante rica, capaz de suportar a comparação com o hebraico, o grego ou o latim.[157] Essas palavras exageradas adquirem significado no contexto da consciência social da época, porque mostram que o fenômeno do jargão foi considerado algo completamente diverso dos dialetos. O argumento com o qual se justificava tal enfoque era a riqueza léxica, embora, ao que parece, a própria consciência do seu funcionamento no grupo fosse o elemento mais substancial para considerar o jargão uma língua autônoma. Assim, a importância que o discurso científico da Idade Moderna atribuía à linguagem secreta dos vagabundos derivava menos das razões ligadas à sua própria existência do que do interesse pela realidade social que esse código servia e exprimia.

Tratando o jargão desse modo os escritores dos séculos XVI e XVII viam nele sobretudo o mais importante instrumento do estilo de vida criminoso, o conjunto fundamental dos procedimentos técnicos que possibilitavam a fraude e também, na visão da organização monárquica do meio dos mendigos e dos vagabundos, uma espécie de fronteira estatal, um fator de identificação. Ao tratar o jargão desse modo fazia-se do segredo o seu atributo fundamental. A revelação do segredo, a decodificação da linguagem, privava-o dessas funções essenciais. *Response et complaincte* exprime uma convicção significativa: "Infeliz, desesperada e assolada Monarquia! Que desventura! Que desastre, que coisa triste te aconteceu! Agora, pobre *Argot*, já se cumpriu o teu destino. O infame traidor, que mal te fizeram aqueles pobres homens do *argot* para que revelasses, de forma tão estranhamente traiçoeira, os seus segredos? Chegou a hora, eis o fim de todos os mendigos, dos quais todo o mundo caçoa e que já não podem mais encontrar qualquer ajuda. Que o pranto escorra, portanto, das úmidas fontes dos meus olhos, e que a eles nunca faltem lágrimas para deplorar essa desventura".[158] A revelação do jargão fez dos mendigos objeto de riso; todos agora se dirigem a eles em jargão e ninguém quer lhes dar esmola. Portanto, se os *cagous* e os *archisuppôts* não tomarem alguma medida "tudo estará perdido e a Monarquia será derrubada".[159] A essas palavras de um mendigo "órfão" (*orphelin*) um *archisuppôt* responde que mesmo se todos os traidores da terra se reunissem não conseguiriam derrubar a monarquia do cajado. A revelação do jargão a feriu dolorosamente, mas a ferida é curável. É costume dos mendigos alterar de vez em quando parte da sua linguagem secreta. Com efeito, já *Le jargon* notara no fim do seu dicionário que há pouco os *archisuppôts* haviam decidido trocar certas palavras, mais precisamente doze definições: a cabeça era antes chamada *calle* e depois *tronche* etc.[160] Essa lista de mudanças é pequena, representa apenas a vigésima parte do léxico (em relação ao número de palavras contidas no vocabulário de *Le jargon*); é óbvio afinal que se tratava de uma forma de racionalização das diferenças léxicas existentes entre as palavras contidas em *La vie généreuse* e aquelas citadas em *Le jargon*. As transformações que no léxico do jargão ocorrem de modo natural e espontâneo são atribuídas por nossos autores à atividade consciente daqueles sacerdotes da língua que deviam ser os *archisuppôts* (e justamente se fazia uma analogia entre esse grupo e a Academia Francesa, que então estava nascendo).[161] *Response et complaincte*, referindo-se ao exemplo das alterações introduzidas anteriormente, parece supor que em conseqüência dessa traição radical os "homens do jargão" são obrigados a escolher: ou mudam parcialmente sua linguagem ou recorrem a uma mudança completa. Nesse caso os doutos deveriam providenciar um novo jargão, que posteriormente ensinariam a todos os irmãos da assembléia dos estados gerais da monarquia do *argot*.[162]

Essa visão de uma linguagem secreta privava o jargão de qualquer espontaneidade em sua formação e desenvolvimento, submetendo-o a decisões arbitrárias e petrificando seu caráter convencional. A realidade, que se pode observar já num reconhecimento preliminar do léxico, é muito mais dinâmica. Convém anotar primeiramente a diferenciação da linguagem. Atendendo a diversas categorias profissionais no meio dos marginais, o jargão não só toma de cada ocupação termos técnicos e profissionais mas também conserva algumas estruturas diversas, próprias de cada uma dessas profissões. François de Calvi, na *História dos ladrões,*[163] e François Garasse, na *Doutrina*[164] — as duas obras são de 1623[165] —, acentuavam a diferenciação que a linguagem apresenta nas diversas categorias do meio dos criminosos e vagabundos. Os ladrões-malfeitores têm a sua linguagem secreta, assim como os mascates e os mendigos, e também os prisioneiros dispõem de alguns termos próprios.[166] O modo de vida desses grupos criava óbvias ligações entre eles e fazia com que o léxico próprio de cada um entrasse na linguagem comum. A coexistência de diversos conceitos sinonímicos prova que o léxico dessa linguagem estava sujeito a evolução e tinha uma dinâmica própria determinada pelo tempo e também pelo espaço, já que os dialetos locais forneciam um número considerável de expressões e definições.

No caso da língua grupal temos de lidar com uma série de informações radicadas na realidade social e que ao mesmo tempo a refletem. Com relação aos costumes daqueles grupos as coisas são diferentes, pois temos à nossa disposição apenas descrições onde a procura de diversidade e exotismo nem sempre convive com a preocupação de fornecer um quadro detalhado. O ponto de partida de tal diversidade de costumes é a própria linguagem especial como meio de compreensão recíproca, seguida por determinados hábitos e rituais. François Garasse, na obra mencionada, ocupa-se dos mendigos-vagabundos também do ponto de vista dos laços que os unem. Após constatar que existe entre eles uma "cabala secreta", compreensível apenas aos "irmãos" iniciados, Garasse escreve: "Há palavras da cabala que são ditas, apenas ao ouvido, entre os mendigos: além de expressões próprias eles têm também suas próprias máximas e leis, sua organização, crenças particulares, modos e manobras para fugir no caso de serem descobertos".[167] Essa ênfase nas leis próprias aparece com certa freqüência nas descrições, pois representa uma confirmação da autonomia desse meio como sociedade política. A diversidade dos costumes ou da cultura é simplesmente uma conseqüência e um prolongamento desse fato.

É o que mostra Sauval, de uma forma mais completa, no retrato que traça do pátio dos milagres[168] parisiense. Na descrição dos seus habitantes podemos encontrar alguns traços do modo de vida, os quais se enquadram num sistema bastante compacto.

O primeiro traço é o ócio e a prática de todos os delitos possíveis. No estilo de vida dos vagabundos e mendigos cumpre-se de fato uma espécie de realização da utopia popular, do sonho do país onde escorrem o leite e o mel, do país da Cocagne, do Schlaraffenland, onde sem trabalho se conseguem os meios de subsistência. Isso se expressa na irônica introdução de *Response et complaincte*, que pede piedade para os súditos do "Estado do *argot*, já que não é por sua culpa" que o trigo não cresce sem ser semeado e que as vindimas não se fazem duas vezes por ano".[169] O padre Garasse reprova severamente os mendigos profissionais, "esses grandes vagabundos, que pensam apenas em se aquecer ao sol e coçar a barriga".[170] Sauval nota asperamente que os habitantes do *cour des miracles* vivem do roubo, engordando no ócio e na gula, e não desdenham nenhum delito.[171] A rejeição da ética do trabalho acompanha a negação das normas fundamentais da ordem social.

Um dos traços fundamentais da vida dos vagabundos é uma valorização particular do momento presente, do dia atual, sem qualquer preocupação com o futuro. De acordo com Sauval isso se manifesta sobretudo no consumo imediato, no hábito de comer à noite tudo o que durante o dia conseguiram recolher com grande esforço, e eventualmente a preço de pauladas nas costas. Essa é uma das leis fundamentais do pátio dos milagres: não deixar nada para o dia seguinte.[172] Esse singular desperdício no consumo e essa prodigalidade representam uma versão negativa dos princípios tradicionais de economia doméstica e das principais virtudes burguesas.

A inversão dos princípios caracteriza também os costumes sexuais, em cuja matéria domina a devassidão. Todas as mulheres se prostituem. Não se respeita nenhum princípio da vida familiar. Uma vez que as crianças são um meio de ganhar a vida, as mulheres pagam para poder ser mães.[173]

Essa devassidão geral abrange também o campo religioso. Todos são libertinos, mas fingem acreditar em Deus. Num canto do pátio dos milagres parisiense eles haviam colocado até uma estátua de Deus Pai roubada de alguma igreja, e a cada dia rezavam na frente dela. Mas faziam-no apenas porque supersticiosamente imaginavam que assim ficariam isentos dos deveres devidos pelos cristãos ao pároco e à paróquia, assim como da obrigação de freqüentar a igreja, onde entravam somente para mendigar e roubar. A palavra "supersticiosamente" tem nesse contexto a sua importância, porque descreve como o meio dos mendigos acreditava estar inscrito no círculo da danação, sem uma justificação particular. A justificação efetiva de tal conceito é representada pelas descrições do modo de vida e do "trabalho" de cada uma das categorias de mendigos, vagabundos ou ladrões contidas nos panfletos citados. Os mendigos não respeitam nem mesmo os preceitos fundamentais da vida cristã, não reconhecem o batismo, o matrimônio e nenhum sacramento.

Podemos observar nessa apresentação uma intensificação dos elementos negativos, isto é, a inversão das normas fundamentais da vida social, do programa de "economia doméstica", das crenças e dos costumes sexuais. Tudo isso confere à sociedade do *argot* uma estrutura de total diversidade de costumes, cujo sinal exterior era constituído pelos rituais que acompanhavam o ato de iniciação.

No caso dos costumes do meio dos vagabundos já constatamos a dificuldade de relacionar à realidade as informações contidas nos panfletos, tratados ou obras literárias. O mesmo se dá, e em grau bem maior, com relação à ideologia dos mendigos traçada em algumas das obras dessa literatura. Tal ideologia é exposta de forma mais completa em *Response et complaincte*, de 1630.

O problema fundamental é a questão do juízo sobre o valor moral da pobreza, da condição de mendigo, assim como da própria fundamentação da esmola. Discursos a respeito desse tema aparecem freqüentemente sob a pena dos escritores dos séculos XVI e XVII. Basta recordar o diálogo dos mendigos nos *Colóquios* de Erasmo, onde se apresenta a reforma da assistência social nas cidades nos anos 20 do século XVI, bem como as atitudes dos mendigos perante ela. Na literatura mais moderna a problemática da pobreza era examinada no contexto da controvérsia entre a necessidade da caridade cristã e a coerção da assistência social.[174] No contexto da crise da profissão de mendigo provocada pela publicação de *Le jargon*, Erasmo examina a questão do lugar do mendigo na sociedade num diálogo que tem como interlocutores um "órfão" — simples membro da comunidade dos mendigos — e um *archisuppôt*, representante da elite intelectual desse meio.

A caridade da esmola, argumenta o *archisuppôt*, é um preceito de Deus, e será recompensada no Juízo Final, de uma forma proporcional à caridade oferecida, enquanto a recusa de ajuda será severamente punida. Basta lembrar a parábola do mau rico e do pobre Lázaro; um certo *cagou* contou-a aos mendigos, para consolá-los num momento difícil. Igualmente reconfortante é o exemplo do rei são Luís, que lavava os pés dos pobres, ou o de são Francisco, cujo amor à pobreza era tanto que ele a declarou sua esposa. "Assim", diz o *archisuppôt*, "Deus está conosco e pune severamente aqueles que não dão ricas esmolas."[175]

O órfão pergunta então se os mendigos não são filhos de são Francisco, já que a pobreza é a sua mãe. A resposta é uma exposição da doutrina da pobreza.[176] Havia duas irmãs que tinham o nome de pobreza: a primeira era a pobreza voluntária, de aspecto nobre e belo; a segunda era a pobreza por necessidade, de aparência vulgar e abominável. Elas foram geradas após o dilúvio por um dos filhos de Noé com a sua esposa, Necessidade (*Necessité*). A segunda irmã, a pobreza por necessidade, era voraz, briguenta e odiada pelos pais e por todos os outros; foi expulsa e, fugindo da perseguição, encontrou abrigo na casa de um carvoeiro. Ficou com ele, e justamente desse casal nasceram os pobres "à força". Sua irmã mais nova, a nobre e bela Pobreza voluntária, sofria (por causa da irmã) porque ninguém pedia a sua mão. Finalmente Jó se apaixonou por ela e depois também alguns filósofos, como Diógenes, mas nenhum quis desposá-la, até que o fez Jesus, e assim ela se tornou santa Pobreza. Venerada e adorada durante longo tempo, acabou por ser abandonada, até que são Francisco a desposou, e dessa união nasceram os filhos de são Francisco.

Portanto os mendigos são primos dos filhos de são Francisco,[177] e poderiam até se tornar seus irmãos, se quisessem abandonar a confraria dos ladrões ("*le serment de la petite flambée*") e deixassem de roubar e enganar, unindo em matrimônio a pobreza voluntária e a pobreza por necessidade. A perspectiva de uma vida honesta e de uma proibição absoluta do furto não é porém agradável aos pobres, que preferem pensar na conservação da sua monarquia do *argot*. Protegem tal monarquia não só a linguagem secreta mas também o próprio modo de vida dos seus membros, mais fácil de admirar que de perseguir.[178] Outro elemento de coesão da monarquia é a sua história. Na assembléia consultiva, convocada pelo *grand coësre* no Porto do Feno de Paris, o *archisuppôt*, relatando sua conversa com um certo nobre sobre o estado da monarquia e sobre o seu futuro, expõe a história da monarquia "segundo a opinião dos mais célebres historiógrafos do *argot*".

O início da monarquia remonta à destruição de Tróia, quando um número enorme de pobres foi obrigado a deixar a cidade. Seu grande período de crescimento foi a época de Átila, que dominou os godos; então, abatidos pela guerra, os soldados abandonavam as fileiras do exército: preferiam furtar e esmolar a continuar no combate. Chegaram a tal perfeição nas artes da fraude e da vagabundagem que estas ganharam o nome de "artes dos godos", e precisamente dessa definição nasceu o termo *argotiers*. Depois se uniram a eles os mascates, dos quais tomaram a língua e as cerimônias, e graças a quem a monarquia floresceu e chegou à sua maior importância. Daí em diante esse crescimento foi um processo contínuo; de tempos em tempos se alterava uma parte do léxico para que o segredo da língua pudesse ser conservado.

Nesse quadro pode-se ler apenas o que ele efetivamente transmite: um discurso meio erudito meio burlesco sobre a doutrina. Significativo é o modo como aqui se pensa a sociedade política: a uma construção institucional, estatal e cultural atribui-se uma plena consciência da autonomia social e uma doutrina global, que racionaliza a situação real desse meio, justifica a sua existência e programa o modelo de suas relações com a sociedade. Nesse mecanismo de projeção sobre outros grupos étnicos ou sociais do conhecimento sociológico ou etnológico da própria sociedade revela-se a mentalidade dos homens da Idade Moderna e não a consciência de grupo da comunidade apresentada. Podemos supor que essa construção tão elaborada fosse fundamentada em alguns elementos autênticos de auto-reflexão daquele meio. O princípio da caridade não era de fato um tema limitado às reflexões teológicas e sim um elemento universalmente compreensível ou universalmente discutido. Se não fosse o *cagou* a contar aos mendigos as histórias do mau rico e do pobre Lázaro, de são Francisco e de são Luís, elas seriam narradas no púlpito e na literatura popular, ganhando cada vez mais detalhes e anedotas. Refletiam sobre o assunto não só aqueles que davam esmola mas também os que a recebiam e nela baseavam a sua existência. O diálogo de *Response et complaincte* expõe, ao lado da mensagem didática contida na história das duas irmãs Pobreza, um simplérrimo tema de esperança dos mendigos, qual seja, que a reforma moderna da assistência social não abale a caridade tradicional.

Significativo é também o amplo espaço que a história do meio ocupa nesse esboço da doutrina ideológica dos mendigos. Uma monarquia exige uma história; uma sociedade, uma comunidade étnica ou estatal precisam de uma memória do passado. As origens lendárias que inscrevem essa comunidade em duas ordens históricas — a bíblica e a clássica, a da história da descendência de Noé e a da história da Guerra de Tróia — são típicas dos procedimentos historiográficos medievais, que ainda se conservam na cultura popular da época moderna. A crítica moderna a tais procedimentos alude claramente ao papel dessas lendas nas narrativas sobre a monarquia dos mendigos. Porém ela é um "mundo às avessas", cuja construção não só surpreende mas também faz rir. No fim das contas é justamente para isso que surge essa construção literária: assusta um pouco, surpreende um pouco, mas sobretudo faz rir. Porém não haverá alguns elementos reais nessa argumentação segundo a qual a monarquia dos mendigos tem uma filosofia da história e uma história próprias?

As narrativas sobre as origens lendárias são acompanhadas por uma argumentação ainda mais importante sobre a história mais recente, sobre a tradição. *La vie généreuse* insere nas biografias individuais a descrição das três comunidades apresentadas, e as anedotas incorporadas em tal descrição mostram acontecimentos e questões contemporâneos ou que os precederam em algumas dezenas de anos. *Le jargon* se refere ao testemunho da história dos *merciers* fornecido pela Antigüidade e pelos "doutores do *argot*":[179] quando os reis da França fundaram as feiras de Niort, Fontenay e de outras cidades de Poitou o número de mascates cresceu imensamente, e para pôr fim a tal proliferação eles constituíram a sua própria corporação, definiram sua própria língua e suas próprias cerimônias, que deviam ser ensinadas pelos professores do comércio ("*Les professeurs de la mercerie*"). Posteriormente os comerciantes falidos uniram-se com os mendigos numa só organização. Sua sorte sofreu várias mudanças: mudou o lugar de reunião dos estados gerais e também o léxico, a "monarquia" passou por perigosas crises e rebeliões.[180] As experiências e os acontecimentos são objeto de narrativas que circulavam entre os homens do *argot*.

Esse tipo de argumentação histórica não cabia no estilo tratadista e erudito de Sauval. Por isso ele o utiliza referindo-se à tradição como fonte.[181] Assim, "diz-se" que foram os estudantes depravados que deram início àquele reino, com monarca, língua, leis e funcionários próprios, levando a uma união, junto a si, dos mendigos, batedores de carteira (*coupeurs de bourses*) e ladrões (*vo-*

leurs). "A tradição diz"[182] que o jargão desse reino é o mesmo do qual se serviram, entre si, os antigos *merciers* quando freqüentavam as feiras em Poitou.

Não há razão para supor que de fato não existissem elementos de tal tradição na consciência do meio dos mendigos e vagabundos. No plano do discurso que tínhamos definido como "de taberna" cabem de fato os elementos de tais narrativas sobre o passado, que explicam a existência da linguagem comum ou das formas de organização corporativa. A literatura popular às vezes produzia, às vezes conservava, a memória do passado. Isso se aplica sobretudo às narrativas sobre os ladrões lendários ou sobre os mendigos famosos. A mencionada narrativa sobre o capitão Ragot cumpria decerto esse papel duplo. Na história do mendigo Tailleboudin, de Noël du Fail, encontramos a informação de que fora Ragot quem definira os costumes e as leis que, mesmo sem nunca terem sido escritos, vigoravam então em toda a comunidade.[183] Aqui a lenda se entrelaçava com um evento autêntico, dando dimensão histórica à existência daquela comunidade e criando também um senso histórico dos laços comunitários.

A SOMBRA DA GRANDE RECLUSÃO

O tratado refutativo do padre François Garasse une a descrição dos diversos costumes dos "ciganos, mendigos e ladrões" à condenação dos mendigos profissionais, que privam da esmola os pobres em estado de necessidade. As autoridades competentes deveriam, segundo o polemista, um jesuíta francês, vigiar as cidades para que estas "não se enchessem de semelhantes vermes".[184] Uma anedota apresentada em tom de compaixão para com os mendigos, que apesar da esperteza e do conhecimento das fraudes muitas vezes caem no tipo de armadilha narrado, é típica em sua articulação. Alguns anos antes o vice-rei da Sicília afirmara que a região, devido à sua prosperidade, se enchia cada vez mais de mendigos enquanto nas galés reais havia falta de mão-de-obra. Por isso anunciou, na época do Carnaval, competições públicas de saltos, "prometendo uma pistola por um salto a tal ponto, dois ducados por um salto a tal altura". E eis que todos aqueles que ainda há uma semana estavam deitados nas portas das igrejas cobertos de úlceras e feridas, incapazes de se mexer ou aleijados, tinham se apresentado naquele dia "tão fortes como os melhores participantes dos jogos olímpicos".[185] Lá os esperava uma surpresa, pois aqueles que ganhavam uma pistola mostravam-se ao mesmo tempo aptos para o trabalho e eram mandados às galés por dez anos. Num tom semelhante os convidados da *serée* sobre os mendigos comentaram no opúsculo de Bouchet sobre o estratagema usado por um cardeal para mandar embora do albergue sob a sua tutela aqueles que estavam aptos para o trabalho. Ele levou ao albergue um criado disfarçado de médico que examinou os doentes e declarou que havia uma possibilidade de cura para todos. Bastaria assar vivo um deles e em seguida "untar-se por duas ou três manhãs com a gordura que dele saísse, para que todos — jurava por sua própria vida — recuperassem a boa saúde e a destreza". O "médico" prometeu voltar no dia seguinte para designar, com um sorteio, quem seria a vítima. Mal saiu do hospital e todos começaram a fugir para o mais longe possível daquela cidade: uns por medo de ser curados e obrigados a trabalhar, outros temendo ser sorteados.[186]

A crueldade do humor dessa facécia deve ser interpretada não só em relação ao teor literário da série de conversas de burgueses mas também no plano das atitudes do meio burguês com relação aos pobres e mendigos. A anedota, além do seu significado imediato de "enganar os enganadores", alude ao conjunto de meios de repressão que fazem parte da moderna reforma da assistência social. Essa mudança de atitudes sociais e a política de repressão contra os vagabundos e mendigos representam o verdadeiro contexto do quadro da monarquia do *argot* na literatura francesa dos séculos XVI e XVII.

A transformação das atitudes perante os mendigos na Idade Moderna é um processo lento e complexo, que dificilmente pode ser reduzido a uma tendência unívoca. Uma pesquisa detalhada sobre a situação local, sobretudo nos centros menores, ainda está para ser feita. Já se disse com razão que os arquivos locais das pequenas cidades mostram um quadro diferente daquele que emerge das pesquisas sobre as grandes cidades e testemunham a permanência durante todo o século XVII, esse século da "reclusão", de atitudes de caridade em relação aos mendigos assim como da doutrina tradicional de glorificação da pobreza e da esmola.[187] O século XVI, a começar pela crise que abrira o seu segundo quartel, permanecia sob o signo do grande medo provocado pelas massas de miseráveis esfomeados que apareciam ao pé das muralhas e dentro das cidades nos períodos de má colheita. Nas iniciativas institucionais tomadas ao longo desse século as idéias do humanismo e da reforma cristã chocavam-se com a verdadeira necessidade social.[188] A eficácia de tais iniciativas era limitada, dependia da situação de cada local e do grau de intensidade da miséria. O surgimento, a falência e o ressurgimento das Agências dos Pobres no decorrer do século XVI parecem testemunhar o insucesso das iniciativas. Todavia essas agências representavam uma resposta adequada às situações de crise, penetravam gradual e lentamente nas instituições e nos costumes da cidade. No curso de tais iniciativas se cumpre o doloroso processo de separação dos miseráveis da sociedade global, processo que continuaria no século seguinte.

No século XVI, Claude Haton, o memorialista e cronista de Champagne, fala sobre um certo pregador encarniçado com "esse bando de vagabundos e mendigos" ("*ung tas de gros gueux et marauls*") que se recusavam a trabalhar e petulantemente exigiam esmolas quando na realidade mereciam a forca ou pelo menos a prisão.[189] Haton desaprova essa atitude e considera uma justa punição divina o fato de ter o pregador morrido em menos de um ano, mas ambas as atitudes — tanto a do pregador quando a do seu crítico (também padre) — mostram perfeitamente qual era a posição da miséria na opinião social do século XVI. Porém no século XVII a política de repressão e reclusão coexiste com novas iniciativas beneficentes, com a obra de são Vicente de Paulo à frente.

No século XVI os autores de panfletos, os filósofos e os juristas pensavam sobretudo em como institucionalizar a assistência social e entender os preceitos da caridade cristã. No século XVII os objetos de reflexão nesses meios são sobretudo as questões relativas ao modo de controlar a massa dos mendigos e às medidas necessárias para torná-los úteis à ordem pública.

No final do século XVI e no início do XVII essa mesma questão é retomada por Barthélemy de Laffemas, um dos mais interessantes economistas da época. Dos cinco tratados que compõem o seu discurso sobre "a incredulidade e a ignorância", publicado em 1600,[190] dois referem-se ao problema dos vagabundos e da assistência aos pobres.[191] No tratado dirigido aos ricos e aos amantes do bem público Laffemas manifesta-se sobretudo contra as esmolas particulares, contra o triunfalismo da distribuição de alimentos praticada pelas grandes casas aristocráticas e burguesas, pois são elas mesmas que tornam atraente a ociosidade.[192] Os mendigos e vagabundos — diferentemente dos laboriosos "pobres pudicos" — vivem como bichos,[193] roubando e enganando, praticando o meretrício e o proxenetismo. A esmola pode ser justificada apenas quando não estimula a ociosidade. No tratado dirigido ao clero Laffemas reflete sobre as medidas concretas que devem ser tomadas para limpar a cidade dos "homens sem meios para viver e sem senhores".[194] Propõe que nas proximidades de cada grande cidade sejam fundadas duas aldeias públicas: uma para as mulheres e outra para os homens. Nessas aldeias seriam construídas manufaturas (com ocupações de fácil aprendizado) em que se empregariam, voluntariamente ou pela força,[195] todos os pobres aptos ao trabalho. Se isso se tornasse uma prática comum os vagabundos não teriam motivo para vagar, pois em todo lugar os esperaria a mesma sorte. Os mais empedernidos abandonariam o reino, "preferindo até uma fuga para a Turquia a qualquer ocupação".[196] Os recursos financeiros necessários à organização das "aldeias de trabalho" deveriam ser providenciados pelo clero. Nas suas propostas Laffemas refere-se ao exemplo de várias cidades estrangeiras que haviam adotado tais medidas.

Em 1611 o estatuto parisiense dos albergues "para os pobres reclusos"[197] parece encarnar a tendência principal dos projetos de Laffemas. As mulheres e os homens serão instalados separadamente; devem ser também designados lugares especiais para os doentes e para os que são totalmente incapazes para o trabalho. Os pensionistas receberão alimentação todo dia (cerca de meio quilo de pão e meio litro de sopa de ervilha, feijão ou outros legumes), e apenas as salas de estar podem ser aquecidas. O horário de levantar é seis horas da manhã no inverno e nas outras estações do ano (precisamente de 1º de março até 1º de outubro) às cinco horas, e meia hora depois é preciso começar o trabalho, que dura ininterruptamente até sete horas da noite. Nos estatutos são previstos vários tipos de trabalho: os homens devem trabalhar nos moinhos, nas cervejarias e "em outras ocupações pesadas, e não em atividades artesanais",[198] enquanto as mulheres e as crianças de mais de oito anos devem se ocupar de fiar, costurar e fabricar meias. Se no dia determinado o trabalho não fosse entregue pronto a porção de alimento se reduziria à metade, e da segunda vez que isso acontecesse o mendigo seria expulso do hospital e tratado como os vagabundos estrangeiros, ou seja, ficaria preso em Châtelet (a prisão municipal de Paris). As empresas públicas de construção civil poderiam empregar em suas obras os homens desse albergue, pagando-lhes apenas um quarto do salário e destinando o resto às necessidades do albergue. Vinte guardas velariam para que não houvesse vagabundos na cidade, levando aos albergues os pobres parisienses e entregando os estranhos à prisão. Além disso em todos os bairros deveria ser recrutada entre algumas categorias de artesãos (por exemplo os sapateiros) uma espécie de milícia civil, paga anualmente e premiada por cada vagabundo trazido ao albergue ou à prisão.

Esse sistema repressivo "de concentração" contra os vagabundos chegou a ser implantado, mas funcionou pouco tempo. Um memorial de 1617 expõe o estado da instituição nos seus primeiros cinco anos.[199] Em 1612 anunciou-se em Paris que os pobres deviam se reunir na praça do mercado de Saint-Germain, mas dos 8 ou 10 mil mendigos apresentaram-se apenas 91. Os outros não saíam para mendigar, aguardando o desenrolar dos acontecimentos; mas como se manteve uma supervisão severa sobre a cidade, ao cabo de seis semanas haviam sido recolhidos mais oitocentos e em 1616 eles já eram 2200. Isso não se passou sem incidentes: os trabalhadores — criados e jornaleiros — se levantaram em defesa dos mendigos. Sustentando que a expulsão dos pobres era uma ofensa a Deus eles se opuseram ativamente aos guardas que caçavam vagabundos ou levavam os mendigos para os albergues. Um dos principais promotores da instituição respondeu que ninguém estava expulsando os mendigos, "mas ao contrário, eles estavam sendo tratados, mantidos, ajudados na necessidade, com a preocupação de salvar suas almas".[200] Apesar de os mendigos contarem com o apoio daqueles "ingênuos" ou "inconscientes", a obra dos albergues prosseguiu até 1617, quando começaram as críticas aos custos financeiros do empreendimento e eclodiram os conflitos de competência entre as autoridades das cidades e as judiciais.

O memorial de 1617, defendendo veementemente a nova instituição, refere-se também às experiências de outras cidades: Genebra, Veneza, Milão,

Londres, Antuérpia, Amsterdam.[201] Sobretudo o exemplo de Amsterdam é citado aqui com admiração porque nessa cidade fora aplicado um sistema de trabalhos penosos e fatigantes que curava eficazmente a vagabundagem e a aversão ao trabalho.[202] A ociosidade é um defeito e uma doença social, e por isso deve ser curada com todos os meios possíveis. Pois os preguiçosos — mendigos ou vagabundos — são criminosos. O objetivo da sua reclusão nos albergues e da obrigatoriedade do trabalho é justamente fazer com que de criminosos eles se transformem em operários.[203]

As propostas, formuladas dentro do espírito mercantilista, encontraram o ativo apoio do cardeal Richelieu, mas para poder ser eficazes tiveram de assumir um caráter universal, saindo do âmbito das iniciativas particulares de cada cidade. Justamente por isso as polêmicas e discussões tiveram uma importância tão grande. Era necessária uma concordância de pontos de vista não só entre as autoridades e as instituições executivas mas também na opinião pública. A literatura memorialista sobre essa questão aborda fartamente os diversos aspectos do problema. A guerra e o exército fornecem inválidos, assim como debandados e vagabundos. Portanto no âmbito da organização militar é preciso ocupar-se dos pobres, ajudando uns e empregando outros.[204] Uma das propostas de resolução do problema de emprego foi a idéia de colocar nas ruas das cidades, a cada cinqüenta passos, um pobre (mas não armado) cuja função seria manter a limpeza e a ordem e informar às autoridades tudo o que acontecesse ao seu redor.[205] É preciso fundar manufaturas e tornar-se independente da importação de mercadoria dos países estrangeiros.[206] O número de pobres é grande demais (cem ou mil vezes maior que o do início do século), e além disso os pobres geram pobres;[207] deve-se portanto aproveitá-los para povoar as colônias.[208] A expulsão dos mendigos e vagabundos da cidade leva-os a se estabelecer na periferia delas, desfrutando as diversas igrejas das imediações e os conventos suburbanos. Por isso nas periferias devem ser aplicadas as mesmas medidas que nas cidades.[209] É preciso também criar na cidade uma espécie de agência central dos jornaleiros para que os vagabundos não possam se apresentar como trabalhadores.[210]

Os projetos e as propostas se multiplicam infinitamente. Seu traço comum é a política de "reclusão dos pobres".[211] Assinala a sua vitória o surgimento nas cidades francesas dos "albergues gerais": o de Lyon foi fundado em 1614 e o de Paris em 1655. Depois do estabelecimento do asilo-prisão de Paris as autoridades reais implementam cada vez mais decididamente a política, anunciada já nos atos legislativos de 1622 e 1629, de criação daqueles asilos em todas as cidades, superando a resistência das instituições e da opinião pública. Em 1662 o autor de um discurso sobre a reclusão dos pobres em Soissons escrevia que os defensores dos pobres reclamam da violação da liberdade dessas pessoas, mas que liberdade elas podiam ter em sua antiga miséria?

Agora pelo menos "deixam de ser um peso supérfluo para o mundo".[212] A reclusão dos pobres é a melhor forma de esmola e beneficência, e ao mesmo tempo uma tradição já bem consolidada pela política das cidades: assim fizeram Bruges em 1564, Milão em 1578 (por iniciativa de são Borromeu), Amsterdam em 1585 e por fim, em 1613 (segundo o autor do panfleto), Lyon, considerada no mundo inteiro o melhor modelo de organização da beneficência.[213]

Sarcástico e irônico mas ao mesmo tempo colorido e fascinante pelo seu exotismo, o quadro que os panfletos franceses traçam do meio dos mendigos deve ser inserido no contexto da grande reclusão. É portanto um quadro tendencioso, reflexo de um espelho distorcido. A reclusão dos mendigos se torna um triunfo militar da boa monarquia sobre a má monarquia, da boa lei sobre a má lei, dos bons costumes sobre os maus costumes.

Mas ao mesmo tempo se ampliava o conhecimento de um meio que para a opinião pública era totalmente obscuro. O seu exotismo não destruía o imaginário comum da vida social. Pascal escreveu que é confortante o fato de que os homens, "ao renegar todas as leis de Deus e da natureza, tenham as suas próprias leis, às quais obedecem rigorosamente".[214] Ele se referia ao exemplo de um ladrão, mas o discurso também vale para a representação corrente da monarquia do *argot*.

5
O PÍCARO E A RECUSA DA SOCIALIZAÇÃO

O FENÔMENO PICARESCO E A ESPANHA DO "SÉCULO DE OURO"

Entrando no domínio espanhol, convém logo salientar o seu caráter essencialmente diverso em relação aos outros países europeus: na Europa, de modo geral, o destino dos vigaristas, vagabundos e mendigos é assunto da literatura menor, medíocre do ponto de vista artístico, ligada ao âmbito da difusão e da produção populares, enquanto no caso espanhol tal destino é objeto de interesse da grande literatura, tem um amplo destaque no plano literário nacional, estimulando a criação das estruturas da moderna prosa espanhola e de um novo gênero literário europeu. A literatura picaresca espanhola traça um quadro da vida social daquele tempo na convenção de um grande afresco: trata-se de um mundo visto de baixo.[1] Seu objeto principal é exatamente o conjunto da ordem social, as relações entre governados e governantes, os papéis sociais de cada grupo, as normas morais e os comportamentos coletivos vigentes, os destinos individuais. A crise das estruturas sociais e dos valores morais induzia a uma consideração crítica da ordem do mundo, seja na sua forma antiga seja nas novas formas que iam surgindo: quem, senão o vagabundo, poderia ser o melhor portador dessa crítica global do homem das classes sociais baixas, que não fazia parte da sociedade organizada e que pelo próprio fato de existir negava as normas que a governavam? Mas o próprio vagabundo — mesmo quando não chega a ser uma personagem grotesca[2] — é uma figura de segunda ordem, tanto no plano dos interesses dos escritores "picarescos" quanto no de suas experiências sociais.

A literatura picaresca é plebéia pela própria intenção, pois se apresenta em forma autobiográfica, pelos traços fundamentais da sua forma, que ganha um efeito cômico com a contribuição da grosseria e da vulgaridade, e ainda pela estrutura genético-literária, já que deriva das camadas fabulares da cultura popular. Apesar disso, no entanto, é fruto de uma cultura de elite, responde à "demanda social" das elites e exprime a visão que elas tinham de sua época. Da ampla recepção dessa literatura participam também as massas plebéias — mais freqüentemente como ouvintes que como leitoras[3] —, encontrando nas narrativas sobre a astúcia do vagabundo e o sucesso do malfeitor uma espécie de desforra contra a ordem social, assim como o seu próprio sonho de mudança e sucesso. No entanto a imagem do meio da miséria não podia ser endereçada a tais massas, pois estas — diferentemente dos autores picarescos — o conheciam bem. O exotismo do meio da marginalidade social e o fascínio das narrativas sobre crime tiveram aqui a sua importância, assim como no caso do mercado do livro inglês ou francês, e os escritores espanhóis dispunham de um certo conhecimento desse meio. O jargão criminal espanhol era conhecido num âmbito mais amplo, que não se restringia aos círculos populares — onde havia sempre um intercâmbio entre o jargão "secreto" e a língua corrente —, abrangendo também o meio das elites, apesar de aqui não encontrarmos um interesse pela *germanía* semelhante àquele que os meios humanísticos italianos demonstraram pelo furbesco. A presença do léxico do jargão pode ser constatada, num círculo bem vasto, na literatura espanhola do século XVI.

Em 1609 Juan Hidalgo (de quem nada se sabe; não se exclui a possibilidade de se tratar de um pseudônimo) publicou uma seleta de poesia em *germanía*, acompanhada de um pequeno dicionário do jargão,[4] que foi reeditada em 1624, 1644 e talvez também 1654.[5] No início do século XVIII a Academia Espanhola usou-a como base para a introdução de palavras em *germanía* no seu famoso *Diccionario de autoridades*. Algumas obras escritas nessa linguagem estavam em circulação já em outros trabalhos impressos do século XVI;[6] em *germanía* escrevia também Quevedo[7] e outros autores do século XVII.[8] A maior parte dessas obras é anônima. É difícil definir o período em que foram escritas; sabe-se apenas que foi entre a primeira metade do século XVI e a segunda metade do século XVII. Em grande parte trata-se de baladas cujo conteúdo geralmente está de acordo com a forma lingüística: elas narram na linguagem dos criminosos a vida no mundo do crime. Por isso constituem um importante documento sobre a vida social daquele tempo, tendo se tornado objeto de análises sociológico-criminológicas do meio da prostituição[9] e do meio dos bandidos,[10] cujos destinos e cujos mais famosos representantes elas costumavam cantar. O dicionário de jargão de Juan Hidalgo nos possibilita estudar a estrutura interna do ambiente dos marginais, distinguir as categorias profissionais[11] e o grau de consciência de tais divisões. Assim, o jargão criminoso pode ser tratado como uma espécie de *speculum* do mundo da delinqüência.

O léxico do jargão aparece explicitamente nas obras picarescas. Em *Lazarillo de Tormes* encontra-se, para dizer a verdade, uma referência ao jargão que um mendigo cego ensinou ao seu guia,[12] mas no próprio texto não há nenhuma palavra nessa linguagem. Porém ela aparece profusamente no *Guzmán de Alfarache*, na *Pícara Justina*, no *Estebanillo González* e em outras obras picarescas.[13] Também a pena de Cervantes registra muitos termos do jargão criminal: no *Dom Quixote*, mas sobretudo nas *Novelas exemplares*, com *Rin-*

conete e Cortadillo em primeiro lugar. Esse conhecimento do jargão em Cervantes suscitou até certa admiração entre os estudiosos; procurou-se mesmo descobrir a origem do conhecimento do léxico do jargão entre os escritores picarescos. No entanto não se deve superestimar o caráter secreto do jargão espanhol daquela época (isso se aplica igualmente aos outros grupos lingüísticos). Os escritores tinham também a possibilidade de enriquecer as suas próprias representações com uma certa experiência social. É preciso lembrar que Cervantes, embora por pouco tempo, ficou preso devido a um desvio de dinheiro enquanto exercia a função de recebedor de impostos, e portanto pode ter tido um contato direto com o jargão;[14] a prisão era a melhor escola de costumes criminosos. Mateo Alemán teve ocasião de conhecer detalhadamente as condições de vida dos presos que trabalhavam nas minas de Almadén,[15] mas como funcionário durante uma inspeção e não como preso. Informações a respeito desse meio forneciam também os memoriais e os tratados, e o *Amparo de pobres* de um médico castelhano dos galeotes, Cristobál Perez de Herrera, teve uma influência direta sobre o autor de *Guzmán*.[16]

O fenômeno da literatura picaresca está sempre suscitando controvérsias, e a sua gênese costuma ser ligada a experiências sociais, projetos literários e programas ideológicos de várias espécies.[17] Assim, essa literatura foi associada ao crescimento da criminalidade na Espanha do século de ouro e considerada um simples reflexo do mundo do crime espanhol; foi julgada uma expressão particular da "hispanidade", sendo esta, supostamente, a reunião indissolúvel do cavalheirismo com o misticismo e também com o elemento picaresco, que exprimiria a inclinação por uma vida frívola. Procurou-se ainda na literatura picaresca a confirmação do ódio dos oprimidos em relação às classes privilegiadas ou até a expressão dos preconceitos dos cristãos-novos (Mateo Alemán pertencia a uma família judia convertida ao catolicismo) perante a sociedade espanhola (essas duas teses foram apresentadas por Américo Castro; a primeira em 1935 e a segunda em 1960). Procuraram-se enfim as fontes exclusivamente literárias do fenômeno, ou seja, a destruição dos princípios tradicionais de uma poética que atribuía um estilo determinado à classe de pessoas e ao fenômeno social descritos. Na convenção do cômico o romance picaresco devia suprimir a mensagem da didática religiosa: o *Guzmán de Alfarache* estava ligado à renovação religiosa que a Contra-Reforma criara no fim do século XVI (mas outras opiniões o ligavam ao pensamento protestante, secreto por força das circunstâncias). Por trás da trama literária de aventuras divertidas escondia-se, segundo alguns pesquisadores, uma reflexão séria sobre a criminalidade como fenômeno social.

Nesta obra a gênese da literatura picaresca como gênero literário fica fora das nossas considerações. Para os contemporâneos o elemento que caracterizava o gênero era a figura sempre recorrente do pícaro. Era exatamente ela que permitia unir num só grupo as obras tão diversas, quanto ao estilo e à convenção, que integravam o gênero picaresco. Aqui nos interessa a imagem da sociedade que essa literatura apresenta e a sua relação com a Espanha daquele tempo. Por isso podemos, para além do contexto polêmico que as cerca, considerar complementares as teses opostas mencionadas acima: elas dão perfeitamente conta da complexidade da situação da sociedade espanhola "dos tempos de dom Quixote".[18]

Trata-se de uma sociedade que passa por uma profunda crise na vida econômica, nas relações entre as classes, no Estado, nos comportamentos coletivos. Na consciência social evidencia-se com força cada vez maior que um certo mundo está desmoronando e que os valores tradicionais perderam importância e já não têm tanto vigor. A expansão espanhola do século XVI, vitoriosa na luta pelos metais preciosos do Novo Mundo e pelos territórios ultramarinos, encerra-se entre 1598 e 1620 com uma profunda crise, e as conseqüências de tal crise acabam por resultar no declínio do império espanhol.

A participação da Espanha na expansão que caracteriza a vida econômica do Ocidente é apenas superficial; sua colonização ultramarina tem caráter feudal, desfruta de modo absolutamente consumista o afluxo das riquezas do Novo Mundo, sem promover investimentos no sentido moderno da palavra. Por trás da eficiente atividade da burguesia castelhana do século XVI nota-se sempre a força da iniciativa das grandes empresas genovesas. As mudanças estruturais da aldeia espanhola são insignificantes. A onda de riquezas provenientes do outro lado do oceano permite gastar muito, desenvolver a importação de mercadorias de todas as partes da Europa e do mundo e ao mesmo tempo produzir pouco. Um traço fundamental da vida espanhola passa a ser o parasitismo, que se acompanha do desprezo pelo esforço produtivo.

Uma das mais argutas testemunhas da decadência espanhola, o teólogo "arbitrista" M. Gonzales de Cellorigo, assim escrevia em 1600:[19] "Portanto se na Espanha não há moedas de ouro ou prata isso acontece porque ela tem esses metais; a causa da sua miséria é a sua riqueza: por isso são verdadeiras duas afirmações contraditórias, embora não se deixem reduzir formalmente, uma vez que na nossa Espanha ambas correspondem à realidade. [...] Todo o mal vem do fato de se ter desprezado aquilo que representa o sustentáculo natural do homem e de se ter adotado uma atitude que para qualquer república é destrutiva: julgar que a riqueza está apenas no dinheiro e no que se pode obter com ele". Esse espanto pela derrota da lógica corresponde à complexa situação de um país que, habituado em seu período áureo a viver de rendas, de repente compreende que o milagre das riquezas da "Índia" e da vida fácil é uma ilusão e que não se pode viver "fora da ordem natural das coisas", que o mito da Cocagne, da Schlaraffenland, do país onde escorrem o leite e o mel, é um mito que não se realiza na Terra.[20] A Espanha, recusando-se a praticar as virtudes da nova ordem burguesa — poupança e investimento — desenvolve ao extremo o consumo e a liberalidade: a abundância de comida é um dos elementos que identificam as suas elites sociais; o dispor de uma criadagem e a generosidade são indicadores semelhantes. Quando faltam os meios materiais começa a simulação de um status social: o romance picaresco mostra cavalheiros que distribuem os bens mas por outro lado pedem esmola, cavalheiros com criadagem que entretanto não têm o que comer.[21]

O clima social da Espanha do século XVI favorecia o parasitismo. O mendigo podia contar com a generosidade e com a possibilidade de usufruir as migalhas da fartura de bens de consumo.[22] Os estímulos para um trabalho produtivo eram insuficientes, pois a miragem dos altos salários se espatifava diante da inflação contínua, dos preços que sempre aumentavam e, ao mesmo tempo, diante da possibilidade de levar uma bela vida graças à aventura, à fraude e ao furto. Aliás isso parece representar um elemento constitutivo da atmosfera social e um meio de realização "às avessas" do ideal dos feitos cavalheirescos: não é motivo de desonra mas de orgulho, fornece material para narrativas sobre façanhas incomparáveis e sucessos notáveis. Quando a prosperidade se esvai permanecem ainda os seus efeitos sociopsicológicos, já radicados no comportamento coletivo de algumas gerações. Prevalece a aversão pelo trabalho, o país está cheio de vagabundos e mendigos, a profissão plebéia praticada em escala de massa é a de criado doméstico mas a demanda por tal serviço diminui. Na Catalunha esse grupo socialmente marginalizado passa a ser cada vez mais agressivo, levando ao fenômeno de larga escala que foi o banditismo, com uma extensa estrutura de organização, ligações em todos os meios e um total controle sobre as vias terrestres do país inteiro.[23] Quando dom Quixote acorda à sombra de corpos de bandidos enforcados, diz: "Suponho que devemos estar perto de Barcelona".[24]

Pierre Vilar caracteriza a Espanha do final do século XVI e início do XVII com estas palavras: "Uma sociedade consumida pela história, um país no auge das contradições internas, no momento em que uma crise aguda mostra em cheio toda a sua indigência, país onde o vadio improdutivo, o indivíduo que vivia de rendas e agora está arruinado, o bandido fascinante e o mendigo desempregado andam pelas ruas e pelas estradas".[25] Exatamente nessa situação se inscrevem não só *Dom Quixote* como as *Novelas exemplares* de Cervantes, e também *Guzmán de Alfarache* de Mateo Alemán e o *Buscón* de Francisco de Quevedo.

Assim, do ponto de vista sociológico o romance picaresco representa algo mais que apenas uma imagem da "decomposição social"[26] da Espanha daquele tempo: ele expressa a crise da sociedade aristocrática e da moralidade social. O caráter híbrido da forma e do gênero literário, o elemento didático do conteúdo "elevado" ligado à comicidade plebéia da poética "baixa"[27] correspondem ao quadro de uma sociedade que não conserva o seu código tradicional de comportamento nem os papéis e as funções próprias de cada classe social. O portador dessa mensagem, o pícaro, vagabundo, malandro, aquele que acumula várias profissões, do mendigo ao ladrão, passando pelo servidor, representa no entanto um tipo de herói ou de anti-herói que a literatura picaresca espanhola introduz na literatura mundial e que encontra uma continuação até na ficção literária dos nossos dias.[28] Limitando-nos aqui à influência da literatura picaresca espanhola — mais no espaço que no tempo — podemos afirmar que esta forneceu uma personagem modelo do representante do meio plebeu. Tal personagem teve seus antecedentes na literatura medieval e renascentista, mas a sua divulgação ocorreu justamente na onda da grande moda do tema picaresco [29] que atravessou a Europa do barroco. Importância evidente tiveram nesse caso as traduções das obras espanholas, mas ainda mais relevante parece ter sido o incentivo à criação original — isto é, a que foi desenvolvida em cada país e também a que copiava até os limites do plágio os textos e os enredos em circulação —, que se serviu do acervo de descrições do meio dos mendigos e vagabundos disponível na literatura.

Todavia o fenômeno espanhol difere das outras literaturas nacionais exatamente pelo fato de não ter sido precedido por panfletos que descreviam os grupos marginais. Na França *Le jargon ou langage de l'argot reformé*, apesar de não remontar à tradição do jargão do século XV, pôde haurir de uma série de obras do século XVI sobre o meio dos mendigos, até de *La vie généreuse des marcelots, gueux et boesmiens*, de 1596. Na Inglaterra, antes de *The bell-man of London*, de Thomas Dekker, uma longa série de panfletos, desde Copland, Awdeley e Harman até Robert Green, descreveu os costumes dos mendigos e dos vagabundos sob a forma de denúncia e de investigação. No caso espanhol vemos-nos às voltas com uma genealogia literária que vai desde a prosa fabular medieval, passando por *La Celestina* e por *Lazarillo de Tormes*, até o florescimento do tema picaresco no final do século XVI e na primeira metade do XVII. Indubitavelmente tiveram uma certa importância os discursos dos teólogos espanhóis a respeito das atitudes perante a pobreza, sobretudo as descrições da realidade social neles contidas (já mencionamos a influência de Perez de Herrera). Nada indica que os autores picarescos tenham lido os panfletos ingleses. Aliás o rumo da filiação é o contrário: quem tomará como modelo o romance picaresco será antes Richard Head ou François de Calvi. A literatura espanhola sobre o meio dos vagabundos liga-se tarde à européia, mas o quadro da realidade que ela representa não é produto de empréstimos literários, pois reflete o estado da consciência social sobre os grupos marginais, e por trás das representações do seu modo de viver e dos seus costumes pode-se constatar elementos de observação sociológica.

CONFISSÃO E AUTOBIOGRAFIA

Os historiadores da literatura atribuem à forma autobiográfica de discurso uma particular importância na constituição das estruturas do gênero picaresco. Da perspectiva da representação da realidade social, que aqui nos interessa, esse fato poderia ser considerado secundário, já que se trata de obras de ficção literária que não pretendem imitar uma descrição documental. Porém a escolha dessa forma tem uma importância essencial para a análise da obra, pois põe em primeiro plano a construção do destino do vagabundo, a trajetória existencial que o define como participante do meio dos pícaros, o que nos permite considerar que tal descrição pseudo-autobiográfica corresponde ao imaginário social. Essa escolha pode, assim, fornecer uma resposta para a seguinte questão: como se imaginava naquele tempo a transformação de um homem social num indivíduo associal?

Aqueles que nasceram nobres devem à Fortuna o seu modo de vida digno, enquanto os outros são obrigados a conquistar com as próprias forças um lugar no mundo: as vicissitudes de Lazarillo de Tormes devem mostrar como lhe foi difícil "chegar a um bom porto".[30]

Lazarillo nasceu num moinho no rio de Tormes; seus pais procediam de Tejares, uma aldeia próxima a Salamanca. Lá o pai trabalhou como moleiro durante quinze anos até ser apanhado em flagrante roubando grão dos clientes, razão pela qual foi condenado ao banimento. Participou então, na qualidade de almocreve de um nobre, de uma expedição à África (provavelmente numa das duas que foram realizadas contra Djerba, em 1510 e em 1520), onde morreu. A mãe decide, a essa altura, "unir-se à gente honesta"[31] e se estabelece em Salamanca, onde trabalha como cozinheira e lavadeira. Lá se junta a um escravo negro do qual tem um segundo filho ("*un negrito muy bonito*"); por ter roubado o patrão, o negro e sua amante, que também se aproveitava de tais furtos, são condenados a uma infame fustigação.[32] A mãe de Lazarillo trabalha depois numa estalagem, onde o próprio Lazarillo começa a ajudá-la até ser entregue por ela a um mendigo cego de passagem por Salamanca.

Logo no início da juventude do protagonista acrescentam-se à sua origem humilde as marcas da infâmia (o pai fora condenado e morreu quando Lazarillo tinha oito anos). O pai é um ladrão e um banido, a mãe é manteúda de um escravo negro, o meio-irmão é um bastardo e mouro, e por fim a mãe e o "padrasto" (certamente o termo "padrasto" tem aqui um caráter irônico) foram condenados por furto, do qual o próprio Lazarillo participou, vendendo as ferraduras roubadas: é difícil acumular como herança uma bagagem de infâmia maior. Então ele ingressa na vida: "Vale-te por ti", diz-lhe a mãe na despedida, fazendo votos de que ele se torne um "homem honesto".[33] Tal ingresso na vida se realiza ao longo de algumas etapas que constituem como que "classes" da escola da vida social.

Depois disso vem em primeiro lugar o trabalho de criado do mendigo, que talvez seja a etapa mais importante de sua formação. Logo no princípio ocorre a famosa cena com a estátua do touro,[34] que está estreitamente ligada ao nome de Lazarillo: o cego ordena ao seu guia encostar o ouvido na estátua de um touro na entrada de uma ponte e escutar o ruído interior, mas quando Lazarillo estava cumprindo a ordem seu amo inesperadamente lhe bate a cabeça contra a pedra. Rindo da brincadeira, ele declara ao garoto que o criado de um cego ("*el mozo del ciego*") deve ser mais esperto que o próprio diabo. E efetivamente Lazarillo tem consciência de que a cena é importante como iniciação; parece-lhe que naquele mesmo momento ele desperta do sonho da infância e compreende que agora só deve contar com as próprias forças, ficar atento a tudo e não se deixar surpreender na vida.[35]

Em seguida o cego ensina-lhe o jargão, dá-lhe muitos conselhos sobre como viver ("*avisos para vivir*"), ilumina-o "apesar de ser cego". Inicia-o nas técnicas de mendicância nas quais é mestre: simula, quando é preciso, um rosto piedoso, sabe cantar e se lamentar de modo comovente, conhece mil maneiras de tirar dinheiro das pessoas, sabe preces e conjuros para todas as ocasiões, prediz o sexo da criança para as mulheres grávidas, indica as ervas adequadas para qualquer enfermidade, e por tudo isso goza de uma fama universal. Assim, Lazarillo tem muito o que aprender com o cego. No entanto esse período de aprendizagem de vida transcorre num conflito permanente entre mestre e aluno, numa luta constante em que o aluno deve superar o mestre em astúcia para ter o que comer e beber. O cego tratava duramente seu criado, mas este também o odiava e se vingava sempre que possível, até o momento da separação.

A etapa sucessiva é o serviço na casa de um padre avarento onde Lazarillo quase morre de fome, até que consegue enfim apoderar-se da provisão do patrão. A serviço de um escudeiro, ou mais propriamente de um cavaleiro mendicante, convém-lhe de novo explorar as técnicas de mendicância que o cego lhe ensinara, não só se alimentando graças à esmola mas com ela ajudando também o patrão. Com outros patrões Lazarillo experimenta continuamente a fome e a indigência,[36] mas o objeto da sua observação é a vileza dos patrões; entre estes um buleiro, sacerdote e vendedor de bulas papais, esperto e malvado, que com truques teatrais explora a ingenuidade das multidões; parece uma figura extraída da galeria do *Liber vagatorum*. Mas afinal Lazarillo começa pouco a pouco a trabalhar de forma mais autônoma, avançando no caminho de uma vida melhor.[37] Torna-se vendedor de água, dividindo durante quatro anos os lucros com seu patrão, o capelão da catedral de Toledo, que lhe forneceu um burro, um chicote e os recipientes para a água; consegue assim poupar dinheiro suficiente para comprar um traje de "*hombre de bien*" e uma velha espada. Finalmente se torna proclamador municipal (*pregonero*), o que já é um cargo e uma forma de estabilidade na vida. Por vontade do seu protetor, o arquidiácono da Igreja de São Salvador, casa com a criada dele. Tal casamento deve encobrir o concubinato do arquidiácono com a criada. Lazarillo aproveita sem escrúpulos essa situação e dela tira vantagens, sem dar importância aos boatos que correm na cidade. Tem uma explicação óbvia para o seu comportamento: havia decidido unir-se com as pessoas honestas.[38]

O bom porto a que chega o nosso protagonista é precisamente o cargo de proclamador e os lucros do meretrício de sua mulher. Após ter percorrido esse longo caminho para se unir à gente boa e respeitada, caminho em que continuamente lutou para conseguir estados momentâneos de saciedade, obteve finalmente o favor da Fortuna: a partir do momento em que adquiriu os sinais externos da respeitabilidade, o manto e a espada, passa a uma nova situação. Trata-se de uma via bastante singular de socialização.[39] Queria obstinadamente se tornar um *hombre de bien* e não teve outra escolha. Seu ingresso na vida ensinara-lhe que só com o engano e a hipocrisia se ganha dinheiro; saciou-se apenas por meio do furto, enquanto a observação dos outros o convence de que a honra e a dignidade não alimentam. Não só todo o percurso da vida de Lazarillo foi infame; era-o também aquele bom porto. Durante sua vagabundagem, vivendo da contínua violação das normas sociais, fora vítima da ordem social que o obrigava a levar uma vida de marginal: no fim alcançou uma estabilidade social, mas abrindo mão da dignidade. A diferença consiste apenas no nível de vida: estava na miséria, desejava com todas as suas forças se livrar dela, enfim conseguiu. Do ponto de vista dos valores morais, tanto a sua educação associal quanto a estabilidade social conservam o mesmo valor negativo. Nesse sentido a autobiografia de Lazarillo é, no plano da sátira social, a mais aguda e a mais pessimista das narrativas picarescas. O patife e malfeitor é tratado como "um dos nossos" e não como se fosse estranho ao corpo social, externo a esse, e portanto uma figura exótica.[40]

O *Guzmán de Alfarache*[41] é, em relação ao *Lazarillo de Tormes*, uma obra bem mais complexa, cheia de digressões e excursões singulares; uma argumentação retórica e erudita se insere continuamente na narração das aventuras do protagonista; o próprio andamento do relato autobiográfico parece subordinado à exposição moral conduzida no espírito e na forma das coleções medievais dos *exempla*. Mas seu propósito é de autobiografia: a confissão de um galeote sobre as vicissitudes do seu destino, que o levaram a seguir o caminho de pícaro.

Em primeiro lugar, portanto, a herança: aquele peso fatal, do qual não há como fugir e que não se pode escolher, cai sobre Guzmán e o marca no início de sua vida, em medida não menor do que no caso de Lazarillo. Ele nasce em

San Juan de Alfarache, perto de Sevilha, de uma união ilegítima. O pai é um banqueiro levantino, usurário em Gênova, renegado em Argel, muitas vezes falido; a mãe é uma mulher de vida fácil. Portanto a sua herança é definida mais do ponto de vista moral que do social: os pais de Guzmán não pertencem ao meio da miséria. Porém do ponto de vista das categorias morais a situação é totalmente negativa: o pai é um farrista, um renegado, talvez até pervertido; a mãe é uma prostituta, o filho é um bastardo. E o sangue se herda, o pecado adere à pessoa.[42]

A família de Guzmán cai na miséria, obrigando o protagonista a peregrinar, e peregrinar muito longe: a Itália. Durante essa longa peregrinação ele fica conhecendo a região mas sobretudo a maldade humana, da qual é vítima repetidas vezes. No trajeto de Sevilha a Madri é enganado, roubado, espancado e injustamente acusado. Precisa esquecer a dignidade do sangue nobre que corre em suas veias (mesmo sendo um bastardo) e empregar-se numa estalagem para ganhar o pão: ali recebe novos ensinamentos acerca da fraude, que constitui uma prática cotidiana dos estalajadeiros. Ao ver uma grande quantidade de jovens na vagabundagem, com muito dinheiro ou pedindo ajuda, ele próprio volta a peregrinar.

A Madri já chega mendigo. O momento não é propício: uma epidemia desce de Castela e a fome sobe de Andaluzia.[43] Isso não favorece a generosidade para com os mendigos; Guzmán é obrigado a vender toda a sua roupa, de modo que chega a Madri como um galeote, vestindo uma camisa suja. É tomado por ladrão e vagabundo, e ninguém o quer aceitar para o serviço. Assim ele não tem outra saída senão entregar-se à "florida picardia", esquecer o pudor e, seguindo o exemplo dos mais experientes na mendicância, aproveitar a sopa distribuída aos mendigos. Ao mesmo tempo aprende o jogo de cartas e de dados e começa a gostar da vida ociosa, mas para evitar o perigo da prisão por vagabundagem emprega-se como carregador. A vida de pícaro, alegre e livre, abre-lhe várias possibilidades, sempre diferentes. Em Madri, Guzmán torna-se um verdadeiro vagabundo ("*hecho pícaro*"). Durante um certo tempo trabalha para um cozinheiro, roubando, enganando e participando das fraudes e dos roubos do patrão. Mas não deixa de pensar no trabalho, pois compreende que é essencialmente por ele que o homem se define. "*Mi natural era bueno*",[44] disse referindo-se àqueles anos, sob a luz das experiências posteriores. Enxotado pelo cozinheiro, não consegue encontrar serviço e de novo começa a trabalhar como carregador.

Anuncia-se o alistamento. Nas tabernas e entre os mendigos fala-se que tropas serão enviadas à Itália, a sonhada meta da peregrinação de Guzmán. Assim, ele rouba um dos seus fregueses, foge de Madri e se dirige para Toledo. Ali compra uma roupa elegante e contrata um criado, mas não consegue se alistar. Então segue para Almagro, onde finalmente é recrutado para uma companhia mas desperdiça todos os seus tostões. Com fraude e engenho obtém dinheiro da população civil, dessa vez para seu capitão; enfim embarca numa galera com a companhia e chega à Itália, onde no entanto o capitão o expulsa. A procura da família em Gênova não traz resultado, e no caminho de Roma ele retorna à profissão de mendigo. As esmolas na Itália são abundantes,[45] tanto que Guzmán toma gosto por um ganha-pão tão simples e continua a praticar a mendicância em Roma: ao meio-dia recebe em vários lugares uma porção da sopa distribuída aos pobres e depois anda pela casa de príncipes, cardeais e bispos. Um mendigo do lugar o introduz nos costumes locais, ensina-o a mendigar entre os nobres e entre o povo, a comover as mulheres e os homens. Dividindo a cidade em setores e estabelecendo um itinerário pelas igrejas, para não perder os dias de festa do padroeiro e ao mesmo tempo não aparecer com muita freqüência no mesmo lugar, Guzmán leva uma vida estável, e o excesso de pão que recebe como esmola vende aos pobres que têm vergonha de mendigar e aos "*trabajadores*". Por fim é introduzido na comunidade romana dos mendigos, conhece os seus princípios, os seus costumes e estatutos. Viaja também pela Itália, já perito nas práticas e fraudes dos mendigos (em Gaeta porém é desmascarado e expulso da cidade). Volta a Roma, onde, acolhido por um cardeal, é curado de supostas doenças (os cirurgiões participam conscientemente da fraude porque ganham bem tratando as falsas úlceras) e se emprega como pajem. Como todos os servidores, também ele rouba o patrão, comete as mais diversas vigarices (*bellaquerias*), dedica-se com paixão aos jogos de azar, aprendendo as técnicas de trapaça.[46] Mas um dia perde tudo o que tem, é expulso do serviço e novamente está nas ruas de Roma como vagabundo;[47] em pouco tempo porém já conseguiu novamente um serviço na casa do embaixador francês.

A segunda parte do *Guzmán de Alfarache* mostra logo no início como o "*hecho pícaro*" se afunda cada vez mais nos maus costumes (*malas mañas*), dessa vez sob a influência e os moldes da vida libertina de seu patrão, o embaixador francês. É preciso lembrar que durante todo o tempo a narrativa trata da juventude, de uma vida sob o signo do "*impetu de la juventud*",[48] embora Guzmán já tivesse freqüentado um "curso" de vida malandra, que agora punha em prática. Ele nutre continuamente boas intenções de começar tudo de novo e seguir o caminho da virtude,[49] mas a observação dos outros e as vicissitudes do destino, assim como as suas próprias más inclinações, afastam-no de tal caminho. Ele peregrina pela Itália, é vítima de ladrões, participa de ações de roubo, engana no jogo de cartas. Dessa vez goza os favores da Fortuna, está rico; os parentes de Gênova, que há oito anos não o quiseram receber, agora o acolhem com todas as honras, mas ele os rouba e finalmente volta à Espanha, estebelece-se em Madri como comerciante e casa-se com a rica filha de um outro comerciante; rica porém perdulária: ela desperdiça os bens do marido. Nas atividades de comerciante e usurário, que Guzmán exerce, reina a mesma desonestidade de suas ocupações anteriores. Após a morte da esposa, reduzido à miséria, Guzmán decide estudar na Universidade de Alcalá, onde termina o curso com sucesso; mas também ali é vítima de uma injustiça: a distinção que ele merece é atribuída ao filho de um rico nobre. Ele pensa no sacerdócio mas se casa com a bela filha de uma estalajadeira. Retorna a Madri, onde se torna proxeneta da própria mulher; punidos com o banimento os dois mudam-se para Sevilha, e ali a mulher o abandona. Na miséria, volta à profissão de ladrão, praticando pequenos furtos de vestidos e roupa de cama. Empregado como criado, rouba a patroa, mas o furto é descoberto e Guzmán é preso e condenado à fustigação e a seis anos de galera. Também como preso e galeote não pára de enganar e praticar fraudes, dessa vez em prejuízo de seus companheiros de pena. Porém nas galeras é vítima de uma injusta suspeita, tornando-se objeto de perseguições e punições severas. Sua inocência é reconhecida e ele presta serviço ao capitão e ao bem público denunciando uma revolta preparada pelos galeotes. Em troca disso a sua pena é cancelada e ele recupera a liberdade. Assim devem terminar as desgraças de Guzmán; a sua *mala vida*[50] chega ao fim e agora ele deve seguir o caminho da virtude — pelo menos é o que promete o protagonista no final da confissão.

Levando em consideração a complicada convenção da obra, articulada em vários planos e com o julgamento moral dos atos e dos comportamentos sendo feito pelo próprio protagonista em duas dimensões temporais, o tempo dos eventos e o tempo da confissão, é bem mais difícil julgar univocamente o pícaro Guzmán. É ele mesmo quem condena as suas malandragens e lamenta as vicissitudes que o impeliram ao crime. Se Lazarillo estava sempre lutando pela comida, pela saciedade, Guzmán, ainda que saiba o que é a fome, deseja sobretudo a riqueza, a dignidade, o supérfluo. Não é a herança da miséria e do trabalho como serviçal que pesa sobre ele, mas a da indignidade familiar; não é a fome que o leva ao caminho do crime, mas a desonestidade que reina no mundo, a debilidade de caráter, as más inclinações e as más influências. Ele serviu muitos patrões mas também foi sempre vigarista: mendigo, ladrão, trapaceiro. Entre todas as profissões aqui mencionadas exerceu sobretudo a de vagabundo; a sua verdadeira iniciação ocorreu nas peregrinações nas estradas e nas grandes cidades. A corrupção que observou por toda parte lhe confirmou a escolha do modo de vida e serviu-lhe de exemplo, mas sempre havia a possibilidade de escolher um outro caminho, de acordo com os preceitos éticos e com um modelo de vida honesta.[51] Porém só quando chega ao auge da desgraça, de onde poderia prosseguir rumo aos abismos infernais ou ao céu,[52] na prisão e entre os galeotes, na pior degradação social (e Mateo Alemán podia descrever com base nas suas próprias experiências o modo de vida dos galeotes e a maneira como eles eram tratados), ocorre a conversão interior do protagonista e a sua decisão de mudar de vida. Podemos acrescentar entretanto que não era a primeira vez em sua carreira que ele tomava uma decisão desse tipo, mas o autor faz com que agora ela seja real e resulte no ingresso do ex-pícaro na sociedade.[53]

Pelo subtítulo que Francisco de Quevedo colocou em *La vida del buscón* (Vida de um jovem ímprobo de nome Pablos) percebe-se que o protagonista representa o meio dos vagabundos, que seu percurso existencial exemplifica a vida em tal meio.[54] Essa pseudobiografia não difere das precedentes quanto às suas revelações sobre o trajeto existencial do pícaro. Em comparação com a obra de Mateo Alemán ela não contém os elementos didáticos e moralistas, ficando na convenção do riso e do escárnio, cujo objeto é tanto o tipo social apresentado quanto o próprio romance picaresco como gênero. A vulgaridade escatológica da obra de Quevedo mantém a temática picaresca num nível estilístico tão baixo quanto o círculo social a que se refere.[55] Fornece porém um retrato extraordinário do pícaro e parece indicar o mecanismo psicológico que originava as atitudes desviantes do vagabundo.

Pablos nasceu em Segóvia. Seu pai era barbeiro, mas dizia-se por toda parte que era ladrão e roubava os clientes, motivo pelo qual já fora preso e condenado à fustigação. O irmão de Pablos, que ajudava o pai a roubar os clientes, foi preso e morreu aos sete anos de idade em conseqüência de uma fustigação. A mãe, de uma família de cristãos-novos (judeus ou maometanos convertidos) é prostituta e confessa ao filho ser incapaz de lhe dizer quem é o seu pai. É também curandeira, alcoviteira, pratica a magia e a feitiçaria: esse conjunto de profissões aparece como uma extensão da profissão de meretriz e representa uma carreira bastante típica do mundo da prostituição daquele tempo. Apesar das peregrinações, Pablos não escolhe nenhuma das profissões de seus pais, nem o furto nem a magia: decide freqüentar a escola. Torna-se amigo do filho de um *hidalgo* e o acompanha, como lacaio, à pensão de um professor particular em Segóvia, e em seguida à Universidade de Alcalá de Henares. Ali é submetido à iniciação de um modo drástico; sua ingenuidade o expõe a perseguições contínuas, mas aos poucos ele aprende sozinho a enganar e a cometer malandragens, rouba seu próprio patrão, como fazem os outros criados. Dedica-se também a pequenos furtos de rua, ramo em que se torna mestre. Toma conhecimento de que os pais foram condenados: enforcaram o pai como ladrão e a mãe foi presa por bruxaria, devendo morrer na fogueira. Pablos perde o emprego mas já é um homem feito. "Meu Senhor, sou um outro e outros são os meus pensamentos", diz ao patrão, que lhe oferece uma recomendação para entrar em outro serviço. "Aponto para mais alto e agora devo valer mais."[56]

A etapa seguinte é a vagabundagem. Pablos encontra homens engraçados e engenhosos, extravagantes e ingênuos. Entre eles, a caminho de Madri, conhece um poeta itinerante que em troca de uma boa recompensa compõe poemas e canções para os cegos-mendigos. Na seqüência da viagem tem sucessivamente por companheiros um soldado-vagabundo que expõe falsas feridas como sinal dos serviços prestados ao país, um eremita itinerante que se revela um experiente jogador de azar e por fim um falido de Gênova, comerciante ou talvez banqueiro. Desse modo Pablos chega a Segóvia, sua cidade natal, onde encontra o tio, um carrasco de profissão que com um seleto bando representa o papel de penitente. Então Pablos recupera a herança que lhe cabia — tudo o que o pai conseguira juntar com as suas ladroagens — e deixa a cidade decidido a usar muita habilidade para conseguir começar em Madri uma vida nova sem as marcas da infâmia familiar: em Madri a astúcia é a pedra filosofal que transforma em ouro tudo o que toca.[57] Seu novo companheiro de viagem, dessa vez um nobre empobrecido que vagabundeia, conta-lhe sobre as possibilidades de vida fácil oferecidas pela corte. Em Madri, Pablos acompanha o nobre-vagabundo. Lá encontram outro vagabundo que, munido de uma licença especial, faz coleta nas casas; é significativo que o nobre e o mendigo-coletor conversassem entre si em *germanía*, isto é, em jargão criminal.[58] Em seguida os mendigos chegam a uma casa que parece ser o quartel-general dos mendigos: um obtém esmola entregando cartas supostamente importantes (que ele mesmo escreveu), outro simula um aleijão, um terceiro se faz passar por soldado. Todos são andrajosos, e quando de manhã se vestem com dificuldade a cena lembra os quadros de Bosch.[59]

Pablos se une aos mendigos de Madri. Os novos companheiros logo transformam as suas roupas de universitário em um "traje curto", que no entanto não é a indumentária elegante com que sonhava, e sim trapos de mendigo. Eles indicam-lhe o bairro em que deve mendigar e lhe designam um *padrine*, que deve iniciar o noviço na prática. O bando todo vive do roubo e da fraude, motivo pelo qual esse colégio de vagabundos[60] é preso coletivamente. A estadia na prisão mostra não só a dureza das condições da vida presidiária mas também a falta de escrúpulos no relacionamento entre os diversos grupos de presos. Graças à astúcia e ao dinheiro Pablos consegue sair da prisão, enquanto o resto do bando sofre a pena do pelourinho e do banimento.

A etapa seguinte é a simulação da riqueza e da condição de nobre: desse modo Pablos consegue imediatamente meios de subsistência, nutrindo a esperança de encontrar um bom partido, à altura da sua nobreza, que o levaria à estabilidade. Porém, vítima de uma infeliz coincidência, é assaltado, infamado, espancado e ferido enquanto se desmascara a sua falsa nobreza. Resta-lhe viver novamente de esmola, de pedir caridade nas ruas e nas portas das igrejas, aperfeiçoando cada vez mais as técnicas de mendicância e aumentando os lucros. Isso lhe permite partir de Madri para Toledo já bem vestido e com uma espada no flanco.

No caminho junta-se a uma companhia de teatro com a qual atua em Toledo e escreve também uma peça encenada com sucesso; desse modo chega a melhorar razoavelmente de situação, até a desagregação da companhia teatral.

Então parte de Toledo para Sevilha, praticando no caminho a arte de trapaceiro, equipado para essa finalidade com dados devidamente chumbados e cartas devidamente preparadas. Em Sevilha encontra um velho companheiro estudante de Alcalá que agora é chefe de um bando de sicários, tem um "negócio de golpes de espada" e comercia com vidas.[61] Conhece todo o bando, seu modo de viver, bebe com eles, participa de um assalto aos guardas da cidade e de um assassinato. Esconde-se com os companheiros numa igreja onde encontram asilo; meretrizes vêm acompanhá-los e com uma delas Pablos decide partir para a "Índia", imaginando que a mudança de lugar poderia melhorar a sua sorte. Mas essa tentativa não é bem sucedida (a conclusão já anuncia antecipadamente o final da terceira parte, que não chegou a ser escrita): "porque não melhora em nada a sua sorte aquele que muda apenas de lugar e não de vida e de costumes".[62]

A vida de Pablos constitui uma representação modelar do percurso existencial de um vagabundo. Coube-lhe como herança a iniqüidade, o crime, as perversidades sexuais, a infâmia das profissões familiares (um ladrão, uma bruxa, um carrasco), e é esse o caminho que ele segue. Todas as condições e profissões que vivencia pertencem ao mundo picaresco, até os estudantes são pícaros.[63] Foi vigarista, mendigo, ladrão, criado, ator, comediógrafo, bandido. Na sua introdução Quevedo anunciara que o livro mostraria todos os gêneros da "picardia", todos os procedimentos e todas as técnicas de fraude gerados pela ociosidade. Ele cumpre plenamente essa promessa. Com uma força e uma capacidade excepcionais traça uma galeria de vagabundos que não tem paralelo em nenhuma outra obra picaresca. A cidade e a peregrinação pelas estradas possibilitam a observação de um grande número de vagabundos: criminosos e poetas, estudantes e mendigos, cavaleiros, bandidos e sacerdotes. Há uma coerência particular na biografia do protagonista, seja quanto aos atos — da fraude ao assassinato — ou quanto às profissões exercidas. As metamorfoses das condições sociais de Pablos e suas sucessivas profissões são acompanhadas de uma transformação do aspecto exterior do protagonista, apresentada com precisão iconográfica: a cada condição corresponde um determinado tipo de comportamento, um aspecto e sobretudo uma roupa. Cada nova etapa da biografia começa com a mudança da roupa, o sinal por excelência da condição social. A essa mudança está sujeito também outro determinante semiótico da identidade: a língua. De acordo com o tipo de ocupação praticada aparecem expressões do jargão dos mendigos, dos ladrões, dos trapaceiros ou dos proxenetas; a observação e a caracterização do bando de sicários são acompanhadas pela descrição dos gestos de que eles costumavam se servir. A devassidão dos costumes anda lado a lado com a anormalidade social: do meretrício da mãe e do papel de proxeneta do pai ao proxenetismo do próprio protagonista, no fim da narrativa e no início de uma nova etapa da vida. A imundície dos costumes, o homossexualismo que Pablos aparentemente sugere referindo-se ao pai e observa entre os companheiros da prisão, homossexualismo insinuado na descrição da noite passada na casa dos mendigos, quando todos se deitam nus em duas camas coletivas, é uma espécie de *pendant* à impureza do sangue; o tema da relação entre o crime e a procedência da família de cristãos-novos aparece constantemente. O *buscón*[64] Pablos é alienado da organização social por sua origem social e pelos atos que pratica. A "corrupção interior" de Pablos[65] degrada contínua e fatalmente suas sucessivas ascensões, seja quando é o rei do Carnaval ou quando tenta participar da corte. Por fim é preciso assinalar a interdependência e a correspondência interna entre a corrupção moral dos vagabundos e os excrementos em que eles chafurdam (foi justamente essa a cerimônia de iniciação estudantil de Pablos) como também o caráter selvagem das orgias alcoólicas de que costumavam participar: caso da cena feroz da libação do carrasco-penitente e de seus companheiros em Segóvia, à qual não falta nem sequer o canibalismo, assim como da bebedeira dos bandidos mercenários de Sevilha.

A representação do vagabundo na obra de Quevedo parece situada fora do discurso didático, o mau caminho não encontra justificativa e o protagonista não manifesta nenhuma vontade de se regenerar; é preciso também lembrar que através do emprego da forma de confissão a poética da autobiografia mantém sempre um distanciamento entre o protagonista e o leitor, tanto mais que se trata de uma confissão sem arrependimento. Porém o perfil psicológico do protagonista é complexo.[66] A hostilidade com que a sociedade o tratou na infância marcou fortemente a sua evolução posterior. Ele sofre os atos brutais da iniciação universitária como uma perseguição que se explica pelo estigma da infância familiar que carrega em si e pela "maldade" que reina no mundo. Não quer suportar humildemente o sofrimento, o que implica a rejeição das virtudes cristãs, e decide então assumir uma condição de vida associal, encontrando no sonho de mudar de vida, de começar tudo de novo, uma compensação pelas injustiças e o ódio sofridos. No entanto o que pretende não é uma mudança ou uma reconstrução moral, mas apenas uma mudança de lugar (a peregrinação do vagabundo até o horizonte do Novo Mundo), que deve apagar a memória da infâmia e dar chance ao sonho de promoção social. Se Alemán demonstrou com a biografia de Guzmán as verdades da teologia moral em matéria de tentação do pecado e de escolha moral, Quevedo mostra o mecanismo psicológico que inevitavelmente gera o ódio e o desvio social.

A convenção picaresca fazia com que houvesse mais interesse justamente na biografia, e por isso cada uma das obras da vasta série desse gênero oferece da carreira do vagabundo uma imagem diversa em detalhes e às vezes também em estruturas sociológicas ou psicológicas. Gregorio Gonzales mostra em *El guitón Honofre* (1604) a carreira de um vigarista ("*guitón*" pode definir também um falso mendigo) que sonha em se tornar nobre, é maltratado por seus sucessivos patrões, enquanto a fome, a miséria, a origem pobre e as más inclinações o levam a cometer delitos.[67]

Em *A vida de Estebanillo Gonzalez*, uma das obras do período de decadência da literatura picaresca, encontramos outro percurso existencial.[68] Logo no início o leitor é advertido de que não está diante de uma autobiografia fictícia, como as obras de Alemán ou Quevedo, mas de uma história verdadeira. O percurso do protagonista passa por escolas, fraudes sem maior importância e pequenos furtos, pelo serviço na barbearia, no hospital e no exército. Ele vagabundeia por toda a Itália, peregrina também por Portugal e pela Espanha, atravessa a França e os países do Reich no tempo da Guerra dos Trinta Anos, os Países Baixos, a Polônia (onde esteve na corte real), a Lituânia,[69] a Boêmia, a Hungria. Passa a maior parte da vida a serviço do príncipe Amalfi, um magnata dos Países Baixos espanhóis, desempenhando sobretudo o papel de bobo da corte. Um cenário constante da narrativa são os *horrores belli*, sob cujo fundo se desenrolam os casos divertidos da vida do protagonista. Dessa vez a vagabundagem é apresentada com categorias próprias não tanto do mundo do crime quanto da vida do malandro. Sua infância e juventude são tipicamente picarescas, passadas entre o furto e o serviço na casa de diversos patrões; enfim ele aceita, embora de mau grado, a estabilização social, ao preço da ocupação humilhante de bobo.[70] No prólogo em verso menciona as 83 ocupações que praticou na vida enquanto o seu desejo era abrir uma casa de jogo em Nápoles, o que lhe asseguraria uma existência decente. Em face da hipocrisia e da desonestidade que reinavam no mundo um homem da sua condição não tinha como levar uma vida honesta. É um homem sem vergonha, dignidade ou honra, mas em compensação com um bom senso de humor, atributo da condição de bobo.[71] A forma de assimilação e de conhecimento é sempre a bebedeira: *in vino veritas*.

O romance picaresco é portador do retrato coletivo de um determinado grupo. A série de obras picarescas não pode ser tratada como uma coleção das biografias que a história social contemporânea considera a base da pesquisa: a literatura não substitui nesse caso os arquivos judiciais. No entanto aquelas pseudo-autobiografias oferecem uma certa pseudoprosopografia; o retrato coletivo do grupo social que delas emerge é o que estava presente na consciência social e na imaginação coletiva da época, e temos motivos suficientes para supor que em seus principais traços sociopsicológicos ele corresponda à realidade social.

O pícaro não é uma figura de perfil social bem definido. Mesmo a etimologia e o âmbito filológico[72] da palavra são bastante incertos. Ela aparece no início do século XVI (os primeiros registros são: em 1525 como "pícaro de cozinha", ajudante de cozinha; e em 1545 "pícaro" vem com o sentido de um criado comum de péssimos costumes), e com a evolução semântica o termo que indica "criado" passa a conter uma idéia pejorativa. O dicionário de 1726 da Academia da Espanha, que pode ser considerado o reflexo do uso da linguagem no século precedente, define o pícaro como "baixo, criminoso, enganador, privado de honra e vergonha". A tal conceito se atribui também um certo status social, ou seja, de uma referência moralmente pejorativa se passa à definição de uma situação social, em que a miséria material é associada à vida criminosa. A incerteza quanto à etimologia da palavra não permite tratar a sua história como uma chave semântica. Em *Lazarillo de Tormes* o termo não aparece em nenhuma de suas acepções, enquanto nos textos picarescos do fim do século XVI ele já se torna uma denominação corrente do protagonista. No fim do século XVI a palavra "pícaro" é usada no sentido do termo francês para vagabundo, "*gueuz*", e os dicionários castelhanos daquele tempo definem pícaro como um homem de condição plebéia, vestido miseravelmente, privado do senso de vergonha e de honra. Parece que tal definição corresponde ao conceito de vagabundo que na terminologia social tanto da Idade Média quanto da época moderna não estava ligado ao fato da peregrinação e sim à falta de ocupação, de estabilidade, de ligações com os princípios fundamentais da sociedade tradicional, isto é, com a comunidade familiar, a comunidade de vizinhança e as instituições corporativas. O conceito de vagabundo está ligado também a um modo criminoso de vida. A questão não é apenas que a "legislação do trabalho" moderna introduz paulatinamente na prática jurídica e na consciência social o hábito de considerar a vagabundagem um crime. Na identificação da vagabundagem com a ociosidade procurava-se na primeira a origem de todos os crimes, suspeitava-se que o vagabundo vivesse de delitos. No modo de vida do pícaro o crime, com o furto em primeiro lugar, é um elemento dominante. E mais ainda: na biografia dos heróis picarescos, independentemente dos atos simbólicos de iniciação, o verdadeiro momento decisivo na escolha de um modo de vida associal são os pequenos furtos, elementos constitutivos da síndrome mais ampla dos atos definidos com a expressão "criminalidade juvenil".[73]

No entanto o determinante essencial do status do pícaro é o seu vínculo contínuo com o serviço, que o distingue dos vagabundos franceses ou ingleses; estes não estão a serviço de ninguém, são "sem patrão". De fato o pícaro é o "homem de muitos senhores". Mas justamente a propósito disso convém retomar a trama da situação social da Espanha daquele período. Ao lado da abundância de esmolas é preciso notar o aumento do número de empregos para criados, pajens e lacaios, o que torna fácil conseguir esse tipo de trabalho. Mas trata-se de um serviço particular, porque muitas vezes exige partilhar a indigência dos patrões, que empobrecendo materialmente queriam manter a aparência externa de sua condição social. Às queixas autênticas ou estereotipadas sobre a desonestidade dos servidores acrescenta-se posteriormente mais um elemento, a saber, que nem sempre o serviço assegurava meios suficientes de subsistência. A literatura picaresca apresenta como traço básico uma total anulação da fronteira entre os servidores de um lado e os vagabundos e criminosos do outro (a situação é caracterizada do mesmo modo na Paris do século XVII pelas disposições municipais referentes aos "lacaios-vagabundos"). Assim, um jovem ladrão ou vagabundo em nada mudava a sua condição quando começava a trabalhar, e muitas vezes era precisamente no serviço que começava a sua carreira. O serviço, como ocupação, não colidia com a aversão geral ao trabalho que caracterizava o pícaro e determinava a condição de vagabundo. Tampouco exigia um mínimo de instrução, de qualificação ou algum estágio de aprendizagem na corporação, e portanto estava de acordo com a imagem do vagabundo como homem sem profissão (ou que não exercia qualquer profissão).

A gênese literária da figura do pícaro é heterogênea. Ela de certo modo funde o tipo do viajante encarnado por Ulisses com o tipo do malandro gozador e galhofeiro e ainda com o tipo social do miserável, presente na literatura anterior.[74] O destino dessa figura sempre se articula em torno dos conflitos entre o indivíduo e a sociedade, numa "dinâmica sociopsicológica" de inadaptação à sociedade. O pícaro infringe as normas da convivência social mas ao mesmo tempo procura meios de entrar na sociedade: vive com um pé dentro e outro fora da sociedade. É um "semi-outsider", como foi definido por Claudio Guillén.[75] Esse caráter dividido da sua condição pode estar ligado, no plano social, à importância do serviço na biografia picaresca, e no plano psicológico ao caráter particular do discurso autobiográfico, em que a observação é conduzida pela mesma pessoa porém em diversos momentos temporais: o narrador conta sobre si mesmo mas submete a um julgamento os seus atos pregressos, tomando como ponto de referência dessa avaliação o código ético que governa a vida social.

Independentemente das ligações com a ordem social e com o sistema de valores que nela vigora, o pícaro é um ser marginal.[76] Toda a sua existência é definida com as categorias da exclusão. A origem social não só o coloca nos níveis mais baixos da hierarquia como, com seu fardo de infâmia e indignidade, de impureza do sangue e iniqüidade dos costumes, expulsa-o da vida honesta.[77] Como órfão, fugitivo ou banido, privado de qualquer ajuda, ele enfrenta um mundo hostil, e a luta contra as adversidades do destino lhe mostra como é aparente a moralidade social. O pícaro age e se comporta de modo a se

AS VIAGENS DOS PROTAGONISTAS

Lazarillo

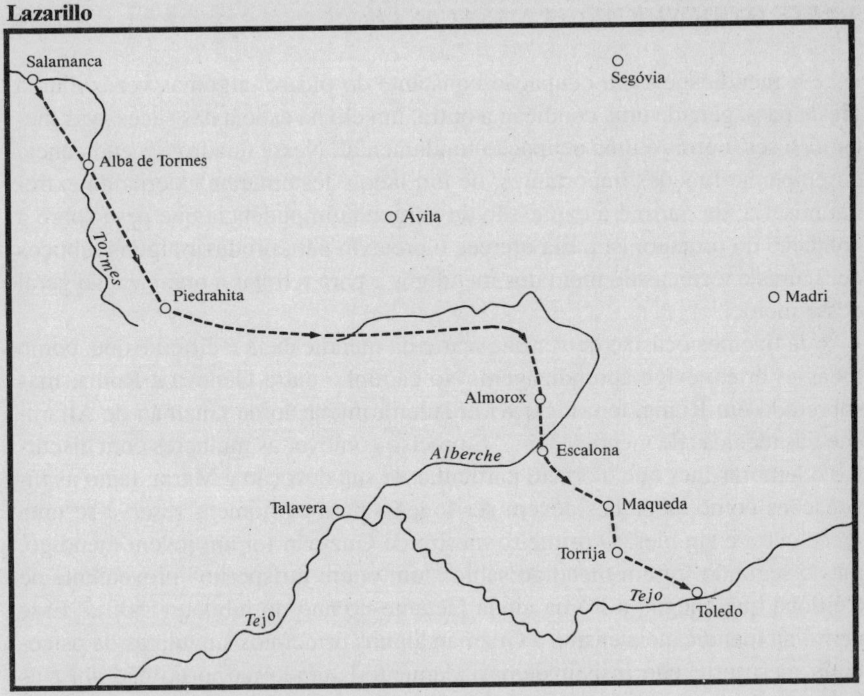

Guzmán

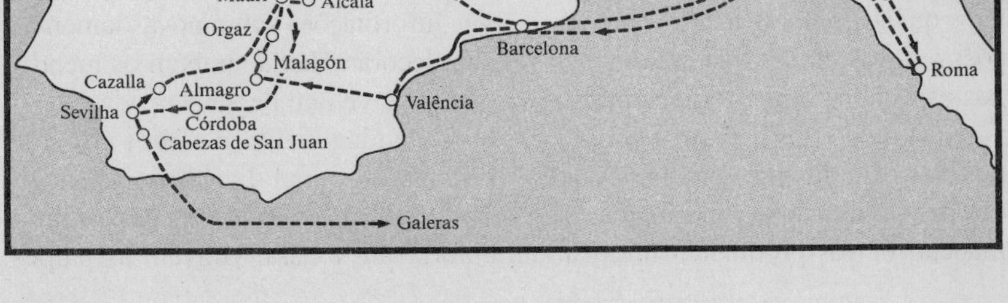

tornar objeto de exclusão, mas pode-se também dizer que tanto a sociedade o rejeita quanto ele rejeita a sociedade.

A ARTE DA MENDICÂNCIA E AS SUAS LEIS

A mendicância é a ocupação constante do pícaro: algumas vezes é uma via de passagem de uma condição a outra, um elo na cadeia das sucessivas metamorfoses, outras é uma ocupação fundamental. Nesse quadro a mendicância desempenha funções importantes: de um lado é testemunha externa da extrema miséria, de outro é a expressão da vergonha/impudência que pesa sobre a condição do protagonista. Ela oferece o pretexto para produzir alguns esboços de figuras e técnicas do meio dos mendigos e para retratar a organização geral desse meio.

Já tivemos ocasião de ver que a arte da mendicância é difícil e que, como todas as artes, exige aprendizagem.. No caminho entre Gênova e Roma, mas sobretudo em Roma, tem lugar a verdadeira iniciação de Guzmán de Alfarache nas técnicas de mendicância.[78] É preciso comover as mulheres com discursos e lembrar-lhes que o objeto particular de sua devoção é Maria; tanto as invocações como as preces devem ser longas; para os homens reserva-se uma prece curta e simples. O primeiro mestre de Guzmán foi um jovem mendigo, mas o segundo foi um mendigo sábio, "um pobre jurisperito" proveniente de Córdoba que chegou a Roma ainda lactante no ano do jubileu (1500).[79] Esse perito na mendicância ensina a Guzmán alguns princípios singulares da psicologia mercantil: não insistir demasiadamente batendo na porta, não abrir as portas fechadas, pedir a esmola humildemente, nunca rir, sempre gemer, vestir roupa remendada. A humildade é o instrumento da prática da mendicância, por isso é preciso esquecer o orgulho espanhol.

O jurisperito também ensina a Guzmán as técnicas de fraude: como simular a lepra, como fazer falsas feridas, como provocar a tumefação das pernas, como produzir a aparência de uma fratura no braço, uma icterícia, um aleijão nos membros "e muitos outros interessantes truques da arte, para que ninguém nos pudesse dizer, vendo-nos sãos e fortes, que deveríamos trabalhar".[80]

O complemento dessa aprendizagem são os encontros de mendigos, durante os quais circulavam entre os participantes informações sobre novas lamentações e novas preces que à noite eles deviam decorar. Havia também os mendigos-especialistas que forneciam os novos textos e viviam dessa ocupação.[81]

Os mendigos pediam esmola às vezes individualmente, às vezes em grupo. Nas estradas ficavam aguardando os viajantes, e mal divisavam ao longe um pequeno grupo começavam a se preparar para recebê-lo: uns passavam a mancar, outros produziam uma careta, entortavam a cara, viravam as pálpebras, fingiam-se de cegos e surdos, atavam e amarravam os braços e as pernas, amparavam-se em muletas.

A astúcia e a fraude são o pão de cada dia do mendigo,[82] a maneira pela qual ele tenta fugir da miséria. Às vezes se soma a elas o elemento da crueldade, cujo exemplo é a anedota sobre um mendigo florentino. Quando lhe nasceu um filho, o mendigo, segundo um costume amplamente adotado em vários países (Guzmán conta um caso italiano, mas com esse exemplo dá a entender que o fato se aplica também à Espanha), fez com que ele adquirisse horrendas mutilações, determinado a garantir-lhe uma vida livre da necessidade de entrar num serviço ou de aprender algum ofício.[83] Ao longo do tempo foi gradualmente preparando o garoto, acrescentando-lhe mais e mais mutilações. Guzmán descreve com detalhes o resultado de tal preparação. Antes de tudo o filho do mendigo florentino era "incapaz de usar aquilo que diz respeito à natureza", sua cabeça era quase completamente torcida para trás, o rosto grudava no ombro direito, as pálpebras eram rasgadas, as sobrancelhas e a testa queimadas e atravessadas por milhares de rugas, era corcunda e tinha o corpo todo retorcido, completamente privado de forma, os gambitos inertes repousando nos braços; na verdade ele só podia usar os braços e a língua. Movimentava-se num carrinho puxado por um asno que ele mesmo dirigia, ou então numa caixa ou gaiola colocada no dorso desse animal, e só precisava de ajuda quando queria sair do carrinho. Era benquisto, tinha facilidade para falar, toda Florença o conhecia, e em virtude dos belos discursos assim como das deficiências recebia muitas esmolas. Viveu 72 anos. Quando a morte estava se aproximando fez um testamento expressando a vontade de ser sepultado com o dinheiro obtido da venda do asno; o chicote, de acordo com o testamento, deveria ser transmitido ao grande príncipe de Toscana. Verificou-se que seu legado continha uma enorme soma em ouro correspondente a 3600 ducados castelhanos, isto é, quase um milhão e meio de maravedis!

Também Guzmán simulava diversas feridas e doenças, o que aliás, como já mencionamos, lhe trouxe alguns problemas, já que os exames médicos que lhe fizeram certa vez o desmoralizaram, e noutra ocasião desmascararam não só o mendigo desonesto como também o desonesto médico a quem ele se associara. A arte da mendicância exigia, como vimos, uma atenção contínua e uma grande experiência.[84] O desmascaramento de Gaeta foi conseqüência de um "erro na arte": num pequeno intervalo de tempo Guzmán simulara uma doença de pele e uma ferida na perna; isso foi percebido pelo governador local, que se lembrava do rosto do mendigo. Também *La vida del buscón*, de Francisco Quevedo, oferece uma galeria de mendigos, retratados com uma plasticidade particularmente cruel. No período de aprendizagem da arte da mendicância Pablos assiste várias vezes ao espetáculo da chegada e saída dos mendigos do seu esconderijo madrileno e pode constatar como lhes é precioso o dom divino da engenhosidade.[85] A maioria dos pensionistas da casa madrilena dos mendigos esconde sua miséria sob a aparência de um aspecto externo digno: Pablos volta para casa acompanhado de um *hidalgo* que também estava vagabundeando; outro pensionista chama-se dom Lorenzo Iñiquez del Pedroso (que há duas semanas não sai de casa por lhe faltarem farrapos para remendar a roupa); um soldado mendicante anda de muletas e com uma perna enfaixada porque tem apenas um sapato; quando de manhã vão à cidade, encontram seus credores e têm de se esconder deles. Vestidos de trapos, têm no entanto a espada no flanco (o *hidalgo* dom Toribio, companheiro de Pablos, perdeu a espada quando foi assaltado pelos mendigos que durante a distribuição da sopa perceberam seu estratagema: ele pedia vários pratos para os pobres tímidos, como dizia, mas tragava todos).[86] Porém nesse bando de miseráveis também se empregam técnicas mais profissionais de mendicância. Eis que ao voltar do "trabalho"[87] dom Cosme é cercado por um grupo de crianças com o corpo coberto de furúnculos, lepra, feridas; ele então faz o papel de milagreiro, curando-as com o sinal-da-cruz ou alguns conjuros. Recebe esmolas tão ricas que pode manter todo o bando. Anda equipado com diversos instrumentos de devoção: um enorme rosário, um açoite com as pontas ensangüentadas. É um mestre da fraude e da hipocrisia, sempre com uma prece nos lábios, falando das terríveis tentações a que o diabo o expõe. Sua eloqüência encanta as pessoas, as mulheres em especial (tinha uma prole que já contava sete crianças, e duas devotas estavam esperando um filho dele). E por fim Polanco, um mendigo que como dom Cosme se aproveita da devoção mas de um modo diferente. Vestindo um saco marrom, com uma longa barba (aliás falsa), trazendo nas mãos uma grande cruz e uma sineta, de noite anda pela cidade lamentando: "Lembrai-vos da morte, meus irmãos, e fazei o bem às almas que partiram".[88] Desse modo recebe muitas esmolas, mas não perde ocasião de roubar as casas; aliás todos roubam.

O próprio Pablos só abraça plenamente a profissão de mendigo mais tarde, quando todo o bando de mendigos e ladrões é preso e uma série de aventuras malsucedidas deixam-no sem dinheiro e sem meios de sobrevivência. Então ele se adapta à nova profissão: em primeiro lugar se veste à maneira dos mendigos, com gola de couro, gibão de tecido grosso, sobretudo de mendigo, largo e com os devidos remendos, polainas, sapatos excessivamente grandes, capuz na cabeça, imagem de Cristo em bronze pendurada no pescoço. Um certo mendigo, que já conhecia bem os arcanos da profissão ("*qui entendín de la arte mucho*"), torna-se seu mestre e ensina-lhe as devidas entoações e lamentações: "*Dadle, buen cristiano, siervo del Señor, al pobre lisiado y llagado; que me veo y me deseo!*" ("Dê, piedoso cristão e servo do Senhor, a um pobre aleijado, coberto de abscessos e feridas!")[89] — para os dias normais; para os domingos e feriados a entoação é diferente: "*Fieles cristianos y devotos del Se-*

ñor, por tan alta princesa como la Reina de los Angeles, Madre de Dios, dadle una limosna al pobre tullido y lastimado de la mano del Señor" ("Fiéis cristãos e devotos de Nosso Senhor, em nome da suprema Princesa dos Céus, Rainha dos Anjos, Mãe de Deus, ajudem com uma esmola um pobre aleijado, punido pela mão de Deus").[90] Após essa lamentação é preciso parar, e só depois de uma pausa pode-se contar como durante o trabalho num vinhedo o "ar nocivo" provocara inesperadamente uma paralisia dos membros. As esmolas caem em profusão, mas não tão ricas como as ganhas por um mendigo concorrente, um aleijado sem braços e sem uma perna, que sentado num carrinho transita pelas mesmas ruas freqüentadas por Pablos e implora a esmola com voz rouca; Pablos observa aliás que seu pedido é feito em nome de "*el buen Jesú*" (em vez de "Jesus"), e vendo o bom efeito disso passa a imitá-lo. Ao mesmo tempo começa a aplicar uma técnica mais comovente de apresentação do aspecto exterior: esconde ambas as pernas num saco de couro e anda com muletas.

Pablos faz amizade também com um mendigo chamado Valcazár (Baltazar), que já enriquecera na mendicância e era um vigarista experiente.[91] Seu problema notório era uma enorme hérnia, e além disso ele amarrava o braço com uma corda para que a mão inchasse e parecesse morta. Geralmente se deitava de costas, pois assim a hérnia era mais visível, e recebia muitas esmolas fazendo tal espetáculo ser acompanhado da lisonja endereçada ao passante. Empregava também alguns meninos mendigos. Três deles mendigavam e roubavam nas ruas, trazendo-lhe os frutos dessa atividade, enquanto os outros dois jovens coletores roubavam para ele o dinheiro da caixa de ofertas da igreja. Aliás o mesmo começa a ser feito por Pablos, a quem o novo amigo traz jovens criados mendigos (em um mês Pablos consegue ganhar dessa forma duzentos reais!). Os dois também praticam juntos a lucrativa arte do *kidnapping*: seqüestram as crianças pequenas e depois as entregam aos pais em troca de uma alta recompensa.

Nessa extensa relação das técnicas de mendicância é bem visível o caráter profissional da ocupação, cujo instrumento de "trabalho" é o aspecto exterior, a invalidez fingida e enfim um certo tipo de conhecimento da psicologia dos doadores de esmola.

Um quadro parecido com aquele da *Vida del buscón* é traçado por Quevedo na pequena obra dramática (*baile*) *Boda de pordioseros*,[92] em que um grupo de mendigos, homens e mulheres, reúne-se junto à "fonte da pulga" por ocasião das bodas de um casal de mendigos; já que os *bailes* eram cantados e dançados, podemos imaginar esse balé dos mendigos, em que os instrumentos próprios da profissão, isto é, as mutilações corporais, se tornam objeto de representação.

Na descrição de Quevedo aparecem diversos elementos de organização do meio dos mendigos. A casa dos mendigos de Madri é dirigida por uma velha, "*madre* Lambruscas", que desempenha a função de patroa e revendedora dos objetos roubados. Os mendigos se reconhecem graças ao uso do jargão, da *germanía*. Pablos aprende algumas das técnicas de mendicância durante o seu noviciado na arte. Baltazar, mestre na arte da mendicância, parece desempenhar ao mesmo tempo a função de chefe do bando.[93] Em outra obra, que não tem as características da narrativa picaresca e certamente foi escrita antes da *Vida del buscón*, Quevedo apresenta num amplo afresco as camadas mais baixas da população da capital castelhana,[94] observando tanto os indivíduos que uma autêntica invalidez impeliu a cultivar a arte da mendicância quanto aqueles que nesta procuravam um modo de viver sem fazer nada. Eles obtêm uma "licença" para mendigar, começam a andar de muletas, aprendem preces e lamentações, mas mesmo os realmente aleijados — aqui o discurso de Quevedo é sério, privado de elementos cômicos ou satíricos — conseguiriam aprender algum ofício compatível com as suas limitações. Vivem em aglomerações situadas quase sempre nos subúrbios e nos bairros mais miseráveis da cidade. É precisamente nesses lugares que eles se reúnem à noite e se preparam para mendigar de dia, ou seja, providenciam a simulação de doenças ou de invalidez: nessa descrição a analogia com os pátios dos milagres franceses é surpreendente. Quevedo observa também que o meio apresenta um certo tipo de organização que parece pertencer às estruturas corporativas: os noviços devem obediência aos mais velhos, os mestres do ofício, e além disso pagam-lhes determinados tributos.

Também Alemán, em sua descrição das vicissitudes da vida mendicante de Guzmán, atribui ao meio dos mendigos alguns traços de organização interna. Durante as suas façanhas em Roma, Guzmán percebe a hostilidade dos mendigos locais: eles estão resmungando que o espanhol recém-vindo prejudica os seus interesses porque não conhece os costumes do meio (quando saciado, por exemplo, recusa a comida que lhe oferecem por compaixão). Então um dos mendigos resolve dar algumas aulas a Guzmán: em primeiro lugar, como se pertencesse a uma camada superior,[95] sendo talvez um funcionário da corporação dos mendigos, interroga o espanhol sobre a sua biografia; depois lhe ensina os costumes dos mendigos romanos. Estes observam os princípios do bom comportamento ("*guardarse el decoro*"), do conselho recíproco e da solidariedade fraterna. O mendigo lhe ensina também como fazer para poder sempre comer tudo o que receber de esmola — uma conduta importante, pois assim se tem a impressão de que os mendigos estão constantemente passando fome. Diz-lhe também a que horas deve pedir esmola, a quem deve se dirigir, em que casas entrar etc. Enfim lhe entrega os estatutos escritos dos mendigos, que lhe permitiriam aprender um modo de vida apropriado.

Essas *ordenanzas mendicativas* podem ser tratadas como exercícios estilísticos, mas também é possível considerá-las um documento que reflete um certo modelo de comportamento coletivo, ainda que tal modelo não derive do código escrito; obviamente o lugar de observação de tais comportamentos não é a Itália e sim as cidades espanholas, Madri e Sevilha.

Os estatutos dos mendigos[96] referem-se a questões bem diversas da vida dos pedintes: definem os limites do ofício, o aspecto externo que devem ter as pessoas, o próprio ensino da arte, os métodos para exercê-la, a organização interna e os costumes.

Os estatutos proíbem aos mendigos se relacionar com os músicos itinerantes, os cegos contadores de histórias, os malabaristas, os poetas, os soldados e marinheiros desertores, porque a arte da mendicância não tem nada em comum com essas categorias. Proíbe-se também aos mendigos conduzir "cães dançarinos", exibir animais amestrados nas portas das igrejas ou durante a mendicância pelas ruas.

Quanto ao aspecto externo, numerosos artigos dos estatutos definem o equipamento do mendigo. Ele deve ter um cajado, se possível com ponteira de ferro, mas não pode carregar consigo nenhuma arma (exceto a faca). Tampouco lhe é permitido vestir roupa nova ou com aspecto decente; seu vestuário é rasgado, remendado, andrajoso (se um mendigo recebe uma roupa nova, pode vesti-la somente no dia em que lhe foi dada). É proibido o uso de grandes bolsas; as esmolas devem ser recolhidas no chapéu.

Na arte da mendicância a aprendizagem da profissão é obrigatória. Até os seis anos de idade as crianças podem mendigar com os pais, mas ultrapassado esse limite devem trabalhar de forma autônoma no ofício. O ingresso na profissão de mendigo ocorre após os doze anos de idade, mas o candidato deve provar que durante três anos recebeu um ensino prático de mendicância. O estatuto declara extinto o antigo costume de dois anos suplementares de *jábega*, vale dizer, de prática das fraudes picarescas. Ao mesmo tempo proíbe aos mendigos mandar as suas próprias crianças aprender qualquer ofício ou entregá-las para um serviço, "pois no final das contas isso significa trabalhar muito e ganhar pouco".[97]

No capítulo dos métodos para exercitar a mendicância chama-se atenção sobretudo para a necessidade da ordem e da solidariedade, o que implica a recusa da concorrência. Quanto aos lugares da prática da mendicância deve vigorar o princípio do tempo de permanência e não o da idade.[98] É proibido apropriar-se do posto alheio e enganar uns aos outros. É proibido roubar de crianças (essa proibição mostra ao mesmo tempo que o furto era uma ocupação bem comum entre os mendigos). Consente-se que dois aleijados mendiguem juntos como "*hermanos*", ou seja, confrades, mas cada um precisa fingir um tipo de invalidez, a sua mendicância deve ser praticada de lados diferentes da rua e o ganho será dividido entre os dois. Os mendigos têm o dever de solidariamente comunicar uns aos outros os bons endereços, as informações sobre as casas generosas e sobretudo sobre casas de jogo e lugares onde os *galanes* mantêm suas amantes, porque ali as ricas esmolas são sempre asseguradas. Os mendigos podem se valer, no exercício de sua profissão, do auxílio de jovens ajudantes, porém cada um dos mendigos não deve ter mais de quatro crianças; essas crianças alugadas nunca serão maiores de cinco anos. As crianças devem ser utilizadas para observação das igrejas, para as coletas ou para pedir esmola em nome dos "pais doentes", mas é preciso sempre ficar de olho nelas. O dia de trabalho do mendigo deve começar no inverno às sete horas da manhã e no verão às cinco, terminando meia hora antes do pôr-do-sol.

No que se refere à organização interna os estatutos mostram o quadro de uma comunidade dividida em *nationes*, como as universidades medievais. O artigo inicial dos estatutos já introduz esse elemento de diversidade nacional, uma vez que indica vários costumes dos mendigos conforme a identidade étnica.[99] Assim, os alemães costumam mendigar em grupo e cantando, os franceses recitam orações, "*los flamencos*" (nesse caso deve se tratar dos flamengos e não dos ciganos de Andaluzia) inclinam-se, os ciganos são insistentes, os portugueses choram, os toscanos fazem discursos e os castelhanos pedem esmola com uma altivez que os torna antipáticos. Os mendigos são organizados em nações, cada uma das quais dispondo, no seu território ("*en su tierra*"), de estalagens e albergues que funcionam como local de encontro;[100] é lá que os mendigos devem debater sobre as questões correntes dos companheiros, examinar todos os problemas, contar as próprias façanhas assim como as de outros, falar dos seus ancestrais, de guerras das quais nunca participaram, brincar e jogar *al rentoy*, ou seja, jogos de azar. Os encontros devem ser presididos por três ou quatro dos mendigos com cajado na mão.[101] Mendigos de nações diferentes não podem ficar juntos. Os mendigos são proibidos de comentar com quem não pertence à confraria as questões relativas à arte.

E finalmente constam dos estatutos regulamentos que proíbem aos mendigos comprar carne ou peixe no mercado, dançar e tocar música. Tais determinações têm por objetivo manter uma coerência entre o modo de vida e a aparência de mendigos, de um lado, e do outro a sua própria condição social, que deve ser caracterizada pela miséria e pela fome.

Obviamente não se deve avaliar esse texto com os critérios de uma erudição pedante, já que ele pertence à ficção literária e foi conscientemente composto nos moldes de um documento jurídico. Porém trata-se de um testemunho extremamente instrutivo e rico, que mostra como se imaginava a organização do meio dos mendigos, e alguns elementos do próprio texto apontam também uma observação dos verdadeiros costumes dos mendigos. É evidente que aquelas *hermandad y confraria* dos mendigos tinham como modelo a organização corporativa. Em primeiro lugar o grêmio artesanal; dele derivam a significativa exclusão de qualquer concorrência no âmbito da arte, a definição do horário e do local de trabalho, da aprendizagem e da admissão no ofício. Um elemento suplementar é a organização em *nationes*, por trás da qual se pode perceber o sistema corporativo universitário.

A realidade da vida dos mendigos, tanto a que conhecemos dos documentos quanto aquela traçada pelas biografias picarescas (inclusive a de Guzmán!), não confirma literalmente os estatutos dos mendigos: vimos aliás que a iniciação na mendicância tinha caráter mais imediato e mais direto do que ordenavam os estatutos (embora essa crítica possa ser respondida com o argumento de que havia também uma discrepância entre o texto dos estatutos corporativos e a realidade). Surpreende igualmente o elemento de organização segundo as nacionalidades, para o qual faltam outras confirmações. De qualquer modo ele pode constituir uma indicação de que a descrição de Alemán se refere de fato a Roma e resulta da observação dos jovens mendigos.[102] Em Roma, especificamente, por ser essa cidade o centro internacional das peregrinações e das viagens de todo o mundo cristão, era possível o surgimento desse tipo de organização dos mendigos conforme a nacionalidade, mas por outro lado as peregrinações a Compostela, o mercado internacional e a navegação ultramarina atraíam também para a Espanha um grande número de viajantes procedentes do mundo inteiro.[103]

Ao lado desses estatutos gerais os chefes dos mendigos proclamavam outras disposições. O "*famoso paltrone*" que governava os mendigos italianos nos tempos de Guzmán devia ser Alberto, conhecido como Micer Marcon. Em Roma ele era o generalíssimo de todos os mendigos; pode ser referido também como o príncipe do país dos preguiçosos ou o arquivagabundo (*archibrión*) do mundo cristão, e pela aparência, postura e excelentes maneiras fazia jus à coroa imperial.[104] Suas refeições eram pantagruélicas: em cada uma consumia um par de quartos de carneiro, as pernas e a dobradinha, tetas de vaca e quatro quilos de pão, tudo bem regado a vinho. Na mendicância ganhava seis vezes mais que um mendigo médio, mas essa quantia era integralmente desperdiçada em comida e bebida, de modo que todos os mendigos, como bons vassalos ("*como a vasallos de bien y mal pasar*"), traziam-lhe donativos e tributos. Sempre com a roupa desabotoada, mostrando o corpo, tinha a barba bem-feita e não cobria a cabeça calva.

As disposições que Alemán atribui a esse príncipe dos mendigos são tão coloridas quanto a própria personagem; esta mantém-se no estilo de *Gargantua e Pantagruel*, louvando a comida e o vinho mas reprovando quem bebe água e come doces. Aliás Alberto passava numa estalagem dez meses do ano. O quadro de Micer Marcon é enriquecido por uma continuação de *Guzmán* publicada por Juan Martí em 1602,[105] cujo sucesso entre os leitores foi maior que o da obra do próprio Alemán. Junto com alguns companheiros o mestre romano, dessa vez denominado *archibribón*, deixa a Cidade Eterna e numa peregrinação pelo mundo chega à Espanha, indo a Madri e a Toledo. Em Barcelona encontra Guzmán e, sendo um admirador dos mendigos espanhóis, conta-lhe as suas experiências. Transmite-lhe também alguns ensinamentos muito gerais, sustentando que a arte da mendicância tem tradição antiga e recorrendo ao argumento da pobreza dos apóstolos. Ensina-lhe como se deve replicar as acusações de ociosidade tão freqüentemente dirigidas contra os mendigos. Ele próprio havia enfrentado muitas vezes tais acusações mas aprendera que a "vida mendicativa" deve ser defendida com tranqüilidade e humildade mesmo diante das ameaças de denúncia e deportação para as galeras: é preciso argumentar que a mendicância decorre da dificuldade de encontrar trabalho e da conseqüente impossibilidade de se sustentar.[106]

No quadro da organização do meio dos mendigos traçado pela literatura espanhola os elementos de um "anti-Estado" não aparecem com tanta força como na literatura francesa ou inglesa. As personagens recorrentes nas biografias picarescas são os anciões da arte, os mendigos experientes, uma espécie de sábios da profissão. A figura de Alberto, isto é, de Micer Marcon, inserida na história de Guzmán, parece apresentar os sinais do comando. Mas nesse caso as características de experiência no ofício e de sabedoria conferem-lhe mais um papel de "doutor em mendicância" do que de "príncipe dos mendigos". Mesmo os tributos que recebe dos mendigos romanos são explicados pelo autor como uma forma de compaixão, dependendo o seu nível das possibilidades do momento e não da obrigação em termos de fisco estatal. No quadro traçado por Quevedo (sobretudo nas *Capitulaciones*) estão presentes já mais explicitamente os elementos de uma organização autônoma. Resumindo, porém, pode-se constatar que o quadro do meio dos mendigos transmitido pela literatura espanhola não o contrapõe à sociedade global de uma forma tão radical quanto pudemos observar em outros casos. A alienação do mendigo é um aspecto da sua condição e não traz consigo uma marca de ameaça social.

A CORPORAÇÃO DOS LADRÕES

Em suas *Novelas exemplares*[107] Cervantes apresenta motivos picarescos, ainda que a coleção não obedeça às exigências impostas pelo modelo desse gênero literário nem quanto à forma da narração das aventuras alheias nem quanto ao conteúdo, livre de qualquer ambição didática. No prefácio Cervantes enfatiza o elemento de diversão literária das suas novelas e diz que a intenção moralista indicada pelo título completo do livro (que na licença de publicação aparece de forma ainda mais explícita: *Novelas ejemplares de honestíssimo entretenimiento*) é apenas uma forma de se proteger contra possíveis acusações de frivolidade. Deixando de lado a questão de em que medida ela se vincula ao gênero literário, abordamos a coleção de Cervantes como uma extraordinária galeria de figuras e categorias dos *bas-fonds* das cidades espanholas.[108]

Em *Rinconete y Cortadillo* (novela datada dos primeiros anos do século XVII) os protagonistas são dois jovens vagabundos: o primeiro tem dezessete anos e o segundo, catorze ou quinze. O aspecto externo de ambos testemunha a sua miséria: andam descalços e quase nus. Encontram-se numa estalagem da estrada de Toledo a Córdoba, num caminho que liga Castelo à Andaluzia, e numa conversa de salão em que não poupam títulos nobiliários, falam de suas capacidades e façanhas. O mais velho procede dos arrabaldes de Segóvia. O pai vendia indulgências das Cruzadas; ele mesmo começou a carreira roubando o dinheiro da venda daquelas bulas, razão pela qual foi fustigado e banido de Madri (onde o haviam pego). A seguir passou a se ocupar do jogo de cartas, e chegou a tal perícia na trapaça que sempre vencia, porque "[suas cartas] têm [...] uma virtude singular para quem as conhece: independentemente do número de cartas do baralho, sempre que esse iniciado cortar aparecerá um ás".[109] Isso lhe permite levar uma vida de vagabundo, sem se preocupar com a comida. O mais novo, de nome Cortado, é filho de um alfaiate de uma aldeia entre Salamanca e Medina del Campo. Da profissão aprendida com o pai ele se vale apenas para cortar bolsas, atividade que praticou com excelentes resultados em Toledo até ser obrigado a fugir porque as autoridades policiais da cidade já começavam a desconfiar dele. Trata-se, assim, do encontro entre um mestre da trapaça e um mestre do furto. Feita a amizade eles começam a pôr em prática as suas capacidades: logo no início enganam no jogo de cartas um almocreve e em seguida assaltam um grupo de viajantes, acabando por chegar a Sevilha a serviço deles. Ali começam a trabalhar como carregadores, mas essa ocupação serve apenas para camuflar o seu verdadeiro modo de ganhar a vida: o furto. Um jovem colega de profissão se aproxima e lhes pergunta no jargão criminoso se eles são ladrões ("*de mala entrada, murcios*"). Ao receber resposta afirmativa, o jovem indaga por que ainda não se cadastraram junto ao *señor* Monipodio, que para os ladrões de Sevilha é "*su padre, su maestro y su amparo*";[110] sem a autorização desse senhor não é permitido se ocupar do roubo em Sevilha. É graças a ele que durante os quatro últimos anos apenas quatro ladrões foram enforcados e 62 foram deportados para as galeras. Os dois recém-chegados dirigem-se portanto ao chefe dos ladrões de Sevilha e tomam conhecimento dos princípios e costumes que vigoram na corporação ou "confraria" da cidade.

Em Sevilha é obrigatória uma aprendizagem de um ano na profissão de ladrão. Durante esse "noviciado" os candidatos têm de servir aos mestres, levar as suas ordens para a prisão ou para o prostíbulo, só podem tomar vinho diluído em água e não participam com plenos direitos da divisão da presa e da renda. Tendo contado suas perícias, Cortado e Rincon são recebidos sem noviciado na confraria e logo inscritos no livro da corporação: o sinal da iniciação foi a imposição dos diminutivos de Cortadilho e Rinconete, devido à sua juventude. No entanto eles são avisados de que nas semanas seguintes devem aprender vários métodos novos de trapaça e de roubo para aperfeiçoar as suas capacidades. Todas as presas são depositadas numa caixa comum e depois equitativamente divididas pelo chefe. A descrição dos participantes da assembléia dos ladrões mostra a heterogeneidade das categorias ou das técnicas empregadas: há jovens com vestes estudantis, carregadores, um cego, anciões de óculos e rosário na mão, guardas armados, uma velha que é receptora e finalmente prostitutas. Os anciões, como explica o chefe dos ladrões, cumprem tarefas de extrema importância para o bando, já que desempenham a função de espiões: no jargão são chamados *avispones*, ou seja, vespões, "e a sua ocupação consiste em andar o dia inteiro pela cidade e informar aos companheiros em que casas eles podem pescar à noite";[111] além disso seguem os funcionários que transportam dinheiro da casa de moeda ou da câmara do tesouro. São muito úteis à comunidade dos ladrões (*hermandad*) e recebem um quinto daquilo que é roubado graças à sua colaboração. O mesmo papel de informantes desempenham os dois bagageiros que trabalham para o bando, e graças à sua atividade conhecem bem as casas da cidade, sabem como entrar e sair de modo seguro. A confraria tem sua sede numa casa afastada, cercada de sentinelas, em cujo interior podem ser organizados com toda segurança os banquetes da corporação. Ao lado do furto e da trapaça, principais ocupações da confraria, pratica-se também em larga escala um mercado de serviços, com aluguel de "malandros a bom preço" para executar vinganças e acertar todo tipo de contas. Por aquela época o ofício de sicário se espalhou consideravelmente pelas grandes cidades européias.

No retrato de Cervantes o *señor* Monipodio, chefe dos ladrões, assemelha-se ao príncipe dos mendigos da obra de Mateo Alemán. Eis como ele é apresentado aos ladrões reunidos: "Era um homem de 46 anos, alto, de rosto moreno, sobrancelhas unidas, barba negra e espessa e olhos fundos. Vestia uma camisa aberta na frente, e era tão peludo que através dessa abertura se percebia em seu peito uma autêntica floresta. Nas costas tinha um sobretudo de flanela que lhe caía quase até os pés; calçava os sapatos como se fossem pantufas e tinha as pernas cobertas por um calção de pano, largo e tão comprido que chegava abaixo do tornozelo. Usava um chapéu[112] com a copa em forma de sino e abas pendentes; atravessando-lhe o peito e os ombros tinha uma tipóia onde pendurava um espadim de lâmina larga, parecido com as espadas produzidas em Toledo, em cujo punho estava gravado um cachorrinho. Tinha as mãos curtas e peludas, os dedos grossos, as unhas largas e encurvadas como garras; não se viam as suas pernas, mas os pés eram monstruosamente grandes e ossudos. No fundo era um verdadeiro exemplar de bárbaro, cuja essência interior correspondia àquele severo e infame aspecto exterior".[113]

Nesse caso chama a atenção o caráter iconográfico da descrição, que de tão detalhada é difícil ser considerada apenas o resultado de uma fantasia literária. Para Francisco de Quevedo ou Mateo Alemán era certamente mais fácil basear-se na observação direta quando se tratava de descrever a figura do príncipe dos mendigos, ligado a uma profissão exercida abertamente, do que quando se devia traçar o retrato do chefe dos ladrões, cuja profissão era secreta por natureza. Mas já foi observado que Cervantes parece ter um profundo conhecimento do mundo dos *bas-fonds* de Sevilha e que além disso a sua permanência na prisão pode ter-lhe fornecido a ocasião de observar diretamente o meio criminal.

Monipodio apresenta muitos traços que o apontam como chefe do bando: suas decisões são cumpridas sem resmungos; a assembléia lhe demonstra respeito e obediência, cumprimentando-o com profunda reverência. Em relação aos membros da confraria ele dispõe de poderes judiciais, louva e repreende, pune e resolve os conflitos. Mantém também contatos com a polícia municipal, presta serviços ao alguazil dos vagabundos (*el alguacil de los vagabundos*), que em troca protege da lei os ladrões, enfim, designa os lugares e o modo de ação de cada um dos membros da confraria, eliminando dessa forma a possibilidade de concorrência e de controvérsias.

O nome de Monipodio aparece também em outras obras de Cervantes, mas nem sempre indicando o chefe dos ladrões. Numa outra das *Novelas exemplares*, a *Conversa de cães*, é mencionado um certo alguazil amigo de Monipodio. Descobrimos aqui como Monipodio retribuía ao alguazil a sua proteção: por ordem de seu chefe seis ladrões do bando se deixam desarmar e bater pelo alguazil, para que este, agindo sozinho, possa conquistar a fama de intrépido tutor da segurança da cidade! Depois o alguazil vai à casa do amigo Monipodio e lá festeja junto dos malfeitores que há pouco havia perseguido. Dessa vez Monipodio é definido como "*encubridor de ladrones y pala de rufianes*",[114] ou seja, aquele que esconde os ladrões e ajuda os rufiões. Respeitado por toda a assembléia, ele é o dono da casa que esconde os ladrões. Outra obra menor de Cervantes, *La casa del tio Monipodio*, fala de uma reunião, numa casa de Sevilha, de vários miseráveis e malfeitores que têm mais de mendigos que de ladrões, e há muita semelhança entre essa descrição e as dos "pátios dos milagres" franceses.[115] Dessa vez Monipodio é apresentado como anfitrião dos mendigos.

O nome do chefe dos malfeitores das novelas de Cervantes não é de modo algum casual. No léxico da época esse nome significava "uma assembléia ou uma aliança entre pessoas que se unem com propósitos malignos".[116] A existência de uma associação desse gênero em Sevilha não parece uma invenção literária; outras fontes (crônicas) confirmam tal notícia, constatando que em Sevilha — como menciona Luis Zapatos em *Miscelánea*, escrita entre 1592 e 1595 — funcionava uma confraria de ladrões "*con su prior y consules, come mercadores*", semelhante, assim, a uma guilda de comerciantes, com o ancião e os conselheiros, e tão bem organizada (faz-se aqui uma comparação com a República de Veneza) que as autoridades judiciais eram impotentes perante ela.

Sevilha, aquela torre de babel espanhola, era uma comunidade urbana colorida, que oferecia possibilidades de ganhos fáceis e de esconder-se entre a multidão anônima e etnicamente heterogênea. Nessa "Babilônia andaluza" o pícaro estava como um peixe na água,[117] exercendo todas as suas ocupações, do serviço ao furto, passando pela mendicância, e a cidade parecia ser a capital dos ladrões e dos "homens da *germanía*". A riqueza da metrópole implicava o acúmulo de uma turba de vadios e criminosos comuns.

Na Espanha do final do século XVI e início do XVII essas descrições da praga do mundo dos ladrões não se referem apenas a Sevilha: elas se repetem monotonamente em diversas ocasiões nas descrições das grandes cidades espanholas. Quando em 1601 Filipe II transfere por alguns anos a corte para Valladolid (em 1606 a corte estava novamente em Madri), um poeta contemporâneo cita, entre as causas do abandono de Madri, a praga dos vagabundos e dos ladrões.[118] A literatura picaresca dá um testemunho indireto da universalidade do fenômeno do roubo na Espanha daquele tempo, não tanto com descrições diretas quanto pelo caráter generalizado atribuído à questão, que por ser usual não desperta maior atenção. No caso das biografias picarescas tivemos ocasião de constatar que a arte do furto está estreitamente ligada à prática da vida mendicante. Assim como no decorrer do destino individual o furto se segue à mendicância e às vezes as duas práticas são concomitantes, também os mendigos e ladrões profissionais ficavam lado a lado nos *bas-fonds* urbanos. Na literatura espanhola porém atribuem-se aos ladrões não só uma organização autônoma, descrita por Cervantes, como também um conjunto separado e codificado de técnicas de trabalho e de especialização que fornecem um quadro bastante complexo da arte do furto.

Referimo-nos aqui sobretudo a uma obra singular, estreitamente ligada à literatura picaresca, já mencionada na apresentação da literatura francesa, o livro *La desordenada codicia de los bienes ajenos*, publicado por Carlos Garcia em 1619 em Paris, onde naquele tempo o escritor vivia exilado.[119]

Cristão-novo, doutor em medicina, matemático e filósofo,[120] bem entrosado com a colônia luso-espanhola de Paris, perseguido na Espanha pela Inquisição, também em Paris foi vítima de perseguições e passou oito meses na prisão, acusado de feitiçaria, práticas judaicas, envolvimento com negócios escusos ligados ao contrabando, e até em espionagem. Assim, a observação direta do meio da prisão e o que soube a partir das conversas de lá podem ter fornecido material para o livro. A obra foi escrita provavelmente durante a permanência na prisão. O autor se propõe realizar uma tarefa ambiciosa: demonstrar que o ladrão francês Andrés, que numa conversa na prisão conta ao narrador a sua vida e os costumes dos ladrões, não difere em nada daqueles que o condenaram à reclusão, porque a sociedade é governada pela corrupção.[121] Todos são iguais no furto, e a propensão para o roubo é inata no homem, em conseqüência do pecado original: *nemo sine crimine vivit*. A obra de Garcia, que deve sua fama mais às traduções para o francês e o inglês do que ao próprio texto espanhol, rompe com as regras do gênero picaresco, apesar de ter havido tentativas — aliás frustradas — de identificar Andrés com o próprio autor e desse modo considerá-la uma autobiografia disfarçada. Mas para os nossos fins o mais importante é a representação daquele "gênio dos ladrões", que faz da obra de Carlos Garcia o verdadeiro "livro de ouro do furto",[122] semelhante, em termos de informação, às obras da literatura européia que mostram (segundo a definição de Chandler) a anatomia do mundo da vagabundagem e do crime. Andrés (mantivemos a forma usada no original espanhol, apesar de se tratar de um ladrão francês, sendo portanto "André" a forma correta)[123] apresenta tal anatomia de duas perspectivas: a das suas próprias vicissitudes e em seguida a da descrição do meio. A doença que a personagem sofreu em 1604 causa-lhe amnésia, motivo pelo qual ela não sabe onde nasceu: essa é uma forma de dizer que em matéria de nome e local de nascimento o ladrão deve manter segredo absoluto (Rinconete e Cortadilho fazem o mesmo diante de Monipodio, que por isso os elogia). Os pais tinham condição plebéia mas eram gente honrada, honesta, e gozavam de boa fama. Porém a sua honestidade suscita inveja, e eles são injustamente acusados de um furto sacrílego numa igreja e condenados à morte junto com um irmão e um primo de Andrés. Este foi poupado por ser ainda muito jovem, mas em contrapartida impuseram-lhe que fosse o carrasco da própria família.

Em comparação com as típicas biografias picarescas notamos uma diferença já no ponto de partida: os pais honestos são vítimas de uma sentença injusta. O herói é marcado pelo crime de parricídio, embora forçado pela sentença do tribunal. Essa carga psicológica do protagonista tem apenas um propósito: a marca da infâmia não merecida torna impossível conseguir qualquer trabalho. Por isso Andrés deixa o país natal e a mais de sessenta quilômetros de distância emprega-se como aprendiz na oficina de um sapateiro. Mas não lhe agrada o modo de vida a que é condenado, e ele não pára de pensar em como encontrar um serviço na casa de um nobre. Sabe que seu avental de sapateiro não lhe dá chance de mudar de condição, e assim, pela primeira vez, decide roubar. É preso e condenado ao pelourinho e ao banimento. A carreira de ladrão está começando.

As vicissitudes posteriores de Andrés nos são relatadas apenas de forma fragmentária e casual. Ele exerce a profissão de ladrão, empregando vários métodos e servindo-se de diversas técnicas de furto. Cai várias vezes nas mãos das autoridades judiciais, e em seu corpo já tem cinco infames marcas de ladrão.[124] Certa feita é capturado durante uma tentativa de furto e condenado a dez anos de galera. Também agora, enquanto conversa com nosso autor, está na prisão, denunciado por seus cúmplices como arrombador,[125] e teme ser condenado à fustigação e à galera. A essa altura já goza da fama de "*famosíssimo ladrón*", e ainda que aja e fale como quem receia a punição, não demonstra arrependimento ou vontade de mudar de condição. Elogia a "*nobleza y excelencia*"[126] da arte do furto, cujo caráter nobre é comprovado pela origem antiga e pela nobreza do seu primeiro praticante[127] (segundo Carlos Garcia esse pioneiro foi o príncipe dos anjos rebeldes, que quis roubar a glória divina), e afirma também que todas as classes e todas as profissões são baseadas no furto. Assim, não deixa espaço para argumentações moralistas e didáticas. O protagonista-ladrão reclama da adversidade do destino, da severidade das sentenças e da repressão, mas tem consciência de que vive em pecado. Sua firme integração ao mundo da ladroagem é confirmada pelo bom conhecimento dos segredos da profissão e pela capacidade de utilizar diversas técnicas de furto; não sabemos porém como chegou a tal profissão. Aqui a confissão autobiográfica cede lugar à descrição baseada na observação.

A arte do furto divide-se em várias categorias. O autor considera mais importantes treze delas, caracterizadas por técnicas próprias de exercício da profissão.[128]

Os *salteadores* são bandidos que operam nas grandes estradas e nos lugares desertos; muitas vezes recorrem também ao assassinato para melhor esconder o crime. Na organização dos assaltos se valem de diversos estratagemas. Às vezes escolhem previamente a vítima: um deles, vestido de comerciante, acompanha em viagem o comerciante escolhido e o conduz ao lugar do assalto, granjeando com vários estratagemas a sua confiança e levando a vigilância dos viajantes a relaxar a guarda. Os *salteadores* dispõem também, nas cidades e nas estalagens, de espiões que os informam sobre a presença de viajantes ricos.

A segunda categoria é constituída pelos *estafadores*; estes praticam um banditismo semelhante mas não recorrem ao assassinato e agem de forma menos brutal. Simplesmente visitam um comerciante em sua casa ou, se ele não estiver presente, procuram-no no mercado, na praça ou na igreja; encontrando-o, encostam disfarçadamente um punhal em seu peito, mesmo na presença de centenas de pessoas, e sussurram-lhe ao ouvido que se não receberem cem ducados no lugar e dia designados ele será morto.

Os capeadores são ladrões noturnos de sobretudos. Geralmente agem em grupo, três ou quatro a cada ação, roubando nas tardes escuras e chuvosas o sobretudo dos passantes. Às vezes, vestidos de lacaios, vão aos banquetes e saem com a pilha de sobretudos que os *cavalleros* deixaram.

No jargão dos marinheiros o termo *gato* ou *grumetes* serve para denominar os moços a bordo do navio que sobem no mastro. O termo *grumetes* define justamente os ladrões noturnos que, se servindo de uma escada de corda, sobem nos apartamentos para roubá-los. Eles operam tanto na cidade quanto no campo, e sabem manejar as escadas com tanta destreza que as lançam aonde querem e depois as recolhem sem deixar qualquer vestígio do furto.

O nome *apostoles* é atribuído aos arrombadores que operam com uma gazua, ou seja, uma chave universal,[129] porque, como são Pedro, andam sempre com uma chave. Eles têm os seus métodos para evitar o barulho no momento em que abrem a fechadura (para tal fim se servem de uma barrinha de chumbo).

Os *cigarreros* operam nas igrejas, nos arraiais e onde quer que se reúna uma multidão, cortando o que podem — bolsas, mangas de sobretudo, pedaços de saia, "já que tudo é capaz de dar dinheiro".

Devotos são chamados os ladrões que operam nas igrejas nas festas dos padroeiros e nos jubileus. Têm um aspecto muito piedoso, sempre com um rosário na mão. Escondendo-se à noite debaixo do altar, esvaziam as caixas de esmolas da igreja e roubam o dinheiro de promessas depositado na frente das imagens sacras. Gostam particularmente de trabalhar nos conventos, porque os monges nunca os entregam à justiça quando os pegam em flagrante.

Outra categoria particular recebe o nome de *satyros*: são os bandidos do campo, primitivos e selvagens, que roubam cavalos, vacas, ovelhas e outros animais. Eles têm os seus esconderijos nos campos, em lugares desertos e nas florestas.

A pior fama de toda a profissão acompanha os dacianos, que se distinguem pela crueldade e falta de compaixão; seqüestram crianças de três ou quatro anos e mutilam-nas horrendamente, quebrando-lhes braços e pernas, para depois vendê-las aos cegos, pícaros e outros vagabundos.[130]

Outro grupo é constituído pelos mordomos (*mayordomos*), que desempenham a função de intendentes, providenciando provisões para o bando. Eles têm vários métodos para obter comida e vinhos nas estalagens, mas certamente na maior parte dos casos seu alimento é roubado.

Não se deve procurar muita coerência na sistematização adotada por Carlos Garcia para ordenar a descrição de Andrés. Após a apresentação dessas dez categorias das treze anunciadas, no capítulo seguinte ele cita as demais três — os *cortabolsas*, os *duendes* e os *maletas* —, embora não haja uma justificativa real para separá-las num capítulo diferente.[131]

O primeiro grupo é constituído pelos ladrões mais comuns: os batedores de carteiras. Eles conhecem muitos truques para tirar dinheiro dos bolsos. Geralmente operam em igrejas ou em feiras, nas grandes aglomerações das festas de padroeiros ou dos sermões. Preferem os bolsos dos comerciantes estrangeiros e costumam trabalhar a dois, para que o valor roubado possa ser passado para um companheiro sobre o qual não recai nenhuma suspeita, pois ele está longe da vítima.

Os *duendes*[132] começam a andar pela cidade ao entardecer, procuram encontrar alguma casa que esteja com a porta aberta e então entram, esperam no porão até que todos adormeçam e em seguida saqueiam a casa, jogando a presa pela janela.

Enfim o último grupo da lista de Andrés: os *maletas*. Estes empregam o arriscado método de enfiar-se num fardo de tecido, um barril ou uma cesta e ser assim introduzidos por um companheiro vestido de comerciante na casa escolhida para o saque; de noite rompem a cesta, o fardo ou o barril e começam a pilhar.

Essas diversas categorias compõem uma comunidade dirigida por um capitão que nos bancos, nas alfândegas e nos mercados públicos dispõe de espiões que o informam imediatamente caso apareçam ricos comerciantes ou banqueiros. Se o espião não cumprir seu dever de modo satisfatório o capitão poderá privá-lo do direito de participar da divisão dos ganhos da comunidade naquele dia. As informações recolhidas dessa forma são logo registradas num livro especial onde se anotam as chegadas dos estrangeiros e seus bens.[133] Desse modo tomamos conhecimento da organização da comunidade (*comunidad*) dos ladrões: o capitão tem um livro de informações correntes (assim como Monipodio, que tinha livros de registro dos membros da corporação e das tarefas a fazer),[134] e uma caixa comum, e obedece ao princípio da divisão solidária dos ganhos.

Na sua narrativa Andrés usa muitas vezes o termo "república" ao referir-se à comunidade dos ladrões, e na conclusão retorna a essa questão.[135] Explica por que se pode considerar tal comunidade um Estado e não apenas um grupo de pessoas dominadas pela vontade de roubar: ela se governa com leis próprias e estatutos próprios, que definem com precisão os princípios de execução da arte.[136]

À frente da organização está um capitão, a quem todos os ladrões devem obediência. A ele cabe decidir que furtos serão empreendidos e quem deve executá-los. Nenhum membro da comunidade dos ladrões ousa tomar iniciativas que ultrapassem as suas competências e as ordens dadas pelo capitão. É igualmente o capitão que decide sobre a admissão de novos membros na comunidade e estabelece para eles um noviciado de três meses que irá testar a sua coragem. Nesse período os candidatos devem também ser submetidos a provas de habilidades indispensáveis à arte do roubo: tirar uma campainha do seu lugar sem auxílio de escada, alavanca ou corda, subtrair um cavalo ao cavaleiro que o monta, furtar a gola de um cortesão em meio à multidão etc. Depois de passar por todas essas provas o capitão nomeia o noviço bandido, batedor de carteiras, ou então lhe designa outra categoria mais de acordo com as suas capacidades.

O chefe (*caudillo*) da república dos ladrões é um homem velho, experiente, prudente; já não tem a força nem a leveza de movimentos indispensáveis para exercitar ativamente a arte do furto, razão pela qual se dedica à teoria, ensinando os métodos do roubo.[137] Com essa finalidade são realizadas semanalmente assembléias dos ladrões, nas quais, além do aperfeiçoamento profissional, examinam-se todas as questões correntes da profissão, distribuem-se elogios e reprimendas, estabelecem-se punições etc. Um quinto da renda total é destinado ao pagamento da polícia[138] e um décimo vai para uma espécie de caixa de ajuda mútua do bando.

A organização interna do bando é rigorosamente hierarquizada, o que define de antemão a ordem das primazias e das assembléias; tal ordenamento é estabelecido segundo as categorias (como na lista que acabamos de referir), que vão dos bandidos aos mordomos. Porém a elite da comunidade é constituída por uma categoria particular de ladrões, chamada *liberales*, que desempenha funções extremamente especializadas, garantindo a segurança do grupo, e é dotada da capacidade de prever as dificuldades na realização das empresas planejadas. Essa categoria, situada a meio caminho entre os sacerdotes e o grupo artístico-intelectual, projeta sobre o Estado dos ladrões a tese platônica referente ao papel dos filósofos no Estado. E mais uma vez encontramos no discurso sobre o "anti-Estado" dos ladrões uma reflexão sobre o Estado em geral.

O instrumento das ações do bando e o elemento da sua coesão interna é sobretudo o jargão. No início da conversa com o narrador, Andrés usa uma linguagem desconhecida ("*un lenguaje incógnito*") para se desvencilhar dos ouvintes não desejados. No decorrer da narração aparecem ainda outros termos desse tipo, emprestados da *germanía*.[139] Além disso os ladrões dispõem de sinais próprios de reconhecimento: os bandidos penduram uma luva num dedo, na roupa dos *capeadores* um botão está abotoado e o outro não, os *estafadores* cofiam a barba ou os bigodes, às vezes também põem um dedo no nariz,[140] os batedores de carteiras têm um sinal branco na copa do chapéu e assim por diante. Para evitar suspeitas eles não podem andar juntos nem aparecer na mesma estalagem e com a mesma companhia mais do que uma vez por semana.

Os costumes que vigoram na comunidade dos ladrões concernem tanto às técnicas de roubo quanto ao modo de vestir, às formas de solidariedade e à vida familiar. Entre os truques técnicos vale a pena chamar a atenção para o modo de indicar com a face exposta de um dado o número de ladrões presentes num determinado lugar:[141] assim, subvertendo a ordem dos empréstimos, chegamos, partindo de Henri Sauval e passando por François de Calvi, a Carlos Garcia, que difundiu mais amplamente a descrição desse procedimento. Garcia atribui aos ladrões um tipo particular de costumes familiares. Por não saberem guardar segredos as mulheres só muito raramente são admitidas na comunidade dos ladrões; por essa mesma razão não é lícito revelar a elas os segredos da arte.

Quando a filha de um ladrão se casa, todos os membros do bando contribuem para o seu dote, mas a norma é que os matrimônios se realizem entre membros de uma mesma categoria: razão pela qual a filha de um *capeador* só pode se casar com um *capeador*; se um ladrão de uma categoria inferior quiser casar sua filha com um ladrão de uma categoria superior, deve dar-lhe um dote de cem escudos a mais que o normal.[142]

Nesse quadro do Estado dos ladrões percebe-se em primeiro plano um pensamento crítico — aliás pouco original — sobre o sistema político da época. Garcia percebe o mundo dos ladrões como absolutamente separado, embora nessa afirmação não chegue tão longe quanto os panfletistas e os escritores ingleses e franceses, em especial. É difícil encontrar uma lógica na construção fundamental desse quadro. O ponto de partida parece ser constituído por uma organização de tipo corporativo, ligada à divisão do trabalho segundo o modelo das especializações artesanais, que no entanto é revestida pela moldura de uma estrutura política. A divisão do trabalho e a especialização profissional associam-se a uma estrutura hierárquico-estatal modelada à imagem da vida social da Espanha daquela época: as barreiras e os obstáculos às uniões matrimoniais entre os grupos são a manifestação mais explícita disso. Apesar de encontrarmos na descrição de Andrés muitos dados que permitem relacionar mais à situação espanhola que à francesa a narrativa do ladrão francês, as referências à realidade e a autênticas experiências sociais permanecem vagas e pouco definidas. Antes de mais nada não se precisa o próprio lugar de ação dessa comunidade dos ladrões, e não apenas no sentido topográfico: de fato não sabemos em que território opera a organização dos ladrões. Tanto os dados comparativos referentes a outros costumes desse tipo aqui apresentados quanto o próprio caráter dos dados inseridos no discurso de Andrés mostram que Carlos Garcia tinha em mente uma organização de tipo local, na escala de uma cidade, e não uma organização regional ou nacional. Vemos mais uma vez que qualquer referência desse quadro à realidade social deve ser buscada nos moldes das organizações de tipo corporativo.[143]

A representação da arte do roubo em *Rinconete e Cortadillo* e em *La desordenada codicia de bienes agenos* tem continuidade numa série de representações menores da literatura espanhola. Estas permitem-nos acrescentar ainda uma biografia-modelo, na qual se inserem informações a respeito da organização da corporação dos ladrões e uma apresentação das especializações profissionais do meio.

Tal biografia surge na confissão de Sayavedra, membro do bando de ladrões, de quem (na segunda parte do romance de Alemán) Guzmán de Alfarache é vítima em Roma. Deixando de lado a principal motivação desse romance, que deve servir a Alemán para acertar as contas com seu concorrente literário Juan Martí, autor da segunda parte, apócrifa, da vida atribulada de Guzmán, debrucemo-nos apenas sobre a construção da biografia do ladrão (que em sua forma literária é uma autobiografia dentro de uma autobiografia, uma narrativa dentro de uma narrativa).

Sayavedra — nome de uma grande família de Sevilha, escolhido pelo protagonista como pseudônimo — nasceu em Valença numa família de gente de bem,[144] mas a "infância difícil" e as más inclinações empurraram-no para o caminho do crime. De Barcelona ele peregrina até a Itália e lá se dirige ao Reino de Nápoles, onde como *muy gentil pícaro* faz amizade com outros vagabundos como ele, tornando-se em pouco tempo *oficial de la carda*, isto é, membro do bando com plenos direitos. Faz amizade com os "mestres" da corporação dos ladrões, a quem é obrigado a se submeter porque é pobre demais para poder pensar numa atividade autônoma. Só a pobreza é obstáculo para ele, pois suas habilidades profissionais são excelentes,[145] tanto na arte de bater carteiras, seja pelo corte da bolsa ou esvaziamento do bolso, quanto nas de roubar gado, penetrar nas casas através de um buraco no muro, desviar a atenção da vítima para executar um furto, conservar os objetos roubados e espionar. Apesar do seu vasto conhecimento da arte permanece numa posição hierarquicamente subalterna, obedece aos chefes, cumpre ordens inferiores, espia as casas e as estalagens. De dia andava, junto dos companheiros, à procura de grandes agrupamentos de pessoas: as boas ocasiões de furto surgiam sobretudo na igreja, nas procissões e nas execuções públicas. Os ladrões também roubavam muito durante a vagabundagem, nas estradas, nas aldeias, mas as melhores condições eram oferecidas pela cidade de Nápoles, onde um funcionário municipal era aliado e protetor deles: além de lhes garantir proteção fornecia-lhes informações importantes sobre as pessoas e os objetos que valia a pena roubar, ajudava na venda do produto do roubo e em caso de necessidade cobria a fuga dos ladrões ou até os roubos, obtendo por isso uma quinta parte dos ganhos.[146] Apesar dessa proteção tão poderosa Sayavedra é afinal aprisionado, condenado à fustigação e ao banimento perpétuo do reino.[147] Segue então para o Norte e chega a Bolonha; ali entra num bando de ladrões encabeçado por Alexandre Bentivogli, filho de um advogado e professor de direito bolonhês, um elegante expoente da arte do furto que reuniu à sua volta um grupo de *rufianes* tais como ele.[148] Assim termina a biografia criminosa de Sayavedra; o resto — o suicídio em alto-mar durante um ataque de loucura — já faz parte da estrutura literária da obra.

A biografia de Sayavedra representa uma construção interessante já pelo fato de, à diferença da de Guzmán e das típicas biografias picarescas, organizar-se totalmente em torno da arte do furto. Sayavedra porém é definido com o termo "pícaro", o que nos leva a considerar que a dimensão social do conceito de pícaro era bastante ampla, identificando-o ao criminoso e ao vagabundo.

Tanto na biografia de Sayavedra quanto em todas as obras picarescas em que aparecem expressões do jargão criminoso encontramos um abundante material léxico que define as técnicas e os instrumentos usados no furto, assim como as categorias do roubo. Uma coleção particularmente rica está reunida na antologia de baladas em *germanía* publicada por Juan Hidalgo e sobretudo no dicionário de jargão criminoso desse mesmo autor. Tal material léxico mostra que a expansão do vocabulário e da onomástica profissional no jargão é bem mais intensa do que indicam as descrições dos autores dedicados à corporação dos ladrões, sempre ansiosos para surpreender os leitores.

A tentativa de inventariar os termos que no léxico da *germanía* definem os ladrões e os ajudantes assim como os instrumentos e as técnicas de furto mostra uma especialização técnico-profissional muito avançada.[149] No grupo dos arrombadores, que usam a técnica da escalada (freqüentemente com o auxílio de uma escada) e são definidos com o nome geral de *escaladores*, encontram-se os seguintes termos: *altanero*, ladrão que entra na casa pela cumeeira; *altaneron*, que entra pela sacada; *ventoso*, que entra pela janela; *volador*, que escala até a janela; *escalador* (no sentido mais restrito), que usa a escada para entrar; *volteador*, que usa uma corda com gancho lançada sobre o muro (tal corda é chamada *volteado*); *grumete*, já encontrado na lista de Carlos Garcia, quer dizer "escalador"; e *escalona*, que escala o muro.[150] Um número considerável de termos indica o arrombador que usa a ferramenta profissional, ou seja, a gazua; aqui, ao lado do termo *apostol*, mencionado por Garcia, temos também *san Pedro*, *calabacero*, *pescador*, *garabero*, *ganzua*, *justador*.[151] Às vezes isso é conseqüência do fato de que o mesmo instrumento ou a mesma atividade tem vários nomes, mas nesse caso entram também em jogo definições mais precisas dos instrumentos usados pelos arrombadores, instrumentos que recebem uma denominação no léxico criminoso. Em suma esse inventário preliminar (e ainda incompleto) dos termos que definem as diversas categorias de ladrões compreende 110 termos: 83 nomes de ladrões e 27 nomes de ajudantes de ladrões.[152] Obviamente não se deve julgá-las especializações fixas, corporativamente delimitadas: trata-se aqui de diversas técnicas profissionais que nomeiam os que delas se servem num determinado momento, mas parece também evidente que algumas dessas técnicas deram origem a categorias profissionais mais estáveis. É significativo que *ganzua* signifique ao mesmo tempo: 1) chave falsa; 2) arrombador que usa chave falsa; 3) ladrão muito hábil e astuto. Nas representações literárias do meio dos ladrões aparecem apenas algumas dessas categorias, que se ordenam em estruturas compactas, sociológica e hierarquicamente organizadas. A realidade social registrada no âmbito léxico é muito rica, mas em contrapartida os seus sistemas e as suas divisões são mais flexíveis.

A RECUSA DA SOCIALIZAÇÃO

A obra *A ilustre criada* (*La ilustre fregona*), de Cervantes,[153] é a que, de todas as *Novelas exemplares*, trata da vida picaresca de forma mais completa, embora apresentando um caso muito particular do ponto de vista sociológico: os dois heróis são filhos de ricas famílias nobres de Burgos (aliás, pesquisas detalhadas confirmam a existência de famílias com os mesmos nomes assim como a autenticidade de muitos dados topográficos e históricos inseridos na novela). Os motivos psicológicos e sociais que levaram os dois jovens nobres ao caminho da vida picaresca são completamente diversos daqueles que encontramos nas típicas biografias picarescas. Dessa vez os heróis parecem ser movidos por uma inexplicável propensão à vagabundagem.[154]

Isso é bem evidente sobretudo na biografia do primeiro deles. Já aos treze anos Carriazo revela uma peculiar inclinação picaresca, uma propensão para o modo de vida vagabundo, motivo pelo qual ele abandona sem qualquer razão a casa paterna.[155] A vagabundagem lhe dá liberdade e alegria; a miséria, o frio e o cansaço não o assustam, ele prefere um monte de palha ao colchão de casa. Chega a uma tal destreza na arte picaresca que poderia dar aulas até mesmo ao famoso Alfarache.[156] Durante três anos freqüenta os meios criminosos de Madri, Toledo e Sevilha, conservando todavia o caráter de pícaro de boas maneiras. Escala todos os degraus da carreira picaresca, até chegar a mestre: não sabemos se Cervantes usa a palavra "*maestro*" em sentido figurado ou se tem em mente a iniciação segundo o costume da corporação, pela qual passou o protagonista "*en las almadrabas de Zahara*", na costa pesqueira de Cádiz, onde fica o autêntico país dos pícaros. Cervantes clama:[157] "Ó pícaros de cozinha, sujos, gordos e ensebados, falsos pobres, miseráveis da praça Zocodover em Toledo e da praça de Madri, paralíticos só na aparência e declamadores de reza, carregadores de Sevilha, criados de bordéis, toda essa inumerável chusma compreendida pelo nome 'pícaro'! Arriai a bandeira, entregai as armas, não vos chameis pícaros se não tiverdes estudado por dois anos na academia de pesca do atum! É ali, ali que tem seu centro o trabalho junto com a indolência! É ali que estão a sujeira limpa, a gordura roliça, a fome sempre a postos, a fartura abundante, o vício sem máscara, o eterno jogo, as rixas momentâneas, de quando em quando uma morte, obscenidades a cada passo, bailes como em dia de bodas, *seguidillas* em profusão, romances com estribilhos, poesia sem ação. Aqui cantam, ali blasfemam, lá se altercam, acolá jogam e por toda parte roubam".

Essa apresentação do meio picaresco espanhol não tem igual. Mendigos, ladrões, vagabundos, carregadores, proxenetas, cegos — eis o exército picaresco. Entre os pescadores de atum da costa de Cádiz o trabalho parece unir-se indissoluvelmente ao ócio, impera o crime, as facas estão em ação, o jogo, a dança e o canto preenchem o tempo. Uma única ameaça pesa sobre essa comunidade: a condenação às galeras na costa africana, razão pela qual os pescadores-vagabundos têm sentinelas e se escondem à noite, mesmo que às vezes essas medidas sejam insuficientes.

Carriazo passa nessa "academia da arte picaresca" três anos sucessivos, ganha setecentos reais no jogo das cartas e pode voltar para casa vestido como nobre, inventando uma história para explicar aos pais como passou os últimos três anos. Antes porém precisa ficar uma semana em Valladolid para perder o bronzeado próprio dos pícaros e recuperar a nobre palidez "flamenga" do rosto.[158] Aos amigos pescadores de atum, no entanto, prometeu que voltaria, e mantém a palavra.

Convence seu melhor amigo de Burgos, Avendaño, a aderir à empreitada, e pretextando estudos em Salamanca os dois partem e começam a vagabundear. A parte seguinte da trama já não se enquadra no âmbito do nosso exame: uma aventura romântica impede a realização da expedição até os pescadores de atum, e depois de muitas peripécias os dois amigos retornam à família e à condição anterior.

Significativa nesse caso é sobretudo a exaltação daquele "instinto de vagabundagem", do ingresso na condição marginal por escolha própria e por gosto. Desse modo a extensão da recusa de participar da organização social se amplia bastante.

O processo que visivelmente prevalece nos contornos sociológicos da biografia picaresca é a continuidade da condição herdada: a miséria material e a humilhação social ou a marca de uma infâmia que pesa sobre os pais definem de maneira unívoca o destino da geração seguinte. Às vezes se trata de uma sucessão profissional: o filho de um mendigo se torna mendigo, o filho de um ladrão passa a ser ladrão. Porém isso muitas vezes acontece em virtude de um desenraizamento social. A miséria e a infâmia dos pais fazem com que a fuga da terra natal assuma o caráter da procura de um lugar ao sol, em que o protagonista possa ser aceito pela sociedade — é assim pelo menos que os próprios narradores formulam as suas intenções. O resultado é diferente, as intenções não se realizam ou se realizam numa socialização tão tragicômica quanto no caso de Lazarillo. Classificando as causas de tal insucesso, independentemente das mensagens didáticas e das intenções dos próprios autores, podemos constatar que entram em jogo três fenômenos: a força preponderante da miséria, que impossibilita a promoção social, a aversão ou a hostilidade da sociedade, o rebaixamento de classe social. Esse processo toma aliás direções diversas: às vezes leva para baixo, como no caso daquele nobre empobrecido encontrado por Pablos a caminho de Madri, a quem a indigência havia levado ao meio da miséria urbana,[159] mas às vezes assume um caráter menos definido: um filho de camponeses, transferido do meio da pobreza rural para a condição urbana de mendigo-ladrão, ganhou com a mudança uma certa melhoria de situação, pois vivia sem trabalhar e com uma relativa abundância de comida. Para um indivíduo desenraizado, que rompeu os vínculos com a comunidade, não é fácil encontrar um novo lugar na sociedade: é o que sofreu em sua própria pele (no sentido mais literal possível) o *buscón* Pablos quando tentou entrar na corte; ele foi obrigado a deixar a sua cidade natal e fugir para qualquer parte porque a má fama que o perseguia lhe fechara as portas das casas decentes.

O gosto pela vida fácil, a aversão pelo trabalho[160] e as más inclinações aparecem nas obras dos escritores espanhóis como fatores que explicam por que os pícaros escolhem o mau caminho; eles constituem a motivação e o elemento determinante da degradação social. No caso de Carriazo e de Avendaño, para quem a vida picaresca é uma condição devida exclusivamente à própria opção, uma forma passageira de aproveitar a juventude, a inclinação psicológica pela vagabundagem e pela vida no meio de *la hampa* aparece em sua forma mais pura, livre de motivações sociais. Esse é um dos temas condutores da literatura picaresca: a ligação entre a condição picaresca e a liberdade. Foi justamente ele que permitiu a uma das mais sérias correntes interpretativas da história da literatura picaresca considerá-la uma expressão da afirmação do individualismo moderno.

Em sua narração Guzmán volta muitas vezes ao tema da liberdade na condição picaresca. Trabalhando na estalagem, inveja os companheiros da sua idade que por ali passam livres — com ou sem dinheiro no bolso —, vagando pela estrada enquanto ele está trabalhando.[161] A liberdade é própria da condição do mendigo, mas é uma liberdade muito especial "que não têm os príncipes e que não tiveram os romanos". É sobretudo uma liberdade de que nenhum "homem de honra" dispõe, ou seja, a liberdade de pedir ajuda sem que o preconceito ou a vergonha estejam presentes.[162] Trata-se também da liberdade dos cinco sentidos: paladar, audição, visão, olfato, tato; todos servem à arte da mendicância e todos são explorados pelos pobres sem nenhum controle, sem constrangimento e proibições.

A recordação dos anos de mendicância e vagabundagem é para o galeote Guzmán motivo de emoção e de saudade da felicidade perdida: os anos passados sem preocupação pela mesa e pela cama, com o bolso sempre cheio, sem medo dos ladrões, sem recear a chuva, sem a preocupação do camponês com os caprichos da natureza, sem ter de cuidar do próprio aspecto, sem atentar para a moda, os sinais externos da dignidade, a pureza da genealogia. É verdade, o pobre é um homem sem dignidade, indefeso perante os fortes, humilhado diante dos orgulhosos. Mas é também dono de si mesmo, livre dos tributos e impostos, dirige a sua vida sem temer as denúncias da polícia, sem medo da maledicência ou da desonra.[163]

É melhor não demonstrar que esse elogio da condição de mendigo não tem confirmação na realidade. Seria difícil não cair na banalidade e no ridículo ao discutir com seriedade esse quadro e tentar contestá-lo. A própria escolha dos argumentos positivos e negativos mostra que nesse caso não se trata da vida do mendigo, mas precisamente daqueles que não dispõem da "liberdade do mendigo" e submetem-se aos grilhões da honra, aos imperativos da dignidade e do "aparecer", às exigências da condição, do privilégio, do sangue, da carreira. Mas ao mesmo tempo não se deve rejeitar de antemão esse quadro da "vida picaresca",[164] já que em sua própria construção se manifesta a visão corrente dos atributos sociais e psicológicos da vagabundagem, compreendida como um modo de vida ao qual pode levar não só a necessidade mas também a livre escolha. Deixando de lado os desdobramentos literários desse discurso, que leva a uma argumentação sobre os valores filosóficos da condição humilde, sobre Diógenes como patrono da vida mendicante (o que aliás é um aspecto interessante do despertar e da evolução da autoconsciência dos meios intelectuais e artísticos, sobre os quais pesava a marca da origem marginal), vale a pena atentar para essa exaltação da liberdade dos vagabundos e para a sua condição proletária no sentido romano do termo.[165]

O pícaro é um homem privado de qualquer propriedade, que dispõe apenas das próprias mãos, de uma experiência de vida e de sua engenhosidade para a obtenção dos meios de sustento. É pessoalmente livre, não depende de ninguém, é dono de suas próprias decisões, e se presta um serviço a alguém é por sua própria escolha, à procura de uma vida cômoda, mas essa dependência do serviço não tem caráter permanente. Desse ponto de vista Estebanillo González é uma exceção, mas no caso dele se trata justamente de uma representação diversa do modelo clássico das vicissitudes picarescas. A mudança de patrão e a passagem de um serviço para outro são exatamente formas da constante fuga de uma dependência permanente. Ser empregado de muitos patrões significa rejeitar a possibilidade de entrar num estado de dependência fixa.

Os trapos, a única propriedade do pícaro (aos quais os dicionários do século XVII ligavam até a própria etimologia da palavra), simbolizam portanto os dois aspectos fundamentais da vida do vagabundo: a miséria e a liberdade do seu próprio destino. Essas duas condições levam o pícaro a se dedicar às "ocupações baixas".[166] Os ofícios de mensageiro, carregador, aguadeiro etc. aparecem freqüentemente entre as profissões picarescas, cuja mais fiel representação encontramos no estrato realista do romance picaresco.[167] A escolha desses ofícios parecia a mais óbvia, a mais adequada à vida picaresca: não exigia qualificação profissional, de certo modo levava para a esfera do trabalho os costumes da vida de vagabundo, fugia em medida considerável (embora não tanto quanto parecia aos escritores picarescos) às normas da vida corporativa: tratava-se portanto de um tipo de ocupação que correspondia à liberdade do modo de vida dos vagabundos. A miséria do maltrapilho livrava-o da preocupação de ter uma roupa decente, um aspecto digno, de seguir as exigências da moda, mas ao mesmo tempo o obrigava a dedicar-se a ocupações de todos os tipos para conseguir os meios de subsistência. Resta-lhe pensar na comida. A recorrência do tema da fome nos textos picarescos é muitas vezes considerada ceticamente uma convenção literária. Deve-se porém compreender o tema não apenas no seu sentido imediato de fome fisiológica, mas também como o sonho da abundância de comida, que representa a plena satisfação fisiológica e psicossocial das aspirações dessa classe "proletária".

Outro desejo que acompanha passo a passo o da abundância de alimentos é o de divertimento. No programa do "pão e circo" encerravam-se as aspirações cotidianas do meio: o resto era o sonho da promoção à elite social. Os lugares de tal divertimento são sobretudo a taberna, o albergue da cidade e a estalagem à margem da estrada, e a festa se realiza sobretudo com vinho em profusão: dos goles que Lazarillo rouba de um cantil aos baldes esvaziados por Moccone e Monipodio. O divertimento transcorre também com muito riso, que não convém ao pícaro na vida cotidiana por afastar as manifestações de compaixão que o mendigo deve explorar. Inclui igualmente a zombaria em relação àqueles que devem cuidar da dignidade, do aspecto, das vestes, do favor do patrão, assim como as troças em torno dos que vivem aprisionados pelos laços de dependência, das normas e proibições, das leis estabelecidas.

No entanto é preciso salientar que a essa visão psicológica da liberdade do destino individual se superpõe uma representação do mundo picaresco como comunidade organizada. A contradição entre essas duas representações é evidente. Pode-se até considerar que o discurso sobre as leis vigentes dentro da comunidade picaresca opõe-se às convicções a respeito da liberdade ilimitada da vida de vagabundo. Todavia essas leis obviamente servem aos interesses coletivos do meio, representando antes uma inversão irônica das leis vigentes na sociedade do que um sistema de normas e deveres erigidos para proteger uma sociedade hierarquizada.

O quadro das tensões conflitantes entre o indivíduo e o meio, entre o homem e o mundo da reificação social,[168] representado pela literatura picaresca, tem obviamente caráter global e não se restringe à condição de vagabundo. Em face da hierarquização da sociedade espanhola daquela época e da "recusa da mobilidade"[169] que a caracterizava, a representação do vagabundo livre tem caráter de revolta. Mas nessa representação há um pouco de verdade sobre a realidade do meio dos vagabundos: a imagem do vagabundo livre, que abandona a sociedade hierarquizada, não é apenas um instrumento convencional do discurso. O vagabundo era sobretudo uma vítima das relações sociais, que faziam dele um *outsider*, era vítima de processos que o privavam das condições de vida, de trabalho e de dignidade anteriormente desfrutadas. Mas a "aversão pelo trabalho" dos plebeus, da qual sempre se queixam os moralistas e doutrinários da época, define também as atitudes psicossociais dos migrantes: uma vez abandonado o seu lugar nas estáveis ligações locais eles se submetem canhestramente ou de mau grado às exigências da socialização em novas condições. O ponto de partida da biografia picaresca é uma espécie de situação social "zerada": durante a sua peregrinação pelo país a criança/adolescente órfã por necessidade ou por opção (caso tenha abandonado a casa paterna e rompido com os pais) passa, no limiar da vida social, pela iniciação num modo anti-social de vida. O âmbito dessa peregrinação pode ser bastante limitado espacialmente (de Salamanca a Toledo, no caso do Lazarillo, de Segóvia a Sevilha, mas já com o anúncio de uma expedição ao Novo Mundo, no caso de Pablos) ou muito extenso (Guzmán peregrina pela Espanha, de Sevilha a Barcelona, e pela Itália, de Milão a Roma, enquanto Estebanillo vaga por quase toda a Europa).[170] Desse modo a vagabundagem não é uma forma de sair de uma estrutura social estável e uma espécie de dissocialização, mas uma forma de entrar numa vida anti-social, num tipo diferente de estruturas, de organizações, de costumes. Usando uma fórmula um pouco paradoxal, trata-se de um modelo de socialização anti-social.

Será que esse modelo refletia processos em curso na realidade social? Parece que a sua gênese é sobretudo literária, e não social. A dimensão fundamental do pauperismo espanhol e da vagabundagem da época moderna era definida pelos processos de descenso social, que no romance picaresco aparecem em segundo plano, nas descrições do meio e não nas vicissitudes dos principais protagonistas.

Os amplos memoriais *Discorsos del amparo de los legítimos pobres y reducción de los fingidos*, que o doutor Cristóbal Pérez de Herrera dedicou ao problema da assistência aos pobres e à reforma das instituições de caridade,[171] exerceram, como já mencionamos, uma influência direta sobre a literatura picaresca do final do século XVI e do início do XVII. Mateo Alemán teve contatos diretos com Pérez de Herrera.[172] Mateo Luján, na sua segunda parte apócrifa da vida de Guzmán de Alfarache, aproveitou muitas informações e definições do *Amparo de pobres*, às vezes tomando emprestado trechos inteiros daquela obra.[173] Enfim, também Cervantes conhecia os discursos de Pérez de Herrera.[174] Além da influência exercida sobre a literatura espanhola essa obra é importante para nós como quadro geral da miséria espanhola no final do século XVI e início do XVII.

O autor alia a um conhecimento erudito (refere-se aos seus estudos de jurisprudência e dos tratados de ética e economia) a experiência direta; esta provém, por um lado, do tempo em que ele serviu como "primeiro médico das galeras espanholas", quando na convivência com as massas de galeotes[175] teve oportunidade de conhecer o mundo dos vagabundos, ladrões e criminosos, e por outro lado da participação, junto com Mateo Alemán, em atividades ligadas à assistência social prestada à paróquia de São Martinho em Madri.[176] A proposta de uma reforma geral das instituições de assistência social em todo o reino (várias cidades já haviam realizado tais reformas no curso daquele século) exigia dessa vez que num dia marcado, numa mesma hora, todas as cidades organizassem assembléias dos pobres, fizessem o seu registro e a avaliação da sua situação física para que fosse possível tomar em seguida uma decisão a respeito do seu futuro. Os asilos de pobres (*albergues de pobres*) centralizados sob uma administração comum, leiga ou eclesiástica, deveriam a partir daquele momento garantir a assistência aos pobres e um controle sobre todo o meio da miséria e do crime; a realização da reforma simultaneamente em todas as cidades impediria a procura de refúgio em outro lugar.

Os argumentos que o autor usa para justificar as suas propostas mostram um quadro do meio da miséria semelhante àquele representado pela literatura picaresca, mas sem qualquer compreensão ou simpatia pela liberdade da vida dos vagabundos ou pelo drama do indivíduo. Trata-se do exame de um fenômeno de massa, de uma lúgubre e perigosa doença social contra a qual é necessário aplicar enérgicas intervenções terapêuticas e cirúrgicas: piedade e assistência social para os verdadeiros doentes (é para eles que deve haver em cada cidade aquele *albergue y casa de los pobres*), repressão e trabalho forçado para os vagabundos e os "falsos mendigos".[177]

Com termos alarmados Pérez de Herrera chama a atenção para a dimensão de massa do fenômeno: o número de vagabundos cresce continuamente, os mouriscos e os ciganos se proliferam em grande escala "enquanto nós diminuímos em conseqüência das guerras", de maneira que em trinta anos os mendigos e os estrangeiros serão maioria na Espanha.[178] Nas suas estimativas mais detalhadas o autor é muito prudente e avalia em 150 mil o número de vagabundos (ou "falsos mendigos") da Espanha daquele tempo;[179] em panfletos posteriores Pérez de Herrera cita números bem mais elevados: em 1608 fala de 500 mil mendigos (é verdade que o número citado no *Amparo de pobres* não abrangia os "mendigos verdadeiros"), enquanto num memorial de 1617 se refere à cifra de 1 milhão de mendigos na Espanha![180] Tais números dão conta sobretudo das convicções difundidas e vigentes na sociedade, tanto nos círculos das elites quanto em meios mais amplos. O contexto demográfico das inquietudes do nosso "primeiro médico das galeras", apesar de muito significativo, exprime a *prise de conscience* da expansão demográfica do século XVI.[181] No decorrer da segunda metade do século XVI o número de habitantes da Espanha cresce de 7 a 8 milhões. Esse crescimento, que ocorre principalmente em Castela, atinge sobretudo as grandes cidades dessa região: Sevilha, cuja população, entre 1565 e 1590, duplica e chega a 150 mil habitantes;[182] Madri, que em 1570 contava 40 mil habitantes, em 1594 já tinha 75 mil e chegou a 150 mil em 1617 (os contemporâneos diziam que no fim do século XVI Madri tinha 300 mil habitantes).[183] Uma leva de migrantes, provenientes sobretudo da França, parece afluir ininterruptamente em direção à península Ibérica. Esse crescimento da população urbana — que desfruta de modo parasitário a conjuntura colonial e o fluxo dos metais preciosos —, da onda migratória e da complexa mobilidade espacial das pessoas[184] é acompanhado de forma evidente pela dinâmica do pauperismo e da vagabundagem. A porcentagem dos pobres nas estruturas urbanas do século XVI chega a 9 ou 10% em Medina del Campo e em Valladolid, e a 16% em Segóvia. Mas também no campo o número de pobres oscila entre 10 e 20%: quando uma catástrofe natural ou a insuficiência de ajuda local levam esses pobres em direção às grandes cidades o fenômeno do pauperismo cresce imensamente e de maneira espetacular.[185] A estagnação demográfica a longo prazo e a resolução da crise alimentar a curto prazo só parcialmente servem de freio a esse fenômeno: o número de vagabundos e miseráveis nos primeiros séculos da época moderna permanece muito elevado na Espanha, assim como em outros países do Ocidente, e não há desenvolvimento das estruturas capaz de aumentar a capacidade de absorção do mercado de trabalho.

Na detalhada argumentação do seu tratado, Pérez de Herrera fornece um riquíssimo material informativo e anedótico sobre as perversidades dos mendigos e as ligações entre a vagabundagem e o crime, material que poderia ser inserido no discurso do romance picaresco. No primeiro memorial o autor indica os principais problemas da situação naquela época:[186] os mendigos vivem como pagãos, às vezes nem sabem rezar; permanecem na ociosidade, atolando-se nos divertimentos carnais, jogando cartas nos esconderijos (na roupa de mendigos mortos nas ruas são encontradas muitas vezes consideráveis somas de dinheiro); escandalizam o público andando nus e se recusam a receber uma roupa ou vendem-na logo depois de recebê-la. São capazes de trabalhar mas fingem-se de doentes, só para poder aproveitar-se da piedade e das esmolas: comem coisas nocivas à saúde para assumir um aspecto macilento, encontram *mil invenciones* para tal fim, fingem-se de mudos e cegos; não faltam também os que mutilam os próprios filhos ou até lhes tiram a vista para desse modo prepará-los para a profissão de mendigos.[187] Padre Pablo de Mendoza, um bernardino, conta ao autor que uma vez foi visitado por uma mulher que lhe pediu ajuda porque o marido queria cegar o filho recém-nascido; ele já fizera isso com os dois mais velhos, queimando-lhes os olhos com carvão ardente; quando o bernardino chegou à casa da mulher viu que a família tinha uma vida abastada porque os filhos cegos traziam enormes esmolas. Outros mendigos alugavam crianças pequenas para poder mais facilmente suscitar a compaixão das pessoas. Há também mendigos que se fingem de mortos. Um certo vagabundo conta aos alunos de Alcalá que ele também era estudante, mas por ter enjoado do estudo da gramática começou a vida de mendigo, ganhando facilmente muito dinheiro; conhece dezessete técnicas diferentes de mendicância, sabe simular mutilações e doenças.[188]

Esse reconhecimento sociológico do meio — e Pérez de Herrera refere-se às suas próprias experiências e a diversas informações e relatos de testemunhas, funcionários de tribunais, administradores de hospitais, padres e monges — mostra portanto que as representações contidas nas narrativas picarescas correspondiam largamente à realidade social.[189] Também o quadro da organização do mundo picaresco encontra uma certa confirmação, mas nesse caso as premissas são mais débeis. Pérez de Herrera afirma que os mendigos e vagabundos têm as suas associações organizadas nos moldes das confrarias, e segundo um costume muito antigo reúnem-se nas ocasiões das festas na Velha Castela, na Galiza ou nas Astúrias, lá tocam música, cantam, dançam, bebem, escolhendo para tal propósito eremitérios distantes da vida pública. Segundo o testemunho de um certo monge uma dessas assembléias ("*a una destas cofradías y congregaciones*"),[190] perto de Mallén, reuniu mais de 3 mil mendigos, homens e mulheres.[191] A propósito de alguns elementos de organização, dessa vez em relação aos vagabundos, dispomos de testemunhos anteriores. Em 1559 as cortes, num memorial enviado a Filipe II, chamam a atenção para a praga dos vagabundos, que vivem da fraude, dos jogos de azar, da trapaça e do furto; há entre eles um certo *capitán de ladrones* que despacha os seus bandos para atuar nas feiras e por todo o reino.[192] Isso atestaria a existência de uma organização que até mesmo ultrapassaria os limites locais, o que é indicado igualmente pela descrição precedente dos encontros das confrarias de mendigos.

Resta-nos enfim o problema do modelo da trajetória existencial do vagabundo, traçado pelas autobiografias e biografias picarescas. Esse modelo só pode ser verificado pelo recurso a detalhados estudos prosopográficos do meio criminal, com base numa série maciça de documentos judiciais. Os percursos de "associalização" dos indivíduos, delineados no romance picaresco, são confirmados por pessoas e instituições isentas de qualquer suspeita de serem propensas à fabulação. Pérez de Herrera é certamente tendencioso nos seus discursos, pois quer contrapor-se com eficácia às atitudes tradicionais de compaixão pelos pobres, o que explica a inclinação para o exagero, mas o seu tratado é a obra de um funcionário e de um escritor político, no estilo da produção acadêmica dos *arbitristas* espanhóis. A existência marginal, associal, dos grupos e dos indivíduos é apresentada como um fenômeno de massa.

Se Pérez de Herrera aborda a questão das origens da vagabundagem e da miséria, faz isso apenas do ponto de vista das "más inclinações" dos grupos e dos indivíduos, de um lado, e do ponto de vista da insuficiência da política social (e repressiva), de outro. A literatura picaresca enfrenta de uma forma bem mais explícita o problema do sistema social vigente como fonte daquelas atitudes associais. Porque se as vicissitudes da vida picaresca, da iniciação anti-social até o destino obscuro do galeote, dispõem-se ao longo de uma cadeia de "recusa da socialização", por outro lado elas se inserem numa situação imposta: Lazarillo, Guzmán ou Andrés tinham de fazer essas escolhas para viver e para sobreviver.[193] Sua depravação parece ser paralela à depravação do mundo.[194] Com essa visão — que não é a única, pois não é partilhada nem por Martí nem por Quevedo — a literatura picaresca se refere à posição sustentada por Domingo de Sato nas controvérsias espanholas a respeito dos pobres. A representação literária picaresca mostra portanto uma ampla gama social das vicissitudes dos indivíduos e grupos que não podem ou não querem participar da vida social.

6
VAGABUNDO, MALANDRO E MENDIGO

A peregrinação como condição existencial ou mesmo como etapa de adaptação à vida social teve o seu papel nas sociedades tradicionais. De fato precisavam viajar os comerciantes e mercadores, os especialistas de toda sorte, os padres, os aprendizes e os estudantes. Como já tivemos ocasião de constatar, a peregrinação criava uma especificidade sociopsicológica e uma comunhão de destino, além de dar origem a uma subcultura particular.[1] Os lugares próprios dessa cultura eram a estalagem e a praça do mercado, aos quais o "pessoal da peregrinação" se ligava em virtude de sua vida cotidiana e do interesse profissional. Essa situação reunia diversas profissões e ocupações, e aqueles que faziam da peregrinação a sua profissão pareciam não respeitar as especializações profissionais e corporativas. As descrições das categorias de vagabundos conservavam, na representação da "população das estradas", distinções nítidas, mas nos tipos de vagabundos descritos na literatura dos séculos XVI e XVII tais distinções vão sendo apagadas e os limites das especializações sofrem uma constante transgressão. Autólico, o protagonista do *Conto de inverno* de Shakespeare, é um exemplo particularmente interessante desse fenômeno: é ladrão, vigarista, vagabundo, mas ao mesmo tempo aparece como mascate, mensageiro, criado e também músico e cantor. Tem baladas "à venda" para mulheres e homens, e sucesso não lhe falta nessa ocupação (IV, 4).[2] Músicos ambulantes, malabaristas, atores e contadores de histórias se fundem na paisagem social da vagabundagem; também a evolução das palavras e dos termos com que eles são definidos acentua o caráter associal da "*intelligentsia* artística". Um exemplo é o termo "*abenteurer*", do vocabulário dos vagabundos: designando originalmente os vendedores ambulantes ele passa a nomear os "cômicos" ambulantes, uma espécie dos palhaços que não se ligam ao meio da corte, atuando, em vez disso, para a população presente às feiras.[3] As mensagens transmitidas nesses lugares de encontro da cultura de massa eram bem diversificadas: os elementos didático-religiosos desempenhavam uma função importante, mas o divertimento, a brincadeira, as facécias e a paródia ocupavam um lugar particular. A cultura do riso não era um produto exclusivo dos meios plebeus nem estes eram seus únicos consumidores, embora se possa dizer que fossem seu "consumidor preferencial", dado que no âmbito cultural plebeu as tramas cômicas desempenhavam um papel de primeiro plano servindo ao domínio leigo da vida social das massas. Na produção das tramas cômicas o papel principal pertencia aos grupos da "*intelligentsia* artística" ambulante. No desenvolvimento cultural o intercâmbio entre a cultura popular e a da elite, assim como entre a circulação oral e a escrita, é um processo contínuo. Mas no caso das brincadeiras e das facécias entra em jogo um processo muito particular, já que estas, em virtude exatamente do seu gênero, tinham caráter plebeu e oral ao mesmo tempo: a sua transcrição, o ingresso na literatura, representava uma espécie de processo de nobilitação do gênero.[4] Ao lado das histórias anônimas que circulavam entre as massas aparecem obras com ambições literárias, cujos autores unem o elemento cômico popular à bagagem escolar, à erudição livresca e à retórica douta.

Essas observações referem-se a todo o domínio literário de que nos ocupamos até agora. No entanto elas têm um valor particular em relação à literatura da Europa central dos séculos XVI e XVII, da qual nos ocuparemos neste capítulo. A literatura alemã e as literaturas eslavas — em particular a polonesa e a tcheca — criaram no decorrer dos séculos XVI e XVII uma série pouco homogênea de obras que têm como protagonista um vagabundo ou um mendigo. Entre as histórias coloridas do *Till Eulenspiegel* e as do *Simplicissimus* barroco de Grimmelshausen não encontramos nenhuma semelhança nem continuação: a primeira obra é uma coleção anônima de histórias divertidas sobre a astúcia do plebeu, enquanto a segunda é uma narrativa picaresca sobre as vicissitudes do vagabundo, inscrita numa construção astrológica erudita. Outros traços e outra tipologia social encontramos também em obras dramáticas esparsas, em verso e em prosa, polonesas e tchecas, que apresentam as vicissitudes dos mendigos e facécias sobre os *frant* (trapaceiros) ou se servem de uns e outros para julgar as relações entre diferentes classes e grupos sociais. Além das diversidades no processo histórico-literário, além dos processos de filiação e de adaptação das tramas e das correntes dos outros domínios da palavra escrita, podemos constatar também nesses países uma diversidade de situação social e de evolução histórica em relação aos outros países da Europa. Seria difícil reduzir a um denominador comum os efeitos sociais e sociopsicológicos da Guerra dos Trinta Anos e a evolução econômica da zona da "servidão secundária" — e são esses os contextos próprios das obras aqui examinadas. Apesar de todas as diferenças, porém, um traço parece comum: no fundo social dessa produção literária não encontramos o fenômeno do pauperismo.

TILL EULENSPIEGEL: APRENDIZ AMBULANTE, MASCATE E BUFÃO

Till Eulenspiegel, personagem considerada autêntica (alguns estudiosos aceitam como verdadeira a notícia, radicada na tradição, de que ele morreu na pequena cidade de Mölln, no principado de Lünenberg, perto de Lübeck, em 1350, vítima da peste negra), tornou-se objeto de um grande ciclo de narrativas orais nos países de língua alemã. Tais narrativas, transcritas provavelmente já em meados do século XV, no século XVI penetraram na literatura impressa. A mais antiga das edições existentes é a versão em alto-alemão, impressa em Estrasburgo em 1515 (conservada aliás por um único exemplar!). Sabe-se no entanto que a primeira transcrição foi feita em baixo-alemão mas se perdeu (supõe-se que tenha sido impressa em Lübeck). A edição de Estrasburgo tem um prefácio em que um certo senhor X. conta que em 1500, atendendo ao pedido de alguns cavalheiros, recolheu e transcreveu as histórias.[5] O âmbito da circulação oral dessas narrativas é testemunhado pelo fato de que já em 1480 Hermann Bote, escrivão de Brunswick, anotou na sua crônica do mundo o ano 1350 como sendo o da morte de Till. Alguns dos estudiosos atribuem exatamente a Bote a elaboração da versão baixo-alemã da obra. A partir do impresso de Estrasburgo começa a existência literária da história, marcada por uma longa série de reimpressões, adaptações, elaborações (até aquela de Ch. T. H. de Coster, em 1867) e traduções em várias línguas. Aliás cada uma das traduções situava o protagonista num contexto diverso, atribuía-lhe cor local e incorporava na sua figura uma multiplicidade de seres, introduzindo-o não só no mundo literário como também no folclore local. Limitando o nosso interesse ao lugar de Till Eulenspiegel na tipologia literária dos vagabundos, examinaremos apenas o quadro social fornecido pela primeira seleção alemã.[6]

Till Eulenspiegel é filho de camponeses (o texto nada diz explicitamente sobre a profissão do pai) e nasceu na aldeia de Kneitlingen, na Saxônia. Quando menino já gozava da fama de vadio e patife. A família, talvez na esperança de que mudando de domicílio a situação pudesse melhorar, transferiu-se para Magdeburgo, terra natal de sua mãe e onde morre o pai. Till fica só com a mãe, e mesmo vivendo ela na miséria o garoto se recusava a aprender qualquer profissão, passando todo o tempo em festas e brincadeiras.[7] Seu primeiro furto é uma resposta às palavras da mãe: ela se queixara que há duas semanas não havia pão em casa e que Till continuava sem querer aprender uma profissão. Mas o roubo do pão não tem caráter de iniciação criminosa; é sobretudo um jogo de palavras: a mãe ordena-lhe aprender uma profissão porque não há pão em casa, então ele traz o pão. Essa maneira de tratar as palavras ao pé da letra é aliás um mecanismo constante nas brincadeiras e nos truques de Till, graças ao qual ele foi considerado um dos primeiros "filósofos da linguagem".[8] O próprio furto é um subterfúgio, um dos vários a que o protagonista recorre desde sua primeira infância. Na história do pão (dizendo que é por conta do patrão, Till pega na padaria um saco cheio de pães e o entrega ao ajudante do padeiro para que ele o carregue, prometendo remunerá-lo por isso; deixa cair um pão na lama, manda o moço de volta à padaria para trocá-lo por outro e enquanto isso foge)[9] estão em primeiro plano a argúcia e a engenhosidade, e não o caráter delinqüente do ato, embora se evidenciem algumas características do procedimento de roubo. Till realiza seu estratagema longe da aldeia onde mora, numa cidade onde não corre o risco de ser reconhecido. A partir da décima história ele aparece já em perene vagabundagem, que o leva longe, através de toda a Alemanha. Está ora em Brunswick ora em Bremen, Wiesmar, Rostock, Lübeck, mas também em Berlim, Dresden, Erfurt, Leipzig, Frankfurt, Nuremberg e Bamberg. Peregrina também pelos países vizinhos, chega à corte do rei em Cracóvia e na Dinamarca, está em Paris[10] e em Praga, assim como na corte papal em Roma ou numa estalagem de comerciantes na Antuérpia. O ciclo de narrativas não reconstitui a biografia do protagonista em ordem cronológica e nem o percurso da viagem em ordem espacial. A forma livre da narração revela apenas o alcance da peregrinação; inferimos o ritmo variável dessa vagabundagem a partir de breves menções, por exemplo: em tal cidade ele fica mais tempo, já aquela outra precisa ser rapidamente abandonada após a conclusão de mais uma empresa. O círculo se fecha no lugar onde começou o percurso da vida de Till — em Mölln, perto de Lübeck, onde vive ainda a sua velha mãe e onde ele morre.

Till mente, engana e rouba. Todavia as suas proezas não compõem uma biografia delinqüente, não criam uma personagem que ameace a ordem social e não exigem uma condenação moral. Mesmo perto do fim, com a aproximação da morte, ele não considera que tenha tido uma vida pecaminosa, e se está arrependido não é do seu modo de vida;[11] a reação que se espera do leitor é de admiração pelas brincadeiras do protagonista, que mesmo no momento do último acerto de contas não se esquece de ser um folgazão. Analisando a sua identidade profissional não seria possível considerá-lo um delinqüente profissional. Ao longo da peregrinação de sua vida exerce diversas profissões. Responde cada vez de forma diferente quando lhe perguntam quem é.[12] Em Brunswick diz ao padeiro que é ajudante de padeiro. Na corte do duque de Essen, em Marburgo, declara ser artista. Ao bispo de Trèves se apresenta como fabricante de óculos de Brabante. A um rico comerciante diz ser ajudante de cozinheiro. A um barbeador (*Bartscherer*) de Hamburgo diz ser barbeiro (*Barbierer*).

Assim, ele se apresenta não só como um "criado de muitos senhores" mas também como um aprendiz de muitas artes. Na realidade essa é mais uma de suas mentiras, visto que não quis aprender nenhuma profissão nem concluiu qualquer aprendizagem artesanal. O que o obriga a procurar serviço é o inverno: a razão recorrente de iniciar um trabalho é a necessidade de assegurar um teto sobre a cabeça e uma alimentação na época do frio.[13] Essa era a "estação morta" da vida do vagabundo, quando a estabilização se tornava uma necessidade vital. Então Till serve a vários artífices como aprendiz ou ajudante: a um padeiro (partes 19 e 20), a um ferreiro (39 e 40), a um sapateiro (43 a 46), a um cervejeiro (47), a um alfaiate (48), a um estofador (51), a um peleiro (52 a 55), a um curtidor (56), a um carpinteiro (62) e a um barbeiro (74). Os mestres não lucram muito com tal trabalhador,[14] pois à falta de habilidades se somam as suas malandrices, e assim ele freqüentemente tem de mudar de trabalho.

O fato de se fazer passar por aprendiz é muito significativo. A viagem era uma forma institucionalmente prevista de aprender as profissões, de adquirir experiência artesanal, de trocar e aperfeiçoar as capacidades técnicas.[15] Os regulamentos especiais, os atestados das capacidades adquiridas ou por aprender, as estalagens designadas para os aprendizes, as associações de aprendizes e as autoridades corporativas competentes tinham por objetivo organizar a peregrinação dos aprendizes e zelar pelo seu caráter educativo. Mas essa peregrinação integrava os aprendizes à massa dos migrantes que povoava as estradas, introduzia-os na multidão dos vagabundos semidelinqüentes que freqüentava as estalagens e tabernas e que circulava entre uma cidade e outra. E isso tinha uma influência dissocializante e depravadora sobre os aprendizes, ao mesmo tempo que dava aos vagabundos comuns a possibilidade de fazer-se passar por aprendizes e de encontrar serviços ocasionais nas oficinas de artesanato. Assim faz Till Eulenspiegel. Numa das etapas da sua vagabundagem, em Hamburgo, ele é encontrado até na Hopfenmarkt, praça que era o lugar tradicional de contratação dos aprendizes e dos trabalhadores temporários: ali se deve responder às perguntas feitas pelo futuro empregador[16] sobre o lugar de origem e a profissão. Ele divide com os artesãos jornaleiros as preocupações com a oscilação da demanda e da oferta no mercado de trabalho. Num certo inverno, quando a temperatura cai muito e chegam tempos difíceis para os jornaleiros, já que muitos deles estão desempregados[17] e reina a carestia, Till é obrigado a procurar trabalho no campo e empregar-se na oficina do ferreiro da aldeia. Nesse período de crise ele precisa pedir serviço ao ferreiro e prometer-lhe que faria tudo que o mestre lhe ordenasse, em troca apenas de alimentação (isso lhe forneceu a ocasião para uma espécie de duelo de truques e malandrices entre o mestre e o aprendiz). De resto Till afirma que apenas a fome e o frio o levam a iniciar qualquer trabalho, e que não pretende ficar muito tempo como aprendiz de ferreiro.[18] Quando aparece um serviço na oficina de peleiro em Ascherleben, perto de Magdeburgo, ele imediatamente se apresenta como aprendiz de peleiro.[19]

Além do artesanato, exercido aliás de modo mais aparente do que real, Till ocupava-se também do pequeno comércio. Assim, aparece como feirante, vendendo pão (parte 18) ou doces (19) na praça da igreja durante o feriado do padroeiro. Trabalha também como criado doméstico: como cozinheiro na casa de um comerciante (44) ou fazendo serviços diversos para um padre (11). Após ter perdido esse último trabalho, devido a um conflito com a criada, vira sacristão na mesma localidade.

É preciso incluir ainda dois serviços nos quais ele se engaja. Logo no início da sua peregrinação, após ter abandonado a casa da mãe, Till se apresenta como *Hoffjungen* e desse modo consegue entrar na comitiva militar de um *junker* saxão, que na verdade era uma quadrilha de bandidos, já que esse *junker* praticava a pilhagem.[20] Esse é um dos poucos momentos da carreira do nosso herói em que a sua condição e suas ações têm caráter explicitamente criminal, mas ele age cumprindo ordens e não por iniciativa própria. De outra feita entra para o serviço no castelo do conde von Anhalt, primeiramente assumindo a função de guarda-trombeteiro do castelo, depois a de infante mercenário (22). Essas são as duas únicas narrativas que situam Till no meio cavalheiresco e na profissão militar. Ao ser expulso do serviço no castelo ele confessa que o combate não está entre as suas ocupações prediletas.[21]

Na corte dos senhores desempenha um papel diferente: o de folgazão e bobo da corte. Nessa arte era um mestre, sendo certamente por isso que príncipes e senhores o apreciavam, pois o contratavam oferecendo-lhe presentes preciosos e dinheiro, assegurando-lhe roupa e alimentação.[22] Na coleção são poucas as narrativas que se referem a esse papel de Till. Apenas algumas o apresentam como bobo que vive na corte, mas mesmo nesses casos parece que se trata apenas de uma permanência temporária no decorrer da sua peregrinação. Assim sucede em Bremen, onde, num certo período, é o bobo da corte episcopal (87); o caráter itinerante da sua arte encontra confirmação nessa narrativa, pois o bispo o conhece e acolhe complacentemente os seus gracejos e malandragens, revelando com isso que o nosso herói já passara antes naquela corte. A história das malandragens de Till na corte do rei da Dinamarca começa com as palavras: "E chegou à corte do rei da Dinamarca".[23] Ele chega também à corte "do altíssimo príncipe Casimiro, rei da Polônia" e ali resolve enfrentar num duelo bufo o bobo da corte real: vence o duelo (temos aqui uma das histórias escatológicas da coleção), ganha o campeonato da arte de bobo,[24] recebe presentes das mãos do próprio rei e parte para continuar a sua peregrinação. É convidado para a corte do bispo de Magdeburgo, onde ganha roupa e dinheiro, pois a fama da sua graça já se espalhara amplamente, mas mesmo ali parece não demorar muito.

Também no exercício da profissão de bobo, que predomina na carreira de Till, a peregrinação ocupa o primeiro plano. Ele faz parte de um grupo de artistas ambulantes que oferecem divertimento às multidões da feira, mas não como músico ou malabarista. É verdade que desempenha também esses papéis, mas apenas episódica e ocasionalmente: é por saber cantar bem que ganha o posto de sacristão, e desse modo fortalece o coro paroquial (12); noutra ocasião anuncia um espetáculo na cidade, prometendo voar como um pássaro, mas desempenha mal esse papel de prestidigitador, decepcionando os presentes (14). Aparece também como rimador, e em troca "das rimas que dizem a verdade" recebe ferraduras para o cavalo (41). Sua arte, porém, é a de fazer palhaçadas, de criar situações que provocam o riso e a alegria. Ele a pratica nos lugares onde se reúnem as pessoas; assim, procura a multidão: dos nobres (63 e 75), dos camponeses (68) ou dos comerciantes (71). Tal modo de vida itinerante faz com que o lugar onde as palhaçadas desse tipo acontecem com maior freqüência seja a estalagem (ou a taberna), lugar igualmente da prática da profissão de folgazão ambulante, que pode ganhar comida e dinheiro com facilidade divertindo os presentes.

Till é definido continuamente como *ein Schalck*,[25] mandrião e velhaco, mas a sua velhacaria consiste sobretudo na mestria da resposta, tanto oral quanto expressa através da ação: assim, ele se apresenta a um duelo com os mestres da Universidade de Praga, vencendo uma disputa filosófica (28); em Erfurt ridiculariza os professores que lhe reprovam a fanfarronice de se proclamar um ótimo mestre e o desafiam a ensinar um burro a ler: diz-lhes que começaria por eles (25). A esgrima verbal toma como ponto de partida o significado literal, a concretização imediata das expressões metafóricas e dos ditados comuns. Os estratagemas e truques a que recorre continuamente mostram que a astúcia lhe permite sair vitorioso de qualquer situação.

O gracejo bufo está aqui estreitamente ligado aos procedimentos da fraude. Seu objetivo é fazer de bobo a vítima escolhida. O engano é um instrumento para ridicularizar e provocar o riso, mas é também um modo profissional de viver, um modo de ganhar o pão. Agora Till aparece como charlatão. Finge ser médico: certa feita para ridicularizar o médico da corte do bispo de Magdeburgo, que se declarara inimigo dos bobos e das palhaçadas (15), outra vez para simular que havia curado de uma prisão de ventre o filho da estalajadeira (16). Em Nuremberg se proclama o melhor dos médicos, "curando milagrosamente" os doentes locais (essa história aparece aliás nas coleções anteriores de facécias italianas e alemãs,[26] e nos séculos seguintes passa também a outras coleções):[27] confia em segredo a cada um dos enfermos do hospital local que organizará entre os doentes uma prova de habilidade e que quem ocupar o último lugar será queimado e reduzido a pó, com o qual serão curados os demais. Alarmados, todos os doentes fogem do hospital, e assim Till recebe o prêmio prometido pela sua cura (17). Em outra narrativa Till aparece como um vigarista profissional, um tipo semelhante ao daqueles que podemos encontrar na literatura antimendigos dos séculos XV e XVI. Till se torna tão conhecido em todo o país que já não pode mais tirar proveito da sua vagabundagem ociosa, sendo por isso forçado a recorrer a uma espécie de engano mais sofisticada.

Assim, ele se alia a um estudante; os dois põem vestes sacerdotais e carregam consigo uma caveira que Till mandara encravar em prata. Em seguida partem para a Pomerânia, onde o clero era pouco instruído, e ali, na igreja cheia de fiéis ou por ocasião dos casamentos e reuniões de camponeses, Till prega (prometendo ao padre local, caso isso fosse necessário, participação nos lucros da coleta): diz que tem consigo uma preciosa relíquia, uma caveira de são Brendano, para quem desejar construir uma nova igreja, mas que poderia aceitar ofertas apenas das mulheres virtuosas, que nunca cometeram adultério. O resultado é fácil de prever (21). Aplica um estratagema semelhante na corte do duque de Essen, onde se apresenta como pintor e, sem ter pintado coisa alguma, mostra a parede nua dizendo que apenas as pessoas de puro sangue nobre poderão ver as cenas pintadas (27).

As aventuras de Till Eulenspiegel fazem parte da literatura cômica circulante, presente na cultura popular. A coleção, composta do modo como se apresenta no impresso de 1515, não é inteiramente original: pelo menos um terço das narrativas nela incluídas pode ser encontrado em coleções anteriores de facécias. Essa coleção, apresentando o humor popular, com uma escatologia[28] brutal e agressiva e no entanto sem a obscenidade própria da cultura da feira e da taberna, revela ao mesmo tempo uma construção da biografia e das experiências vividas que encerra um certo modelo literário e um certo tipo social.

No "espelho da coruja" — assim costumava ser entendido o sobrenome do protagonista[29] — devia se refletir o mundo; nas palavras e nas ações de bobo devia aparecer a estupidez das pessoas que se consideravam sábias. Till tem consciência de que é um bobo; é como tal que ele concorre com o *Sielmann* da corte de Cracóvia, defendendo a posição dos bobos na vida da corte (15); como bobo ele não só passa pela corte dos senhores como também é contratado para um banquete burguês na condição de folgazão profissional (*Schimpffman*, 71). Como sinal da sua presença, junto da inscrição "*hic fuit*" deixa uma imagem da coruja e do espelho (40), portanto está ciente de ser portador da sabedoria e da verdade sobre o mundo. O tema da verdade como algo que somente os bobos proclamam é constante, e nele se baseia o malabarismo verbal de Till. Uma única vez, ao lhe perguntarem de que arte era aprendiz, responde: "Não sou aprendiz de nenhuma arte, a minha ocupação é falar a verdade".[30] Nesse contexto a sua afirmação soa como qualificação da profissão do protagonista e como definição apropriada da sua condição de bobo.

Numa das tentativas de análise da função do bobo nas sociedades do passado[31] adotou-se uma tipologia tripla, que distingue o bufão profissional (um folgazão que ganha a vida divertindo os outros), o bobo da corte e o bufão mítico, uma criatura fictícia, portadora de uma imagem do mundo com a ordem subvertida. Como exemplos desse último tipo são citados Marcholt e Till Eulenspiegel. Levando-se em conta que as descrições "romanceadas" e os produtos da ficção literária são a nossa única fonte de informações sobre os bobos, tal divisão talvez seja imprecisa e pouco justificada. No entanto, deixando de lado a questão da autenticidade da própria personagem, é significativo que Till Eulenspiegel haja concentrado em si os traços principais da imagem social dos três tipos de bobo.

De origem plebéia, ele tem uma consciência bem clara de pertencer à profissão livre do riso. Trata com má vontade o trabalho de assalariado, o serviço, o artesanato, e recorre a eles só nos momentos de extrema necessidade. Quando, no fim da vida e já velho e gordo, decide entrar num convento, o abade, sabendo da sua aversão pelo trabalho, reserva para ele a função de guardião. Desse modo, na própria base da sua condição de vida encontramos, se não a comunhão da sorte com os vagabundos em geral, a atitude social que determina o lugar deles na sociedade e na consciência social.Till, como vimos, peregrina sem cessar pelo país, muda constantemente de moradia, a migração permanente parece ser um modo de vida, se não um trabalho. A peregrinação se define como sua fonte de sustento: para poder ganhar a vida com a fraude, a astúcia e os truques de feira é preciso mudar constantemente o lugar de permanência.[32] Nas narrativas de Till Eulenspiegel aparecem em primeiro plano a malícia do protagonista e a falta de piedade em relação às suas vítimas. É justamente por isso que Till, após ter passado por toda a Alemanha e tornado a sua "malícia" conhecida por toda parte, teve de procurar na mudança de roupa e de condição a possibilidade de continuar o seu modo de vida habitual, pois onde já estivera uma vez não podia se mostrar por um longo período.[33]

Till é sobretudo um folgazão profissional, e é esse o papel que representa nas cortes, embora não tenha nenhuma das particularidades ou defeitos físicos ou mentais que muitas vezes se associam à figura do bobo da corte.[34] Ele pertence à categoria dos "artistas" ambulantes. Uma gravura do século XVI[35] retrata a família de um músico ambulante que toca pífaro: ao seu lado caminha a mulher com uma criança no braço; o próprio músico carrega dois filhos num cesto sobre as costas, outras duas crianças ficam num outro cesto, carregado por um burro, enquanto um filho um pouco mais velho vai na frente com uma coruja no ombro. Considerava-se que essa imagem seria de Till,[36] embora o texto não faça qualquer menção ao fato de que ele tivesse irmãos. Em algumas edições das narrativas de Till atribui-se ao protagonista a profissão de cantor ambulante, mas no texto de 1515 encontramos apenas uma breve menção às suas capacidades de cantor. Nas representações estereotipadas de folgazão ou bobo ambulante a personagem geralmente aparece como tocador de gaita de fole ou de pífaro,[37] mas o mais importante parece ser o fato de que esse bobo ambulante acumulava várias profissões artísticas, e por isso podemos imaginar que o "instrumento" usado por Till seria sobretudo ele mesmo, sua voz, sua mímica e as situações de *happening* que ele criava onde houvesse aglomerações humanas. Till era um malabarista da palavra. E era justamente isso que lhe garantia o papel de portador da revolta através do riso, que em forma de brincadeira fazia a crítica da ordem social e projetava "o mundo às avessas". Mas sob esse aspecto as narrativas de Till Eulenspiegel não são um fenômeno excepcional: fazem parte de uma série, longa e rica, da literatura satírica e da "literatura do riso", da qual — permanecendo no âmbito alemão — se poderia mencionar *Die Narrenschiff*, de Sebastian Brant,[38] *Die Narrenbeschwoerung* e *Die Schelmenzunft*,[39] de Thomas Murner, as narrativas e facécias de Hans Sachs[40] e, enfim, *Schimpf und Ernst*, de Johannes Pauli.[41] A originalidade da narrativa consiste justamente em criar um tipo de folgazão-vagabundo que filosofa sobre os homens e sobre as palavras.

Nos traços sociais dessa personagem unem-se as principais categorias medievais de homens da estrada, de grupos de vagabundos medievais: os mascates e os aprendizes, do mundo do comércio e do artesanato, os mestres e os estudantes itinerantes, do mundo universitário, os monges e os padres decadentes, do meio eclesiástico, os artistas e os bufões ambulantes e enfim, numa medida bastante limitada, os ladrões e os bandidos. Till não é um representante das "classes perigosas", um tipo de vagabundo ameaçador que vive do crime ou da esmola, e por isso não pode ser considerado um tipo de vagabundo *par excellence*. No âmbito da marginalidade social ele figura como charlatão e vigarista, e é precisamente essa categoria que nos séculos XV e XVI começa uma existência exuberante e passa para o primeiro plano no meio das *fahrende Leute*,[42] transformando em profissão a exploração da ingenuidade humana. Till não é um tipo clássico de vagabundo-delinqüente, embora tenha se apresentado certa vez perante o tribunal e quase tenha sido levado à forca pela severidade da lei de Lübeck. Seu aspecto e as roupas que usava o definiam como um *spielmann* e um folgazão;[43] só ficava ofendido quando era confundido com um camponês (76), e não possuía nada além da argúcia[44] e da liberdade de vagar.

VAGABUNDAGEM E SOLDADESCA: SIMPLICISSIMUS

Till Eulenspiegel foi chamado várias vezes de *Abenteurer*, mas os contextos em que esse termo aparece não permitem precisar o significado em que foi empregado; todavia ele parece designar o folgazão que ao mesmo tempo era trapaceiro e charlatão, mas também pode ser sinônimo de "aventureiro", isto é, um homem que corre atrás dos favores da deusa Fortuna, quer dizer, da Aventura.[45] Esse modo de levar a vida devia ser visto pela opinião pública como rendoso, para não dizer digno de inveja, uma vez que o próprio pároco de

23. Um casal de mendigos: um cego-aleijado, verdadeiro ou falso,
e a mulher que o acompanha, tocando castanholas e dançando.
Eram necessários muitos esforços para despertar sentimentos de caridade.
Gravura do século XVII.

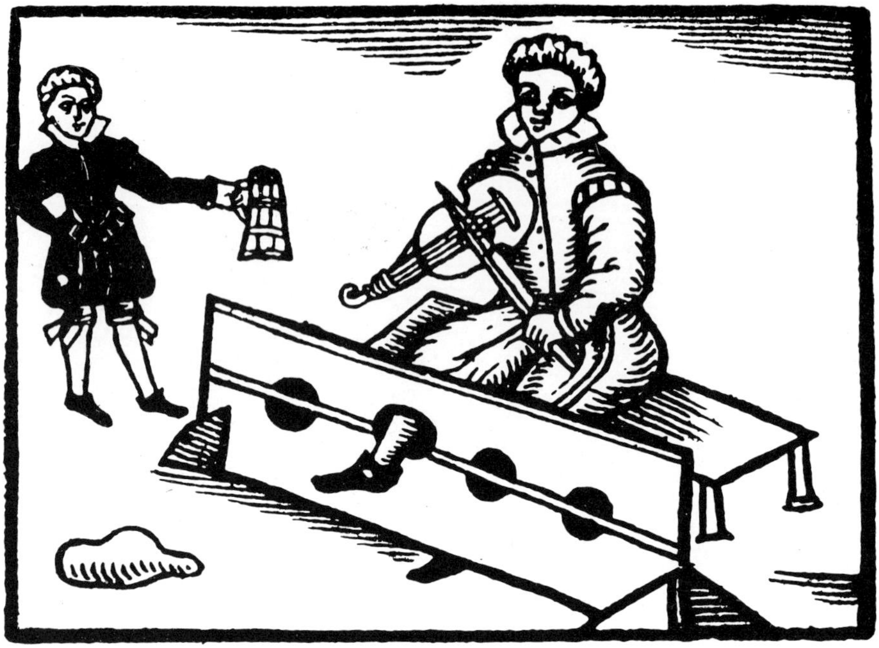

24. Um violinista no tronco: os artistas ambulantes eram muitas vezes tratados como vagabundos. Gravura de uma coleção inglesa de baladas.

25. Dois supostos adivinhos. Gravura de um incunábulo inglês.

26. O vagabundo inglês Blunt,
aliás, Gennings, em dois trajes.
Gravura do panfleto de Harman de 1567.

27. Músico: o instrumento musical
fazia parte do equipamento
de mendigo. Gravura de J. Callot.

28. Um aleijado e um comediante mascarados. Gravura de J. Callot.

29 e 30. Numa coleção de provérbios franceses do século XVII, os músicos aparecem no capítulo dedicado aos mendigos, e, de preferência, tocam instrumentos barulhentos. Tocar uma música por si só já justificava o pedido de ajuda: não era necessário aparentar pobreza.

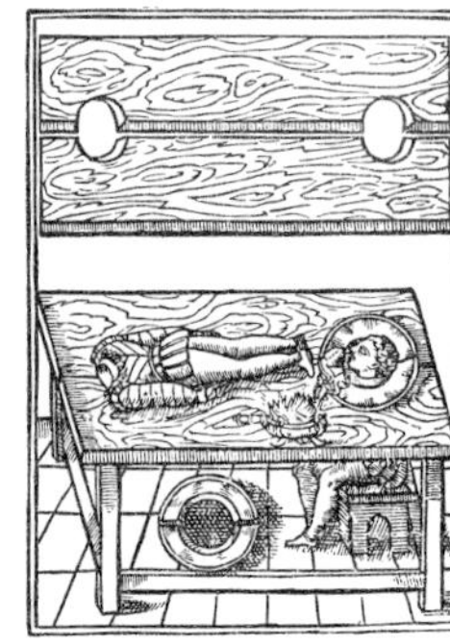

31, 32 e 33. Técnicas de engano: *Black art* e *Conny-catching law*. Gravuras do panfleto de Greene. À direita, um truque de saltimbanco: como colocar numa bandeja a cabeça cortada. Gravura do tratado inglês de Scot sobre a feitiçaria, 1584.

34. Espécie particular de ''vagabundo terrível'' é o bando de soldados. Pilhagem na estrada pública: assalto à diligência. Gravura de J. Callot.

35. A guarda francesa do marechal cumpre a função da gendarmaria militar e persegue os vagabundos. Captura dos malfeitores. Gravura de J. Callot.

36. ''Pendurados numa árvore como frutas infelizes''. O baraço constitui uma advertência aos que praticam a pilhagem. Gravura de J. Callot.

37. Na coleção popular de provérbios composta pelo tipógrafo parisiense J. Lagniet (1657), um livro especial é dedicado aos provérbios relacionados aos mendigos. Nas gravuras muitas vezes aparecem cópias dos esboços de J. Callot. Frontispício do livro sobre "a vida dos mendigos".

38. O inverno é um momento terrível na vida dos mendigos, mas também a ocasião de demonstrar miséria e causar pena (notar os pés descalços). J. Lagniet, coleção de provérbios.

39. Mendigos ambulantes. As duas figuras centrais têm o sinal do peregrino — a concha de São Jacó — nos chapéus e os bastões do peregrino na mão. J. Lagniet, coleção de provérbios.

40. A sopa dos pobres: "as pensões dos pobres oneram a panela dos ricos". J. Lagniet, coleção de provérbios.

41. Os mendigos das diversas nacionalidades diferenciam-se pela roupa (assim como pela técnica de mendicância). Mendigo francês, espanhol, alemão e italiano. J. Lagniet, coleção de provérbios.

42. Os mendigos comem sem moderação! J. Lagniet, coleção de provérbios.

43. Imagens estereotipadas dos mendigos fomentam as acusações de devassidão, voluptuosidade e de vida desregrada: "Barriga cheia, é hora de dançar". J. Lagniet, coleção de provérbios.

44. Categorias do reino dos mendigos:
rifode, *marcandier* e *millard*. J. Lagniet, coleção de provérbios.

50

45. "Pátio dos milagres": falsos aleijões dos mendigos.
Supostos soldados empobrecidos e um "aprendiz" da mendicância.
J. Lagniet, coleção de provérbios.

20 Il doit auoir bien chaud qui a tous ſes habitz ſur ſoy

46. Vagabundo com um menino. Farrapos em vez de roupa, um chapéu furado e tamancos estofados de palha — um mísero equipamento para o inverno. J. Lagniet, coleção de provérbios.

47. Soldados debandados e a pilhagem de guerra. Gravura de H. U. Franck.

48. Soldados na aldeia. Gravura de H. U. Franck.

49. A vida no acampamento: a rixa pelos dados falsos. Gravura de H. U. Franck.

50. A vingança dos camponeses contra os soldados debandados. Gravura de H. U. Franck.

51. Uma das ''irmãs de Courage''
na profissão de meretriz itinerante:
a mulher do acampamento.
Xilografia de Urs Graf.

52. Na taberna. Gravura de H. U. Franck.

Mölln estava convencido de que Till havia deixado uma grande herança justamente por ser "*ein abenteurlich Mensch*".[46]

Quando Hans J. C. von Grimmelshausen deu à sua principal obra o título de *Der abenteurliche Simplicissimus Teutsch* o termo *Abenteurer* já sofrera uma evolução semântica, identificando-se cada vez mais com a designação geral de *fahrende Leute*. No *Liber vagatorum*, entre as diversas categorias de mendigos aparecem os *Vagierer das sind petler oder abenteurer*;[47] trata-se dos estudantes ambulantes, que vestiam boinas amarelas e se apresentavam como mestres das sete artes liberais, capazes de expulsar o diabo e de praticar a magia negra. Essa categoria ganha uma importância maior nos séculos seguintes,[48] lembrando, em seus traços gerais, os grupos dos *cerretani* do tratado de Pini, embora nela o elemento do comércio da ciência e dos produtos mágicos fosse mais acentuado. Mas o termo *Abenteurer* continua a designar um galhofeiro itinerante, contador de histórias, canalha-espertalhão. Na multiplicidade de significados desse termo apenas um elemento permanece constante: a mobilidade no espaço, a vida itinerante.

Na construção do destino do protagonista do romance de Grimmelshausen o termo *Abenteurer* serve sobretudo ao discurso didático-religioso[49] sobre o lugar do homem na Terra, sobre o sentido da sua "peregrinação terrena" e sobre a inutilidade da corrida atrás dos favores da Fortuna. Mais uma vez cabe-nos desconsiderar o plano principal da obra e seus propósitos ideológicos, deixar de lado a construção astrológica do destino de Simplicissimus, de importância tão substancial — como revelaram as últimas pesquisas[50] — para toda a composição do romance. Examinaremos apenas aquilo que para o autor constitui o material de construção, ou seja, o tipo social, como figura física, condição existencial, comportamentos e mentalidade, que serviu a Grimmelshausen para a realização do projeto visado.

Tal interpretação do romance de Grimmelshausen é endossada pelo fato de haver entre a biografia do protagonista e as vicissitudes do autor uma nítida semelhança.[51] Esta concerne não tanto aos fatos singulares (os estudos monográficos revelaram a importância da invenção literária de Grimmelshausen mas também da sua desinibida apropriação de motivos, tramas e descrições de outros autores), quanto ao caráter geral da condição existencial e do curso dos acontecimentos. Na estrutura fundamental do romance a história do vagabundo é entremeada com a didática no âmbito de um discurso autobiográfico:[52] o narrador conta a sua vida com uma consciência moral que lhe dita a avaliação dos atos cometidos e lhe impõe julgá-los tendo em vista a utilidade didática desse procedimento. Na descrição dos seus atos ilícitos ele às vezes se deixa levar pelo encanto da aventura vivida ou apenas narrada, mas não se esquece de indicar que ensinamentos se deve tirar dos pecados e dos sucessos morais dos outros. Mas a intenção geral do autor é realizada sobretudo pela estrutura do conjunto da obra, em cujos cinco livros (o seguinte, publicado um ano depois e definido como o livro sexto, foge a essa ordem) os estudiosos encontram uma organização circular da vida humana, uma vez que o herói começa e termina a sua existência como eremita. Os cinco livros compõem uma curva da matéria do romance, cujo ponto culminante é o livro III, que ao mesmo tempo é o ponto mais baixo no plano da hierarquia de valores: do ponto de vista da ordem moral a construção do romance constitui uma pirâmide invertida.[53] Entre a condição de eremita do livro I e a do livro V há uma diferença óbvia: a primeira é fruto da necessidade, resultado da configuração da sorte, e se acompanha de uma total ignorância dos homens e da sociedade, enquanto a segunda é conseqüência de uma decisão, uma escolha livre baseada numa rica experiência pessoal e num profundo conhecimento dos homens e da sociedade.

A organização do romance é sobretudo uma estrutura literária ligada à forma clássica do *Entwicklungsroman,*[54] que deriva do Parsifal medievo (cuja influência é bem nítida nas páginas do *Simplicissimus*) e vai até Thomas Mann. Nesse arranjo da exposição sobre a "conversão" do protagonista e sobre o seu retorno ao caminho da virtude cristã transparece também o pensamento religioso ligado à vida espiritual da Contra-Reforma.[55] Mas não seria possível submeter tal obra à leitura sociológica? Nesse caso a ordem da narração poderia ser considerada como reflexo de um processo de marginalização singular. Porque o eremita é *par excellence* um homem marginalizado. Reconhecendo os valores morais e culturais da sociedade ele decide realizá-los do modo mais completo, possível apenas fora da vida social, recusando-se a participar da divisão do trabalho e dos papéis sociais, pois estes se opõem aos valores absolutos. Essa marginalidade heróica não é uma anomia, não se baseia na infração das normas morais e legais: ela realiza plenamente tais normas. Trata-se de uma marginalidade valorizada pela opinião pública e que recebe o apoio de parte da sociedade, sem o qual a vida dos eremitas não seria possível nem teria qualquer significado funcional: a vida eremítica precisa ter caráter público, ser um fato conhecido e observado. No entanto o percurso existencial de Simplicissimus entre as formas inicial e final da sua vida de eremita constitui uma série de ações anômicas: o pessimismo do romance está na premissa de que a participação na vida social é impossível sem que se infrinjam habitualmente as normas morais e os valores absolutos. Limitando-nos à biografia do protagonista do romance podemos dizer que ela constitui um esquema tripartido: a marginalidade natural, a marginalidade anômala ou criminal e a marginalidade heróica. Ao analisar a matéria do romance em seu sentido literal, *secundum historiam*, estaremos interessados precisamente na parte central desse esquema tripartido, isto é, nas vicissitudes de Simplicissimus como *Abenteurer* e "Vagante", como aventureiro e vagabundo.

Em nossos tempos — assim Grimmelshausen começa o seu livro[56] — apareceu entre a plebe uma doença particular: basta que um daqueles homens vestidos de bobo e bufão, com apenas alguns soldos no bolso, ganhe uma certa fama ou glória, e logo ele se proclama nobre de velha estirpe e afirma o direito de pertencer à ordem cavaleiresca. "Mas muitas vezes se descobre, e exames mais atentos confirmam o fato, que seus ancestrais não passavam de limpa-chaminés, jornaleiros que empurravam carrinhos e carregavam pesos. Seus primos: almocreves, saltimbancos, extorsionários, funâmbulos. Seus irmãos: algozes e verdugos; as irmãs: costureiras, lavadeiras, varredoras, meretrizes ou mesmo bruxas; as mães: cafetinas..."[57] Na avaliação de Grimmelshausen o modelo da proveniência social dos vagabundos e dos bufões profissionais é integralmente plebeu, e aquele modo de viver, vil e delinqüente, parece ser herdado pelo sangue. Mas essa afirmação do início da autobiografia de Simplicissimus leva a separar o protagonista da massa dos vagabundos, porque na realidade ele é de origem nobre. Tinha consciência da sua nobreza, embora enquanto vivia como vagabundo não soubesse nada sobre a sua origem. A prova dessa extração aristocrática, ou pelo menos nobre, era a inclinação que ele manifestava pela arte do *junker*, que só não praticava por falta de meios e condições.[58] É apenas na altura do livro V, quando abandona a vida de vagabundo, que ele vem a saber o seu verdadeiro nome, Melchior Sternfeltz von Fuchsheim, e que na verdade descende de uma família nobre.[59] Após a fuga de uma aldeia saqueada (o protagonista foi entregue pelos pais a uma família camponesa que ele vem a considerar como sua própria) tem início a sua "origem infeliz": ele passa a noite numa floresta, onde adormece, e ali é salvo do frio por um eremita. A primeira conversa com o eremita (I, 8) revela sua total ignorância das palavras e das coisas, o desconhecimento do próprio nome e do de seus pais; ele não sabe rezar e não sabe quem são os homens. Permanece na floresta selvagem com o eremita — só muitos anos depois se revelará que se tratava do seu próprio pai — e passa dois anos sendo alfabetizado e conhecendo as Sagradas Escrituras. Meio ano depois da morte do eremita ele ainda permanece no eremitério, até a aldeia vizinha e logo depois também o próprio eremitério serem saqueados pelas tropas: como poderia ele viver sem ter quem lhe fornecesse sal? (I, 13)

Simplicissimus experimenta pela primeira vez o mecanismo da guerra e da pilhagem dos soldados quando é obrigado a fugir da sua aldeia e testemunhar a crueldade dos soldados assim como a dos camponeses, que procuravam se defender e se vingar. Durante um sonho o protagonista tem a visão de uma árvore,[60] que simboliza as desigualdades sociais, a opressão dos camponeses por parte tanto do exército quanto da guerrilha camponesa que ergue o estandarte da rebelião contra a guerra e os senhores (I, 15): não é por acaso que o século XVII é considerado o século dos movimentos camponeses de massa.

Abandonando o eremitério, Simplicissimus vai para a cidade:[61] chega a Hanau, onde os mosqueteiros o aprisionam. Tem o aspecto de um vagabundo miserável: seus cabelos são longos e enrolados, veste um saco de eremita cheio de remendos coloridos e calça tamancos. Poderia facilmente passar por um samoiedo ou por um groenlandês. Uns o tomam por espião, outros por um "homem selvagem", outros ainda por louco; havia também quem o tomasse por bufão, o que até corresponderia à verdade, se não habitasse nele a verdade de Deus.[62]

Ele sai da prisão graças à intervenção de um padre a quem outrora fora recomendado pelo eremita. Ganha até a proteção do próprio governador, de quem o eremita era cunhado; é lavado e vestido. Perguntado se quer aprender alguma arte, responde que se entrega à vontade do governador.[63]

Esse ingresso do protagonista na vida social (que aliás se revelará como uma condição associal) ainda não se apresenta como uma iniciação. Pois ele não sabe nada nem do mundo nem de si mesmo; em termos de consciência social continua a ser um matuto, uma tábula rasa. A conversa com o governador lembra aquela que ele havia tido com o eremita, mas com uma diferença: os dois anos e meio de vida eremítica criaram nele uma consciência da lei de Deus. A falta da noção do pecado — tudo o que sabia a esse respeito provinha das Escrituras — tornava mais aguda a sua avaliação da vida militar e da prática cotidiana da guerra, em que não havia nenhum traço do costume e da moralidade cristãos.[64] Ele serve de "pajem do governador" (*Gubernators Page*), os camponeses o chamam Herr Jung. Na pessoa do secretário do governador encontra um "falso amigo" que o introduz no conhecimento da ordem social, das diferenças de condição e dignidade, impermeáveis a uma avaliação moral, da promoção social pela chancelaria e pelo serviço mas em conflito com a virtude. O ponto de partida do conhecimento da sociedade é a constatação de que esta está em contradição com a moralidade cristã. O secretário também ensina a Simplicissimus uma série de chistes e truques bastante rudes, que nosso herói enriquece com mais alguns aprendidos de outro pajem, e tudo isso compõe um conjunto de capacidades bufas no qual a ignorância dos princípios da vida social e a ingenuidade do herói começam a funcionar como elementos da comicidade profissional. O pajem caipira já aparece como bufão no banquete dos oficiais (I, 28-34): ali, numa longa refeição festiva que parece reproduzir um banquete de Trimalcião, ocorre de modo espontâneo a sua iniciação na arte. O protagonista apresenta os truques aprendidos com os companheiros, mas é o próprio comportamento da companhia embriagada que lhe parece incompreensível e bufo: o banquete, as conversas dos bêbados, a dança e enfim o ato sexual, que ele involuntariamente presencia. A sua ingenuidade e ignorância do mundo já fazem rir tanto que lhe garantem um status profissional: de pajem ele passa a ser bufão da guarnição, inscrito no registro do soldo como Simplicius Simplicissimus, porque, como os filhos das prostitutas, não tem sobrenome.[65] Ocorre então a metamorfose do caipira em bufão. Ela acontece durante uma viagem simbólica e um seqüestro, que o levam ao "inferno" e ao "céu" mas que na verdade são a sua escola da condição de bufão.[66] Trata-se de uma profissão não só de alegria mas também de tolice ou de loucura, cuja significativa duplicidade é resumida no conceito de *stultitia*.[67]

Fantasiando-se de bezerro Simplex faz o papel desse animal, começando assim a atuar no "mundo da bufonaria".[68] Faz rir nesse papel, mas por falar a verdade suscita ao mesmo tempo a inquietude. Discursa longamente sobre as infâmias dos soldados e sobre os deveres do governador, chegando a tal ponto que, segundo o seu senhor, ultrapassa a licença de bufão.[69] Decide-se que Simplicissimus deve deixar esse papel. Ele aprende a tocar alaúde e serve ao seu senhor como músico. Aliás, como bufão e como músico ganhava muito bem, porque os burgueses, reconhecendo as suas capacidades e os favores da parte do governador, convidavam-no freqüentemente e cobriam-no de presentes. De bezerro-bufão ele volta a ser homem: um pároco amigo estava justamente preparando uma comédia sobre a transformação milagrosa do animal em homem, mais uma metamorfose à moda de Apuleio, quando a sorte tomou um rumo diverso: Simplicius é seqüestrado pelos soldados croatas, que haviam resolvido oferecer de presente ao seu coronel um bufão (II, 14). De bobo da corte ele passa a ser, por algum tempo, bobo do exército, obrigado a compartilhar a dura vida dos soldados, sempre em marcha, e além de tocar e fazer palhaçadas precisa também cozinhar, lavar roupa e fazer faxina.

A fuga da companhia croata rumo à floresta constitui uma pausa na carreira de bufão. Capturado pelos bandidos, Simplicius escapa (levando consigo o tesouro deles: 360 ducados) e durante certo tempo vive na selva. Mas não como eremita; dessa vez tem vida de bandido: rouba alimentos da casa dos camponeses, arma-se de um mosquete roubado dos bandidos e vaga pelo país (II, 16). Espalha o medo entre os camponeses e é obrigado a evitar as pessoas, mas tem sorte no furto: sempre consegue sair impune. Enfim é capturado por um destacamento militar, levado a Magdeburgo, interrogado[70] e reconhecido como o bufão do coronel croata: assim, depois de um interlúdio de bandido volta à profissão de bufão. Adquire novas experiências, ganha dinheiro fazendo palhaçadas, leva uma vida de farrista, entra no mundo dos jogadores, aprende a sua linguagem e conhece o meio dos que vivem profissionalmente do azar (II, 20).

Simplicius consegue trocar a vestimenta de bufão por uma roupa feminina e após a fuga do lugar onde atuava como bufão se disfarça de mulher e desse modo começa um novo serviço. Em seguida trabalha como estribeiro num destacamento militar, com a promessa de que uma vez tendo adquirido alguma instrução se tornará soldado. Finalmente, após várias peripécias, passa a ser soldado, mas vive essa condição de um modo particular. Sempre pronto para qualquer expedição, a pé ou a cavalo, logo se torna célebre pela bravura e pela habilidade militar, demonstradas mais nos saques, em assaltos e na cobrança de impostos do que no combate. Envergando um uniforme de caçador, à frente de seus oficiais e soldados, o "caçador de Soest" ficou célebre, mas ele mesmo não pode se tornar oficial (é apenas cabo) porque ocupar o posto de alferes com tão pouca idade era algo possível apenas aos que tinham origem nobre. Pratica assaltos mas sonha com sucessos militares em grandes batalhas (II, 30). No desenho do "caçador de Soest" encontram-se alguns elementos de ambivalência moral, pois a personagem está representada como um bandido no estilo de Robin Hood.[71]

Quase todo o terceiro livro das aventuras de Simplicius apresenta a prática de pilhagem dos soldados, durante a qual o "caçador de Soest" vive diversas aventuras. Finalmente ele pensa numa estabilização: depois de casar com a filha do coronel parece-lhe que o único modo possível de conseguir uma posição naqueles tempos de guerra é a carreira militar,[72] mas agora à frente da sua própria companhia. Porém a realização desse projeto leva-o inesperadamente a caminhos bem diversos: ele tenta retirar o dinheiro há tempos depositado com um comerciante mas verifica que dessa vez a vítima de um latrocínio tinha sido ele próprio, já que o comerciante havia fugido após declarar falência. Então Simplicissimus decide acompanhar dois nobres a caminho de Paris.

A permanência em Paris inaugura um novo capítulo da série de metamorfoses do protagonista, oferecendo-lhe outros papéis profissionais. Sem meios de sobrevivência ele é obrigado a procurar trabalho. Aproveita os seus antigos talentos musicais, toca alaúde e canta, conquistando desse modo fama e glória. É até contratado pelo teatro real e representa no Louvre; participa de todas as peças carnavalescas, ganha o apelido de "belo alemão" e torna-se figura conhecida em todos os salões parisienses. Mas não se trata apenas do sucesso de um galante — trata-se de uma profissão. Depois da primeira aventura amorosa (aliás, copiada das novelas de Bandello),[73] pela qual é recompensado, Simplicissimus começa a ganhar a vida em Paris prostituindo-se. Esse episódio é mais uma lição de vida, que lhe fez conhecer através da própria experiência o que é a arte da prostituição e quão lucrativa ela é:[74] em pouco tempo consegue juntar uma fortuna razoável e empreender a viagem de retorno à Alemanha. Mas também dessa vez a má sorte o acompanha, e na viagem descobre que está doente: era varíola, mas ele suspeitava que estivesse com "doença napolitana", ou seja, "*die liebe Franzosen*".[75] Cura-se, porém perde a beleza e a voz, além de ser roubado durante a enfermidade. As pessoas o evitam, ninguém quer aceitá-lo como criado e nem alistá-lo para o exército, porque seu aspecto é repugnante demais e além disso ele não tem nenhuma profissão. Mas um dia, ao observar um dentista ambulante no mercado, que exercitava a sua profissão divertindo a ralé com anedotas e histórias, vem-lhe à idéia uma nova ocupa-

AS VIAGENS DOS PROTAGONISTAS

Simplicissimus

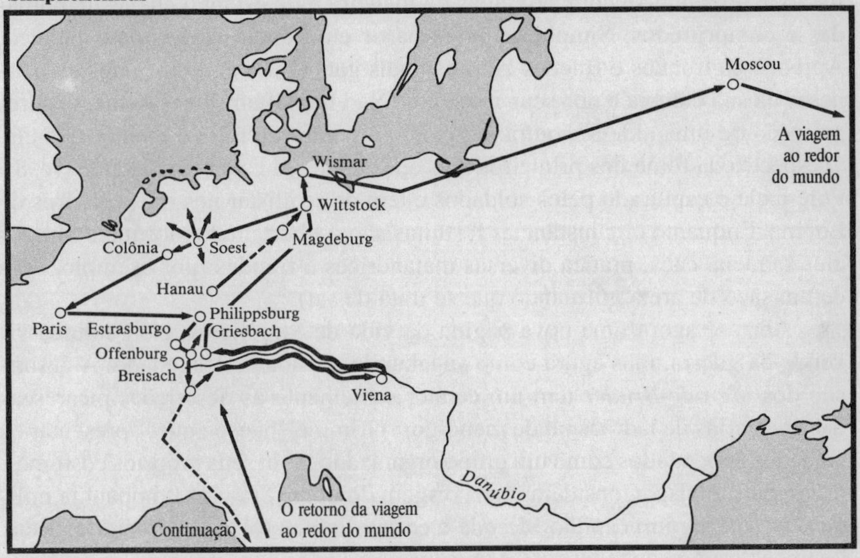

Courage

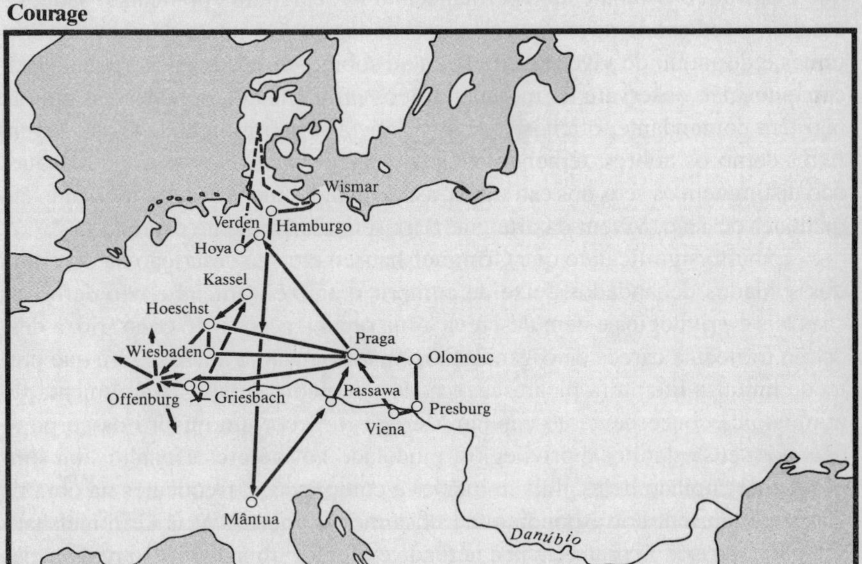

ção: durante a sua permanência em Paris havia sido auxiliar de um médico, e os rudimentos da ciência médica adquiridos naquele tempo lhe permitem agora tentar a sorte como charlatão ambulante.

Após ter preparado os instrumentos necessários para o exercício da profissão, equipando-se com caixinhas de madeira e de estanho cheias de pomadas e comprimidos, Simplicius pode partir em peregrinação como médico. Aprende os truques e fraudes com os quais ganharia a confiança dos camponeses na sua ciência e nos seus remédios. Não lhe faltam sucessos nessa peregrinação de uma aldeia a outra; nenhum pregoeiro de feira é melhor que ele. O espectro da fome dos primeiros dias após a cura já está bem distante (IV, 8). Porém ele é capturado pelos soldados e tem de se alistar nos mosqueteiros de Lorena. Enquanto circunstâncias fortuitas não o libertam do mosquete Simplicius saqueia, caça, pratica diversas malandrices e fraudes (por exemplo, vende um saco de areia afirmando que se trata de sal).[76]

Abre-se agora uma nova página da vida de Simplicius: ele continua vivendo da guerra, mas agora como vagabundo e soldado debandado. A descrição dos *Merode-Brüder* tem um caráter semelhante às descrições picarescas das confrarias de ladrões ou de mendigos: Grimmelshausen quer apresentar os soldados debandados como um grupo organizado, com seus próprios costumes, privilégios e leis.[77] Considera que a origem do nome era uma companhia militar liderada por um capitão Merode e composta por soldados da pior espécie. O nome "irmãos-debandados" começou a ser usado para designar os soldados que evitavam o combate, que permaneciam na retaguarda praticando saques e assaltos e dedicando-se ao ócio e à vagabundagem. Do ponto de vista dos costumes e do modo de viver assemelham-se sobretudo aos ciganos. Seus destacamentos não observam de modo algum os princípios da organização militar, não têm comandante, oficiais e nem suboficiais, não montam guarda. Vivem livres como os nobres, temendo apenas os gendarmes. Nos assaltos e saques não distinguem os seus dos estranhos, assassinando, incendiando, roubando em qualquer ocasião. Vivem da arte guerreira sem efetivamente exercitá-la.[78]

É muito significativo que Grimmelshausen em sua descrição da confraria dos soldados debandados deixe de cumprir o anúncio inicial e não defina as suas leis e privilégios e nem descreva a sua organização. Pelo contrário, a descrição fornecida carece de organização. Na introdução o autor sugere que pretende imitar a literatura picaresca, e nada o impedia de após a argumentação etimológica concernente ao capitão Merode fornecer um quadro da corporação, dos seus estatutos e privilégios, modelado nos autores espanhóis ou simplesmente copiado deles. Tais imitações e compilações, freqüentes na obra de Grimmelshausen, correspondiam ao costume da época.[79] Mas Grimmelshausen não faz isso; dá preferência à verdade e oferece uma descrição realista das ações e da vida dos grupos de soldados debandados. Mostra também as conseqüências nefastas da existência desses grupos, tanto para as operações militares quanto para a vida da população civil, e exige que se persigam como delinqüentes os soldados debandados, que eles sejam deportados para as galeras e presos nas guarnições. Esse aspecto da fidelidade da descrição em relação à realidade social é ainda mais importante porque a construção barroca do romance, com suas numerosas interpretações simbólicas, não anuncia uma representação realista. A renúncia a uma descrição espetacular é nesse caso um argumento positivo, que valoriza a representação das situações sociais no romance de Grimmelshausen.

Como um dos soldados debandados, Simplicius viveu de assaltos durante certo tempo, até que numa expedição organizada pelos bandidos para roubar vacas e bois foi capturado — dessa vez pelas tropas de Weimar — e incorporado novamente ao exército. Nas vicissitudes de Simplicius é muito característica a forma como as profissões e ocupações marginais ou criminosas se entrelaçam com o serviço militar, que leva a personagem ora para uma parte ora para outra. A incorporação num destacamento apenas introduz um tipo de dependência em relação à organização militar, mas não altera em nada os traços principais do modo de vida do protagonista. O banditismo soldadesco autônomo é mais lucrativo, exime das fadigas da vida militar, ao mesmo tempo que oferece todos os seus privilégios. Às vezes a disciplina militar faz com que se passe fome, enquanto a vida do soldado debandado e do bandido garante comida farta e oferece ocasião para o enriquecimento. O encontro com Olivier, um ex-escrivão do regimento e agora bandido (IV, 14-24), fornece provas de quão lucrativos e impunes são o banditismo praticado por conta própria e o parasitismo da guerra.

A biografia de Simplicius chega desse modo ao fim, ao reencontro da ordem da vida humana num eremitério da floresta. O patrimônio de Olivier, assassinado pelos mosqueteiros, deixa Simplicius rico, permitindo-lhe aliviar a pobreza de Herzbruder, um velho amigo que é um exemplo de vida virtuosa, e servindo também para a tentativa de estabilização na vida social: o protagonista volta a se casar, agora com a filha de um camponês, e adquire um estabelecimento rural. Mas a tentativa de estabilização é um fracasso: a vida digna é possível somente fora do mundo. Simplicius pensa numa vida de filósofo, indiferente ao dinheiro e às honras, dedicada à procura dos mais altos graus de virtude (V, 11), mas a dura realidade da guerra desvanece novamente os seus sonhos. Uma tentativa de estabilização a serviço do czar leva-o ainda a uma peregrinação através da Ásia e da Europa, mas quando a paz de Westphalen põe fim à guerra Simplicius realiza seu desejo, retirando-se para um eremitério. Agora contempla com o distanciamento dos valores religiosos as suas vicissitudes — que no nível simbólico o levaram através de todos os quatro elementos, terra, ar, fogo e água, e no nível real através de todas as experiências sociais possíveis.[80] Chega à conclusão de que a vida social é um mundo às avessas[81] e que só fora dela ele poderá encontrar um lugar para si. Portanto: "*Adjeu, O Welt!*".[82]

O retorno de Simplicius à cena nas obras sucessivas do ciclo rompe essa construção fechada, porque se revela que a segunda retirada para um eremitério tinha apenas um caráter passageiro e que apesar de tudo ele encontra o seu lugar na sociedade como burguês abastado e respeitado (*Springinsfeld*, capítulos 7 e 9).

A biografia do vagabundo Simplicius é uma representação simbólica da inconstância da condição humana mas é também um quadro da situação social concreta. A origem nobre do protagonista é desconsiderada, e é o meio camponês que constitui o ponto de partida social. Um migrante do campo não adquire nenhuma habilidade, nenhuma arte nem profissão, e encontra a sua fonte de sustento nas ocupações que fazem parte do modo de vida vagabundo. Simplicius foi bufão e comediante, bobo da corte e bobo ambulante, comerciante de feira e charlatão, jogador de azar e prostituto. Foi soldado, bandido, vigarista e ladrão. Foi, enfim, criado,[83] mudando de senhor com muita freqüência (só nos primeiros dois livros fala-se de oito senhores).

Desse modo podemos observar dois grupos de ocupações e atividades marginais ou de vagabundagem. São as dos "vagantes", ocupações da "gente da estrada" — artistas, comerciantes e estudantes que deambulam — e ao mesmo tempo as ocupações claramente criminosas. A divisão entre elas não parece fixa. Nenhum dos momentos da biografia de Simplicius pode ser considerado uma iniciação social, do tipo da que pudemos observar no romance picaresco espanhol, pois toda a biografia é constituída de sucessivas iniciações na vida.[84] A fluidez dos limites entre a delinqüência e o tipo de vida goliardesca corresponde à indefinição dos limites entre a condição de vagabundo no sentido lato e a arte militar ou a vida social na sua plenitude.[85] Simplicius, assim como os heróis picarescos, é empurrado pela própria vida em direção a essas ocupações, e ao tomar conhecimento dos princípios que regem a vida social adapta-se a eles sem se preocupar com a questão de como eles são avaliados do ponto de vista moral. A sua biografia é um processo de adaptação aos outros.[86]

A história de Simplicissimus contém também o esboço da biografia de Olivier,[87] esta indubitavelmente criminal. A coerência dessa biografia vem da função da própria personagem na estrutura do romance, pois Olivier é a personificação do pecado e do mal moral. Simplicius o encontra pela primeira vez na qualidade de secretário do seu segundo patrão, o coronel, e logo reconhece nele um canalha e um cínico arrivista, que age junto do *profos* da companhia, um velho soldado, hábil tanto nas fraudes quanto na magia negra (II, 21-22). Da segunda vez que encontra Olivier ele é um bandido, e nessa altura Simplicius vem a conhecer detalhadamente a história da sua vida (IV, 18-22). O pai nasceu em Aix-la-Chapelle, numa família pobre, e ainda criança empregou-se como criado de um comerciante, servindo-o até que ele morresse. Então desposou a sua filha (de reputação duvidosa) e tomou conta dos negócios. A infância de Olivier decorre sob o signo da abastança, mas aos sete anos de idade ele se torna um mestre da malandragem, aproveitando-se da permissividade dos pais. E continua assim no período escolar. Acompanhado do preceptor passa um ano e meio em Liège para estudar, mas ambos se dedicam principalmente às festas e à devassidão. Quando o pai decide recorrer a métodos mais severos os dois companheiros se unem a um bando de malfeitores que à noite roubam os passantes[88] e gastam os proveitos com as meretrizes. A prisão põe fim a esse período de Liège e Olivier retorna à casa sem concluir os estudos e sem aprender qualquer profissão, e então se comporta de tal forma que o pai ameaça mandá-lo a uma instituição de trabalho forçado em Amsterdam (um dos primeiros hospitais-prisão para os vagabundos, famoso pela sua severidade). Diante de tal ameaça Olivier foge de casa e une-se a um bando de ladrões e vagabundos,[89] mas ao ver um dos companheiros no pelourinho, sujeito a uma pena de fustigação e ao corte das orelhas, decide abandonar a arte do furto e alistar-se no exército. Os rudimentos do saber, adquiridos na escola, demonstram-se úteis, pois ele se torna primeiro escrivão e depois secretário do regimento. É dominado pela ambição de fazer carreira, de ascender a cargos de prestígio; já não pensa mais em malandragens: só sonha em ser general. Quer demonstrar que é tão bom como soldado quanto como escrivão, mas a fortuna não lhe sorri: é capturado pelos suecos, que o incorporam na infantaria. Aos poucos começa a fazer carreira: é promovido a cabo. Enviado com o pelotão para cobrar impostos, mata os seus companheiros e se apropria de oitocentos *gulden*. Ao saber do "caçador de Soest" segue os seus rastros e fazendo-se passar por ele saqueia, assalta e rouba nos dois lados da guerra. Em seguida o destino o leva a combater em todos os exércitos possíveis, a saquear por conta própria, a jogar e roubar, assassinar e violentar. Por fim se torna um bandido, renunciando à carreira militar.

A construção da biografia de Olivier parece, antes de mais nada, admoestadora. O excesso de liberdade nos anos da juventude, a falta de supervisão por parte dos pais, as más influências e as más inclinações levaram-no ao caminho da perdição. Ao passo que na biografia de Simplicius se pode encontrar a convicção de que a nobreza se liga a um certo tipo de valores e a um determinado modo de viver, na de Olivier não se pode observar o outro lado da moeda, isto é, a convicção de que a origem humilde impõe um modo criminoso de vida. Apenas em dois aspectos podemos notar uma certa explicação sociológica dessa carreira criminosa: primeiro na desconfiança moral diante da promoção social,[90] segundo na influência destruidora da guerra sobre a moralidade social.

Esse aspecto tem importância fundamental para a compreensão do quadro da realidade social no romance de Grimmelshausen.

O *Simplicissimus* é estritamente definido do ponto de vista histórico, ligado a acontecimentos reais; é um quadro da vida social da Alemanha no tempo da Guerra dos Trinta Anos, e apesar de ter sido escrito vinte anos depois do fim das operações bélicas constitui a mais completa e impressionante descrição dessa guerra. Assim, parece natural que o fenômeno da vagabundagem e da marginalização seja considerado uma conseqüência social da guerra.

A influência que a Guerra dos Trinta Anos exerceu sobre a vida da Alemanha continua a ser objeto de controvérsias e debates, que giram principalmente em torno da datação do "declínio da Alemanha", procurando definir se ele começou antes da guerra ou se foi sua conseqüência.[91] A pluralidade política da Alemanha, assim como a variedade econômica e social das estruturas que a constituíam[92] não permitem responder a essa questão; o ritmo das transformações variava de uma região para outra. O fundamental é que a guerra coincide com um período de crise estrutural que alterou todos os dados iniciais. Os danos causados por ela aprofundavam o caos, agravavam a miséria das massas camponesas, contribuíam para novas diferenciações materiais: algumas fortunas se arruinavam, outras, justamente graças à guerra, floresciam. Devastações, epidemias e fome acompanhavam as operações bélicas e a devassidão dos soldados. Nas terras alemãs morreu mais de um terço da população; calcula-se que durante a Guerra dos Trinta Anos os centros urbanos tenham perdido um terço dos habitantes e os territórios rurais perto de 40%,[93] o que mostra o colosso da destruição (embora algumas regiões alemãs, como a Prússia Oriental ou as terras do noroeste, tenham ficado fora do alcance da destruição). Só em meados do século XVIII as terras alemãs recuperaram o nível demográfico que tinham no ano de 1620. Porém a guerra favoreceu algumas transformações estruturais do processo de modernização da vida econômica da Alemanha. Depois dela ficam bem definidas as diferenças entre as duas zonas do sistema agrário, cuja fronteira convencional era considerada o rio Elba. Os processos de sujeição e de desapropriação dos camponeses em favor da nobreza e da burguesia (assim como do grupo dos proprietários de terras, que estava em fase de formação) ocorrem com intensidade diferente nos diversos territórios.

Esses dois processos introduzem de forma bem nítida o problema da luta contra a vagabundagem: nas terras onde há servidão secundária essa luta é uma condição necessária para se conseguir a sujeição dos camponeses; nos outros territórios a transformação dos camponeses desapropriados em vagabundos representa uma ameaça à ordem pública e entra em conflito com as necessidades da indústria manufatureira nascente. Esse aspecto da vagabundagem aparece independentemente da conjuntura bélica. O tempo da guerra priva os vagabundos da sua relação com o trabalho e com o mercado de trabalho, do contexto da miséria como motivação e origem social da vagabundagem, mostrando esta última como banditismo e parasitismo.

Os desenhos de Hans Ulrich Franck, um gravador de Augsburgo, mostram uma seqüência de eventos bélicos que coincide integralmente com a descrição do *Simplicissimus*: soldados que saqueiam os camponeses, assassinam os civis, incendeiam casas e aldeias inteiras, confrontam-se com bandidos, soldados nas tabernas e estalagens, bebendo, dançando, tocando música e dedicados aos jogos de azar. Outro aspecto da guerra é a sua dimensão geral, cotidiana. Os soldados não recebem o soldo ou são mal pagos, devem ser sustentados pela própria guerra: o sistema dos tributos, da provisão obrigatória dos destacamentos, é na prática uma pilhagem legalizada. Apaga-se o limite entre a legalidade e a infração da lei, as referências e avaliações morais perdem o sentido. A Alemanha dos tempos da Guerra dos Trinta Anos submerge numa inundação de vagabundos. "Por um período de trinta anos", escreveu um historiador alemão, "a ralé vagabunda de toda a Europa escolheu a Alemanha como jazida."[94] Soldados e delinqüentes, soldados como delinqüentes e delinqüentes como soldados: é essa a mensagem do *Simplicissimus* e de toda a obra de Grimmelshausen.

VELHACOS E VELHACAS

Os cinco livros do *Simplicissimus* foram posteriormente desenvolvidos e continuados na obra de Grimmelshausen. Segundo o próprio autor eles constituíam a primeira parte de um ciclo que teve seqüência nos livros posteriores: *Continuatio* (livro VI), *Courasche* (livro VII), *Springinsfeld* (livro VII) e as duas partes de *Wunderbarliches Vogelnest*, que encerravam o ciclo com os livros IX e X.[95] Ao longo dos dez livros o conjunto das personagens conserva uma certa unidade; a maioria delas apareceu nas páginas do próprio *Simplicissimus* (embora no caso de Courasche o autor não cite o sobrenome), e a biografia de Simplicius será ampliada nos livros seguintes. Mas sobretudo aparecem aqui novas construções biográficas, cujo modelo diverge do da biografia de Simplicius devido principalmente à concentração de elementos picarescos e à acentuação do caráter delinqüente, o que faz com que os fatos pareçam mais próximos da biografia de Olivier que da do próprio Simplicius.

As duas últimas partes do ciclo, *O ninho do pássaro maravilhoso*,[96] parecem não se enquadrar tão bem na convenção do conjunto: não surgem ali as personagens do *Simplicissimus*, toda a obra é organizada em torno da simbologia e da didática religiosas (a primeira parte mostra a onipresença de Deus, a segunda o âmbito das ações de Satanás), a narrativa perde a continuidade,[97] mas a obra, e sobretudo a sua segunda parte, faz uma recapitulação singular de todo o ciclo simpliciano.[98] Algumas dezenas de narrativas ou novelas mostram a vida cotidiana sob o signo do pecado: a devassidão, a violência, a sedução e as perversões sexuais, aliadas ao furto, ao banditismo e à mentira, constituem um registro básico das transgressões e das paixões que dominam a vida terrena e atestam a presença de Satanás entre os homens. Há também nessa obra um panorama global da ordem social vista a partir de uma eloqüente filosofia da riqueza e da miséria, segundo a qual a ordem do mundo havia sido subvertida. Os nobres são privados da riqueza, da vida confortável, da liberdade, enquanto os mendigos não vivem absolutamente na miséria, gozam de plena liberdade e não dependem de ninguém.[99]

Mas ao lado desse quadro da riqueza e da pobreza aparece um outro, apresentado através do contraste entre um banquete pomposo numa casa rica — o repertório de pratos requintados parece não ter fim — e a miséria da alimentação e do modo de viver de uma família camponesa, privada de roupas decentes, que vive numa casa quase sem móveis, de janelas tapadas com papel.[100] De acordo com a ordem de Deus os ricos precisam cultivar a humildade e a misericórdia, enquanto os pobres devem ser pacientes e satisfazer-se com aquilo que possuem — tal é a conclusão desse confronto.[101]

Das descrições que se referem ao meio da miséria[102] examinaremos apenas a dos mendigos: a última parte do ciclo introduz esse elemento, tão importante na vida picaresca e ausente na biografia de Simplicius ou na de Olivier.

No decorrer da peregrinação de Michael, uma das personagens da obra, aparecem os mendigos ambulantes; estão à margem de uma estrada, ao pé da fogueira, comendo, bebendo e se divertindo. Seu riso e a conversa que flui sem constrangimentos são para o narrador a prova de que eles vivem em plena liberdade.[103] Confirma essa idéia a conversa de uma velha mendiga com um jovem que foi preparado para a profissão. A mulher diz ao jovem que nenhuma outra condição — nem a vida penosa do camponês nem a posse de muitos bens — poderia dar a ele a "nobre liberdade" da condição de mendigo. Ao contrário, nessas duas outras condições ele se tornaria escravo ou dependente dos outros.[104] O manto da pobreza é um excelente meio para viver bem sem trabalho. Mas na condição do mendigo esse bem-estar às vezes custa um certo preço: um dos mendigos conta aos companheiros reunidos em torno da fogueira quanto lhe custa fingir-se de mudo e se privar da conversa, embora isso lhe tenha permitido abandonar a "vida de burro" de jornaleiro, na qual a comida era ganha ao preço de muita labuta, e desse modo obter a inestimável liberdade da vida senhoril do mendigo.[105]

Essa apologia da vida mendicante é acompanhada de descrições das práticas profissionais, que se baseiam na esperteza, na astúcia e na fraude. Ao ouvir o tropel dos cavalos de alguns viajantes que se aproximam, os homens reunidos em volta da fogueira mandam imediatamente um dos mendigos, que fechando os olhos e deixando-se conduzir por um menino consegue receber uma esmola. Iniciando o menino na profissão a velha mendiga prepara uma pomada especial, que lhe dará um aspecto miserável e doentio. Dá-lhe também conselhos detalhados sobre como pedir esmola, ensina-lhe a ser paciente e sobretudo a adaptar-se à religião dominante num dado país.[106] Nesses tempos de guerra a vida itinerante oferece aos mendigos a possibilidade de adaptar-se às circunstâncias: a velha mendiga ordena ao seu aluno abandonar imediatamente o país em que houver epidemia, fome ou carestia.[107] Um instrumento do exercício da profissão de mendigo são as crianças, graças às quais aumentam as esmolas.[108]

O narrador deixa o grupo dos mendigos para continuar sua peregrinação em companhia de dois capuchinhos, e então lhe vêm reflexões de outra natureza, já privadas desse matiz de admiração pela liberdade dos mendigos. Prevalecem os raciocínios ditados pelo interesse público, pois toda a Alemanha foi invadida pela massa parasita de mendigos, goliardos e vagabundos, que deveria ser aproveitada no trabalho para o bem da pátria.[109] Eis o plano para remediar o mal, apresentado por Michael: aqueles que têm boa saúde devem ser alistados no exército e enviados para lutar contra os turcos; é preciso criar oficinas e casas de trabalho para abrigar os inválidos, os surdos-mudos e os cegos, que ganhariam para o seu sustento e também poderiam ajudar outros pobres. Desse modo uma adequada vigilância e a perseguição aos vagabundos permitiriam extirpar a praga dos *Lumpen-Gesindel*.

Assim, uma narrativa do tipo picaresco é posta na camisa-de-força do julgamento moral, bem de acordo com a política social moderna que se esboçava na época. O que impressiona nessa proposta imaginada por Michael é o destaque que ganha o alistamento no exército como forma de desembaraçar o país das pessoas inúteis. Não há menção ao argumento das necessidades do mercado de trabalho, o que pode ser explicado pelo fato de a destruição demográfica do país ter sido acompanhada pela debilidade da vida econômica, pela ausência de estruturas produtivas que pudessem criar uma demanda de mão-de-obra. O programa de Grimmelshausen tem caráter sobretudo repressivo, e é justamente como tal que ele foi implementado no âmbito da situação social da Alemanha, desde as primeiras tentativas, anteriores à Guerra dos Trinta Anos, até a política de fundação das casas de trabalho forçado, que começa a se intensificar precisamente nos anos 70 do século XVII.[110]

Em *O ninho do pássaro maravilhoso*, pelo próprio caráter da obra, a trama literária tem uma função didática e encerra um discurso moralizador. Nas outras obras do ciclo o que domina é a biografia. A confissão dos ocasionais companheiros de sorte de Simplicius permite delinear ainda duas figuras do meio dos vagabundos alemães dos tempos da Guerra dos Trinta Anos.

A biografia de Springinsfeld,[111] fiel amigo de Simplicius desde a época das façanhas do "caçador de Soest", introduz algumas alterações no modelo do soldado e vagabundo. Sua mãe era uma grega do Peloponeso, descendente da alta nobreza, enquanto o pai, um albanês "artista" ambulante (conduzia consigo um leão e um camelo) e dançarino, era de uma família plebéia que vivia na miséria.[112] Morto o pai, a mãe continuou a exercer a profissão de "comediante" ao lado de um companheiro do marido. Este ensinou Springinsfeld a tocar trombeta, gaita de fole e outros instrumentos, e introduziu-o nos mistérios da arte do bufão-vagabundo. Eles vagaram por diversos países: Dalmácia, Sérvia, Macedônia, Bósnia, Valáquia, Transilvânia, Rússia, Polônia, Lituânia, Boêmia, Hungria, Estíria, Caríntia e muitos outros.[113] Quando, durante sua passagem por Ragusa, Springinsfeld diverte a tripulação de um navio, a embarcação sai do porto e o separa da mãe e do padrasto. Ele se torna pajem do comandante de uma companhia albanesa que está no navio e assim chega aos Países Baixos, atravessando a Itália, a Sabáudia, a Borgonha e Lorena. Toma gosto pela vida militar. Sua sorte oscila desde o início. Em Worms adoece, é obrigado a deixar o seu destacamento e viver de esmolas.[114] Depois de recuperar as forças alista-se novamente no exército e aos dezessete anos é aceito como tamborileiro, mas logo troca o tambor por um mosquete. No decorrer da guerra passa de um exército a outro, combatendo em ambas as partes do conflito. Exerce com brutalidade, crueldade e selvageria a profissão de soldado. Permanece no exército até o fim da Guerra dos Trinta Anos, e com a fortuna acumulada na guerra, já aos cinqüenta anos, tenta encontrar um lugar na vida civil.[115]

O casamento com a viúva de um soldado, a gerência de uma estalagem e o comércio de cavalos garantem-lhe uma vida abastada. Mas isso suscita a inveja: lançam sobre ele a suspeita de prática de feitiçaria e por fim o acusam de fraudes, arruinando-o com vultosíssimas multas. Ele abandona a vida civil e volta a se alistar no exército, dessa vez numa guerra contra os turcos. A boa sorte não o acompanha: numa das batalhas é atropelado pelos cavalos, dado por morto e despojado das roupas (onde havia escondido todas as suas economias); vai parar nas mais miseráveis repartições militares, passa fome, faltam-lhe forças até para pedir esmola.[116] Quando o alistamento de guerra chega ao fim ele recupera lentamente a saúde graças à mendicância, a pior das profissões.[117] Faz amizade com mendigos e vagabundos e finalmente casa com a filha de um mendigo cego, que tocava lira e ganhava muito dinheiro nas feiras, nas festas camponesas, na frente das igrejas ou na porta das casas. Para receber a mão da lirista ele devia aceitar a condição livre de vagabundo e abandonar a idéia de uma estabilização no exército ou na cidade. Assim, Springinsfeld foi recebido na *Blinden Ordre* e pôde viver na abastança.[118] As núpcias tiveram lugar na feira, reuniram representantes de todos os tipos de vagabundos, mendigos e músicos de feira.[119] Os hóspedes sentaram-se no chão "à turca" e os noivos receberam um feixe de palha. Springinsfeld tomou gosto pela vida de pedinte, que lhe proporcionou fartura. Fazendo uma espécie de carreira na mendicância, ele e a mulher tocam música, manipulam marionetes nas feiras, divertem os camponeses e ganham muito bem. A mulher também exercita vários tipos de charlatanismo, pratica a magia e a ladroagem. Springinsfeld, abandonado por ela, mais uma vez se alista no exército, participa de uma expedição a Creta e é promovido a sargento, mas numa das batalhas perde a perna, e volta à Alemanha inválido, com uma perna de pau. Mendiga com sucesso: agora, além das habilidades técnicas da profissão, tem também um instrumento, isto é, a invalidez.[120]

Na carreira de Springinsfeld encontramos portanto uma mistura bem delineada das profissões de militar e de mendigo-vagabundo. Ele é sobretudo um soldado profissional que não conseguiu aprender nenhuma profissão honesta porque vivia exclusivamente da guerra. Essa situação social pode ser considerada uma conseqüência típica da "guerra alemã", que deixou uma enorme massa de soldados desmoralizados, desacostumados de trabalhar e sem qualquer profissão. A guerra produziu também um grande número de inválidos que somente na mendicância podiam tentar obter os meios de sustento. No caso de Springinsfeld, graças à tradição familiar e ao posterior matrimônio, há ainda a profissão de artista ambulante. Os acontecimentos da sua vida mostram quanto essas profissões de artista de feira estavam ligadas à vagabundagem e à mendicância. O quadro do mundo dos mendigos de *Der seltzame Springinsfeld* é bem realista, privado de referências simbólicas e do discurso didático. Trata-se de um quadro da profissão. No ciclo inteiro a personagem de Springinsfeld tem sempre um caráter repugnante, justamente pelo fato de ser privada de um contexto simbólico (no qual aparecia Olivier), oferecendo a imagem do delinqüente no âmbito do exercício de diversas profissões — de soldado, mendigo e músico —, nenhuma das quais é em si mesma criminosa.

Enfim, a última das biografias do ciclo que será por nós examinada: a de Courage. *A vida da arquivigarista e velhaca Courage*,[121] anunciada pelo autor como resposta a um dos contos de Simplicius (trata-se de um trecho do sexto capítulo do livro V, em que Simplicius fala sobre um romance que teve com uma certa mulher, que acabou por lhe deixar uma criança para que ele a reconhecesse como sua), constitui mais um retrato biográfico da "estirpe de Olivier", ou seja, um retrato inscrito na ordem do mal, do mundo às avessas, da sociedade dos valores morais negativos. Assim como o ciclo inteiro, também essa narrativa tem finalidades didáticas, e já pela própria construção da trama pretende induzir o leitor a uma condenação da protagonista. A formação teológica de Grimmelshausen, como também as regras da poética barroca, permitem ler a mensagem em vários níveis, submetê-la à exegese clássica dos "quatro significados da escritura".[122] De qualquer modo, no plano "histórico", isto é, no nível do significado literal, *A vida de Courage* nos oferece uma imagem do vagabundo parasita que vive da guerra e é ao mesmo tempo o seu produto, uma imagem paralela à de Springinsfeld, só que dessa vez quem está em ação é uma mulher.

O motivo da vagabunda tem seus antecedentes na literatura picaresca espanhola. A vagabundagem feminina, um modo associal de vida, liga-se obviamente ao meretrício profissional, tanto à prostituição quanto ao proxenetismo, e faz pensar na personagem anterior do romance picaresco, Celestina, mas sobretudo no romance de Francisco López de Ubeda, *La pícara Justina*, cuja tradução alemã foi publicada em 1626 sob o título *Die Landstortzerin Justina Dietzin. Picara genannt*. Apesar de uma certa semelhança do título com *A vida de Courage*, não há motivos suficientes para afirmar que essa obra tenha sido consideravelmente influenciada pela de López de Ubeda,[123] embora a *Justina,* publicada três vezes na Alemanha durante a vida de Grimmelshausen, certamente não lhe fosse desconhecida, e pode lhe ter sugerido a idéia da biografia de uma vagabunda. *La pícara Justina* devia ser uma continuação da biografia picaresca de Guzmán de Alfarache.[124] Justina é fria e interesseira, vence todas as provas que lhe faz enfrentar o destino, é mestra em qualquer malandragem picaresca e como mulher tem ainda a habilidade de tirar todo o dinheiro dos homens, o que aprendeu na escola de Celestina. Mas passa por todas essas aventuras conservando a virgindade (no sentido físico, obviamente, e não no moral), pois entre as diversas profissões picarescas que exerce, ou finge exercer, não está a de prostituta. A diferença entre a protagonista de Grimmelshausen e Justina relaciona-se com a realidade da Guerra dos Trinta Anos, à qual o destino de Courage se liga de modo muito estreito, mas também com o caráter geral do ciclo simpliciano, em que a construção satírica trata a comicidade apenas instrumentalmente, como meio de realizar os objetivos do discurso moralista. O problema não está na filiação direta entre Justina e Courage, já que as provas disso são modestas e pouco convincentes, mas no caráter picaresco da imagem de Courage. Esta retoma as características da velhaca, do pícaro, que faziam parte das convenções daquela literatura :[125] a narrativa, antifeminista em Grimmelshausen,[126] organiza compactamente a biografia em torno do delito, que se reveste de uma diversidade de ocupações e também de uma multiplicidade de "serviços" (o motivo do criado de muitos senhores aparece em Courage como uma série de companheiros ou maridos). Também na própria forma reconhecemos a realização do modelo picaresco, porque se trata de uma autobiografia ditada por Courage com o distanciamento de muitos anos vividos.

O nome de Courage é pressagioso e tem algumas conotações. Seu som é estrangeiro, francês, o que sob a pena de Grimmelshausen se ligava a uma valorização negativa (função semelhante tem o nome francês do antagonista de *Simplicissimus*, Olivier). A palavra, segundo parece, fazia parte do jargão militar alemão como sinônimo da temeridade e da brutalidade masculinas,[127] e não de coragem, como seria a sua tradução literal. Ao mesmo tempo, pela semelhança com a palavra "*Kürsche*" — "couro peludo", que no século XIV se escrevia "*Cursche*" (no título da obra a grafia do nome da protagonista é Courasche) — pode-se decifrar aqui uma mensagem de significado sexual,[128] que anuncia os futuros acontecimentos da vida da protagonista e a sua profissão.

Courage era filha ilegítima de um nobre da Boêmia e de uma camponesa, chamava-se Lubuschka e recebera uma boa educação, tanto em casa quanto na escola, que o pai financiara. A guerra invade as terras boêmias quando Lubuschka tem treze anos. Para se proteger dos soldados ela se veste de homem e assim trabalha cuidando de cavalos, depois como criado ou pajem, e enquanto isso aprende lentamente o alemão e a arte militar. Passa a se chamar Jan. Mas uma coincidência, aliada à inclinação natural pelo oficial a que serve, fazem com que dispa a roupa de homem e se torne amante do seu capitão de cavalaria (III). A iniciação sexual, nesse caso, tem uma dimensão social, pois determina a sua vida futura. No entanto esta não equivale à prostituição, pois das onze ligações com homens descritas por Courage em sua biografia pelo menos sete têm caráter de relações matrimoniais regulares.[129] Porém os matrimônios, os concubinatos e a prostituição constituíam, na biografia de Courage, uma cadeia uniforme de situações nas quais o próprio corpo e a guerra eram a base do seu sustento. O caráter iniciatório da primeira ligação, com o capitão de cavalaria, é reforçado pelo fato de que justamente naquela altura ela recebe, já para sempre, o apelido ou sobrenome Courage.

O capitão prometeu-lhe casamento, mas só no leito de morte cumpre a promessa, e assim Courage torna-se, pela primeira vez, viúva de guerra. Trata a sua beleza de forma profissional,[130] como um instrumento cuja função é atrair um novo marido mas que durante a espera do casamento pode lhe servir de meio de sustento em Viena. Em pouco tempo o meretrício rende a Courage mil ducados, sem contar as jóias e objetos preciosos. Desse modo ela ingressa na profissão de prostituta. No início a sua atividade é discreta, mas gradualmente se torna notória, levando as autoridades municipais a decidir adotar medidas repressivas.[131] Era preciso mudar o lugar da ação, e Courage vai a Praga, onde encontra condições excelentes para exercitar a arte recém-iniciada;[132] mas decide voltar à sua cidade natal, Bragoditz. Cai nas mãos dos militares, paga um preço alto mas conquista um novo marido, um capitão dos dragões. A cavalo, vestida de homem, participa das batalhas, e a sua imagem é modelada como uma amazona.[133] O combate é um modo de ganhar, e é assim que Courage trata o seu papel de amazona. Graças à presa e aos prisioneiros feitos no campo de batalha cresce o patrimônio do casal de militares. Mas a guerra tem as suas leis, e a má sorte pesa sobre a vida de Courage:[134] o capitão perece no campo de batalha e a protagonista volta a ficar viúva. Como mulher de sucessivos oficiais e viúva deles permanece sempre ligada ao regimento, e a arte guerreira torna-se o seu ofício. As façanhas militares e as pilhagens tornam-na famosa em todo o exército, multiplicando o seu dinheiro mas também os inimigos. No campo de batalha demonstra não só capacidades militares; no lugar da força física usa a habilidade e a astúcia, assim como a impiedade e a crueldade. A descrição da batalha de Höchst (junho de 1622)[135] mostra-a no papel de um soldado cruel cuja bravura é motivada pela caça à presa e ao resgate e por uma avidez desenfreada. Suas façanhas militares causam admiração e medo, o que ora levará a suspeitas de maquinações com o diabo ora fará com que os soldados a tratem como uma garantia de sucesso.

Porém no exercício da profissão de soldado Courage permanece mulher, condição que constitui a sua segunda fonte de sustento. Ela é antes de mais nada prostituta. Ao tomar conhecimento de que a sua má fama já se espalhou por toda parte e de que o exército inteiro a conhece e odeia, decide abandonar o campo de batalha[136] e gozar a fortuna acumulada, nada modesta, pois naquele momento possui em dinheiro 3 mil táleres. Retorna à cidade natal mas logo começa a desempenhar o papel de cortesã em Praga.[137] No entanto a sua prática cotidiana é a baixa prostituição, na qualidade de meretriz do regimento, como viúva de algum oficial ou às vezes até mesmo durante a vida dos seus sucessivos maridos. Nessa apresentação de Courage como meretriz do regimento ou como prostituta-cortesã na cidade os tons antifeministas de Grimmelshausen manifestam-se de forma mais explícita. Courage não pratica essa profissão por necessidade, por viver na miséria, mas por uma ganância insaciável, pelo desejo de multiplicar o patrimônio. E mais: nesse retrato encontramos elementos de um modelo de *happy hooker*: Courage exerce com gosto a sua profissão, movida pelo desejo, pela paixão física, o que faz com que mesmo dos estupros de que foi vítima ela se recorde sem qualquer repugnância.[138] Esse elemento da sensualidade feminina é um motivo tradicional na literatura antifeminista e exime o autor — e conseqüentemente também o leitor — de qualquer compaixão para com Courage e de tratar a prostituição como um aviltamento da condição de mulher sem o qual ela não poderia atender às suas necessidades vitais. Os sucessivos matrimônios de Courage são tratados do mesmo modo. O problema não é apenas o fato de Courage trair os maridos, de sempre querer sujeitá-los (com um deles, um belo tenente italiano, vive "como cão e gato"[139] porque ele decidira obrigá-la à obediência feminina): além disso a protagonista encara o matrimônio como um meio para conquistar uma posição no mundo, às vezes fornecendo-lhe uma cobertura para o exercício da sua profissão, ou como um instrumento útil ou necessário para poder viver da guerra. O matrimônio naqueles tempos era na realidade uma questão de união de parentes ou então um contrato comercial; as exigências de prestígio e a situação material uniam-se no modelo do "matrimônio por interesse". No caso de Courage os matrimônios têm cada vez mais o caráter de um contrato. É assim quando ela desposa um capitão em Praga: a união matrimonial é assegurada por um contrato detalhado, que mais parece corresponder ao ato de fundação de uma sociedade do que a um matrimônio.[140] Podemos observar uma situação semelhante no caso da união com Springinsfeld, aliás não legalizada formalmente, que é assegurada por um contrato de sete parágrafos.[141] O contrato prevê que as funções do marido, isto é, do chefe da família, serão cumpridas por Courage (pelo menos até um casamento formal, admitido pelo contrato caso ela fique grávida de Springinsfeld), que porém terá igualmente o direito de trair Springinsfeld, direito que os homens têm no matrimônio. O chefe efetivo da empresa comercial que dirigirão juntos — aliás esse foi o verdadeiro objetivo da união — será Courage, embora formalmente esse título pertença a Springinsfeld. Em conseqüência de tal contrato Courage se torna uma "amazona do comércio", desempenhando funções masculinas, dessa vez não no combate mas nos negócios, não numa participação ativa na guerra mas no parasitismo que esta propiciava. Em Springinsfeld ela havia encontrado um criado, um súdito: "De noite, quando não havia nada melhor, ele era meu marido; de dia, meu criado, embora perante os outros fosse meu patrão e chefe".[142]

A profissão de vivandeira, que Courage decide exercer com Springinsfeld, tem uma importância particular no retrato dessa "arquivigarista e velhaca". Não só pelo fato de que é justamente dessa forma que ela se insere — graças a Bertold Brecht[143] — na consciência dos homens do século XX. Também pelo fato de que nessa profissão se concentram, como numa lente, todos os efeitos destrutivos e desumanizantes da guerra.

Nas páginas do *Simplicissimus* já encontramos em várias ocasiões o quadro dessa profissão. Depois da "galanteria" parisiense, depois da doença e do episódio do charlatanismo ambulante, Simplicius é incorporado nos mosqueteiros, e então descreve a situação deles como sendo uma das mais miseráveis do exército.[144] Uma das formas de o mosqueteiro melhorar a vida era levar consigo a mulher. Eram moças simples que os alimentavam, trabalhavam como criadas, lavavam e consertavam roupas, comercializavam coisas usadas, roubavam quando havia ocasião, mantendo desse modo o marido. Na companhia de Simplicius havia a mulher de um mosqueteiro que era porta-bandeira e por isso recebia o soldo de cabo; outra era parteira, o que rendia muito dinheiro ao casal de mosqueteiros, e ainda outras trabalhavam como lavadeiras. As mulheres dos mosqueteiros ocupavam-se também do comércio de fumo e de álcool (que geralmente falsificavam, diluindo-o com água), assim como de lenha, que carregavam nas costas como asnos; também colhiam ervas e frutas nos bosques e campos. Simplicius fala com inveja (ele já era casado e não podia se casar outra vez) mas também com certa compaixão dessas mulheres que trabalhavam tão arduamente para manter o marido.

A imagem de Courage como vivandeira é destituída desse elemento de compaixão desdenhosa ou de pena. A profissão é descrita como uma atividade lucrativa, como uma empresa montada num carro, baseada na fraude e na esperteza, que prospera muitíssimo e é dirigida pela protagonista com frio cálculo, uma certa bravura e sem quaisquer escrúpulos. Ela começa vendendo vinho e cerveja pelo dobro do preço.[145] Depois desenvolve o repertório completo das atividades comerciais da vivandeira; tem em seu carro tudo o que os soldados poderiam precisar, ocupando-se também de vários tipos de comércio, comprando dos soldados as suas presas para depois revendê-las na cidade. Nesse comércio inclui ainda a atividade de açougueira, constatando quanto ela é lucrativa no tempo da guerra, quando os custos são pequenos e os ganhos altos. A prova da sua prosperidade na condição de vivandeira é o fato de a cada mês poder mandar mil coroas a Praga, onde depositava as suas economias.[146] Qualquer meio que servisse à multiplicação da sua riqueza era bom, qualquer operação lucrativa, realizada com a ajuda de Deus ou do diabo, enchia-a de alegria e contentamento.[147] Pratica o furto e a rapina sangrenta, e Springinsfeld é seu obediente auxiliar. Torna-se também mestra em todas as espécies de malandragem: a série de narrativas sobre as proezas de Courage durante a campanha italiana (capítulos 16 a 20) tem um caráter notadamente picaresco, acentuado ainda pela incontida avidez da protagonista, cuja astúcia e engenhosidade não lhe servem para se manter, para conquistar os meios de sobrevivência, mas para multiplicar a riqueza.[148] Simultaneamente com a lucrativa profissão de vivandeira ela está sempre exercendo aquela outra, que a situa entre as "mulheres liberais":[149] pratica a prostituição no exército e na cidade, o que aliás não contraria as decisões do contrato estipulado com Springinsfeld, que por isso é obrigado a aceitar o fato.[150]

A inconstância da sorte elevava Courage aos cumes e a precipitava na miséria. Ela era filha de um nobre que — como veio a saber — foi um conde poderoso mas por ter se rebelado contra o imperador teve de fugir; então renegou a sua fé e passou a viver entre os turcos. Foi mulher de um oficial, de um capitão ("senhora capitã" — era como a tratava Springinsfeld no início do relacionamento deles), quase se torna senhora de um castelo, mas o destino sempre interrompia a sua prosperidade. A carreira de vivandeira já é uma prova de abdicação da posição social, da esperança de ganhar prestígio: Courage confessa exercer contrafeita essa ocupação, temendo que depois dela tenha de renunciar ao retorno à sua velha "dignidade", pois ainda não desistiu do sonho de um bom casamento. Nenhuma das profissões infames que exerce constitui, em seu modo de pensar, um obstáculo irremovível para a promoção ou para o retorno a uma posição social anterior. A guerra lhe dava e lhe tirava os maridos, a guerra fez com que a prostituição, as fraudes, a violência, a pilhagem e o furto se convertessem nas ocupações mais rendosas. E assim, para enriquecer, Courage escolhe as profissões mais lucrativas. Esse tipo de raciocínio é uma construção psicológica da autobiografia da protagonista e a racionalização moral que ela encontra para o seu modo de vida, e não a exposição da moral do autor, que não vê nenhuma justificativa para essa vida pecaminosa. No entanto a curva da carreira de Courage não é de modo algum tão decididamente descendente:[151] não só cresce o seu patrimônio como também, após ser vivandeira e prostituta, ela se torna de novo mulher de um capitão. É verdade que a sua beleza já não é a mesma de outrora, mas dessa vez a riqueza a socorre.[152]

Depois da morte do seu capitão, na batalha de Nördlingen, Courage empreende uma tentativa de estabelecer-se de forma definitiva. Optando pela vida camponesa,[153] compra na Suábia uma fazenda com um rebanho de gado e emprega criados; investe nisso todo o seu dinheiro, que retira dos depósitos bancários em Praga e em outras grandes cidades. Mas as leis da guerra frustram-lhe os propósitos: os tributos e os alojamentos das tropas arruínam completamente a sua fazenda. Ela precisa recorrer novamente à prostituição: transforma a fazenda mum prostíbulo, aproveitando-se, durante certo tempo, da tolerância das autoridades municipais. Tal situação dura alguns anos,[154] que Courage passa entre o trabalho no campo e o meretrício. A descrição desse período é seca e lacônica, por isso não sabemos se o desejo de cultivar a terra chegou a ser realmente realizado. De qualquer modo o balanço foi fatal: os custos superaram os lucros. Além disso Courage contrai sífilis, da qual consegue se livrar graças a uma tratamento intensivo e dispendioso. Uma aventura amorosa com um vizinho chama a atenção da opinião pública, e dessa vez as autoridades têm de entrar em ação. Courage é presa e corre até mesmo perigo de vida, por ser considerada "um peso supérfluo para a terra"[155] (fórmula metafórica empregada para definir juridicamente a vagabundagem como crime). Enfim, tudo se conclui com o banimento da cidade e o confisco de todos os seus bens.

Assim Courage retorna à vida militar, agora sem beleza e juventude — os restos de ambas tinham sido devorados pela doença —, e também sem dinheiro. Liga-se a um mosqueteiro, e como sua mulher exerce a profissão de vivandeira, mas dessa vez num nível muito mais baixo: vende aos soldados tabaco e álcool, deslocando-se a pé e carregando a mercadoria nas costas e posteriormente num mulo. O coroamento da degradação de Courage na escala social e moral é a sua adesão a um bando de ciganos (capítulos 27 e 28).

Essa última etapa da carreira de Courage tem um significado simbólico bem claro. Trata-se da passagem para um outro universo social, de uma saída definitiva da sociedade normal, em que ela não conseguira encontrar o seu próprio lugar: agora já não era mais possível contar com a única chance de estabilização possível para uma mulher, o casamento, uma vez que havia perdido a beleza e os bens. Procura então a estabilização numa ordem negativa, na sociedade cigana, e dessa vez a tentativa é bem sucedida. Ela se adapta facilmente aos costumes ciganos, pois esses não diferiam muito dos que tivera até então; assume também o aspecto de cigana, logo aprende a cartomancia e outras artes ciganas; roubar e enganar ela já sabia.

O chefe dos ciganos (Leutnant) torna-se seu marido, o casal percorre a Europa com todo o bando e pratica incontáveis malandragens e furtos. Ela própria se espantava com o fato de as autoridades dos países pelos quais passavam tolerarem a presença deles, visto que a vida dessa gente contrastava totalmente com os mandamentos de Deus: dirigia-se contra o bem dos homens e se baseava na mentira, na fraude e na ladroeira.[156]

A vida da arquivigarista e velhaca Courage termina com a descrição de suas malandragens no bando dos ciganos: o roubo de uma freguesa a quem ia ler o futuro; o entretenimento dos camponeses para que o bando pudesse roubar tranqüilamente a comida preparada para o banquete da festa do padroeiro da paróquia. Mas em *Springinsfeld* Courage aparece de novo: no decorrer de seu relato um estudante-preceptor suíço conta como se tornou escrivão de Courage, vindo inclusive a escrever a história dela. Um dia, quando andava à procura de trabalho, foi inesperadamente cercado e preso pelo bando dos ciganos.[157] E eis que — como conta ele[158] — avista alguém se aproximando montado num mulo: "Esplêndida cigana, que antes eu nunca vira, e da qual jamais ouvira falar. Posso apenas dizer que pelo seu aspecto a considerei se não a rainha, pelo menos a princesa de todas as outras ciganas! Parecia ter uns sessenta anos, porém, como depois calculei, podia ter até uns seis anos mais. Seus cabelos não eram pintados de negro, como os das outras ciganas, mas tinham uma cor amarelo-clara e eram presos por uma faixa de ouro incrustada com jóias, em forma de coroa..."; brincos de ouro com diamantes nas orelhas, um colar de pérolas no pescoço, uma roupa muito rica, sapatos poloneses ("*ein par lustiger Polnischer Striefel*") e um punhal cigano no flanco completavam-lhe o vestuário. Também a forma com que as pessoas se dirigiam a ela, tratando-a por "ilustríssima senhora", testemunhava o seu prestígio na sociedade cigana: depois de vinte anos vividos nesse meio (Courage tinha treze anos em 1620, quando começa a história da sua vida, e 41 quando — chamada pelo autor uma "mulher velha" — casou com o chefe dos ciganos) ela aparece como rainha dos ciganos, e sua imagem personifica a libertinagem e a obscenidade da iconografia medieval, a "Meretriz da Babilônia".[159] Ela governa o bando dos ciganos, toda aquela ralé *Lumpengesindel*, designando as tarefas, formando os destacamentos e determinando a divisão da presa, e ao mesmo tempo protegendo os bens do bando, sempre acompanhada por um séquito de treze cavaleiros.[160]

A narrativa sobre Courage tem o caráter de uma trama escandalosa, impregnada de erotismo. As descrições dos requintados estupros sofridos pela protagonista conferem-lhe o caráter de uma leitura proibida,[161] o retrato de Courage está cheio de elementos extremamente imorais, e apenas as palavras finais do autor condenam, de forma bem violenta, essa mulher imprudente, essa "sereia traiçoeira". Obviamente o fato de o texto ser escandaloso não neutraliza a sua finalidade didática, pois toda a literatura didática que se dirigia contra o pecado (contendo inclusive eventuais instruções para a confissão) transmitia conteúdos eróticos ao descrevê-lo. No entanto a imoralidade da protagonista, que os críticos e pesquisadores,[162] seguindo o exemplo do autor, colocam em primeiro plano, deve ser relacionada ao mundo que circundava Courage. Antes de se tornar uma "hiena da guerra", gananciosa e sem escrúpulos, ela foi freqüentemente vítima dos tempos em que vivia. Era uma vítima da guerra e depois aprendeu a aproveitar-se dela. Courage parece uma personagem da realidade social, e não dos esquemas didáticos e da construção sublimada da poética barroca. Nessa imagem da mulher que sozinha "se rebela contra Deus e contra a sociedade, contra todo o mundo",[163] há um compêndio sociológico. E isso nos permite considerar o modelo da Courage-amazona, que faz a guerra com crueldade e ferocidade, tal como a fazem os homens, e da Courage-prostituta, que procura tanto o lucro quanto a satisfação do "desejo animal", não apenas um discurso antifeminista ou a interpretação psicológica de um desvio de comportamento mas também um libelo contra a realidade da guerra, que destrói e corrompe os homens, que aniquila o papel social da mulher como esposa e mãe, que faz aflorar as tendências pecaminosas da natureza humana.

Na defesa moral de Courage[164] não se costuma cogitar sobre o motivo das tendências pecaminosas e das paixões sempre insaciáveis, que tantas vezes retorna na sua "autobiografia". Porém isso não atenua de modo algum a acusação dos homens como culpados pela depravação das mulheres. Courage está consciente da injustiça que lhe faz a sociedade, precipitando-a numa condição pecaminosa e cercando-a de infâmia: o nome Courage acompanha-a aonde quer que ela vá, impedindo-a de retornar à vida normal. Só no bando dos ciganos, fora da sociedade, ela recupera o nome que tinha quando criança. Atolando-se na iniqüidade, enganando os outros, submetendo Springinsfeld a uma espécie de servidão matrimonial, cometendo todo tipo de transgressão, Courage realmente se desforra da sociedade. Porém a inclinação pecaminosa da mulher enquadra-se bem no âmbito de um conceito seiscentista sobre a pecaminosidade da natureza humana: a culpa é das circunstâncias sociais, que fazem emergir essa pecaminosidade e a transformam numa condição de vida.

É a guerra que cria a situação em que ocorre a degradação dos homens devido às práticas bélicas e a degradação da mulher pela prostituição. Mas sob a pena de Grimmelshausen não há uma acusação contra a guerra como na *Mutter Courage* de Brecht: "*Der Krieg soll verflucht sein*" ("A guerra deve desaparecer").[165] No quadro barroco enlaçam-se a responsabilidade dos homens, das estrelas e das sentenças de Deus.

OS "BUFÕES" E OS "MENDIGOS"

Nas literaturas eslavas a imagem dos grupos marginalizados aparece — aliás com menor freqüência que em outros países europeus — em três modelos diferentes. O primeiro é o dos bufões profissionais, que ridicularizam as instituições sociais, os privilégios dos grupos e os vícios dos homens. O segundo, embora representado por uma documentação escassa e também cronologicamente incerta, emerge das histórias de bandidos, que circulam oralmente na cultura popular. O terceiro, enfim, é o dos mendigos, apresentados tanto como vagabundos quanto como pedintes das paróquias, inseridos de modo estável nas estruturas da cidade.

O desenvolvimento da "*intelligentsia* medieval"[166] passou por uma proletarização: a discrepância entre o número de benefícios eclesiásticos e o número de indivíduos formados pelas universidades produzia um grupo cada vez maior de intelectuais à procura de trabalho. Ao mesmo tempo, com a propagação do ensino paroquial e a democratização da cultura o grupo dos artesãos da pena tornou-se mais numeroso e também mais popular. Nos países onde predominava a estrutura agrária esse fenômeno teve uma importância peculiar: os costumes sociais ligavam os "homens da pena" não só aos meios da chancelaria e dos mecenas como também à estrutura de base da rede paroquial com suas escolas. O "padreco"* — professor da escola paroquial mas igualmente, com muita freqüência, criado do pároco — é uma das personagens da literatura polonesa sob o signo do *Eulenspiegel* (*Sowiźrzat*), a literatura *sowiźrzalska*,** e muitas vezes seu principal protagonista, objeto de escárnio ou de auto-ironia.[167] É pobre, sempre explorado, e caminha de um lugar para outro procurando melhorar de vida ou pelo menos conseguir uma situação melhor que a de criado do pároco. Na verdade é um "pobre mendigo",[168] que visita as

(*) No original: "*Klecha*", uma deformação de "*clericus*". Essa palavra designava pejorativamente os padres. (N. T.)

(**) A literatura *sowiźrzalska* é uma corrente de literatura plebéia e anônima desenvolvida na Polônia no final do século XVI e na primeira metade do século XVII, cujo nome deriva de *Sowiźrzat* ("Espelho da Coruja" — os poloneses, como os ingleses, traduziram o nome da personagem Eulenspiegel) por tratar-se de literatura picaresca. Aqui será usada a forma aportuguesada: "literatura do sovizralo". (N. T.)

igrejas e os casarões como um *rybalt** mas só na grande cidade consegue encontrar uma fonte de subsistência. No pequeno texto dramático *Mizeryja szkolna w dyjalog zebrana* (As misérias escolares recolhidas num diálogo), publicado em 1633, o *Kantor* se rebela contra a miséria do proletariado intelectual:

> *Estudei para não ter de lavrar o campo*
> *E agora me obrigam a carregar estrume*
> *Sobe às narinas um fedor que não aprendi a cheirar;*
> *Por que, jovem, fiz tanta questão de estudar?*
> *Os* praeceptores *não paravam de louvar a ciência,*
> *Criticando o serviço da corte, a arte de guerrear,*
> *Porém eu mesmo vi quanto se davam bem*
> *Os Literatos, embora só cartas soubessem escrever.*
> [...]
> *Mas sobretudo são os nossos superiores*
> *Que nos afligem com trabalhos absurdos,*
> *Valeria a pena, ainda, se remunerassem a fadiga*
> *Ou não nos dessem tarefas estúpidas.*
> *Vai buscar lenha no mato, leva estrume ao campo,*
> *Ou, feito camponês, malha o centeio na eira!* [169]

Já que não era possível realizar o sonho da promoção social através da educação, restava apenas a vagabundagem, que entretanto não excluía o desejo de se afirmar no plano social seja por meio de vários empregos ocasionais nos quais o padreco podia demonstrar os seus conhecimentos seja no papel de bufão profissional. Não era difícil encontrar público que risse do "mundo às avessas",[170] e a representação de uma visão satírica da organização social era a atitude natural de um grupo frustrado, o dos indivíduos que se sentiam alienados. As condições da vida cotidiana não apenas ligavam aos mendigos e vagabundos os grupos que a eles se assemelhavam como também os aproximavam, graças aos laços profissionais, da cultura da feira e do divertimento da taberna. O "proletariado intelectual" estava sempre presente nesses meios, e assim contribuía para fazer penetrar na literatura a representação da vida do mercado e da taberna.

A facécia e a paródia não atestavam um rompimento com a cultura medieval, pois derivavam justamente dessa cultura, constituindo parte integrante de uma corrente ainda viva que ligava a essa literatura a renascentista. No es-

(*) Na Idade Média "*rybalt*" era o cantor da igreja, artista ou ator ambulante; depois a palavra passou a ser usada como uma denominação pejorativa para o professor da escola paroquial e também deu nome a uma espécie de comédia dos séculos XVI e XVII que faz parte da literatura picaresca polonesa. Adotaremos aqui a forma aportuguesada "ribaldo". (N. T.)

pírito da paródia medieval foi escrita também uma das primeiras obras da prosa tcheca, *Frantová práva* (As leis de bufão), de 1518,[171] uma exposição dos estatutos e das leis da corporação dos trapaceiros. Seguindo o exemplo dos textos satíricos alemães do século XV referentes à corporação dos malandros, o das coleções de facécias de Poggio Bracciolini (1470) e de Heinrich Bebel (1509) e também o das anedotas da literatura oral, a sátira tcheca mostra um quadro da devassidão dos membros dessa corporação, que fazem tudo ao contrário do que o devido. Não cobiçam o dinheiro nem o trigo, dia e noite pensam apenas em travessuras.[172] Não gostam de trabalhar, durante o dia acham melhor dormir, e ser econômicos não é a virtude deles. Ao contrário, consideram o desperdício uma coisa digna, proíbem que se dêem esmolas e consideram o adultério algo louvável.

Não se pode tratar esse "grêmio dos patifes" como uma realidade social, embora alguns elementos sociais sejam encontrados nos grupos de freqüentadores das tabernas, nas confrarias de bêbedos e nas "academias" da alegria, inclusive na famosa República de Babin.* Mas com certeza se trata mais de grupos ocasionais que de sistemas comunitários estáveis. Uma efetiva estabilidade teve apenas o grupo dos ribaldos, que produziu e divulgou esse tipo de literatura. A imagem de uma comunidade alegre de bêbedos, travessa e ociosa, vinha da didática religiosa, desfechada do púlpito como uma exortação e um aviso. Em *As leis do bufão*[173] o preceito parodístico com palavras que aparentemente são da Bíblia ("Benditos sejam aqueles cujo deus é o ventre") é uma frase que tem origem nas admoestações moralistas e nas imagens apocalípticas da literatura homilética medieval. Nas obras da literatura sobre o bufão (*Frant*) ou o sovizralo desaparece a conotação negativa dessas descrições, permanecendo apenas a matéria cômica. Porém a mudança da função não significa rejeição da norma moral: o riso nasce exatamente do pressuposto de que as normas sociais são respeitadas por todos. Assim, pode-se considerar o cômico como uma revolta contra a cultura como um sistema de modelos de comportamento, mas uma revolta perfeitamente "domesticada" por essa cultura. Porém não é possível jamais interpretá-lo como uma afirmação de diversidade por parte dos meios marginais.

É significativo que na literatura sovizralesca apareça com muita freqüência uma distinção entre os ribaldos e os bufões, de um lado, e do outro todo tipo de criminosos. Em *Synod Klechów Podgórskich* (O sínodo dos padrecos de

(*) Trata-se de uma academia de burla que funcionou entre meados dos séculos XVI e XVII e era freqüentada pela elite intelectual. (N. T.)

Podgórze*), de 1607, no momento em que o "bom ladrão" Franciscus argumenta que Jesus "sentava entre os piores ladrões" a assembléia se distancia decididamente destes:

Não se deve ser um malfeitor, porque não convém.
Sobretudo nós, servos de Deus junto da Igreja
Podemos nos comportar honestamente de melhor forma.[174]

Também o *Statut to jest artykuły prawne jako sądzić łotry i Kuglarze jawne* (Estatuto, ou mais precisamente, artigos judiciais sobre como julgar os notórios malfeitores e saltimbancos), de 1611, acentua a diferença entre o divertimento e o malefício:

É por isso que muitos de nós costumamos nos embriagar.
Só não podemos roubar, arrancar, bater,
Não faz mal brincar, quando é para nos divertirmos...[175]

Logo depois o texto do *Statut* apresenta a paródia de um processo, no qual surgem os principais tipos de crimes e criminosos: os bêbados, os velhacos, os assassinos, os incendiários, os adúlteros, os ladrões, as bruxas. Tampouco aqui encontramos a menor manifestação de solidariedade e nem qualquer representação dos verdadeiros delinqüentes, mas apenas uma zombaria das instituições judiciais, dos seus costumes e da documentação por ela produzida.

Um quadro mais rico de informações sobre os delinqüentes aparece na *Tragedia o polskim Scyrulusie* (Tragédia do Scirulo polonês), de 1604.[176] No primeiro entreato aparecem Mátys (Mateus) e Ktoś (Alguém). Mátys é um beberrão, enquanto a relação dos "nomes das personagens" define Ktoś como "um ladrão".[177] Durante uma conversa sobre bebida e comida Ktoś pronuncia um breve monólogo cheio de termos e expressões técnicas da linguagem dos ladrões:

Estou bem! Eis a minha correia, limpo a almofaça,
Pilhar de dia, roubar de noite, depredar no inverno, no verão,
*E enquanto esse esquilo se lasca, eu sou o senhor dos meus Lachos,***
*Em Pandólia e em Mazurcas levarei à viúva*** o terror.*
Alguém esteve aqui, alguém roubou — dirão —, alguém surrupiou o ouro da cave,
Mas a má Sorte não porá os olhos em mim,
Porque num instante me disfarço, diferente a cada vez,
Minha mãe esfregou-me uma erva e ninguém vai me notar,

(*) "*Podgórze*" (literalmente: "ao pé das montanhas") é o nome da região do sul da Polônia, no sopé da serra de Tatra. (N. T.)

(**) Depois da morte de Scirulo, Ktoś torna-se o senhor dos polacos, antigamente chamados também Lachos (singular: Lach). (N. T.)

(***) A Polônia, com as suas regiões Podólia e Masóvia, é chamada jocosamente de "viúva". (N. T.)

Nos dias malfadados não vagabundeio; fujo do toró,
Pois foi por causa dele que num dia escaldante o meu Stásiek pegou a febre.[178]

O monólogo, uma verdadeira profissão de fé dos ladrões, define as ocupações típicas da profissão: roubar no inverno e no verão, de dia e de noite. Não é difícil encontrar um álibi que permita negar o delito cometido, lançar a culpa em outrem, disfarçar-se devidamente, mudar de aspecto ou até mesmo — com a ajuda das feitiçarias da mãe — tornar-se invisível. Também é preciso não desafiar a sorte, esquivar-se nos dias fatais, evitar o "toró", isto é, a forca (em que morreu seu amigo Stásiek). Notável nesse quadro é também a ligação entre a ladroeira e o mundo da magia: trata-se do filho de uma feiticeira, supersticioso mas equipado com os meios mágicos necessários para o exercício da sua profissão. Esse quadro se liga estreitamente às crenças e ao imaginário populares sobre o ladrão e o roubo.

O uso, nesse texto, do jargão dos ladrões (o autor, um burguês de Pilzno, demonstra aliás uma inventiva notável em todas as suas obras, seja pela agilidade lingüística, típica da literatura sovizralesca, seja pelo emprego dos dialetos)[179] é uma prova da formação e da propagação de um jargão de ladrões na Polônia daquela época. Nos livros dos tribunais poloneses conservaram-se documentos que comprovam a existência de um jargão, a "linguagem dos *wałtarz*" (biltres).[180] Uma nota do *Liber maleficorum* da cidade de Poznań, de 1574, além de relatar um depoimento sobre o encontro e o diálogo entre dois ladrões no mercado, traz um vocabulário de quinze expressões do jargão dos ladrões.[181] Um gatuno, Jan de Galaniec, disse perante o tribunal de Poznań ter aprendido essa linguagem em Cracóvia, fato que testemunha o alcance desse jargão e o modo de vida dos ladrões. A linguagem dos *wałtarz* é também uma prova da formação de um meio específico de delinqüentes, dotado de certas estruturas organizacionais. Uma reconstrução absolutamente confiável do quadro geral desse meio social e o melhor conhecimento do grau de sua organização só serão possíveis com pesquisas mais detalhadas nos arquivos dos tribunais. Entretanto vale a pena mencionar o testemunho da existência, na Lublin do século XVI, de uma "corporação dos batedores de carteiras", dirigida por velhos artesãos e um mestre da arte. Um batedor de carteira, suspeito pelas autoridades de ser o próprio mestre da corporação, ressalta no seu depoimento perante o tribunal de Lublin a diferença entre a categoria dos batedores de carteira, à qual ele pertence, e a dos ladrões que praticam pilhagens à noite e arrombamentos: "Com aqueles ladrões que depredam as despensas não temos nada em comum, nem os aceitamos na nossa corporação, porque nós roubamos apenas de dia, honestamente, e eles de noite, como ladrões".[182]

Falta porém uma representação literária desse meio, que na Polônia tem fontes documentais e históricas mais ricas que as literárias. Em termos gerais eram os indivíduos "flutuantes" que constituíam um problema. Estes distinguiam-se das massas de ociosos, mendigos e vagabundos da Espanha ou da Inglaterra dos séculos XVI e XVII sobretudo em dois aspectos: primeiro, na Polônia eles estavam bem menos presentes na cena social urbana (na verdade não tinham aquela teatralidade derivada da concentração da vida social nas áreas citadinas); segundo, ligavam-se à "fronteira", aos territórios orientais da Polônia, onde sempre era fácil encontrar um refúgio seguro, sancionado pela política de colonização, ou "desaparecer", fugindo da repressão. A escassez da literatura picaresca na Polônia, assim como em outros países eslavos, é explicada tanto pela especificidade da situação social quanto pelas leis internas do processo histórico-literário. Pode-se tomar como exemplo da presença do tema picaresco a *Naenia abo wiersz żałosny na śmierć Wielmożnego Pana Jego Mości Pana Matysa Odludka, Książęcia ultajskiego, wielkiego hetmana łotrowskiego* (Poema fúnebre pela morte de sua excelência Matys, o Solitário, grande senhor, príncipe dos velhacos e grande *hetman* dos ladrões).[183] O poema canta a sorte de um "Bebaço do grêmio dos marotos, biltre acima de todos os biltres da confraria dos biltres, o primeiro entre os príncipes e primazes".[184] Toda a sua família era digna dele: a mãe foi afogada no rio Vístula como bruxa, enquanto os outros parentes acabaram na forca, na fogueira ou empalados. O "bebaço", no entanto, é apresentado sobretudo como um beberrão de aspecto monstruoso, um parlapatão, que morreu esvaziando um jarro de aguardente. Se compararmos esse texto com o *Pranto pelo capitão Ragot* francês ou com o lamento inglês sobre Luke Hutton a diferença será evidente: o lamento sobre Mátys é mantido exclusivamente na convenção da paródia e do riso da taberna, e a própria profissão do protagonista parece sem importância.

Encontramos uma referência mais explícita à situação social no *Nowy sowiźrzal* (Novo sovizralo), paródia em versos das instruções didáticas sobre os deveres dos artesãos. Nas exortações a "não se deter muito num mesmo lugar, viajar sempre", a enganar, a evitar o esforço, a "não se importar com a samarra rasgada se a virtude está intacta",[185] há não só um eco da personagem de Eulenspiegel mas também a imagem de uma certa categoria de artesãos ambulantes, sujeitos ao processo de progressiva marginalização dos vagabundos. Eis como na resposta dos Mestres artesãos a um "hino" à vida desonesta o artesão-velhaco é apresentado:

Veio como um malfeitor, com a samarra rasgada,
Não tinha pai, era o próprio bastardo.
Onde trabalhava pagavam-lhe com uma surra,
A mãe foi três vezes espancada na praça, no pelourinho.
A educação que recebeu fez jus ao seu nascimento,
Guiava mendigos ou ficava na cervejaria.
Tendo roubado uma migalha da arte, vaga pelo mundo,
Digno só da forca ou das mãos do verdugo.[186]

Também a sua caracterização moral é inequivocamente negativa: ele é falso, cobiçoso, preguiçoso e estúpido. A genealogia dos velhacos, que exprime a convicção de que no crime se manifesta uma herança de sangue, é um *topos* na literatura desse gênero, que aliás corresponde às convicções populares registradas pelo folclore.[187]

Deixando de lado as lendas sobre bandidos, a fascinação da literatura popular— tanto polonesa quanto eslovaca ou dos países balcânicos — pela personagem do bandido, que muitas vezes encarnava os sonhos de vingança e justiça, examinemos a imagem do meio dos mendigos em dois textos dramáticos poloneses, a *Tragedia żebracza* (Tragédia dos mendigos), de 1552[188] e a *Peregrynacja Dziadowska* (Peregrinação dos *dziady**), de 1614.[189]

A *Tragedia żebracza*,[190] um dos primeiros textos dramáticos poloneses, aguarda ainda um estudo mais aprofundado. Da edição polonesa de 1552 — que não foi a primeira — conservou-se apenas um pequeno fragmento; o resto da obra é conhecido através de uma adaptação tcheca, que teve três edições (cerca de 1573, 1608, 1619). As pesquisas já chamaram a atenção para a sua ligação com a literatura satírica alemã,[191] mas as origens dessa obra parecem ser mais heterogêneas. Sem entrar na questão da difusão na Polônia dos debates doutrinários em torno do problema dos mendigos (sabemos que eram conhecidos no país os tratados a esse respeito, tanto o de Vives quanto o de Hyperius, portanto as atitudes perante a reorganização da assistência social, tanto da parte da reforma católica quanto da protestante, influenciaram as esferas cultas), é preciso indicar em primeiro lugar os *Colloquia familiaria* de Erasmo de Rotterdam, com o diálogo entre dois mendigos, o *Ptochologia* (1524),[192] que aliás no século XVII foi incluído numa das edições do *Liber vagatorum*. Encontramos nesse diálogo uma representação satírica das fraudes dos mendigos, uma aguda zombaria e um escárnio para com a condição de mendigo, assim como o louvor à "liberdade régia" dessa condição.

Porém a *Tragedia żebracza* parece ligada mais diretamente ao repertório do teatro medieval. Nos textos franceses da baixa Idade Média as descrições das brigas dos mendigos e os diálogos entre pedintes embriagados aparecem freqüentemente como cenas episódicas, sem qualquer ligação com a trama principal do enredo. É o que acontece nos *Cudy Matki Boskiej* (Os milagres de Nossa Senhora), do século XIV, em que os mendigos profissionais se apresentam como bêbedos, ávidos de dinheiro, brigando pelas esmolas e recorrendo continuamente à fraude.[193] Nos mistérios do século XV o tema tradicional do cego e seu criado,[194] que pouco a pouco se transforma no tema mais amplo do mendigo, estimula o surgimento de novas cenas que apresentam de forma satírica o meio dos mendigos. A gênese dessa abordagem burlesca do tema do

(*) "*Dziad*" ("*dziady*", no plural): "mendigo", a palavra designa sobretudo os mendigos velhos, e também os pobres em geral. (N. T.)

mendigo está mais provavelmente no teatro religioso, do qual passa para o repertório dramático do teatro leigo. Enquanto não for encontrado o original polonês da *Tragedia żebracza* e não se realizar uma pesquisa detalhada no repertório dramático da baixa Idade Média, podemos apenas afirmar que é preciso analisar essa obra no contexto da sátira européia antimendigos do período compreendido entre o final do século XV e meados do século XVI e que ela desenvolve o motivo burlesco do mendigo do teatro da época. Tudo parece indicar que, no contexto das tradições semelhantes e da ascendência, a *Tragedia żebracza* é uma obra original e não uma simples tradução, o que torna ainda mais significativa a sua visão da comunidade dos mendigos.

O mesmo tema, embora estruturado noutra situação, é retomado cerca de sessenta anos mais tarde na *Peregrynacja dziadowska*, publicada em 1612 como obra de Januarius Sovizralius. Evidentemente inspirada na *Tragedia*, a *Peregrynacja* retoma e desenvolve os seus motivos satíricos, acrescentando outros, cuja construção obedece aos princípios da criatividade onomástica dos sovizralos.[195] Ambas as obras têm caráter dramático, embora sejam compostas de modos diferentes: se a primeira apresenta uma diversidade de cenas e uma estrutura teatral ágil, a segunda é dramaticamente desajeitada e não corresponde às exigências cênicas.[196] Mas as duas obras apresentam certas situações e tramas que permitem captar um momento da vida social (só nesse aspecto nos interessa o problema do gênero literário). Ambas têm a forma do relato de uma testemunha ocular: numa delas tal testemunha é um observador externo, sentado no canto da estalagem, noutra um peregrino que por coincidência assiste a uma assembléia dos *dziady*. A *Tragedia* apresenta a reunião, numa taberna, de um grupo de mendigos que com o seu *wójt** à frente pretendem organizar uma festa de bodas para um casal de mendigos e se divertir bastante nesta ocasião.[197] O único obstáculo é a presença de um Comerciante, que "veio por coincidência" e começa uma discussão falando das fraudes dos mendigos. Estes respondem criticando a condição do Comerciante e as fraudes da vida burguesa. A discussão vira briga: os mendigos arremetem-se contra o Comerciante, que depois se dirige ao *wójt* pedindo-lhe — em vão — justiça. A *Peregrynacja dziadowska*, embora também desenhe um quadro negativo da profissão de mendigo, usa uma convenção de desmascaramento, escutando às escondidas os depoimentos e os comentários dos mendigos que, aproveitando uma feira, haviam se reunido "na frente da estalagem, junto à igreja". A ação se desenvolve no outono, quando os mendigos devem decidir que direção seguir em sua vagabundagem e trocam observações e experiências que possam ser úteis na tomada da decisão. Nessas situações diferentes as duas obras desenham uma imagem do meio dos mendigos, completando-se reciprocamente.

(*) *Wójt*: presidente do conselho comunitário da aldeia. (N. T.)

No discurso do Comerciante a origem da condição dos mendigos é reprovável, porque "Deus ajuda onde ferve o trabalho", e a miséria é o fruto do vício:

Não é uma vida proba
Que vos leva a pedir esmola,
Muitos a levam por descuido,
Gula, brigas, litígios.
Há os que têm medo de trabalhar
E sua escolha é mendigar;
Quando se cansam de trabalhar
Encontram sempre um modo diferente,
Às custas dos outros levam a vida,
Livres de toda e qualquer fadiga.[198]

Raramente acontece de a pessoa que trabalha conforme a sua própria condição — essa é a fórmula da ética medieval do trabalho — cair na miséria. As doenças e a fraqueza costumam ser simplesmente a punição divina para os pecados. Os depoimentos dos próprios mendigos confirmam essa constatação, pois afirmam que a sua miséria é resultado do esquecimento do dever do trabalho, de passar o tempo nas festas, jogar cartas e freqüentar as tabernas.

O dever do trabalho é lembrado aos mendigos em todas as ocasiões. Disso se queixa o ex-operário Lepiarz [nome derivado do verbo *lepić*: formar, moldar, modelar], que se apresenta como "um velho coitado", incapaz de amassar a argila e fraco demais para carregar água. Quando pede caridade, dizem-lhe que ainda não é velho e que poderia trabalhar:

Nada fazem senão recomendar-me o trabalho.
"Trabalha, tens boa saúde", dizem,
E a mim me custa ouvir.[199]

O mendigo deve ter sinais visíveis da sua condição: "Quem é cego ou coxo, melhor não pode estar". Visto que "os membros sãos incomodam às pessoas", o que resta ao mendigo senão quebrar pernas ou braços, fixar uma giba, contorcer o rosto? A verdadeira técnica da mendicância é a fraude: é preciso aleijar-se ou simular uma invalidez:

Basta arrancar os olhos apenas,
Cortar uma perna, comprar uma muleta,
Ou, se nada disso adianta,
Remédio não lhe vai faltar.
Na farmácia vendem mercúrio.
Com ele até os ossos se desprendem.[200]

Mas como esse último estratagema era muito doloroso, de preferência aplicava-se nas pernas uma compressa de ranúnculo. Dois dias depois a pele começava a escamar-se, podendo aparecer graves feridas; nesse momento bastava chegar à feira para "conseguir uma féria melhor do que se se tivesse uma barraca". O repertório de fraudes registrado nessas duas obras é bastante rico. O diálogo entre os dois mendigos anuncia a sua técnica de pedir esmola:

Vamos a Cracóvia, companheiro Lupa
[...]
Fingirei ser cego, vendando os olhos,
Tu sacudirás a cabeça como se tivesses uma grave doença.[201]

Se o mendigo tiver uma aparência de pessoa saudável, basta que declare: "Senhor, a doença me consome",[202] para que receba imediatamente uma esmola, porque os donos da casa querem livrar-se o mais depressa possível de uma visita inoportuna que pode trazer alguma doença grave. Também a roupa faz parte da técnica de mendigar:

Ninguém os reconhecerá,
Os sobretudos remendados estranhamente,
Amarrados os braços e as pernas,
Enganam, mendigando, a muita gente.[203]

Um dos métodos mais usados para suscitar a curiosidade e a compaixão é fingir ser possuído pelo demônio. Gritando que foram amaldiçoados pelos próprios pais, esses mendigos contorcem o rosto, dançam e "ganem, agitando-se terrivelmente".[204] Simulam loucura e espantam as crianças e os camponeses.

Na primeira cena da *Peregrynacja* temos a mais completa representação das categorias de mendigos, no discurso do velho Chełpa [nome derivado do verbo *chełpić*: vangloriar-se, ufanar-se]:

[...] *aleijados, cegos, surdos, coxos,*
Quem tiver boas pernas, que quebre uma logo.
Outro ande de quatro,
Este arranje uma doença da cabeça,
Amarrando-a na altura das orelhas,
"O mal o atormenta", que um outro ateste.[205]

O elogio da técnica de simulação de ser possuído pelo demônio por "punição divina" (melhor na igreja, durante o sermão) é acompanhado por uma descrição detalhada:

Agora deves agitar-te o melhor possível,
Revirar os olhos e ranger os dentes,
Lançar o traseiro ao alto e dar coices.
E não te deixes segurar nem por quatro homens,
Que só uns dez te tirem da igreja.[206]

O espetáculo precisa ter continuidade no cemitério do lado da igreja, e no final devem ser recolhidas as esmolas. Os que fingem ser surdos-mudos têm de raspar totalmente a cabeça. Balbuciando em voz alta, é preciso chamar a atenção das pessoas e assombrá-las. Pode-se

Tombar à margem da vereda exibindo uma perna,
Acenar com a mão e dizer: "Já não posso trabalhar mais";
Podes despir-te até a cintura e mostrar o corpo,
Que as pessoas admirarão...[207]

Uma das técnicas de mendicância é se fingir de lobisomem, um estratagema que não encontramos nas descrições de mendigos dos outros países. A simulação dos homens transformados em lobos ou dos lobos com pele humana não leva no entanto ao canibalismo, geralmente associado à licantropia, mas à avidez pela carne, ao anseio de morder o gado.[208] Trata-se sobretudo de uma técnica para espantar os camponeses:

Ou às vezes fico atrás de uma estrebaria, uivando
Como um lobisomem, e eles levam um susto,
E logo correm à despensa, mandando-me um bom pedaço de carne...[209]

Uma das personagens da *Peregrynacja* (como também da *Tragedia*, só que ali sabemos disso apenas pelo índice das personagens)[210] tem o nome de *Wilkołek* (Lobisomem). Ela conta com detalhes como aterroriza os camponeses para extorquir-lhes esmola:

Amarrarei no traseiro um rabo peludo de lobo,
E ficarei repetindo: "Que vontade de comer carne,
Traz logo, mãe querida, antes que me dê um ataque".[211]

Wilkołek costuma esperar de fora, não entrar em casa, e exigir exclusivamente carne, fazendo jus à sua natureza de licantropo; age espalhando o medo, pois se acreditava que os lobisomens "estragavam o gado", jogavam praga nos animais.

Vale a pena lembrar que não é a primeira vez que encontramos a personagem do mendigo num contexto como esse, isto é, em relação com a cultura popular, com as superstições e práticas mágicas. A capacidade de tirar proveito das superstições, sobretudo das superstições das mulheres, é um dos modos de agir da profissão do mendigo, freqüentemente mencionado. Em outros casos porém não encontramos um uso tão explícito do medo como forma de extorsão da esmola: o mendigo ambulante do folclore polonês aparece como uma personagem aterrorizante.

Esse aspecto ameaçador da imagem dos mendigos está presente aliás em duas obras aqui examinadas. Na *Tragedia* o Comerciante grita que os mendigos roubam, matam, "causam danos com fogo", pois:

Vós, mendigos numerosos,
Incendiários, traidores, criminosos

Que andais pelo mundo inteiro,
Tanto no verão quanto no inverno,
Até na Turquia vagais
Conhecendo bem as entradas.[212]

Esse argumento funciona, de resto, em contextos mais amplos. É repetido depois pelo Comerciante: este sustenta serem os mendigos traidores que colaboram com os turcos (vv. 879-880); na *Peregrynacja dziadowska* os próprios mendigos se lembram de ter servido de espiões numa revolta de Semën Nalivajko, assim como junto do *hospodar* (governador) valáquio Mihaly Vajda (vv. 492-495) — os dois eventos ocorreram nos últimos anos do século XVI. A suspeita de traição se insere na imagem geral dos mendigos como indivíduos perigosos para a ordem pública, inimigos da sociedade organizada e elementos alienados da comunidade.

São astuciosos, vivem imaginando
Como irão prejudicar os outros.
Em nome de Deus pedem humildemente,
Mas trazem uma arma escondida.
Nos seus cajados, esse povo ímpio
Espetos de ferro leva escondidos.
Têm pedras no alforje,
Deles só se pode pensar mal.
Alguns carregam fuzis,
E por isso metem medo nas pessoas.
Por culpa deles já aconteceram
Tantos incêndios de cidades e aldeias.[213]

As acusações de prática da magia negra dirigidas contra os mendigos figuram entre os "malefícios às pessoas", numa época de caça às bruxas. Os mendigos põem fios diante das casas para causar danos "à saúde e aos alimentos" (v. 905), levam consigo uma galinha preta, lançam mau-olhado no gado, ocupam-se dos filtros de amor.[214]

Isso se refere sobretudo às companheiras dos *dziady*, as *baby*, mendigas cuja base profissional é justamente o curandeirismo e o conhecimento da magia.[215] Exercendo também a profissão de parteiras, elas conseguem facilmente penetrar na casa dos nobres. Uma série de discursos pronunciados pelas *baby*, no início em coro e depois isoladamente por Zwoniczka Stara, Chroma Baba, Guza Baba, Łabajka, Latawica e Stypa,* fornece um registro de práticas mágicas e de pedidos de encantamento e de curas, dos furtos e das fraudes, de envenenamentos, lenocídio e prostituição.[216] As mulheres reclamam do vício dos

(*) Nomes grotescos e alusivos. Traduzidos literalmente: Zwoniczka Stara = Velha Sineira; Chroma Baba = Mendiga Coxa; Guza Baba = Mendiga Mão-Leve; Łabajka = Bisca; Latawica = Feiticeira, e Stypa = Banquete Fúnebre. (N. T.)

mendigos, e depreendemos pelas suas afirmações ou pelas dos *dziady* que são elas que os sustentam, pois recebem mais esmolas, ganhando mais que os homens nas práticas suplementares da arte da mendicância.

Também a impiedade dos mendigos, que tanto contrastava com a devoção por eles manifestada, era uma prova da sua "estranheza" social. Eles declaram:

Não me importo com a fé; para que ter fé?
Sabes que tu mesmo vais todo contente lá aonde bem se recebe.
Ora, não só aos luteranos, mas irei até aos judeus,
Dizendo ser também um descendente de Davi.[217]

Os mendigos fazem pacto com o diabo, não observam os ditames da fé, só enganam os ingênuos com a sua devoção. Errando pelo mundo, adaptam-se sempre à religião dominante no país em que esmolam: "Em cada lugar a que cheguei tive uma fé diferente".[218]

No que se refere ao modo de vida do meio, descrito em ambas as obras, a peregrinação é um elemento fundamental. Na *Tragedia Żebracza* podemos adivinhá-la, pois a ação se desenvolve em Potok, perto de Częstochowa, e os mendigos respondem ao narrador quando perguntados de onde vieram:

Uns das montanhas chegaram, das planícies os outros,
Aqui nos reunimos todos;
E neste templo acolhedor
Aceitamos o que nos é oferecido.[219]

Assim, a vagabundagem pelas festas do padroeiro e pelas feiras era uma fonte de ganho. Na *Peregrynacja* esse era o assunto principal do diálogo entre os mendigos. Aliás já o próprio título da obra anuncia que se falará dos *dziady* — os mendigos ambulantes de feira. Embora com andamento próprio, todas as personagens deslocam-se pelo país inteiro, dirigindo-se para as localidades onde há feiras.[220] A vagabundagem se estende no espaço e no tempo: na Páscoa vai-se a Częstochowa, ao Novo Calvário (Kalwaria Lanckoronska) ou a Lezajsk; no Dia de Santo Adalberto, a Gniezno; no Dia de São João, à feira em Pilzen; no Dia de Nossa Senhora de Assunção, a Jaroslaw; no Dia de São Bartolomeu, à festa em Wielkie Leki etc. Após a colheita começa a "colheita" dos mendigos, porque "depois de São Bartolomeu há feiras por todo lado". A cidade de Cracóvia, onde as chances de obter esmolas são as maiores, recebe um elogio especial. O itinerário dos *dziady* abrange também os países estrangeiros: Roma, via Cracóvia e Viena (a "peregrinação a Roma" é sempre uma boa maneira de obter esmolas), Hungria, Valáquia, Prússia, Rus [antiga Ucrânia]: Eis o que diz o *dziad* Pedziwiatr [vento que corre]:

Já percorri o mundo todo, não posso mais vagar.
Na Polônia já me conhecem tanto quanto a moeda falsa,
Na Hungria e na Alemanha cada cão ao me ver ladra.

Na Itália, e além de Roma, na Espanha inteira,
Na Lituânia, em Moscou, na Samogícia, na Turquia e na Inglaterra,
Na Silésia, na Morávia, em Spis [Zips] e na Áustria;
Sei bem dizer quem, e onde, mora na Valáquia,
Na Prússia, na Podólia, por onde passei...[221]

Até um *dziad* cego, que não pode fazer longas viagens, passa a vida na beira da estrada. Uma vez levado à estrada, mal começa a mover os lábios, fingindo rezar, e já as moedas lhe caem na sacola.[222] Outro *dziad*, chamado Zajac [lebre], também não pensa em vagar longe, mas mesmo assim leva uma vida bastante movimentada. É um biscateiro, um vendedor de objetos velhos, que aliás pratica todas as outras formas de comércio, por exemplo, compra animais domésticos doentes para curá-los e vendê-los logo em seguida.[223] É natural que tanto para ele quanto para todo o grupo dos *dziady* representado na *Peregrynacja* a vagabundagem constitua um componente fundamental da profissão.

O discurso do "velho" *dziad* Chelpa fornece também a descrição do aspecto exterior dos mendigos ambulantes:

Mandai fazer clavas torneadas
E trouxas de couro todas iguais,
Chapéus de corda, rosários na cintura
E uma taça de cobre de meio garniec.*[224]

A vida errante exige uma certa legalização: é preciso obter do Conselho Municipal uma licença para mendigar, instrumento indispensável para um mendigo ambulante.[225] Um bom pretexto para exercer o ofício é desempenhar o papel de coletor de donativos para um hospital, para a construção de uma nova igreja ou para a compra de órgãos. Em casos semelhantes o mendigo traz não só a carta de autorização como também uma caixa pendurada no pescoço, e mesmo entregando, como deve, essa caixa ao pároco ou ao administrador do hospital, sempre consegue surrupiar alguma coisa para si, e além disso uma parte das esmolas ele recebe diretamente nas mãos.[226] As cartas desse tipo eram preciosas também nos países estrangeiros: na Hungria, por exemplo, era difícil receber esmola sem as cartas de apresentação da Polônia, devidamente carimbadas.

Tanto na *Tragedia* quando na *Peregrynacja* os grupos de mendigos apresentam alguns elementos de organização interna. Na primeira dessas obras temos um grupo (quase um bando de tordos, como diz o autor) que concomitantemente com a festa de bodas parece ocupar-se também dos problemas comunitários. Ficamos sabendo que os mendigos elegem um *wójt* e entregam-lhe um terço de sua renda. O *wójt* dirige os negócios dos mendigos e às vezes designa os

(*) *Garniec*: antiga unidade de medida equivalente a quatro litros. (N. T.)

seus colaboradores. Ao mendigo Wyrywant, escolhido para ser ajudante, ele diz:

Cuida bem para que não entre aqui
Alguém de um grêmio estranho,
Fazendo-nos de bobos,
Porque sozinho não consigo
Dar conta de tudo isso.[227]

O *wójt* dos mendigos representa também o poder judicial, porque é exatamente a ele que se dirige um comerciante com a queixa de ter sido espancado pelos mendigos. Os acusados chegam à conclusão de que é necessário oferecer um presente ao *wójt* para que a sentença lhes seja favorável. E assim acontece, porque o *wójt* "toma o partido dos seus".

O posto de *wójt* dos mendigos realmente existia, embora seja difícil definir as suas origens. Nos documentos ele é tratado como uma espécie de ofício público; em Lvov o *wójt* dos mendigos, chamado também juiz das *baby* (*iudex pedaneus*), é um funcionário municipal encarregado de vigiar os mendigos.[228]

Em Cracóvia, no ano de 1622, determinou-se a designação de quatro desses *wójt* para expulsar da cidade os mendigos, levando os doentes para o Hospital de São Roque (ao mesmo tempo, dez guardas de dia e o dobro à noite deviam proteger a cidade dos vagabundos): tudo isso faz parte das medidas tomadas pelas autoridades no tempo da epidemia.[229] Pode ser então que na *Tragedia żebracza* tenha ocorrido uma certa contaminação entre os termos, e que o *wójt* dos mendigos — que era um funcionário ou um guarda municipal — tenha sido confundido com o "ancião" dos mendigos, este efetivamente escolhido por eles.

No trecho acima citado aparece o termo "grêmio", mas este ainda não é um dado suficiente para que possamos provar a existência de uma corporação dos mendigos. Na *Peregrynacja* os elementos da organização corporativa aparecem de forma mais explícita. O já mencionado *dziad* Chelpa apresenta-se como "ancião" (v. 56) não em virtude da idade mas sim devido à função que exerce. Um dos mendigos que se dirige a ele — provavelmente sob a influência da *Tragedia* — chamando-o "senhor *wójt*" (v. 179) deve ser um ajudante, já que está justamente despachando grupos de mendigos para as várias direções. A existência das corporações de mendigos, chefiadas por um ancião, ou seja, um mestre da arte, é documentada em várias cidades polonesas da Idade Média e no século XVI.[230] No entanto essas organizações corporativas dos mendigos têm caráter local, agrupam os mendigos que vivem intramuros e embora saindo freqüentemente para as festas do padroeiro nas localidades vizinhas sempre retornam para ocupar o seu lugar habitual junto das igrejas. Em ambas as comédias aqui examinadas, porém, a organização corporativa é atribuída exatamente aos mendigos ambulantes, aos *dziady* de feira, que realizavam suas assembléias num determinado lugar, exatamente como vimos na literatura ocidental. A uma dessas organizações atribuíam-se elementos esotéricos; de fato os negócios dos mendigos deviam ser mantidos em segredo:

> *Os quais nunca se devem mencionar aos homens,*
> *Que ninguém saiba de nós, exceto Deus no céu.*

Os mendigos dispõem também de um instrumento que protege os segredos da sua profissão, um instrumento fundamental que é a sua própria linguagem secreta:

> *Pois entre vós tendes também uma língua líbica,*
> *Para que ninguém entenda o que falais entre si.*[231]

Quanto ao jargão dos ladrões, dispomos de vários testemunhos literários e documentais referentes à linguagem dos *wałtarz*, assim como de um certo léxico, ao passo que até agora a única referência à "língua líbica", isto é, o jargão dos mendigos, é a encontrada na *Peregrynacja*. Assim, não sabemos se se tratava realmente de uma linguagem distinta do jargão dos delinqüentes ou se era apenas uma variante com outro nome, usada pelos mendigos ambulantes, baseada num jargão popular dos vagabundos. Todavia parece provável que os mendigos, assim como os ladrões e os trapaceiros, dispusessem do seu próprio jargão. A confirmação disso modificaria a imagem sociológica do meio dos mendigos, conferindo-lhe traços característicos, uma coesão interna e até uma certa consciência de grupo.

Alguns historiadores da literatura demonstraram que há notáveis afinidades entre as duas obras, tanto no nível formal quanto no do conteúdo. Mas no tocante às atitudes perante os mendigos e à concepção geral da obra as diferenças são significativas. No que se refere ao caráter das duas obras podemos constatar que em termos gerais (o que, aliás, não passa de uma hipótese) a *Tragedia żebracza* se inscreve na tradição da vertente cômica do teatro medieval francês (que é continuado pelos *Colloquia* de Erasmo), enquanto a *Peregrynacja* parece se ligar ao contexto da sátira alemã sobre os mendigos (de Sebastian Brant e o *Liber vagatorum*, através de Mürner, até a literatura popular satírica da segunda metade do século XVI e de todo o século XVII). As duas obras apresentam também diferenças quanto à atitude perante a doutrina da mendicância.

A *Tragedia Żebracza* surge num momento em que a tônica na literatura européia e nas disputas doutrinais era a crítica aos mendigos. A imagem geral da profissão de mendigo é traçada em dois planos: de um lado as palavras do Comerciante exprimem uma violenta sátira às fraudes dos mendigos e denunciam o erro de dar esmola aos parasitas e aos ociosos, do outro as afirmações dos *dziady* (especialmente o monólogo de Pędziwiatr) traçam uma verdadeira apoteose da profissão do mendigo, do seu modo de viver e da liberdade própria da sua condição, que não tem igual nem mesmo entre os grandes soberanos.

Pędziwiatr, que já "tinha provado muitos sabores", mostra que a condição de mendigo é a melhor de todas. O "campo" dos mendigos é sempre fecundo, eles não possuem bens e a destruição da guerra não os pode atingir; não têm medo do roubo, não reconhecem nenhuma autoridade, são livres da servidão e dos tributos, são "justos perante Deus", e as pessoas devotas se comprazem em dar-lhes esmolas, acreditando que em retribuição ganharão rezas. Trata-se então de uma condição livre.

Muito livre é o nosso estado,
Embora dele não se agradem muito,
Supera o dos reis, príncipes e senhores
Burgueses e lavradores,
Porque o rei, o príncipe e o senhor
Devem se sujeitar a muitas fadigas,
Para os outros têm de trabalhar,
E muitas vezes se dão mal.[232]

Até mesmo as Sagradas Escrituras exaltam esse estado: aos mendigos, abençoados por Cristo, pertence o reino dos céus. Na réplica do Comerciante, que refuta esse elogio da mendicância, além da relação das fraudes há também uma crítica à doutrina da caridade. A esmola não é solução, pois os mendigos são falsos devotos: rezam apenas antes de receber esmola, parando imediatamente depois dela, e assim as suas orações não podem substituir a verdadeira piedade. É preciso pensar de modo diferente na salvação:

Cultivando a glória de Cristo,
Crendo Nele de todo coração,
Numa verdadeira comunhão
Ser para Ele um pobre de espírito.
E o próprio corpo oferecer,
Braços e pernas, só às coisas honestas,
Imitando sempre o seu Mestre![233]

O conteúdo doutrinal desses versos faz deles uma espécie de declaração de fé reformista. O elogio da riqueza, prova da bênção divina, a condenação da pobreza com que Deus pune os pecados e a referência às "Sagradas Escrituras sem nenhuma mancha de erro" (vv. 505-506) podem testemunhar uma influência protestante, calvinista em especial,[234] mas podem também manter-se no âmbito da reforma católica, sobretudo do pensamento erasmiano. Enfim, o discurso do Comerciante contra a "mendicância infame", contra a "miserável plebe dos mendigos" cuja infâmia não é uma exceção (como no caso das fraudes do comércio, denunciadas pelos mendigos) e sim a regra, contém a justificação das ações repressivas contra os mendigos.

Justa é a ordem que
Na cidade vos proíbe de entrar.
Mereceis ser expulsos das aldeias e cidades
E colocados atrás das grades.
Nas fogueiras os mendigos são queimados
Por seus saques e enganos.
Entre vós há bruxos
Dignos do carrasco e da forca.[235]

Um elemento novo em relação à *Ptochologia* de Erasmo é a acusação de que os mendigos praticam feitiçaria, além da menção à morte na fogueira como punição por bruxarias e fraudes. No diálogo *Ptochologia* o alquimista Misopone, um ex-pedinte, responde ao discurso laudatório da liberdade da vida mendicante pronunciado por Iryde: anuncia a decisão das cidades de expulsar os mendigos para além de suas muralhas, o que significa o fim dessa liberdade.[236] Também na legislação polonesa encontramos a ordem de expulsão dos mendigos: um ato do rei João Alberto, de 1496, prevê duras medidas repressivas contra eles.[237]

O estado fragmentário da obra não permite definir com toda a segurança a sua filiação doutrinal. Chama a atenção a semelhança da disputa entre o Comerciante e os mendigos e o diálogo entre Iryde e Misopone. Assim, a *Tragedia żebracza* se revela um texto hostil aos mendigos, que se destaca na grande controvérsia em torno da reforma da política social do século XVI.

Na *Peregrynacja dziadowska* já não encontramos a forte paixão desmascaradora da *Tragedia* e nem o incitamento à aplicação de meios repressivos. O repertório das fraudes não deixa porém nenhuma dúvida (assim como na obra de Sebastian Klonowic),* apresentando a profissão de mendigo com um enfoque negativo, como objeto de riso e escárnio. Falta aqui uma acusação geral, explicitamente formulada, contra a condição dos mendigos, tal como a que existe na *Tragedia*, uma vez que a *Peregrynacja* se limita a apresentar o comportamento dos mendigos e suas confidências. Esse procedimento é suficiente para comprometê-los, eles próprios se denunciam. Porém é característica a moldura com a qual o autor quis envolver a sua obra: o título, a introdução e as considerações finais dão-lhe um tom moralizante.

O próprio título já contém uma reserva, pois anuncia que a obra diz respeito sobretudo àquelas "vacas-de-presépio das feiras, que pululam nos lugares santos, e não aos que se sentam na frente das igrejas ou dos hospitais, atingidos por uma justa punição divina". Na invocação que faz ao leitor o autor dá um conselho numa convenção cômica: quem já enjoou do trabalho deve ir pa-

(*) Sebastian F. Klonowic (1545-1604): poeta renascentista, autor de obras em latim e polonês, entre elas *Worek judaszów* (A bolsa de Judas), de 1600, que retrata o meio dos malandros, vigaristas e falsos mendigos. (N. T.)

ra o meio dos mendigos, onde ganhará bem; ter o aspecto de um deles é muito fácil. Nos seus discursos os mendigos exaltam continuamente a própria profissão, sobretudo por meio do contraste com os outros ofícios, baseados na fadiga, e com a profissão de ladrão, sobre a qual pesa o medo do carrasco. A parte final da obra, a "Conclusão", tem uma importância fundamental, porque desenvolve a idéia do título. O autor não é absolutamente contrário à prática de dar esmola:

> *É bom dar esmola às* baby *e aos* dziady,
> *Mas só àqueles que conhecemos bem,*
> *Os que ficam nos hospitais ou na frente da igreja,*
> *Marcados no corpo por alguma moléstia.*[238]

Portanto deve-se dar esmola apenas aos mendigos conhecidos, aos doentes que pedem caridade na frente das igrejas ou aos que estão reclusos nos hospitais. Os mendigos apresentados na *Peregrynacja* não pertencem a essas categorias: se em alguma cidade ficam na frente da igreja, é só para se tornarem conhecidos e conseguir uma carta de apresentação das autoridades municipais antes de retomar o caminho. Fogem para o mais distante possível dos hospitais, em cujo benefício dificilmente se lembram de arrecadar dinheiro. Assim, aos verdadeiros mendigos pode-se dar esmola,

> *Mas não àqueles que vagam pelas feiras,*
> *Que em qualquer estrada, sujos de lama,*
> *Ficam bem na frente dos animais,*
> *De forma a ser impossível não os notar,*
> *Deitados como bois, torcendo a perna.*[239]

Todas as doenças exibidas são simuladas ou mantidas artificialmente, porque:

> *Qualquer vigarice, se for rendosa,*
> *É melhor para eles do que o trabalho braçal.*[240]

O objetivo da "Conclusão" é ideológico e doutrinal. A estrutura da *Peregrynacja* a dispensa, uma vez que os versos rítmicos do último relato do jovem *dziad* são por si próprios uma espécie de epílogo. Mas a situação já não é igual à da primeira metade do século XVI: há uma nova orientação na política social e na atitude cristã perante os pobres. O título e o epílogo da obra constituem portanto uma declaração de lealdade doutrinal: apenas os "falsos mendigos", inseridos na categoria de vagabundos, são objeto de escárnio, e não os verdadeiros pobres, aqueles que ficam na frente das igrejas e dos hospitais.

Na segunda metade do século XVI há um debate contínuo em torno das iniciativas beneficentes que as autoridades leigas e religiosas devem adotar em relação aos mendigos. Estas últimas foram obrigadas pelas resoluções do Concílio de Trento a realizar uma reforma do sistema de asilos, e as tentativas do cabido de Cracóvia de colocar os mendigos em asilos provam que as instituições eclesiásticas polonesas procuraram cumprir as diretrizes daquele Concílio.[241] Se as primeiras iniciativas desse tipo foram tomadas ainda no quadro de uma forte crítica aos mendigos e à esmola em geral, nos anos seguintes esse contexto se apaga e uma nova doutrina beneficente começa a funcionar. A atividade de Bernard Maciejowski (bispo de Łuck a partir de 1588, de Cracóvia a partir de 1600, de Gniezno a partir de 1606 e em 1605 nomeado cardeal), as deliberações dos sínodos da Igreja polonesa nos anos que precederam a publicação da *Peregrynacja*, as iniciativas beneficentes dos jesuítas, a fundação dos sodalícios e das confrarias de caridade[242] — tudo isso contribui para criar uma atmosfera bem diversa daquela da primeira metade do século XV. Incentivando a ajuda aos pobres, os sínodos apontavam como uma das causas do crescimento do número dos miseráveis a opressão dos camponeses pelos senhores. Mas isso não alterava os critérios fundamentais da ética do trabalho, e portanto a prática de caridade devia beneficiar apenas os que realmente não podiam trabalhar. Uma carta pastoral do cardeal Maciejowski exortava os párocos à vigilância, para que não fossem recebidos nos asilos os aptos para o trabalho, "evitando que sob o pretexto da caridade se incentive a preguiça". Deviam ser acolhidos apenas os doentes, os aleijados e os idosos incapazes de trabalhar, sobretudo os originários daquela localidade. Os párocos não deviam permitir que pedissem esmola diante da igreja os mendigos sãos de corpo que se recusavam a trabalhar, e as autoridades leigas deviam expulsá-los das cidades e aldeias.[243] A legislação contra a população "flutuante" punha em prática esse preceito de repressão aos vagabundos.[244] Portanto a mensagem do título e das palavras finais da *Peregrynacja* sintonizavam-se perfeitamente com a doutrina oficial e inseriam a sátira contra os *dziady* no âmbito da ortodoxia das atitudes sociais perante os mendigos.

A diversidade das condições sociais nos diferentes países da Europa central refletia-se nas diversas representações literárias da figura do pobre, do mendigo e do vagabundo. Às vezes esses protagonistas ocupavam o primeiro plano da cena literária, às vezes apareciam em posições secundárias. A galeria de personagens — do bufão ao bandido, do *dziad* da igreja ao tipo ameaçador — revela a variedade do seu próprio meio, assim como das atitudes sociais perante o mesmo.

Observações finais

UMA COSMOGRAFIA DA ANTI-SOCIEDADE

O autor anônimo de *La vida del pícaro*, obra do fim do século XVI ou início do XVII sobre a vida e os costumes dos carregadores e dos pobres da cidade,[1] antes de apresentar o tema em tercetos bem elaborados compara o seu empreendimento ao trabalho do cartógrafo. Porque este define as distâncias, marca a posição, estabelece as coordenadas de localidades e países em que nunca esteve. E justamente desse modo, *como diestro cosmographo* (v. 1), o autor pretende "picarizar", pois conhece a vida picaresca apenas de ouvir falar (*de oydas yo picariçando*; v. 7).

Essa comparação mostra, de forma bem concisa, o caráter das representações literárias do mundo dos miseráveis e vagabundos das quais nos ocupamos aqui. Trata-se de um olhar dado de fora para meios que, salvo uns poucos casos — Villon, Greene e Grimmelshausen tiveram contato direto com a realidade de que falaram —, os observadores não conhecem verdadeiramente. As obras aqui examinadas inserem-se no âmbito da cultura de elite. Nas últimas palavras do poema sobre a vida do pícaro o autor dirige-se aos *academicos mios* (v. 329); assim, ele endereça a sua obra ao público da academia literária, tentando ao mesmo tempo justificar por que propõe aos leitores essa viagem *en la olgarzana picardia* (v. 15). O grande número de obras literárias sobre a vida de vários grupos marginais testemunha sobretudo o grau de interesse dos autores e do público leitor por esses meios. Muitas vezes tivemos a oportunidade de constatar que tais representações integravam a cultura e a literatura da elite, e que foram absorvidas pelas elites sociais como produtos das elites intelectuais. A necessidade de *s'encanailler*, de sujar-se com as notícias sobre a vida social e moralmente indigna, assim como a necessidade psicológica de sentir um frêmito de horror diante do estranho e do desconhecido está presente nas culturas da elite de várias épocas. No desenvolvimento das literaturas "picarescas" — no sentido mais lato do termo — esse foi o fator principal, não menos importante que o "discurso invertido" dessa literatura, isto é, o modo de louvar os valores e normas vigentes por meio da apresentação de indivíduos e grupos que não os observavam. Mas esse tipo de literatura insere-se também na cultura de massa daquele tempo, conquistando um grande número de leitores e outro ainda maior de ouvintes. A curiosidade pelo crime acompanhava a curiosidade pela virtude, mas em nenhum desses casos tratava-se de interesse pelos fatos cotidianos, pois o que despertava o interesse era uma imagem idealizada, ou seja, exagerada, de um mundo diverso ou exótico.

A espécie de reportagem etnográfica, própria dessa literatura, distinguia-se pela construção livre do enredo. O fato de se dirigir ao leitor de massa — a massa daquele tempo — estabelecia limites para o potencial da invenção narrativa: uma vez que os relatos chegavam aos estratos mais baixos da população, corria-se o risco de tê-los confrontados com um patrimônio de informações reais sobre o mundo descrito. Se comparados com as obras de caráter e de programa conscientemente literários, os documentos que passaram a fazer parte daquela literatura revelam como a representação e a investigação seguiram percursos semelhantes. O conhecimento desse mundo escolhia caminhos diversos: ora se realizava mediante textos escritos, isto é, por meio de filiações, empréstimos e transcrições, ora com a observação direta, ou enfim se servindo de ambos os métodos (como Thomas Harman).

Ao conhecimento e à apresentação do mundo considerado como um corpo estranho à sociedade sobrepunham-se os estereótipos da consciência social daquele tempo. A sociedade européia tratava os outros sistemas como estruturalmente análogos à sua própria ordem, inserindo por exemplo os anjos numa estrutura hierárquica de tipo feudal ou transplantando os seus próprios sistemas e instituições para a organização dos povos indígenas do Novo Mundo. A imagem dos grupos que se encontravam fora da sociedade era construída a partir de uma ótica hierárquica própria da estrutura das sociedades da Europa de então.

Desse modo, o mais freqüente estereótipo em relação aos vagabundos e miseráveis era aquele da sua organização corporativa e hermética. Tal organização era apresentada conforme o modelo do artesanato, com as técnicas profissionais, a comunhão na distribuição dos bens, o sistema de educação e, enfim, a organização corporativa. A mendicância era tratada como uma profissão, a fraude era considerada uma arte, ao crime atribuíam-se técnicas profissionais. Quando numa imagem literária se reforçava a periculosidade de tais grupos para a ordem pública e o tema era uma ação criminosa, em lugar do modelo de organização artesanal aparecia o da organização militar, com sua estrutura e sua disciplina hierárquica, com seus métodos e costumes.

A convicção de que os grupos marginais tinham uma forte articulação interna contribuía às vezes para a criação da imagem da sua separação num Estado.[2] Um dos principais métodos de reconhecimento dos grupos marginais era a análise do seu jargão. As informações sobre uma linguagem específica, que penetravam na consciência social com maior facilidade, eram consideradas a prova de uma diferenciação levada ao extremo. De modo semelhante, a "monarquia do jargão" transformava-se numa comunidade definida por sinais distintivos de caráter antropológico (como a aparência externa e os costumes), político, cultural (o passado e a tradição comuns) e até territorial. O reino do crime era então um Estado dentro do Estado, dotado de um chefe próprio, uma polícia própria, um tesouro, impostos, uma assembléia representativa própria, baseada nos princípios da organização dos vários status sociais, e por fim uma vida regulamentada pelos costumes e leis. Obviamente essa imagem da unidade estatal tornava ainda mais ameaçadora a estranheza do mundo da miséria mas ao mesmo tempo o aproximava dos modelos correntes das sociedades organizadas, o que paradoxalmente atenuava o caráter misterioso de universo baseado em seus próprios princípios de gestão. Entretanto esse Estado no Estado não intranqüilizava menos, já que se tratava de uma ordem baseada na negação de toda ordem, de um Estado "anti-Estado", de uma sociedade anti-social. Assim, foi esse o principal modo de apreensão e de representação dos grupos situados fora da sociedade organizada: eles eram apresentados como uma anti-sociedade. Se por um lado as formas de convivência dos grupos e indivíduos naquele espaço de "desorganização social" eram análogas àquelas da "sociedade organizada", por outro todos os seus fins e valores haviam sofrido uma inversão. Chegava-se a inverter até os signos de valor: as vestes reais eram farrapos e o cetro era o cajado. O objetivo dos debates e das assembléias não era o bem, mas o dano público; os prêmios e as punições eram atribuídos ao contrário; a hierarquia social era um reflexo negativo dos ditames da religião e da moralidade pública. Visto que a existência da anti-sociedade se baseava na prática do crime e que a sua compacidade interna e seu senso de solidariedade derivavam da infração constante das normas vigentes, um quadro semelhante não era apenas uma representação de um mundo exótico mas também um instrumento de formação da opinião pública no tocante à atitude perante os grupos marginais. Descrevendo esses grupos como uma anti-sociedade a literatura introduzia na consciência social um estereótipo da sua estranheza, que funcionaria em seguida como um componente dos comportamentos etnocêntricos ou xenófobos. Assim, a literatura sobre os mendigos e vagabundos se inseria no âmbito de uma moderna reforma das instituições de assistência social e servia de instrumento de mudança das atitudes sociais em relação à pobreza.

As representações literárias modelaram a diversidade dos costumes e comportamentos desses grupos marginais segundo os padrões de uma anticultura. A eles se atribuía uma articulação de objetivos anti-sociais, assim como uma consciência da própria particularidade. As constituições e os estatutos fictícios sistematizavam em códigos morais a infração das normas vigentes. A consciência da própria particularidade devia estar enraizada na memória de um passado comum, por isso atribuía-se a esses grupos a autoria das lendas sobre as próprias origens, sobre os seus chefes e as personagens míticas — segundo os mesmos mecanismos que produziam a consciência histórica em geral. O quadro de uma anticultura comportava uma inversão das principais normas de comportamento. No campo da moralidade sexual repetia-se uma imagem de devassidão, sustentava-se que no mundo dos marginais essa conduta não era considerada pecado, que eles praticavam o homossexualismo e o incesto. Também as instituições da família e do matrimônio sofriam uma inversão semelhante: o matrimônio dura "até a morte" — quer dizer "até o cadáver de um cavalo" —, o que significa que era tão fácil dissolvê-lo quanto contraí-lo; não havia monogamia, e na ausência de um teto comum as ligações familiares assumiam um aspecto caricatural ou simplesmente não existiam. Enfim, nas narrativas sobre os marginais até mesmo a imagem da sua religiosidade assumia um aspecto negativo ou específico: eles eram acusados não só de impiedade, sacrilégio e perjúrio, mas também de praticar seus próprios cultos, diversos dos geralmente aceitos. A forma autobiográfica, que encontramos com tanta freqüência, transformava as descrições da vida dos vagabundos na confissão de um pecador, fato que acentuava ainda mais a contradição entre o seu modo de vida e os ditames da fé. Entre os estereótipos de representação dos mendigos e vagabundos encontramos também práticas de magia, ocultismo e relações com forças demoníacas. Mas, ao mesmo tempo, nas descrições de uma vida delinqüente podemos encontrar elementos de uma religiosidade universal que não diferem em nada dos modelos comuns de devoção.[3] A observação do comportamento desse meio provavelmente tolhia um desenvolvimento literário fantasista do tema da religiosidade — que se tratado com o mesmo radicalismo dos demais levaria à afirmação de uma descrença absoluta —, ao passo que em todos os outros domínios da "anticivilização" os marginais forneciam aos escritores terreno para grandes vôos de imaginação.

A psicologia do vagabundo, do mendigo e do delinqüente assumia nas representações literárias formas variáveis. Estas agrupam-se em três modelos principais. O primeiro era o mendigo ou vagabundo perigoso.[4] Os mecanismos de transmissão genética (o vagabundo era filho de um vagabundo, o mendigo, filho de um mendigo, o delinqüente, de um delinqüente), a sorte instável ou as más inclinações levavam ao desarraigamento social, à recusa de exercer uma função na sociedade, isto é, a recusa do trabalho, já que a maioria dessas pessoas era de condição plebéia. A aversão ao trabalho, à dependência ou à subalternidade eram as motivações mais freqüentes nesse quadro. O segundo modelo era uma personagem ridícula, fato condicionado não só pelo tipo de literatura que se ocupava dessa temática e pelas exigências dos seus leitores e ouvintes como também pela "sociologia do riso" da sociedade tradicional. O riso abalava as divisões sociais, hierárquicas e petrificadas; o aspecto ridículo de um *outsider* era mais um elemento que o excluía do mundo dos homens normais, assim como uma forma de racionalizar essa exclusão. O terceiro modelo de representação era, enfim, o tipo de homem dirigido pelos outros (*other-directed*),[5] privado de personalidade própria, um homem que sucumbia às más influências ou que se deixava levar pelas suas próprias inclinações malignas, que não sabia se opor à pecaminosidade da natureza humana ou às circunstâncias, adaptando-se à realidade em seus aspectos negativos e em suas exigências moralmente reprováveis. O modo de vida dos vagabundos excluía a estabilidade como fundamento de uma vida digna; a depravação era o resultado da instabilidade, e a debilidade de caráter dos protagonistas dessa literatura levava-os a desilusões contínuas, pois os objetivos alcançados eram sempre diversos dos pretendidos.[6] Uma construção desse tipo permitia atender com maior facilidade aos propósitos didáticos da literatura sobre o meio que vivia na anomia social.

Seria difícil descrever detalhadamente as imagens particulares da marginalização social criadas pelas várias literaturas européias. Elas evidenciam filiações, tanto no tempo quanto no espaço, e durante um longo período a imagem do mundo da marginalidade conservou um caráter geral, sem dar lugar aos destinos individuais. O traço principal e mais freqüente desse modo de vida era a vida sem domicílio fixo, mas os vagabundos, que constituíam uma categoria fundamental do mundo dos marginais, aliavam à vida errante a recusa ao trabalho e a constituir um núcleo familiar. A mendicância apresentava-se como um verdadeiro artesanato, ou antes, como um conjunto de atividades artesanais em torno das quais se constituía uma morfologia específica desse meio social. Enfim, a delinqüência profissional produzia grupos especializados, sobretudo no âmbito de dois diferentes sistemas de crime, o roubo e a rapina, mas também nos setores menos especializados profissionalmente, como os dos jogos de azar, do proxenetismo ou da fraude. Se as descrições gerais ressaltavam as diferenças entre os grupos, a especialização profissional e a avançada divisão do trabalho, nas biografias os protagonistas passavam de uma ocupação a outra, acumulavam vários "serviços", vários crimes, várias profissões.

Não foi intenção deste livro apresentar a verdadeira situação social dos grupos marginalizados. Porém é óbvio que uma reflexão sobre o lugar que o mundo da miséria e do crime ocupava na consciência social daquele tempo não pode ignorar a questão da relação entre a descrição literária e a realidade. Apenas algumas das obras aqui examinadas nasceram de uma observação direta; a maioria delas tem como fonte do relato uma experiência pessoal que na realidade é simulada. Essa simulação da verdade, além de ser um procedimento literário, repercutiu na acolhida a esse tipo de literatura, pois falava-se de indivíduos e grupos que apesar de terem costumes e estilo de vida exóticos permaneciam em contato contínuo com a sociedade. Assim, o leitor e o ouvinte podiam comparar a realidade apresentada na obra literária com as pessoas e os fatos com que a sua própria experiência os levara a entrar em contato. A demanda de informações sobre os grupos marginais estimulava o conhecimento do meio dos miseráveis: o discurso literário não separava a narrativa ficcional da realidade descrita. As relações entre essa literatura e a realidade eram complexas e não se davam num único sentido, da realidade para a representação literária. Os processos de imitação tomavam também o sentido inverso: a propagação das técnicas e dos costumes através dos textos literários contribuía para a sua absorção. A história de Robin Hood multiplicava os adeptos do banditismo, as descrições das fraudes dos mendigos eram receitas prontas para quem quisesse praticá-las, as narrativas sobre Eulenspiegel valorizavam a condição dos bufões. As filiações e os empréstimos, que pudemos observar nessas obras, atestam a sua escassa credibilidade como imagem da época, pois as referências históricas são sempre vagas. Mas são justamente esses processos de imitação dos modelos literários por parte da realidade que, mesmo ocorrendo em pequena escala, contribuem para tornar a descrição ficcional historicamente verossímil.

A constatação de coincidências no âmbito dos textos examinados leva-nos a considerar que entre eles houve empréstimos, filiações e imitações. Por outro lado essas coincidências podem ser o reflexo do desenvolvimento de um processo histórico que se estendia por todo o continente, independentemente das diferenças étnicas, culturais ou políticas. A profissão de mendigo e a condição de vagabundo geravam práticas, hábitos e costumes semelhantes na Alemanha, na Itália ou na Polônia. Basta lembrar que na literatura árabe medieval encontramos tanto um jargão dos mendigos e categorias de especialização profissional quanto práticas e nomes de fraudes semelhantes aos dos textos aqui examinados.[7] A descrição da realidade do mundo da miséria não era o objetivo principal da representação literária, e tampouco os autores estavam preocupados com a exatidão documental do relato. Na verdade a própria realidade impunha certos limites à narrativa, fornecendo uma matéria-prima de fatos e informações, mas a partir dela era a imaginação do autor que determinava a construção sociológica do quadro.

A literatura representava os indivíduos e os grupos marginais como um amálgama social definido sobretudo por fatores negativos (o que não tinham, aquilo em que não acreditavam, o que não respeitavam). Esse quadro negativo nos parece corresponder bastante aos processos que ocorriam na realidade social.

ANEXOS

1. CATEGORIAS DE VAGABUNDOS CONSTANTES DOS REGISTROS ALEMÃES DOS SÉCULOS XV-XVI

(segundo a edição de F. Kluge, *Rotwelsch*, Estrasburgo, 1901) Na seqüência dos textos

Basler Betrügnisse	*Mathias Kemnat*	*Liber vagatorum*
1. Grantener	1. Grantner	1. Breger
2. Sweiger	2. Schwigerer	2. Stabuler
3. Valkentreiger	3. Falkentreger	3. Lossner
4. Brasseln	4. Brasler oder Abent	4. Klenckner
5. Klant	5. Klant	5. Debisser oder Dopfer
6. Sunneweiger	6. Sonneweger	6. Kamniesierer
7. Sunneweigerin	7. Sonnewegerin	7. Vagierer
8. Bille	8. Junckfrauwen	8. Grantner
9. Juncfrowe	9. Mit der Bille gegangen	9. Dützer
10. Munische	10. Gutzbetterin	10. Schlepper
11. Küsche narunge	11. Clamerierer	11. Zickisse
12. Badune	12. Sparfelder	12. Schwanfelder oder Blickschlaher
13. Vermerin	13. Die mit der wolberg	13. Vopper und Vopperin
14. Theweser	14. Die mit der mutze	14. Dallinger
15. Klamerierer	15. Die mit der busch-narungh	15. Durtzbetterin
16. Gutzbeterin	16. Radune	16. Sündveger
17. Sefer	17. Wermerin	17. Sündvegerin
18. Blochart	18. Trebeser und Cam-bisirer	18. Biltregerin
19. Hantblinden	19. Geiser	19. Jungfrawen
20. Die mit dem bruch wandelent	20. Blochart	20. Mumsen
21. Spanfelder	21. Hawbtblinden	21. Ubern söntzen gangen
22. Vopper	22. Die mit dem Bruch wandlen	22. Randierer
23. Vopper, die da dlitzent	23. Wopper	23. Veranerin
24. Galatten	24. Glatten	24. Christianer oder Calmierer
25. Krochere	25. Krocherer	25. Seffer
26. Burckart	26. Burckhart	26. Schwerger
		27. Burckart
		28. Platschierer

2. CATEGORIAS DE VAGABUNDOS INGLESES

Awdeley (1561)	Harman (1566)	Harrison (1586)
1. Abraham Man	1. Abraham Man	1. Abrams
2. Ruffeler	2. Ruffler	2. Rufflers
3. Prygman	–	–
4. Whipiacke	3. Freshwater Mariner	3. Freshwater Mariners
5. Frater	4. Frater	4. Fraters
6. Quizebird	5. Prygger or Prauncers	5. Priggers of prancers
7. Upright Man	6. Upright Man	6. Uprightmen
8. Curtall	7. Roge	7. Rogues
9. Palliard	8. Pallyard	8. Paliards
10. Irishe Toyle	–	–
11. Iack Man	9. Iarkeman	9. Iarkeman or Patricoes
12. Swygman	10. Swadder or Pedler	10. Swadders or Pedlers
13. Washman	–	–
14. Tinkar	11. Droncken Tinckar	11. Drunken Tinkers
15. Wylde Roge	12. Wylde Roge	12. Wilde Rogues
16. Kitchen Co	13. Kynchen Co	13. Kinching cooe
17. Kitchen Mortes	14. Kynchin Morte	14. Kinching Morte
18. Doxie	15. Doxe	15. Doxie
19. Patriarke Co	16. Patrico	16. [Iarkeman or Patricoes]
	17. Hoker or Angglear	17. Hookers or Anglers
	18. Counterferet Cranke	–
	19. Dommerar	18. Dummerers
	20. Demander	19. Demander for glimmer
	21. Bawdy basket	20. Baudie Basket
	22. Autem Mort	21. Autem Morte
	23. Walking Mort	22. Walking Morte
	24. Dell	23. Delle

3. CATEGORIAS DE VAGABUNDOS FRANCESES

Le jargon	*Sauval*
1. Narquois	1. Narquois
2. Orphélins	2. Orphélins
3. Millards	–
4. Marcandiers	3. Marcandiers
5. Rifodez	4. Rifodés
6. Mallingreux	5. Malingreux
7. Capons	6. Capons
8. Piettres	7. Piètrus
9. Polissons	8. Polissons
10. Francs Mitoux	9. Francs Mitoux
11. Callos	10. Callols
12. Sabouleux	11. Sabouleux
13. Hubins	12. Hubins
14. Coquillards	13. Coquillarts
15. Courtaults de Boutanche	14. Courtaux de boutanche
16. Convertis	–

4. CATEGORIAS DE VAGABUNDOS ITALIANOS

Speculum cerretanorum	*Il vagabondo*
1. Acapones	1. Accaponi
2. Acatosi	2. Accattosi
3. Affrates	3. Affrati
4. Affarfantes	4. Affarfanti
5. Alacrimantes	5. Alacrimanti
6. Acadentes	6. Accadenti
7. Asciones	7. Ascioni
8. Atrementes	8. Attremanti
9. Admiracti	9. Admiracti
10. Acconi	10. Acconi
11. Attarantati	11. Attarantati
12. Apezentes	12. Apezzenti
13. Affarinati	13. Affarinati
14. Alampadati	14. Alampadati
15. Alacerbati	15. Alacerbanti, ovvero Protobianti
16. Affamiglioli	16. Affamiglioli
17. Biantes	17. Bianti
18. Bigamizantes	–
19. Cagnabaldi	18. Cagnabaldi
20. Christiani Sancti Ioannis	–
21. Calicidarii	19. Calicidarii
22. Cocchini	20. Cochini
23. Confitentes	–
24. Compatrizantes	21. Compatrizanti
25. Crociarii	22. Crociarii
26. Falpatores	23. Falpatori, ovvero Maestri delle arti
27. Falsibordones	24. Falsi bordoni
28. Felsi	25. Felsi
29. Iucchi	26. Iucchi, ovvero Ribattezzati
30. Lotores	27. Lotori
31. Morghigeni	28. Morghigeni
32. Mutuatores	29. Mutuatorio Imprestatori
33. Pauliani	30. Pauliani
34. Pauperes verecundi	31. Vergognosi
35. Prothomedici	–
36. Reliquiarii	32. Reliquiarii
37. Spectini	33. Spectini
38. Semifoenorequites	–
39. Testatores	34. Testatori

5. CATEGORIAS DE MENDIGOS ROMANOS (1595)

Pompeo	*Antonio*
1. Grancetti	1. Granci
2. Strasciti	2. Strasciti
3. Baroni	3. Baroni
4. Gruitti	4. Gruitti
5. Gonsi	5. Gonzi
6. Sbrisci	6. Sbrisci
7. Farfogli	7. Farfogli
8. Pistolfi	8. Pistolfi
9. Trabocchi	9. Trabocchi
10. Rabrunati	10. Rabbrunati
11. Dabbelolmi	11. Bilorni (Dabellomi)
12. Formigotti	12. Formigotti
13. Formiche Coffie	13. Formiche Coffie
14. Guaracci over Fuoco over Maggio	14. Gallenii, Fuoco, Maggio
15. Fogliaroli	15. Bruchi
16. Buratti (Burattini, Ballarini)	16. Burratini, Ballarini
17. Burchiaroli	17. Burchiaroli
18. Biganti	18. Biganti
19. Cagnarde i Landre	19. Landre i Cagnarde
	20. Strascinatori
	21. Imbonitori
	22. Posteggiatori
	23. Moscardini
	24. Mandragole
	25. Abbici
	26. Succhiatori
	27. Suaschi
	28. Gratusanni
	29. Falchi
	30. Marmoti
	31. Contrasti
	32. Spillatori
	33. Incostatori
	34. Caminini

6. CATEGORIAS DE LADRÕES SEGUNDO CARLOS GARCIA

La desordenada codicía	*Antiquité des larrons*	*The sonne of the rogue*
1. Salteadores	1. Voleurs	1. Robbers
2. Estafadores	2. Stasadours	2. Staffadours
3. Capeadores	3. Tireurs de laine	3. Drawers of wool
4. Grumetes	4. Grumets	4. Grumets
5. Apóstoles	5. Apostres	5. Apostles
6. Duendes	6. Duendes ou latins	6. Duendes a larins

Pompeo	*Antonio*	*Pompeo*
7.Maletas	7.Mallettes	7.Mallets
8. Cigareros	8. Cigarers	8. Cigarets
9. Cortabolsas	9. Coupeurs de bourses	9. Cut-purses
10. Sátyros	10. Satyres	10. Satyrs
11. Devotos	11. Devots	11. Devont
12. Mayordomos	12. Maistres d'hostel	12. Gouvernours of the house*
13. Dacianos	13. Dacians	13. Dacians

(*) Também: "Overseers of the house".

NOTAS

INTRODUÇÃO (pp. 7-11)

(1) Uma tentativa de análise comparativa das obras de Gay e de Brecht foi feita por C. Tolksdorf (*John Gaus "Beggar's opera" und Bert Brechts "Dreigroschenoper"*. Diss., Bonn, 1934; Rheinberg, 1934), que no entanto se limitou apenas a uma comparação da matéria literária das duas obras e da sua procedência genealógica.

(2) São exatamente essas as indicações dirigidas pelo autor aos atores: Bertold Brecht, *Ópera dos três vinténs*, in Teatro Completo, Paz e Terra, trad. de W. Bader, M. Roma Santa, W. Selanski, Rio de Janeiro, 1988, vol. 3, p. 25.

(3) Idem, ibidem, p. 77.

(4) Cf. *Recueils de la Société Jean Bodin*, IX-X: *L'étranger*, Bruxelas, 1958, sobretudo: IX e pp. 27 e segs. e 32 e segs.

(5) Meu objetivo não é examinar um tipo social como tema literário, como fez E. von Kraemer em relação ao mendigo nas literaturas românticas ou N. Salomon em relação ao camponês na literatura espanhola.

1. *A LITERATURA DA MISÉRIA* (pp. 13-40)

(1) P. Guiraud, *Les ballades de la coquille de François Villon*, Paris, 1968. Cf. também do mesmo autor, *Le testament de Villon*, Paris, 1970.

(2) Lucien Febvre fez observações pertinentes sobre a importância da "cultura oral" em relação à época da Renascença: L. Febvre, *Le problème de l'incroyance au XVIe siècle. La religion de Rabelais*, Paris, 1942, pp. 471 e segs. Cf. também R. Mandrou, *Introduction à la France moderne. Essai de psychologie historique*, Paris, 1961, pp. 70 e segs.

(3) O. Dobiache-Rojdestvensky, *Les poésies des goliards*, Paris, 1931 ("Textes du christianisme"), pp. 78 e segs. Cf. J. Ptaśnik, *Kultura wieków średnich* [A cultura da Idade Média], Varsóvia, 1925, pp. 141 e segs., e H. Waddell, *Medieval latin lyrics*, Londres, 1948.

(4) *Recueil des poésies françoises des XVe et XVIe siècles*, ed. A. de Montaiglon, Paris, 1856, vol. V, pp. 142-154. Cf. E. von Kraemer, *Le type du faux mendiant dans les littératures romanes depuis le Moyen Age jusqu'au XVIIe siècle*, Helsingfors, 1944 (Societas Scientiarum Fennica. Commentationes Humanorum Litterarum, XII, 6), pp. 201-210.

(5) E. Gilson, "De la Bible à François Villon", in *Les idées et les lettres*, Paris, 1932, pp. 9 e segs.; L. Foulet, "Villon et la scolastique" in *Romania*, LXV, 1939, pp. 457 e segs.

(6) F. Villon, *Oeuvres*, ed. A. Longnon-L.Foulet, Paris, 1935 (Les Classiques du Moyen Âge), pp. 40 e segs.

(7) R. H. Tawney, *Social history and literature*, Londres, 1950 (nova edição: Folcroft Library Editions, Nova York, 1977), p. 11: "The enjoyment of great literature is an end, not a means;

and only a barbarian would degrade its timeless truths to the status of materials for a humbler art". [A fruição da grande literatura é um fim, não um meio; e somente um bárbaro reduziria as suas verdades atemporais ao status de material para uma arte mais modesta".]

(8) Idem, ibidem, p. 12.

(9) Cf. G. Reynier, *Les origines du roman réaliste*, Paris, 1912, e também Slatkine Reprints, Genebra, 1969, pp. 12 e segs.

(10) Cf. as considerações críticas de R. H. Tawney citadas na nota 7.

(11) G. Renier, op. cit., cap. I.

(12) No trabalho *Litośći szubienica. Dzieje postaw społecznych wobec nędzydi* [A compaixão e a forca. História das atitudes sociais perante a miséria] examino mais detalhadamente essa problemática.

(13) Há uma ampla caracterização desses processos no livro de M. Małowist, *Wschód a Zachód Europy w XIII-XVI wiekudi* [O leste e o oeste da Europa nos séculos XIII-XVI], Varsóvia, 1973.

(14) F. Braudel e F. C. Spooner, *Prices in Europe from 1450 to 1750*, in *Cambridge Economic History of Europe*, Cambridge, 1967, vol. IV, pp. 425 e segs. Cf. também uma apresentação sintética desse tema em W. Abel, *Massenarmut und Hungerkrisen im vorindustriellen Europa. Versuch einer Synopsis*, Hamburgo-Berlim, 1974.

(15) Cit. por S. Roux, *La maison dans l'histoire*, Paris, 1976, p. 196 (trata-se de Godefroy Hermant).

(16) As obras básicas sobre esse tema são: F. C. B. Avé-Lallemant, *Das deutsche Gaunerthum in seiner social-politischen, literarischen und linguistischen Ausbildung zu seinem heutigen Bestande*, vol. I-IV, Leipzig, 1852-1862 e F. Kluge, *Rotwelsch, Quellen und Wortschatz der Gaunersprache und der verwandten Geheimsprachen*, Estrasburgo, 1901; no entanto a antologia de Kluge se concentra na problemática da linguagem particular, e não na imagem literária do meio, e por isso omite grande parte das obras literárias. Um esboço muito bom (que inclui uma bibliografia das obras mais antigas) é apresentado por F. W. Chandler em *The literature of roguery*, Nova York, 1907 (reed. em 1958), vol. I, pp. 26-32 e 41-43.

(17) Há uma bibliografia em J. M. Wagner, *Anzeige: The book of the vagabonds and beggars. Liber vagatorum*, in *Serapaeum*, XXIII, 1862, pp. 103-108, 113-117. Cf. a tradução inglesa dessa obra: D. B. Thomas, *The book of vagabonds and beggars with a vocabulary of their language and a preface by Martin Luther*, Londres, 1932, pp. 19-36, onde são mencionadas quarenta edições alemãs dos séculos XVI-XVIII e uma tradução holandesa de 1613.

(18) Edições críticas: *Ulenspiegel*, ed. W. Krogmann, Neumünster, 1952 e *Ein Kurtzweilig Lesen von Dil Ulenspiegel*, ed. W. Lindow, Stuttgart, 1966. Há uma bibliografia em P. Honegger, *Ulenspiegel. Ein Beitrag zur Druckgeschichte und zur Verfassenfrage*, Neumünster, 1973. O trabalho de D. Th. Enklaar (*Uit Ulenspiegel's Kring*, Assen, 1940, *Van Gorcum's Historische Bibliotheek*, vol. XXIII, pp. 11-46) mostra os traços do errante e do vagabundo na imagem do protagonista da obra.

(19) Da extensa bibliografia relativa a Grimmelshausen citemos apenas: *Der Simplicissimusdichter und sein Werk*, ed. G. Weydt, Darmstadt, 1969; G. Weydt, *Hans Jacob Christoffel Grimmelshausen*, Stuttgart, 1971, e o livro de K. Negus, *Grimmelshausen*, Nova York, 1974, que contém uma bibliografia básica.

(20) Há um estudo monográfico de 1944 sobre esse tema, de E. von Kraemer, op. cit., com uma análise profunda do motivo do cego e seu criado; a presença desse tema no teatro medieval francês foi analisada antes por G. Cohen, "La scène de l'aveugle et de son valet dans le théâtre français du Moyen Âge", in *Romania*, XII, 1912, pp. 346-372, e os temas do cego e do paralítico foram apresentados pelo mesmo autor no artigo "Le thème de l'aveugle et du paralytique dans la littérature française", in *Mélanges offerts à M. Emile Picot*, Paris, 1913, vol. II, pp. 393-404.

(21) A monografia mais completa sobre esse meio continua sendo: P. Champion, *François Villon, sa vie et son temps*, Paris, 1913 (Bibliothèque du XVe Siècle, vols. XX-XXI). Cf. também B. Geremek, *Życie codzienne w Pary żu Franciszka Villona* [A vida cotidiana na Paris de François Villon], Varsóvia, 1972.

(22) *Le grant regret et complainte du preux et vaillant capitaine Ragot, très scientifique en l'art de parfaicte belistrerie*, in *Recueil des poésies françoises des XVe et XVIe siècles*, vol. V, ed. A. de Montaiglon, Paris, 1856, pp. 137-154.

(23) L. Sainéan publicou uma antologia dessa literatura (*Les sources de l'argot ancien*, Paris, 1912, vol. I), que tem suas características gerais expostas no artigo de R. Chartier, "Les élites et les gueux. Quelques représentations (XVIe-XVIIe siècles)", in *Revue d'Histoire Moderne et Contemporaine*, XXI, 1974, pp. 376-388. Continua sendo valiosa a bibliografia de R. Ive-Plesis, *Bibliographie raisonnée de l'argot et de la langue verte*, Paris, 1902, que foi o ponto de partida para a antologia de Sainéan.

(24) F. W. Chandler, op. cit., pp. 15-25.

(25) Há alguns dados em E. v. Kraemer, op. cit., pp. 156-164, 191-194, 273-279; encontram-se muitas informações na extensa mas algo desordenada introdução de Piero Camporesi à antologia *Il libro dei vagabondi*, Turim, 1973 (Nuova Universale Einaudi 145).

(26) É preciso chamar atenção para a ambivalência dessa imagem, no caso italiano mais acentuada que no francês; a repressão aos mendigos é muito realista e convincente, ainda mais sendo proferida por Hipócrita, o mendigo que é objeto da sátira.

(27) G. Boccaccio, *Decameron*, trad. de Torrieri Guimarães, São Paulo, 1971.

(28) *Canti carnascialeschi del Rinascimento*, ed. Ch. S. Singleton, Bari, 1936, e *Nuovi canti carnascialeschi del Rinascimento*, ed. Ch. S. Singleton, Modena, 1940. Cf. P. Camporesi, op. cit., pp. XXXIX-XLII.

(29) A bibliografia desse tema é enorme. Apresentam-na: J. L. Laurenti, *Bibliografia de la literatura picaresca*, Metuchen, Nova York, 1973 e J. Ricapito, *Bibliografía razonada y anotada de las obras maestras de la novela picaresca española*, Madri, 1976. As melhores antologias dessa literatura são: *La novela picaresca española*, ed. A. Valbuena Prat, Madri, 1974; A. del Monte, *Itinerario del romanzo picaresco spagnolo*, Florença, 1957 (e a sua tradução espanhola, Barcelona, 1971), e M. Molho, "Introduction à la pensée picaresque", in *Romans picaresques espagnoles*, ed. M. Molho e J. F. Reille, Paris, 1968 (também publicada isoladamente como livro em tradução espanhola, Salamanca, 1972). Essas obras constituem a melhor introdução à literatura picaresca.

(30) Arcipreste de Hita, *Libro de buen amor*, ed. J. Cejador y Frauca, Madri, 1960, vol. II, pp. 287-293. Sobre essa obra cf. *"Libro de buen amor" studies*, ed. G. B. Gybbon-Monypenny, Londres, 1970. Houve tentativas (Menéndes y Pelayo) de tratar o romance autobiográfico de Juan Ruiz como o primeiro romance picaresco. Ch. J. Whitbourn, no seu trabalho *Moral ambiguity in the Spanish picaresque tradition in knaves and swindlers*, ed. Ch. J. Whitbourn, Londres, 1974, pp. 1-2, considera esse romance o "predecessor" do romance picaresco espanhol. Também F. Monteser, no livro *The picaresque element in western literature*, University of Alabama Press, 1975, p. 6, considera *La Celestina* de Ferdinando de Rojas uma predecessora do romance picaresco e vê traços dela no *Libro de buen amor*.

(31) Cf. J. M. Caso Gonzáles, "La primera edición del Lazarillo de Tormes y su relación con los testos de 1554", in *Studia hispanica in honorem R. Lapesa*, Madri, 1972-1975, vol. I, pp. 189-206 (a primeira edição é de 1540).

(32) M. Menéndez y Pelayo, *Origenes de la novela*, Madri, 1905-1915, vol. II, pp. 137-141; E. von Kraemer, op. cit., pp. 216 e segs.

(33) M. Bataillon, *Erasme et l'Espagne. Recherches sur l'histoire spirituelle du XVIe siècle*, Paris, 1937, p. 714; cf. também "Nouvelles recherches sur le voyage en Turquie", in *Romance Philology*, V, 1951-1952, pp. 77-97. Antigamente essa obra era atribuída a Cristóbal de Villalón.

(34) E. Cros, *Mateo Alemán. Introdución a su vida y a su obra*, Salamanca, 1971.

(35) C. Guillén, *Literature as system*, Princeton, 1971. O autor afirma ter encontrado 25 edições da primeira parte até 1605.

(36) E. Cros, *L'aristocrate et le carnaval des gueux. Étude sur le "Buscon" de Quevedo*, Montpellier, 1975 (estudo de crítica sociológica).

(37) Sobre o papel do jargão na literatura espanhola dos séculos XVI e XVII cf. R. Salillas, *El delincuente español. El lenguaje*, Madri, 1896, pp. 71 e segs.

(38) J. M. Hill, *Poesias germanescas*, Bloomington, 1945; do mesmo autor: *Voces germanescas*, Bloomington, 1949.

(39) A história da obra é apresentada por Giulio Massano na introdução da sua edição: *La desordonada codicia de los bienes agenos*, Madri, 1977 (e anteriormente: PhD, Catholic University of America, Washington, 1974).

(40) E. von Kraemer, op. cit., pp. 194 e segs.

(41) "*Parabola coenae*", in *Biblioteca de Autores Españoles*, vol. 58: *Autos sacramentales*, Madri, 1865, pp. 122-132 (a questão dos mendigos: pp. 126-130).

(42) F. de Haan, *Outline of the history of the novela picaresca in Spain*, Haia, 1903.

(43) F. W. Chandler, op. cit., escreve à p. 35: "Direct current of the literature of roguery flowed from Spain through France to England".

(44) W. Langland, *The vision of William concerning Piers Plowman*, ed. W. W. Skeat, Oxford, 1876; cf. R. St. Jacques, "Les mendiants dans l'épopée anglaise", in *Aspects de la marginalité au Moyen Âge*, Montreal, 1975, pp. 24-33.

(45) C. J. Ribton-Turner, *A history of vagrants and vagrancy and beggars and begging*, Londres, 1887 (reeditado por Martclair, Nova York, 1972), pp. 54-67.

(46) Cf. J. Mann, *Chaucer and medieval estates satire*, Cambridge, 1973.

(47) O *corpus* fundamental dessa literatura, de Copland a Gyffon (1626), foi publicado em: *The Elizabethan underworld*, ed. A. V. Judges, Londres, 1930; Judges data a obra de Copland em 1535-1536, mas geralmente se considera 1536 a data de edição. Sobre a literatura dos vagabundos inglesa cf.: F. W. Chandler, op. cit.; F. Aydelotte, *Elizabethan rogues and vagabonds*, Oxford, 1913 (reeditado em 1975); R. Fuller, *The beggars brotherhood*, Londres, 1936; J. A. S. McPeek, *The black book of knawes and unthrifts in Shakespeare and other Renaissance authors*, Storrs, Conn., 1969.

(48) Idem, ibidem, p. 2: "Of these two estates there be four degrees:/ A rich poor poor, a rich poor also,/ A poor, rich in all necessities./ The two can agree, but the other, no".

(49) Em *The Cambridge history of English literature*, Cambridge, 1932, p. 103, H. von Routh considera essas três categorias como aquelas que definem o tipo de "*gentleman thief*".

(50) Cerca de vinte desses nomes foram realmente encontrados nos arquivos dos tribunais da época, sendo que alguns deles integravam as listas de vagabundos detidos durante as "caçadas" de 1571-1572: F. Aydelotte, op. cit., pp. 150 e segs.

(51) F. W. Chandler, op. cit., pp. 90 e segs.

(52) *Elizabethan underworld*, op. cit., p. 34.

(53) Eis as bibliografias sobre Greene: S. A. Tannenbaum, *Robert Greene — A concise bibliography*, Nova York, 1939 (Elizabethan Bibliography, 8); A. F. Allison, *Robert Greene, 1558-1592. A bibliographical catalogue of the early editions in English* (*to 1640*), Londres, 1975.

(54) F. Aydelotte, op. cit., p. 127.

(55) F. W. Chandler, op. cit., pp. 111-128. Cf. também A. Smith, *A complete history of the lives and robberies of the most notorius highwaymen, footpads, shoplifts and cheats of both sexes*, Londres, 1719, 5ª ed. (nova edição: ed. A. L. Hayward, Londres, 1926); F. W. Chandler, op. cit., pp. 211-221.

(56) F. W. Chandler, op. cit., pp. 50 e segs., 222 e segs.; J. A. S. McPeek, op. cit., caps. V-IX.

(57) Cf. F. Aydelotte, op. cit., p. 137.

(58) *Dramaty staropolskie. Antologia* [Dramas poloneses antigos. Antologia], ed. J. Lewański, vol. 1, Varsóvia, 1959, pp. 229-269; J. Magnuszewski, "*Z rozwazan nad 'Tragedia żebraczą' (geneza, powiązania literackie)*" [Reflexões sobre a Tragédia dos mendigos (gênese, relações literárias)], in *Franku Wollmanowi k sedmdésatinèm, Sbornik prací* [A Frank Wollman em seu setuagésimo aniversário. Coletânea], Praga, 1958, pp. 55 e segs.

(59) *Frantova prava* [As leis do bufão], ed. C. Zibrt, Praga, 1904; *Frantove a rrobiáni* [Bufões e ladrões], ed. J. Kolár, Praga, 1959; cf. F. Spina, *Beiträge zu den deutsch-slavischen Literaturbeziehungen*, I, *Die alttschechische Schelmenzunft "Frantova prava"*, Praga, 1909; J. Magnuszewski,"Frantowe prawa w literaturze czeskiej i polskiej" [As leis do bufão nas literaturas tcheca e polonesa], in *Z Polskich Studiów Slawistycznych* [Estudos eslavísticos poloneses], vol. II, *Prace historycznoliterackie na IV Międzynarodowy Kongres Slawistów w Moskwie 1958* [Estudos de história de literatura do IV Congresso Internacional de Eslavistas, realizado em Moscou no ano de 1958], Varsóvia, 1958, pp. 37 e segs.

(60) J. Bystroń, *Dzieje obyczajów w dawnej Polscefi* [História dos costumes na Polônia antiga], vol. II, pp. 322 e segs.; W. Maisel, "Poznański słowniczek żargonu slodzíejskiego *z* XVI *w*" [Pequeno dicionário de jargão dos ladrões de Poznan], in *Język Polski*, XXXVI, 1956, pp. 74 e segs.

(61) *Antologia literatury sowi żdrzalskiej* [Antologia da literatura de sovizralo], ed. S. Grzeszczuk, Varsóvia, 1966; cf. S. Grzeszczuk, *Błazeńskie zwierciadło* [O espelho do bufão], Cracóvia, 1970; cf. também do mesmo autor *Nobilitacja Albertusa* [A nobilitação de Albertus], Wroclaw, 1974.

(62) W. Ochmanski, *Zbójnictwo góralskie* [O banditismo montanhês], Varsóvia, 1950; A. Melicherčik, *Juraj Janosik*, Praga, 1956; Z. Piasecki, *Byli chłopcy, byli... Zbójnictwo karpackie — prawda historyczna, folklor i literatura polska* [Havia rapazes, havia... O banditismo nos Cárpatos — a verdade histórica, o folclore e a literatura polonesa], Cracóvia, 1973. Cf. também E. J. Hobsbawm, *The bandits*, Londres, 1969.

(63) D. S. Lichačev, A. M. Pančenko, *Smechovoj mir drevnej Rusi* [O mundo do riso da Rússia antiga], Leningrado, 1976.

2. *A DESCOBERTA DE UM "OUTRO MUNDO"* (pp. 41-86)

(1) *Epistolae Karolini Aevi*, ed. E. Dümmler, vol. II, Berlim, 1985, p. 32.

(2) F. A. Yates, *L'arte della memoria*, Turim, 1979.

(3) Cf. B. Olszewicz, *Legendy geograficzne śedniowiecza* [Lendas geográficas da Idade Média], Cracóvia, 1927.

(4) R. Bernheimer, *Wild men in the Middle Ages*, Cambridge, 1952; G. Cocchiara, *Storia del folklore in Europa*, Turim, 1954.

(5) Com relação à legislação inglesa, Ribton-Turner (op. cit., p. 60) afirma que a diferenciação entre os mendigos capazes e os incapazes para o trabalho é aplicada pela primeira vez no estatuto de Ricardo II de 1388, que por isso pode ser considerado o ato primordial do direito inglês a respeito dos pobres. Porém os elementos dessa diferenciação são visíveis nas leis francesa e inglesa do tempo da Peste Negra.

(6) C. J. Ribton-Turner, op. cit., pp. 59-62.

(7) Idem, ibidem, p. 64: "Toutz Trrois et Clercs Irrois mendinauntz appellez Chaumberdeakyns".

(8) B. Geremek, "La lutte contre le vagabondage à Paris aux XIVe et XVe siècles", in *Ricerche storiche ed economiche in memoria di Corrado Barbagallo*, Nápoles, 1970, pp. 234-236.

(9) F. Kluge, op. cit., pp. 1-3.

(10) Idem, ibidem, p. 1.

(11) Idem, ibidem, p. 2.

(12) Idem, ibidem, p. 2.

(13) Idem, ibidem, p. 3.

(14) Idem, ibidem, pp. 8-16.

(15) *Ioh. Heumanni exercitationes iuris universi praecipue germanici*, Altorfii, 1479, pp. 174-181.

(16) Heumann (op. cit., p. 174) — assim como o manuscrito de Estrasburgo — junta a esses dois grupos o dos "vigaristas" (isto é, dos *lieger*, em vez dos *giler*).

(17) Ainda mais conseqüente é nesse caso o registro na *Crônica*, de Mathias von Kemnat (*Chronik Friedrichs I des Siegreichen, Quellen zur Geschichte Friedrichis des Siegreichen*, vol. II, ed. C. Hoffmann, Munique, 1862, p. 102), o qual, no lugar em que o documento de Basiléia registrava apenas o nome da técnica de fraude, fornece o nome do subgrupo.

(18) Mathias von Kemnat (op. cit., p. 103) apresenta aqui uma outra interpretação dessa palavra: os *Branseln* eram aqueles que usavam próteses de braços e pernas.

(19) F. Kluge, op. cit., p. 12: "Und sprechen ir etlich in sie in viertzehen tagen ein kint gestorben, wiewol ir etliche in zehen jaren hye kint gemachte".

(20) Mathias von Kemnat (op. cit., p. 105) define-os como *die mit der Mütze*, dizendo que eles se fingem de begardos ou *lollardos* e andam junto com a mulher.

(21) Idem, ibidem, p. 12: "Und wenn sy nach drye Tagen in die Badstuben gond, so ist es wider abe". Mathias von Kemnat não menciona essa categoria, incluindo-a no grupo dos "*Brasler oder Abent*" (no documento de Basiléia "*Abent*" é o nome da pomada usada pelos *Sefer*).

(22) Mathias von Kemnat (op. cit., p. 108) os define como *Krocherin*.

(23) Esta última denominação aparece também na crônica de Frederico I (Mathias von Kemnat, op. cit., p. 108, *sant Anthis feuwer*).

(24) Esse documento foi editado pela primeira vez, parcialmente, por J. Garnier (*Les Compagnons de la Coquille, Chronique dijonnaise du XVe siècle*, Dijon, 1842), depois, em extensos fragmentos, por Marcel Schwob (*Mémoires de la Société de Linguistique*, VII, 1982) até que por fim L. Sainéan publicou na íntegra uma cópia dele, preparada por Marcel Schwob (*Les sources*, op. cit., pp. 87-110); aqui nos referimos a essa última edição.

(25) Idem, ibidem, p. 88: "Après ce qu'ilz ont prins et osté a leurs povres filles communes, qu'ilz maintiennent audit bordeaul, tout ce qu'ilz peuvent avoir d'elles...".

(26) Idem, ibidem, p. 89: "Item chacune tromperie dont ilz usent a son nom en leur jargon et ne les sçauroit aulcun entendre s'il n'est de leur sorte et serement, ou se aulcun d'eulx ne le revele a aultre".

(27) Idem, ibidem, p. 90: "l'ung d'eulx estoit plus cler, mains malicieux et plus liberal".

(28) "[Acima citados Coquillards] ont en leur langaige divers noms et ne scevent pas tous toutes les sciences ou tromperies dont oud, cas est faite mencion. Mais sont les ungz habiles a faire une chose; et les aultres a faire une aultre chose; et quand ilz se debatent l'ung contre l'autre, chacun reprouche a son compaignon ce de quoy il scet servir en la science..."

(29) A lista de dezesseis categorias aparece no início do documento de Robustel, vindo depois a explicação dos termos. Entre as duas listas há algumas diferenças; da primeira consta a categoria *estuveurs*, omitida nas explicações, onde aparecem novas categorias como *confermeur de la balade*, *long* e *maistre* (idem, ibidem, p. 95).

(30) Idem, ibidem, p. 107.

(31) Idem, ibidem, p. 412: "On dit en ceste ville que vous avez le grant Caym de la crocheterie".

(32) Idem, ibidem, p. 108: "Dit qu'il jouhe aulcunes fois aux dez, a saint merry [isto é, em *marelles*], a la taquinade [isto é, cartas] a la queutre de chien, et telles menues choses en quoy il est assez expert".

(33) Cf. M. M. Smirin, *Očerki političeskoj borby v Germanii pered reformaciej* [Esboços sobre a luta política na Alemanha antes da Reforma], Moscou, 1952.

(34) L. Sainéan, op. cit., p. 414: "C'est une droite deablerie comment ilz povoient ainsi besongner ensemble. Ilz ont ung jargon que autres n'entendent".

(35) *Journal d'un bourgeois de Paris sous le regne de François I,* ed. L. Lalanne, Paris, 1854, p. 168.

(36) Apresentei esse material no IV capítulo do livro *Inutiles au monde*, Paris, 1979.

(37) Bibl. Nationale, M. Fr. 5909; o fragmento do texto cita P. Champion in L. Sainéan, op. cit., p. 373.

(38) Por volta de 1425 um dominicano de Lübeck, Hermann Korner, escreve sobre um bando organizado como esse, que atuava em 1419; cf. F. Kluge, op. cit., pp. 5-8.

(39) Algumas delas foram mencionadas nas notas referentes aos *Basler Betrügnisse*.

(40) *Chronik Friedrichs I...*, p. 101: "Furbas will ich hie sagen von einem besondern volck und seckt, die dan gewonlich zu meiner zeit regniert hait in besunder bosheit, der mir mancher bekant is gewesen...".

(41) Idem, ibidem, pp. 109 e segs.

(42) O cap. 63: "Von Bettleren" está em F. Kluge, op. cit., p. 28.

(43) *Thomas Murners deutsche Schriften*, ed. F. Schultz, vol. II; *Die Narrenbeschworung*, ed. M. Spanier, Berlim, 1926; cf. P. Ristelhueber, *Liber vagatorum. Le livre des gueux*, Estrasburgo, 1862, pp. XXI e segs.

(44) F. Kluge, op. cit., pp. 35-81, tinha publicado três versões (baixo-alemã, alto-alemã e baixo-renano) do *Liber vagatorum*, todas as três datadas de cerca de 1510. D. B. Thomas, na sua edição inglesa da obra (*The book of vagabonds...*), publica o texto alemão de 1529 da coleção do British Museum, lado a lado com a tradução inglesa (aliás, cheia de erros, inexatidões e deformações). Aqui me refiro ao texto do *Liber Vagatorum, Der Betler Orden*, Augsburgo, que da coleção de Marcel Schwoba passou ao acervo da Bibliothèque Nationale; é uma edição sem data (provavelmente publicada entre 1512 e 1516), que no acervo da Bibliothèque Nationale parisiense está catalogada como Réserve p. R 409.

(45) Idem, ibidem, p. A1: "Hie nach volgt ain hübsch buechlin genant Liber Vagatorum dictiert von aim hochwirdigen meistir nomine expertus in truffis...".

(46) Idem, ibidem, p. A1: "Das drig sagt von ainen vocabulari Rotwelsch zu teutsch genant". Justamente essa afirmação, de que tal língua "em alemão" é chamada *Rotwelsch*, leva-nos a crer — contrariando a opinião dominante — na existência de um protótipo latino da obra. Provavelmente esse original latino se perdeu para sempre, mas lembremos que, por exemplo, durante 350 anos *Il vagabondo* foi considerado um texto original, e então se descobriu o *Speculum cerretanorum*!

(47) Cf. Anexo.

(48) *Liber vagatorum*, p. A2v: "Dan sie seind halbs boess, hanlbs gut, nit al boess, aber der mertail".

(49) Idem, ibidem, p. 44: "Das seind betler oder abentürer [...] und die schwartzen kaunst künden, und werden genannt farent schueler". Depois vem um conjuro rimado, provavelmente autêntico: "Wa dise wort werden gesprochen/ da wirt nieman erstochen/ es gat auch nieman unglück zu handen/ hie und in allen landen".

(50) Idem, ibidem, p. A4v: "Das selb seind lantstreicher die alle land bruchen".

(51) No caso dos cegos, o texto do *Liber vagatorum* baseia-se visivelmente na descrição de *Betrügnisse*, mas reúne as três categorias num só capítulo e além disso não menciona o nome do segundo grupo de cegos (definido no documento de Basiléia como *Hantblinden*, termo que pode não ser do *Rotwelsch*).

(52) Nos textos anteriores chamadas *Gutzbeterin*, ou — na edição de Heumann — *Dutze bitterin*.

(53) *Liber vagatorum*, p. B1v: "Das seind starck knecht die gond mit langen messern...".

(54) Aqui vem uma definição em *Rotwelsch*: "Und hand das loeb saffot" (idem, ibidem, p. B2).

(55) Já no próprio título o autor chama a atenção para o seu caráter de esboço: "Das ander tayl dyses buechlins sagt vonn etlichen notabilia die zu der vorgenanten narungen hoerenmit kurtzen worten begriffen" (Idem, ibidem, p. B2v).

(56) No texto há uma definição oriunda do *Rotwelsch*: "Umb des adone willen"; na terceira parte (glossário) encontramos a explicação de que "*adone*" significa Deus.

(57) No texto (idem, ibidem, p. B3): "hantwercks knecht", o que pode significar também que eles se apresentam como aprendizes ou operários assalariados.

(58) O próprio autor confessa que dá oferendas aos quatro tipos de coletores: de santo Antônio, de são Valentino, de são Bernardo e do Espírito Santo; o que está de acordo com as decisões da Sede Apostólica. Nesse trecho porém as edições posteriores acrescentam: "*Aber yetz ists auch auss mit in*".

(59) Aqui há um termo de *Rotwelsch*, "*joner*", ao qual se atribui uma etimologia hebraica ou judaica — cf. D. B. Thomas, op. cit., p. 164.

(60) Ibidem, passim.

(61) F. C. B. Avé-Lallemant, op. cit. IV, p. 58; F. Kluge, op. cit., pp. 19-20.

(62) Sobre o lugar do conhecimento pessoal dos mendigos nas doutrinas da beneficência cf. B. Geremek, "Frycza Modrzewskiego program opieki nad ubogimi i europejskie spory wokól pauperyzmu w XVI w" [O programa de assistência social aos pobres de Andrzej Frycz Modrzewski e as disputas em torno do pauperismo na Europa do século XVI], in *Polska w świecie* [A Polônia no mundo], Varsóvia, 1972, pp. 207-225.

(63) Cf. *Liber vagatorum*, pp. AVv, BII.

(64) Idem, ibidem, p. AV.

(65) F. C. B. Avé-Lallement (op. cit., p. 7) e Ristelhuber (op. cit., p. II) dataram essa introdução de 1523, mas segundo Wagner isso ocorreu devido a uma leitura errada do frontispício da edição de Vittenberg de 1528.

(66) Cit. da edição de D. B. Thomas, op. cit., p. 62: "Dises Büchlin von der Betler Büeberey...".

(67) Idem, ibidem, p. 62: "Es ist freylich solch Rotwelsche sprach von der Juden Komenden vil Ebreischer wort drynnen sind wie dann wol merken wedenn die sich auff Ebreisch verstehen".

(68) Idem, ibidem, p. 62: "...Wo man nit wil hauss armen und nottrufftigen nachbawin geben und helffen wie gott gepotten hat das man dafür auss des tewfels anraitzung durch gottes rechts urtayl gebe solchen verlauffenen verzweyffelten buben zehen mal so vil...".

(69) Cf. H. J. Grimm, "Luther's contribution to sixteenth-century organization of poor relief", in *Archiv für Reformationsgeschichte*, 61, 1970, pp. 222-234.

(70) Essa lista foi publicada por F. Kluge, op. cit., pp. 81-83; sobre o movimento de Bundschuh, cf. M. M. Smirin, op. cit., cap. IV.

(71) F. Kluge, op. cit., pp. 101-102.

(72) Idem, ibidem, pp. 103-104.

(73) Cf. K. Gödeke, na edição completa das obras de Gengenbach (Hannower, 1856).

(74) F. C. B. Avé-Lallement, I, p. 207.

(75) F. Kluge, op. cit., pp. 31-35.

(76) Idem, ibidem, pp. 83-90.

(77) Fragmento publicado por F. Kluge, op. cit., pp. 118-119.

(78) Apresentei esse assunto mais amplamente no verbete "Gergo" da *Enciclopedia italiana*, vol. VI, Turim, 1979.

(79) Cf. S. Morpurgo, "La compagnia della gazza", in *Miscellanea fiorentina di erudizione e storia*, vol. II, pp. 18-19, 92 e segs. L. Frati, *Tre poemetti satirici del sec. XV*, Bologna, 1884.

O melhor estudo sobre o lugar do furbesco na literatura italiana continua sendo o de R. Renier, "Cenni sull'uso dell'antico gergo furbesco nella litteratura italiana", in *Miscellanea di studi in onore di Arturo Graf*, Bergamo, 1908, reeditado em seguida no livro (do mesmo autor) *Svaghi critici*, Bari, 1910, pp. 1-30 (sirvo-me aqui dessa última edição).

(80) R. Renier, op. cit., p. 10.

(81) Publicado no *Archivio per lo studio delle tradizioni popolari*, I, 1882, pp. 295-296 (seguindo a edição de *Nuove lettere di Luigi Pulci a Lorenzo il Magnifico*, ed. S. Bongi, L. Del Preto, Lucca, 1882). A mesma obra contém um pequeno dicionário do jargão do manuscrito florentino. Cf. também *Lettere di Luigi Pulci a Lorenzo il Magnifico*, ed. S. Bongi, Lucca, 1886, pp. 58 e segs. (a carta); 170 e segs. (o verso em furbesco); 173 e segs. (o vocabulário).

(82) G. Volgi, "Un vocabolarietto di lingua furbesca", in *Miscellanea Nuziale Rossi-Teiss*, Bérgamo, 1897, pp. 49-61.

(83) O editor do texto encontrou duas cópias: a primeira procedente do código de Urbino, escrita no século XVI, talvez seguindo o exemplar mencionado no catálogo da biblioteca do bispo Santucci, e a segunda, datada de 1589, da biblioteca de Antonio Carafo, bibliotecário do Vaticano, de onde passou para o acervo da Biblioteca do Vaticano. O manuscrito de Urbino é intitulado *Thesaei Pini, urbinatis, speculum de cerretanis, seu de cerretanorum origine eorumque fallaciis*; sob o título *Speculum cerretanorum* foi editado por Piero Camporesi, in *Il libro dei vagabondi*, Turim, 1973, pp. 3-77.

(84) *Speculum cerretanorum*, p. 13: "... ipsorum finctiones ac deceptiones, lenociniaque verborum quas a Diabolo patre et magistro didicere...".

(85) Idem, ibidem, p. 15: "... originem, genus species, specierumque deffinitiones et dictionum interpretationem...".

(86) P. Camporesi, op. cit., p. CLX, apresenta a hipótese de que o bispo Santucci, voltando da sua legação na Alemanha (1473-1478), trouxe uma cópia do *Basler Betrügnisse*, que poderia ter sido depois usada por Pini, mas no *Speculum cerretanorum* não encontramos nada que pudesse comprovar isso. Tampouco o catálogo dos livros de Santucci, de 1494, menciona esse título. Além disso, se Pini tivesse recebido o manuscrito do bispo Santucci, ou se tivesse sabido que o bispo conhecia o documento de Basiléia, não iria se referir aos depoimentos dos seus conhecidos de Spoleto nem às suas próprias observações.

(87) No tratado de Pini os termos "*cerretanus*" e "*ciarlatanus*" ainda são paralelos (op. cit., p. 27), mas depois se fundem e tornam-se sinonímicos, e por fim a forma "charlatão" passa a ser comum e do italiano migra para outras línguas; já na obra de Maquiavel aparece a palavra "*cerretani*" no sentido moderno da palavra charlatão, porque relacionada com a prática da cura.

(88) F. Biondo, *Roma ristaurata et Italia illustrata*, Veneza, 1548, p. 116v; cit. por P. Camporesi, op. cit., p. CXIV.

(89) A etimologia da palavra "charlatão" e a sua trajetória nas línguas românicas deram origem a disputas entre os estudiosos e a diversas hipóteses. K. Menges, "It. cierlatano, fr. charlatan — Altaic loan words", in *Romance Philology*, II, 1948/1949, pp. 229-230, defende a origem altaica dessa palavra. Y. Matkiel ("Italian ciarlatano and its Romance offshoots", idem, ibidem, pp. 317-326) concorda com essa tese, chamando a atenção para o intermediário italiano na propagação da palavra, mas rejeita qualquer ligação do termo com a localidade de Cerreto. Segundo H. e R. Kahan ("Mediterranean words", in *Romance Philology*, V, 1951/1952, p. 177) a palavra deriva de "*keretas*" ("vagabundo"), termo greco-bizantino que passaria depois aos turcos. Enquanto B. Migliorini ("I cerretani e Cerreto", in *Romance Philology*, VII, 1953, pp. 60-64) demonstrou que já no século XV o termo "*cerretani*" era usado para denominar os coletores, que para conseguir grandes donativos recorriam à hipocrisia e à simulação (cf. *Instrução para a confissão*, de santo Antônio de Florença), e também que esse termo estava associado a Cerreto, no principado de Spoleto, fato apontado pelos eruditos já no século XVI, e à autorização de fazer coletas concedida aos conventos e a habitantes da cidade (Leandro Alberti falou do privilégio papal de coleta de contri-

buições concedido a "alcuni Francesi scacciati di Francia", isto é, aos chamados "*sachets*" — a expressão "charlatães italianos", que se tornou um estereótipo na literatura francesa dos séculos XVI-XVIII, teria, nesse caso, origem francesa!).

(90) *Speculum cerretanorum*, p. 17: "Verum, ut dixi, crescente numero et auctoritatae novae mirandae et inauditae sectae, magnus ille collegii pater in plures, varias, et diversas species tam magnum et admirabile sacerdotium divisit sicut factum vidimus in Ecclesia Sancta Dei...".

(91) Usamos também os nomes latinos, seguindo Pini; o quadro II do Anexo permite encontrar as suas formas italianas, as mesmas da tradução do século XVII.

(92) Eis uma das mais engraçadas explicações etimológicas de Pini: a palavra "*spectini*" deriva da "*spectacula*", porque para as pessoas a sua visão era tão atraente quanto um espetáculo (*Speculum cerretanorum*, p. 41): "Spectaculis nominantur, quod homines feminaeve ad eorum contiones confluant non minori delectatione quam ad videndum spectacula cucurrissent".

(93) Eis como um dos mais famosos desses mestres, Ciamberlanus, descrevia os seus ensinamentos: "Nostrum primo idioma, deine praedicandi ordinem, situm et mores cuius libet nationis et provinciae edoceo; ultimo ingentes fallacias, quibus maiors nostri ingentem consecuti sunt pecuniam ut et ipsi quoque discant perimiles invenire"; após três anos de estudos os adeptos recebiam a "licenciatura", e então estavam habilitados para qualquer tipo de vigarice (*Speculum cerretanorum*, p. 47).

(94) Idem, ibidem, p. 53: "A simplicioribus tot hauriunt pecunias uno mense, quot uno anno lucrando contentus essem".

(95) Idem, ibidem, p. 53.

(96) Alusão a um caso misterioso dos estatutos municipais de Cerreto do ano de 1380, onde essa questão teria sido exposta. P. Camporesi, que em 1971 fez uma pesquisa em Cerreto, constatou a falta do original dos estatutos, confirmando apenas a existência de uma cópia de 1509, sem algumas páginas, que "continham provavelmente os artigos sobre a coleta", o que pode significar que os moradores, com vergonha da má fama dos mendigos-coletores, num determinado momento tenham eliminado a suposta comprovação de sua conduta incorreta. Mas a questão permanece duvidosa. Cf. P. Camporesi, op. cit., p. 54, nº 1.

(97) Pini fala sobre isso na carta dedicatória a Girolamo Santucci (*Speculum cerretanorum*, p. 13).

(98) Idem, ibidem, p. 63: "Affamiglioli dicti sunt a familiola, hoc est a numerosa familia cuius singuli parvi existunt".

(99) Idem, ibidem, p. 68: "Et multae potuissent species addi, cum innumerae sint fallaciae...".

(100) A fonte de informação sobre esses sermões é a introdução do editor em: Johannes Pauli, *Schimpf und Ernst*, ed. J. Bolte, Berlim, 1924, pp. 12 e segs.

(101) *Speculum cerretanorum*, p. 39: "Memini me istic in hospitali non longe a conventu Beati Augustini quam plures acones etc.".

(102) Dos exemplos mais característicos poderíamos mencionar os *affamigliati*, os *alacrimantes*, os *cagnabaldi* ou os *falpatores*.

(103) *Speculum cerretanorum*, pp. 20, 22, 40, 47.

(104) Baseei-me numa edição posterior: *Modo nuovo da intendere la lingua zerga, cioè parlar forbesco*, Veneza, 1582; a relação das edições sucessivas está em: G. Pitré, *Bibliographia delle tradizioni popolari d'Italia*, Turim-Palermo, 1894, pp. 172 e segs. A última publicação foi em: P. Camporesi, *Il libro dei vagabondi*, pp. 197-254.

(105) R. Renier, op. cit., pp. 8 e segs.

(106) Baseio-me aqui na edição de R. Frianoro, *Il vagabondo...*, Veneza, 1670. A última publicação foi em: P. Camporesi, op. cit., pp. 79-165.

(107) O autor da primeira análise desse documento, Augusto Massoni, refere-se à cópia da época, procedente dos "*scartafacci polverosi d'un archivio del Vaticano*", mas limita-se apenas a

essa informação geral (A. Massoni, "Gli accattoni in Londra nel secolo XIX e in Roma nel secolo XVI" in *Rassegna Italiana*, II, 1882, pp. 197-229; a informação sobre o documento está na p. 221). Copiado na então Biblioteca Real de Berlim (Ms. ital., fol. 17, k. 646 r.- 659 r.), o documento foi publicado em 1913: M. Löpelmann, "Ein Beitrag zur Kenntnis der italienischen Gaunersprache im 16. Jahrhundert", in *Romanische Forschungen*, XXXIV, 1913, pp. 653-664. Massoni dispunha apenas do depoimento de fevereiro de 1595, enquanto Löpelmann, além desse depoimento (aliás, um pouco alterado, publicado sem o conhecimento da edição de Massoni), apresentou também o protocolo de um interrogatório de março de 1595.

(108) Jean Delumeau, logo depois de Massoni, aproveitou os primeiros depoimentos (*Vie économique et sociale de Rome dans la seconde moitié du XVIe siècle*, I, Paris, 1957, pp. 405-407) para esboçar a organização do meio romano dos mendigos.

(109) No texto: "in carceribus Pontis Sixti" (*Essamine...*, I, v. 1 e II, v. 1), mas designou-se como cárcere — fato significativo — o asilo ao qual foram levados à força os mendigos — cf. A. Massoni, op. cit., p. 222, nº 2. Voltaremos ainda a falar sobre esse caso.

(110) *Essamine...* (ed. M. Löpelmann), I, vv. 7-9: "Non ho arte alcuna, sono stato preso da uostri esecutori in S. Jacomo delli Spagnoli, perche accatano la limosina per la chiesa, mentre si diceuano le messe"; na cópia romana Pompeo confessa que tem quinze ou dezesseis anos (A. Massoni, op. cit., p. 222).

(111) *Essamine...*, I, vv. 13-15: "Fra noi poveri mendicanti ci sono diuerse compagnie in segreto et sono diuerse, perche fanno diuersi esercitii et sono di habiti diuersi".

(112) *Essamine...*, II, vv. 35-36: "Che non sono compagnie, mà arti de gl'homini come il calcelaro, il sarto, l'orefice et simili, che tutti lauorano secondo l'arte loro".

(113) A relação completa de Girolamo tem 35 categorias, mas os *biganti* são nela mencionados duas vezes com idêntica descrição.

(114) Nos depoimentos de Pompeo e de Girolamo há algumas semelhanças onomásticas, apresentadas no quadro III do Anexo. No texto sigo os depoimentos de Girolamo, que parece dispor de informações posteriores. Algumas diferenças na transcrição provavelmente resultam apenas da técnica de um determinado escrivão ou copista.

(115) Justamente esse grupo foi supostamente batizado por Pini como *fogliaroli*; a coincidência etimológica é evidente.

(116) Porém é possível que o termo "*bianti*", usado no século XV, tenha sofrido tais transformações e que justamente constitua a base etimológica do termo "*baroni*". A denominação "*baroni vagabondi*" é usada na ordenação papal de 1561 (Bibl. Vaticana, Editti, I, nº 187).

(117) Girolamo (*Essamine...*, II, v. 61) chama-os *bilorni* ou *dabellolmi*. Na cópia romana — ou talvez na leitura de Massoni (op. cit., p. 224) — esse grupo é chamado *abetolmi* (ou "*abetolini*", como propõe J. Delumeau, op. cit., p. 406).

(118) *Essamine...*, I, v. 54-57: "Che sono certi mascalzoni insolenti e sfaciatti, vanno in giubboni, stracciati con dire che sono poveri soldati svaligiati, et vanno à due à due, cuogliono l'elemosina per forza".

(119) Na cópia de Massoni (op. cit., p. 224): os pobres, que foram banidos, ou seja, que vivem nas estradas.

(120) Em ambos os depoimentos aparecem esses três nomes (no depoimento de Pompeo o primeiro nome é "*guararii*", e na lição de Massoni, "*gassieri*"), mas é preciso chamar a atenção para a diferença gramatical: o primeiro nome aparece no plural e o segundo, no singular.

(121) Cf. nota 123.

(122) M. Löpelmann (op. cit., p. 663), no dicionário das expressões e das palavras do jargão, composto com base nesses documentos, traduz "*fogliarolo*" como "trapaceiro" ("*Falschpieler*"), o que é lógico e dá ao termo um significado adequado ao caráter do documento como um todo, embora não tenha embasamento nas próprias definições do texto.

(123) É possível que com esse nome Girolamo denomine o grupo dos *foliaroli* da lista de Pompeo.

(124) *Essamine...*, II, vv. 79-80: "Che sono li ciarlatani pessimi...".

(125) *Essamine...*, II, vv. 83-84: "Perche sono tutti sodomiti".

(126) *Essamine...*, I, vv. 90-110.

(127) *Essamine...*, I, vv. 111-112.

(128) Cf. J. Delumeau, op. cit., vol. I, pp. 403 e segs.

(129) *Essamine...*, I, vv. 117-118: "Signore, frà noi ci sono pochi che lo fanno, perche, per dire il uero, la maggior parte sono peggiori che li Luterani".

(130) *Essamine...*, II, vv. 131-151.

(131) *Essamine...*, II, vv. 144-150.

(132) *Essamine...*, II, v. 158: "Porre pene frà loro di non reuelerà, si 'giuocherà di Martino', cioè di pugnale".

(133) *Essamine...*, II, vv. 163-172: "Ci sono alcuni peggiori de' Turchi, mai non si cofessano né communicano, e sopra tutti li oltramontani sono pessimi, perché ogn'uno hà la sua landra o il suo ragazzo, perche dicono frà loro 'la landra và al poltire col suo moscone', cio la puttana và à dormire col suo bertone, et ogni 'contatore col suo piovastro', et ogni soddomito col suo ragazzo. Et frà loro ci sono vitii enormissimi et sodomie inaudite et insolite, et vierono di una vita infame...". As expressões destacadas são do jargão.

(134) Basta comparar os *mandragole* (*Essamine...*, II, v. 88) com os *falchi* (idem, ibidem, v. 103).

(135) C. J. Ribton-Turner, op. cit., p. 556; L. Lallemand, *Histoire de la charité à Roma*, Paris, 1878.

(136) Convém no entanto questionar logo esse argumento. Obviamente os dois mendigos presos querem recuperar a liberdade e por isso mesmo prestam depoimento dizendo o que o interrogador quer ouvir. Perguntas mais precisas, que não constam do protocolo, poderiam ter sugerido respostas mais apropriadas. No juramento que Girolamo presta no final dos depoimentos a sua motivação fica bem clara: "Spero bene con l'aiuto di Dio mutar vita, se posso uscire di prigione..." (*Essamine...*, II, vv. 190-191).

(137) No seu livro de notas da viagem à Itália, Montaigne escreve sobre Roma: "C'est une ville toute cour et toute noblesse; chacun prend sa part de l'oisiveté ecclésiastique. Il n'est nulle voie marchande ou moins qu'en une petite ville. La ville ne change guère de forme pour un jour ouvrier ou jour de fête". M. Montaigne, *Journal du voyage en Italie* (*1580-1581*), ed. M. Dédéyan, Paris, 1946, p. 229.

(138) A. Fanfani, *Storia del lavoro in Italia*, Milão, 1943, p. 139; F. Braudel, *Civiltà e imperi del Mediterraneo mellèstà di Filippo II*, Turim, 1982, vol. II; J. Delumeau, op. cit.

(139) Biblioteca do Vaticano, Éditos, I, nº 187.

(140) J. Delumeau, op. cit., p. 416.

(141) C. Fanucci (*Trattato di tutte opere pie dell'alma città di Roma,* Roma, 1601, p. 58) dá uma excelente descrição dessa procissão dos cegos, aleijados e mendigos romanos de toda espécie.

(142) O texto da bula é citado por A. Massoni, op. cit., pp. 218-219.

(143) O que comprovam os depoimentos de Pompeo e Girolamo, presos justamente por mendigar dentro das igrejas. *Essamine...*, I, vv. 8-9, II, vv. 14-15 (nesse caso são registradas as palavras: "Sonno stato preso [...] perche cercavo l'elemosina in Chiesa").

(144) J. Delumeau, op. cit., p. 413.

(145) J. B. Scanarolus (Giambattista Scanaroli), *De visitatione carcerorum*, Roma, 1675, p. 228 (a primeira edição saiu em 1655).

(146) M. Becanus, *Summa theologiae scholasticae*, Parisiis, 1634, pars. II, tract. I, questio 23.

(147) *La mendicità proveduta nella città di Roma*, Roma, 1693 (há muitas edições italianas e francesas). Sobre o autor, cf. Joret Ch., "Le P. Guevarre et les bureaux de charité au XVIIe siècle", in *Annales du Midi*, 1889.

(148) Cf. L. Lallemand, *Histoire de la charité à Rome,* passim, e, do mesmo autor, *Histoire de la charité*, Paris, vol. IV/1, p. 231.

(149) *La mendicità proveduta*, cap. VII, qu. XXVII: "Il domandare la limosina in publico è diritto naturale, quando non si puo vivere altrimenti".

(150) Idem, ibidem, qu. XXVIII.

(151) Idem, ibidem, qu. XXI.

(152) Idem, ibidem, qu. XVII: "Per levar la mendicità l'Ospizio da quanto basta per non morire di fame, e per isbandir l'ozio, non dà quel che si può guadagnare con la propria fatica".

(153) Idem, ibidem, qu. XV.

(154) Idem, ibidem, qu. XXV: "Ed è una mera calunnia contro l'Ospizio, che alcuno sia morte di fame, se pure non fosse stato un giusto castigo di Dio sopra qualcuno di quelli che non hanno voluto obbedire, a sottometersi ad un'ordine stabilito de Sua Santità...".

3. *NOS BAS-FONDS DA INGLATERRA ELISABETANA* (pp. 87-141)

(1) W. Shakespeare, *Conto de inverno*, in Obras Completas de Shakespeare, trad. de Carlos Alberto Nunes, vol. VII, Edições Melhoramentos, São Paulo, s/d, IV, 2, vv. 15-22.3. Edição inglesa: *The winter's tale*, in New Penguin Shakespeare, ed. Ernest Schanzer, Londres, 1969, IV, 3.

(2) Idem, ibidem, IV, 2, vv. 23-32.

(3) "With troll-my-dames" (v. 85) — o nome do jogo vem do francês: "*trou-madame*"; trata-se, decerto, de um jogo de palavras e de uma alusão ao fato de Autólico andar com as meretrizes (*doxies, aunts*).

(4) W. Shakespeare, *Conto de inverno*, op. cit., vol. VII, IV, 2, vv. 88-101. As "*knavish professions*" que ele exerceu e a "*rogue*" a que por fim se dedicou têm para nós significado fundamental.

(5) Idem, ibidem, IV, 3, vv. 272-290.

(6) Idem, ibidem, IV, 3, vv. 825-841.

(7) Idem, ibidem, IV, 3, vv. 913-918.

(8) W. Shakespeare, *Timão de Atenas*, in op. cit., vol. X, IV, 3, vv. 598-600. Edição inglesa: *The life of Timon of Athens*, in op. cit., ed. G. R. Hibbard, Londres, 1970, IV, 3, vv. 415-417.

(9) Idem, ibidem, IV, vv. 601-635.

(10) "Do villainy... like workmen" (IV, 3, v. 437), o que quer dizer: "Sejam como os artesãos".

(11) *The two gentlemen of Verona*, in op. cit., vol. II, 1, vv. 41-43, ed. N. Sanders, Londres, 1968, IV, 1, vv. 41-43.

(12) W. Shakespeare, *Os dois cavalheiros de Verona*, in op. cit., vol. II, IV, 1, vv. 35-36.

(13) Aqui cabe uma referência a: H. Sommerville, *Madness in Shakespeare tragedy*, Londres, 1929, e E. A. Peers, *Elizabethan drama and its mad folk*, Cambridge, 1914.

(14) Cf. J. A. S. McPeek, *The Black Book of knaves and unthrifts in Shakespeare and other renaissance authors*, Storrs, Connecticut, 1969, pp. 217 e segs.

(15) W. Shakespeare, *O rei Lear,* in op. cit., vol. XV, II, 3, vv. 4-25. Edição inglesa: *King Lear*, in op. cit., ed. G. H. Hunter, Londres, 1972, II, 3, vv. 1-21.

(16) Idem, ibidem, III, 4, vv. 69-81.

(17) Assim Thomas Dekker (*Lanthorne and candle-light or The bell-mans second nights walke*, Londres, 1608, p. G 2v-G 4v) descrevia a técnica de pedir esmola dos "mendigos de Bethlehem" (ou Bedlam).

(18) W. Shakespeare, op. cit., vol. XV, III, 4, vv. 113-115.

(19) Idem, ibidem, III, 4, vv. 152-159.

(20) R. R. Reed, *Bedlam on the Jacobean stage*, Cambridge, Mass., 1952, cap. 2 e 3, fala sobre a relação entre o comportamento teatral dos loucos e os simuladores de loucura.

(21) Da extensa bibliografia sobre essa questão podemos citar J. D. Wilson, *The fortunes of Falstaff*, Cambridge, 1943. Sobre Falstaff como um representante do "*underworld*" cf. N. Berlin, *The base string. The underworld in Elizabethan drama*, Fairleigh Dickinson University Press, 1968, pp. 172-192, e J. A. S. McPeek, op. cit., pp. 171-186.

(22) W. Shakespeare, *Henrique IV*, in op. cit., vol. XVII, I, 2, vv. 22-29. Edição inglesa: *The first part of King Henry the Fourth*, in op. cit., ed. P. H. Davison, Londres, 1968, I, 2, vv. 23-29.

(23) Idem, ibidem, I, 2, vv. 56-62.

(24) Idem, ibidem, I, 2, vv. 129-136.

(25) Sobre as associações históricas com o assalto ocorrido nesse lugar cf. A. L. Scoufos, "Gads Hill and the structure of comic satyre", in *Shakespeare Studies*, IV, 1969, pp. 25-52.

(26) W. Shakespeare, *The second part of King Henry the Fourth*, in op. cit., ed. P. H. Davison, Londres, 1977, II, 1, vv. 46-51.

(27) *Henrique IV*, 1ª parte, in op. cit., vol. XVII, IV, 2.

(28) O recrutamento de presidiários para o exército era bastante comum. Em 1596 foi assim que se deu o recrutamento dos soldados para a expedição contra Cádiz. Fatos semelhantes são mencionados nas biografias dos vagabundos.

(29) W. Shakespeare, *The second part of King Henry the Fourth*, in op. cit., II, 4, vv. 119 e segs.

(30) Idem, II, 4. A palavra "*swaggerer*" designava um fanfarrão.

(31) O nome "Pistol" pode ser também significativo como derivado da palavra italiana "*apistolfo*", que no século XVI tinha o mesmo significado de *upright-man*.

(32) Veja logo adiante, neste capítulo, a "Tipologia do ambiente".

(33) Podemos nos referir nesse ponto a um artigo de W. Shugg, "Prostitution in Shakespeare's London", in *Shakespeare Studies*, X, 1977, vv. 291-313 e ao livro de N. Berlin, op. cit., pp. 219-223.

(34) W. Shakespeare, *Henry V*, in op. cit., ed. A. R. Humphreys, Londres, 1968, II, 1, vv. 77-81.

(35) W. Shakespeare, *The merry wives of Windsor*, in op. cit., ed. G. R. Hibbard, Londres, 1973, I, 1, vv. 117-120.

(36) Existe uma vasta bibliografia sobre a imagem dos vagabundos e delinqüentes na obra de Shakespeare; vale a pena mencionar sobretudo: N. Berlin, op. cit. e J. A. S. McPeek, op. cit., cap. V-VIII.

(37) N. Berlin o define como "Shakespeare's most cynical speech" (op. cit., p. 204).

(38) A série de panfletos ingleses sobre os vagabundos, mendigos e vigaristas é a mais numerosa. Ao apresentá-la, no capítulo I deste livro, mencionamos também os principais estudos sobre essa literatura. Dispomos igualmente de duas antologias de panfletos: *The Elizabethan underworld*, op. cit. e *Rogues, vagabonds and sturdy beggars*, ed. A. F. Kinney, Barre, Mass., 1973.

(39) O exemplar do British Museum foi reeditado em 1817 por E. V. Utterson e em 1866 por W. C. Hazlitt; há uma versão moderna em *The Elizabethan underworld*, op. cit., pp. 1-25. Aqui me baseio no exemplar da H. E. Huntington Library (*photostat facsimile*).

(40) Idem, ibidem, p. B.I. v: "They have houses, and kepe full yll gestyng/ And to them resorte all the hole ofspryng/ In the Berbycan, and in Turnmyll strete/ In Houndespyche, and behynd the flete/ And in twenty places more then there/ Where they make revell and gaudy chere".

(41) Os dois panfletos foram publicados em *The rogues and vagabonds of Shakespeare's youth*, ed. E. Viles e F. J. Furnivall, Londres, 1907 (edições anteriores: 1869 e 1880).

(42) *The rogues and vagabonds...* op. cit., p. 2: "He would as straunge a thing declare/ As ever they knew synce they were men".

(43) Chandler, op. cit., p. 89, considera essa parte a mais interessante da obra, devido à minúcia da descrição. Pode-se no entanto levantar uma dúvida, visto que os detalhes se perdem na retórica e que os elementos mais importantes da descrição da realidade são pouco desenvolvidos.

(44) *The rogues and vagabonds...*, op. cit., pp. 17-91.

(45) Os dados biográficos e genealógicos sobre Harman foram recolhidos por F. J. Furnivall em *The rogues and vagabonds...*, op. cit., pp. VIII-X.

(46) Harman escreve que se quisesse fornecer ainda os nomes das *morts* e *doxies* teria de lhes dedicar um "*large volume*" (idem, ibidem, p. 78).

(47) Idem, ibidem, p. 82: "*Being halfe myngled with Englysche, when it is famyliarlye talked...*".

(48) Idem, ibidem, p. 27 ("The epistle to the reader").

(49) Harman menciona, aliás, uma publicação anterior sobre as mesmas questões, o que — como podemos supor — se refere justamente a *The fraternitye of vacabondes —The rogues and vagabonds...*, op. cit., pp. II e 20.

(50) Cf. os quadros em anexo.

(51) D. B. Thomas apresenta-as no livro *The book of vagabonds and beggars* (Londres, 1932, pp. 37-43), afirmando ao mesmo tempo que todos os argumentos contradizem a hipótese de uma simples transposição ou adaptação da obra alemã no solo inglês.

(52) Harman lembra também que esse grupo foi mencionado num estatuto real. Trata-se de um estatuto de 1535-1536 (27 Henry VIII c. 25) que no parágrafo 3 diz: "All and every idle person and persons, rufflers calling themselves serving-men".

(53) *The rogues and vagabonds...*, op. cit., p. 31: "Some be serving men, artificers, and laboryng men traded up in husbandry".

(54) Idem, ibidem, p. 34: "Here you se that the upright man is of great auctorite. For all sortes beggers are obedient to this hests and surmounteth all others in pylfring and stealinge".

(55) Idem, ibidem, p. 35: "Be deryved or procede forth from the upright men".

(56) Awdeley não inclui os *rogues* na sua lista, mas menciona os *curtalls*, vestidos como "frades pardos" e no seu modo de viver parecidos com os *upright-men* (idem, ibidem, p. 4).

(57) Idem, ibidem, p. 41: "A Wylde Roge is he that is borne a Roge [...] and from his infancye traded up in trechery".

(58) Nas outras listas são apresentados numa situação semelhante "os supostos comerciantes marítimos, que perderam todos os seus bens no mar". Cf. ibidem.

(59) Idem, ibidem, p. 87: "Nycholas Blunte, who called hym selfe Nycholas Gennyns, a counterfet Cranke".

(60) Idem, ibidem, p. 52: "Sewerly the sighte was monstrous and terreble".

(61) Idem, ibidem, p. 54: "As a malefactor and a dessemblinge vagabonde".

(62) Idem, ibidem, pp. 87-90.

(63) E. G. O'Donoghue, *Story of Bethlehem Hospital from its foundation in 1247*, Londres, 1914, p. 142; V. Judges, op. cit., p. 494.

(64) Como já foi mencionado, a lista dos nomes dos vagabundos compilada por Harman (*The rogues and vagabonds...*, op. cit., pp. 78-82) compõe-se de três grupos. É muito significativo que no grupo dos *upright-men* em três casos o autor assinale um defeito físico, provavelmente para facilitar a identificação da pessoa. No grupo dos *rogues*, em quatro casos menciona os *counterfet kranke* (entre eles há também Nicholas Jennings), em seis outros casos constata uma deformidade física e em dois a gagueira (Nicolas Adams e John Browne são definidos como "os grandes gagos": idem, ibidem, p. 81). Entre os *palliards* menciona três *counterfet kranke*, um *dommerar* e um zarolho.

(65) Sobre a posição do grupo dos *rufflers* na "confraria" dos vagabundos, cf. R. Fuller, op. cit., pp. 61-63.

(66) *The rogues and vagabonds*, op. cit., p. 34: "... And have him to the bowsing ken, which is to some typpling house next, adioyninge; and laieth their to gage the best thing that he hath for twenty pence or two shyllinges: this man obeyeth for feare of beating. Then doth this upright man call for a gage of bowse, whiche is a quarte pot of drinke, and powres the same upon his peld pate, adding these words: 'I G. P. do stalle thie W. T. to the Roge, and that from hence forth it shall be lawefull for the to Cant', that is to aske or begge, 'for thy living in all places' ". Só nesse caso *cant* é interpretado como "mendigar"; na maior parte dos casos essa denominação geral do jargão dos vagabundos é interpretada como "falar".

(67) Idem, ibidem, p. 84.

(68) J. Fletcher (com F. Beaumont, e Ph. Massinger), *The beggars bush*, III, 3; a peça foi provavelmente apresentada já em 1615, e certamente em 1622; foi escrita em 1612-1613 e impressa pela primeira vez em 1647. Cf. J. Fletcher, Ph. Massinger, *Beggars bush*, Haia-Paris, 1967.

(69) Como muitas vezes acontece nas relações das categorias dos vagabundos, trata-se nesse caso de uma verdadeira categoria profissional que o autor quer reduzir a um grupo de delinqüentes; Harman (op. cit., p. 65) afirma que conhece uma certa Joan Messenger, que faz parte desse grupo e é muito honesta e decente.

(70) F. Chandler, op. cit., pp. 90-91, acentua o "espírito picaresco" desse texto.

(71) *The rogues and vagabonds...*, op. cit., pp. 30 e segs.

(72) Idem, ibidem, p. 5.

(73) F. Aydelotte (op. cit., p. 20) constatou a existência desse costume entre os ciganos (na Escócia em meados do século XIX) e apresentou a hipótese de que Awdeley tinha tomado a palavra "*patrico*" justamente da língua dos ciganos. A forma "*patring cove*", usada por Copland, é considerada mais apropriada. Cf. também J. A. S. McPeek, op. cit., p. 26.

(74) *The rogues and vagabonds...*, op. cit., p. 60: "For they take lechery for no sinne, but naturall fellowshyp and good lyking love".

(75) Idem, ibidem, p. 67: "And these two do lye with her every night, and she lyeth in the middes: she sayth that they be her children, that beteled be babes borne of such abbominable bellye".

(76) No prefácio dirigido ao leitor, Harman diz que não é um mestre no estilo, que a eloqüência não é o seu forte, e que nunca convive com as musas (idem, ibidem, p. 28), o que de fato não é apenas falsa modéstia.

(77) *A manifest detection of the moste vyle and detestable use of diceplay and other practices lyke the same*; Juges sustenta que a edição mais antiga é de 1552, mas não exclui a possibilidade da existência de uma edição anterior, não conservada, de 1544; a obra é anônima, mas a sua autoria é atribuída a Gilbert Walker, de quem nada se sabe. Aqui me baseio na edição de J. O. Halliwell, Londres, 1850, Percy Society.

(78) Idem, ibidem, p. 18.

(79) Idem, ibidem, pp. 40 e segs.

(80) Dos fecundíssimos últimos anos da vida de Greene — quando ele desenvolve essa atividade literária de pecador penitente e denunciador — resultam o que para os nossos interesses são os mais importantes tratados sobre *conny-catching* elaborados por ele, os três tratados de 1591 e 1592: *A notable discovery of cossnage*, *second part of conny-catching* e *thirde and last part of conny-catching* (numerosas edições; uma reimpressão em *The Elizabethan underworld*, op. cit., pp. 118-205). Há uma bibliografia dos panfletos de Greene em J. A. S. McPeek, op. cit., pp. 101 e segs.

(81) Cf. F. Aydelotte, op. cit., "Apêndice B", pp. 175 e segs.

(82) Cf. F. Chandler, op. cit., pp. 93-111; F. Aydelotte, op. cit., pp. 76-102; R. Fuller, op. cit., pp. 177-188.

(83) F. Aydelotte, op. cit., p. 165 ("Apêndice", nº 13), publica também as licenças para a abertura de casas de jogo dos tempos de James I.

(84) R. Greene, *Second part of conny-catching*, in *The Elizabethan underworld*, op. cit., p. 157.

(85) T. Dekker, *Guls horne-booke*, Londres, 1609, pp. 26-27.

(86) Em 1582 William Fleetwood revela esse fato num interessante relatório dirigido a lorde Burghley, ao qual retornaremos mais adiante; a carta foi publicada em: *Tudor Economic Documents*, ed. R. H. Tawny e E. Power, Londres, 1924, vol. II, pp. 335-337.

(87) Alguns polemistas de Greene negam a existência dessa "lei"; cf., por exemplo, S. Rowland, *Greenes ghost havnting conniecatchers*, Londres, 1602.

(88) R. Greene, *A notable discovery of coosenage now daily practised by sundry lewd persons called connie-catchers, and crossebyters*, Londres, 1592, p. C2; em Sacking Law aparecem: *bawd* (mulher), assim como *pander* (mulher) ou *applesquire* (mulher), *whore-commodity*, *whore-house* ou *truggingplace*; em Crossbiting Law: *whore*, mas também *traffic*; um homem envolvido num negócio escuso é um *simpler* e o malfeitor-cúmplice é um *crossbiter*.

(89) F. Aydelotte (op. cit., p. 99) constata que nos livros judiciais de Middlesex do século XVI a maioria dos acusados da pilhagem definia-se como "*gentlemen*".

(90) R. Fuller, op. cit., pp. 201-220.

(91) A respeito desse aspecto da lenda sobre o bandido justo, cf. E. J. Hobsbawm, *The bandits*, Londres, 1969.

(92) *The life and death of Gamaliell Ratsey*, Londres, 1605, p. C3.

(93) F. Aydelotte, op. cit., pp. 39-40.

(94) A descrição dessa prática está em T. Dekker, *Lanthorne and candle-light*, op. cit., pp. F III v - F IV.

(95) R. Greene, *The second part of conny catching*, Londres, 1592; a reimpressão apresentada em *The bodley head quarters*, ed. G. B. Harrison, Londres, 1923, pp. 47 e segs., traz uma descrição detalhada da técnica aplicada.

(96) Idem, ibidem, pp. 40 e segs. (*The discovery of the Lifting Law*).

(97) R. Greene, *A notable discovery...*, p. C2.

(98) R. Greene, *The second part...*, op. cit., p. 30: "But of these two scurvy trades, the Foist holdeth himself of the highest degree, and therefore, they tearme temselves Gentlemen foists...".

(99) Nos panfletos do século XVII (Dekker, Markall) aparecem também os estatutos dessa corporação; todavia eles têm caráter fictício.

(100) *A manifest detection...*, op. cit., p. 41.

(101) R. Greene, *The second part...*, op. cit., *The Elizabethan underworld*, p. 34: "An exquisite Foist must have three properties that a good Surgeon should have and that is [...] an Eagle's eie [...] to spy out a purchase to have a quicke insight where the bung lies, and then a Lion's heart, not to feare what the end will bee, and then a Ladies hande to be little and nimble, the better and the more easie to dive into any man's pocket".

(102) *Martin Mark-all beadle of Bridewell, his defence and answere to the Belman of London, by S. R.*, Londres, 1610.

(103) Idem, ibidem, pp. E1 v-E4.

(104) Idem, ibidem, pp. F4 e segs.

(105) Esse ato é citado por F. Aydelotte, op. cit., p. 110: "Where a certayne kynde of evill disposed persons commonly called cutpurses or Pyckpurses, but in deede by the Lawes of this Lande very Fellons and Theeves, doo confeders together making among themselves as it were a Brotherhed or Fraternitie of an Arte or Mysterie to lyve idellye by the secrete Spoyle of the good and true Subjectes of this Realme...".

(106) *Tudor Economic Documents*, op. cit., vol. II, pp. 337-338.

(107) Cf. R. Ruller, op. cit. pp. 146-164.

(108) Às leis referidas acima se poderiam ainda acrescentar mais quatro que Greene inclui em seu *A disputation between a he-conny catcher and a she-conny catcher*, Londres, 1592, mas

que já têm um caráter muito artificial (por exemplo os ladrões que roubam nas periferias, os ladrões que seguem os juízes ou os que passam de uma feira a outra etc.).

(109) *A manifest detection...*, op. cit., pp. 18 e 40.

(110) F. C. Chandler, op. cit., pp. 111-119, 139-187, cf. sobretudo a relação dos títulos registrados em Stationers' Registers, que Chandler cita nas páginas 188-189.

(111) J. H. Marshburn, *Murder and witchcraft in England, 1550-1640*, Oklahoma, 1971 (o autor fornece uma relação das baladas desse tipo, nas quais baseou o seu livro). Uma antologia da literatura popular desse gênero pode ser encontrada em J. H. Marshburn e A. R. Velie, *Blood and knavery. A collection of English renaissance pamphlets and ballads of crime and sin*, Fairleigh Dikinson University Press, 1973.

(112) A *Luke Hutton's lamentation* foi publicada pela primeira vez em 1595 (sob essa data é registrada em Stationers' Registers), e a mais antiga das edições conservadas é de 1598; depois a obra foi publicada em várias coleções de baladas e também em *The Elizabethan underworld*, op. cit., pp. 292-295. A cronologia é, nesse caso, bastante incerta. É possível que o Lamento se refira ao primeiro aprisionamento e à primeira condenação de Hutton, da qual podia salvá-lo sir John Popham, juiz supremo da Inglaterra, a quem em 1596 Hutton havia dedicado o seu *O cão negro de Newgate* [*The blacke dogge of Newgate*]. Porém conhecemos apenas a versão de 1598 do texto da balada, e podemos supor que depois da execução de Hutton ela tenha sido devidamente reescrita e adaptada à situação. J. H. Marshburn (op. cit., pp. 93-96) não esclarece essas dúvidas relacionadas com as datas de publicação e da execução.

(113) *The blacke dogge of Newgate*, Londres, [1596?], *The Elizabethan underworld*, op. cit., pp. 265-291. O título liga-se a uma lenda, segundo a qual na prisão de Newgate vagava um fantasma chamado Cão Negro, que aparecia na véspera das execuções. Segundo uma outra versão o nome deriva da pedra escura existente na masmorra onde eram colocados os condenados depois de pronunciada a sentença.

(114) Cit. por W. R. Hunt, *Dictionary of rogues*, Nova York, 1970, pp. 67-69.

(115) Idem, ibidem, p. 97.

(116) *The life and death of Gamaliell Ratsey, a famous theefe of England*, Londres, 1605.

(117) *The madde pranckes of Merry Mall of the Banckside*, Londres, 1610; *The strange wonder being a true relation of the mad pranks* [...] *of Mrs Mary Frith*, Londres, 1662 etc.

(118) R. Head, *The English rogue described in the life of Meritoon Latroon, a witty extravagant; being a compleat history of the most eminent cheats of both sexes*, Londres, 1665; as novas edições (Londres, 1874 e Nova York, 1928), de autoria e co-autoria de F. Kirkman, contêm as partes seguintes de *The English rogue*....

(119) A obra de Harrison constituía uma introdução às crônicas de Raphael Holinshed, a mais popular obra histórica daquele tempo e a principal fonte de conhecimento histórico usada por Shakespeare. Na primeira edição (1577) o tratado introdutório de Harrison é intitulado *An historical description of the island of Britain*. Na segunda edição, publicada em 1857 (já depois da morte de Holinshed), Harrison completou o tratado, alterando também a sua composição: o primeiro livro manteve o título anterior (*Description of Britain*), enquanto o segundo e o terceiro foram intitulados *Description of England*. O capítulo sobre os pobres, na edição de 1577, era o capítulo 5 do livro III, enquanto na edição de 1587 ele aparece como parte do capítulo 10 do livro II, dedicado à organização social da Inglaterra. As diferenças entre as redações desse capítulo nas duas edições são pouco significativas (F. J. Furnivall as relata em *The rogues and vagabonds of Shakespeare's youth*, op. cit., pp. XI-XIII). Baseio-me na edição: W. Harrison, *Description of England*, ed. G. Edelen, Ithaca, 1968 (Folger Documents of Tudor and Stuart Civilization), pp. 180-186.

(120) Cf. Tudor Economic Documents, op. cit, vol. II, pp. 306-311; J. A. S. McPeek, op. cit., pp. 13-14.

(121) W. Harrison, op. cit., p. 181: "... then are they adjudged to be parcel of the third sort, and so, insted of courteous refreshing at home, are often corrected with sharp execution and whip of justice abroad".

(122) Idem, ibidem, p. 182. Sobre as idéias demográficas daquela época, cf. Ch. E. Stangeland, *Premalthusian doctrines of population*, Nova York, 1904 (reedição: Nova York, 1966), capítulos III-V.

(123) Cf. cap. IV e cap. V.

(124) Thomas Dekker, na peça de 1622 (portanto já depois dos seus panfletos sobre o *conny-catching*), *Greevous grones for the poore*, diz: "Thought the number of the poore do dailie encrease, all things yet worketh for the worst in their behalfe"; cit. por H. Kamen, *The iron century*, Nova York, 1972, p. 386.

(125) W. Harrison, op. cit., p. 182. Durante a impressão da segunda edição, quando essas considerações foram acrescentadas ao capítulo, falava-se na possibilidade de uma invasão espanhola às ilhas britânicas.

(126) Idem, ibidem, p. 183. "But in fine they are all thieves and caterpillars in the commonwealth and by the Word of God not permited to eat...".

(127) Harrison omite o grupo dos *counterfet kranke*, mendigos que se fingem epilépticos, e acrescenta o grupo das *morts* entre as categorias femininas — cf. Anexo.

(128) A descrição completa dessa legislação é apresentada em C. J. Ribton-Turner, op. cit., cap. III-IV e pp. 675-680; para uma resenha e a análise dos estatutos de 1534-1597, cf. F. Aydelotte, op. cit., pp. 56-75.

(129) O texto do estatuto está em Tudor Economic Documents, op. cit., vol. II, pp. 298-299.

(130) Portanto não tem razão F. Aydelotte (op. cit., p. 56) ao constatar que só no decorrer do século XVI aparece na legislação uma divisão entre os "aptos para o trabalho" e os "inaptos"; tratava-se de uma distinção tradicional entre mendigos e vagabundos.

(131) O texto é apresentado em F. Aydelotte, op. cit., pp. 142-145.

(132) C. J. Ribton-Turner, op. cit., pp. 89-92.

(133) 6 Edw. VI, c. 21; C. J. Ribton-Turner, op. cit., p. 95.

(134) Também Harrison (op. cit., p. 186) inclui essas categorias entre os vagabundos e trata de um modo particularmente severo os amestradores de ursos, sustentando que muitas vezes os ursos devoram as crianças.

(135) 14 Elizabeth c. 5 (parágrafo 5 relativo a essa definição) in *Tudor Economic Documents*, op. cit., vol. II, p. 329.

(136) O artigo XVI daquele mesmo ato, relativo à organização da assistência aos pobres, começa da seguinte forma: "And forasmuche as Charitye would that poore aged and ympotent personnes should as necessarylye be provided for, as the said Roges Vacabondes and Sturdye Beggers repressed, and that the said aged ympotent and poor People should have convenient Habitacions and Abydinge Places throughout this Realme to settle themselves uppon, to the end that they nor any of them should hereafter begge or wander about" (Tudor Economic Documents, op. cit., vol. II, p. 329).

(137) F. Aydelotte, op. cit., p. 65.

(138) E. Leonard, *The early history of English poor relief*, Cambridge, 1900 (reedição, Londres, 1965), passim e sobretudo pp. 293-304.

(139) R. O. Jones, "The mode of disposing of Gypsies and vagrants in the reign of Elizabeth", in *Archaeologia Cambrensis*, 4th ser., XII, 1882, pp. 226-231.

(140) Pelo menos a maior parte, pois sabemos que depois foram enforcados justamente os estrangeiros.

(141) A. V. Judges (*The Elizabethan underworld*, op. cit., p. XL) se pronuncia a favor do caráter misto do bando. J. Sampson (*Journal of Gypsy Lore Society*, II, 1908-1909, pp. 334 e segs.) e J. A. S. McPeek (op. cit., p. 263) consideram essa "companhia" um bando de ciganos.

(142) C. J. Ribton-Turner, op. cit., pp. 71 e segs., 103, 486 e segs., 490 e segs.

(143) H. I. Crofton, *English gypsies under the Tudors*, Manchester, 1886, pp. 9 e segs.

(144) C. J. Ribton-Turner, op. cit., p. 491. Reginald Scot, na sua *Discoverie of witchcraft* (Londres, 1584), livro IX, cap. X, fala sobre a feitiçaria praticada por esses "supostos egípcios".

(145) T. W. Thompson, "Consorting with and connterfeiting Egyptians", in *Journal of Gypsy Lore Society*, 3th ser., II, 1923, pp. 87 e segs.

(146) Cf. as pertinentes observações de F. Aydelotte, op. cit., pp. 17-20.

(147) *The Elizabethan underworld*, op. cit., pp. 344-347.

(148) J. A. S. McPeek (op. cit., p. 173) defende a tese de que foi justamente Shakespeare quem introduziu esse termo na língua. É possível porém que a palavra já estivesse presente antes na tradição oral.

(149) S. R. (ou seja, Samuel Rid), *Art of Iugling*, Londres, 1612; cf. F. Aydelotte, op. cit., p. 135 e J. A. S. McPeek, op. cit., p. 269.

(150) Tudor Economic Documents, op. cit., vol. II, pp. 305-311.

(151) Idem, ibidem, vol. II, p. 307 (em seguida o memorial dos burgueses londrinos diz: "The mean to reform beggary is to fall to work").

(152) Idem, ibidem, vol. II, pp. 335-337.

(153) Idem, ibidem, vol. III, p. 418.

(154) O autor dá o número errado de 2160.

(155) Relatório publicado em F. Aydelotte, op. cit., pp. 167-173 e Tudor Economic Documents, op. cit., vol. II, pp. 339-346.

(156) F. Aydelotte, op. cit., p. 168: "So as they will rather hazard their lyves then work".

(157) Idem, ibidem, p. 169: "Lokynge no farther then ynto the losse of ther owne goods, are of opynyon that they wold not procure a mans death for all the goods yn the world".

(158) Essa opinião otimista provavelmente fazia parte dos estereótipos da consciência social do século XVI, pois é encontrada também em Harman, na sua carta dedicatória a *A caveat* (*The Elizabethan underworld*, op. cit., p. 64).

(159) F. Aydelotte, op. cit., p. 70.

(160) G. Unwin, *Studies in economic history*, Londres, 1927 (reedição, Londres, 1958), p. 315; texto publicado pela primeira vez em *Shakespeare's England*, ed. S. Lee e C. T. Onions, Londres, 1916.

4. *A "LINHAGEM DO CAJADO"* (pp. 142-95)

(1) Em L. Sainéan, *Les sources de l'argot ancien*, Paris, 1912 (vol. I, parte 1: "Documents jargonesques", pp. 83-264), há uma antologia dos textos fundamentais. Apesar da publicação do livro de A. L. Stein, *L'écologie de l'argot ancien*, Paris, 1974, o melhor guia nessa problemática continua sendo E. von Kraemer, *Le type du faux mendiant dans les littératures romanes depuis le Moyen Age jusqu'au XVIIe siècle*, Helsingfors, 1944.

(2) Da rica bibliografia sobre essa obra convém citar pelo menos G. Reynier, *Les origines du roman réaliste*, Paris, 1912 (reedição: Genebra, 1969), pp. 282-314.

(3) F. W. Chandler, op. cit., vol. I, pp. 15-25; R. Greifelt, "Die Ubersetzungen des spanischen Schelmenromans in Frankreich im 17. Jh.", in *Romanische Forschungen*, XL, 1936, pp. 51-84.

(4) F. W. Chandler, op. cit., pp. 17-18; E. von Kraemer, op. cit., pp. 259-261. Essa obra tão popular no século XVII na França e na Europa (quase imediatamente traduzida para o inglês e o alemão) aguarda ainda uma análise científica, tanto do ponto de vista bibliográfico quanto no que se refere ao seu conteúdo.

(5) H. Sauval, *Histoire et recherches des antiquités de la ville de Paris*, Paris, 1724, pp. 510-516.

(6) Nos planos topográficos de Paris o nome "*cour des miracles*" aparece no século XVII, mais precisamente em 1652 (Jacques Gombust, 1652 e Jean Boisseau, 1654 — A. Franklin, *Les anciens plans de Paris*, Paris, 1878).

(7) H. Sauval, op. cit., p. 511.

(8) Idem, ibidem, pp. 511-512. Aqui Sauval diz: "Dans ce petit logis et dans les autres...", portanto referindo esse número de quinhentas famílias à barraca de terra descrita anteriormente e a outras casas semelhantes, mas sem precisar se se trata de todo o *cour des miracles*.

(9) M. Ley-Deutsch, *Les gueux chez Victor Hugo*, Paris, 1936, pp. 111-128; a autora atribui à imagem impressionante do *cour des miracles* uma das principais razões do sucesso do livro.

(10) Cf. cap. II do meu livro *Zycie codzienne w Paryzu Franciszka Villona*, Varsóvia, 1972.

(11) A primeira descrição do grande pátio dos milagres parece ser aquela de Drachir d'Amorny (isto é, Richard de Romany) na facécia *Le carabinage et matoiserie soldatesque* (Paris, 1616). Cf. E. von Kraemer, op. cit., p. 264.

(12) Sauval (op. cit., p. 512) escreve que "jamais les subites métamorphoses de ces imposteurs n'ont été plus heureusement représentées".

(13) L. Sainéan, op. cit., p. 317; E. von Kraemer, op. cit., p. 269; R. Chartier, *La monarchie d'argot: les milieux marginaux dans les villes françaises des XVIe et XVIIIe siècles entre les mythes et les réalités* (texto mimeografado); o autor apresenta uma interpretação interessante desse balé como um burlesco "às avessas", porque o tema trivial é tratado aqui "de façon noble".

(14) Publicado em *Archives curieuses de l'histoire de France*, 1ª série, ed. L. Gimbert e F. Danjou, vol. XV, Paris, 1837, pp. 243-270.

(15) M. Ley-Deutsch, op. cit., pp. 59-60.

(16) R. Chartier (op. cit.), não tendo encontrado documentos que confirmassem esse relato, classificou-o entre as anedotas.

(17) *Archives curieuses...*, op. cit., vol. XV, pp. 243 e segs.

(18) É o que conta Noël du Fail (*Les propos rustiques* (1547), ed. A. de la Borderie, Paris, 1878, p. 59): "La rue ou nous retirons à Bourges s'apelle la Rue de Miracles, car ceux qui à la ville sont tortus et contrefais, sont là droits, allegres et dispos".

(19) D. Ferrand, *La muse normande*, ed. A. Héron, Rouen 1891-1894, vol. II, pp. 34-35; E. von Kraemer, op. cit., pp. 261-263.

(20) D. Ferrand, op. cit., vol. IV, pp. 255-256.

(21) Idem, ibidem, vol. II, p. 34.

(22) *La vie généreuse des mercelots, gueux et boesmiens contenant leur façon de vivre, subtilitez et gergon. Mis en lumière par Monsieur Pechon de Ruby, gentil'homme Breton, ayant esté avec eux en ses jeunes ans ou il a exercé ce beau mestier*, Lyon, 1596; reedição em L. Sainéan, op. cit., pp. 145-167.

(23) Na introdução à sua edição de 1927 de *La vie généreuse...* Abel Chevallay também afirma que a obra foi escrita em Lyon e acrescenta que a primeira edição saiu justamente nessa cidade.

(24) *La vie généreuse...*, op. cit., p. 12 (L. Sainéan, op. cit., p. 150): "Une assamblé générale ou tous les plus signalez Gueuz de France estoient assemblez...".

(25) *Le jargon ou langage de l'argot reformé, comme il est à présent en usage parmi les bons pauvres. Tiré et recueilli des plus fameux Argotiers de ce temps*, Paris, 1628 (ou 1629: trata-se da segunda edição; a primeira saiu em Troyes depois de 1606); reedição in L. Sainéan, op. cit., pp. 187-248.

(26) E. von Kraemer, op. cit., p. 246, considera provável que Chereau tenha sido apenas o editor da obra.

(27) *Le jargon...*, op. cit., pp. 3-6 (L. Sainéan, op. cit., pp. 187-189).

(28) Idem, ibidem, pp. 7-8 (L. Sainéan, op. cit., p. 190).

(29) Idem, ibidem, pp. 20-21 (L. Sainéan, op. cit., p. 219): "Pour ce que ce chenastre Pharos du Languedoc, Anne de Monmorency, a fiché une grande somme de michon pour estre employée tous les ans la sepmaine sainte pour fouquer la morphe a toutime les Argotiers, qui se confesseront et commenieront le Jeudy Saint, et prieront le grand Havre pour seziere".

(30) Na p. 353 do dicionário que constitui o volume II da obra citada, L. Sainéan traduz essa palavra como a definição dada por um francês (assim também ela foi traduzida na edição de *Le jargon...* de 1839), mas no próprio *Le jargon...* a encontramos no fragmento sobre o *cour des miracles* e na conversa entre os dois vagabundos, um dos quais pergunta ao outro se o guarda do hospital é *francillon*, porque gostaria de vender por seu intermédio os objetos roubados, ao que o outro responde não ter isso nenhuma importância, pois ele conhece os endereços de algumas estalagens cujos donos são *francillons* e se ocupam desses negócios (idem, ibidem, p. 39; L. Sainéan, op. cit., vol. I, p. 232). Portanto o *francillon* é um homem da profissão, ligado aos ladrões, um intermediário secreto entre esse meio e a vida normal.

(31) *Response et complaincte au grand coësre sur Le Jargon de l'Argot reformé, avec un plaisant dialogue de deux mions, par le Regnaudin Mollancheur en la Vergne de Misericorde. Composé par un des plus chenastres argotiers de ce temps*, Paris, 1630; reedição in L. Sainéan, op. cit., pp. 249-264.

(32) L. Sainéan, op. cit., p. 176.

(33) *Response et complaincte...*, op. cit., p. 24 (L. Sainéan, op. cit., p. 259): "en ceste fameuse vergne de Paris...".

(34) M. Montaigne, *Essais*, III, 13; edição brasileira: *Ensaios*, trad. de Sérgio Milliet, Brasília, 1987, vol. III, p. 362).

(35) H. Sauval, op. cit., pp. 512 e segs.

(36) Idem, ibidem, p. 513.

(37) Idem, ibidem, p. 514.

(38) A etimologia da palavra "*coësre*" é ainda obscura. A. Vitu (*Le jargon du XVe siècle*, Paris, 1884, p. 16) a ligava a "*guêter*", portanto a entendia como "grande mendigo"; Ribton-Turner, op. cit., p. 519, sustenta que ela deriva do nome de um soberano da Pérsia do século VI, Kosru, ou seja, Chosroes I; seu nome teria sido introduzido no meio por um estudante-vagabundo. L. Sainéan (op. cit., vol. II, p. 314) argumenta que o termo deriva de "*coireau*", palavra do francês antigo que significava uma espécie de boi. Parece provável que a semelhança do nome — na verdade o título do imperador — do soberano persa com uma das denominações com que os mendigos eram correntemente designados tenha originado a formação do nome do rei dos mendigos no jargão francês. Sobre as analogias dos termos e lendas desse tipo, cf. C. E. Besworth, *The Islamic underworld*, Leiden, 1976, pp. 7, 23.

(39) A etimologia dessas palavras não oferece base para uma interpretação histórica. Em "*cagous*" pode-se apontar uma analogia com o termo francês com que outrora se designava o leproso (mais freqüentemente na forma "*cagot*"), o que levou Sainéan (op. cit., vol. I, p. 48, vol. II, p. 301) a considerá-lo sinônimo de "vagabundo solitário".

(40) H. Sauval, op. cit., p. 516.

(41) *La vie généreuse...*, op. cit., p. 8 (L. Sainéan, op. cit., p. 148).

(42) Idem, ibidem, p. 31 (L. Sainéan, op. cit., p. 148).

(43) É o que mostra o episódio de um casamento de camponeses numa aldeia perto de Moulins, quando há uma briga entre os camponeses e os ciganos; aqueles fazem queixa ao governador, que decide enviar um destacamento armado. Os ciganos porém são advertidos por uma das mulheres, que estava em Moulins. Entendem que não conseguirão fugir, tendo um rio pela frente, e assim o "capitão" põe uma sentinela a menos de um quilômetro de distância, ordenando a todos

os componentes do bando que se finjam de semimortos; manda sujar de sangue as mulheres e as crianças, assim como o focinho dos cavalos. Quando o destacamento armado chega e vê em que estado estão os ciganos, os soldados investem contra os camponeses para puni-los por supostos excessos. É curiosa essa ligação dos elementos da vida militar — destacamento, capitão, sentinela, espião — com o engano (*La vie généreuse*..., op. cit., pp. 33-35; L. Sainéan, op. cit., pp. 162-163).

(44) *La vie généreuse*..., op. cit., p. 11 (L. Sainéan, op. cit., p. 149). Encontramos também na literatura picaresca espanhola essa comparação com o Estado veneziano; cf. cap. V.

(45) Convém notar que Pechon de Ruby não é sempre coerente na sua argumentação. Exemplo disso é o fato de que apesar de se referir ao *grand coësre* como o monarca de todo o reino do *argot*, de repente aparece um plural: na assembléia estão presentes os "*grands coësres, premiers cagouz*" etc. (idem, ibidem, p. 12; L. Sainéan, op. cit., p. 150). Essa é mais uma prova do fato de que tratar o texto com uma erudição pedante pode facilmente levar ao ridículo (um exemplo de tal falha da empresa científica é A. L. Stein, *L'écologie de l'argot ancien*, Paris, 1974).

(46) Ele usa também o termo "général" ao referir-se ao próprio *cagou* (idem, ibidem, p. 21; L. Sainéan, op. cit., p. 155).

(47) Idem, ibidem, p. 16; L. Sainéan, op. cit., p. 152: "On les devalize, et les tient on pour rebelles à l'Éstat".

(48) Idem, ibidem, p. 13; L. Sainéan, op. cit., p. 150.

(49) *Le jargon*..., op. cit., p. 42 (L. Sainéan, op. cit., p. 234).

(50) *La vie généreuse*..., op. cit., p. 12 (L. Sainéan, op. cit., p. 150): "C'estois lors d'une assemblée generale oò tous le plus signalez Gueuz de France estoient assemblez, comme grands Coësres, premiers Cagouz avec autres de respect anvers leurs superieurs, comme une court de Parlement à petit ressort".

(51) *Le jargon*..., op. cit., p. 24 (L. Sainéan, op. cit., p. 221).

(52) *Response et complaincte*..., op. cit., p. 23 (L. Sainéan, op. cit., p. 258).

(53) Idem, ibidem, p. 26 (L. Sainéan, op. cit., p. 260).

(54) Assim os apresenta o estatuto da corporação de 1407 em *Les métiers et corporations de la ville de Paris*, XIVe-XVIIe siècles, ed. R. de Lespinasse, Paris, 1862 (Histoire Générale de Paris), op. cit., vol. II, pp. 230-285.

(55) C. Leber, *Collections des meilleurs dissertations, notices et traités particuliers relatifs à l'histoire de France*, vol. XIX, Paris, 1838, pp. 489-497.

(56) A. Vitu, op. cit., p. 19.

(57) Idem, ibidem, p. 23.

(58) Idem, ibidem, pp. 27 e segs.

(59) A. Vitu (op. cit., pp. 21 e segs.) exprime a convicção de que justamente aquele *valet du chambre real* de 1538 é o elo intermediário que falta, por ser o chefe dos *merciers* de toda a França, mas não se dá conta de que esse fato está relacionado justamente com a abolição do título de rei na profissão.

(60) Cf. P. Champion, *Notes pour servir à l'histoire des classes dangereuses en France*, in L. Sainéan, op. cit., pp. 389 e segs; B. Geremek, *La lutte contre le vagabondage à Paris aux XIVe e XVe siècles*, in *Ricerche storiche ed economiche in memoria di Corrado Barbagallo*, Nápoles, 1970, p. 234.

(61) *Le journal d'un bourgeois de Paris*, ed. A. Tuetey, Paris, 1881, pp. 219-221.

(62) Idem, ibidem, p. 389.

(63) *Recueil des poésies françoises des XVe et XVIe siècles*, op. cit., vol. III, pp. 79-80.

(64) O título de uma das obras em verso sobre Ragot é: *Le grant regret et complainte du preux et vaillant capitaine Ragot, très scientificque en l'art de parfaicte belistrerie*, publicada em *Recueil des poésies françoises des XVe et XVIe siècles*, op. cit., vol. V, pp. 142-146. Sobre a lenda de Ragot, cf. G. Reynier, op. cit., pp. 324-326; M. Ley-Deutsch, op. cit., pp. 53-54, e E. von Kraemer, op. cit., p. 201. No circuito da difusão popular encontramos outras figuras, além da de Ragot, que aspiram ao primeiro lugar quanto à maestria do engano e do furto. Em 1583 publicou-se o *Aviso, antídoto e remédio contra as velhacarias dos velhacos*, que atribui o primeiro lugar a um certo Antoine d'Anthenay, mais esperto nas vigarices que Villon, Pathelin, Ragot e outros: *Advertissement, antidot et remede contre les piperies des Pipeurs, auquel sont deduictz les traictz et finesses de un nommé Antoine d'Anthenay, lequel outrepassant les finesses de Villon, Pathelin, Ragot et autres infinits affronteurs, a (sans bourse deslier) emporté de plusieurs Ecclesiastiques, Bourgeois et Marchands de la ville de Paris, cent mille escus et plus*, local ignorado, 1593.

(65) *Le grant regret...*, não é datado; o editor fixa a data de impressão em torno de 1530. G. Reynier, op. cit., p. 325, sustenta que o texto é dos anos 30 do século XVI. Penso que ele pode se ligar à situação da metade dos anos 20 do século XVI, quando em Paris se tomaram iniciativas para dar emprego aos *pauvres valides* ou, o que parece mais provável, do início dos anos 30, quando os mendigos insubmissos são fustigados e banidos de Paris. Cf. B. Geremek, *Inutiles au monde*, Paris, 1980, pp. 153 e segs.

(66) *Les grants regretz et complaintes de mademoiselle de Palais*, publicado em *Recueil des poésies françoises des XVe et XVIe siècles*, op. cit., vol. XIII, p. 421.

(67) O título versificado dessa obra é: *Le testament du hault et notable homme/ Nommé Ragot, lequel en son vivant/ A affronté mainte fine personne./ Achaptez lay et le payez contant*, publicado em: *Recueil des anciennes poésies françoises*, op. cit., vol. V, pp. 147-154.

(68) Idem, ibidem, p. 151.

(69) *Les dialogues de Jacques Tahureau, gentilhomme du Mans*, ed. F. Conscience, Paris, 1870, p. 133.

(70) E. von Kraemer, op. cit., p. 208.

(71) Essa obra é conhecida apenas pela edição de Lyon de 1574. Supõe-se no entanto que a sua primeira edição, de 1549, não se tenha conservado. A carta do pai ao filho Gaudichon, que estudava em Paris, é datada de 1543. Cf. G. Reynier, op. cit., pp. 195 e 332.

(72) *Les propos rustiques de Noël du Fail*, texto original de 1547, ed. A. de la Borderie, Paris, 1878, p. 60.

(73) *La vie généreuse...*, op. cit., p. 32 (L. Sainéan, op. cit., p. 161).

(74) Pechon de Ruby, na nota do seu texto, assim explica essa hierarquia: "Pechon c'est quand on a la premiere balle et du premier voyage. En apres Blesche, Mercelot et puis Coesme, c'est Mercier, et puis Coesmelotier huré" (*La vie généreuse...*, op. cit., p. 8; L. Sainéan, op. cit., p. 147).

(75) *La vie généreuse...*, op. cit., pp. 16-18 (L. Sainéan, op. cit., pp. 152-153).

(76) Esse modo, como o mais simples e mais barato, foi atribuído a Pechon; pode-se supor que a eficiência de tal procedimento também fosse limitada.

(77) *La vie généreuse...*, op. cit., p. 32 (L. Saineán, op. cit., p. 155).

(78) Idem, ibidem, pp. 23-24 (L. Saineán, op. cit., p. 156).

(79) *Le jargon...*, op. cit., p. 25 (L. Sainéan, op. cit., p. 222): "Truchent sans aucun artifice".

(80) Idem, ibidem, p. 26 (L. Sainéan, op. cit., p. 223).

(81) Sauval (op. cit., pp. 515-516) dá duas interpretações desse termo: segundo uns ele designava os ladrões que mendigavam nas estalagens ("des larrons et des coupeurs de bourses qui mandioient dans les Cabarets de Paris"), segundo outros, referia-se aos vagabundos que outrora jogavam dados e cartas na Pont Neuf, fingindo não saber jogar e assim envolvendo os ingênuos no jogo ("des petits gueux qui jouoient sur le Pont-neuf faisant semblant de ne savoir pas jouer, et perdoient leur argent avec des personnes attirés, qui les gagnoient eux et tous les autres"); de acor-

do com essa interpretação os jogadores serviriam para atrair as vítimas, do mesmo modo como descrevem os panfletos ingleses sobre o *conny-catching*. Essa técnica de engano subsistiu nas feiras até ao século XX.

(82) Isso resulta da ambigüidade do termo "*maquiller*" (do jargão), que podia significar tanto "trabalhar" quanto "roubar". L. Saineán (op. cit., II, p. 321) usa essa palavra no segundo sentido e define "*courteaux de boutanches*" como "*voleurs de boutique*". Na descrição de Sauval (op. cit., p. 515) eles são definidos claramente como os mendigos que "ne gueusaient que l'hiver".

(83) *Le jargon*..., op. cit., p. 33 (L. Sainéan, op. cit., p. 228): "Ceux là sont les mignons du grand coësre".

(84) Idem, ibidem, p. 30 (L. Sainéan, op. cit., p. 226): "Ceux là ne fichent que floutiere aux Éstats, car ils ne triment point".

(85) Idem, ibidem, p. 33 (L. Sainéan, op. cit., p. 228).

(86) Idem, ibidem, p. 34 (L. Sainéan, op. cit., p. 229).

(87) F. Rabelais, *Pantagruel*, livro VI, cap. I.

(88) Essa definição foi várias vezes analisada nos estudos sobre o *argot*. Cf. Francisque-Michel, *Études de philologie comparée sur l'argot*, Paris, 1856, p. 233; L. Sainéan, op. cit., vol. I, pp. 27-28, vol. II, pp. 376-377; L. Sainéan, *La langue de Rabelais*, Paris, 1923, vol. II, p. 237. A mão do enforcado a que nos referimos chamava-se "*main de gorre*" ou "*main de gloire*". L. Sainéan, *Les sources*..., op. cit., vol. II, p. 377.

(89) G. Reynier, op. cit., p. 222.

(90) *Les propos rustiques de Noël du Fail*, op. cit., p. 59.

(91) Idem, ibidem, pp. 60-61.

(92) A. Paré, *Des monstres et des prodiges*, ed. J. Ceard, Genebra, 1971, p. 69.

(93) Cf. *Les propos rustiques de Noël du Fail*, op. cit., pp. 204 e segs. (os empréstimos detalhados foram recolhidos por nós).

(94) A. Paré, op. cit., p. 69. O *Liber vagatorum*, I, 10, descreve um caso semelhante referindo-o à localidade de Schlestadt.

(95) Idem, ibidem, pp. 70 e segs.; aqui também podemos nos referir a uma descrição análoga feita no *Liber vagatorum*, I, 13.

(96) Idem, ibidem, pp. 72 e segs.

(97) Idem, ibidem, pp. 73 e segs.

(98) Idem, ibidem, p. 73: "Chose qui ne fut grandement domanageable pour le pays".

(99) Idem, ibidem, pp. 73 e segs.

(100) *Les Serées de Guillaume Bouchet, Sieur de Brocourt*, ed. C. E. Roybet, Paris, 1873-1882 (reeditado em Genebra, 1969), livro III, série XXX, *Des pauvres et des mendiants*.

(101) Idem, ibidem, vol. IV, pp. 271-272.

(102) Cf. E. Coornaert, *Les corporations en France avant 1789*, Paris, 1941, p. 109.

(103) Entre os *coesme* e os *coesmelotier huré* não há diferença quanto às habilitações corporativas, mas só na forma de exercer a profissão.

(104) *Les propos rustiques de Noël du Fail*, op. cit., p. 59: "Noz ceremonies propres à nostre mestier...".

(105) L. Sainéan, op. cit., pp. 95 e 105; cf. cap. II.

(106) *Le jargon*..., op. cit., p. 35 (L. Sainéan, op. cit., pp. 221 e segs.).

(107) *La vie généreuse*..., op. cit., p. 8 (L. Sainéan, op. cit., p. 148).

(108) *Collection des meilleures dissertations*..., vol. XIX, pp. 490 e segs. (art. 35).

(109) *La vie généreuse*..., op. cit., pp. 14-20 (L. Sainéan, op. cit., pp. 151-154).

(110) *Le jargon*..., op. cit., pp. 34-37 (L. Sainéan, op. cit., pp. 229-231).

(111) Idem, ibidem, p. 37 (L. Sainéan, op. cit., p. 231).

(112) H. Sauval, op. cit., pp. 513-514.

(113) Idem, ibidem, p. 513.

(114) Sauval usa nessa descrição o termo "*chef d'oeuvre*", que na linguagem da época significava justamente a obra-mestra do artesão.

(115) Cf. Don Garcia, *L'antiquité des larrons, ouvrage non mains curieux que délectable, composé en espagnol par Don Garcia et traduit en français par le sieur Dandiguier*, Paris, 1621. A obra contém também uma descrição das diversas categorias de ladrões. É notável que essa divisão em especializações não tenha sido retomada por Sauval, que parece se basear sobretudo na obra de F. de Calvi (*Histoire générale des larrons*).

(116) Idem, ibidem, p. 514.

(117) Sobre o autor, cf. A. Carballo Picazo, "El doctor Carlos García, novelista español del siglo XVII", in *Revista Bibliografica y Documental*, v, 1951, pp. 5 e segs. No capítulo v analisaremos mais detalhadamente essa obra.

(118) Cf. nota 115.

(119) A segunda parte é intitulada *Inventaire général de l'histoire des larrons*, Paris, 1624 e Paris, 1639; a terceira parte tem o nome de *Suite de l'inventaire et histoire générale des larrons*, Paris, 1625 e Paris, 1639.

(120) J. M. Quérard, *Les supercheries littéraires dévoilées*, I, Paris, 1869.

(121) A *Histoire générale des larrons* ainda não tem uma bibliografia completa.

(122) Tomo como base a edição completa de todas as três partes da *Histoire générale des larrons, divisée en trois livres*, Paris, 1639; cada uma das partes tem um frontispício separado (parte II: *Inventaire*...; parte III: *Suite de l'inventaire*...) e uma paginação própria.

(123) Idem, ibidem, I, 15, p. 71: "Nous sommes dans un siècle ou le vice est en regne...".

(124) Idem, ibidem: "[le siècle] où nous vivons [...] est un siècle de fer et de plomb"; sobre as origens e a história desse conceito na época do Renascimento, cf. H. Kamen, "Golden age, iron age: a conflict of concepts in the Renaissance", in *The Journal of Medieval and Renaissance Studies*, vol. 4, nº 2, 1974, pp. 135-155.

(125) F. de Calvi, op. cit., I, 11, p. 45 (sobre a falsidade dos italianos). H. Estienne, em *Introduction au traité de la conformité des merveilles anciennes avec les modernes ou traité préparatif à l'apologie pour Herodote*, Genebra, 1566, pp. 137 e segs., também chamava a atenção para a presença dos *charlatans d'Italie* na França, assim como para a influência dos ladrões italianos e o aperfeiçoamento das técnicas de roubo na França.

(126) As primeiras edições acentuavam isso no próprio título: *Histoire générale des larrons contenant les vols, massacres, assassinats, finesses et subtiletez qui se sont par eux faictes en France, et principalement en la ville de Paris*..., Paris, 1623.

(127) Cf. F. W. Chandler, op. cit., vol. I, p. 18.

(128) F. de Calvi, op. cit., I, 31, p. 168: "Nonobstant que la compagnie des Volleurs ne ressente rien de la societé humaine...". É preciso chamar a atenção para o problema do léxico daquela época. No francês antigo "ladrão" era "*larron*". No início do século XVI aparece a palavra "*voleur*", que substituirá o termo anterior no léxico moderno, mas cujo significado principal era "bandido"; cf. H. Estienne, op. cit., p. 271: "brigans ou voleurs"; p. 272: "voleurs et guetteurs de chemins se prennent pour synonymes".

(129) F. de Calvi, op. cit., p. 169.

(130) Idem, ibidem, I, 17, pp. 82 e segs.

(131) Idem, ibidem, p. 83.

(132) Idem, ibidem, II, pp. 4-5.

(133) Idem, ibidem, p. 27.

(134) Idem, ibidem, p. 30.

(135) Idem, ibidem, p. 51.

(136) Idem, ibidem, I, 13, pp. 58-66.

(137) Idem, ibidem, I, 15, pp. 71-77.

(138) Idem, ibidem, I, 35, pp. 219-239.

(139) Idem, ibidem, I, 39 (na verdade o nº 40: a edição de 1639 omite a história que figura no índice), pp. 261-270.

(140) Idem, ibidem, p. 261.

(141) Idem, ibidem, p. 264: "Les uns d'entr'eux sçavoient faire de fausses clefs, les autres arrachoient les serrures sans bruit...".

(142) Idem, ibidem, III, 3-4, pp. 22-51.

(143) Idem, ibidem, p. 23: "Le matin se barboüilloit le né de sang de boeuf, feignant d'estre malade du haut mal, et avec ceste industrie il se campoit sur les advenües du Louvre, et se faisoit le demoniacle, et se faisoit tenir à quatre de sorte que le soir il s'en retournoit dans le Faux-bourg de Mont-marte, lieu de sa demeure, et se faisoit traitter le corps comme un grand personnage, quelquefois il se faisoit souffler, et eussiez dit qu'il estoit hydropique, tantost il contrefaisoit bien le malade, tantost il renversoit tous ses membres...".

(144) Idem, ibidem, p. 24: "Il dégenera de gueux en signalé tireur de l'aine et coupeur de bourse ou il fit des actions qui tesmoignoient bien que pour estre grand volleur, il faut avoir esté grand gueux".

(145) Concentramos a nossa atenção na obra de François de Calvi por ela se dedicar especialmente aos ladrões e por tratar esse meio em categorias profissionais. Porém as histórias sobre os ladrões e as suas façanhas estão presentes em larga escala em narrativas mais antigas, tanto da literatura medieval quanto da renascentista. Elas ocupam também bastante espaço na já referida obra de H. Estienne de 1566: o capítulo XV (op. cit., pp. 134-209) é dedicado às histórias sobre os ladrões, e os capítulos XVI-XVII (op. cit., pp. 209-263) mostram a ladroeira sob o disfarce de uma condição decente, o que acentua a universalidade do delito — tema que no século XVII aparecerá com muita freqüência, sobretudo na literatura espanhola.

(146) Com esse significado a palavra é registrada em *Le jargon...*, op. cit., p. 14, assim como em *Response et complaincte...*, op. cit., pp. 17, 23, 27 (em que o locutor na assembléia dos representantes dirige-se "à toutimes les Fanandels qui est icycaille assemblez"). Aliás esse termo se conservou no *argot* francês pelos séculos seguintes. Cf. L. Sainéan, op. cit., vol. II, p. 343 (*fanande, fanandel, farandel*).

(147) L. Sainéan, op. cit., vol. I, p. 25.

(148) A literatura mais antiga é registrada em R. Yve-Plessis, *Bibliographie raisonnée de l'argot et de la langue verte*, Paris, 1902. Os melhores estudos sobre o assunto continuam a ser: L. Sainéan, *L'argot ancien* (*1455-1850*), Paris, 1907 e P. Guiraud, *L'argot*, Paris, 1956 (edições sucessivas).

(149) M. Dubois, "Une mention ancienne du jargon des merciers", in *Romania*, LVIII, 1932, p. 532.

(150) Por exemplo, os mascates russos criaram uma linguagem chamada *ofenskii iasik*, registrada já no início do século XVIII: V. Jagic, "Die Geheimsprachen bein den Slaven", in *Sitzungsberichte der Kaiserliches Akademie der Wissenschaften*, 133, 1896, pp. 1 e segs; cf. B. Geremek, "Gergo", in *Enciclopedia*, vol. VI, Einandi, Turim, 1979, pp. 724-746.

(151) E. von Kraemer, op. cit., p. 235. A. L. Stein (op. cit., p. 83) apresenta números diferentes (75, 151, 236).

(152) L. Sainéan, *L'argot...*, op. cit., p. 169.

(153) *Le jargon...*, op. cit., p. 7 (L. Sainéan, op. cit., p. 190).

(154) A etimologia desses nomes continua despertando controvérsias e permanece obscura. Mas é preciso notar que, segundo uma hipótese, a palavra "*jargon*" ou "*gargon*" teria sido usada no século XII para designar a fala dos pássaros. Nesse caso "*jargon*" não significaria uma língua diferente, mas uma linguagem incompreensível.

(155) Esse conjunto léxico continua à espera de um exame completo e um registro objetivo. A análise de A. L. Stein (op. cit.) é apenas parcial.

(156) H. Estienne, op. cit., p. 137.

(157) G. Bouchet, op. cit., vol. III, p. 129.

(158) *Response et complaincte...*, op. cit., pp. 7-8 (L. Sainéan, op. cit., pp. 250-251).

(159) Idem, ibidem, p. 14 (L. Sainéan, op. cit., p. 254).

(160) *Le jargon...*, op. cit., pp. 19-20 (L. Sainéan, op. cit., pp. 218-219).

(161) P. Guiraud, op. cit.

(162) *Response et complaincte...*, op. cit., p. 34 (L. Sainéan, op. cit., p. 264).

(163) *Histoire générale des larrons*, op. cit., III, 3, p. 22: "Un voleur subtil entend le picaro, et le dictionaire de maraudaille, il y a des loqutions qui ne se practicquent qu'entre les confederez et les freres de la manicle...".

(164) F. Garasse, *La doctrine curieuse des beaux esprits de ce temps, ou pretendus tels*, Paris, 1623.

(165) L. Sainéan (op. cit., pp. 304-306) acha que a *Histoire générale des larrons* é, nesse fragmento, dependente da obra de François Garasse.

(166) F. Garasse (op. cit., p. 1012) escreve que "les couppeurs de bourses ont leur Picaro, et les Boesmiens ont leur Dictionaire Blasquien..."; independentemente da confusão dos fatos (o nome pícaro como designação da língua dos ladrões nunca foi confirmado; também a afirmação de que os ciganos usavam o *blesquien* não corresponde à realidade), essa distinção da língua dos ladrões parece significativa.

(167) F. Garasse, op. cit., p. 69.

(168) H. Sauval, op. cit., p. 512.

(169) *Response et complaincte...*, op. cit., p. 6 (L. Sainéan, op. cit., p. 250).

(170) F. Garasse, op. cit., p. 68.

(171) H. Sauval, op. cit., p. 512.

(172) Idem, ibidem.

(173) Idem, ibidem: "La plupart donnoit souvent de l'argent à ceux qui avoient fait des enfans à leurs compagnes, afin d'en avoir comme elles...".

(174) Cf. cap. I.

(175) *Response et complaincte...*, op. cit., p. 17 (L. Sainéan, op. cit., p. 255).

(176) Idem, ibidem, p. 18 (L. Sainéan, op. cit., p. 256): "L'une est belle, noble et joyeuse, et s'appelle pauvreté volontaire: l'autre est laide, grossiere, chiragre et rechineuse, qu'on nomme pauvreté de force". Esse quadro das duas irmãs é semelhante àquele que encontramos na obra de Mateo Alemán (*Primera parte del Guzmán de Alfarache, III*, 2, in *La novela picaresca española*, ed. A. Valbuena Prat, Madri, 1974, vol. I, p. 423). Aqui a filiação parece evidente.

(177) Idem, ibidem, p. 21 (L. Sainéan, op. cit., p. 257).

(178) Idem, ibidem, p. 33 (L. Sainéan, op. cit., p. 263).

(179) *Le jargon...*, p. 7 (L. Sainéan, op. cit., p. 190): "L'Antiquité nous apprend, et les Docteurs de l'Argot nous enseignent...".

(180) Idem, ibidem, p. 37 (L. Sainéan, op. cit., pp. 230-231).

(181) H. Sauval, op. cit., p. 514: "À ce qu'on dit...".

(182) Idem, ibidem: "On tient par tradition...".

(183) *Les propos rustiques de Noël du Fail*, op. cit., p. 60; é interessante que nas edições sucessivas da obra de Du Fail o nome de Ragot apareça no título sem que isso se justifique no próprio conteúdo da mesma: *Les ruses et finesses de Ragot, iadis Capitaine de Gueux de l'hostiere et de ses sucesseurs, avec plusieurs discours plaisans et recreatifs pour s'entretenir en toute honneste compagnie*, Paris, 1573; supõe-se que Du Fail, entrando no parlamento da Bretanha, quis que esquecessem o fato de ser ele o autor da obra. Em todo caso esse título atesta a enorme popularidade de Ragot como "chefe dos mendigos".

(184) F. Garasse, op. cit., p. 68.

(185) Idem, ibidem, p. 70.

(186) G. Bouchet, op. cit., pp. 273 e segs. — aliás trata-se de uma versão das aventuras de Till Eulenspiegel, devidamente ampliada (cf. cap. VI).

(187) J. P. Gutton, *La société et les pauvres en Europe* (*XVI*e*-XVIII*e *siècles*), Paris, 1974, pp. 145 e segs.

(188) As melhores resenhas dessas iniciativas são: M. Fosseyeux, "Les premiers budgets municipaux d'assistance. La taxe des pauvres au XVIe siècle", in *Revue d'Histoire de l'Église de France*, 1934, pp. 407-432; E. Chill, "Religion and mendicity in seventeenth-century France", in *International Review of Social History*, VII, 1962, pp. 400-425.

(189) *Mémoires de Claude Haton*, ed. F. Bourquelot, Paris, 1857 (Coleções de documentos inéditos), vol. II, p. 718.

(190) *L'incredulité ou l'ignorance de ceux qui ne veulent cognoistre le bien et repos de l'Estat et veoir renaistre la vie heureuse des François*, Paris, 1600.

(191) *Troisieme traité. Les moyens de chasser la gueuserye contraindre les faineants, faire employer les pauvres, desdiez à Messieurs du Clergé,* Paris, 1600, e posteriormente *Le quatriesme advertissement du commerce faict sur le debvoir de l'aumosne des pauvres, desdié aux riches et amateurs du bien public*, Paris, 1600.

(192) *Le quatriesme advertissement...*, op. cit., pp. 7 e segs.: "Non point en faire triumphe par les rues, les donnant à la gueuserie, pour faire apparoistre devant les hommes qui'ils sont de grands aumosniers".

(193) Essa comparação ou invectiva aparece em ambos os tratados: *Le quatriesme advertissement...*, op. cit., p. 5 e *Les moyens...*, op. cit., p. 4.

(194) *Les moyens...*, op. cit., p. 11.

(195) Idem, ibidem, p. 3: "Et y contraindre ceux qui n'y voudront travailler d'amitié, par chesnes et prisions".

(196) Idem, ibidem, p. 5.

(197) *Statuts pour les hospitaux des pauvres enfermez*, Paris, 1611 (Bibl. Nationale, Ms. Fr. 21 802, f. 211-222, coll. Delamare).

(198) Idem, ibidem, art. 19.

(199) "Mémoires concernans les pauvres que l'on appelle enfermez", in *Archives curieuses...*, op. cit., vol. XV, p. 254.

(200) Idem, ibidem, p. 249.

(201) Idem, ibidem, pp. 248 e 260.

(202) J. P. Gutton, op. cit., p. 135.

(203) "Mémoires...", in *Archives curieuses...*, op. cit., p. 269.

(204) J. Dovet, *La France guerrière*, Paris, 1644, parte VII. Os projetos de emprego são apresentados no capítulo IX.

(205) Idem, ibidem, p. 237.

(206) Idem, ibidem, p. 265.

(207) Idem, ibidem, p. 282.

(208) Idem, ibidem, p. 308.

(209) Bibl. Nationale, Ms. Fr. 15 648, f. 147-150 (século XII, s/d; a menção a Jerôme Feron sugere a segunda metade do século, já após a fundação do Hôpital Génèral em Paris).

(210) Bibl. Nationale, Ms. Fr. 4871, f. 136 (s/d, século XVII).

(211) As melhores apresentações do problema estão em M. Foucault, *Folie et déraison. Histoire de la folie à l'âge classique*, Paris, 1961, cap. II, e em J. P. Gutton, *La société et les pauvres. L'exemple de la généralité de Lyon* (*1534-1787*), Paris, 1971, pp. 295-342.

(212) *Discours sur le renfermement des pauvres*, Soissons, 1662 (as palavras citadas são da p. 50).

(213) Idem, ibidem, pp. 92-93.

(214) B. Pascal, *Pensées*, nº 286 (393).

5. *O PÍCARO E A RECUSA DA SOCIALIZAÇÃO* (pp. 196-246)

(1) A. Castro justificadamente chamou a atenção para esse fato (*El pensamiento de Cervantes*, Madri, 1925, pp. 230 e segs.).

(2) Ch. Aubrun, "La gueuserie aux XVIe et XVIIe siècles en Espagne et le roman picaresque", in *Littérature et société*, Bruxelas, 1967, pp. 137-145. O autor vê no romance picaresco o ataque dos defensores da ordem antiga à classe média em expansão, identificada com os vagabundos e malandros; segundo F. Brun, no artigo "Pour une interprétation sociologique du roman picaresque" (idem, ibidem, pp. 127-135), a imagem do meio da miséria serve apenas como pretexto (p. 131) para mostrar os destinos individuais na época do nascimento do capitalismo. A discussão em torno da sociologia do romance picaresco mostrou sobretudo que essa problemática é pouco pesquisada e de difícil interpretação.

(3) Na "Introdução ao leitor" com a qual Francisco de Quevedo começa *La vida del buscón* (*La novela picaresca española*, ed. A. Valbuena Prat, Madri, 1974, vol. II, p. 11), o autor dirige ao leitor ou ouvinte uma observação que apesar do tom de escárnio é significativa: "Qué deseoso te considero, lector e oidor (que los ciegos no pueden leer)...".

(4) J. Hidalgo, *Romances de germanía de varios autores con su vocabulario...*, Barcelona, 1609; ed. crítica: *Poesias germanescas*, ed. J. M. Hill, Bloomington, 1945 (Indiana University Publications Humanities Series, 15), pp. 73-124.

(5) Dados bibliográficos: idem, ibidem, pp. 227 e segs.

(6) Idem, ibidem, pp. 3-72.

(7) Idem, ibidem, pp. 125-220.

(8) Idem, ibidem, pp. 159-220.

(9) R. Salillas, "Poesia rufinesca (Jácares y bailes)", in *Revue Hispanique*, XIII, 1905, pp. 18-75.

(10) R. Salillas, "Poesia matonesca (Romances matonescos)", in *Revue Hispanique*, XV, 1906, pp. 387-452.

(11) Pesquisas desse tipo foram desenvolvidas por J. L. Alonso Hernandez em vários estudos sociológico-filológicos, dos quais tive acesso apenas ao artigo: "Le monde des valeurs dans la littérature espagnole du XVIe siècle", in *Culture et marginalité au XVIe siècle*, Paris, 1973, pp. 11-40.

(12) *La vida de Lazarillo de Tormes y de sus fortunas y adversidades*, in *La novela picaresca española*, vol. I, p. 103: "Comenzamos nuestro camino, y en muy pocos dias me nostró jerigonza".

(13) Para o vocabulário dessas obras, cf. R. Salillas, *El delincuente español. El lenguaje*, Madri, 1896, pp. 71-78 e segs.

(14) Cf. Z. Szmydtowa, *Cervantès*, Varsóvia, 1975, pp. 32-35.

(15) G. Bleiberg, "Mateo Alemán y los galeotes", in *Revista de Occidente*, 39, 1966, pp. 330-363.

(16) M. Cavillac, "Introducción", in C. Pérez de Herrera, *Amparo de pobres*, Madri, 1975 (Clássicos Castellanos, 199), pp. CLXXXVII e segs. Alemán correspondia-se com o autor de *Amparo*.

(17) Uma resenha prática e útil sobre o fenômeno é fornecida pela antologia de dissertações *Pikarische Welt. Schriften zum Europaischen Schelmenroman*, ed. H. Heidenreich, Darmstadt, 1969 (Wege der Forschung, B. CLXIII); cf. também as resenhas polêmicas sobre as pesquisas existentes, especialmente: A. A. Parker, *Literature and delinquent. The picaresque novel in Spain and Europe*, Edimburgo, 1967, pp. 1-27; F. Rico, *La novela picaresca y el punto de vista*, Barcelona, 1973, pp. 95-141; R. Bjornson, *The picaresque hero in European fiction*, Madison, 1977, pp. 43-65; H. Sieber, *The picaresque* (*The critical idiom 33*), Londres, 1977, pp. 5-31.

(18) Refiro-me aqui à excelente e atual imagem da Espanha, traçada há mais de vinte anos por P. Vilar, *Le temps du "Quixotte"*, in *Europe*, nº 121-122, I-II, 1956, pp. 3-16; cf. também, do

mesmo autor, *La catalogne dans l'Espagne moderne*, Paris, 1962, vol. I, parte 2 (*Décadence catalane et décadence espagnole*).

(19) M. Gonzales de Cellorigo, *Memorial de la politica necesaria y útil restauración de la república de España*, Valladolid, 1600; cit. por P. Vilar, *Le temps du "Quichotte"*, op. cit., p. 10. Cf. J. Vilar, *Literatura y economia. La figura satirica del arbitrista en el Siglo de Oro*, Madri, 1973, e J. H. Elliot, "Self-perception and decline in early seventeenth-century Spain", in *Past and present*, 74, 1977, pp. 41-61.

(20) Sobre a "queda da Espanha", cf. J. H. Elliot, "The decline of Spain", in *Past and Present*, 20, 1961, pp. 52-75.

(21) É o que mostra *Lazarillo de Tormes, Tratado III* (edição citada, pp. 116-126).

(22) B. Bennassar, *Valladolid au Siècle d'Or. Une ville de Castille et sa campagne au XVIe siècle*, Paris, 1967, pp. 434-451, mostra como a prosperidade se manifesta no estilo de vida em geral, caracterizado pelo supérfluo: um dos sintomas do luxo do século XVI é a generosidade com os pobres.

(23) J. Regla Campistol, *El bandolerismo catalan*, Barcelona, 1962; P. Vilar, *La catalogne...*, op. cit., vol. I, pp. 579 e segs.

(24) M. de Cervantes, *Dom Quixote de la Mancha*, trad. de Antônio Feliciano de Castilho, Rio de Janeiro-São Paulo-Porto Alegre, 1952, II, p. 60.

(25) P. Vilar, *Le temps du "Quichote"*, op. cit., p. 15.

(26) Essa interpretação proposta por W. Monteser pode ser considerada uma simplificação: W. Monteser, *The picaresque element in western literature*, University of Alabama Press, 1975, pp. 1 e segs.

(27) F. Rico, op. cit., p. 138. O autor aponta com razão a infração dos princípios da poética tradicional, que adapta o "estilo" do discurso à posição social do protagonista.

(28) Cf. R. W. B. Lewis, *The picaresque saint. Representative figures in contemporary fiction*, Filadélfia, 1959; R. Alter, *Rogue's progress. Studies in the picaresque novel*, Cambridge, Mass., 1964, cap. VI; M. Nerlich, *Kunst Politik und Schelmerei*, Frankfurt a/M, 1969; W. Monteser, op. cit.; H. Sieber, op. cit.

(29) U. Wickes, "The nature of picaresque narrative: a model approach", in *Proceedings of the modern language association*, 89, 1974, pp. 240-249. O autor apresenta uma interessante tentativa de definir um cânone picaresco fundamental, o que pode ser um ponto de partida para o estabelecimento dos limites da "expansão picaresca" na literatura européia.

(30) *La vida de Lazarillo de Tormes y de sus fortunas y adversidades*, "Prologo", in *La novela...*, I, p. 101: "Y también porque consideren los que heredaron nobles estados cuán poco se les debe, pues Fortuna fue para ellos parcial, y cuánto más hicieron los que, siéndoles contraria, con fuerza y maña remando salieron a buen puerto".

(31) *Lazarillo*, I (*La novela...*, I, p. 101): "Arrimarse a los buenos por ser uno dellos...".

(32) O negro foi condenado à pena prevista para os escravos desonestos: depois de ser fustigado, passaram-lhe gordura nas feridas causadas pela fustigação e em seguida atearam-lhes fogo. A mãe de Lázaro foi, de acordo com o costume, levada pela cidade no lombo de um burro e fustigada com cem chicotadas.

(33) *Lazarillo*, I (*La novela...*, I, p. 103).

(34) No frontispício da primeira edição de *La picara Justina* (1615), que justapõe simbolicamente as principais obras da literatura picaresca, Lazarillo aparece junto com Toro de Salamanca.

(35) *Lazarillo*, I (*La novela*..., I, p.103): "Parecióme que em aquel instante desperté de la simpleza en que, como niño dormindo, estaba".

(36) *Lazarillo*, I (*La novela*..., I, p. 103): "Y también sufri mis males".

(37) *Lazarillo*, VI (*La novela*..., I, p. 133): "Este fue el primer escalón que yo subí para venir a alcanzar buena vida".

(38) *Lazarillo*, VI (*La novela*..., I, p. 134); dirigindo-se ao arquidiácono, que se queixava dos boatos supostamente infundados, Lazarillo afirma saber que pelo contrário eles têm fundamento, mas: "Yo determiné de arrimarme a los buenos".

(39) R. Bjornson, op. cit., cap. II ("The birth of the picaresque: Lazarillo de Tormes and the socializing process").

(40) Justamente por isso A. A. Parker (op. cit., p. 30) faz certas reservas ao enquadrar Lazarillo no cânone da literatura picaresca, pois ele não se encaixa na imagem de delinqüência apresentada por esse gênero.

(41) Para uma ampla análise literária da obra, cf. E. Cros, *Protée et les gueux. Recherches sur les origines et la nature du récit picaresque dans Guzmán de Alfarache*, Paris, 1967 (o cap. VI, pp. 181-209, examina as relações da obra com as coleções de *exempla*).

(42) M. Alemán, *Primera parte de Guzmán de Alfarache* (que daqui por diante será citada como *Guzmán I*), I, 1 (*La novela*..., I, p. 298): "La sangre se hereda y el vicio se apega".

(43) *Guzmán I*, II, 2 (*La novela*..., I, p. 371): "La enfermedad que baja de castilla [...] hambre que sube del Andalucia".

(44) *Guzmán I*, II, 7 (*La novela*..., I, p. 396).

(45) *Guzmán I*, III, 2 (*La novela*..., I, p. 423): "Justo es dar a cada uno lo suyo y te confieso que hay en Italia mucha caridad y tanta, que me puso golosina el oficio nuevo para no dejarlo".

(46) *Guzmán I*, III, 9 (*La novela*..., I, p. 459): "Oh qué hice de ruindades y fullerias! Ninguna hubo que no entendiera y supiera: todas las obraba".

(47) *Guzmán I*, III, 10 (*La novela*..., I, p. 462): "Andábame vagando a la flor del berro por las calles de Roma...".

(48) *Segunda parte de la vida de Guzmán de Alfarache* (que daqui por diante será citada como *Guzmán II*), I, 5 (*La novela*..., I, p. 511).

(49) *Guzmán II*, I, 7 (*La novela*..., I, 528): "Llevando propuesto de allí adelante hacer libro nuevo lavando con virtudes las manchas que me causó el vicio".

(50) *Guzmán II*, III, 9 (*La novela*..., I, p. 720): "Aqui di punto y fin a estas desgracias. Rematé la cuenta con mi mala vida".

(51) A. A. Parker, op. cit., p. 42.

(52) *Guzmán I*, III, 8 (*La novela*..., I, p. 710): "¿Ves aqui, Guzmán, la cumbre del monte de las miserias, adonde te ha subido tu torpe sensualidad?".

(53) Alemán anuncia a terceira parte da obra, mas entre os estudiosos não há unanimidade quanto a se realmente foi escrito esse final, que entraria em contradição com o modelo da narrativa picaresca. A. del Monte (op. cit., pp. 73-74) sustenta que só o "ascetismo anti-social" poderia ser o coroamento lógico da carreira de Guzmán. A. A. Parker (op. cit., pp. 79-80) diz que na terceira parte Guzmán poderia ser um penitente, um peregrino ou um eremita. R. Bjornson (op. cit., p. 61) sugere que o anúncio da terceira parte indica que nela o autor pode mostrar como desperdiçou (*gasté* — e não no sentido de "passou") o resto da sua vida. O anúncio de uma parte seguinte parece ser um estereótipo nas obras picarescas, importante na medida em que introduz a incerteza a respeito do destino futuro do protagonista, suspendendo portanto o julgamento moral da personagem, mas pode ser também considerado um recurso literário-comercial.

(54) *Historia de la vida del buscón llamado don Pablos, ejemplo de vagamundos y espejo de tacaños, por don Francisco de Quevedo Villegas* (daqui por diante essa obra será citada como *Buscón*), in *La novela*..., vol. II, p. 9. O livro foi editado em 1626 mas já desde 1604 circulava em cópias manuscritas; a data em que foi escrita é incerta. Fernando Lázaro Carreter (Salamanca,

1965) preparou-lhe uma edição crítica moderna, que traz também uma extensa introdução de sua autoria. E. Cros empreendeu um estudo sociológico da obra: *L'aristocrate et le carnaval des gueux. Étude sur le "Buscón" de Quevedo*, Montpellier, 1975.

(55) Cf. A. A. Parker, op. cit., p. 58.

(56) *Buscón*, I, 7 (*La novela...*, II, p. 35): "Ya soy otro, y otros mis pensamientos. Más alto pico y más audoridad me importa tener...".

(57) *Buscón*, II, 5 (*La novela...*, II, p. 52): "La industria en la corte es piedra filosofal, que vuelve en oro cuanto toco".

(58) *Buscón*, III, 1 (*La novela...*, II, p. 55).

(59) *Buscón*, III, 2 (*La novela...*, II, p. 57).

(60) *Buscón*, III, 3 (*La novela...*, II, p. 63).

(61) *Buscón*, III, 10 (*La novela...*, II, p. 86): "Trataba en vidas, y era tendero de cuchillades, y no le iba mal".

(62) *Buscón*, III, 10 (*La novela...*, II, p. 88): "Pues nunca mejora su estado quien muda solamente de lugar, y no de vida y costumbres".

(63) *Buscón*, I, 6 (*La novela...*, II, p. 34).

(64) Essa palavra foi traduzida de várias maneiras, mas os conceitos que mais se aproximam dela são: "malandro", "ladrão" e "vigarista" (cf. A. A. Parker, op. cit., p. 57).

(65) R. Bjornson, op. cit., p. 115.

(66) Das pesquisas sobre os mecanismos psicológicos traçados em *El buscón* é preciso mencionar sobretudo: P. N. Dunn, "El individuo y la sociedad en la vida del buscón", in *Bulletin Hispanique*, III, 1950, pp. 375-396; T. T. May, "Good and evil in the buscón. A survey", in *Modern Language Review*, XXV, 1950, pp. 319-335; A. A. Parker, op. cit., cap. III. Omitiremos aqui a polêmica que esses trabalhos suscitaram, porque seu objeto era uma avaliação geral da obra quanto a categorias de gênero, ou seja, verificar se o livro era engraçado ou sério. Para os nossos fins podemos supor que ambas as opiniões definiam o caráter da obra: a fábula era engraçada, ao passo que as motivações psicológicas da conduta das personagens se prestavam a uma interpretação em termos de um discurso sério. Cf. a apresentação das polêmicas em R. Bjornson, op. cit., p. 268.

(67) G. Gonzales, *El guiton Honofre*, ed. H. G. Carrasco, Madri, 1973.

(68) *Vida y hechos de Estabanillo González, hombre de buen humor, compuesta por el mismo* (1646), in *La novela...*, vol. II, pp. 797-950. Sobre a estrutura autobiográfica da obra: J. Talens, *Novela picaresca y práctica de la transgresión*, Madri, 1975, pp. 107-178.

(69) Para os episódios poloneses e lituanos: *Estebanillo González*, op. cit., II, 4-5 (*La novela...*, II, pp. 911-921).

(70) R. Bjornson, op. cit., p. 136.

(71) Cf. M. Bataillon, "Estebanillo González, bouffon 'pour rire'", in *Studies in Spanish literature of the Golden Age, presented to Eduard M. Wilson*, ed. R. O. Jones, Londres, 1973, pp. 25-44.

(72) J. Corominas, *Diccionario critico etimológico de la lengua castellana*, Berna, 1956, vol. III, pp. 768-771, "Pícaro"; ibidem, uma bibliografia do romance picaresco. Uma bibliografia mais recente foi preparada por J. Laurenti, op. cit., pp. 7-10.

(73) A. A. Parker, (op. cit., pp. 4 e segs.), opondo-se ao uso do termo "*rogue*" como sinônimo de "pícaro", propôs traduzir essa palavra como "*delinquent*", isto é, um delinqüente ou um jovem criminoso (daí o título e a tese principal do livro). É difícil aceitar essa hipótese, tanto do ponto de vista da terminologia contemporânea quanto da do século XVII, pois parece que os termos "pícaro" (espanhol), "*rogue*" (inglês) e "*gueux*" ou "*gueuz*" (francês) eram naquela época bem definidos e denominavam justamente o vagabundo, o mendigo e o vigarista.

(74) C. Guillén, *Literature as system. Essays toward the theory of literary history*, Princeton, 1971, pp. 75 e segs.

(75) Idem, ibidem, p. 80.

(76) Uma atenção especial mereceriam as obras picarescas tardias, do período em que os elementos associais da vida do protagonista parecem perder importância, deixando em primeiro plano o riso bufonesco da ordem social; cf. Ch. J. Whitbourn, *Moral ambiguity in the Spanish picaresque tradition in Knaves and swindlers...*, op. cit., pp. 17 e segs.

(77) M. Bataillon, "L'honneur et la matière picaresque", in *Annuaire du Collège de France*, 1963, pp. 485-490. O autor afirma que a infâmia, isto é, a falta da honra, constitui uma motivação constante tanto na gênese quanto no desenvolvimento da biografia picaresca. Cf. também J. A. Maravall, "La función del honor en la sociadad tradicional", in *Ideologies and Literature*, vol. II, 7, 1978, pp. 9-27.

(78) *Guzmán I*, III, 2 (*La novela...*, I, p. 424).

(79) *Guzmán I*, III, 3 (*La novela...*, I, pp. 428 e segs.).

(80) *Guzmán I*, III, 3 (*La novela...*, I, pp. 429 e segs.).

(81) *Guzmán I*, III, 3 (*La novela...*, I, p. 430): "Nos apercebiamos a cojear, variando visajes, cargándonos a cuestas los unos a los otros, torciendo la boca, volteando los párpados de los ojos para arriba, haciendonos mudos, cojos, ciegos, valiéndonos de muletas, siendo sueltos más que gamos, metíamos las piernas en vendos que colgaban del cuello, o los brazos en orillos".

(82) *Guzmán I*, III, 5 (*La novela...*, I, p. 435).

(83) *Guzmán I*, III, 5 (*La novela...*, I, p. 436): "El padre maquinando cóme dejarle de comer, sin obligarle a servir ni a tomar oficio".

(84) *Guzmán I*, III, 5 (*La novela...*, I, p. 439).

(85) *Buscón*, III, 1 (*La novela...*, II, p. 56): "Grandes gracias di a Dios, viendo cuánto dio a los hombres en darles industria, ya que les quitasse riquezas".

(86) *Buscón*, III, 2 (*La novela...*, II, p. 62).

(87) *Buscón*, III, 3 (*La novela...*, II, pp. 62 e segs.).

(88) *Buscón*, III, 3 (*La novela...*, II, p. 63).

(89) *Buscón*, III, 8 (*La novela...*, II, p. 79).

(90) *Buscón*, III, 8 (*La novela...*, II, p. 80).

(91) *Buscón*, III, 8 (*La novela...*, II, p. 80): "Un pobre de cantón, une de los mayores bellacos que Dios crió".

(92) *Obras de don Francisco de Quevedo Villegas*, vol. III, Madri, 1877 (Biblioteca de Autores Españoles, LXIX), pp. 124-125.

(93) *Buscón*, III, 8 (*La novela...*, II, p. 80): "Era çomo nuestra retor".

(94) *Capitulaciones de la vida de la corte*, in *Obras de don Francisco de Quevedo Villegas*, tomo I, Madri, 1852 (Biblioteca de Autores Españoles, vol. XXIII), pp. 459-467.

(95) *Guzmán I*, III, 2 (*La novela...*, I, p. 424): "Como si fuera protopobre...".

(96) *Guzmán I*, III, 2 (*La novela...*, I, pp. 425-427).

(97) *Guzmán I*, III, 2 (*La novela...*, I, p. 426): "Que ningún mendigo consienta ni deje servir a sus hijos nin que aprendan ocio ni les den amos, que ganando poco trabajan mucho...".

(98) *Guzmán I*, III, 2 (*La novela...*, I, p. 425): "Que en los puestos y asientos guarden todos la antigüedad de posesión y no de personas...".

(99) *Guzmán I*, III, 2 (*La novela...*, I, p. 425): "Por cuanto las naciones todas tienen su método de pedir y por él son diferenciadas y conocidas...".

(100) Idem, ibidem: "Item, que los pobres de cada nación, especialmente en sus tierras, tengan tabernas y bodegones conocidos, donde presidan de ordinario tres o cuatro de los más ancianos, con sus báculos en las manos".

(101) No texto aparece a expressão "con sus báculos", mas ao falar que cada mendigo deveria ter o seu cajado usam-se os termos "*garrote*" ou "*palo*".

(102) E. von Kraemer (op. cit., p. 282) era dessa opinião, mas seus argumentos não são convincentes. Os pesquisadores da biografia de Mateo Alemán desconfiam aliás que ele não tenha ti-

do oportunidade de viajar pela Itália; cf. D. McGrady, *Mateo Alemán*, Nova York, 1968 (Twayne's World Authors Series, 3), pp. 39-41.

(103) Pode-se de resto entender esse texto de outro modo: como prova do caráter internacional da organização dos mendigos em geral. Isso significaria que as *Ordenanzas* lembram que em cada país os mendigos têm a sua própria organização.

(104) *Guzmán I*, III, 3 (*La novela...*, I, p. 427).

(105) *Segunda parte della vida del picaro Guzmán de Alfarache compuesta por Mateo Luján de Sayavedra* [Juan J. Marti], in *La novela...*, vol. I, pp. 721-876. Sobre a obra, cf. B. Labourdique e M. Cavillac, "Quelques sources de Guzmán, apocryphe de Mateo Luján", in *Bulletin Hispanique*, 81, 1969, pp. 191-217 e J. J. Marti, op. cit., II, 2 (*La novella...*, vol. I, pp. 772 e segs.).

(106) *Guzmán I*, III, 3 (*La novela...*, I, p. 776): "Yo procuro harto vivir de mi trabajo, y no hallo en qué trabajar".

(107) Baseio-me na edição: Miguel de Cervantes, *Novelas ejemplares*, ed. J. A. Franch, Zaragoza, 1974. A edição clássica de F. Rodriguez Marín (Madri, 1905) tem uma introdução que traça uma imagem social da Sevilha daquela época. Cf. também Z. Szmydtowa, op. cit., pp. 318-325.

(108) R. del Arco examinou num ensaio bastante superficial ("La ínfima levadura social en las obras de Cervantes", in *Estudios de Historia Social de España*, II, 1952, pp. 209-290), o lugar dessa problemática em toda a obra de Cervantes.

(109) M. de Cervantes, *Novelas...*, op. cit., p. 208.

(110) Idem, ibidem, p. 217.

(111) Idem, ibidem, p. 236.

(112) No original: "El sombrero era de los de la hampa" — portanto um chapéu do tipo dos que usavam os vagabundos e aventureiros, conhecidos como "*hampa*".

(113) M. de Cervantes, *Novelas...*, op. cit., p. 222. A última frase é: "En efecto, él representaba el más rústico y disforme bárbaro del mundo".

(114) Idem, ibidem, p. 167.

(115) J. Hazanas y la Rua, *Los rufianes de Cervantes*, Sevilla, 1906, pp. 83 e segs.

(116) *Diccionario de la lengua castellana* [...] *de Autoridades*, Madri, 1726-1739; cit. por J. A. Franch, "Introducción preliminar", in *Novelas...*, p. 30.

(117) F. Rodríguez Marín, Madri, 1927, p. 57. Cf. também a introdução crítica do mesmo autor, um excelente conhecedor da obra de Cervantes: *Rinconete y Cortadillo*, Madri, 1912.

(118) E. F. Jareño, "El coloquio de los perros, documento social de la vida española en la Edad de Oro", in *Estudios de Historia Social de España*, II, 1952, p. 335.

(119) C. García, *La desordenada codicia de los bienes agenos*, Paris, 1619; sirvo-me aqui da edição crítica, baseada na *editio princeps* e preparada por Giulio Massano (Madri, 1977, Studia Humanitatis, 3).

(120) J. M. Pelorson, "Le docteur Carlos Garcia et la colonie hispano-portugaise de Paris (1613-1619)", in *Bulletin Hispanique*, 71, 1969, pp. 518-576.

(121) R. Bjornson (op. cit., p. 99) chama a atenção para a crítica da ordem social como fonte dos comportamentos criminosos, opinião coincidente com a de Alemán.

(122) G. Massano (op. cit., p. 2) considera-o o melhor exemplo espanhol de "*libro del hampa*", que desfrutou de tanta popularidade em toda a Europa (no texto da sua dissertação de doutorado Massano se refere a ele como "*book of thieves*"), mas decididamente se recusa a atribuir-lhe o caráter de narrativa picaresca. Sem entrarmos na problemática da genealogia literária, vale a pena chamar a atenção para o fato de que nada impede de excluir o ladrão do campo semântico do conceito de pícaro. Na segunda parte de *Guzmán* a autobiografia de Sayavedra está próxima, na sua estrutura sociológica, à biografia de Andrés, e Sayavedra é definido por Alemán como pícaro. F. Rico (*La novela picaresca y el punto de vista*, op. cit., p. 131) sustenta que Andrés é um tipo social de pícaro mas que a obra de Garcia não pertence ao gênero picaresco.

(123) É justamente essa a forma utilizada na tradução francesa de *L'antiquité des larrons, ouvrage non moins currieux que delectabele; composé en espagnol par Don García et traduit en françois par le sieur Daudiguier* (sirvo-me da edição de Rouen, 1632, p. 62).

(124) *La desordenada codicia...*, op. cit., p. 112: "Y hallándome con cinco marcas que injustamente me an dado cinco vezes que e estado presso, me hará sin duda hazer el camino más corto".

(125) Idem, ibidem, p. 111: "Acusáronme de ladrón de guançúa, que es el instrumento con que abrimos todo género de puertas...".

(126) Idem, ibidem, p. 115 (título do capítulo III).

(127) Idem, ibidem, p. 133: "Quando esta noble arte no tuviera otra excelencia que la antigüedad de su origen y nobleza de su primer inventor...".

(128) Idem, ibidem, cap. VII: *De la differencia y variedad de los ladrones*, pp. 149-158.

(129) Idem, ibidem, p. 152: "Assi también éstos llevan ordinariamente una gançúa o llave universal, con que abren todo género de puertas...".

(130) Idem, ibidem, p. 153: "Los dacianos son gente cruel, desapiadada y feroz, tenida en nuestra república en menos reputación que los demás ladrones".

(131) Há no entanto uma justificação literária: a descrição de cada uma dessas três categorias é acompanhada por uma anedota, um *exemplum* da vida do protagonista.

(132) A tradução francesa acrescenta aqui um outro nome: "... *ou latins*" (*L'antiquité des larrons...*, op. cit., p. 145).

(133) *La desordenada codicia...*, op. cit., p. 166: "Todos los sobredichos ladrones tienen ordinariamente sus espías en los cambios, aduanas y mercados públicos [...]. Y en esto ay tal diligencia y cuydado que no llega estrangero en la ciudad que, medio quarto de hora después, no esté registrado en nuestro libro [...]. Y si en esto huviere alguna negligencia, las espías que tienen aquella parte de la ciudad a su cargo pierdon los provechos y ganancias que les pueden venir de la comunidad aquel día...".

(134) M. de Cervantes, *Novelas...*, op. cit., pp. 244, 245, 247.

(135) *La desordenada codicia...*, op. cit., cap. XIII: "De los Statutos y leyes de los ladrones".

(136) Idem, ibidem, p. 201: "Pues no se haze entre nosotros cosa alguma que no esté reglada con razón, estatutos, leyes y premática [pragmática], castigando a los que de otra suerte exercitaren nuestra arte".

(137) Idem, ibidem, p. 203: "Es este nuestro caudillo hombre viejo, prudente, experimentado, sagaz y, finalmente, jubilado en el arte, al qual, aviéndole ya faltado las fuerças y ligereza para hurtar, exercita la teórica con nosotros, enseñándonos el método y preceptos de hazerllo".

(138) Idem, ibidem: "De todos los hurtos se saca primeramente el quinto para satisfazer con él al que nos perdona los açotes, destierro, galeras y horca".

(139) Idem, ibidem, p. 107; é significativo que as traduções, tanto a francesa como a inglesa, não procurem palavras correspondentes a esses termos nem no *argot* nem no jargão, mas apenas traduzam literalmente as definições espanholas.

(140) Idem, ibidem, p. 205: "Cada officio tiene su particular señal con que se conoze".

(141) Idem, ibidem, p. 206.

(142) Idem, ibidem, p. 205.

(143) No seu "Discurso preliminar", in Cervantes, *Rinconete y Cortadillo*, Sevilla, 1905, pp. 184 e segs., F. Rodríguez Marín fala sobre a existência em Sevilha de uma confraria dos ladrões, com um chefe chamado prior e conselheiros (*cónsules*), o que em princípio corresponde à organização corporativa, governada pelos "anciãos" do grêmio.

(144) *Guzmán II*, II, 4 (*La novela...*, I, p. 566).

(145) *Guzmán II*, II, 4 (*La novela...*, I, p. 567): "Ninguno entendió como yo la cicatéria. Fui muy gentil caleta, buzo, cuatrero, maleador y mareador, pala, poleo, escolta, estafa y zorro".

(146) É visível aqui a semelhança com a informação dada por García; a hipótese de que García tomou de Alemán essa informação e generalizou-a parece mais provável que a de que os dois tenham se baseado na realidade.

(147) *Guzmán I*, II, 4 (*La novela...*, I, p. 574).

(148) *Guzmán I*, I, 8 (*La novela...*, I, p. 53).

(149) J. L. Alonso Hernandez, op. cit., in *Culture et marginalités...*, op. cit., pp. 11 e segs.

(150) Idem, ibidem, p. 13.

(151) Idem, ibidem, pp. 15 e segs.

(152) Em 1972 J. L. Alonso Hernandez dedicou a essa problemática a sua dissertação de doutorado na Universidade de Salamanca. Sua pesquisa prossegue.

(153) F. Rodríguez Marín editou a novela (Madri, 1917) com uma importante e interessante introdução, à qual as pesquisas sucessivas acrescentaram apenas a identificação de alguns fatos e a indicação das fontes literárias da obra. A datação da novela permanece incerta. Baseio-me na edição das *Novelas*, preparada por J. A. Franch (Madri, 1974).

(154) Cf. A. Gonzáles de Amezúa, *Cervantes, creador de la novela corta española*, Madri, 1958, pp. 295 e segs.

(155) M. de Cervantes, *Novelas...*, op. cit., p. 367: "Llevado de una inclinacíon picaresca sin forzarle a ello algún mal tratamiento que sus padres le hiciesen, sólo por su gusto y antojo, se desgarró, como dicen los muchachos, de casa de sus padres...".

(156) Idem, ibidem: "Finalmente, él salió tan bien con el asumpto de pícaro, que pudiera leer cátedra en la facultad al famoso de Alfarache".

(157) M. de Cervantes, "La ilustre fregona", in *Novelas ejemplares*, vol. II (Nuestros Clássicos, 24), México, 1978, p. 68.

(158) Idem, ibidem, p. 69.

(159) A única coisa que possuía e podia vender era o título de "dom" antes do seu nome — escreve Quevedo (*Buscón*, II, 6).

(160) Num discurso muito simplista sobre o realismo do romance picaresco, O. Bělič (*Spanęlský pikareskni román a realismus* [O romance picaresco espanhol e o realismo], Praga, 1963) opõe-se à afirmação de que o pícaro é preguiçoso (idem, ibidem, pp. 63 e segs.) e defende a laboriosidade de Lazarillo e de Guzmán. No entanto é preciso levar em consideração que eles trabalhavam a contragosto e permanentemente revoltados contra o sistema vigente de relações sociais.

(161) *Guzmán I*, II, 2 (*La novela...*, I, p. 371).

(162) *Guzmán I*, III, 4 e 5 (*La novela...*, I, pp. 432-440).

(163) *Guzmán I*, III, 5 (*La novela...*, I, p. 438): "De toda esta desventura tienen los pobres carta de guía, siendo señores de si mismo, francos de pecho ni derrama, lejos de emuladores. Gozan su vida sin almotacén que se la denuncie, sastre que se la corte, ni perro que se la muerda".

(164) Elementos análogos podem ser encontrados num poema anônimo, escrito pouco antes da publicação da primeira parte de *Guzmán* ou em torno de 1600 — *La vida del pícaro compuesta por gallardo estilo en tercia rima*, ed. A. Bonilla y San Martin, in *Revue Hispanique*, IX, 1902, pp. 295-330 (cf. sobretudo pp. 278-289).

(165) É justamente essa interpretação que propõe M. Bataillon ("'La picaresca'. A propos de la pícara Justina", in *Wort und Text. Fest-schrift für Fritz Schalk*, ed. de H. Meier e H. Sckommodau, Frankfurt a/M, 1963, p. 235.

(166) M. Bataillon (idem, ibidem, p. 235) cita a definição de Pícaro que Covarrubias dá em Tesoro de la lengua castellana (1611): "Ocupándolos en cosas viles".

(167) F. De Haan, "Pícaros e ganapanes", in *Homenaje a Menéndez y Pelayo*, Madri, 1899, vol. II, pp. 149-190.

(168) A melhor abordagem dessa problemática nos é oferecida por C. Guillén, op. cit., p. 78.

(169) Cf. P. Chaunu, "La société espagnole au XVIIe siècle: sur un réfus collectif de mobilité", in *Bulletin Hispanique*, LXVIII, 1966, pp. 104-115.

(170) Cf. os esboços das viagens (R. Bjornson, op. cit., fig. 5, 8 e 10).

(171) C. Pérez de Herrera, *Amparo de pobres*, ed. M. Cavillac, Madri, 1975 (Clássicos Castellanos, 199); o autor publicou o primeiro memorial em 1595, em 1598 juntou os seus discursos num só volume e nos anos seguintes acrescentou ainda alguns textos polêmicos sobre essa questão (1608: *Epílogo y suma*).

(172) E. Cros, *Protée et les gueux*, op. cit., pp. 436-444; do mesmo autor: *Mateo Alemán*, op. cit., p. 30.

(173) M. Cavillac e B. Labourdique, "Quelques sources du 'Guzmán' apocryphe de Mateo Luján", in *Bulletin Hispanique*, LXXI, 1969, pp. 191-217.

(174) R. del Arco, op. cit., p. 242.

(175) C. Pérez de Herrera, op. cit., pp. 19 e segs.

(176) E. Cros, *Mateo Alemán*, op. cit., p. 33.

(177) As propostas do tratado inserem-se na longa série de textos dedicados ao mesmo tema na Espanha do século XVI — cf. M. Jiménez Salas, *Historia de la asistencia social en España en la Edad Moderna*, Madri, 1958, pp. 79-118, e a introdução de M. Cavillac em Pérez de Herrera, op. cit., pp. LXXI-CLXXIX.

(178) C. Pérez de Herrera, op. cit., p. 177: "Porque pienso cierto que, si no se remedia esto con brevedad, dentro de veinte o treinta años ha de ser la mayor parte destos reinos (fuera de alguna gente de calidad y rica) de mendigantes y gascones, por ser gran parte dellos desta nación, moriscos y gitanos, porque éstos van creciendo y multiplicándose mucho, y nosotros, disminuyéndonos muy apriesa en guerras y religiones..."; essa é a conclusão do quinto discurso, em que o autor refuta as acusações dirigidas contra as suas propostas, o que explica o caráter catastrófico das inquietações "populistas" do doutor Pérez de Herrera.

(179) Idem, ibidem, p. 10.

(180) M. Cavillac, "Introducción", in C. Pérez de Herrera, op. cit., p. CXL.

(181) Idem, ibidem, p. CXXXVII; A. Dominguez Ortiz, *La sociedade española en el siglo XVII*, Madri, 1963, pp. 129 e segs.; J. Nadal, *La población española* (*siglos XVI a XX*), Barcelona, 1966.

(182) A estrutura interna da população urbana é mais um elemento da situação: o censo de 1561 mostra que apenas 10% da população de Sevilha pode ser considerada "ativa", e os grupos marginais não foram recenseados. Cf. J. Sentaurens, "Séville dans la seconde moitié du XVIe siècle: population et structures sociales", in *Bulletin Hispanique*, LXXVII, 1975, p. 342.

(183) Cf. A. Dominguez Ortiz, op. cit., pp. 133 e segs.

(184) No estudo sobre os estrangeiros na Espanha do século XVII A. Dominguez Ortiz ("Los extranjeros en la vida española durante el siglo XVII", in *Estudios de Historia Social de España*, IV, 2, 1960, pp. 343-377, cap. V, "Los bajos fondos") mostra a importância da imigração no crescimento do meio dos vagabundos. Cf. também M. Jiménez Salas, op. cit., pp. 39 e segs.

(185) R. Bennassar, op. cit., pp. 131-135; A. Dominguez Ortiz (*La sociedad...*, op. cit., p. 131, nº 5) registra uma queixa pela existência de 100 mil pobres em Madri. Mesmo exagerado, esse dado é um testemunho da enorme dimensão do pauperismo nessa cidade.

(186) C. Pérez de Herrera, op. cit., pp. 24-47.

(187) Idem, ibidem, p. 27: "Y algunos, y muchos, que se ha sabido, que a sus hijos e hijas en naciendo los tuercen los pies o manos; y aun se dice que los ciegan algunas veces para que, quedando de aquella suerte, usen el oficio que ellos han tenido, y les ayuden a juntar dinero".

(188) Idem, ibidem, p. 33.

(189) Encontramos narrativas picarescas semelhantes quanto ao caráter na descrição da prisão de Sevilha feita por seu capelão, o jesuíta Pedro de León, no início do século XVII: P. Herrera Puga, *Sociedad y delincuencia en el Siglo de Oro*, Granada, 1971, sobretudo as pp. 117-156 (cap. V: "Vida picaresca en la Carcel Peal de Sevilla").

(190) Vale a pena chamar a atenção para o fato de que o termo "*confradía*" (confraria) funciona no jargão como denominação da sociedade criminosa (*junta de ladrones, o rufianes*), e a palavra "*confrade*" designa o cúmplice do furto: J. Hill, *Voces germanescas*, op. cit., p. 49.

(191) C. Pérez de Herrera, op. cit., p. 42.

(192) O. Borges, "Le roman picaresque, réalisme et fiction", in *Lettres Romanes*, XV, 1961, p. 141.

(193) R. Bjornson (op. cit., pp. 104 e segs.) mostra que uma abordagem como essa só era possível no século XVII dos escritores espanhóis da emigração: Carlos García (*La desordenada codicia*, 1619) e Juan de Luny (*Segunda parte de Lazarillo de Tormes*, 1620).

(194) S. Miller (*The picaresque novel*, Cleveland, 1967, p. 58) sustenta até que a carreira associal do pícaro "is only an exaggeration of the way of the world, not a departure from it" ["é apenas uma intensificação do modo como funciona o mundo, não um afastamento dele"].

6. *VAGABUNDO, MALANDRO E MENDIGO* (pp. 247-301)

(1) Cf. T. Hampe, *Die fahrenden Leute in der deutschen Vergangenheit,* Leipzig, 1902 ("Monographien zur deutschen Kulturgeschichte", X); D. T. Enklaar, *Varende Luyden. Studien over de middeleewsche groepen van onmaatschappelijken in de Nederlanden*, Assen, 1937 (Van Gorcum's Historische Bibliotheek, 12).

(2) Cf. outros exemplos: J. A. S. McPeek, *The black book of knaves and unthrifts in Shakespeare and other Renaissance authors*, Stors, Conn., 1969, p. 241, nº 7, pp. 244 e segs.

(3) W. Welzig, *Beispielhafte Figuren. For Abenteurer und Einsiedler bei Grimmelshausen*, Graz-Colônia, 1963, pp. 100-107.

(4) M. M. Bakhtin, *A cultura popular na Idade Média e no Renascimento: o contexto de François Rabelais*, São Paulo-Brasília, 1987.

(5) Entre os estudos sobre a origem da coleção de narrativas referentes ao Till e seu funcionamento na literatura e no folclore é preciso mencionar sobretudo os seguintes: E. Kadler, *Untersuchungen zum Volksbuch von Eulenspiegel*, Praga, 1916 (Prager Deutsche Studien, B. 26); L. Mackensen, "Die Entstehung des Volksbuches vom Eulenspiegel", in *Niederdeutsches Jahrbuch*, Jahrg. 67/68, 1941-1942, pp. 79-112; O. Debus, *Till Eulenspiegel in der deutschen Volksüberlieferung*, Marburgo, 1951; P. Oppenheimer, "Appendix", in *A pleasant vintage of Till Eulenspiegel*, Middletown, Conn., 1972, pp. 237-290.

(6) Utilizei a edição: *Ein Kurzweilig Lesen von Dil Ulenspiegel nach dem Druck von 1515*, ed. W. Lindow, Stuttgart, 1966; essa coleção contém 95 narrativas (daqui por diante ela será citada como *Ulenspiegel*; os algarismos romanos referem-se à numeração das narrativas).

(7) *Ulenspiegel*, II, p. 13: "Also wurde die Muter arm. Und Ulenspiegel wolt kein Handtwerck lernen und was da bei sechzehen Jar alt und dumelte sich und lernt mancherlei Geckerei".

(8) P. Oppenheimer, op. cit., pp. 275 e segs. O autor compara o Eulenspiegel polonês (Sowiżrzał) com Bertrand Russel e Ludwig Wittgenstein.

(9) *Ulenspiegel*, IV, pp. 21-22.

(10) A estada em Paris é anunciada no título da narrativa LXV (pp. 187 e segs.), mas o próprio texto situa a ação em Wismar. Se não houve simplesmente um erro tipográfico pode-se supor que uma das aventuras atribuídas a Eulenspiegel haja ocorrido em Paris mas não tenha sido registrada, o que talvez explique por que a coleção tenha 95 narrativas, apesar de o título anunciar 96. Erro semelhante encontra-se também no título da narrativa LXXXVI.

(11) *Ulenspiegel*, XCI, p. 259: "Die XCI Histori sagt, wie Ulenspiegel sein Sünd solt beruwen, da ruwet ihn dreierlei Schalckeit die er nit gethon het".

(12) *Ulenspiegel*, XIX, p. 57: "Ein Backer [...] fragt ihnwas er für ein Geselle war. Er sprach: 'Ich bin ein Backerknecht'"; idem, ibidem, XXVII, p. 78: "Und der Her fragt, waz er künt. Er ant-

wurt und sprach: 'Genadiger Her, ich bin ein Künstner'"; idem, ibidem, LXIII, p. 179: "Da fragt ihn der Bischoff, waz er für ein Gesel war. Ulenspiegel antwurt und saget: 'Gnadiger, ich bin ein Brillen macher und kum uss Brabant' "; idem, ibidem, LXIV, pp. 181-182: "Ein reicher Kouffman [...] fragt ihn was er für ein Stralbruder war unnd wa sein Handel war. Dem Ulenspiegel mitt verdeckter Schalckheit und klüglichen antwart, er war ein Kuchenknab"; idem, ibidem, LXXIV, p. 214: "Der Meister fragt ihn: 'Was bist du für ein Handtwerckssknecht?'. Ulenspiegel sagt: 'Ich bin ein Barbierer, mit kurtzem gesagt' ".

(13) *Ulenspiegel*, XL, p. 120; LII, p. 152 (pergunta a si mesmo: "Waz wilt du nun anfahen, daz du uss dem Winter kumest?"); LVI, p. 162; LXXVIII, p. 225 (dessa vez consegue passar o inverno na estalagem).

(14) *Ulenspiegel*, XXXIX, p. 119: "An solich Companion ist nit wil zu gevinen" ("São as palavras do companheiro, um aprendiz de ferreiro").

(15) Cf. B. Geremek, "Les migrations des compagnons dans le bas Moyen Age", in *Studia Historiae Oeconomicae*, V, 1970, pp. 61 e segs. (inclui a bibliografia).

(16) *Ulenspiegel*, LXXIV, p. 214.

(17) *Ulenspiegel*, XL, pp. 120 e segs.: "Und der Winter ward kalt und gefror hart und fiel ein deure Zeit darzu, also daz vil Dienstknecht ledig giengen".

(18) Idem, ibidem: "Ulenspiegel hat kein grossen lust, da ein Schmidknecht zu bleiben, wan der Hunger und des Winter. Not zwang ihn darzu".

(19) *Ulenspiegel*, LII, p. 153.

(20) *Ulenspiegel*, X, p. 31: "Der Hoffmann oder Juncker seit mit Ulenspiegel hin und har in vil Stat und halff rouben, stelen und nemen, als sein Gewonheit waz".

(21) *Ulenspiegel*, XXII, p. 68: "Des vas Ulenspiegel fro, van er het nit guten Lust, allen Tag mit den Feiden zu fechten".

(22) *Ulenspiegel*, XXIII, p. 69.

(23) Idem, ibidem: "Also kom er zu dem Künig von Danmarck und der hab ihn vast lieb".

(24) *Ulenspiegel*, XXIV, p. 72: "Also gewan Ulenspiegel die Meisterschaft von der Büberei und der Künig gab ihm daz nüw Kleid und die 20 Gulden. Und Ulenspiegel hinweg...".

(25) Idem, ibidem, pp. 62, 82, 85, 122.

(26) Cf. E. Kadler, op. cit., p. 56.

(27) Cf. cap. IV.

(28) A problemática da escatologia já foi várias vezes objeto de estudos especiais. É famosa a interpretação psicanalítica da escatologia de Swift, proposta por Norman O. Brown (*The excremental vision*, na coleção dos ensaios do autor *Life against death*, Middletown, 1959), que poderia ser também aplicada às narrativas sobre Till. Para o historiador da cultura e da mentalidade, porém, mais fértil parece a interpretação da corporalidade e da "baixeza" na cultura popular daquela época (M. M. Bakhtin, op. cit.).

(29) Em torno do apelido e do seu significado houve, aliás, uma discussão entre os especialistas; alguns, pronunciando-se a favor da existência autêntica do protagonista e sustentando que o seu apelido aparece na onomástica da época, rejeitaram a interpretação do significado do nome como uma definição do projeto do autor. Sobre essa discussão, cf. sobretudo W. Krogmann, "Ulenspiegel", in *Jahrbuch des Vereins für niederdeutsche Sprachforschung*, LVIII/LIX, pp. 104 e segs., e G. F. Lussky, "Was bedeutet der Name Eulenspiegel?", in *Zeitschrift für deutsche Philologie*, LXIII, 1938, pp. 235 e segs.

(30) *Ulenspiegel*, XXX, p. 89: "Da kam die Wirtin herfür und fraget ihn da, was er für ein Gesell war. Ulenspiegel, der sprach: Ich bin nicht ein Handtwerckgesell, sunder ich pfleg die Warheit zu sagen".

(31) E. Welsford, *The fool: his social and literary history*, Cambridge, 1936, pp. 27 e segs.

(32) Por exemplo, *Ulenspiegel*, XX, p. 61: "Wandert in dem Land umb".

(33) *Ulenspiegel*, XXXI, p. 92.

(34) E. Welsford, op. cit., pp. 27 e segs.; B. Swain, *Fools and folly*, Nova York, 1932; M. Foucault, *L'histoire de la folie à l'âge classique*, Paris, 1961.

(35) T. Hampe, op. cit., p. 59 (gravura em cobre de Lucas von Leyden, 1520).

(36) D. T. Enklaar, *Uit Uilenspiegel's Kring*, Assen, 1940 (Van Gorcum's Historische Bibliotheek, 23), pp. 20 e segs.

(37) T. Hampe, op. cit., p. 58; S. Brant, *Narrenschiff*, cap. 64. O autor fala de espíritos: "Eyn sackpfiff ist des narren spil" (cf. Enklaar D. T., op. cit., p. 21).

(38) S. Brant, *Narrenschiff*, Basel, 1494 (e a reprodução: Strassburg, 1913); ed. com um comentário: Bobertag, F. Berlim-Stuttgart, 1889.

(39) As duas obras foram editadas por M. Spanien como os vol. 2 e 3 in *Thomas Murners Deutsche Schriften*, ed. F. Schultz, Berlim-Leipzig, 1926-1927.

(40) *Samtliche Habeln und Schwanke von Hans Sachs*, ed. E. Goetze, vol. I-II, Halle, 1894 (sobretudo vol. II, pp. 177 e segs., 213 e 369 e segs.).

(41) J. Pauli, *Schimpf und Ernst*, ed. J. Bolte, vol. I-II, Berlim, 1924 (reedição: Hildesheim-Nova York, 1972), sobretudo a parte I (que corresponde à edição de 1522) e a parte IV: "Von den Narren".

(42) T. Hampe, op. cit., pp. 105 e segs.

(43) *Ulenspiegel*, LXXVII, p. 222. Um burguês piedoso de Nuremberg não suportava os *Spielman*; ao convidar os vizinhos da estalagem omitira Eulenspiegel: "Sunder Ulenspiegel lud er nit, den sahe er für ein Gouckler und Spilman, die pflag er nit zu laden".

(44) No momento da morte fez o testamento em que divide os seus bens em três partes iguais, entre os amigos, o Conselho Municipal de Mölln e o pároco, mas quando foi aberto o cofre verificou-se que ele continha apenas uma pedra (*Ulenspiegel*, XCII, pp. 262 e segs.).

(45) Sobre essa identificação, cf. A. Doren, *Fortuna im Mittelalter und in der Renaissance*, Leipzig-Berlim, 1924, e H. R. Patch, *The goddess Fortuna in mediaeval literature*, Cambridge, 1927, pp. 39 e segs.

(46) *Ulenspiegel*, XLII, p. 260: "Als nun der pfaff zu ihm kam, da gedacht der pfaff in ihm: 'Er ist ein abentürlich Mensch gewesen, damid hat er vil Gelts, zusa menbracht... '". Outros exemplos de denominação de Eulenspiegel com esse termo podem ser encontrados em W. Welsig, op. cit., p. 107.

(47) *Liber vagatorum*, p. 44.

(48) W. Welzig, op. cit., pp. 103 e segs.

(49) W. Welzig (ibidem, p. 110) acha que esse fato o coloca em contradição com o romance picaresco espanhol, mas as recentes pesquisas sobre este último mostram que as intenções didático-religiosas de Grimmelshausen o associam aos autores picarescos espanhóis.

(50) Cf. sobretudo G. Weidt, *Nachahmung und Schopfung im Barock. Studien um Grimmelshausen*, Bern-München, 1968, cap. VII; K. Haberkamm, *Sensus astrologicus. Zum Verhaltniss von Literatur und Astrologia*, in *Renaissance und Barock*, Bonn, 1972.

(51) Há uma bibliografia dos trabalhos sobre a obra de Grimmelshausen: I. M. Battafarano, *Grimmelshausen Bibliographie 1666-1972*, Nápoles, 1975 (*Quaderni degli Annali dell'Instituto Universitaria Napolitano, Sezione Germanica*, 9). Há também uma antologia que reúne opiniões sobre a obra de Grimmelshausen: *Der Simplicissimusdichter und sein Werk*, ed. G. Weydt, Darmstadt, 1969 (Werge der Forschung, B. CLIII). *Simplicius Simplicissimus. Grimmelshausen und seine Zei*, ed. P. Berghaus, G. Weydt, Münster, 1976, um catálogo de exposição, apresenta uma resenha das publicações e dos problemas de pesquisa.

(52) L. Schmidt, *Das Ich im "Simplicissimus"*, in *Der Simplicissimusdichter und sein Werk*, op. cit., p. 356.

(53) Sobre a organização e a estrutura do romance de Grimmelshausen, cf. sobretudo: M. Gerhard, *Der deutsche Entwicklungsroman*, Halle, 1926; J. Alt, *Grimmelshausen und der Simplicissimus*, Munique, 1936; J. H. Scholte, *Der Simplicissimus und sein Dichter*, Tübingen, 1950,

pp. 12 e segs; G. Rohrbach, *Figur und Charakter. Strukturuntersuchungen an Grimmelshausens Simplicissimus*, Bonn, 1959; G. Weydt, *Nachahmung und Schopfung...*, pp. 13 e segs.; H. G. Rotzer, *Picaro-Landstotzer-Simplicius. Studien zum niederen Roman in Spanien und Deutschland*, Darmstadt, 1972 (Impulse der Forschung, 4), pp. 135 e segs.

(54) A forma literária da obra continua a ser objeto de discussões: W. Hoffmann, "Grimmelshausens Simplicissimus — nicht doch ein Bildungsroman?", in *Germanisch-Romanische Monatshefte*, XVII, 1967, pp. 166-180.

(55) F. Rauhut chamou a atenção para as ligações da estrutura circular da exposição, organizada em torno da idéia do regresso a Deus, com a literatura mística da época: F. Rauhut, "Influencia de la picaresca española en la literatura alemana", in *Revista de Filologia Hispanica*, I, 1939, pp. 237-256.

(56) O título do romance é: *Der Abentheurliche Simplicissimus Teutsch Das ist: Die Beschreibung des Lebens eines seltzamen Vaganten genant Melchior Sternfels von Fuchshaim* [...] *an Tag gebn von German Schleifheim von Sulsfort in Monopelgart*, [Nurenberg], 1669 [1668]; reedição: R. Tarot, Tübingen, 1967 (as páginas entre parênteses são da edição de 1967; modernizei a pontuação das citações).

(57) *Simplicissimus*, II, 1, s. 7 (9): "da sich doch offt defindet dass ihre vor-eltern taglohner, karchelziecher und lasttrager: ihre veltern eseltreiber: ihre brüder büttel und schergen: ihre schwester huren: ihre mütter kupplerin, oder gar hexen...".

(58) Idem, ibidem: "ich müsse ohnfelhlbar auch von einem grossen herrn, oder wenigst einem gemeinem edelmann, meinen ursprung haben, weil ich von natur geneigt, das junckern-handwerck zu treiben, wann ich nur den verlag und den werckzeug darzu hatte...".

(59) *Simplicissimus*, V, 8, p. 534 (402).

(60) Sobre o simbolismo social da árvore: P. Bockmann, *Formgeschichte der Deutschen Dichtung*, Hamburgo, 1967, pp. 459 e segs.

(61) *Simplicissimus*, I, 18, p. 64 (52): "Und machte mich auff den Weg menschen zu suchen...".

(62) *Simplicissimus*, I, 19, p. 69 (55): "Etliche hilten mich vor einen Spionen, andere vor ein Unsinnigen, andere vor ein wilden Menschen, und aber andere vor ein Geist-Gespenst, oder sonst vor ein Wunder, welches etwas besonders bedeuten würde: Auch waren etliche die hielten mich vor ein Narren...".

(63) *Simplicissimus*, I, 22, p. 80 (63-64).

(64) *Simplicissimus*, I, 24, p. 83 (66): "Damals war bey mir nicht schatzbarliches, als ein reines Gewissen und auffrichtig frommes Gemüt zu finden, welches mit der edlen Unschuld und Einfalt begleitet und umgeben war etc.".

(65) *Simplicissimus*, II, 4, p. 135 (105): "Der Gouverner [...] liesse mich Simplicius Simplicissimus in die Roll schreiben, mich also wie ein Hurenkid zum ersten meines Geschlechts zu machen...".

(66) S. Miller, *The picaresque novel*, Cleveland, 1967, p. 61. O autor observa aqui um "rite of passage", análogo ao episódio da pedra no *Lazarillo*, aos truques na estalagem na narrativa sobre Guzmán, aos truques na estalagem e na universidade no *Buscón*.

(67) Cf. P. Gutzwiller, *Der Narr bei Grimmelshausen*, Berna, 1959 (*Basler Studien zur deutschen Sprache und Literatur*, 20)*,* pp. 18 e segs.

(68) *Simplicissimus*, II, 8, p. 147 (114).

(69) *Simplicissimus*, II, 13, p. 170 (130): "Ich halte ihn vor einen Narrn, weil er jeden die Warheit so ungeschent sagt, hingegen seynd seine Discursen so beschaffen das solche keinen Narrn zustehen".

(70) Faz-se então a pergunta típica do interrogatório do vagabundo: de onde ele vem e quem é o seu dono; *Simplicissimus*, II, 19, p. 193 (148): "Der fragte mich, wo ich her kame und was for einen Herrn ich zugehorig ware?".

(71) K. Negus, *Grimmelshausen*, Nova York, 1974, p. 61.

(72) *Simplicissimus*, III, 22, p. 370 (278).

(73) Para a relação das filiações literárias desse fragmento, cf. W. Welzig, op. cit., p. 123, nº 24.

(74) *Simplicissimus*, IV, 6, p. 409 (308).

(75) *Simplicissimus*, IV, 6, p. 411 (309).

(76) *Simplicissimus*, IV, 12, p. 437 (329).

(77) *Simplicissimus*, IV, 13, p. 439 (330).

(78) *Simplicissimus*, IV, 13, p. 441 (332): "Sie wachen nicht, sie schantzen nicht, sie stürmen nicht, und kommen auch in keine Schlacht-ordnung und sie ernehren sich doch!".

(79) C. S. Lewis, em *The discorded image. An introduction to medieval and Renaissance literature*, Cambridge, 1964, nos oferece uma caracterização clássica desses procedimentos de imitação.

(80) Cf. P. Bjornson, *The picaresque hero in European fiction*, Madison, Wisconsin, 1977, p. 187.

(81) Grimmelshausen apresenta a sua concepção do "mundo às avessas" em *Die verkehrte Welt*, 1672 (reedição: Tübingen, 1973); como inversão da ordem do mundo ele considera o domínio dos valores materiais e o esquecimento dos valores espirituais e religiosos, o que é uma adaptação didática da descrição anterior; cf. W. Welzig, "Ordo und verkehrte Welt bei Grimmelshausen", Welzig, in *Zeitschrift für deutsche Philologie*, 78, 1959, pp. 424-430; 79, 1960, pp. 133-141; K. Lazarowicz, *Verkehrte Welt. Vorgeschichte zu einer Geschichte der deutschen Satire*, Tübingen, 1963; I. Donaldson, *The world upside-down*, Oxford, 1970.

(82) *Simplicissimus*, V, 24, p. 616 (462).

(83) A. A. Parker, *Literature and the deliquent. The picaresque novel in Spain and Europe*, Edimburgo, 1967, p. 84. O autor sustenta que os casos de guerra substituem o modelo do "criado de vários senhores", porém, mais especificamente, é preciso dizer que aqui os dois elementos se associam.

(84) Por isso mesmo parece uma simplificação a afirmação de A. A. Parker (idem, ibidem, p. 85) de que quando Simplicius se torna um "caçador de Soest" sucede a transformação do caipira num criminoso.

(85) Cf. a descrição das malandragens na vida urbana: *Simplicissimus*, III, 24.

(86) S. Miller (op. cit., p. 73) o interpreta nos moldes da atitude picaresca geral: *other-directed adaptability*.

(87) J. M. Ritchie (*Grimmelshausen's "Simplicissimus" and the "Runagate Courage" in knaves and swindlers. Essays on the picaresque novel in Europe*, ed. Chr. J. Whitbourn, Londres, 1974, p. 53) considera Olivier a única personagem verdadeiramente picaresca em todo o ciclo simpliciano, mas parece que as biografias de Springinsfeld e de Courage têm caráter semelhante.

(88) *Simplicissimus*, IV, 19, p. 463 (348).

(89) *Simplicissimus*, IV, 20, p. 465 (350): "Und kam abermal in eine Gessellschaft der Spitzbuben und Diebe".

(90) Isso é visível tanto na descrição da promoção do pai de Olivier, que ganha riqueza e importância e tem vergonha dos seus pais, deixando-os viver na miséria, o que depois lhe censura o próprio filho (IV, 18 e 20), quanto no discurso de Olivier sobre a promoção social através da chancelaria (I, 27) e sobre o seu próprio desejo de promoção (IV, 21).

(91) Cf. sobretudo R. Ergang, *The myth of the all-destructive fury of the Thirty Years War*, Filadélfia, 1956; G. Franz, *Die Dreissigjahrige Krieg und das deutsche Volk*, Stuttgart, 1961.

(92) Cf. a pertinente observação de H. Kamen, "The economic and social consequences of Thirty Years War", in *Past and Present*, 39, 1968, p. 44.

(93) H. Kamen, op. cit., pp. 44-61, e do mesmo autor, *The iron century. Social change in Europe 1550-1660*, Nova York, 1972, pp. 42 e segs.

(94) G. Freytag, *Pictures of German life*, Londres, 1892, vol. II, p. 207 (cit. por H. Kamen, *The economic and social consequences...*, op. cit., p. 44).

(95) S. Streller, *Grimmelshausens Simplicianische Schriften, Allegorie, Zahl und Wirklichkeitsdarstellung*, Berlim, 1957, p. 129. O autor mostra que o ciclo inteiro foi projetado por Grimmelshausen desde o princípio, e que comporta um plano de construção coerente.

(96) *Das wunderbarliche Vogel-Nest*; a primeira parte foi publicada em 1672, a segunda, em 1675; as duas partes foram publicadas por R. Tarot, Tübingen, 1970 (em parênteses menciono as páginas dessa edição).

(97) G. Weydt *(Nachahmung und Schopfung...*, op. cit., p. 101) a define como "simplicianische Buch in Form eines Novellenzyklus".

(98) S. Streller, op. cit., p. 69.

(99) K. Negus, op. cit., p. 125.

(100) "Das wunderbarliche Vogel-Nest", in *Monpelgar*, [Nurenberg], 1672 (isto é, parte I), pp. 89-105 (62-72).

(101) Idem, ibidem, pp. 103 e segs. (71): "Gott schickte es also, damit Er den reichen umb seiner Demut und Gutthatigkeit: den Armen aber umb seiner Gedult und Zufriedenheit willen Kroenen moechte; defern sich aber beyde Theil dessen in diesem zeitlichen Leben wuerdig gemacht hatten".

(102) A sua relação encontra-se em R. Brie, *Die sozialen Ideen Grimmelshausens*, Berlim, 1938 (*Germanische Studien*, H. 205), pp. 63-104.

(103) *Das wunderbarliche Vogel Nest*, pp. 25 e segs. (20): "Ungefehr zwo Stund war ich gegangen, als ich eine Gesellschaft Bettler unweit neben der Landstrassen antraff, die ein Feuer angemacht hatten, und darumb sassen zu sieden und braten, warhafftig eine lustige Bursch [...] ihr froelich Gelachter, angebundene Geberden und freye Reden gaben mir die grosse innerliche Freyheit ihrer Gemüther zu erkennen, welchs mich dann auch zu ihnen lockte...".

(104) Idem, ibidem, pp. 27 e segs. (21): "Es wird dir besser bekommen als wann du einem Baueren d'Rosse huetest, oder selbst einen grossen Hauffen eigener Gueter erobertest, und mit der Zeit Besaessest; dann solche machen ihnen selbst die sonst freye Gemuether ihrer Inhaber zu Martyren und gepeinigten Sclaven...".

(105) Idem, ibidem, pp. 29 (21 e segs.): "Seit ich die Eselhaffte Rossarbeit der Taglohner verlassen, und mich durch Ergreifung dess Sacks und Steckens in die unschaetzbarliche Freyheit unsers Herren-Lebens gesetzt!".

(106) Idem, ibidem, p. 27 (21).

(107) Idem, ibidem, p. 28 (22).

(108) Idem, ibidem, p. 29 (23).

(109) Idem, ibidem, pp. 30 e segs. (23): "Indessen gedachte ich an meine liederliche Bettler, Vaganten und unnuetze Landstuertzer, mit denen unser Teutschland gleichsam ueberschwamt ist".

(110) A. Müller-Armack, *Genealogie der Wirtschaftstile*, Stuttgart, 1944, p. 242; para a relação das primeiras fundações, cf. W. Traphagen, *Die ersten Arbeitshauser und ihre padagogische funktion*, Berlim, 1935; há uma monografia sobre as iniciativas de Nuremberg nesse âmbito: M. Sothmann, *Das Armen-, Arbeits-, Zucht- und Werkshaus in Nürnberg bis 1806*, Nuremberg, 1970.

(111) *Der seltzame Springinsfeld*, [Nuremberg], 1670; reedição de F. G. Sieveke, Tübingen, 1969 (entre parênteses cito as páginas dessa edição).

(112) Idem, ibidem, p. E4 (56)

(113) Idem, ibidem, p. E5v (57).

(114) Idem, ibidem, p. F2v (66).

(115) Idem, ibidem, p. J2v (104).

(116) Idem, ibidem, p. J7v (109).

(117) Idem, ibidem, p. J7v (109): "Bey mir bettlen das boste Handwerck dass ich zutreiben getraute".

(118) Idem, ibidem, p. J9v (109).

(119) Idem, ibidem, p. J9v (111): "Da sich allerhand Landstortzer von guten Bekandten bey Sanden; als Puppaper, Seiltanzer, Taschenspieler, Zeitungssinger, Hafftenmacher, Scheerenschleiffer, Spengler, Leyrerinnen, Meisterbettler, Spitzbuben, und was des ehrabaren Gesindels mehr ist".

(120) Idem, ibidem, p. K10v (124): "Ich das Handwerck so wol gelernet und auch einen guten Werckzeug darzu, nemlich meinen Steltzfus mitbrachte".

(121) *Trutz-Simplex: oder ausfuehrliche und wunderseltzame Lebens - Beschreibung der Ertz-betrüngerin und Landstoertzerin Courasche*, [Nuremberg], 1671; a primeira edição é de 1670; nova edição: ed. W. Bender, Tübingen, 1967; entre parênteses cito as páginas dessa edição (daqui por diante: *Courasche*).

(122) Para uma leitura semelhante, cf. M. Feldges, *Grimmelshausens "Landstortzerin Courasche". Eine Interpretation nach der Methode des virfachen Schriftsinnes*, Berna, 1969 (*Basler Studien zur deutschen Sprache und Literatur*, H. 38). As várias escolas de interpretação da obra são apresentadas resumidamente em: H. Büchler, *Studien zu Grimmelshausens Landstortzerin Courasche* (*Vorlagen-Struktur und Sprache-Moral*), Berna-Frankfurt a/M, 1971 (*Europaische Hochschulschriften*).

(123) Para o que chama a atenção G. Weydt, *Nachahmung und Schopfung...*, op. cit., p. 81.

(124) M. Bataillon, "'La picaresca'. A propos de 'La pícara Justina'", in *Wort und Text, Festschrift für Fritz Schalk*, Frankfurt a/M, 1963, pp. 233-250. Cf. também do mesmo autor, "Recherches sur la picara Justina", in *Annuaire du Collège de France"*, LIX, 1959, pp. 567-569; LX, 1960, pp. 416-420; LXI, 1961, pp. 399-404 (e na coleção de ensaios e estudos do mesmo autor, *Pícaros y picaresca*, Madri, 1969, pp. 31-51).

(125) A melhor apresentação desse problema continua a ser: J. A. van Praag, "La pícara en literatura española", in *The Spanish Review*, III, 1936, pp. 63-74. Cf. também G. E. Alvarez, *Le thème de la femme dans la picaresque espagnole*, Groningen, 1955.

(126) M. Feldges, op. cit., pp. 44 e segs. Porém o autor subestima o elemento da convenção tradicional, que está presente nessa atitude antifeminista — cf. J. A. van Praag, op. cit., pp. 73 e segs. Sobre a atitude de Grimmelshausen perante as mulheres, cf. J. J. Jacobsen, "The culpable men: Grimmelshausen on women", in *German Quarterly*, XXXIX, 1966, pp. 149-161.

(127) A. A. Parker, op. cit., p. 97.

(128) Essa hipótese, pouco fundamentada, é apresentada por M. Feldges (op. cit., pp. 55 e segs.). No entanto o contexto sexual em que a palavra aparece pode se ligar ao fato de a protagonista não saber alemão.

(129) K. Negus, op. cit., p. 106.

(130) *Courasche,* p. 46 (309).

(131) Idem, ibidem, pp. 54 e segs. (35).

(132) Idem, ibidem, p. 55 (35): "Tch hatte zu Prag feine Gelegenheit gehabt, mein Handwerck ferners zu treiben...".

(133) Cf. a argumentação sobre Courage como amazona, com roupas de homem, e praticando a arte guerreira em: *Courasche*, p. 78 (46). Cf. também M. Feldges, op. cit., pp. 58 e segs.

(134) *Courasche*, p. 63 (39).

(135) Idem, ibidem, pp. 72 e segs. (44).

(136) Idem, ibidem, pp. 93 e segs. (52).

(137) Idem, ibidem, p. 98 (55): "Ich bekam bald Buhler: etliche suchten mich wie das Frauenzimmer im Bordelt, und ander Tropffen, die mir meine Ehre nit zu Bezahlen getrauten, sagten mir viel vom heurathen...".

(138) Idem, ibidem, p. 111 (62): "Also dass meine sonst ohnersattliche fleischliche Begierden dermahlen genugsam contentirt wurden".

(139) Idem, ibidem, p. 72 (43).

(140) Idem, ibidem, pp. 100 e segs. (56).

(141) Idem, ibidem, pp. 145 e segs. (82).

(142) Idem, ibidem, p. 153 (86): "Also hatte ich nun an meinen Spring-ins-feld einen Leibaignen; bey Nacht wann ich sonst nichts bessers hatte, war er mein Mann; bey Tag mein Knecht, und wann es die Leute sahen mein Herr und Meister überall...".

(143) Sobre as relações entre as imagens da Courage de Brecht e da de Grimmelshausen, cf.: R. L. Hiller, "The sutler's card and the lump of gold", in *Germanic Review*, XXXIX, 1964, pp. 137-144.

(144) *Simplicissimus*, IV, 9, pp. 421 e segs. (317).

(145) *Courasche*, p. 139 (78).

(146) Idem, ibidem, p. 156 (88).

(147) Idem, ibidem, p. 166 (94).

(148) Idem, ibidem, pp. 190 e segs. (108).

(149) Idem, ibidem, p. 178 (101).

(150) Idem, ibidem, p. 149 (84) — a narrativa sobre Fendrich e Hurenlohn.

(151) Assim a descreve A. A. Parker (op. cit., p. 95); K. Negus (op. cit., pp. III e segs.) afirma, com toda a razão, que a carreira de Courage não é um processo de destruição ou de "degradação", mas sim uma série de metamorfoses cujo resultado é a conquista de um lugar de prestígio no *underworld*.

(152) *Courasche*, p. 219 (124).

(153) Idem, ibidem, p. 222 (125): "Derowegen fienge ich an auf gut Baurisch zu hausen...".

(154) Idem, ibidem, pp. 224 e segs. (127).

(155) Idem, ibidem, p. 243 (134): "Und alsdann nach befindenden Dingen als eine unnütze Last der Erden um eines Kopfs Kürzer zu machen seyn".

(156) Idem, ibidem, p. 262 (147): "Und eben dessentwegen habe ich mich mein Lebtag über nicht mehrers verwundert als dass man uns in den Landern gedultet. Sintemahl wir werder Gott noch den Menschen nichts Mützen noch zudienen begehren, sondern uns nur mit Lügen, Betriegen und Stehlen genahret; heydes zu schaden das Land-Mans, als der grossen Herren selbst...".

(157) *Der selltzame Springinsfeld*, p. B8v: "Sahe ich von weitem einen grossen Hauffen Lumpen-Gesindel etc.".

(158) Idem, ibidem, pp. B9v-B10v (25-26).

(159) Idem, ibidem, p. B10v (26): "Von mir aber vor ein Ebenbild der Dame von Babylon gehalten wurde wann sie nur auf einen siebenkopfigen Trachen gesessen...".

(160) Idem, ibidem, pp. C2v e segs. (30).

(161) A princesa de Hannover, Sofia, conta numa carta de dezembro de 1670 que, depois da leitura "moral" de Simplicissimus, está lendo as aventuras de "madame Courage", que se sentia melhor sobre barris de bom vinho. Esse último livro devia ser lido por seu marido, mas ela não pôde resistir e, na ausência dele, lia-o. A carta é citada por M. Koschlig, *Das Ingenium Grimmelshausens und das "Kolektiv"*, Munique, 1977, p. 50. Sem nenhuma fundamentação M. Feldges (op. cit.) trata essa carta como testemunho de que a narrativa sobre Courage foi recebida pelos contemporâneos na convenção de novela didática ou religiosa.

(162) J. W. Jacobson ("A defense of Grimmelshausen's Courasche", in *German Quarterly*, XLI, 1968, pp. 42-54) a apresenta como vítima da cupidez ou da perversidade dos homens: "In every period of her story, she is basically what men have made of her" (idem, ibidem, p. 51).

(163) S. Steller, op. cit., pp. 196 e segs.

(164) Trata-se sobretudo dos artigos de Jacobson citados nas notas 126 e 162; o autor considera essas confissões de Courage sobre os seus sucessos sexuais como uma espécie de desforra em relação aos homens, um desafio, a afirmação de que ela própria se iguala aos homens.

(165) R. L. Hiller, op. cit., p. 142.

(166) Sobre o conceito da *intelligentsia* nas sociedades antigas, cf. E. Maleczyńska, "Ze studiów nad tworzeniem sie intelligencji miejskiej w późnym średniowieczu" [Estudos sobre a for-

mação da *intelligentsia* urbana na baixa Idade Média], in *Odrodzenie i Reformacja w Polsce* [*A Renascença e a Reforma na Polônia*], XII, 1967, pp. 5-28, e R. Romano, *Tra due crisi: l'Italia del Rinascimento*, Turim, 1971, pp.117-136.

(167) Cf. sobretudo S. Grzeszczuk, "Blazeńskie zwierciadlo. Rzecz o humorystyce sowizdrzalskiej XVI e XVII wieku" [O espelho do bufão. Sobre o humorismo sovizralesco dos séculos XVI e XVIII], Cracóvia, 1970, in *Antologia literatury sowiżrzalskiej XVI i XVII wieku* [Antologia da literatura "sowizralesca" dos séculos XVI e XVII], ed. S. Grzeszczuk, Wroclaw, 1966.

(168) *Antologia...*, op. cit., p. 137.

(169) Idem, ibidem, p. 139.

(170) Idem, ibidem, p. 154.

(171) *Frantové a grobiáni. Z mravokárnách satir 16 vęku v Čechách* [Os bufões e os brutos. A crítica dos costumes nas sátiras do século XVI na Boêmia], ed. J. Kolár, Praga, 1959, pp. 21-54.

(172) Idem, ibidem, pp. 23 e segs.

(173) Idem, ibidem, p. 25.

(174) *Antologia...*, op. cit., p. 221.

(175) Idem, ibidem, p. 320.

(176) Ed. de J. Krżyzanowski e S. Rospond, in J. Jurkowski, *Dziela Wszystkie* [Obras completas], vol. I, Wroclaw, 1958.

(177) Idem, ibidem, c.A3v. É um termo que no polonês medieval denominava o ladrão.

(178) Idem, ibidem, c.B4v.

(179) Cf. idem, ibidem, a introdução dos editores, pp. 21 e segs. e M. Karplukówna, *Jezyk Jana Jurkowskiego* [A língua de Jan Jurkowski], Wroclaw, 1967, pp. 19 e segs., 72 e segs.

(180) J. Bystroń, *Dzieje obyczajów w dawnej Polsce* [História dos costumes na Polônia antiga], Varsóvia, 1958, vol. II, pp. 322 e segs.

(181) W. Maisel, "Poznanski slowniczek żargonu zlodziejskiego z XVI w.", [Pequeno dicionário do jargão dos ladrões de Poznan], in *Jezyk Polski* [Língua polonesa], XXXVI, 1956, nº 1, pp. 74 e segs.

(182) Arquivos nacionais de Lublin, K m L 139, *Acta maleficorum*. Devo essa informação à dra. H. Zaremska.

(183) *Antologia...*, op. cit., pp. 573-582.

(184) Idem, ibidem, p. 581.

(185) Idem, ibidem, p. 373.

(186) Idem, ibidem, p. 374.

(187) Cf. os exemplos de S. Grzeszczuk, *Blazeńskie zwierciadlo*, op. cit., pp. 210 e segs.

(188) Baseio-me na reconstrução feita por J. Magnuszewski em *Dramaty staropolskie* [Os dramas da Polônia antiga], ed. de J. Lewański, vol. I, Varsóvia, 1959, pp. 229-269 (daqui por diante: *Tragedią*).

(189) *Dramaty staropolskie*, vol. III, Varsóvia, 1961, pp. 142-178 (daqui por diante: *Peregrynacja*).

(190) Cf. J. Lewanski, *Studia nad dramatem polskiego Odrodzenia* [Estudos sobre o drama da Renascença polonesa], Wroclaw, 1956 (*Studia Staropolskie* [Estudos da Polônia antiga], vol. IV), pp. 143 e segs.; J. Magnuszewski, "Uwagi nad '*Tragedia żebracza*'" [Considerações sobre a *Tragédia dos mendigos*], in *Pamietnik Literacki* [Memorial Literário], XLVII, 1952, pp. 623-634; do mesmo autor: *Z rozważań nad "Tragedia żebraczą" (geneza, powiązania literackie)*, in *Franku Wollmanovi k sedmdesátinám. Sbornik prací* [Considerações sobre a *Tragédia dos mendigos* (gênese, filiações literárias), in A Frank Wollman em seu setuagésimo aniversário. Coletânea.], Praga, 1958, pp. 551-562.

(191) J. Magnuszewski, *Z rozważań...*, op. cit., pp. 554 e segs.

(192) *Des Erasmus Roterodamus Colloquia Familiaria*, ed. Petrus Rabus, Ulm, 1747, pp. 406-411.

(193) *Miracles de Nostre Dame par personnages*, ed. G. Paris e U. Robert, vol. VI, pp. 171-223, 227-300; vol. VII, pp. 195-277.

(194) Cf. G. Cohen, "La scène de l'aveugle et de son valet dans le théâtre français du Moyen Age", in *Romania*, XLI, 1912, pp. 346-372 (idem, p. 368, sobre as relações entre o tema do cego e do mendigo).

(195) Cf. S. Grzeszczuk, "Nazewnictwo sowiżrzalskie" [Onomástica sovizralesca], in *Zeszyty Naukowe UJ* [Cadernos Científicos da Universidade Jagueloniana], CXXIV, *Prace historycznoliterackie* [Trabalhos histórico-literários], caderno 9, pp. 63 e segs.

(196) J. Lewanski, *Studia...*, op. cit., pp. 146 e 242.

(197) Esse motivo das bodas dos mendigos, tão freqüente na literatura aqui examinada, tanto do século XVI quanto do XVII, exigiria um estudo comparativo.

(198) *Tragedia*, vv. 377-386. Em *Peregrynacja* (vv. 43 e segs.) há uma constatação análoga: "Quem não aprendia a trabalhar, enquanto jovem guiava os mendigos ["*dziady*"]", os outros trabalhavam na sua juventude mas depois não agüentavam a fadiga.

(199) *Peregrynacja*, vv. 582-583.

(200) Idem, ibidem, vv. 7-12.

(201) Idem, ibidem, vv. 268-273.

(202) Idem, ibidem, v. 400.

(203) *Tragedia*, vv. 345-348.

(204) Idem, ibidem, v. 360.

(205) *Peregrynacja*, vv. 83-84.

(206) Idem, ibidem, vv. 94-98.

(207) Idem, ibidem, vv. 113-116.

(208) Idem, ibidem, vv. 105-108.

(209) Idem, ibidem, vv. 402-404.

(210) Cf. J. Magnuszewski, *Z rozwazan...*, op. cit., p. 559.

(211) *Peregrynacja*, vv. 555-557.

(212) *Tragedia*, vv. 441-446. Geralmente os mendigos eram acusados de colaboração com os turcos, o que é confirmado pela prática judiciária das cidades tchecas na segunda metade do século XVI: Z. Winter, *Kulturní obraz českych męst. Żivot verejny v XV, a XVI, veku* [A imagem cultural das cidades tchecas. A vida pública nos séculos XV e XVI], vol. II, Praga, 1892, p. 129.

(213) *Tragedia*, vv. 861-872. Na relação das personagens as três *baby* — Mitíana, Magora e Sambora — são definidas como bruxas (no texto conservado há apenas a réplica de Magora).

(214) Os representantes da população flutuante, levados aos tribunais, manifestavam durante os interrogatórios um escasso conhecimento da reza e dos princípios da fé, e uma boa orientação nas "esferas infernais" — B. Baranowski, *O hultajach, wiedzmach i wszetecznicach. Szkice z obyczajów XVII i XVIII wieku* [Sobre os malandros, as bruxas e as mulheres devassas. Ensaios sobre os costumes dos séculos XVII e XVIII], Lodz, 1963, p. 39.

(215) *Peregrynacja*, vv. 295-321.

(216) Idem, ibidem, vv. 694-911.

(217) Idem, ibidem, vv. 332-335.

(218) Idem, ibidem, v. 667.

(219) *Tragedia*, vv. 16-20.

(220) *Peregrynacja*, vv. 211-240.

(221) Idem, ibidem, vv. 653-660.

(222) Idem, ibidem, vv. 640-651.

(223) Idem, ibidem, vv. 912-931.

(224) Idem, ibidem, vv. 59-62.

(225) Sobre as cartas dos mendigos, cf. *Peregrynacja*, vv. 64, 191, 422. O funcionamento desses documentos nas cidades tchecas do século XVI é apresentado por Z. Winter, op. cit., p. 125.

(226) *Peregrynacja*, vv. 67-82.

(227) *Tragedia*, vv. 78-82.

(228) L. Charewiczowa, *Klęski zaraz w dawnym Lwowie* [O flagelo das epidemias na Lvov antiga], Lvov, 1930, p. 17.

(229) J. Ptaśnik, *Obrazki z przeszłości Krakowa* [Imagens da história de Cracóvia], série II, Cracóvia, 1903, p. 65.

(230) Ł. Charewiczowa, op. cit., p. 17; H. Zaremska, *Bractwa w średniowiecznym Krakowie* [As confrarias na Cracóvia medieval], Wroclaw, 1977, p. 109.

(231) *Peregrynacja*, pp. 251-254.

(232) *Tragedia*, vv. 311-318.

(233) Idem, ibidem, vv. 494-500.

(234) Do mesmo modo podem ser interpretadas as queixas do mendigo Zyszka contra os "cristãos-novos", que caçoam das indulgências, desprezam as virtudes dos santos, lêem e comentam as Sagradas Escrituras, fingem-se de padres, pregando nas casas (vv. 1022-1054). Os mendigos são aqui objeto de escárnio, portanto a crítica que eles fazem deve ser compreendida às avessas. Contra essa interpretação interpõe-se no entanto o fato de que as tiradas dos mendigos contra os costumes dos comerciantes têm caráter de uma verdadeira sátira aos costumes burgueses.

(235) *Tragedia*, vv. 637-644.

(236) *Colloquia...*, op. cit., pp. 410 e segs.

(237) *Volumina legum*, vol. I, p. 267 (*De laicis seu mendicis*).

(238) *Peregrynacja*, vv. 970-973.

(239) Idem, ibidem, vv. 974-977.

(240) Idem, ibidem, vv. 990-991.

(241) B. Panek, "Biskupi Krakowscy w trosce o akcję charytatywną na terenie krakowa w okresie patrydenckim" [Os bispos cracovienses cuidam da ação beneficente no território de Cracóvia no período pós-Trento], in *Roczniki Teologiczno-Kanoniczne* [Anais Teológico-Canônicos], XVI/4, 1969, p. 45.

(242) W. Meczkowski, "Prowizorowie szpitalni w dawnej Polsce" [Provedores de asilos da Polônia antiga], in *Przeglad Historyczny* [Revista de História], vol. V, pp. 20 e segs.; do mesmo autor: "Szpitale dawnej Rzeczypospolitej w uchwalach synodów polskich" [Os asilos na Polônia antiga à luz das resoluções dos sínodos poloneses], in *Archiwum Historii i Filozofii Medycyny* [Arquivos de História e de Filosofia da Medicina], Poznan, 1936, pp. 12 e segs., 24 e segs.

(243) T. Glemma, *Z dziejów milosierdzia chrzescijanskiego w Polsce* [História da caridade cristã na Polônia], Cracóvia, 1947, pp. 28 e segs.

(244) S. Grodziski, *Ludzie luźni. Studium z historii państwa i prawa polskiego* [Os homens flutuantes. Estudo da história do Estado e do direito polonês], Cracóvia, 1961 (*Zeszyty Naukowe UJ. Rozprawy i Studia* [Cadernos Científicos da Universidade Jagueloniana. Dissertações e Estudos]), vol. 30.

OBSERVAÇÕES FINAIS (pp. 302-7)

(1) *La vida del pícaro compuesta por gallardo estilo en tercia rima*, ed. A. Bonilla y San Martin, in *Revue Hispanique*, IX, 1902, pp. 296-330.

(2) Não tentamos neste estudo interpretar a literatura que se dedicava aos mendigos e vagabundos apenas como um "pretexto" para abordar temas contemporâneos envolvendo a sociedade dos "ricos". É evidente que a construção da imagem do "Estado", como também da "corporação" dos mendigos, vagabundos ou delinqüentes, estava ligada às controvérsias daquele tempo em torno do caráter do Estado, da alçada do poder real ou da justificação da existência das corporações

(no século XVI, em alguns países, seu funcionamento teve de se sujeitar a restrições e algumas delas foram até mesmo suprimidas).

(3) Cf. sobre a religiosidade do pícaro: J. Delcito y Piñuela, *La mala vida en la España de Felipe IV*, Madri, 1948, pp. 175 e segs.

(4) Recentemente o medo dos mendigos e dos vagabundos nas sociedades antigas foi bem abordado por J. Delumeau, *La peur en Occident* (*XIV*^{e} *-XVIII*^{e} *siècles*). *Une cité assiégée*, Paris, 1978, pp. 161 e segs., 190 e segs., 410 e segs. Tradução brasileira: *História do medo no Ocidente* (*1300-1800*), São Paulo, Companhia das Letras, 1993.

(5) A terminologia de Riesman de *The lonely crowd* é aplicada por S. Miller em relação ao romance picaresco (S. Miller, *The picaresque novel*, Cleveland, 1967, pp. 71 e segs.).

(6) Ch. J. Whitbourn, *Moral ambiguity in the Spanish picaresque tradition in Knaves and swindlers*, op. cit., pp. 1-24.

(7) C. E. Bosworth, *The mediaeval Islamic underworld*, vol. I-II, Leiden, 1976 (contém a bibliografia, vol. II, pp. 346-353).

LISTA DAS ILUSTRAÇÕES

ILUSTRAÇÕES EM PRETO E BRANCO

1. Os miseráveis. Gravura de Rembrandt, 1630. Biblioteka Unimersytetu Warszawskiego, Gabinet Rycin (BUW, GR). Fot. de Hanna Balcerzak.

2. Galeria de figuras de mendigos e aleijados. Esboços de H. Bosch. Os desenhos de H. Bosch constituem a mais completa coleção de categorias dos mendigos, dos tipos de invalidez e das técnicas de engano aplicadas pelos mendigos profissionais. Albertina, Viena. Reprod. fot. de Hanna Balcerzak.

3. Rixa entre mendigos. Gravura de Jacques Bellange. Bibliothèque Nationale, Paris. Reprod. fot. de Hanna Balcerzak.

4. Acampamento de ciganos desenhado pelo pintor holandês Wouverman (1619-88). Reprod. fot. de Hanna Balcerzak.

5. Soldados provocam uma briga na estalagem, negam-se a pagar a conta e promovem um saque. J. Callot, *Les grandes misères de la guerre*, 1631. Biblioteka Narodowa, Gabinet Rycin [Biblioteca Nacional, Gabinete das Gravuras. A partir daqui: BN, GR]. Fot. Biblioteka Narodowa, Oficina de Reprografia.

6. "O grande vagabundo" na multidão dos peregrinos e vagabundos. Gravura de J. Callot do conhecido ciclo *Les gueux*, 1622.

7. Inválidos nas portas do hospital à espera da esmola. Gravura de J. Callot do ciclo *Les petites misères de la guerre*, 1632. BN, GR. Fot. Biblioteka Narodowa, Oficina de Reprografia.

8. Mendigo com perna de pau. O chapéu fantasioso com penacho chama a atenção. J. Callot, *Les gueux*, 1622. BN, GN. Fot. Biblioteka Narodowa, Oficina de Reprografia.

9. Mendigo com um rosário. A promessa da oração incentiva a ajuda. J. Callot, *Les gueux*, 1622. BN, GR. Fot. Biblioteka Narodowa, Oficina de Reprografia.

10. As crianças são também instrumentos para despertar a compaixão. J. Callot, *Les gueux*, 1622. BN, GR. Fot. Biblioteka Narodowa, Oficina de Reprografia.

11. Velho mendigo. Nos panfletos ingleses justamente este tipo é designado *palliard* ou *clapperdudgeon*. J. Callot, *Les gueux*, 1622. BN, GR. Fot. Biblioteka Narodowa, Oficina de Reprografia.

12. Velho mendigo — da galeria dos "mendigos de igreja". J. Callot, *Les gueux*, 1622. BN, GR. Fot. Biblioteka Narodowa, Oficina de Reprografia.

13. Mendiga com gatos. J. Callot, *Les gueux*, 1622. BN, GR. Fot. Biblioteka Narodowa, Oficina de Reprografia.

14. Abraão Man, ou seja, Tom de Bedlam — mendigo louco do hospital londrino. Da coleção de *Roxburghe ballads*, início do século XVII. British Museum, Londres. Reprod. fot. de Hanna Balcerzak.

15. O mascate é uma das personagens mais típicas do mundo dos vagabundos. Gravura inglesa do fim do século XVII. A xilografia procede de Pepysian Collection, Magdalene College, Cambridge. Reprod. fot. de Hanna Balcerzar.

16. A fustigação nas ruas da cidade antecipa a expulsão do vagabundo. A forca, ao fundo, lembra a ameaça da pena capital. Gravura da crônica de Holinshed, 1567. Reprod. fot. de Hanna Balcerzak.

17. Grupo de ciganos nas estradas da Itália. Apenas os trajes de inspiração oriental distinguem os ciganos enquanto grupo étnico entre os vagabundos. Reprod. fot. de Hanna Balcerzak.

18. O bando de ciganos viaja de modo organizado nos moldes de uma companhia militar: a guarda avançada. Gravura de J. Callot do ciclo *La vie des egyptiens*, i. é, *Les bohemiens*, datado de 1622. O dístico diz: "Eis os valentes mensageiros/ Que passam pelos países estrangeiros". BN, GR. Fot. Biblioteka Narodowa, Oficina de Reprografia.

19. A retaguarda dos ciganos: os cavalos e os carros não são o único meio de transporte dos nômades — muitos viajam a pé. Gravura de J. Callot, *Les bohemiens*, 1622. BN, GR. Fot. Biblioteka Narodowa, Oficina de Reprografia.

20. A chegada dos ciganos na aldeia é uma aventura colorida, mas também perigosa para os seus moradores. Os ciganos predizem o futuro e roubam. Gravura de J. Callot, *Les bohemiens*, 1622. O dístico: "Vós que gostais das palavras/ Cuidai dos seus blancas, ducados e pistolas", ou seja, das suas bolsas. BN, GR. Fot. Biblioteka Narodowa, Oficina de Reprografia.

21. Vendedor ambulante de mata-ratos. Gravura de Rembrandt. BUW, GR. Fot. de Hanna Balcerzak.

22. Assim uma gravura do século XVIII retrata um vagabundo italiano: bem-vestido, representa um tipo de vigarista e espertalhão ambulante, que procura na vida itinerante a liberdade. Reprod. fot. de Hanna Balcerzak.

23. Um casal de mendigos: um cego-aleijado (verdadeiro ou falso) toca violino; a mulher o acompanha, tocando castanholas e dançando. Eram necessários muitos esforços para suscitar sentimentos de caridade. Gravura francesa do século XVII. Reprod. fot. de Hanna Balcerzak.

24. Um violinista no tronco: os artistas ambulantes eram muitas vezes tratados como vagabundos. Gravura de uma coleção inglesa de baladas. *Roxburghe Ballads*, British Museum, Londres. Reprod. fot. de Hanna Balcerzak.

25. Dois supostos adivinhos. Gravura do incunábulo inglês *The seuerall notorius and lewd cousnages of John West and Alice West*, 1613. Reprod. fot. de Hanna Balcerzak.

26. O vagabundo inglês Blunt, aliás, Gennings, em dois trajes: Nicolas Blunt como *upright man* e Nicolas Gennings como *counterfet cranke*. Harman, Th. Reprod. fot. de Hanna Balcerzak.

27. Músico: o instrumento musical, nas mãos de um pobre esfarrapado, fazia parte do equipamento de mendigo. Gravura de J. Callot do ciclo *Les gueux*, 1622. BN, GR. Fot. Biblioteka Narodowa, Oficina de Reprografia.

28. Um aleijado e um comediante mascarados. Gravura de J. Callot do ciclo *Les gobbi*, 1622. BN, GR. Fot. Biblioteka Narodowa, Oficina de Reprografia.

29. Numa coleção de provérbios franceses do século XVIII os músicos aparecem no capítulo dedicado aos mendigos. O tipo de instrumento chama a atenção, com sarcasmo, para o caráter barulhento da música dos mendigos. "Será que o barulho do meu instrumento/ Não vos parece maravilhoso?", diz a inscrição. Lagniet, J. *Recueil des plus illustres proverbes*. Paris, 1675. Fot. Biblioteka Narodowa, Oficina de Reprografia.

30. Tocar uma música por si só já justificava o pedido de ajuda; o músico, portanto, não precisa mostrar a sua miséria através da sua roupa ou do seu aspecto. Gravura francesa do século XVII. Lagniet, J., op. cit. Fot. Biblioteka Narodowa, Oficina de Reprografia.

31. Técnicas de engano: *Black art*. Gravura do panfleto: Greene, R. *Second and last part of conny-catching*, 1592.

32. Técnicas de engano: *Conny-catching law*. Gravura do panfleto: Greene, R. *Notable discovery of coosrnage*, 1591. Reprod. fot. de Hanna Balcerzak.

33. Um truque de saltimbanco: eis como se pode colocar numa bandeja a cabeça cortada. Gravura inglesa do tratado: Scot, R. *Discoverie of witchcraft*, 1584. Reprod. fot. de Hanna Balcerzak.

34. Espécie particular de "vagabundagem terrível" são os bandos de soldados. Pilhagem na estrada pública: o assalto à diligência. Gravura de J. Callot do ciclo *Les grandes misères de la guerre*, 1631. A inscrição embaixo: "Nos recantos dos bosques e nos descampados/ Longe dos exercícios e adestramento militar/ Esses infames soldados vivem como assassinos/ Seu braço ensangüentado acostumou-se só com o furto/ Assim os devora um desejo cruel/ De despojar os viajantes dos seus bens e da vida". BN, GR. Fot. Biblioteka Narodowa, Oficina de Reprografia.

35. A guarda francesa do marechal cumpre a função da gendarmaria militar e persegue os vagabundos. Captura dos malfeitores. Gravura de J. Callot do mesmo ciclo que a anterior. A inscrição embaixo: "Após muitos atos infames cometidos/ Por esses patifes e inimigos da boa fama/ São procurados laboriosamente por toda parte/ Prewot os leva do campo ao quartel/ Para que possam receber ali conforme aos seus méritos/ Uma punição correspondente à sua audácia". BN, GR. Fot. Biblioteka Narodowa, Oficina de Reprografia.

35A. "Pendurados numa árvore como frutas infelizes." O baraço deve constituir uma advertência aos que praticam a pilhagem. Gravura de J. Callot, ibidem. A inscrição embaixo: "Finalmente os ladrões infames e executados/ Pendurados numa árvore como frutas infelizes/ Testemunham que o crime terrível e a corja negra/ São por si um instrumento de vergonha e vingança/ E que o destino dos delinqüentes é mais cedo ou mais tarde serem submetidos à justiça dos céus". BN, GR. Fot. Biblioteka Narodowa, Oficina de Reprografia.

36. Na coleção popular de provérbios composta pelo tipógrafo parisiense Jacques Lagniet (1657), um livro especial é dedicado aos provérbios relacionados com os mendigos. Nas gravuras muitas vezes aparecem cópias do ciclo de Callot sobre os mendigos. Frontispício do livro III. Lagniet, J. op. cit. Entre os ditos e provérbios colocados nesse frontispício encontram-se: "A ociosidade é a mãe do delito", "Quem não tem profissão, precisa aprendê-la". Fot. Biblioteka Narodowa, Oficina de Reprografia.

37. O inverno é um momento terrível na vida dos mendigos, mas também a ocasião de demonstrar sua miséria e causar pena (os pés descalços). Lagniet, J. op. cit. Fot. Biblioteka Narodowa, Oficina de Reprografia.

38. Mendigos ambulantes. As duas figuras no meio têm o sinal do peregrino — a concha de São Jacó — nos chapéus e os bastões do peregrino na mão. O provérbio diz: "Quem anda tem o que lamber, quem não anda, perde a ocasião". Lagniet, J. op. cit. Fot. Biblioteka Narodowa, Oficina de Reprografia.

39. A sopa dos pobres: "As pensões dos pobres oneram a panela dos ricos". Lagniet, J. op. cit. Fot. Biblioteka Narodowa, Oficina de Reprografia.

40. Os mendigos das diversas nacionalidades diferenciam-se pela roupa (assim como pela técnica de mendicância). Mendigo francês, espanhol, alemão e italiano. Lagniet, J. op. cit. Fot. Biblioteka Narodowa, Oficina de Reprografia.

41. Os mendigos comem sem moderação! Lagniet, J. op. cit. Fot. Biblioteka Narodowa, Oficina de Reprografia.

42. As imagens estereotipadas dos mendigos fomentaram as acusações de sua devassidão, voluptuosidade e de seu modo de vida despreocupado: "Quando a barriga está cheia é hora de dançar". Lagniet, J. op. cit. Fot. Biblioteka Narodowa, Oficina de Reprografia.

43. Categorias do reino dos mendigos: *rifode*, quer dizer, uma falsa vítima de incêndio; *merkandier*, ou seja, um vigarista que finge ser um comerciante roubado e *millard*, i. é, um mendigo com um saco carregado nas costas. Lagniet, J. op. cit. Fot. Biblioteka Narodowa, Oficina de Reprografia.

44. "Pátio dos milagres". Falsos aleijões dos mendigos. Supostos soldados empobrecidos (*drille e narquoi*) e um aprendiz da mendicância (*courtaut de boutanche*). Um dos provérbios: "Onde não há dor, não é preciso curativo". Lagniet, J. op. cit. Fot. Biblioteka Narodowa, Oficina de Reprografia.

45. Vagabundo com um menino. Farrapos em vez de roupa, um chapéu furado e tamancos estofados de palha — um mísero equipamento para o inverno. Na tigela presa ao cinto uma inscrição: "Passaporte do mendigo". Entre os provérbios: "Deve sentir calor quem veste toda a roupa que tem"; "A pobreza é um pecado". Lagniet, J. op. cit. Fot. Biblioteka Narodowa, Oficina de Reprografia.

46. Soldados debandados e a pilhagem de guerra. Gravura de H. U. Franck. Reprod. fot. de Hanna Balcerzak.

47. Soldados na aldeia. Gravura de H. U. Franck, 1643. Reprod. fot. de Hanna Balcerzak.

48. A vida no acampamento: a rixa pelos dados falsos. Gravura de H. U. Franck. Reprod. fot. de Hanna Balcerzak.

49. A vingança dos camponeses contra os soldados debandados. Gravura de H. U. Franck. Reprod. fot. de Hanna Balcerzak.

50. Uma das "irmãs de Courage" na profissão de meretriz itinerante: a mulher do acampamento. Xilografia de Urs Graf, 1525. Reprod. fot. de Hanna Balcerzak.

51. Na taberna. Gravura de H. U. Franck. Reprod. fot. de Hanna Balcerzak.

ILUSTRAÇÕES EM CORES

I. H. Bosch, *A nave dos loucos*, depois de 1475. Musée du Louvre, Paris. Reprod. fot. de Teresa Zóltowska.

II. H. Bosch, *Um vagabundo*. Fragmento do tríptico *Um carro de feno*. Museu Prado, Madri. Reprod. fot. de Teresa Zóltowska.

III. *Os mosqueteiros do imperador*. Esboços a óleo de um pintor desconhecido na página de um livro de comércio do século XVII. Heeresgeschichtliches Museum, Viena. Reprod. fot. de Teresa Zóltowska.

IV. *Os homens da estrada*. Quadro de H. Avercamp, século XVII. Historisches Museum, Frankfurt a/M. Reprod. fot. de Teresa Zóltowska.

V. *São João Esmoleiro cercado pelos mendigos*. Quadro central do políptico da igreja dos agostinianos de Cracóvia, do início do séc. XVI. Museum Narodowe, Cracóvia. Reprod. fot. de Teresa Zóltowska.

VI. H. Bosch. *O prestidigitador*. Musée Municipal, Saint-Germain-en-Laye. Reprod. fot. de Teresa Zóltowska.

MAPAS

ÍNDICE REMISSIVO

ESTA OBRA FOI COMPOSTA PELA TYPE-
LASER DESENVOLVIMENTO EDITORIAL
EM TIMES ROMAN E IMPRESSA PELA
PROL EDITORA GRÁFICA SOBRE PAPEL
OFF-SET SYMETRIQUE PARA A EDITORA
SCHWARCZ EM MARÇO DE 1995.